珍藏本
纪念版

汉译世界学术名著丛书

爱弥儿

论教育

下卷

〔法〕卢梭 著

李平沤 译

商务印书馆
SINCE 1897 The Commercial Press

2017年·北京

信仰自白

一个萨瓦省的牧师述

我的孩子，别指望我给你讲什么渊博的学问或艰深的道理。我不是一个大哲学家，而且也不想做大哲学家。但是我多少有些常识，而且始终爱真理。我不想同你争论，更不打算说服你，我只向你把我心中的朴朴实实的思想陈述出来就行了。你一边听我谈话，一边也问问你自己的心，我要求于你的，就是这一点。如果我错了，我也错得很诚实，因此，只要不因为我错了就说我犯了罪，就可以了。如果你也诚实的话，即使是错了，也不会造成多大的危害。如果我的想法是对的，那是因为我们有共同的理性，我们同样有倾听理性呼声的愿望。你为什么不像我这样想呢？

我生在一个贫苦的农家，我的出身注定我是要干庄稼活儿的；但是，人们认为，如果我去做牧师，以这门职业糊口的话，也许要好一点，因此就想了一个办法，使我能够去学牧师。当然，无论是我的父母或我自己都很少想到要以此去寻求美好、真实和有用的学问，我们所想到的只是一个人为了得到牧师的职位所需要的知识。别人要我学什么，我就学什么；别人要我说什么，我就说什么；我照人家的意思去做，于是我就做了牧师。但是，我不久就意识到，在答应我自己不做俗人的时候，我许下了我不能遵守的诺言。

人们告诉我们说，良心是偏见的产物，然而我从经验中知道，良心始终是不顾一切人为的法则而顺从自然的秩序的。要想禁止我们做这样或做那样，完全是徒然的；只要我们所做的事是井然有序的自然所允许的，尤其是它所安排的，则我们就不会受到隐隐的良心的呵责。啊，我的好孩子，现在大自然还没有来启发你的官能，愿你长久地停留在这幸福的状态，因为在这种状态下，自然的呼声就是天真无邪的声音。你要记住，在它还没有教你以前，你提前去做，远比抗拒它的教导更违反它的意旨；因此，为了能够在屈服于邪恶的时候而不犯罪，就必须首先学会抵抗邪恶。

从我的少年时候起，我就把婚姻看作是第一个最神圣的自然的制度。由于放弃了结婚的权利，所以我决心不亵渎婚姻的神圣；因为，不管我受了什么样的教育和读了什么样的书，我始终过着有规律的简单的生活，所以在我的心灵中还保持着原始的智慧的光辉：世俗的说法没有使它们遭受蒙蔽，我的贫穷的生活使我远远地离开了罪恶的诡辩的引诱。

正因为有了这个决心，我才遭到了毁灭；我对婚姻的尊重暴露了我的过失，做了丑事便要受应得的惩罚：我被禁闭，又被革除了职务。我之所以遭遇这样的祸害，是因为我犹豫狐疑而不是因为我不能自制；根据人们对我可羞的事情提出的责难来看，我有理由相信，犯的过失愈大，反而愈能逃避惩罚。

一点点这样的经验就可以使一个有头脑的人产生很多的思想。由于种种悲观的看法打破了我对正义、诚实和做人的种种义务的观念，因而我每天都要抛弃一些我已经接受的思想；我心中余留的思想已不足以形成一个完整的体系，所以我逐渐地对明显的原理也感到有些模糊，以致最后弄得我不知道应该怎样想法才好，落到了你现在的这种境地。所不同的是：我的怀疑是由于年岁愈益增长的结果，它是经过许多困难之后才产生的，因此也是最不容易打破的。

我心性不定，抱着笛卡尔[1]认为为了追求真理所必须抱有的那种怀疑。这种状态是不堪持久的，它使人痛苦不安，除非有罪恶的倾向和懒惰的心灵，是不愿意这样下去的。我的心尚未败坏到竟然乐于处在这种状态；一个人如果爱他自身更甚于爱他的财富的话，就能保持他运用思想的习惯。

我在心中默默地沉思人类悲惨的命运，我看见它们漂浮在人的偏见的海洋上，没有舵，没有罗盘，随他们的暴风似的欲念东吹西打，而它们唯一的领航人又缺乏经验，既不识航线，甚至从什么地方来到什么地方去也不知道。我对自己说："我爱真理，我追求它，可是我找不到它，请给我指出它在哪里，我要紧紧地跟随它，它为什么要躲躲闪闪地不让一个崇敬它的急切的心看见它呢？"

虽然我常常遭遇巨大的痛苦，但我的生活从来没有像在这段混乱不安的时期中这样的闷闷不乐。在这段时间里，我对这也怀疑，对那也怀疑；经过长久的沉思默想之后，我所得到的不过是一些模模糊糊不能肯定的东西，对我的存在的原因和尽我的职责的方式的矛盾的看法。

要怎样才能成为一个既要固执一说，又要诚实的怀疑论者呢？这我不明白。这样的哲学家，也许是从来没有过，如果有的话，也是人类当中最不幸的人。如果对我们应当知道的事物表示怀疑，

[1] 笛卡尔（1596—1650），杰出的法国二元论哲学家、数学家和自然科学家。笛卡尔认为，为了达到真理，一个人必须在一生中有一次把他以前所抱的种种看法通通抛弃，重新取得一套有系统的知识。

对人的心灵是有强烈的戕害的。它不能长久地忍受这种戕害,它在不知不觉中要做出这样或那样的决定,它宁可受到欺骗,而不愿意对什么都不相信。

使我倍加为难的是:我是由一个武断一切、不容许任何怀疑的教会养大的,因此,只要否定了一点,就会使我否定其余的一切东西,同时,由于我不能接受那样多荒谬的决断,所以连那些不荒谬的决断我也通通摒弃了。当人们要我完全相信的时候,反而使我什么都不相信,使我不知道怎样办才好。

我请教许多哲学家,我阅读他们的著作,我研究他们的各种看法,我发现他们都是很骄傲、武断、自以为是的,即使在他们所谓的怀疑论中,他们也说他们无一不知,说他们不愿意追根究底,说他们要彼此嘲笑;最后这一点,所有的哲学家都是具有的,所以我觉得,这一点也就是他们唯一说得正确的地方。他们得意洋洋地攻击别人,然而他们却没有自卫的能力。如果衡量一下他们所说的道理,他们的道理都是有害于人的;如果问他们赞成哪一个人的说法,每一个人就说他赞成他自己;他们是为了争论才凑合在一起,所以听他们的那一套说法,是不可能解除我的疑惑的。

我想,看法之所以如此的千差万别,人的智力不足是第一个原因,其次是由于骄傲的心理。我们没有衡量这个庞大的机器的尺度,我们无法计算它的功能;我们既不知道它最重要的法则,也不知道它最后的目的;我们不了解我们自己,我们不懂得我们的天性和我们的能动的本原;我们连人是一个简单的存在还是一个复合的存在也不晓得;我们周围都是一些奥妙莫测的神秘的东西,它们超过了我们所能感知的范围;我们以为我们具有认识它们的智力,然而我们所具有的只不过是想象力。每一个人在走过这想象的世界的时候，都要开辟一条他自认为是平坦的道路，然而没有一个人知道他那条道路是不是能达到目标。我们希望了解一切，寻个究竟。只有一件事情我们不愿意做，那就是：承认我们对无法了解的事情是十分的无知。我们宁可碰碰运气，宁可相信不真实的东西，也不愿意承认我们当中没有一个人能够理解真实的东西。在造物主让我们去争论的一个无边无际的大整体中，我们只是一个渺小的分子，所以企图断定它是什么样子和我们同它的关系，完全是妄想。

即使哲学家们有发现真理的能力，但他们当中哪一个人对真理又感到过兴趣呢？每一个人都知道他那一套说法并不比别人的说法更有依据，但是每一个人都硬说他的说法是对的，因为那是他自己的。在看出真伪之后，就抛弃自己的荒谬的论点而采纳别人所说的真理，这样的人在他们当中是一个也没有的。哪里找得到一个哲学家能够为了自己的荣誉而不欺骗人类呢？哪里去找在内心深处没有显扬名声的打算的哲学家呢？只要能出人头地，只要能胜过同他相争论的人，他哪里管你真理不真理？最重要的是要跟别人的看法不同。在信仰宗教的人当中，他是无神论者，而在无神论者当中，他又是信仰宗教的人。

经过这样的思考之后，我得到的第一个收获是了解到：要把我探讨的对象限制在同我有直接关系的东西，而对其他的一切则应当不闻不问，除了必须知道的事物以外，即使对有些事物有所怀疑，也用不着操我的心。

我还了解到，哲学家们不仅没有解除我的不必要的怀疑，反而使那些纠缠在我心中的怀疑成倍地增加，一个也得不到解决。所以我只好去找另外一个导师，我对自己说："请教内心的光明，它使我所走的歧路不至于像哲学家使我走的歧路多，或者，至少我的错误是我自己的，而且，依照我自己的幻想去做，即使堕落也不会像听信他们的胡言乱语那样堕落得厉害。"

于是，我扪心自问地把我出生以来一个接一个地影响过我的种种看法回想了一下，我发现，尽管它们当中没有哪一个是明确到能够直接令人信服的地步，但它们具有或多或少的盖然性，因之我们的内心才对它们表示不同程度的赞成或不赞成。根据这一点，我把所有不同的观念做了一个毫无偏见的比较，我发现，第一个最为共通的观念也就是最简单和最合理的观念，只要把它列在最后面，就可以取得大家一致的赞同。我们设想所有古代和现代的哲学家对力量、偶然、命运、必然、原子、有生命的世界、活的物质以及各种各样的唯物主义说法是透彻地先做了一番离奇古怪的研究的，而在他们之后，著名的克拉克[1]终于揭示了生命的主宰和万物的施予者，从而擦亮了世人的眼睛。这一套新的说法是这样的伟大、这样的安慰人心、这样的崇高、这样的适合于培养心灵和奠定道德基础，而且同时又是这样的动人心弦、这样的光辉灿烂、这样的简单，难怪它会得到人人的佩服和赞赏，而且在我看来，它虽然也包含人类心灵不可理解的东西，但不像其他各种说法所包含的荒唐东西那么多！我对自己说："它们都同样有不可解决的疑难，因为人的心灵太狭窄，不能把所有的疑难都加以解决，所以不能拿

[1] 克拉克(1675—1729)，英国唯心论哲学家，著有《论证神的存在和属性》一书。

疑难来说明我们否定这个或那个说法的理由;但是它们所依据的直接的证据却有极大的差别!”上面这个说法既然把一切都解释清楚了,同时只有它所有的疑难不如其他说法的疑难多,我们岂不是可以选择这个说法吗?

由于我把我心中对真理所怀抱的爱作为我的全部哲学,由于我采用了一个既简单容易又可以使我撇开空空洞洞的论点的法则作为唯一的方法,因此我按照这个法则又检验了我所知道的知识,我决定把我不能不真心实意地接受的种种知识看作是不言而喻的,把同它们似乎是有必然的联系的知识则看作是真实的;至于其余的知识,我对它们则保持怀疑,既不否定也不接受,既然它们没有实用的价值,就用不着花我的心思去研究它们。

但是,我是怎样一个人呢?我有什么权利去评判事物呢?是什么东西在决定我作出这样或那样的判断呢?如果它们是由于我所接受的印象硬要我非那样判断不可的话,则我进行的这番探讨就是徒然浪费精力;要么就彻底探讨,否则就不去管它们,让它们自行得出一个结果。因此必须首先把我的目光转向我自己,以便了解我要采用的工具,了解我把它用起来有多大的把握。

我存在着,我有感官,我通过我的感官而有所感受。这就是打动我的心弦使我不能不接受的第一个真理。我对我的存在是不是有一个特有的感觉,或者说,我是不是只通过我的感觉就能感到我的存在?这就是我直到现在还无法解决的第一个怀疑。因为,由于我或者是直接地或者是通过记忆而继续不断地受到感觉的影响，我怎么就能知道“我”的感觉是不是独立于这些感觉之外的，是不是不受它们的影响呢？

我的感觉既能使我感知我的存在，可见它们是在我的身内进行的；不过它们产生的原因是在我的身外，因为不论我接受与否，它们都要影响我，而且，它们的产生或消灭全都不由我做主。这样一来，我就清清楚楚地认识到我身内的感觉和它们产生的原因（即我身外的客体）并不是同一个东西。

因此，不仅存在着我，而且还存在着其他的实体，即我的感觉的对象；即使这些对象不过是一些观念，这些观念也并不就是“我”。

我把我所感觉到的在我身外对我的感官发生作用的东西都称为“物质”；在我看来，物质的一切分子都将结合成单个单个的实体，所以我把物质的分子称为“物体”。这样一来，我认为唯心论者和唯物论者之间的一切争论都是没有什么意义的，他们所说的物体的表象和实际之间的区别完全是想象的。

现在，我对宇宙的存在也像对我自己的存在一样，是深信不疑的。此后，我要进一步思考我的感觉的对象；当我发现我有能力把它们加以比较的时候，我觉察到我富有一种活的力量，而以前我是不知道我有这种力量的。

知觉，就是感觉；比较，就是判断；判断和感觉不是一回事情。通过感觉，我觉得物体是一个个孤立分散地呈现在我的眼前的，其情形也像它们在大自然中的情形一样；通过比较，我就把它们挪动了一下，可以说是移动了它们的位置，我把它们一个一个地叠起来，以便说出它们的异同，同时再概括地说出它们的关系。依我看来，能动的或聪慧的生物的辨别能力是能够使“存在”这个词具有一种意义的。我在那仅有感觉的生物中是没有找到过这种能够进行比较和判断的智力的，我在它们的天性中也没有发现过这种智力。这种被动的生物可以分别地感觉每一种客体，甚至能感觉出由两个物体合成的整体，但是，由于它没有能力把客体一个一个地叠起来，所以它就无法把它们加以比较，它就无法对它们进行判断。

在同一时间内看见两种物体，这并不等于就发现了它们的关系或判明了它们的差异；看到几个互不相连的物体，也不等于数清了它们的数目。我可以在同一个时刻具有一根长棍子和一根短棍子的观念，虽然我没有把它们加以比较，也不是经过判断而看出这根棍子比那根棍子短的，正如我一下就看完了我整个的一只手而没有计算有多少手指一样①。“长一点、短一点”这类比较的观念，以及“一、二等等”数目的观念当然不是感觉，虽然我只能够在有所感觉的时候才能产生这些观念。

有人告诉我们说，有感觉的生物能够借各种感觉之间的差异把它们互相加以区分，这种说法是需要解释一下的。当感觉是互不相同的时候，有感觉的生物是可以凭它们的差异而区别它们；当它们是互相近似的时候，有感觉的生物之所以能够区分它们，是因为它觉察到它们是互相独立的。否则，在同时发生的一种感觉中它怎样去区别两个相等的事物呢？它必然要把那两种东西混淆起

① 拉·孔达明先生告诉我们说，有一种民族的人计数只能计到三。这个民族的人虽然有手，但常常看见他们的手指也不知道把数目数到五。

来，看作是同一个东西，特别是按照有一种说法来看更是这样，因为这种说法认为空间的表象感觉是没有外延的。

当我们发现两种需要加以比较的感觉的时候，我们已经有了它们的印象了，对每一个客体都有所感觉了，对两个客体都有所感觉了，但不能因此就说我们已经感觉到了它们的关系。如果对这种关系的判断只是一种感觉，而且唯一无二地是得之于客观对象的本身，则我们的判断就不会出错误，因为我所感知的是我有所感觉的东西，所以绝对不会有差错。

那么，我为什么会搞错这两根棍子的关系，特别是搞不清楚它们是不是相像呢？例如，当短棍子只有长棍子的四分之一那么长的时候，我为什么会以为它有长棍子的三分之一那么长呢？形象（即感觉）为什么同标本（即事物）不相符合呢？这是因为进行判断的时候我是主动的，而进行比较的时候我的活动出了错误，我的理解力在判断关系的时候又把它的错误同显示客观事物的真实的感觉混淆起来了。

除此以外，我认为，如果你曾经想过的话，还有一点是一定会使你感到惊奇的，那就是：如果我们在运用我们的感官方面完全是消极的，那么，它们之间就不可能互通声气，我们就无法认识到我们所摸到的物体和我们所看到的物体是同一个东西。我们要么就一点儿也感觉不到我们身外的任何东西，要么就会感觉到是五种可以感知的实体，而没有任何办法可以辨别出来它们原来是同一个东西。

我心灵中所具有的这种归纳和比较我的感觉的能力，不管别人给它一个这样或那样的名称，不管别人称它为“注意”也好，或者称它为“沉思”也好，或者称它为“反省”也好，或者爱怎样称它就怎样称它，它始终是存在于我的身上而不存在于事物的身上，而且，尽管是只有在事物给我以印象的时候我才能产生这种能力，但能够产生它的，唯独我自己。我有所感觉或没有感觉，虽不由我做主，但我可以或多或少地自由判断我所感觉的东西。

所以，我不只是一个消极被动的有感觉的生物，而是一个主动的有智慧的生物；不管哲学家们对这一点怎样说，我都要以我能够思想而感到荣耀。我只知道真理是存在于事物中而不存在于我对事物进行判断的思想中，我只知道在我对事物所作的判断中，“我”的成分愈少，则我愈是接近真理。因此，我之所以采取多凭感觉而少凭理智这个准则，正是因为理智本身告诉过我这个准则是正确的。

现在，可以说我对我自己已经是深有信心，所以我要开始观看我身外的事物，我胆战心惊地发现我被投入了这个巨大的宇宙之中，迷迷茫茫不识路径，宛如淹没在一望无边的生物的海洋里，既不知道它们是什么样子†，也不知道它们之间以及它们和我有哪种关系。我研究它们，观察它们；而我想到应该拿来同它们加以比较的第一个对象，就是我自己。

所有一切我通过感官发现的东西都是物质，而我就根据这一点，从可以感知的性质中去推论物质所具有的根本特性，因为是这些特性使我发现物质的，而且这些特性是同物质分不开的。我看

† 在其他版本作：“……既不知道它们从绝对的意义说来是什么样子，也不知道它们之间……”

见它时而运动，时而静止①；我由此断定无论静止或运动对物质来说都不是非有不可的本质；而运动由于是一个动作，所以是静止状态已经不存在了的原因的结果。因此，在没有什么东西对物质发生作用的时候，它是一点也不动的；正是因为这个缘故，它才对静止或运动都是无可无不可的，但是，它的自然的状态是处于静止的。

我发现物体有两种运动，即：因他物的影响而发生的运动和自发的或随意的运动。在第一种运动中，动因是存在于运动的物体之外的，而在第二种运动中，动因是存在于运动的物体之内的。然而我并不因此就认为像钟表这类东西的运动是自发的，因为，如果没有外界的东西使发条对钟表起作用的话，它就休想开动机器和转动指针。同样，我也不同意人家所说的液体的运动是自发的，更不同意说什么使液体产生流动性的火是自发运动的②。

你也许会问我动物的运动是不是自发的；我告诉你，这我不晓得，不过，用类推的方法看来，可以说它是自发的。你也许还要问我怎么会知道有一些运动是自发的；我告诉你，我之所以知道有这种运动，是因为我感觉到了它。我想运动我的胳臂，我就可以运动它，这里除我的意志以外，就不需要任何其他的直接的原因。谁要

① 这种静止只可以说是相对的；但是，既然我们是或多或少地在运动状态中看到的，所以我们可以很清楚地想象出两个极端之一，即静止；我们可以把它想象得这样的清楚，以致我们竟把相对的静止看成是绝对的静止了；如果说可以把物质设想为静止的，那么，说运动是物质的本质就不对了。

② 化学家认为燃素或火的原素是分散的、不动的，在它所组成的化合物中是停滞不动的，一直要等到有了外因，才能把它放散出来，使它聚集在一起，开始运动，变化成火。

是想提出一个什么理由来使我不相信我身上的这种感觉的话，也是办不到的，它比一切证据都更为显明；要不然，你就给我证明一下我不存在。

如果在人的活动中没有任何自发性，如果世界上发生的事情也通通没有任何自发性，那么，我们就更难想象出它们的种种运动的第一个原因。我个人的看法是这样的：物质的自然状态是静止的，它本身是没有任何活动力的，当我看见一个运动着的物体的时候，我马上就会设想它要么是一个有生命的物体，要么它是因为其他物体的影响才运动的。我心里是根本不承认无机物可以自行运动或使他物运动的。

然而这个肉眼可以看见的宇宙是物质，是分散而无生命的[①]物质，就其整体来说，它并不像一个有生命的物体那样各部分是连在一起、有组织、有共同的感觉的，比如我们虽然是这个整体的分子，但是我们也毫不觉得是在这个整体之中。这个宇宙是运动着的，而且在它井然有序、快慢均匀的运动中是受着固定不变的法则的约束的，它没有我们在人和动物的自发的运动中所见到的那种自由。所以，这个世界并不是一个能自行运动的巨大的动物，由此可见，在它的运动中必然有我尚未发现的某种外在的原因；然而内心的信念使我觉得这个原因是这样的明显，以致我不能不在看到太阳运行的时候设想有一种力量在推它，不能不在地球旋转的时候，我简直觉得看见了那只转动它的手。

① 我曾经花了许多工夫，企图想象出一个活的分子的样子，但是没有想象出来。要是说没有感官的物质有感觉，这种概念在我看来是不可理解的和自相矛盾的。为了要决定是采取或是否定这种概念，就必须首先了解它；我承认，我还没有做到这一点。

如果我对一些普遍的法则,还没有看出它们同物质的主要关系,就硬要接受的话,我有什么心得呢?这些法则既然不是真实的存在,不是实体,所以它们必然有我所不知道的另外一种基础。经验和研究使我们认识到运动的法则;这些法则能确定结果,然而不能表明其原因;它们不足以解释世界上的森罗万象和宇宙的运行。笛卡尔用几个骰子构成天和地,但是他不能使骰子动起来;如果不借助旋转运动的话,他也无法使它的离心力发生作用的。牛顿发现了万有引力定律,但是,单单用这个引力,是马上会使宇宙缩成一块不动的东西的,因此在这个定律之外,他还要加上一种推力才能说明天体的曲线。请笛卡尔告诉我们,是什么物理的法则在使他的旋涡体旋转;请牛顿给我们指出,是谁的手把行星投到它们轨道的切线上的。

运动的第一原因不存在于物质内部,物质接受运动和传送运动,然而它不产生运动。我愈是对自然力的作用和反作用的互相影响进行观察,我愈是认为,我们必须一个结果接着一个结果地追溯到某种意志中去寻找第一原因;因为,如果是假设一连串数不清的原因的话,那就等于假设没有任何的原因。总之,所有一切不是因为另外一个运动而产生的运动,是只能来自一个自发的、自由的动作的;没有生命的物体虽在运动,但不是在活动,没有哪一个真正的活动是没有意志的。这就是我的第一个原理。我相信,有一个意志在使宇宙运动,使自然具有生命。这是我的第一个定理,或者说我的第一个信条。

一个意志怎样产生物质的和有形的活动呢?这我不知道,但是我在我本身中体验到它产生了这种运动。我想做什么,我就可以做什么;我想移动我的身体,我的身体就移动起来;但是,谁要是说一个没有生命的静止的物体能自行活动或产生运动的话,那是不可理解的,而且也是从来没有见过的。我是通过意志的活动而不是通过意志的性质去认识意志的。我把这种意志看作动因;但是,要是把物质想象为运动的产生者的话,那就等于是想象没有原因的结果,就等于是没有想象。

要我想象我的意志是怎样运动我的身体的,也像要我想象我的感觉是怎样影响我的心灵一样,是不可能的。我甚至不知道在这两个神秘的事物中,为什么有一个显得比另一个易于解释。至于我,不论是在被动或是在主动的时候,我都认为,两种实体的联合法是绝对不可理解的。然而,奇怪的是,人们正是因为不可理解才把两种实体混合起来,好像在性质上这样不同的两种运动按一个单独的主体比按两个主体更好解释似的。

不错,我所设的定理是很模糊的,然而它终究说出了一个道理,而且也没有任何同理性和经验相背驰的地方。我们对于唯物论也能这样说吗?如果说运动是物质的本质,那么,它就同物质是不可分的,它在物质中始终保持同样的程度,在物质的每一个部分中始终是那个样子,它不可传导,它既不能增加也不能减少,而且,我们根本就不能设想有任何静止的物质,这几点难道还不明白?如果有人告诉我说,运动并不是物质不可或缺的,然而是必然的,我认为,这个人是企图换一个说法来骗我,这种说法即使含有更多的意义,也是很容易驳斥的。因为,要是物质的运动来自物质的本身,则它是物质的本质;要是它来自外在的原因,则只有在动因对物质发生作用的时候,物质才必然运动:谈到这里,我们又回到第一个难题了。

普遍的和抽象的观念是人们产生大错误的根源，形而上学的呓语从来没有使人发现过一个真理，它使哲学充满了许多的谬论，只要我们剥去那些谬论的华丽辞藻，我们马上就会觉得有了那些谬论是很可羞的。请你告诉我，我的朋友，当别人向你谈论什么扩及于整个大自然中的盲目的力量的时候，他是不是给你的心灵带来了真实的观念。他们以为用“宇宙力”、“必然的运动”这一类含糊的字眼就可以阐明什么东西，其实他们什么也没有阐明。所谓运动，也就是从一个地方移到另一个地方的意思；没有哪一种运动是没有方向的，因为一个单独的个体是不可能同时向四面八方运动的。所以，我们要问物质必然向什么方向运动呢？构成物体的物质，其运动是不是快慢均匀的，换句话说，每一个原子是不是有它自己的运动？按照第一个观念，整个宇宙必然形成一个不可分割的硬块；按照第二个观念，它就会成为一种稀散而不凝合的流体，即使两个原子要结合起来也是绝不可能的。整个物质的共同的运动朝什么方向？它是按直线运动还是绕圆周运动？是向上还是向下？是向左还是向右？如果物质的每一个分子有它特殊的方向，那么，所有这些方向和差别的原因何在？如果物质的每一个原子或分子只能够绕着它自己的中心旋转，那么，任何一个原子或分子都无法脱离它的原位，从而就不可能有传导运动，何况这种圆周形运动也需要遵循一个确定的方向。凭抽象的办法说物质在运动，这无异是在说毫无意义的废话；如果认为它有既定的运动，那就需要假设一个决定这种运动的原因。特殊的事例愈举得多，我就愈需解释一些新的原因，以致永远也找不到一个指挥它们的共同的动因。我不仅不能想象在原素的偶然的联合中有什么秩序，而且不能想象其中有什么斗争，所以，在我看来，宇宙的混乱比之宇宙的谐和更难想象。我知道，世界的结构是人的心灵所不能理解的；但是，只要一个人想把它解释一番，那就需要讲出一些人们能理解的东西。

如果运动着的物质给我表明存在着一种意志，那么，按一定法则而运动的物质就表明存在着一种智慧，这是我的第二个信条。进行活动、比较和选择，是一个能动的和有思想的实体的动作；这个实体是存在着的。“你看见它存在在什么地方？”你这样问我。不仅存在于旋转的天上，而且还存在在照射我们的太阳中；不仅在我自己的身上存在，而且在那只吃草的羊的身上，在那只飞翔的鸟儿的身上，在那块掉落的石头上，在风刮走的那片树叶上，都存在着。

尽管我不知道这个世界的目的，我也能判断它的秩序，因为，我只需在各部分之间加以比较，研究一下它们的配合和关系，看一看它们怎样协同动作，我就能判断其秩序了。我不知道这个宇宙为什么会存在，但是我时时在观察它怎样变迁，我不断地注意它所有的紧密的联系，因为，正是通过这种联系，组成宇宙的各个实体才能互相帮助。我宛如一个人第一次看见打开了表壳的表一样，虽然不懂得机器的用途，也没有看见表面，但仍然在那里不断地赞美它构造的精致。我将说：“我不明白它有什么用处；但是我发现每一个零件都做得恰恰配合另一个零件；我佩服那个工人制作的精良，我深深相信，所有这些齿轮之所以这样协同一致地转动，是为了一个共同的目的，不过这个目的我无法看出来罢了。”

让我们把各种各样特殊的目的、方法和关系拿来比较一下,然后再倾听内在的情感的声音,哪一个健全的心灵会拒绝它的证据呢?没有先入之见的眼睛难道还看不出显然存在的宇宙的秩序表达了至高的智慧?任你怎样诡辩,也不能使人们看不出万物的和谐,也不能使人们看不出每一个部分为了保存其他部分而进行的紧密配合!你爱怎样给我讲化合和偶然,就随你怎样讲,但是,如果你不能使我信服,即使把我说得哑口无言,又有什么用呢?我的自发的情感始终要驳斥你,这是我控制不住的,你能消除我这种情感吗?如果有机体在取得固定的形状以前,是以各种各样的方式偶然结合起来的,如果它先有胃而未同时有嘴,先有脚而未同时有头,先有手而未同时有胳臂,先有各种不能自行维持其自身的不完备的器官,那么,为什么这种残缺不全的东西我们一个也没有看见过呢?为什么大自然竟订出一些它不能首先服从的法则呢?说事物在可能产生的时候便产生,这我是一点也不觉得奇怪的,说困难的事情多做几次就能做成,这我也是同意的。但是,如果有人来告诉我说,把铅字随随便便一扔,就能作出一部完整的《伊尼依特》,我认为,即使只走两三步路去对证这个谎言,也是不值得的。也许有人会向我说:“你对进行的次数略而未提。”但是,必须假设多少次这样的进行才能使化合成为事实呢?在我看来,我认为只有一次,所以我敢说,在无限次中也不会出现一次由于偶然而产生结果的事情。此外,化合和偶合只能产生跟化合原素性质相同的产物,组织和生命绝不是由一个原子的喷射而产生的,化学家在制造化合物的时候,绝不能使那些化合物在坩埚里有所感觉和思想①。

我在读纽文提特❶的著作的时候，很感惊异，而且几乎生气了。这个人怎么会想到写一本书就能阐明那些显示造物主的大智大慧的自然界的奇观呢？他那本书即使同地球一样厚，也未必能透透彻彻地论述其主题；要是描绘细节的话，就会漏掉最大的奇观——万物的谐和。单拿有机物的产生这个问题来说，就是人类智慧探究不完的深渊；而大自然为了使不同的物种不致混淆而安置在它们之间的不可逾越的障碍，就最明确不过地表明了它的意图。它不满足于秩序的建立，它还要采取一定的方法使任何东西都不能扰乱这个秩序。

在宇宙中，每一个存在都可以在某一方面被看作是所有一切其他存在的共同中心，它们排列在它的周围，以便彼此互为目的和手段。人的心灵对不计其数的关系感到迷茫，然而这些关系的本身却没有一个是混乱不清的。要做多么多荒唐的假设，才能从偶然运动的物质的盲目结构中演绎这种谐和的现象啊！有些人否认在这巨大的整体的各部分关系中显现的意图是统一的，但是，尽管他们使用了抽象、对等、普遍原则和象征的词汇，也掩饰不住他们

① 要不是有凭有据的话，谁还相信人类竟荒唐到这样的地步呢？阿马图斯·路西塔努斯硬说他看见朱利马斯·卡米路斯——据说他是第二个普罗米修斯——用炼金术在一个玻璃杯子里炼出了一个指头那样长的小人儿。帕腊塞耳斯在《物性论》一书中还描述了制造这种小人儿的方法，并且说曾经用化学方法制造过侏儒、半人半羊的牧畜神、半人半兽的森林神和半神半人的女神。我看，要想证实这些事实的可能性，除了硬说有机物可以抵抗火的温度，硬说它的分子在反射炉中也能保持其生命以外，便没有其他的办法。

❶ 纽文提特，荷兰医学家。卢梭在这里所指的是纽文提特于1716年发表的《论自然界的奇观显示了神的存在》一书。

是在乱吹牛皮；不论他们怎样说，我要是不设想有一种智慧在安排万物的系统，就不可能想象它怎么会这样有条不紊，秩序井然。要我相信被动的和死的物质能产生活的和有感觉的生物，要我相信偶然的机会能产生有智慧的生物，要我相信没有思想的东西能产生有思想的生物，是不可能的。

所以，我认为世界是由一个有力量和有智慧的意志统治着的，我看见它，或者说我感觉到了它，我是应该知道它的。但是，这个世界是无始无终的呢还是由谁创造的？万物是唯一无二地只有一个本原呢还是有两个或几个本原？它们的性质是怎样的？这些我都不知道，它们同我有什么关系？所以，只有在这些知识对我有意义的时候，我才努力去寻求它们；而在此以前，我是不愿意思考什么空洞的问题的，因为它们将扰乱我的心灵，既无助于我的为人，而且还超过了我的理解的能力。

你始终要记住的是，我不是在传播我的见解，我只是把它陈述出来。不管物质是无始无终的还是创造的，不管它的本原是不是消极的或是根本没有本原，总之整体是一个，而且表现了一种独特的智慧，因为我发现这个系统中的东西没有一个不是经过安排的，不是为了达到共同的目的：在既定的秩序中保存这个整体。这个有思想和能力的存在，这个能自行活动的存在，这个推动宇宙和安排万物的存在，不管它是谁，我都称它为“上帝”。我在这个词中归纳了我所有的“智慧”、“能力”和“意志”这些观念，此外还使它具有“仁慈”这个观念，因为这个观念是前面几种观念的必然的结果；但是，不能够因此就说我对我以这个词称呼的存在知道得很清楚；它躲躲藏藏地不让我的感官和智力发现它，我愈去想它，便愈感到迷惑;我的确知道它是存在的,而且知道它是独立存在的。我知道我的存在是依附于它的存在的,而且就我所知道的一切事物来说,也同样是依附于它的存在的。我在它创造的万物中到处都看见上帝,我觉得它在我的心中,我发现它在我的周围,但是,当我想就它本身来思考它的时候,当我想寻找它在什么地方,想知道它是什么样子,想知道它是什么东西构成的时候,它就逃避我,我迷迷茫茫的心灵便什么也看不到了。

由于我深深知道我的能力不足,所以,除非对上帝和我的关系有所感受,使我不能不推论上帝的性质的时候,我是绝不论述他的性质的。要推论他的性质,那是很斗胆的事情;一个聪明的人必须如临深渊似地谨慎从事,必须知道他没有深入探讨这个问题的能力,因为,有辱上帝的事情,不是心中不想他,而是把他想象错了。

在他的属性中,我发现我可以通过一些属性去设想他的存在,发现了这点之后,我又回头来观察我自己,我要弄清楚我在他所治理,而我也有能力加以研究的事物的秩序中占据什么位置。我发现,由于我属于人类,所以无可争辩地占据第一个位置,因为,由于我具有意志和能够使用实现我的意志的工具,所以我有更多的力量影响我周围的物体,可以随我的便或是利用或是避免它们的活动,而它们当中则没有哪一个能够单单凭身体的冲动就可以不管我愿不愿意都要影响我;同时,由于我具有智慧,所以只有我才能够对一切事物进行考察。在这个世界上,除了人以外,哪一种生物能够认识一切其他的生物,能够估计和预料它们的运动和后果,能够把共同的存在的意识和它自己的存在的意识连在一起呢?如果说只有我才能够把一切事物同我联系起来,那么,又有什么理由笑我认为一切都是为我而做的呢？

因此，人的确是他所居住的地球上的主宰†；因为，他不仅能驯服一切动物，不仅能通过他的勤劳而布置适合于生存的境界，而且在地球上只有他才知道怎样布置这种境界，只有他才能够通过思索而占有他不能达到的星球。请告诉我，地球上还有什么动物会使用火和观赏太阳。怎么！我既然能观察和认识一切生物和它们的关系，能意识什么叫秩序、美和道德，能思索这个宇宙和摸着那统治这个宇宙的手，能喜爱善良和做善良的行为，我还会把自己看作野兽！卑贱的人啊，是你的糟糕的哲学把你弄得同野兽一个样子，否则，你想败坏自己也是败坏不了的，因为你的天才将揭露你所说的那些原理的荒谬，你仁慈的心将戳穿你所讲的那种教条的虚伪，而且，甚至在你滥用你的才能的时候，你也会在不知不觉中看出你的才能是很优秀的。

至于我，我是不支持任何一种说法的；我，一个朴实的人，既不抱狂热的朋党之见，也没有做哪一派人的首领的野心，我对上帝给我安排的位置感到满意；除了上帝之外，我认为再也没有比人类更高级的了；如果要我在各种生物的行列中选择我的位置的话，我除了选择做人以外，还能选择别的吗？

有了这个想法，我不仅没有因此就觉得骄傲，反而深深地为之感动；因为这种地位并不是由我选择的，它不能算作是一个尚未生存到世界上来的人的功劳。当我看出我的地位这样优越的时候，怎能不庆幸我自己占有这个光荣的地位，怎能不颂扬那把我安置

† 在其他版本作："……是自然的主宰，至少在地球上……"

在这个地位的手呢？自从我这样回顾自己以后，就在我心中对人类的创造者产生了一种感恩和祝福之情，而且，由于有了这种情感，遂使我对慈悲的上帝怀着最崇高的敬意。我崇拜他至高无上的能力，我感激他的恩惠。我不需要别人教我这样崇拜，这是我的天性教我这样做的。我既然爱我自己，难道不自然而然地对保护我们的人表示尊敬，对造福我们的人表示爱戴吗？

不过，当我以后为了认识我个人在人类中的地位，而研究人类的各种等级† 和占据那些等级的人的时候，我怎么又迷惑起来了呢？多么奇怪的景象，我以前见到的秩序在哪里？我发现，大自然是那样的和谐，那样的匀称，而人类则是那样的混乱，那样的没有秩序！万物是这样的彼此配合、步调一致，而人类则纷纷扰扰、无有宁时！所有的动物都很快乐，只有它们的君王才是那样的悲惨！啊，智慧呀，你的规律在哪里？啊，上帝呀，你就是这样治理世界的吗？慈爱的神，你的能力用到什么地方去了？我发现这个地球上充满了罪恶。

我亲爱的朋友，你相不相信正是由于这些悲观的看法和明显的矛盾才在我的心灵中形成了我以前一直没有寻找到的关于灵魂的崇高观念？当我思索人的天性的时候，我认为我在人的天性中发现了两个截然不同的本原，其中一个本原促使人去研究永恒的真理，去爱正义和美德，进入智者怡然沉思的知识的领域；而另一个本原则使人故步自封，受自己的感官的奴役，受欲念的奴役；而欲念是感官的指使者，正是由于它们才妨碍着他接受第一个本原

† 在其他版本作："……而研究人类的经济、各种等级和……"

对他的种种启示[†]。当我觉得我受着两种矛盾的运动的牵制和冲击的时候，我便对自己说："不，人的感受不是单独一方面的；我有意志，我又可以不行使我的意志，我既觉得我受到奴役，同时又觉得我很自由；我知道什么是善，并且喜欢善，然而我又在做恶事；当我听从理智的时候，我便能够积极有为，当我受到欲念的支配的时候，我的行为便消极被动；当我屈服的时候，我最感到痛苦的是，我明知我有抵抗的能力，但是我没有抵抗。"

年轻人啊，你要深信不疑地听我的话，因为我始终是诚诚恳恳地说的。如果说良心是偏见的产物，我当然是错了，而公认的是非也就没有了；但是，如果承认爱自己甚于爱一切是人的一种自然的倾向，如果承认最基本的正义感是人生而有之的，如果承认这些的话，谁要是再说人是一个简单的生物，那就请他解释一下这些矛盾，他解释清楚了，我就承认只有一种实体。

你要注意的是，"实体"这个词我一般是用来指赋有某种原始性质的存在的，不包括任何特殊的和第二性的变异。因此，如果说我们所知道的一切原始的性质能够结合成一个存在，我们就应当承认只有一种实体；但如果说有些性质是互相排斥的，那么，有多少种互相排斥的性质，便有多少种不同的实体。这一点，你可以思考一下；至于我，不论洛克怎样说，我只消认识到物质是延伸的和可以分割的，我就可以相信它是不能思想的；如果哪一个哲学家来

---

† 在其他版本作："……妨碍着他接受第一个本原向他所启示的高尚和伟大的事物。"

告诉我说树木有感觉和岩石有思想[①]，不管他的论证多么巧妙，都休想迷惑我，这样的人，我不能不把他看作是一个怀有恶意的诡辩学家，因为他宁可说石头有感觉，也不愿意说人有灵魂。

假定有这样一个聋子，因为他的耳朵从来没有听见过声音，便否认声音的存在。我在他眼前放一个弦乐器，再悄悄地用另外一个乐器使它发出谐音，这时候，聋子看见弦在颤动，我对他说："这是声音在使弦颤动。""不是，"他回答道，"弦之所以颤动，其原因在于它的本身，所有一切物体都有这种颤动的性质。""那么，"我又说道，"请你使其他的物体也这样地颤动给我看一看，或者，至少给我解释一下这根弦颤动的原因。""我做不到；"聋子又回答道，"不过，这是因为我想象不出这根弦是怎样颤动的，我既然是一点点概念

① 在我看来，当代的哲学家固然是没有说石头有思想，但他们反过来说人没有思想。他们认为大自然中全都是有感觉的存在，而一个人和一块石头之间的区别只是在于：一个人是有感觉活动的有感觉的存在，而石头则是没有感觉活动的有感觉的存在。但是，如果所有的物质都真有感觉，那么，我在什么地方去寻找有感觉的单位或单独的自我呢？它是在物质的每一个分子中呢还是在分子的聚合体中？我是不是要把这个单位同样地归入液体和固体，归入混合物和原素？你也许会说，大自然是由个体组成的。但是，这些个体是什么呢？这块石头是一个个体还是个体的结合呢？它是单独的一个有感觉的存在呢，还是它含有多少粒沙便含有多少个有感觉的存在？如果说每一个基本的原子都是一个有感觉的存在，那么，我怎样才能理解两个存在之间赖以互相感触，从而使两个"我"混而为一的内在的联系呢？引力也许是大自然的一个法则，这个法则的奥妙何在，我们还不知道；但我们至少可以想象引力在按质量的多少而发生作用的时候，同物质的延伸和可分性是一点也不矛盾的。你是不是认为感觉也是这样的呢？可感觉的部分是延伸的，但是有感觉的存在则是不可分割的一个整体；它是不能够划分的，它要么就是一个完整的整体，否则就根本不存在，所以，有感觉的存在不是一个物质的东西。我不知道我们的唯物主义者是怎样理解它的，但是，我觉得，有些难题既然使他们否定了思想，那么，这些难题也将使他们否定感觉。我不知道他们走了第一步之后为什么不走第二步，走这一步要花他们多少气力呢？他们既然相信它们没有思想，他们又怎么敢断定它们有感觉呢？

都没有,我干吗一定要用你所谓的声音来解释它呢?这无异乎是要我对一件模糊不清的事实,用更加模糊不清的原因去解释。要么你就使我对你所说的声音有所感觉,否则我就要认为它根本不存在。"

我愈是对思想和人的心灵的性质进行思考,我便愈是认为唯物主义者的那番理论和这个聋子的理论是相像的。事实上,他们是听不到内在的声音的,这种声音以毫不含糊的语句向他们说道:"机器是根本不会思想的,也没有哪一种运动或外貌能够产生思想;在你的身上有某种东西在力图挣断那些束缚它的纽带:空间是不能做你的尺度的,整个宇宙也不够大,不能容纳你;你的感情,你的欲望,你的焦虑,甚至你的骄傲,都另外有一个本原,这个本原是独立于你觉得把你束缚在其中的狭小的身躯的。"

没有哪一种物质的存在其本身是能动的,而我则是能动的。人们徒然地同我争论这一点,因为这是我感觉得到的,这种感觉对我的影响,比同它相斗争的理性对我的影响更强烈,我有一个身体,其他的物体对它发生作用,而它也对其他的物体发生作用,这种相互作用是无可怀疑的;但是我的意志是不受我的感官的影响的,我可以赞同也可以反对,我可以屈服也可以战胜,我内心清楚地意识到我什么时候是在想做什么就做什么,什么时候是在完全听从我的欲念的支配。我时刻都有意志的能力,但不一定时刻都有贯彻意志的能力。当我迷惑于各种引诱的时候,我就按照外界事物对我的刺激行事。当我责备我这个弱点的时候,我所服从的是我的意志;我之所以成为奴隶,是由于我的罪恶,我之所以自由,是由于我的良心的忏悔;只有在我自甘堕落,最后阻碍了灵魂的声音战胜肉体的本能倾向的时候，我心中才会消失这种自由的感觉。

我只是通过对我自己的意志的认识而了解意志的，至于说智力，我对它的认识还不十分清楚。如果你问我是什么原因在决定我的意志，我就要进一步问是什么原因在决定我的判断，因为这两个原因显然是一个；如果你已经明白人在进行判断的时候是主动的，知道他的智力无非就是比较和判断的能力，那么，你就可以懂得我们之所以说他自由，也就是说他具有类似的能力，即由智力中演化出来的能力；他判断正确了，他就选择善；他判断错误了，他就选择恶。那么，是什么原因在决定他的意志呢？是他的判断。是什么原因在决定他的判断呢？是他的智力，是他的判断的能力；决定的原因存在于他的自身。除此以外我就不知道了。

当然，我虽然是自由的，但不能自由到竟不希求我自己的幸福，不能自由到竟愿意自己受到损害；不过，即使我这样做，我的自由也在于我只能希求适合于我的东西，或者在没有他人的影响下我估计是适合于我的东西。能不能因为我只能作为我而不能作为另外一个人，便说我不自由呢？

一切行动的本原在于一个自由的存在有其意志，除此以外，就再也找不到其他的解释了。没有意义的词，不是“自由”这个词而是“必然”这个词，要设想某种行为，某种结果，不是由能动的本原产生的，那等于是在设想没有原因的结果，等于是在恶性循环中打圈子。无论是根本就没有原动力的存在，或是一切原动力都没有任何的前因，总之，凡是真正的意志便不能不具有自由。因此，人在他的行动中是自由的，而且在自由行动中是受到一种无形的实体的刺激的，这是我的第三个信条。根据这三个信条，你就可以很容易地推论其余，因此，我就不再一一地讲了。

既然人是主动的和自由的，他就能按他自己的意愿行事；他一切的自由行为都不能算作是上帝有系统地安排的，不能由上帝替他担负责任。上帝绝不希望人滥用他赋予人的自由去做坏事，但是他并不阻止人去做坏事，其原因或者是由于这样柔弱的人所做的坏事在他看来算不得什么，或者是由于他要阻止的话，就不能不妨碍人的自由，就不能不因为损害人的天性而做出更大的坏事。上帝使人自由，以便使人通过选择而为善弃恶。上帝使人能正确地利用他赋予人的才能而做出这样的选择；但是，他对人的力量施加了极其严格的限制，以致即使人滥用他给予的自由也不能扰乱总的秩序。人做了坏事，就自受它的恶果，对世界上的万物并无影响，而且，尽管人类遇到了人所做的坏事，也无碍于它的生存。要是抱怨上帝不禁止人类作恶的话，就等于是抱怨他使人类具有优良的天性，抱怨他使人类具有使其行为高尚的道德，抱怨他使人类具有修持美德的权利。最大的快乐就是对自己感到满足，正是因为应得到这种满足，所以我们才生在这个世界上，才赋有自由，才受到各种欲念的引诱和良心的约束。还要求上帝的力量为我们做些什么呢？他会不会使我们的天性中产生矛盾，会不会奖励那些不能为恶的人去为善呢？怎么！为了防止人变成坏人，难道就要限制他只能按他的本能行事，而且成为一个畜生吗？不，我的灵魂的神灵，我绝不责难你按你的形象来创造我的灵魂，使我能像你那样自由、善良和快乐！

我们之所以落得这样可怜和邪恶，正是由于滥用了我们的才能。我们的悲伤、我们的忧虑和我们的痛苦，都是由我们自己引起的。精神上的痛苦无可争辩地是我们自己造成的，而身体上的痛苦，要不是因为我们的邪恶使我们感到这种痛苦的话，是算不了一回事情的。大自然之所以使我们感觉到我们的需要，难道不是为了保持我们的生存吗？身体上的痛苦岂不是机器出了毛病的信号，叫我们更加小心吗？死亡……坏人不是在毒害他们自己的生命和我们的生命吗？谁愿意始终是这样生活呢？死亡就是解除我们所作的罪恶的良药；大自然不希望我们始终是这样遭受痛苦的。在蒙蒙昧昧朴实无知的状态中生活的人，所遇到的痛苦是多么少啊！他们几乎没有患过什么病，没有起过什么欲念，他们既预料不到也意识不到他们的死亡；当他们意识到死的时候，他们的苦痛将使他们希望死去，这时候，在他们看来死亡就不是一件痛苦的事情了。如果我们满足于我们现在这个样子，我们对我们的命运就没有什么可抱怨的；我们为了寻求一种空想的幸福，结果却使我们遭遇了千百种真正的灾难。谁要是遇到一点点痛苦就不能忍受的话，他准定是要遭到更大的痛苦的。当一个人由于生活没有节制而搞坏他的身体的时候，他就想用医药使他恢复健康；在他所感到的痛苦之外，又加上他所惧怕的痛苦；对死亡加以预料，必然使我们对死亡感到恐怖，从而加速死亡的来临；我们愈想逃避它，我们愈觉得它在我们的身旁；因此，我们这一生是吓死的，而且在死的时候还把我们因违背自然而造成的罪恶归咎于自然。

人啊，别再问是谁作的恶了，作恶的人就是你自己。除了你自己所作的和所受的罪恶以外，世间就没有其他的恶事了，而这两种罪恶都来源于你的自身。普遍的灾祸只有在秩序混乱的时候才能发生，我认为万物是有一个毫不紊乱的秩序的。个别的灾祸只存在于遭遇这种恶事的人的感觉里，但人之所以有这种感觉，不是由大自然赐予的，而是由人自己造成的。任何一个人，只要他不常常想到痛苦，不瞻前顾后，他就不会感觉到什么痛苦。只要我们不让我们的罪孽日益发展，只要我们不为非作恶，只要不出自人为，那一切就会好起来的。

哪里是一切都好，哪里就没有不正义的事情。正义和善是分不开的，换句话说，善是一种无穷无尽的力量和一切有感觉的存在不可或缺的自爱之心的必然结果。无所不能的人可以说是把他的存在延及于万物的存在的。创造和保存是能力的永无止境的工作，它对现时不存在的事物是不发生作用的；上帝不是已死的人的上帝，他毁灭和为害于人，就会损害他自己。无所不能的人是只希望为善的[①]。可见，凡是因为有极大的能力而成为至善的人，必然是极正义的人；否则他本身就会自相矛盾，因为，我们所谓的"善"，就是由于爱秩序而创造秩序的行为，我们所谓的"正义"，就是由于爱秩序而保存秩序的行为。

人们说，上帝对他所创造的生物没有欠付任何东西。我则认为，他还欠付他在赋予他们的生命的时候所答应他们的一切东西。使他们具有善的观念，而且使他们感觉到对善的需要，这就等于是许下了要把善给予他们的诺言。我愈扪心自问，我愈领会到刻画在我灵魂中的这句话："行事正义，你就可以得福。"然而，把现在的事情拿来一看，却不像这句话所说的样子；坏人是命运亨达，而正

① 古代的人把至高的神称为"至善的至大"，这种称法是很对的；但是，如果称为"至大的至善"，那就更准确了，因为，既然他的善是来之于他的力，可见他之所以能够为善，正是由于他是很伟大的。

义的人一直是受到压迫。你看，当我们这样一直等待，以致我们的希望终成泡影的时候，我们的内心是多么的愤怒！良心终于反叛，对上帝发出怨言，它沉痛地喊道："你欺骗了我！"

"我欺骗你，这句话真说得鲁莽！是谁教你这样说的？你的灵魂被毁灭了吗？你已经不继续存在了吗？啊，布鲁土斯❶！我的儿子！在结束你高贵的生命的时候，不要给它蒙上了污点；不要让你的光荣和希望都随着你的身体遗弃在菲利普斯的战场。当你即将获得你自己的美德的报偿的时候，你为什么要说'美德是一点价值都没有的'呢？你以为你就要死了，不，你要活下去的，正是在这个时候我才履行我应许你的一切诺言。"

也许，人们根据那些没有耐心的人的怨言就说，在他们应得上帝的报偿以前，上帝就应该报偿他们，他必须预先支付他们的美德的价值。啊！我们首先要为人善良，然后才能得福。在获得胜利以前，我们不能强索奖励；在工作以前，我们不能硬讨工资。普卢塔克说："在神圣的竞技中得胜的人，并不是一进入运动场就算是胜利了的，他们必须跑完了他们的路程之后，才能把荣冠戴在自己的头上。"①

如果灵魂是无形的，那么，在身体死亡之后它也能继续存在的；如果它比身体存在得久远，那就证明上帝是无可怀疑的。即使没有其他的证据，我单单拿这个世界上坏人得意和好人受压的情形来看，也能深深相信灵魂是无形的。在宇宙万般谐和的情景中，

❶ 布鲁土斯（公元前85—前42），罗马共和党的首领，阴谋暗杀恺撒的主要分子。公元前42年，布鲁土斯被安东尼和屋大维追至菲利普斯，自杀而死；据普卢塔克说，布鲁土斯在临死的时候，曾痛苦地叫喊说："美德是一点价值都没有的！"

① 论文《我们按照伊壁鸠鲁的说法去做是不能快乐地生活的》第59节。

出现了一种这样刺目的不调和的现象，使我竭力要寻出一个答案来。我要对自己说："就我们而论，并非一切都是同生命一起结束的，在死了的时候，一切都要回到原来的秩序的。"的确，也许我自己要问到这样一个疑难："当一个人所有的可以感觉得到的形骸都消灭之后，这个人到哪里去了？"当我了解到有两种实体的时候，这个问题在我看来就不难解决了。答案很简单：在我的肉体活着的时候，由于我只是通过我的感官去认识事物，因此，所有一切不触及感官的东西都逃脱了我的注意。当肉体和灵魂的结合一瓦解之后，我想，肉体就消灭了，而灵魂则能保存。肉体的消灭为什么会导致灵魂的消灭呢？恰恰相反，由于两者的性质极不相同，所以结合在一起的时候，它们倒是猛烈地互相冲突；而结合一旦告终的时候，它们都各自返回天然的状态：有活力的能动的实体收回了它以往用去推动那没有生命的被动的实体的力量。唉！我从我所作的罪恶中清楚地体会到这个道理，一个人在一生中只不过是活了他的生命的一半，要等到肉体死亡的时候，他才开始过灵魂的生活。

但是，灵魂的生活是什么样子的呢？灵魂是不是由于它的性质而永不死亡呢？这我不知道。我有限的智力想象不出无限的东西；一切无限的东西，我是无法想象的。我对它们是加以否定还是肯定？我对我无法想象的东西讲得出什么道理来？我相信，灵魂在肉体死亡之后还能活足够的时候以保持秩序，不过，谁知道它能不能永久持续呢？我往往能够理解肉体是怎样由于各部分的分离而消灭的，但是我无法想象一个进行思想的存在也这样地毁灭；由于我想象不出它怎么能够死亡，所以我就假定它是不死的。既然这个假定能够给我以安慰，而且没有什么不合理的地方，我为什么不敢接受它呢？

我意识到我的灵魂，我通过我的感觉和思想而认识它，我虽然不知道它的本质，但是我知道它是存在着的。我不能推论我现在还没有的观念，我所知道的是，我只能通过记忆而延长“我”，为了要真实地是同一个我，我必须记住我曾经是怎样存在过。除非我同时记住我的感觉，从而也记住我所做的事情，否则在我死以后我就无法回忆我的一生；我毫不怀疑，这样的回忆将有一天使好人感到庆幸，使坏人感到痛苦。在这个世界上，有千百种强烈的欲念淹没了内在的情感，瞒过了良心的责备。道德的实践给人带来了委屈和羞辱，因而使人感觉不到道德的美。但是，一旦我们摆脱了肉体和感官使我们产生的幻觉，从而喜悦地看到至高的存在和以他为源泉的永恒的真理，一旦秩序的美触动了我们的整个灵魂，使我们诚恳地把我们已经做过的事情和应当做的事情加以比较，这时候，良心的呼声才又发挥它的力量和权威；这时候，由于对自己感到满意而产生的纯洁的欢乐，由于堕落而产生的痛苦的悔恨，将通过难以遏制的情感而看出每个人给自己预先安排的命运。我的朋友，你不要问我幸福和痛苦还有没有其他的根源；这我是不知道的；我所设想的那个根源就足以使我对今生感到安慰，而且使我希望从它那里得到来生。我的意思并不是说善良的必将得到报偿，因为，一个优秀的人物除了按自然而生活以外，还希望得到什么更好的报偿呢？但是我认为他们必然会感到快乐，因为他们的上帝，一切正义的神，既然使他们有感觉，其目的就不是为了叫他们感受痛苦，而且，由于他们在这个世界上没有滥用他们的自由，他们就没有被他们的过失弄错他们的归宿，因此，他们今生虽然遭受了苦难，他们来生是会得到补偿的。我这个看法，不是依据人的功绩而是依据善的观念得出来的，因为我觉得这种观念同神的本质是分不开的。我必须指出:秩序的法则为万物所遵守,上帝始终是忠实于他自己的[①]。

你也不要问我坏人所受的痛苦是不是无止境的,是不是由于上帝的慈悲而判他们永受折磨,这些我也是不知道的,我也没有想弄清这些无用的问题的好奇心。坏人的结果怎样,同我有什么关系?我对他们的命运是毫不关心的。我不大相信对坏人判处的痛苦是永无终止的。如果最高的正义之神要报复的话,他就要在今生报复。世上的各民族啊,你们和你们的过错就是他的使臣。他利用你们的灾难去惩罚那些酿成灾难的罪人。在你们表面上极其隆盛的时候,凶恶的欲念给你们的罪恶带来的惩罚,表现在你们欲念难填的心在遭受妒忌、贪婪和野心的腐蚀。何必到来生去找地狱呢?它就在这个世界上的坏人的心里。

我们顷刻间的需要在什么时候没有了,我们疯狂的欲望在什么时候停止了,我们的欲念和罪恶也就结束了。纯洁的心灵能沾染什么邪恶呢?既然没有什么需要,他们为什么会成为坏人呢?如果他们不让他们的感官变得很粗俗,他们就会把他们的快乐寄托于对人生的沉思,一心一意地向往善良;一个人只要不继续坏下去,他哪里会永久痛苦呢?以上是我初步的想法,不过还没有花工夫去作出结论。啊,仁慈的上帝,不论你的旨意如何,我都是很尊重的。如果你要永久地惩罚坏人,我就在你公正的裁判之前抛弃

---

① 主啊,荣耀不要归于我们,不要归于我们,
荣耀要归于你自己,要归在你的名下,
神啊,你使我们再生!
(《诗篇》,第 115 篇)

我这不充分的道理；但是，如果随着时间的推移可以让这些可怜的人消除他们心中的悔恨，如果他们的罪孽也有终止的时候，如果我们有一天大家都可同样地得到平安，那么，我也将为此而赞颂你。坏人不也是我的弟兄吗？我也受了多少次引诱去学他们的样子！只要他们摆脱了他们的痛苦的境地，他们也就可以失去同痛苦相伴随的恶意。愿他们也像我这样快乐，他们的快乐不仅不引起我的妒忌，反而使我更感到快乐。

我正是这样按上帝的业绩去默想上帝，通过在他的属性中我应当知道的那些属性去研究他的，所以我才终于逐渐地把我起初对这个无限的存在所有的不完全的和有限的观念加以扩大和发展。但是，这个观念如果愈崇高，它就愈同人的理性不相配称。随着我在精神上愈来愈接近那永恒的光明，它的光辉就使我头昏眼花，感到惶惑，使我不得不抛弃那些曾经帮助我去想象它的世俗的观念。上帝已不再是有形的和可以感觉的了，那统治世界的最高智慧并不就是世界的本身，我徒然花费我的心思去想象他不可想象的本质。当我想到是他把生命和活力赋予那能动的活的实体去统御有生命的形体的时候，当我听到人家说我的灵魂是神灵的，说上帝是一个神灵的时候，我就憎恶这种亵渎神的本质的说法，因为这种说法好像认为上帝跟我的灵魂是属于同一个性质，好像认为上帝并不是唯一的绝对的存在，不是唯一能够真正活动、感觉、思想和行使自己意志的存在，好像我们的思想、感觉、活力、意志、自由和生命不是得之于他的。我们之所以自由，正是因为他希望我们自由；他那无法解释的实体对于我们的灵魂，就像我们的灵魂对于我们的肉体是一样的。他是否创造了物质、身体、灵魂和世界，我可不知道。创造的观念在我是模糊的，是我的智力所不能理解的；不过，我既然能想象他，我就可以相信他：我知道是他创造了宇宙和一切存在的东西，我知道所有一切都是他所做的和安排的。毫无疑问，上帝是永恒的，然而我的心灵能不能理解永恒的观念呢？我为什么要拿一些我不知道其意义的词来迷惑自己呢？我所想象的是：先有上帝，而后有万物，万物能存在多么久，他就能存在多么久，而且，即使将来有一天一切都消失了，他也能继续存在的。要说什么一个我无法想象的存在赋予其他的存在以生命，这在我是模糊而不能理解的，但是，如果说“存在”和“虚无”是二而一的话，也显然是矛盾的，也明明是荒谬的。

上帝是聪明的，但他聪明到什么程度呢？人在推理的时候是聪明的，而最高的智慧则不需要进行推理；它不要什么前提，也不要什么结论，甚至连命题都不要；它纯粹是直觉的，它既能认识已经存在的事物，也同样能认识可能存在的事物；正如所有的地方在它看来只是一点，所有的时间在它看来只是一瞬间一样，所有的真理在它看来也只是一个单独的概念。人的力量要通过工具才能发挥作用，而神的力量则能自行发挥作用。上帝是万能的，因为他能行使意志；他的意志就是他的力量。上帝是善良的，这是再明显不过的了：人的善良表现在对同胞的爱，上帝的善良表现在对秩序的爱，因为他正是通过秩序来维持一切的存在和使每一个部分和整体连在一起的。上帝是公正的，这我是深信不疑的，这是他的善良的结果；人类不公正的行为是人造成的而不是他造成的；道德的混乱，在哲学家看来是上帝不存在的明证，但在我看来恰恰表明了上帝是存在的。人的公正表现在给予每一个人应得的东西；而上帝的公正表现在要求每一个人对他给予的东西付出其代价。

我对这些属性是毫无绝对的观念的,而我所以能够陆续发现它们,是由于必然的结果,是由于我好好地运用了我的理智。不过,我虽然承认这些属性,但是我并不懂得这些属性,所以实际上是等于没有承认任何东西的。即使我对自己说,上帝是这个样子,我感觉到他,体验到他,这也是徒然的,因为我并没有更好地理解到上帝怎么会是这个样子。

总之,我愈沉思他的无限的本质,我便愈不理解这个本质;但是,它确实是存在的,我知道这一点就够了,因为我愈不理解它,我反而愈崇敬它。我谦卑地向他说:“万物之主啊,我之所以能够存在,是因为你存在;我这样不断地对你思索,为的是使我明白我的根本。要想最恰当地运用我的理性,最好的办法莫过于使它听从你的旨意:我的心灵之所以这样喜悦,我柔弱的体质之所以这样可爱,正是因为我感受到了你的伟大。”

可以感知的客观事物给我以印象,内在的感觉使我能够按照我天赋的智慧去判断事物的原因;我根据这些印象和内在的感觉推出了我必须了解的重大的真理之后,我就要从其中找出哪些准则可以用来指导我的行为,哪些规律我必须遵循,才能按照使我降生在这个世界上来的神的意图去完成我在世上的使命。由于我始终是按照我自己的方法去做,所以我这些规律并不是从高深的哲学中引申出来的,而是在我的内心深处发现的,因为大自然已经用不可磨灭的字迹把它们写在那里了。我想做什么,我只问我自己:所有一切我觉得是好的,那就一定是好的;所有一切我觉得是坏的,那就一定是坏的;良心是最善于替我们决疑解惑的;所以,除非是为了同良心刁难,我们是用不着那种诡谲的论辩的。应当首先关心的是自己;然而内心的声音一再告诉我们说,损人利己的行为是错误的!我们以为这样是按照自然的驱使,而实际上我们是在违抗自然;我们一方面听从它对我们感官的指导,而另一方面却轻视它对我们良心的指导;主动的存在在服从它,而被动的存在却在命令它。良心是灵魂的声音,欲念是肉体的声音。这两种声音往往是互相矛盾的,这不是很奇怪的吗?我们应该听从哪一个声音呢?理性欺骗我们的时候是太多了,我们有充分的权利对它表示怀疑;良心从来没有欺骗过我们,它是人类真正的向导;它对于灵魂来说,就像本能对于肉体一样[①];按良心去做,就等于是服从自然,就用不着害怕迷失方向。

① 现今的哲学只讲它能够加以解释的东西,所以避而不谈这被称为“本能”的奥秘的能力,这种能力,无需任何经验,似乎就能指导动物达到某种目的。在当代最博学的哲学家中,有一个就认为本能不过是一种缺少思想内容的习惯,然而是经过思考之后才获得的习惯;按照他对这种习惯获得的过程所作的解释来看,我们就一定会得出小孩子比成年人思考的时间多的结论。这种说法真是够奇怪的,所以不值得加以研究。这里,暂不讨论这个问题,我先问一问:我的狗虽然根本不吃鼹鼠,但一心要同鼹鼠打架,它这种急切的心情应该叫什么名称;它有时候守候一个鼹鼠竟守候几个小时,它这种耐心又该叫什么名称;虽然我从来没有训练过它捕捉鼹鼠,也从来没有告诉过它哪里有鼹鼠,但它能那样巧妙地捕捉鼹鼠,它们刚从地里钻出来,它就能捉住它们,把它们抛得远远的,然后把它们咬死在那里,它这种巧妙的办法又该叫什么名称。我还要问一个更重要的问题:当我第一次吓唬这只狗的时候,它为什么要躺在地上,蜷起四只脚,做出一种最能使我心软的乞怜样子,而且,如果我不动心,还是要打它的话,它为什么还一直保持那个样子呢?怎么!我的这条狗还小得很,只不过刚刚才出生不久,难道它就已经有道德观念了吗?它也懂得什么叫仁慈和宽大吗?它从哪里学来的知识,知道这样子随我摆布,就可以缓和我的怒气呢?世界上所有的狗在这种情况下差不多都是这样做的,我在这里所讲的,每一个人都是可以实地去试验一下的。那些极其轻蔑本能的哲学家,能不能单单拿感觉的作用和我们通过感觉而获得的经验来解释这个事实,他们能不能以每一个明理的人都认为满意的方式来解释一下呢?如果可以的话,我就没有什么话可说了,我就再也不谈什么本能了。

说到这里，我的恩人看见我要打断他的话头，马上就接着说这一点很重要，叫我等他进一步把它解释清楚。

我们的行为之所以合乎道德，在于我们本身具有判断的能力。如果善就是善，那么，在我们的内心深处也应当好像在我们的行为中一样，把善看作是善，而行为正义的第一个报偿就是我们意识到我们做了正义的事情。如果说道德的善同我们人的天性是一致的，则一个人只有为人善良才能达到身心两健的地步。如果它们不是一致的，如果人生来就是坏人，那么，他不败坏他的天性，他就不能停止作恶，而他所具有的善就将成为一种违反天性的病根。如果人生来是为了要像狼吞噬动物那样残害他的同类，则一个人如果为人仁慈的话，反而是败坏天性了，正如豺狼一发慈悲，反而是失去狼性了；这样一来，我们就必然要悔恨我们做了合乎道德的事情了。

年轻的朋友啊！现在再回头来谈一谈我们自己，让我们放弃个人的利害，看一看我们的倾向将把我们带到什么地方。是他人的痛苦还是他人的快乐最能打动我们的心弦？是对人行善还是对人行恶最能使我们感到快乐，而且在事后给我们留下最美好的印象？你看戏的时候，最关心的是戏中的哪一种人？你喜不喜欢看作奸犯科的事？当你看到犯罪的人受到惩罚，你流不流眼泪？人们说："除了我们的利益以外，其他一切对我们都没有什么关系。"然而，恰恰相反，正是温存的友情和仁慈的心在我们遭受痛苦的时候能安慰我们；而且，甚至在我们欢乐的时候，如果没有人同我们分享欢乐的话，我们也会感到孤寂和苦闷的。如果人的心中没有一点道德，那么，他怎么会对英雄的行为那样崇敬，怎么会对伟大的人物那样爱慕？这种道德的热情同我们的个人利益有什么关系呢？我们为什么愿意做自杀的卡托而不愿意做胜利的恺撒呢？剥夺了我们心中对美的爱，也就剥夺了人生的乐趣。一个人的邪欲如果在他狭隘的心中窒息了这种优美的情感，一个人如果由于只想到自己，因而只爱他本人的话，他就再也感觉不到什么叫快乐了，他冰冷的心再也不会被高兴的事情打动了，他的眼睛再也不会流出热情的眼泪了，他对任何东西都不喜欢了；这可怜的人既没有什么感觉，也没有什么生气，他已经是死了。

但是，不论这个世界上的坏人多么的多，像这样除了个人的利益之外，对一切公正善良的事情都无动于衷的死尸般的人还是很少的。不公正的事情只因使人能得到好处，所以人们才喜欢去做，除此以外，谁都是希望无辜的人能够获得保障的。当我们在大街小巷看到凶暴和不公正的事情时，我们的心中马上就会激起一阵愤怒，使我们去保护受压迫的人；不过，我们受到了一种强制的义务的约束，法律不允许我们行使我们保护无辜者的权利。当我们看到慷慨仁慈的行为时，我们将产生多么敬慕之心啊！谁不在心中想道："我也要这样做呢?"两千年前的某一个人是好或是坏，当然是对我们没有多大的关系，然而我们对古代的历史仍然是那样地感到关心，好像它们都是在我们这个时代发生的一样。卡提利纳[1]的罪行同我有什么关系？是不是我怕做他的牺牲品呢？我为什么把他看作跟我同时代的人，对他感到那样的恐怖呢？我们之

[1] 卡提利纳（公元前108—前62），罗马贵族，在公元前63年企图发动政变，推翻罗马共和国，结果被以西塞罗为首的共和主义者击败。

所以恨坏人，并不仅仅是因为他们损害了我们，而且是因为他们很坏。我们不仅希望我们自己幸福，而且也希望他人幸福；当别人的幸福无损于我们的幸福的时候，它便会增加我们的幸福。所以，一个人不管愿意或不愿意都会对不幸的人表示同情；当我们看到他们的苦难的时候，我们也为之感到痛苦。即使最坏的人也不会完全丧失这种倾向，因此，他们往往使他们的行为自相矛盾。抢劫行人的匪徒见到赤身裸体的穷人也还拿衣服给他穿；最残忍的杀人者见到晕倒的人也会把他扶起来。

我们说悔恨的呼声在暗暗惩罚那些隐藏的罪行，将很快地揭露它们的真情。唉！我们当中谁不知道这种声音是令人不愉快的呢？我们是根据经验说这种话的，我们想扼杀这种使我们极其痛苦的酷烈的感觉。我们服从自然，我们就能认识到它对我们是多么温和，只要我们听从了它的呼声，我们就会发现自己做自己的行为的见证是多么愉快。坏人常常是提心吊胆的，而他一快乐，他就会得意忘形的；他带着焦急的目光环视他的四周，想找到一个供他取乐的目标；他不挖苦人和取笑人，他就感到忧郁，他唯一的快乐就是嘲笑他人。反之，好人的内心是十分恬静的，他的笑不是恶意的笑而是快乐的笑，因为他自身就是快乐的源泉；无论他是独自一个人还是在众人当中，他都是同样的高兴；他不是从他周围的人的身上取得他的快乐，相反地，他要把他的快乐传给他们。

看一看世界上的各民族，并浏览古今的历史：在许多不合乎人情的怪诞的礼拜形式中，在千差万别的风俗和习惯中，你到处都可以发现相同的公正和诚实的观念，到处都可以发现相同的道德原则，到处都可以发现相同的善恶观。古代的邪教产生了一些在世间可能被当作罪大恶极的人来惩治的丑恶的神，这些神所描述的最大的快乐是罪恶，是欲念。但是，邪恶即使具备了神威，也徒然从上天降临人间，因为道德的本能是不让它进入人类的心的。人们虽然赞赏丘比特的放荡，然而对芝诺克拉底的克制仍然是十分钦佩的；贞洁的卢克莱修敬拜无耻的维纳斯，勇敢的罗马人供奉恐惧的神，他祈求那杀害父亲的神保佑，而自己却一声不响地死在自己的父亲的手里。最可鄙的神竟受到最伟大的人的膜拜。圣洁的自然的呼声，胜过了神的呼声，所以在世上才受到尊重，它好像把一切罪恶和罪人都驱逐到天上去了。

因此，在我们的灵魂深处生来就有一种正义和道德的原则；尽管我们有自己的准则，但我们在判断我们和他人的行为是好或是坏的时候，都要以这个原则为依据，所以我把这个原则称为良心。

我到处都听见一些所谓的智者在闹闹嚷嚷地议论这句话，他们都异口同声地说这是幼稚的错误，是教育的偏见！在人的心灵中只蕴藏着由经验得来的东西，而我们完全是根据我们获得的观念去判断其他的事物的。他们做得太过分了，这些所有各个民族都普遍承认的东西，他们也敢否认；为了反驳人类的这个一致的看法，他们暗中去寻找了一些既难于理解，而且只有他们才知道的例外的情形；好像一切自然的倾向都因一个民族的败坏而全部被抹杀掉了，好像整个人类都因出现了穷凶极恶的人而不能再存在了。多疑的蒙台涅要那样辛辛苦苦地到世界的一个角落去发掘一种违背正义观念的习惯，有什么用处呢？他为什么要相信最不可靠的旅行家而不相信最有声名的著述家的话呢？世界上的各个民族，尽管在其他方面各有不同，但在这一点上大家都共同归纳了这样一个一致的看法，所以，能不能单单凭我们无法理解的地区原因所形成的一些奇怪的习惯，就可以把这个看法完全推翻呢？啊，蒙台涅，你自己夸你为人坦率，说的都是真理，要是一个哲学家真能坦率地说实在话，那就请你老实地告诉我，在这个世界上，哪一个地方的人把遵守自己的信念，把为人慈善和慷慨，看作是罪恶，而且，在那个地方，好人是受到轻视，而不忠不信的人反而受人的尊敬。

人们说，每一个人都是为了他个人的利益才赞助公众的福利的。那么，为什么好人要损自己而利大众呢？难道说牺牲生命也为的是自己的利益吗？毫无疑问，每一个人都要为自己的利益而行动，但如果不谈道德问题的话，是可以用私利去解释坏人的行为的，这样一解释，别人就不会再进一步问个究竟了。这种哲学是太可怕了，因为它将使人畏首畏尾地不敢去作善良的行为，它将使人拿卑劣的意图和不良的动机去解释善良的行为，它将使人不能不诬蔑苏格拉底和诋毁雷居鲁斯。这样的看法即使在我们中间有所滋长，自然的呼声和理性的呼声也会不断地对它们进行反驳，绝不让任何一个抱这种看法的人找到一个相信这种看法的借口。

我不打算在这里讨论形而上学，因为它超出了我和你的理解能力，所以讨论一阵实际上也得不到什么结果。我已经向你说过，我并不是想同你讲什么哲学，而是想帮助你去问问你自己的心。当举世的哲学家都说我错了的时候，只要你觉得我讲得很对，那就再好不过了。

为此，我只要使你能够辨别我们从外界获得的观念跟我们的自然的情感有什么不同就够了，因为，我们必然是先有感觉，而后才能认识；由于我们的求善避恶并不是学来的，而是大自然使我们具有这样一个意志，所以，我们好善厌恶之心也犹如我们的自爱一样，是天生的。良心的作用并不是判断，而是感觉：尽管我们所有的观念都得自外界，但是衡量这些观念的情感却存在于我们的本身，只有通过它们，我们才能知道我们和我们应当追求或躲避的事物之间存在着哪些利弊。

对我们来说，存在就是感觉；我们的感觉力无可争辩地是先于我们的智力而发展的，我们先有感觉，而后有观念[①]。不管我们的存在是什么原因，但它为了保持我们，便使我们具备了适合于我们天性的情感；至少，这些情感是天生的，这一点谁也不能否认。就个人来说，这些情感就是对自己的爱、对痛苦的忧虑、对死亡的恐惧和对幸福的向往。但是，如果我们可以毫无疑问地肯定说人天生就是合群的，或者至少是可以变成合群的，那么，我们就可以断定他一定是通过跟他的同类息息相连的固有的情感才成为合群的，因为，如果单有物质上的需要，这种需要就必然使人类互相分散而不互相聚集。良心之所以能激励人，正是因为存在着这样一种根据对自己和对同类的双重关系而形成的一系列的道德。知道善，并不等于爱善；人并不是生来就知道善的，但是，一旦他的理智使他认识到了善，他的良心就会使他爱善；我们的这种情感是得自天赋的。

① 在某些方面，观念就是感觉，感觉就是观念。这两个词都适用于我们所说的一切知觉，既适用于知觉的客体，也适用于受客体影响的我们的本身；但是，要确定用哪一个词更为适合，那就要看我们所受的影响的次序了。当我们首先想到客体，然后才回想到我们的时候，这就是观念；反之，当我们首先注意于我们得到的印象，然后才回想到造成这种印象的客体的时候，这就是感觉。

因此，我的朋友，我并不认为我们不能把良心的直接的本原解释为我们天性的结果，它是独立于理智的。要说是不能够这样解释的话，还不如说是不需要这样解释，因为，有些人虽然否认一切人类所公认的这个本原，但却无法证明它不存在，他们只能够硬说没有这个本原罢了；而我们之断言它的存在，也像他们一样是有很好的根据的，何况我们还有内心的证据，何况良心的呼声也在为它自己辩护咧。如果判断的光芒使我们眼花缭乱，把我们要看的东西弄得模糊不清，那就等我们微弱的目光恢复过来，变得锐利的时候再看；这时候，我们在理智的光辉之下马上就可以看出那些东西在大自然最初把它们摆在我们面前的时候是什么样子；说得更确切一点，那就是：我们一定要保持天真，少弄玄虚；我们必须具备的情感，应当以我们内心最初经验的那些情感为限，因为，只要我们的潜心研究不使我们走入歧途，就始终会重新使我们恢复这些情感的。

良心呀！良心！你是圣洁的本能，永不消逝的天国的声音。是你在妥妥当当地引导一个虽然是蒙昧无知然而是聪明和自由的人，是你在不差不错地判断善恶，使人形同上帝！是你使人的天性善良和行为合乎道德。没有你，我就感觉不到我身上有优于禽兽的地方；没有你，我就只能按我没有条理的见解和没有准绳的理智可悲地做了一桩错事又做一桩错事。

感谢老天，我们才摆脱了这种可怕的哲学的玄虚，我们没有渊博的学问也能做人，我们才无须浪费我们一生的时间去研究伦理，因为我们已经以最低的代价找到了一个最可靠的向导指引我们走出这浩大的偏见的迷津。但是，单单存在着这样一个向导是不够的，我们还需要认识它和跟随它。既然它向所有的人的心都发出了呼声，那么，为什么只有极少的人才能听见呢？唉！这是因为它向我们讲的是自然的语言，而我们所经历的一切事物已经使我们把这种语言全都忘记了。良心是腼腆的，它喜欢幽静；世人一吵闹就会使它害怕。有人认为它产生于偏见，其实偏见是它最凶恶的敌人；它一遇到偏见，它就要躲避，或者就缄默不语；它们闹闹嚷嚷的声音压倒了它的声音，使人们不能听到；偏执的想法竟敢冒称良心，而且以良心的名义陷人于罪行。它因为受到人们的误解而感到沮丧；它不再呼唤我们，也不再回答我们；由于我们长期地对它表示轻蔑，因此，我们当初花了多少气力把它赶走，现在也要花多少气力才把它召得回来。

在进行探索的时候，我有多少次由于内心的冷淡而感到厌倦！有多少次悲伤和烦恼把它们的毒汁倾入了我最初的沉思，使我觉得我所沉思的东西是毫无根据的！我贫弱的心对真理的爱好也是那样地缺乏热情。我对自己说："我为什么要辛辛苦苦地去寻找那并不存在的东西呢？道德上的善全属子虚，最快乐的事情莫过于官能的享受。"我们一旦丧失了使灵魂快乐的欣赏能力，是多么难于恢复啊！要是从来就没有过这种能力的话，要想具备，那就更加困难了！如果一个人竟可怜到没有做过一件使他回忆起来对自己感到满意，而且觉得没有白活一生的事情，那么，这个人可以说是缺乏认识自己的能力；而且，由于他意识不到什么德行最适合于他的天性，因此他只好一直做一个坏人，感到无穷的痛苦。不过，你相不相信在全世界能够找到一个人竟堕落到心中从来没有发生过为善的想望呢？这种想望是这样的自然和愉快，以至不可能永久地阻止它的产生；而且，只要它留下了一次快乐的回忆，就足以使它不断地呈现在我们的心中。不幸的是，这种想望在起初是很难满足的，一个人可以找得到千百种理由来违背他心中的倾向；不必要的谨慎把他紧紧地束缚在“自我”的范围内，要越过这个范围，是必须要有巨大的勇气的。为善之乐就是对善举的奖励，一个人要配得上这个奖励，才能获得这个奖励。再也没有什么东西比道德更可爱的了，但是，为了要发现它的可爱，就必须照它去实践。当我们想拥抱它的时候，它开始就会像神话中的变幻无定的海神，幻化出千百种可怕的形象，只有紧紧抱着它不放的人，才能最后看出它本来的样子。

如果没有新的光明照亮我的心，如果真理虽使我能够确定我的主张，但不能保证我的行为，不能使我表里一致，那么，我便会由于受到倾向公共利益的自然情感和只顾自己利益的理智的不断冲击，终生在这二者取一的绵亘的道路上徘徊，喜欢善，却偏偏作恶，常常同自己的心发生矛盾。有些人想单单拿理智来建立道德，这是不可能的，因为这样做，哪里有坚实的基础呢？他们说，道德就是对秩序的爱。但是，能不能够或者应不应该把这种爱置于我对我自己的幸福的爱之上呢？我倒是希望他们给我举出一个又明白又充实的理由，说明一个人宁愿这样做的原因。实际上，他们所谓的原则，不过是一种文字的游戏罢了；因为，我也可以说，罪恶也是对秩序的爱，不过这种秩序的意义是不同罢了。哪里有情感和智慧，哪里就有某种道德的秩序。不同的是：好人是先众人而后自己，而坏人则是先自己而后众人。坏人以自己为一切事物的圆心，而好人则要量一量他所有的半径，守着他所有的圆周。所以，他要按共同的圆心（即上帝）来定他的地位，他要按所有的同心圆（即上帝创造的人）来定他的地位。如果上帝不存在的话，那就只有坏人才懂得道理了；至于好人，不过是一些傻瓜了。

啊，我的孩子！当你觉察到人类思想的空虚，尝到了欲念的苦味，终于发现那光明的道路，发现那一生辛勤的代价，发现那以为是绝无希望的幸福的源泉离你是如此之近的时候，你有一天就会感觉到你放下了多么大的一个重担啊！按自然法则应尽的一切义务，差不多已经被人类不公正的行为把它们从我的心中抹掉了，而现在永恒的正义又重新把它们刻在我的心中，它把这些义务加在我的身上，而且要看着我去一一地履行。我意识到我是那至高的上帝所创造的，是他的工具；凡是幸福的事情，他就希望，他就去做，他要通过我的意志同他的意志的结合以及我的自由的正确运用而创造我的幸福。我遵循他所建立的秩序，我深深相信我有一天会喜爱这个秩序，从中找到我的幸福；因为，还有什么事情比感觉到自己在一个至善至美的体系中有一定的地位更幸福的呢？我受到了痛苦的折磨，但是，由于我想到它转瞬就会过去，想到它是来自我身外的一个物体，所以我耐心地忍受着。如果我在没有见证的时候做了一个良好的行为，我知道也是有人看见的，我把我今生的行为看作是我来生的保证。当我遇到不公平的事情时，我对自己说，治理万物的公正的上帝会补偿我所受到的损失的；我身体上的需要和我的生活上的贫困，使我认为我能够忍受死亡的来临。这样一来，在我临终的时候，我要挣脱的束缚反而会少些。

我的灵魂为什么会受制于我的感官，被我的肉体所束缚，而受它的奴役和折磨呢？这我不知道；我是不是听从了上帝的劝告呢？

我不敢冒失地说，我只能够小心谨慎地做一些揣测。我对自己说，如果人的精神一直是那样的自由和纯洁，那么，当他发现这个秩序早已建立，而且即使加以扰乱也对他毫无关系的时候，他就对这个秩序表示喜爱和遵循，这能算什么功劳呢？当然，他可以获得幸福，但是，他的幸福还不能达到最高的程度，还缺乏道德的光辉和自我的公平的见证；他至多不过是像天使那样，然而一个有德行的人当然是比天使好得多的。既然他的灵魂被一些既牢固又奇异的锁链束缚于一个可以死亡的身体，因此，由于想保存身体，就势必促使他的灵魂处处都想到他自己，使他的利益同他的灵魂所能认识和喜爱的总的秩序相矛盾；要是在这个时候，他能正确地运用他的自由，那才能算作他的功劳和报酬，如果他的自由能抵抗尘世的欲念和遵循其最初意志，那才能替他准备无穷的幸福。

即使在我们今生所处的卑贱的境地中，我们固有的倾向也是正直的，而我们的罪恶都来自我们自身，所以我们怎么能埋怨我们受到了它们的折磨呢？我们为什么要拿我们造成的痛苦和我们所武装的敌人来责备上帝呢？啊！只要我们不使人流于放纵，他就不难成为一个好人，他就可以快乐地生活，而没有什么良心不安的地方。凡是那些说自己是迫不得已才去犯罪的人，不仅是作了恶，而且又撒了谎。他们怎么不明白他们所叹息的弱点是他们自己造成的？怎么不明白他们当初的堕落是起源于他们的意志？怎么不明白由于他们自己愿意受引诱，所以到了最后要想抵抗也抵抗不了，只好投降它们呢？毫无疑问，到了这个时候已经是不由他们不做坏人和意志薄弱的人了，可是当初他们是能够决定自己不做坏人和意志薄弱的人的。唉！如果在我们的习惯尚未形成，在我们的精神刚刚开始活跃的时候，我们为了使它能够鉴别它不应该知道的事物，就使它了解它应该知道的事物；如果我们不是为了炫耀于人，而是为了按照我们的天性变成聪明和善良的人，是为了使我们在恪尽天职的时候感到快乐，而诚恳地希望我们自己受到教育，那么，即使在今天，我们也能多么容易地控制我们自己和我们的欲念啊！这种教育，在我们看来也许觉得是很令人厌烦和辛苦的，因为，当我们想受这种教育的时候，我们已经是被罪恶所败坏，已经是受到欲念的奴役了。在我们还没有分清善恶以前，我们就定了一个判断和估价的标准，并且在以后就拿这个错误的尺度去衡量一切事物，因此对任何事物都不能给予正确的评价。

在人生中有这样一个年龄，到了这个年龄，心虽然是自由的，但已经是迫切不安地渴望得到他尚不了解的幸福了，它带着一种好奇的想法去寻求这种幸福；由于它受到感官的迷惑，最后竟使他把他的目光倾注于它的幻象，以为是把它找到了，其实那里并没有他所寻求的幸福。就我的经验来说，这种幻象是持续了很长的时期的。唉！我认出它们的时候，已经是太晚了，已经不能够把它们彻底地摧毁了；只要产生这种幻象的肉体还存在，这些幻象就一直要延续下去。不过，它们再也不能够引诱我了，再也不能够毁坏我了；我已经看出了它们的真正的样子，我虽然在追随它们，但是在轻蔑它们；我不仅不把它们看作我的幸福的目标，反而把它们看成为达到幸福的障碍。我渴望这样的时刻赶快到来：那时候，由于摆脱了肉体的束缚，我将成为一个不自相冲突和分裂的“我”；那时候，我只需依靠我自己就能取得我的幸福；不久之后，我从今生就可以成为这样的人了，因为现在我已经觉得一切痛苦都无足挂齿，已经觉得这个生命差不多是同我的存在没有关系,已经觉得要取得真正的幸福,完全取决于我自己。

为了尽先使我能成为这样一种幸福、坚强和自由的人,我十分庄严地沉思,以磨炼我自己。我对这个宇宙的秩序静静地思索,其目的不是为了用虚假的学说去解释它,而是为了不断地对它表示赞美,为了对那个聪明的创造者表示崇敬,因为他使人觉得他在这个宇宙中无所不在。我同他交谈,我使我所有一切的能力都浸染了他的神圣的精华,我蒙受着他的恩惠,我感谢他和他的赐予;可是我并不对他有所祈求。我对他还有什么要求呢?要求他为我去改变事物的进程,要求他显现有利于我的奇迹吗?我,既然是应当爱他用他的智慧所建立、用他的力量所维系的秩序,胜于爱一切的东西,难道说还希望他为了我就把这个秩序弄得一团混乱吗?不,这种冒失的祈求应当受到惩罚而不能受到应许。我也不再向他要求为善的能力,我为什么还要向他索取他已经给了我的东西呢?他不是已经给我以良心去爱善,给我以理智去认识善,给我以自由去选择善吗?如果我做了坏事,我是找不到任何借口的;我只能说我做坏事,是因为我愿意做坏事。如果要求他改变我的意志,这无异乎是要求他去做他要求我做的事情,无异乎是要求他替我干活,而我去领取工资;对我自己的命运不满意,就等于是不想做人,就等于不要我而要其他的东西,就等于是希望秩序混乱和灾祸来临。正义和真理的源泉,慈爱的上帝啊!由于我信赖你,所以我心中最盼望的是你的意志得到实现。当我把我的意志和你的意志联合起来的时候,我就能够做你所做的事情,我就能够领受你的善意;我深信我已经预先享受到了最大的幸福——善良的行为的奖励。

在对我自己的正当的怀疑中，我向他要求的唯一的一件事情，说得确切一点，我等待他裁判的唯一的一件事情，就是：如果我走入了歧途，犯了一个有害于我的错误，我就请求他纠正我的错误。为了诚恳地做人，我不相信我是绝对没有错误的；当我以为我的看法是最正确的时候，也许我这些看法恰恰就是很荒谬的；因为，哪一个人不硬说他的看法对呢？可是有多少人是样样都看的准呢？幻象虽然是来自我的本身，但它也休想陷我于错误，因为，单单依靠上帝，就可以把它消除。为了达到真理，我能够做的事情我都做了；不过，真理之源是太高了，如果我没有力量再向前行进，能怪我错了吗？这时候，它就应当走到我的身边了。

那善良的牧师热情地说完了这一番话，他很激动，我也很激动。我好像听到了圣明的奥菲士[1]在唱他的最美妙的赞歌，在教导人们要敬拜神灵。虽然我觉得可以向他提出许多相反的意见，但是我一个也没有提，其原因并不是由于这些意见有欠稳妥，而是由于它们将令人感到迷惑，何况我内心的倾向是赞同他哩。他是本着他的良心向我述说的，因此我的良心也好像在叫我要相信他告诉我的这些话。

“你刚才向我阐述的这些见解，”我向他说道，“在我看来是很新颖的，但是，它们之所以显得新颖，与其说是由于它们阐明了你以为你相信的东西，倒不如说是它们表述了你承认你不知道的东西。我觉得它们讲的是一神论，即自然的宗教；这种宗教，基督徒企图把它同无神论即不信教的主张混为一谈，其实这两者的宗教

[1] 奥菲士，希腊神话中的诗人和音乐家，据说是阿波罗和司史诗的女神卡里奥珀的儿子；他所吟诵的诗歌能感动木石，使野兽也听得入迷。

观点是截然相反的。不过，就我目前的信仰的程度来看，我要接受你的看法，就必须提高而不是降低；我发现，除非我也像你这样聪明，否则要恰好达到你现在的程度是很困难的。为了至少要像你这样的至诚，我想商诸我自己的心。根据你的事例来看，我应当凭我内在的情感来指导我的行为；而你亲自告诉过我，在长时期迫使它沉默不语之后，要把它招回来，那就不是一朝一夕可以办得到的。我将把你所说的话牢记在心，加以深思。如果在深思之后，我也像你这样深信无疑的话，你便是最后一位向我传布宗教的使者，而我终生将做你的门徒。因此，请你继续教导我；我应当知道的东西，你只向我讲了一半。请你再向我讲一讲神的启示，讲一讲《圣经》，讲一讲我从小时候起就迷惑不解的艰深的教理；因为我既不能理解它们，也不能相信它们，不知道是应该接受还是拒绝接受。”

“好，我的孩子，”他一边拥抱我，一边说道，“我把我所想的东西全都告诉你，我绝不把我心里的话只向你透露一半；不过，要我对你毫不保留，那就需要你向我表示你愿意听我。到现在为止，我向你所讲的只不过是我认为对你有用的东西，只不过是我深深相信的东西。我往后要谈到的东西，那就完全不同了；我发现它简直是令人迷惑，神秘难解；我不能不对它表示怀疑和轻蔑。我只好怀着战栗的心情决定讲一讲；我向你所讲的，与其说是我的看法，不如说是我的怀疑。如果你自己有更坚定的看法，我倒要犹豫一下是不是要把我的看法告诉你；不过，就你目前的情况来说，你像我这样思想是有好处的[①]。此外，你应当把我所讲的这些话诉诸理

① 这句话，我认为是这位善良的牧师说给大家听的。

智的判断，因为我不知道我是不是错了。要一个人在发表议论的时候常常采取断然的语气，那是很困难的；不过，请你记住：我在这里所断言的，完全是我的怀疑的理由。请你自己去寻找真理，我只能说我对你完全是一片真诚。

“你认为我所讲的只是对自然宗教的信仰，然而奇怪的是，我们还需要有另外的信仰啊！我从什么地方看出有这种需要呢？在按照上帝赋予我的心灵的光明和他启发我的内心的情感而奉承上帝的时候，我怎么会犯什么错误呢？既然有实证的教义，我是否就能够从中推论出某些纯洁的道德和对人有用、对上帝增光的教义呢？没有这种教义，从正确运用我的能力中是推论不出什么的。为了上帝的荣耀，为了社会的幸福和我自己的利益，请告诉我，除了完成自然法则的天职以外，还有哪些天职；同时再告诉我，一种新的信仰既然不是由于我所崇奉的宗教产生的，那么，你从这种新的信仰中可以领会到哪些道德呢？我们对上帝的深刻的观念，完全是来自理性的。你看一看那自然的景象，听一听那内心的呼声。上帝岂不是把一切都摆在我们的眼前，把一切都告诉了我们的良心，把一切都交给我们去判断了吗？还有什么东西需要由人来告诉我们呢？由人来启示，是一定会贬低上帝的，因为他们将把人的欲念说成是他的欲念。我认为，狭隘的教义不仅不能阐明伟大的存在的观念，反而把这种观念弄得漆黑一团；不仅不使它们高贵，反而使它们遭到毁伤；不仅给上帝蒙上了许多不可思议的神秘，而且还制造了无数荒谬的矛盾，使人变得十分骄傲、偏执和残酷；不仅不在世上建立安宁，反而酿成人间的烧杀。我自己虽然在自问这一切有什么用处，但是得不到回答。我在其中看到的，尽是世人的罪恶和人类的痛苦。

“有人告诉我说，需要有一种启示来教育世人按上帝喜欢的方式去敬拜上帝，他们拿他们所制订的各种各样稀奇古怪的礼拜形式来证明这一点，然而他们不明白，礼拜形式之所以千奇百怪，正是由于启示的荒唐。只要各国人民想利用上帝说话，那么，每一个国家的人都可以叫上帝按他们自己的方式说他们自己想说的话。如果大家都只倾听上帝向人的内心所说的话，那么，在这个世界上从今以后便只有一种宗教了。

“敬拜的形式应当是一致的；这一点我很赞同，不过，这一点是不是就重要到非要借神所有的一切权能来规定不可呢？我们不能把宗教的仪式和宗教的本身混淆起来。上帝所要求的敬拜，是心中的敬拜，只要这种敬拜是至诚的，那就是一致的了。在心目中想象上帝对牧师所穿的衣服的样子，对他说话时候的措辞，对他在祭坛上所做的姿势，对他的各种跪拜样子，都感到极大的兴趣的话，那简直是空想得发了疯。唉！我的朋友，即使你多么高大就多么笔直地站着，你和地面也是很接近的。上帝所希望的，是受到人们精神上真实的敬仰，这是一切宗教、一切国家和一切民族都应有的一个天职。至于外表的形式，即使是为了井然有序而应该一致的话，那也纯粹是一个规矩上的问题，根本就用不着什么启示的。

“我开始并不是从这些问题着手思考的。由于教育的偏见和常常使人想超出其本分的危险的自私心把我迷惑住了，不能使我微弱的思想达到那至高的存在，因此，我竭力想把他降低到我这个地位。我企图想缩短他在他的天性和我的天性之间留下的无限远的距离。我希望和他更直接地心灵相交，希望得到更特别的教导；由于我不愿意为了在同胞当中使自己得到特殊的恩典就把上帝看得同人一个样子，所以我想获得一些超自然的光；我希望获得一种独有的信仰，我希望上帝把他向别人没有讲过的话都告诉我，换句话说，我希望别人不能像我这样听到他的声音。

“由于我把我所得出的论点看作一切信神的人为了取得更清楚的信仰而应当共同具备的出发点，因此，我从自然宗教的教义中所找到的只是整个宗教的原理。我心里思考过这个世界上的各种教派，思考过它们互相攻击，说对方是胡言乱语；我问：‘到底是哪一个教派好呢？’每一派都回答说：‘我这一个教派好，只有我和我这一派人的想法才对，其他各派都错了。’‘你怎样知道你这一派好呢？’‘因为上帝这样说过[①]。’‘谁告诉你上帝这样说过？’‘我的牧师，他知道得很清楚。我的牧师教我这样信仰，我就这样信仰；他向我保证说，所有同他的说法不一样的人都在撒谎，所以我就不听

① “一位善良和聪明的牧师说：‘所有的人都说他所拥护和信仰的教派（大家都用的是这个莫名其妙的词）不是人的，也不是任何生物的，而是上帝的。’

“不过，要是不阿谀奉承或隐瞒真意，而是老老实实地说实话，那么，我们可以说：没有哪一个教派是上帝的；不管他们怎样说，各教派都是靠人和人的手段来维持的；第一个证据是，当初宗教是以什么方式授之于世人，现在还天天是那样传授于每一个人；一个民族或国家或地方都可以产生一个宗教，因此，一个人究竟信什么教，那就要看他生长在什么地方。早在我们还不知道我们是人以前，我们就已经受了割礼或洗礼，就已经成为犹太教徒或回教徒或基督教徒了；究竟信什么宗教，那是不由我们挑，不由我们选的；其次一个证据是，人的生活和风俗同宗教是多么地不相配合，而且，由于一点点人为的细小的原因，一个人竟公然违反他那个宗教的教规。”（夏隆：《论智慧》，第2卷，第5章，第257页，波尔多版，1601年。）

看来，这位孔东的有德行的神学家所作的诚恳的表白，同萨瓦的牧师的表白是差不多的*。

* 在夏隆以前，蒙台涅也抒发过这种思想，而且还提出了同样的说法：“我们之所以是基督教徒，是由于我们是佩里哥廷人或日耳曼人。”（蒙台涅：《论文集》，第2卷，第12章。）

他们的话。’

“怎么！我心里想道:真理不是一个吗？难道说在我看来是真的,而你看来竟是假的？如果走正确道路的人和陷入歧途的人所用的方法是相同的,那么,哪一种人的功劳或过错更多呢？他们的选择是由于偶然的影响,把过错推在他们身上是不公平的,这样做,等于是对一个人之所以奖励或惩罚,是因为他出生在这个或那个国家。谁胆敢说上帝是这样裁判我们的,那简直就是在污辱他的公正。

“要么所有的宗教在上帝看来都是好的,都是他所喜欢的,否则,如果他预先给人类选定了一个宗教,如果人类不相信他所选定的宗教就要受到惩罚的话,上帝就会使那个宗教具有一些鲜明而确切的标记,以便使人类能够辨别它是唯一的真正的宗教;因此,这些标记在任何时候或任何地方,无论是老是幼、是智是愚,是欧洲人还是印度人、非洲人或野蛮人,都同样可以明明白白地看得出来。如果在世界上有那么一个宗教,谁不信仰它谁就会受到无穷的痛苦;又如果在这个世界上的某一个地方,有那样一个诚心的人从来没有看到过这种宗教的证据,可见这种宗教的神是最不公正的、是最残忍的暴君。

“因此,我们要真心诚意地去寻求真理,我们绝不能让一个人因其出身而得到什么权利,绝不能让做父亲的或做牧师的人具有任何权威,我们要把他们从小教给我们的一切东西付诸良心和理智的检验。他们徒然地向我呐喊:‘扔掉你的理性吧！’让骗我的人爱怎样说就怎样说好了,反正要我扔掉我的理性,就必须要他们说出是什么理由。

"通过对宇宙的观察和正确地运用我的能力而由我自己学到的全部神学,都概括在我向你讲的这一番话里了。要想知道得更详细,那就要借助于特殊的手段。这些手段不能是人的权威,因为大家都同我一样是人,一个人天生就知道的所有一切东西,我也是能够知道的,何况别人也像我一样会弄出错误哩;即使我相信他的话,其原因也不是由于那句话是他说的,而是由于他证明了他那句话是对的。因此,人的见证归根到底也只能是我自己的理性的见证,也只能是上帝为了我去认识真理而赋予我的自然的手段。

"真理的使徒,我不能单独判断的事物有哪些是需要你告诉我的?上帝已亲自说过了,请你听他的启示。这是另外一回事情。上帝已经说过了!这句话的意思实在是很笼统。他向谁说的?他向世人说的。我为什么一点也没有听见呢?他已经委托别人向你传达他的话了。我明白了:是人来向我传达上帝的话。可是我希望听到他亲口说出的话,这样做,既不多花费他的力气,而我也可以免受别人的引诱。他会保证你不受别人的引诱,因为他已经表明了他的使者所负的使命。怎么表明的呢?用奇迹表明的。奇迹在哪里?在书里。谁做的书?人做的。谁看见过这些奇迹?给奇迹作证的人。怎么!又是人在作证!又是人来向我传达他人所讲的话!在上帝和我之间怎么有这样多的人呀!让我们随时观察、比较和证验好了。啊!要是上帝不叫我受这些麻烦的话,我敬奉他的心哪里会这样不虔诚呢?

"我的朋友,你看,我谈到这里的时候,已经涉及多么可怕的问题了;我必须具备多么渊博的学识才能追溯那遥远的古代,才能考察和对证一切预言、启示、事实和传播在世界各地的宣扬信仰的不朽著作，才能确定它们的时间、地点、作者和经过！我必须要有多么正确的鉴别能力，才能把真实的和假造的文献加以区分，才能把反驳和答辩的言辞以及译文和原文加以比较，才能判断证人是不是公正和具有良知及智慧，才能知道其中是不是有所删节和添加，是不是有所调换、更改和伪造，才能挑出其中的矛盾，才能判明我们向对方提出证据确凿的事实时他们怎样会保持沉默，才能判明他们是不是知道我们的这些看法，才能判明他们对我们的看法是不是加以足够的重视和愿意回答，才能判明书籍是不是相当的普遍，使我们的书也为他们所阅览，才能判明我们是不是也好心好意地让他们的书在我们当中流传，让他们完全保持他们强烈的反对的意见！

“只要承认所有这些不朽的著作是无可争论的，跟着就要进而证实这些著作的作者确实负有上帝的使命；必须知道因果的法则和偶然的可能，才能判断哪些预言没有奇迹就不能实现；必须知道原话的精神，才能辨别其中哪些是预言，哪些是辞令；必须知道哪些事实符合自然的秩序，哪些不符合自然的秩序，才能指出一个狡猾的人能够把老实的人迷惑到什么地步，把聪明的人惊吓到什么地步；必须揭示一个奇迹的特征和可靠的程度，其目的不仅是为了使人相信它，而且还为了说明谁如果怀疑就应当受到惩罚；必须把真的和假的奇迹的证据加以比较，找出其可靠的规律，以便对它们加以识别；最后还必须说明上帝为什么好像是为了愚弄人的信心，好像是故意不采用真正的说服手段，才偏偏要挑选一些其本身都十分需要加以证验的手段去证验他所说的话。

“即使尊严的上帝是很谦卑，愿意使一个人成为传达其神圣意志的中介，但是，在尚未使整个人类知道哪个人配做一个中介的时候，就硬要人们听从他的话，是合理的吗？是做得恰当吗？他在少数几个浑浑噩噩的人面前虽然是做了一些特殊的奇迹，然而其他的人对他所做的奇迹并未眼见，只是听诸传闻，所以，单单以这几个奇迹构成他值得相信的证据，是不是对呢？无论在世界上的哪一个国家，如果把平民百姓和头脑单纯的人所说的他们亲眼见到的奇迹都信以为真，那么，每一个教派便都是一个好教派；这样一来，奇迹的数目就会比天然发生的事情还多，而在一切奇迹中为头一个大奇迹也许就是：在那个国家尽管有被迫害的狂信的教徒，但始终没有出现过任何的奇迹。只有大自然中不可改变的秩序才能给人们指出那掌握自然的睿智的手；如果真有许多例外的情形的话，那我就不知道应该怎样想法了；就我来说，我对上帝是太相信了，所以，要我相信那些同他极不相称的奇迹，是不可能的。

“假定有一个人来告诉我们说：世俗的人们啊，我现在向你们宣布至高的上帝的旨意，你们要把我的话当作那派遣我来的上帝的话来听，我要命令太阳改变它的行程，命令星星重新安排它们的位置，命令高山变成平地，命令江河的流水上升，命令地球换一个样子。一看到这些奇迹，谁还不马上把他看作是自然的主宰呢？大自然是绝不听命于骗子的，他们的奇迹是在十字街头、穷乡僻壤和私室中搞出来的，只有在这些地方他们才能骗得少数轻信的观众上他们的当。谁敢向我说一说需要有多少目睹的见证才足以使一个奇迹令人信服？你的奇迹是为了证明你的教义而搞出来的，但如果它们本身也需要证明的话，那有什么用处呢？反而不如不搞奇迹的好。

“对宣讲的教义也需要加以最严格的考察，因为，既然有些人说上帝在这个世界上所行的奇迹有时候被魔鬼所模仿，所以，即使见到了经过很好的证验的奇迹，我们也是不能因此就比从前更有所领悟的；而且，既然法老❶的巫师甚至敢当着摩西❷的面做摩西奉上帝的命令而行的奇事，所以，当摩西不在的时候，他们怎么会不以同样的名义说他们具有同样的权威呢？因此，用奇迹证明了教义之后，又必须用教义来证明奇迹①，以免把魔鬼的奇迹当作上帝的奇迹。你觉得这个两端论法对不对呢*？

“这个教义既然是来自上帝，就应当具有上帝的神圣的特征；它不仅应该把人们的论辩在我们心灵中留下的混乱的观念加以澄

❶ 法老，古代埃及帝王的称号。

❷ 摩西，基督教《圣经》中的以色列人的先知和立法者。

① 在《圣经》上，有很多地方都明确地谈到这一点，其中如《申命记》第13章有一段说，如果哪一个宣扬邪神的先知用奇迹来证明他所说的话，而他所预言的事又果真发生，那么，我们不仅不应该听信他，而且应该把他处死。如果基督的使徒去向异教徒宣扬上帝，并且用预言和奇迹证明他们的使命，因而遭到了异教徒的杀害，我认为，这时候要是我们依据什么理由去反对他们，他们也马上会拿同样的理由来反驳我们的。在这种情况下应该怎么办呢？唯一的办法是，大家又回头来谈道理而不谈奇迹。最好是，在谈道理的时候根本就不提什么奇迹。本来是最简单的常识，只因使用了一些非常微妙的话来讲，反而使人不明白了。基督教的教义就是很微妙的！不过，如果要具备许多智慧才能懂得耶稣基督的教义，才知道要信仰上帝，那么，耶稣就不该把天国应许给头脑简单的人，就不该在开始庄严地讲道的时候首先就祝福心智贫弱的人。如果你能提出使我信服的证明，那一切都好办了；但是，为了要向我证明这一点，你说的话就必须要我懂得，就必须按照一个心智贫弱的人的能力来述说你的道理，否则我就不承认你是你的老师的真正的门徒，就不承认你讲的是他的教义。

* 这在逻辑学上称为媒辞，通过这种媒辞可以使一个论点发生恶性循环：用一个本身就不确切的东西去证明另外一个本身也是不确切的东西，然后，再倒过来用后者去证明前者。两端论法是怀疑论者或信从希腊哲学家皮罗的学说的人最喜欢用的论法，而且据培尔说，也是那些反对教理论者的人所使用的最令人难以应付的论法。

清，而且还应当给我们订立一种崇拜的仪式，给我们树立一种道德，给我们订立一些合乎上帝的属性的行为准则，因为我们是独一无二地通过这些属性去想象他的本质的。所以，如果这种教义告诉我们的尽是一些荒谬而不合道理的东西，如果它使我们对同胞产生恶感，对我们本身产生恐怖，如果它给我们描绘的上帝是那样的愤怒、妒忌、动不动就要报复，而且又是那样的不公正，那样的憎恶人类，那样的好战好斗，时刻准备着要毁灭和摧残人类，时刻在那里说要给人以折磨和痛苦，时刻在那里夸口他对天真无辜的人也要进行惩罚，那么，我的心是绝不会去亲近那样一个可怕的上帝的，我自己是绝不抛弃自然宗教而去皈依那种宗教的，因为，正如你所知道的，我们不能不有所选择。我将对那个教派的人说：'你们的上帝不是我的上帝。'无论哪一个上帝，要是他单单只挑选一个民族而排斥其他的人类的话，他就不是人类共同的父亲；要是他使最多数的人注定要遭受永恒的痛苦，他就不是我的理性所告诉我的慈悲和善良的神。

"理性告诉我说，教义应当是讲得十分的明白和畅晓，应当以它们的真实而打动人心。如果说自然宗教还有缺陷的话，那就是它采用了晦涩的语言向我们讲述伟大的真理。当它利用启示给我们指示真理的时候，它应当采取人的心灵可以明白的方式，它应当使真理能够为人所了解，使他对它们加以思考，从而深深地相信它们。因为，信念之所以坚定不移，正是由于经过了理解；一切宗教中最好的宗教一定是最为明白的；对我宣扬宗教的人要是使宗教带上矛盾和神秘的色彩，反而使我对那个宗教发生怀疑。我所敬拜的上帝，不是一个黑暗的上帝；他既然给我以理解的能力，便绝不会禁止我利用这种能力；因此，谁要我抛弃我的理智，谁就是在侮辱创造理智的神。真理的传播者不仅不压制我的理智，反而会启发我的理智。

“我们已经抛弃了所有一切人的权威，没有这种权威，一个人要拿不合道理的教义向另外一个人去传布，是怎么也不会把那个人说得信服的。我们且让这两个人争吵一会儿，听一听他们在双方都习以为常的粗暴的语言中说些什么。

“通神意的人：‘理性告诉你说整体比部分大，可是我代表上帝告诉你，是部分比整体大。’

“推理的人：‘你是什么人，竟敢向我说上帝是自相矛盾的？我到底是相信哪一个好，是相信那通过理智来教我以永恒的真理的上帝，还是相信借他的名义向我发表谬论的你？’

“通神意的人：‘相信我，因为我得到的谕言比较确实；我将千真万确地向你证明是他派我来的。’

“推理的人：‘怎么！你要向我证明是上帝派你来反驳他自己？你能拿出什么样的证据使我确实相信上帝是通过你的嘴而不是通过他赋予我的理解力向我讲话的？’

“通神意的人：‘他给你的理解力！渺小而狂妄的人呀！你好像是一个大不虔敬的人，已经被罪恶所败坏的理智引入歧途了！’

“推理的人：‘上帝派来的人呀，你也不过是一个大恶棍，把自己的傲慢说成是你的使命的证据。’

“通神意的人：‘怎么！哲学家也骂人啦！’

“推理的人：‘有时候也骂的，因为圣人已经作出了骂人的榜样。’

"通神意的人:'啊!我,我有骂人的权利,我是代表上帝说话的。'

"推理的人:'在利用你的特权以前,最好是先把你的凭证拿出来看一看。'

"通神意的人:'我的凭证是真真实实的,天地都可替我作证的。现在,请你仔细地听一听我的论证。'

"推理的人:'你的论证!你的话是没有通过思想的。你说我的理性欺骗了我,这岂不是等于否定它可以帮你说话吗?谁不愿意服从理性,谁就不应该利用理性来说服他人。因为,假使在论证的过程中你说服了我,我怎么知道我之所以接受你向我说的话,不是由于我那个被罪恶败坏的理性叫我相信的呢?再说,你所提出的证据,你所阐述的道理,哪一个是比它们企图加以驳斥的不言自明的道理更清楚呢?要是部分大于整体这个说法是可以相信的话,那么,我们也可以认为精确的三段论法是一片谎言了。'

"通神意的人:'那是有很大的区别的!我的证据是无可辩驳的;它们是超自然的。'

"推理的人:'超自然!这是什么意思?我不懂。'

"通神意的人:'它的意思是指自然的秩序中的变化、预言、奇迹和各种各样的奇事。'

"推理的人:'奇事!奇迹!这些东西我从来没有见过。'

"通神意的人:'其他的人替你看见过了,证人多得很……各国人民都可作证……'

"推理的人:'各国人民的见证是不是超自然的呢?'

"通神意的人:'不是;不过,既然大家都异口同声地这样说,所

以也就是不可争辩的了。’

“推理的人：‘除了理性的原理以外，其他再也没有什么东西是不可争辩的，在人们所作的见证上，是不容许有一点含糊的。再说一次，我们要看一看超自然的证据，因为人类的见证并不是超自然的。’

“通神意的人：‘啊，你这狠心的人，圣恩是不会向你说话的。’

“推理的人：‘这不是我的过错；因为，照你的话说，一个人必须在已经获得圣恩之后才能要求圣恩。现在既然没有得到圣恩，就请你给我讲一讲吧。’

“通神意的人：‘唉！我正在讲着哩，可是你不听。你对预言有什么看法？’

“推理的人：‘我认为，首先，正如我没有看见过什么奇迹一样，我也没有听到过什么预言。其次，任何预言都休想叫我听信它。’

“通神意的人：‘魔鬼的仆人！为什么预言不能叫你相信它？’

“推理的人：‘因为，要我相信它，它就必须具备三个条件，而这三个条件是不可能配合在一起的。这三个条件是：要使我亲自听到预言；要使我亲自见到事情的经过；要给我证明这件事情绝不是同预言偶然符合的；因为，即使预言比几何学的定理还精确和明白，但是，既然随随便便作出来的一个预言有实现的可能，则它即使实现，严格说来也不能证明那个事情就是作预言的人所预言的。

“‘所以你现在可以看出，你所谓的超自然的证据、奇迹和预言是怎样一回事情了。这完全是因为他人相信那些东西，你自己就相信那些东西，这完全是使人的权威凌驾于那启发我的理性的上帝的权威之上。如果我心灵中所怀抱的永恒的真理能容许任何损坏的话，那就再也没有什么东西是我可以相信的了；我不仅不相信你是代表上帝向我说话，而且甚至还不敢肯定他是不是存在。'

"我的孩子，你看，困难真是够多的，而且这还不是全部的困难咧。在许多互相取缔和互相排斥的各种宗教中，只有一种宗教是正确的，如果其中确有一种宗教是正确的话。为了找到这种正确的宗教，只对其中的一种宗教进行研究，那是不够的，必须把所有一切的宗教都拿来研究一番；而且，不论什么问题，我们没有弄清楚，就不应该说别人是错了[①]，必须把反对的意见和证据加以比较，必须了解一方对他方进行的攻击，以及他们对攻击有什么反应。我们愈是觉得一种说法说得很对，我们就愈是应该研究为什么有那样多的人不能发现它是对的。如果认为仅仅听一方的学者的意见就能够了解对方的论点，那就想得太简单了。哪一个神学家敢说他是诚实的？哪一个人不是采取削弱对方的手段来进行辩驳的？每一个人在自己这一派的人当中都是很出色的，不过，在自己一派的人当中虽然是议论风生，洋洋得意，但要是他把同样的话拿到对方去说，那就会大出其丑的。你如果从书本上去了解，那你要具备多大

① 普卢塔克说，斯多噶学派的人有一种不同于其他各种怪论的论调，他们认为，在判断互相矛盾的争论的时候，是无须听取双方的意见的，其原因，据他们说，或者是由于甲方已经证明了他们的说法，或者是由于他们没有证明他们的说法；如果他们已经证明了，那事情就算是全部清楚了，就应该谴责对方了；如果他们没有证明，那他们就算是错了，就应该服输了。我认为，所有那些只承认一种启示的人所采用的方法，同斯多噶学派的人所采用的方法是很相像的。当每一方都自称只有他们所说的话才是有道理的时候，为了要在他们中间进行选择，就必须听取所有各方的论点，否则就是不公平的。

的学问呀！要学会多少种语言呀！要翻查多少典籍呀！要读多少书呀！谁来指导我进行选择呢？在一个国家里，要想找到对方的好书，那是很困难的，至于要找到所有各派的好书，那就更加困难了，而且，即使找到了，也马上有人说它们不值一读的。不用心的人总是会弄错的，所以，只要你用自信的口吻陈述坏道理，而以轻蔑的口吻陈述好道理，也可以轻而易举地把好道理一笔抹掉的。此外，再没有什么东西比书籍更欺骗人的了，再没有什么东西比它们更不忠实地表达作者的情感了。如果你想根据博胥埃❶的著作去了解天主教的信念，那么，你在我们当中生活一段时间之后，你就会发现你这种想法是大错而特错的。正如你所看到的，他用来反驳新教徒的那种教义，根本就不是他向一般人所讲的那种教义，博胥埃所写的书和他在讲坛上所讲的道理是大不相同的。* 为了要正确地判断一种宗教，便不应当去研究那个宗教的教徒所写的著作，而应当到他们当中去实地了解，从书本上研究和实地去了解是有很大的区别的。每一种宗教都有它自己的传统、意识、习惯和成见，这些东西就是它的信仰的精神，必须把它们联系起来，才能对那种宗教进行判断。

“有多少伟大的民族既不刊印也不阅读我们的书啊！他们怎

❶ 博胥埃(1627—1704)，法国神学作家，天主教反动势力和专制政体的思想家。

* 这里所说的博胥埃的著作是《天主教教义解说》，这本书曾再版二十余次，在欧洲各国都有译本。最好的版本是勒克神甫于1761年印行的12开本，其中附有弗勒里神甫的注释和拉丁文译文。

能判断我们的看法呢？我们又怎能判断他们的看法呢？我们嘲笑他们，而他们也轻蔑我们†；如果我们的旅行家把他们作为笑料，他们的旅行家只需到我们这里来走一趟，也会把我们作为笑料的。哪一个国家没有为了传布宗教而力求了解宗教的贤明的人、忠厚诚实的人、真理的朋友呢？然而，每一个人都是按自己的信仰去认识宗教的，认为其他各国所信的宗教都很荒谬；外国的宗教并不像我们所想象的那样怪诞，换句话说，我们在我们的宗教中听到的道理也是不足为信的。

“在欧洲我们有三种主要的宗教。其中的一种宗教只承认一种唯一的启示，而另一种宗教则承认两种启示，第三种宗教则承认三种启示。每一种宗教都在那里憎恶和咒骂另外两种宗教，指责它们盲从、狠毒、顽固和虚伪。任何一个公正不偏的人，如果不首先衡量一下它们的证据，不听一听它们的道理，敢对它们进行判断吗？只承认一种启示的那种宗教，是最古老的，而且似乎是最可靠的；而承认三种启示的宗教，是最新的，而且似乎是最始终一致的；至于那承认两种启示而否认第三种启示的宗教，也许是最好的宗教，不过，它当然是具有种种否定其自身的成见的，所以一眼就可看出它前后是矛盾的。

“在三种启示中，所有的经书都是用信教的人所不认识的文字写的。犹太人不懂希伯来文，基督徒不懂希伯来文和希腊文，土耳其人和波斯人都不懂阿拉伯文，而现今的阿拉伯人自己也不说穆

† 在其他版本作：“……他们也轻蔑我们：他们不明白我们所讲的道理，而我们也不明白他们的道理，如果……”

罕默德所说的那种话了。用大家根本就不懂得的语言去教育人，这岂不是一个很笨的教法！有人也许会说：'这些书都已经翻译出来了。'回答得真好！不过，谁能保证这些书的译文都是很忠实的，谁能保证它们完全可以忠实于原文？既然上帝肯同世人说话，他为什么要人来替他翻译呢？

"我绝不相信一个人所必须知道的东西经书上全都有了，我也不相信一个人由于看不懂经书或者找不到懂得经书的人，就会因为这样一种并非出自本心的无知而受到处罚。说来说去还是书！真是成书癖了！我之所以这样反复地谈到经书，是因为欧洲到处是经书充斥，是因为欧洲人在把经书看作是不可缺少的东西的时候，没有料到在这个世界的四分之三的土地上还有人压根儿没有看见过经书哩。所有的书不都是人做的吗？一个人为什么要在读过经书之后才能懂得他的天职呢？在没有经书以前大家又是凭什么办法知道他的天职的呢？要么，由他自己去领悟他的天职，否则就让他不知道好了。

"我们的天主教徒在大谈其教会的权威；但是，正如其他的教派必须罗列多少证据才能直接地证实它们的教义，天主教徒也必须同样地罗列多少证据才能证实他们具有这种权威，所以，这样地闹嚷一阵有什么用处呢？教会断定教会有作决定的权利。这岂不是一个打不破的权威！深入一步，你就会明白我们讨论的全部问题了。

"你可知道有许多基督教徒在煞费苦心地仔细研究犹太教在哪些事情上对他们提出非难吗？如果有人对犹太教所非难的事情略有所知的话，那也是从基督教徒的著作中知道的。好一个了解他们对方的论点的办法啊！不过，怎样办呢？如果有人敢在我们这里印行一些公开替犹太教辩护的书[†]，我们就要惩罚书籍的作者、出版者和发售的书店。为了要始终说自己是对的，就得采取这个既简便又可靠的办法。要反驳不敢说话的人，那是很容易的[①]。

"在我们中间可以同犹太人进行交谈的人也不可能获得更多的了解。可怜的犹太人知道他们的命运是操在我们的手里的；在我们施行的暴政之下，他们已经变得很胆怯；他们知道基督教虽然是讲慈善，但不因此就不做出不公平和残酷的行为；他们既然怕我们指摘他们亵渎神明，还敢说什么话呢？贪心给了我们以激情，而他们由于没有过错，反而很富有。最有学问和最有见识的人总是很谨慎的。你可以使某一个穷苦的人背弃他的宗教，拿钱收买他去诋毁他的宗教，你可以叫几个拾破烂的人出来讲一番话，他们将为了讨好你而对你屈服；你可以利用他们的无知和怯懦而制服他们，而他们的学者也会悄悄地讥笑你们的无能。但是，在他们觉得安全的地方，你们以为也可以这么容易地对付他们吗？在巴黎神学院，一提到救世主的预示，就显然是指耶稣基督。但是，在阿姆斯特丹的犹太的法学博士们中间，一提到救世主的预示，就同耶稣基督毫无关系了。我认为，只有在犹太人有了一个自由的国家，有

† 在其他版本作："……印行一些断定和详细论证耶稣基督并不是救世主的书……"

① 在我们这里大家都知道千百个这样的事实，所以对这一点就无须解释了。在十六世纪，天主教的神学家把犹太人的所有书籍都不分青红皂白地一概烧掉，有名的学者罗伊希林在别人同他商谈这件事情的时候，仅仅是因为他说他主张把其中不是非难基督教的和不是讨论宗教问题的书加以保留，就招来几乎使他丢掉性命的危险。

了经院和学校，可以在其中毫无顾虑地进行论辩的时候，我们才可以正确地了解犹太人的论点。只有在这种时候，我们才能知道他们有些什么话要说。

“在君士坦丁堡，土耳其人可以述说他们的观点，可是我们则不敢述说我们的观点；在那里，就轮到我们向人家甘拜下风了。我们强迫犹太人遵奉他们不十分相信的耶稣基督，如果土耳其人也学我们的榜样，强迫我们遵奉我们根本就不相信的穆罕默德，我们能不能说土耳其人做得不对？能不能说我们做得有理？我们按什么公平的原则来解决这个问题呢？

“在人类中，有三分之二的人既不是犹太教徒，也不是回教徒或基督教徒；有千千万万的人从来就没有听说过摩西、耶稣基督和穆罕默德！有些人否认这个事实，他们说：‘我们的传教士走遍了世界的各个地方。’这说得很好。不过，传教士可曾深入到我们迄今还不十分了解而且还从来没有一个欧洲人去过的非洲的腹地？在远离海岸的鞑靼的游牧民族，到现在还没有同外国人接触过，他们不仅没有听说过教皇，甚至还不晓得什么叫大喇嘛，请问我们的传教士可曾骑着马去寻找过他们？传教士们是否走遍了辽阔的美洲大陆，那里有好几个民族的人还一点不知道另一个世界的人已经来到了他们那个世界？在日本，我们的传教士曾经因为自己的行为而永远遭到驱逐，他们的先驱被当地好几代的人都当作是表面上热心肠的而实际是想悄悄篡夺那个帝国的狡猾的阴谋家，请问我们的传教士现在还到不到那个国家去？传教士们可曾走进亚洲各国的国王的王宫向成千上万的奴隶宣扬福音？那个地区的妇女究竟是什么原因始终不能听到任何一个传教士向她们讲道？她们会不会因为与世隔离而全都进入地狱?

“如果福音真是传遍了全世界,那又有什么好处呢?在头一个传教士到达一个国家的前夕,准定有一个人听不到他讲的福音就死去的。请你告诉我,我们对这个人怎样办?在这个世界上,只要有那样一个人,传教士未向他宣讲耶稣基督,那么,单是因这个人而造成的缺陷,其严重的程度是如同未向四分之一的人类宣讲一样的。

“当传教士向远方的民族宣讲基督福音的时候,他们所说的话有哪些是可以单凭他们的言辞而不需要确凿的证明就能为那些民族所接受?你向我宣称两千年前在世界上极其遥远的地方有一个神在我不知道叫什么地名的小城里降生和死亡;你告诉我说,凡是不相信这个神秘的事情的人都将受到惩罚。这些事情是相当的奇怪,所以不可能叫我仅仅凭一个我不认识的人的权威马上就相信的!既然你那位上帝一定要我知道那些事情,他为什么要使那些事情发生在一个离我很远的地方呢?难道说一个人因为不知道对跖地上发生的事情就算是犯了罪吗?我怎能猜想另外一个半球上有一个希伯来民族和耶路撒冷城呢?这等于是硬要我知道月球上发生的事情。你说,你来告诉我,但是你为什么不来告诉我的父亲呢?你为什么要因为这个善良的老人不知道这些事情就说他有罪呢?他,这样一个极其忠厚、极其仁慈、一心追求真理的人,应不应该因为你懒于告诉他而永受惩罚呢?请你公正地替我想一想,我应不应该单单凭你的见证就相信你所说的那些毫不足信的事情,就认为许多不公正的事情同你向我宣讲的公正的上帝的旨意是一致的。请你让我去看一看那出现了许多在此地闻所未闻的奇迹的遥远的国度，[*]请你让我去了解一下耶路撒冷的居民为什么会把上帝当成一个强盗来处置。你也许会说他们不知道他就是上帝。那么，我，只从你的口中才听说过上帝，又怎么办呢？你也许接着就会说，他们已经受到惩罚，已经被赶得四分五散，已经受到压迫和奴役，而且，他们当中从此就没有任何一个人再走到那个城市了。当然，他们是罪有应得，不过，今天的耶路撒冷的居民对他们的先辈钉死耶稣这件事情抱怎样的看法呢？他们否认这件事情，而且不把上帝当作上帝来看。他们同原先的居民的子孙是一个样子。

“怎么！上帝是死在那个城里的，但是就连那个城里过去和现在的居民都不认识他，而你竟要我，两千年以后才出生在相隔两千英里远的人，能够认识上帝！你未必不知道，这本书你虽然视为神圣，但我是一点也不懂得的，所以，在我对它表示信仰以前，我应当从别人而不从你口里弄清楚它是什么时候和哪一个人做的，它是怎样留传下来和怎样达到你的手中的；我应当弄清楚，那个地方的人虽然也像你这样十分了解你给我讲的这一番道理，但为什么会把这本书弃如敝屣呢？你要知道，我必须到欧洲、亚洲和巴勒斯坦去亲自考察一下，除非我是疯子，否则，在没有考察以前我是不会听信你所讲的话的。

* 在其他版本作：“……让我去看一看圣母在那里坐褥、神在那里诞生、饮食、受苦和死亡的奇异的地方；让我去了解一下……”

这一段不同的文字以及我们在第 440 页上所见到的不同的文字，都曾见于手稿，不过后来由作者把它们删掉，而代之以现在这种新的说法和 1801 年以前的版本上的说法。

“我觉得,这些话不仅是很有道理,而且我认为,所有一切明智的人在这种情况下都要这样说的,都要把传教士远远地赶开,要是他们在没有证实他们的证据以前就急于想教训他和给他施行洗礼的话。我认为,没有哪一个启示是不能用以上的或类似的道理像驳斥基督教教义那样加以有力的驳斥的*。由此可见,如果真正的宗教只有一种,如果所有的人都应该信奉这种宗教,否则就注定要遭受苦难的话,那么,大家就需要以毕生的时间把所有一切的宗教都加以深入的研究和比较,就需要游历信奉各种宗教的国家。没有哪一个人可以不尽他做人的首要的职责,没有哪一个人有依赖别人的判断的权利。所以,无论是以手艺糊口的工匠,还是不识字的农民、羞涩娇弱的少女或几乎连床都不能下的病人,都应该一无例外地进行研究、思考、辩论和周游天下,这样一来,就再也没有什么人能安然定居了,在全世界处处都可见到朝圣的香客,不惜巨大的用费和长途跋涉的劳苦,去亲自比较和考察各个地方所信奉的宗教了。因此,就再也没有什么人去从事各种手工、艺术、人文科学和社会职业了;除了研究宗教以外,就再也没有什么东西可研究的了;一个人即使是身强力壮、寸阴必争、善于运用理智和活到最高的寿数,到了晚年也很难知道他到底是信哪一种宗教才好;要是在临死以前,他能够明白他这一生应该信什么宗教的话,那就算很有收获了。

“如果你缩手缩脚地使用这个方法,让人的权威有一点可乘之机,那你马上就会一切听命于它的。如果说一个基督徒的儿子不

---

* “或类似的”这几个字在手稿或日内瓦版以前的各种版本中都是没有的。

经过一番公正无私和深入细致的考察就信奉他父亲所信奉的宗教，是做得对，那么，为什么一个土耳其人的儿子信奉他父亲所信奉的宗教就做得不对呢[†]？我敢断言，所有一切不容异教的人对这个问题都不能够作出可以使一个明理的人感到满意的回答。

“有一种人虽然被这些问题问得无言回答，但他们也宁可使上帝成为不公正的上帝，宁可让天真无辜的人为他们父亲的罪恶而受到惩罚，也不愿意放弃他们的野蛮的教义。另外一种人的办法是：见到任何一个极其愚昧然而还过着很好的道德生活的人就好心好意地派一个天使去教导他。想出这样一个天使来，这个办法真好！他们拿他们异想天开的东西来愚弄我们还觉得不够，还要使上帝感到他自己也需要使用他们发明的东西。

“所以，我的孩子，你看，当每一个人都自以为是，都认为只有他说得对而别人都说得不对的时候，骄傲和不容异说的做法将导致多么荒唐的事情。我以我所崇拜和向你宣扬的和平的上帝为证：我进行探讨的时候完全是诚恳的，而当我发现我这番探讨将永远得不到什么成果，发现我掉入一个无边无际的海洋的时候，我马上就回过头来，依旧按我原始的观念保留我的信仰。我绝不相信：我不成为那样博学的人，上帝就要罚我入地狱。因此，我把所有一切的书都合起来。只有一本书是打开在大家的眼前的，那就是自然的书。正是在这本宏伟的著作中我学会了怎样崇奉它的作者。

† 在其他版本作：“……信奉他父亲所信奉的宗教就做得不对呢？有许多的人在罗马是很好的天主教徒，然而这些人要是生在麦加的话，也同样可以成为很好的回教徒的！反过来说，有许多诚实的人在亚洲是很好的土耳其人，他们要是在我们这里的话，也是可以成为很好的基督徒的！”

任何一个人都找不到什么借口不读这本书，因为它向大家讲的是人人都懂得的语言。要是我出生在一个荒岛上，要是我除我以外就没有看见过其他的人，要是我一点也不知道古时候在世界的一个角落里所发生的事情，那么，只要我能运用和培养我的理性，只要我好好地使用上帝赋予我的固有的本能，我就可以自己学会怎样认识上帝，怎样爱上帝和爱上帝创造的事物，怎样追求他所希望的善，怎样履行我在地上的天职才能使他感到欢喜。难道说人们的学问对我的教益比它对我的教益还大吗？

"谈到启示，如果我是一个高明的推理家或有学问的人，我也许能意识到它的真理，意识到它对那些幸而能理解它的人的用处；不过，虽说我看到了一些我无法反驳的论证它的证据，但另一方面我也看到了一些我无法解决的否定它的疑难。在论证和否定两方面都各有许多充分的理由，以致使我无所适从，因此，我决定：我既不接受启示，也不否认启示。只有一点我是要否认的，那就是有些人所说的人有相信启示的义务，因为，这个所谓的义务和上帝的公正是不相容的，而且，不仅不能排除阻止我们得救的障碍，反而使那些障碍成倍地增加，使它们变成了绝大多数人不能克服的难关。我在这个问题上将始终保持一种敬而疑之的态度。我不敢自认为是没有错的，所以，其他的人要相信我不相信的东西，那就让他们相信好了；我是为我自己而不是为他们推演这些道理的，我不责怪他们也不模仿他们：他们的判断也许比我的判断更正确，不过，如果说我的判断和他们的判断不一致的话，那也不能怪我。

"我还要坦率地告诉你：《圣经》是那样的庄严，真使我感到惊奇;《福音书》是那样的神圣,简直是说服了我的心[†]。你看哲学家的书尽管是这样的洋洋大观,但同这本书比较起来,就太藐小了!像这样一本既庄严又朴实的书,是人写得出来的吗?书中的故事所叙述的人,哪能是一个凡人?书中的语气像不像一个狂信者或野心勃勃的闹宗派的人的语气?他的心地是多么温柔和纯洁!他的教训是多么循循善诱!他的行为的准则是多么高尚!他的话说得多么深刻!他的回答是多么敏捷、多么巧妙和多么中肯!他对他的欲念是多么有节制!哪里有这样一个人,哪个圣者在自己做事、受苦和死亡的时候能够这样毫不怯弱和毫不矜夸?当柏拉图描绘他心目中所想象的一生虽蒙受罪恶的种种羞辱但确实理应享受美德的奖励的好人时①,他所描绘的人和耶稣基督是一模一样的,其间的相似之处是那样的明显,以致所有的神甫都可以感觉出来,都不会弄错[*]。一个人要多么有成见和多么糊涂[†]才敢同索福隆尼斯克❶的儿子和玛丽❷的儿子相比呢?他们之间的差别是多么大呀!苏格拉底在死的时候没有遭遇痛苦,没有蒙受羞辱,因此可以很容易地一直到最后都能保持他的人品。要不是因为他死得从容而使他一生受到尊敬,我们大可认为苏格拉底虽然是那样

† 在其他版本作:"我还要坦率地告诉你:《福音书》是那样的神圣,简直是说服了我的心,如果对它巧言答辩的话,我一定会感到后悔的。你看哲学家的书……"

①《理想国》,第 1 卷。

* 这里是总括柏拉图所著《理想国》前两卷的对话而说他们"相似"的。尤其是他通过他的对方所说的那一段话,最能说明这一点。

至于这里所说的神甫,主要指圣·朱斯汀及其著作《原辩》和亚历山大的圣·克累芒特及其著作《斯特罗玛塔》。

†† 在其他版本作:"一个人要多么糊涂或多么邪恶才敢……"

❶ 索福隆尼斯克,希腊哲学家苏格拉底的父亲。

❷ 玛丽,耶稣的母亲。

的睿智，但终究是一个诡辩家。有些人说他创立了道德，其实，在他之前已经有人把道德付之实践了；他只不过是把人家所做的事情加以叙述，把他们的榜样拿来教育人罢了。在苏格拉底还没有阐明什么叫'公正'以前，亚里斯泰提为人已经是很公正了；在苏格拉底还没有说爱国家是人的天职以前，勒奥尼达斯❶已经是为他的国家而牺牲了；在苏格拉底对做事谨严表示赞扬以前，斯巴达人已经是做事很谨严了；在苏格拉底还没有下'道德'的定义以前，在希腊已经是有许多德行素著的人了。但是，耶稣在他同时代的人中间，到哪里去找只有他才教导过和以身作则地实行过的这样高尚纯洁的道德呢[①]？在最疯狂的行为中，我们听到了最智慧的声音，坦白的英勇的道德行为使人类中最卑贱的人蒙受了荣光。苏格拉底在死的时候还能安详地同朋友们谈论哲学，所以他这种死法是最轻松的；至于耶稣，他临死的时候还在刑罚中呻吟，受尽了一个民族的侮辱、嘲笑和咒骂，所以他的死是最可怕的。苏格拉底拿着那杯毒酒的时候，向那个流着眼泪把酒杯递给他的人表示祝福；而耶稣在万分痛苦中还为屠杀他的残酷的刽子手祈祷。不错，如果说苏格拉底的一生是圣人的一生，他的死是圣人的死，那么，耶稣的一生便是神的一生，他的死便是神的死。我们能不能说《福音书》里的故事是为了消遣而虚构的呢？我的朋友，不是为了消遣而虚构的；苏格拉底的事迹虽然大家都不怀疑，但不如耶稣的事迹

❶ 勒奥尼达斯（公元前 490—前 480 年在位），斯巴达国王，亲率斯巴达三百战士扼守赛莫庇勒，抵抗波斯军队，终至战死。

① 他自己在登山训众时把摩西的道德和他的道德做了一个对比；参见《马太福音》，第 5 章，第 21 节以下。

那样确凿。其实，要回避难题就不能解决其中的疑难；说这本书是由几个人合起来[†]编造的，比说这本书是以一个人的事迹为其主题，更令人难以相信。犹太的著述家从来没有用过这样的语气和寓意，而《福音书》中的那些真实的人物是这样的伟大，这样的吸引人和这样的无法仿效，以致撰述这些人物的作者比书中的主人翁还令人惊异[*]。‘尽管这样，在《福音书》中还是有许多的事情不可相信，还是有许多的事情违背理性，是一切明智的人不能想象和不能接受的。遇到这种种矛盾，你怎样办呢？’我的孩子，你始终要虚怀若谷；对你既不能理解又不能否认的东西，你要默默地尊重；对那唯一知道真理的伟大的上帝，你要谦卑。

“我所持的这些怀疑都不是故意的，不过这些怀疑并不使我感到痛苦，其原因是一则由于它们不涉及实践中的重大问题，再则由于我是十分坚持我应尽的天职的原则的。我要心地坦然地敬奉上帝，我要竭力寻求在我的行为中必须知道的东西。至于说到教义，由于它们既不能影响人的行为和道德，而且还使许多的人深受折磨，所以我对它们是一点心思都不花的。我把各种宗教都同样看作是有益的制度，它们在每一个国家中制定了一种公众一致采用的敬拜上帝的方法，它们在每一个国家的风土、政治、人民的天

† 在其他版本作：“……是由四个人合起来……”在这一句话的后面有这样一个注释：“我希望不要多算人数，因为四本《福音书》所说的只是耶稣基督的一生，而我们对他的一生是保存有许多文字的记载的。”

* 卢梭在1769年致德·某某先生的一封信里又谈到他对耶稣和苏格拉底所做的比较，他一方面并不认为那位希伯来的智者有什么神圣的特征和超自然的使命，另一方面又对这位希腊的智者表示了一番反对的意见；关于前者的言行，他还提出了一些崭新的看法。参见《卢梭全集》，第4卷，书柬部分。

才或其他因时因地使大家喜欢这种宗教而不喜欢那种宗教的地方原因中找到了它们存在的理由。只要大家在那些宗教中适当地敬奉上帝,我便认为它们都是好宗教。真正的崇拜是心的崇拜。只要是真心诚意地崇拜,则不论崇拜的形式怎样,上帝都是不会拒绝的。当我信奉的宗教叫我服务教会的时候,我就尽可能准确地恪尽教会给我的职责,如果在某一件事情上我明知故犯地不尽我的职责,我的良心就会谴责我。正如你所知道的,我的教职被停止了一个很长的时期之后,通过德·默拉勒德先生的力量,我才重新获得教会的许可,担当牧师,以维持生活。以前,我做弥撒的时候是很马虎的,因为,即使是最严肃的事情,只要做的时间太多了就会逐渐逐渐地草率了事的。然而,自从我明白了这些新的原理以后,我就毕恭毕敬地做弥撒了:我深深地思念至高的上帝的威严,思念他的存在,思念人类心灵的贫弱,对它的创造者是那样的无知。当我想到我要按一定的方式把人们的祈祷带给他的时候,我便仔仔细细地做礼拜,我十分留心地诵读经文;我全神贯注,即使是一个字或一段仪式也不遗漏;当我接近贡献圣体的时刻,我便聚精会神地按照教会和庄严的圣礼所要求的种种步骤去奉献神灵;面对着那至高的智慧,我竭力消除我的理性;我对自己说:'你是什么人,竟想衡量那无限的权能?'我恭恭敬敬地念诵圣礼的赞辞,我衷心相信,只要我心怀至诚,它们就会产生它们的效果的。不管这不可思议的奥秘结果怎样,我都不怕在末日审判的时候会因为我在心中亵渎过它而受到惩罚。

"尽管我的职位最低,但是,既然以这种圣职为荣耀,则一切使我不配担当这崇高职责的事情,我都不做,我都不说。我要向世人谆谆宣讲道德，我要时时勉励他们为善；如果可能的话，我要尽量地以身作则。能不能使他们觉得宗教可爱，不决定于我；能不能使他们对真正有用和人人都必须相信的教义具备坚定的信念，也不决定于我；不过，为了使上帝喜悦，我将永远不向他们传布不容异教的残酷的教义，我将永远不使他们憎恶邻人，不使他们对其他的人说：'你要受到惩罚；'不教他们说：'不入教会，就永不得救①！'如果我的职位更高一点，我不这样做就会给我招来一些麻烦；不过，我的职位是太低了，所以没有什么可担心害怕的，我的职位再降也不会降得比现在低的。不论发生了什么事情，我是绝不侮慢公正的上帝，绝不毁谤圣灵的。

"我很久以来就抱有掌管一个教区的志愿，而现在我还是抱有这种志愿，不过我没有得到这种职位的希望罢了。我的朋友，我再也找不到比做教区牧师更美的事情了。正如一个好的官吏是正义的使者一样，一个好的牧师就是慈爱的使者。一个教区牧师不会做什么坏事，如果他不能亲自动手去做好事，他恳求别人去做，也是可以做到的，只要他知道怎样赢得人家的尊敬，他就会常常达到他的目的的。唉！在我们这个山区里，只要我能掌管一个贫穷的教区，服务于善良的人，我就很高兴了，因为我觉得，我可以为我教区中的人创造幸福。我并不使他们个个都成为富人，然而我要同

① 一个人有信奉和喜爱他那个国家的宗教的义务，然而不能因此就连不容异教这种同善良道德相背驰的教义也一定要他相信。正是这个可怕的教义才使人类彼此以兵戎相见，使大家都成为人类的敌人。说政治上的容忍和神学上的容忍有所区别，那是无聊的，也是没有用的。这两种容忍是不可分开的，不能承认这种容忍而不承认那种容忍。不这样的话，即使是天使也是不能够同人类和平相处的，因为他们认为人类是上帝的敌人。

他们一块儿过穷苦的生活,我要替他们消除比穷困更难忍受的污辱和轻蔑。我要使他们热爱和气和平等,因为有了这两样东西就可以驱逐灾祸,就可以在灾祸来临的时候能够加以忍受。只要他们发现了我虽然并不比他们富裕,然而我对我的生活感到很满足,这时候,他们就懂得要以他们的命运安慰自己,要像我一样满足于自己的生活。在我讲道的时候,我将少讲教会的精神而多讲《福音书》的精神,因为《福音书》中的教义不仅简单,寓意高尚,而且谈到宗教行为的时候少,谈到慈善行为的时候多。在教导他们应当做什么事情以前,我要尽我的力量一再做那件事情,以便让他们看见我心里是怎样想,我就向他们怎样说。如果在附近或我的教区中有新教徒,我在基督徒的慈善事业方面,对他们也跟对我本教区的教徒一样,一视同仁。我将教他们平等地互相亲爱,教他们彼此看作是弟兄,教他们尊重一切宗教,教他们在各自的宗教中安宁地生活。我认为,勾引一个人离开他生来所属的宗教,无异是勾引他去做坏事,因此也无异是我自己在做坏事。在期待更无限光明的时候,我们要保守公共秩序;我们在所有的国家中都要尊重法律,不能扰乱法律规定的崇拜形式;我们绝不能叫那个国家的公民不服从它的法律,因为我们一方面不知道,叫他们抛弃自己的见解而采纳别人的见解,对他们是不是有好处,而另一方面我们又十分确切地知道,不服从法律是一件很坏的事情。

"我的年轻的朋友,我方才已经把上帝在我心中鉴察到的信仰自白向你照样地讲过一遍了。你是头一个听我做这番自白的人,也许,你也可能是唯一能听到我这样自我表白的人。只要在人类中还留存着一点点诚笃的信仰,就不要去扰乱那些宁静的灵魂,就不要拿一些疑难的问题去动摇头脑单纯的人的信念，因为那些疑难不仅他们不能解决，而且反使他们感到不安，不能从中受到启发。但是，一旦一切都动摇起来的时候，我们就应该牺牲树枝以保存树干。所有一切像你这样疑虑不安、快要泯灭的良心，都要加以激励，使它们焕发起来；为了在永恒的真理的基础上奠定人们的良心，就必须把它们迄今还以为是可以依赖的支柱通通拔掉。

"就你现在的年龄来说，你正处在最关紧要的时期，因为这时候，你的心灵最容易接受真理，你的心正在形成一定的形态和性格，你可以决定你一生是向善还是向恶。往后，心灵就僵硬了，就打不上新的印痕了。年轻人啊，在你还十分柔和的心灵上要打上真理的烙印。如果我对我自己的看法有更大的把握的话，我对你说话就会采用断然的语气；但是我是一个既无知又容易犯错误的人，所以，我有什么办法呢？我已经毫无保留地把我的心都打开给你看了，我把我认为确实可靠的事情都照实告诉你了：我有怀疑的地方，我就告诉你说我有怀疑；我有我自己的看法的地方，我就告诉你说我有我自己的看法；我也告诉了你我怀疑和相信的理由。现在要由你去判断了，你花了许多工夫，这种慎重的做法是很明智的，而且使我也对你有所好评。首先，你要使你的良心有接受启发的愿望。你对你自己要十分真诚。在我的看法中，你信服的就接受下来，其余的就抛掉好了。你还没有被恶习败坏到这样的地步，还不至于选择邪恶。我建议我们之间进行一番商榷，不过，一讨论起来，就往往会心情激动，就会掺杂浮夸和固执的成分，就不能开诚相见。我的朋友，我们别争论了，因为我们是不能够以争论来启发自己和启发别人的。拿我来说，我是经过了好几年的深思熟虑之后才采取这些看法的,我坚持我的看法,我的良心是很安宁的,我的心是很满意的。如果我要对我的看法重新进行一次考察的话,我也不会在考察的时候再产生更纯洁的对真理的爱;我的心灵已不如从前那样活跃,再也不能那样认识真理了。将来,我也一定要保持我现在这个样子,以免对沉思的爱好变成一种无益的思欲,不能促使我去履行我的职责,同时,也免得使我再陷入我当初那种绝对的怀疑,没有力量解脱它。我的一生已经过去一半多了;今后我必须充分利用我的后半生,我必须以我的德行弥补我的过失。如果我做错了,那也不是出自我的本心。洞察我内心深处的人都知道我并不喜欢我自己的那样愚钝。由于我不能以我自己的智慧摆脱这种愚钝的状态,唯一的办法就是过诚实的生活;上帝既然能够叫石头给亚伯拉罕生子孙,那么,一个人只要配享光明,他就有希望光明的权利。

"如果我这些看法能够使你像我这样思想,如果我的情感能够成为你的情感,如果我们都能表白同样的信念,那么,我就向你提供这样一个忠告:不要使你的生命屈从于穷困和失望的念头,不要屈辱地把你的生命交给外人摆布,从今不吃那令人发呕的施舍的面包。回到你的故乡,再信奉你的祖先所信奉的宗教,诚心诚意地信奉它,再也不要脱离,因为它是非常的朴实和神圣;我相信,在举世所有的宗教中,只有它的道德最纯洁,它的教理最能自圆其说。至于路费,你不必担忧,我会给你的。也不要害怕这样不体面地回去是可耻的,做了错事当然是可羞,然而弥补过错,那就没有什么可羞的了。像你这样的年龄,一切都是可以原谅的,不过以后就再也不能那样冒失地造成罪恶的行为了。只要你愿意倾听你的良心，即使有千百重虚幻的障碍，也阻挡不住它的声音的。你将感觉到，像我们这样怀疑，宁愿信奉其他的宗教而不信我们生来就隶属的宗教，那才是一种不可原谅的冒失行为，是一种虚伪的行为，口头上说信那种宗教，而实际上又不忠实地照那种宗教的话去做。如果你自甘堕落，你就会剥夺你自己在最高的审判面前受到宽恕的巨大权利。难道你不知道他能原谅我们在别人的教唆之下误入歧途，而不能原谅我们自己存心选择错误的道路吗？

“我的孩子，你要使你的灵魂时时刻刻都希望有一个上帝，而且对他不要抱丝毫的怀疑。此外，不管你最后的决定怎样，你都要记住：真正的宗教的义务是不受人类制度的影响的，真正的心就是神灵的真正的殿堂，不管你在哪一个国家和哪一个教派，都要以爱上帝胜于爱一切和爱邻人如同爱自己作为法律的总纲；任何宗教都不能免除道德的天职，只有道德的天职才是真正的要旨；在这些天职中，为首的一个是内心的崇拜；没有信念，就没有真正的美德。

“你要躲避那些借口解释自然而散布败坏人心的学说的人，他们在表面上做出怀疑的样子，其实他们比他们的对方还武断一百倍，虽然他们的对方在语气上显得很肯定。他们自高自大地说只有他们才见多识广和心地真诚，因此就可以不由分说地要我们听信他们那些尖酸刻薄的话，要我们把他们空想的不可理解的学说作为事物的真正原理。此外，由于他们把人类所尊重的一切东西都加以破坏和践踏，因此也就使受压迫的人们失去了他们苦难中的最后的安慰，使豪强和富有的人失去了克制他们欲念的唯一的羁绊；他们不仅从内心的深处消除了对罪恶的悔恨和对德行的希望，而且还自夸他们是人类的救星。他们说，真理对人是绝对没有什么害处的。这一点，我也像他们一样地相信，而且，我认为，这正是一个很大的证据，说明他们所讲的不是真理[①]。

"可爱的年轻人，你为人要真诚而不骄傲，要懂得如何保持你的浑厚的天真，这样，你才不会欺骗你自己或欺骗别人。万一你的才识使你能够向他人述说你的见解，你就应当始终按照你的良心去说，而不要计较是不是会受到人家的称赞。知识的滥用将产生怀疑。有学问的人都是看不起卑俗的看法的，他们每一个人都各持己见。正如盲目的信仰导致宗教的狂信一样，骄傲的哲学将导致傲慢的心理。要避免这样的极端，要坚持真理的道路，也就是说，要坚持在你单纯的心里看来是真理的道路，不要让你因为虚荣和软弱而离开这条道路。在哲学家当中要敢于承认上帝，在不容异己的人当中要敢于宣扬人道。也许，你是孤立的，但是在你自己的心里有一个见证，有了它，就可以无须要人的见证。不管他们是爱你或是恨你，不管他们是研究你的著作或是轻视你的著作，都没有什么关系。你要说真实的话，做正当的事；对人来说，重要的事情是要履行他在地上的天职；正是在忘记自己的时候，为自己做的事情才最多。我的孩子，利己之心使我们受到迷惑，只有正义的希望才不会使我们误入歧途。"

---

① 双方都互相攻击，再三再四地进行诡辩，所以要把他们的那些诡辩全都列举出来，实在是一件又艰巨又冒失的事情；只好在见到它们的时候提出几个来谈谈就够了。在哲学家这方面，最常用的诡辩之一就是：把假想为好哲学家的民族和假想为坏基督徒的民族对立起来；是不是陶冶有真正的哲学家的民族比陶冶有真正的基督徒的民族

我之所以把这篇东西抄写在这里，其目的并不是以它作为一种尺度来衡量我们在宗教问题上应该采取怎样的看法，而是以它作为

更容易呢？我不知道在个人当中是不是找好的哲学家比找好基督徒更容易，但是我知道，既然是民族问题，就需要假定有些民族在没有宗教的时候滥用哲学，正如我们这些民族在没有哲学的时候就滥用宗教；这样一来，我觉得，问题就大大地改变了。

培尔已经很清楚地证明宗教的狂热比无神论是更有害的，这一点确实是无可怀疑的，不过，他还小心翼翼地保留了一个同样真实的情况没有说出来，那就是：宗教的狂信尽管是容易导致血腥和残酷的行为，但不失为一种强烈的热情，它能鼓舞人心，使人把死亡不看在眼里，赋予人以巨大的动力，只要好好地加以引导，就能产生种种崇高的德行；反之，不相信宗教，以及一般的好辩的哲学风气，却在斫丧人的生命，使人的心灵变得十分脆弱，把所有的热情都倾注于低级的个人利益和卑贱的自身，一点一点地败坏整个社会的真正基础；因为个人利益一致的地方是这样的稀少，所以不能同它们互相冲突的利益保持平衡。

无神论之所以不造成流血的行为，并不是由于爱好和平，而是由于对善漠不关心；因为，只要那些自认为睿智的人能够安静地待在他们的书斋里，则无论发生了什么事情，都同他们没有关系。无神论的论点虽然不导致人和人的互相杀戮，但可以妨碍人的繁殖，因为它们破坏了使人类繁衍的风尚，离间了人和人的关系，把他们的一切爱都化为既严重地危害人类也严重地损害道德的秘密的利己之心。哲学家的漠不关心的态度，同专制制度统治下的国家的宁静是相像的，那是死亡的宁静，它甚至比战争的破坏性还大。

因此，宗教的狂信尽管在直接的后果方面比我们今天所谓的哲学风气更有危害，但在最后的后果方面，其危害却少得多。在书上列举一些好听的训条是很容易的，但问题在于要知道那些训条是不是符合他们的学说，是不是从学说中必然产生的，迄今还弄不清楚的，正是这个问题。此外，还需要知道，哲学家舒舒服服地坐在宝座上的时候，是不是能够克制人的虚荣、利欲、野心和无聊的欲念，他们是不是实际做到了他们舞文弄墨地向我们大事吹嘘的美妙的人道行为。

从理论上说，哲学给人类造成的好处，没有一样是宗教不能够更好地造成的；反之，在宗教给人类造成的好处中，有许多好处就是哲学所不能造成的。

从实践上说，那是另外一回事情了；不过，这还需要加以研究。一个人即使相信一种宗教，但他还是不能事事都听从他那种宗教的话的。一个事实是：大多数人几乎是不信教的，而且根本就不照他们所信奉的宗教的话去做；另外一个更确切的事实是：毕竟有一部分人是信宗教的，他们至少是部分地照那种宗教的话去做的。无可怀疑的是，有一些宗教的动机往往可以阻止他们去做坏事，促使他们具备美好的道德和作出值得称赞的行为，然而，要是没有这些动机的话，在他们身上也许就见不到这些道德和行为了。

例子，说明我们向学生讲解的时候应当抱什么态度，才不脱离我力图采取的方法。只要我们不屈从于人的权威，不屈从于我们所生

要是一个教士否认一笔存款的话，这除了表明把钱交给他的人是一个傻瓜以外，还能表明什么呢？如果帕斯卡也这样否认的话，那恰恰证明帕斯卡是一个虚伪的人，而且没有什么比这更虚伪的。可他还是一个教士呢！……以宗教为职业的人是不是真的相信宗教呢？在教士当中发生的种种罪恶，也如同他人的罪恶一样，不能证明宗教是没有用处的，而只能证明真正相信宗教的人是太少了。

我们当代的各国政府之所以权力比较牢固，遭遇革命的次数比较少，毫无疑问是应当归功于基督教的；基督教已经使各国政府没有那样好杀了，我们把现今的政府同古代的政府一比，就可以看出这个事实。要是把宗教的狂信这一点暂时放下不谈的话，我们可以说，这人人熟知的宗教已经使基督徒的作风比较温和了。这种改变，不是文化的结果，因为，在文化灿烂的地方，人道并没有受到更大的尊重，这一点，根据雅典人、埃及人、罗马皇帝以及中国人的残酷行为，就可以得到证明。有多少慈善的事业是因《福音书》的教导而做的啊！对信仰的表白丝毫没有使天主教徒表示赎偿他们的过失和表示谢罪啊！在我们当中，许多人在领受圣餐的时候并未弃怨修好和捐助贫穷！希伯来人的五十年节日怎么未能使掠夺者少些贪婪！它也未能防止许多不幸事情的发生！摩西律法中所贯穿的友爱精神团结了整个的民族，在他们当中看不到一个乞丐。在土耳其有无数的虔诚的宗教团体，所以在土耳其人当中也是看不到乞丐的：由于宗教的教义，他们即使对宗教的敌人也是很慷慨的。

据沙丹说："回教徒认为，经过全人类大复活之后的考验以后，所有的人都要通过那跨越永恒的火焰的'报塞'桥；他们说，这座桥可以称为第三个和最后一个考验，可以称为真正的最后的审判，因为，正是在这座桥上，好人和坏人才能分开……"

沙丹接着又说："波斯人是很迷信这座桥的，当一个人遭受了一桩在任何时候和用任何办法都无法昭雪的委屈时，他最后的安慰就是这样一句话：'好吧！凭活神为证'在最后审判的那一天，你要加倍赔偿我的；你不先赔我的损失，你就无法通过报塞桥，我要拉着你的衣襟，抱着你的两腿不放你走的。'我曾经看见过许多显要的人物和各种行业的人，因为怕他们在通过这座可怕的桥的时候向他们这样喊叫，便请求那些对他们有怨言的人宽恕他们；这种情形，我自己就遇到无数次。有一些身份很高的人曾经再三强求硬要我做我不愿意做的事情，但过了一些时候，当他们认为我的怨气已经消失，便来对我说：'我请求你，把这件事情看作是合乎情理的。'有些人甚至还送我礼物和为我效劳，以便我能够原谅他们，对他们说我是心甘情愿地做的；他们之所以这样做，不是为了别的，只是因为他们相信，不对那些曾受他们压迫的人毫厘不爽地偿清债务，他们就不能通过那座地狱的桥。"（第 7 卷，12 开本，第 50 页❶）

我想，既然认为这座桥能够昭雪许多人的冤屈，难道就不能拿这个观念来预防罪恶的发生吗？如果从波斯人的头脑中消除了这个观念，叫他们相信根本就没有报塞桥

长的那个国家的偏见，在自然的状态中，单单凭理智的光辉就能使我们不超出于自然宗教；而我要向我的爱弥儿讲解的，也就是以自然宗教为限。如果他要相信另外的宗教，我就没有权利去指导他了，因此，要由他自己去选择了。

我们和自然的工作是相配合的，当它培养人的体格的时候，我们就致力于培养人的精神；不过，我们的进度是不一样的，当身体已经长得非常健壮有力，灵魂还是十分的嫩弱，不管人的办法有多么好，体质的发育总是走在理智的前面的。到目前为止，我们的注意力都集中在遏制后者而刺激前者，以便尽可能使这个人始终是一致的。在发展他的天性的时候，我们要减缓他的感情的成长，要采取培养理性的办法去控制它。理智的对象减弱了感觉的对象的印象。在追溯事物原理的过程中，我们要使他摆脱感官的支配，从而就易于使他从研究自然进而去寻求自然的创造者。

当我们达到这种境地的时候，我们就能找到控制我们的学生的新手段，就能找到说得他心悦诚服的新方法！只有在这个时候，他才能在没有旁人的监督和法规的强迫下真心实意地做好人和做好事，才能在上帝和他自己看来都为人公正，才能即使牺牲生命也要履行他的天职，才能把美德牢记在心；他这样做，不仅是为了爱秩序，每个人都总是宁可爱自己，而且是为了爱他的创造者；这种

或类似的东西替受压迫的人在强暴的人死后报他们的仇，那么，强暴的人就会满不在乎，不去安慰那些受苦难的人，这一点，难道还不明白吗？所以，虽然不能说这个教理是真理，但说它是有害的，那就不对了。

哲学家，你那些道德的法则的确是很漂亮的，不过，请你告诉我，它得到了谁的承认。你别那样转弯抹角地，请直截了当地告诉我，你用什么东西来代替报塞桥。

❶ 疑指沙丹所著《波斯和东印度旅行记》。

爱同自爱相结合，就可以使他在享受了今生的幸福之后，最终获得那良心的安宁和对至高的存在的沉思，允许他来生享受永恒的幸福。不这样，我认为人间就会都是不义、虚伪和狂妄的行为，因为，竞争的结果，必然是个人的利益胜过一切，促使每一个人给罪恶蒙上美德的外衣。让其他的人为我的幸福而牺牲他们的幸福，让一切都归我一个人，如果必要的话，让整个的人类都在穷困和苦难的境地中饿死，以免我有片刻的痛苦和饥饿，一切推理而不信上帝的人心眼里所想的就是如此。是的，我这一生都要坚持我这样的看法，那就是：凡是在心里说没有上帝而口头上又说有上帝的人，不是骗子就是疯子。

读者诸君，也许我这番气力都是白费的，我觉得，你们和我是不会拿同样的眼光去看我的爱弥儿的，你们以为他和你们的学生是相似的，也是那样的愚蠢、轻佻和浮躁，整日价花天酒地，玩了这个又玩那个，对任何事情都没有恒心。你们看见我要把一个正处在一生之中如花似锦的年岁的既热情活泼又性情刚强的青年造成一个耽于沉思的人，造成一个哲学家和真正的神学家，就觉得好笑。你们也许会说："这位梦想家成天在那里胡思乱想，他既然要用他的方法去教育学生，所以他不只是在培养学生，而且是在创造学生，从他的脑子里创造一个学生；他老以为他是按照自然的法子去教的，其实是越教越不符合自然。"可是我，当我把我的学生同你们的学生加以比较的时候，我很难发现他们当中有什么共同之处。由于培养的方法这样不同，所以，要是他们在某些地方是相像的话，那才是一个奇迹咧。由于爱弥儿的童年是在你们的学生要到青年时期才能享受的自由中度过的，所以他到青年时期才开始遵守你们的学生在童年时期就已经遵守的那些规矩；这些规矩变成了你们的学生的桎梏，他们很恨它们，认为它们完全是老师之所以能一贯暴戾的原因；他们认为，只有摆脱这种束缚以后，才能脱离儿童的境地[①]；他们要想办法弥补他们在你的长期管束之下所受到的损失，正如一个囚徒解脱了锁链之后，要伸一伸腰，活动一下他的四肢。同你的学生相反，爱弥儿以他自己成为一个大人和服从日益成长的理智的约束而感到光彩；他的身体已经发育起来，不再需要那样多的运动，而且可以开始控制自己了，这时候，他的心灵正处在半成熟的阶段，竭力要寻求迅速的发展。因此，在你的学生看来，到了有理智的年龄正好大肆放荡，而在爱弥儿看来，恰恰在这个时候应该发挥理智的作用哩。

你们想知道，是你的学生还是他在这方面更符合自然的秩序呢？那就请你们研究一下离开自然秩序较远的人和离开自然秩序较近的人有什么区别。你们观察一下农村的青年，看他们是不是也像你们的青年那样性情乖张。勒博先生说："我们发现野蛮人在童年时期都是十分活泼，成天不断地做各种各样运动身体的游戏，但是，一到他们刚刚长成为少年的时候，他们就变得很安静，很爱幻想，他们做游戏的时候，也净做很费劲的或者是有点危险的游戏。"[②]爱弥儿是在农村儿童和野蛮人所享受的那种自由中抚养起

① 没有哪一个人是像刚刚脱离童年生活的人那样轻蔑童年的，这种情形，正如在那些不平等现象并不十分严重的国家反而比任何一个国家都更讲究等级；在这样的国家里，每一个人都害怕同低于自己的人混在一起。

② 高等法院律师勒博先生奇遇记，第 2 卷，第 70 页。❶

❶ 疑指勒博所著《加拿大游记》一书。

来的，因此，当他一天天长大的时候，也就有他们那样的变化和举止。所不同的是，他的活动不只是为了玩或为了生活，他在工作和玩的过程中还学会了运用思想。既然他已经通过这条道路达到了这个阶段，他现在就随时可以走上我向他指定的道路。我叫他思考的那些问题之所以引起了他的好奇心，是因为那些问题本身就是很有意思的，对他来说是很新鲜的，而且也是他的能力可以理解的。反之，你们的孩子由于已经被你们那些枯燥的功课、啰唆的教训和无止无休的问答弄得极其厌腻和疲惫，因而心情也变得十分忧郁，在这种情况下，他们怎能不拒绝把他们的心思用去思考你们压在他们身上的那一堆教条，怎能不拒绝把他们的心思用去思考他们的创造者，何况你们还把他们的创造者说成是他们的欢乐的敌人呢？他们一想到这些就感到厌恶和烦恼，强制的做法已经使他们变得很颓丧。当他们今后开始安排自己生活的时候，应该怎样办呢？他们需要有新的东西才感到高兴，他们不再听你们对儿童们讲的那种语言。对我的学生来说也是这样：当他成为大人的时候，我对他说话就要像对一个大人说话的样子，而且说的净是一些新鲜的事物；恰恰是你们的学生感到厌腻的事物，他觉得很合他的口味。

延缓天性的发展以裨益理性，从而就可以使他取得双倍的时间。但是，我事实上是不是延缓了天性的发展呢？一点也没有，我只不过是不让想象力去加速它的发展罢了。我用另外一种教育去平衡年轻人在其他地方接受的过早的教育。当我们的习俗的潮流把他冲走的时候，我便用其他的办法把他拉向相反的方向，这样，就不仅不使他脱离原来的位置，而且还使他牢牢地保持在那里。

自然的真正的时刻终究是要到来的，它是一定要到来的。既然人要死亡，他就应当进行繁殖，以便使人类得以延续，使世界的秩序得以保持。当你通过我所讲的那些征兆而预料到这紧要关头就要到来的时候，你马上就要放弃你过去的口吻。他仍然是你的学生，但他已不再是你的小学生了。他是你的朋友，他是一个成人，你从今以后就应当这样看待他了。

怎么！当我最需要权威的时候，反而要我放弃我的权威吗？在成年人最不知道怎样做人和可能陷入最严重的错误的时候，竟要我让他自己管自己的事吗？当我最需要对他行使我的权利的时候，难道要我放弃我的权利吗？你的权利！谁说要你放弃呢？只不过在目前它们才开始为他所承认罢了。迄今为止，你的权利都是通过暴力或诡计得来的；他根本就不懂得什么叫权威和义务的法则，因此，必须对他进行强制或欺骗，才能使他服从你。可是你看，你现在使用了多少新的锁链去束缚他的心啊！理智、友谊、对人的感激之情和深厚的爱都在向他述说，它们的声音是不能不为他所理解的。恶习还没有使他败坏到对这些声音竟充耳不闻，因为他在目前还只是感到自然的欲念。第一个自然的欲念，即自爱，使他把自己交给你去管教，他的习惯也在促使他愿意听命于你。如果一时的迷醉使他脱离了你，忏悔的心又马上会把他带回到你的身边的；他对你依依不舍的情谊才是唯一的永久不变的感情，其他一切的欲念都是转瞬即过，互相抵消的。你不让他变坏，他便终将乖乖地听从你的；只有在他已经变坏的时候，他才开始反抗的。

我敢断言，如果你对他的日益旺盛的欲念进行直接的干涉，糊里糊涂地把他目前所感到的新的需要看作罪恶，你还要他永久听从你的话,那是不可能的;只要你不遵循我的办法,我就不能向你担保今后的结果。你始终要想到的是:你是大自然的使者,而不是它的敌人。

那么,应该怎样办呢?在我看来,要么就让他的倾向滋长,否则就加以压制;要么就实行专制的办法,否则就放任不管;这两个办法都有极其危险的后果,所以不能不在选择的时候有所犹豫。

第一个解决这个困难的办法是赶快让他结婚,这个办法用起来当然是最可靠又最自然,然而我怀疑它究竟是不是最好的办法,是不是最有用的办法。我将在后面阐述我的理由,此刻,我同意青年人到了结婚的年龄就应该结婚。但是,他们结婚的年龄总是太提前了,其原因是我们使他们早熟,我们应当使结婚的年龄延迟到他们发育成熟的时候。

如果说问题只是听任他们的倾向发展,那还好办;不过,在自然的权利和社会的法律之间存在着这样多的矛盾,以致要调和它们,就必须不断地躲开矛盾和绕过矛盾,必须采用很多巧妙的办法才能防止一个生活在社会中的人变得十分虚伪。

根据上述理由,我认为,采用我所说的方法和其他类似的方法,我们就至少可以使青年人在二十岁以前不至于产生这种欲念,从而保持其官能的纯洁。的确,在日耳曼人当中,一个青年人要是在二十岁以前丧失了童贞的话,就会受到人们的羞辱的;所以,著述家有理由认为日耳曼人之所以体质健壮和子女众多,正是由于他们在青年时期是很节欲的。

我们甚至还可以把这个时期加以延长,几个世纪以前,甚至在法国这也是最普通不过的事情。在大家都熟知的许多事例中,且以蒙台涅的父亲为例来说明一下：他这个人为人之谨严和诚实，一如他的身体之长得强壮而有力气；他在意大利战争中服过长期的兵役之后，还发誓要到三十三岁的时候方才以童贞的身份结婚。我们在他的儿子的著作中可以看到，他在年过六旬的时候还保持着多么充沛的精力和快乐的心情。当然，反对我的人也许会硬说这是由于我们的风俗和成见使然，而不是由于一般人的经验。

现在，我且不谈我们青年时代的经验，因为这种经验对没有经历过它的人来说，是不说明什么问题的。既然大自然没有规定过不能提前或延迟的严格的期限，我便可以在不超越自然的法则的条件下，假定爱弥儿由于我的教育而一直到这个时候都还保持着他那种最初的天真，但是我发现这种快乐的时期不久即将结束了。由于他周围都是一天比一天危险的陷阱，所以，不管我怎样努力，他一有机会就要逃避我的管束，而这样的机会不久就会到来的；他将依着他感官的盲目的本能行事，而他能幸免失足的希望是千分之一。我对人类的道德做过极其深刻的考虑，所以不能不看到这开头的一刹那间将对他的一生产生不可磨灭的影响。如果我假装没有看见，他就会钻我这个缺点的空子；在他以为是瞒过了我，因此就会把我不放在眼里，而我也就成了一个促使他堕落的人。如果我想挽救他，那已为时太晚了，他已经不再听我的话了；他将把我看成一个讨厌的眼中钉，巴不得赶快把我拔掉。这时候，我只有一个合理的办法，那就是使他对他自己的行为负责，同时保护他不至于不知不觉间犯下过失，给他明明白白地指出他周围的危险。在此以前，我是利用他的无知去约束他的，而现在，就要通过他的智慧才能管住他了。

所有这些新的教育内容是很重要的，所以值得我们再从头来谈一谈。现在，可以说是到了我应该向他交代一下我的工作的时候了，我应该向他说明他的光阴和我的光阴是怎样利用的，向他说明他是怎样一个人和我是怎样一个人，说明我做了一些什么事情和他做了一些什么事情，说明我们彼此之间互相的义务，说明他所有一切的伦理关系、他所承诺的一切信约和人们同他订立的信约，说明他的官能的发展已经到了什么程度，说明他必须走什么样的道路，说明他在那条道路上将要遇到的困难和克服的方法，说明我在哪些事情上还可以对他进行帮助，哪些事情是他今后可以自己依靠自己去办的；最后，还要说明他现在正处在紧要的关头，说明他周围有哪些他以前没有遇到过的新的危险，说明他在听任他日益滋长的欲望的支配以前，为什么应该对自己保持警惕的种种理由。

你要知道，在教育成年人的时候，所采取的方法要和教育儿童的方法完全相反。你千万不要犹豫，而应当把你这样小心翼翼地隐瞒了如此之久的危险的神秘事情告诉他。既然他最后一定要知道这些事情，那就不能让他从别人那里知道，也不能让他自行知道，而只能从你这里知道；既然他今后不得不进行斗争，那么，为了使他不至于遭到突然的袭击，就应当使他了解他的敌人。

我们发现有不少年轻人对这些事情知道得很详细，但我们不知道他们怎么会了解得这样多，而他们能知道这些事情，也不是没有吃过一番苦头的。不聪明的教育方法既不能达到良好的目的，而且还要使接受这种教育的人的想象力受到败坏，使他们易于沾染施行这种教育的人的恶习。不仅如此，家中的仆人还要在这方面迎合一个孩子的心，取得他的信任，从而使他把他的老师看作一个心情忧郁的可厌的人；而且，他们私下谈话的时候还要诋毁他，把他作为闲谈的话题。当学生到了这种地步的时候，老师就可引退了，他已经没有什么办法可想了。

但是，孩子为什么要选择一些特殊信赖的人呢？其原因往往是由于管教他的人对他实行了专制的办法。如果没有什么不得不隐瞒的事情，他为什么要对管教他的人躲躲闪闪呢？如果他没有什么可抱怨的事情，他为什么要对他们满腹牢骚呢？他们自然而然地是他最初的知心人，我们根据他向他们谈心里话时的那种殷切样子就可以看出，直到他把他的想法告诉他们的时候，他还认为他对这些事情是一知半解的。可以肯定的是：如果孩子没有顾虑，不害怕受到你的教训和斥责，他是一定会把他的思想全盘告诉你的，谁也不敢叫他向你隐瞒，因为大家都知道他是不会向你隐瞒任何事情的。

我之所以这样信赖我的教育方法，是因为只要我尽可能严格地遵循这个方法，我就不会遇到什么事情使我在我的学生的一生中留下不愉快的印象。即使在他大发脾气、怒不可遏的时候，即使在他反抗这只阻挡他的手，想挣脱和逃避我的管束的时候，我在他那激动和盛怒的样子中仍然看到他还保持着他原来的天真；他的心和他的身体是一样的纯洁，既不懂得什么叫恶习，也不懂得什么叫虚伪；他不害怕别人的非难和讽刺，他从来不胆小如鼠，做出躲躲闪闪的样子。他保持着一颗白璧无瑕的坦率的心，他天真烂漫，无所猜疑，他甚至还不知道骗人有什么用处。我们从他的嘴上或眼睛中就可以看出他心灵的每时每刻的活动，而且，往往在他自己还没有觉察他心中的情感以前，我早就看出他有什么情感了。

只要他还继续向我这样坦率地以心相见，乐于把他心中的想法告诉我，我就没有什么可担忧的，眼前就没有什么危险；但是，如果他变得比往常腼腆，比往常拘谨，如果我在他的谈话中第一次见到羞羞涩涩的慌乱神情，可见他的本能就已经是发展出来了，其中已经是含有邪恶的观念了，我已经是到了刻不容缓的时候了；这时候，如果我不赶快告诉他，他就要不顾我的管束，自己去弄个明白的。

有些读者即使同意我的说法，也会这样想：在这种事情上，只要随随便便同这个青年谈一次话，问题就全部解决了。啊！要管住一个人的心，才不能采取这种办法咧！如果你不选好说话的时机，你说了也是白说的。在播种以前，应该先把土地锄好；道德的种子是很难生长的，必须要有长时间的准备，才能使它生根；说教之所以最没有用处，其原因之一就是它是普遍地向所有一切的人说的，既没有区别，也没有选择。听众在禀赋、思想、性情、年龄、性别、职业和见解上既然是这样千差万别，我们怎能认为同一个说教对他们全都是适合的呢？也许，你说给大家听的话，要适合于两个人都是办不到的；我们所有的一切情感都是这样不稳定，以致在每一个人的一生中要找出两个时刻对他所听的同一个说教产生同样的印象，也是不可能的。你可以判断一下，当火热的感官扰乱了你的理智和压抑着你的意志的时候，你还有没有心思去听那严肃的智慧的教训。所以，除非你已经使他处于明白事理的境地，否则，即使年轻人达到了有理智的年龄，你也不要同他谈什么理智。大多数教训之所以等于白说，是由于老师的过错而不是由于学生的过错。冬烘先生和教师所说的话都是差不多的；不过，前者是漫无目的地信口而说的，而后者则是在确有收效的把握的时候才说的。

正如一个梦游病者一样，当他昏昏沉沉地在一个深渊的边缘上徘徊的时候，如果突然一下把他叫醒的话，他就会掉到那个深渊中去的；我的爱弥儿就是这个样子，他在天真无邪的睡梦中反而能逃脱他看不见的危险，如果我突然叫醒他，他就会失足掉下去的。我们首先要使他离开那个深渊，然后才唤醒他，远远地把那个深渊指给他看。

读书、孤独、懒散、坐着不动的生活、同妇女和青年的交往，所有这些，都是他在这个年龄所要通过的危险的路径，它们不断地把他引到危险的边缘。我利用其他的事物去转移他的感官的注意，我给他的思想画出另外一条路线，以便使它离开它刚刚开始走上的道路；通过艰苦的体力劳动，就可以遏制那把他引入歧途的想象力的活动。当他的两臂紧张地工作的时候，他的想象力便处于静止；当他的身体十分疲乏的时候，他的心就绝不会冲动。最直截了当而又简便易行的办法是：不让他去接近危险的场所。我首先带着他离开城市，离开那些可以引诱他的东西。但是，这还不够；要到什么样的荒漠和旷野才能逃脱那些追逐他的形象呢？如果我不同时消除他对危险的事物的记忆，那也等于没有使他脱离那些事物；如果我没有办法使他摆脱这一切，如果我不能使他自己分散他自己的心，那也等于让他留在他原来的地方。

爱弥儿懂得一门手艺，但是我们在这个时候是不能利用这种手艺的；他喜欢农业，而且也会做庄稼活儿，但是只做农活儿还是不够的,因为他所熟习的工作已经变成老一套了,每天都那样干,那就等于什么也没有干;他心里在想另外的事情,脑子和手是各搞各的。必须找一种新的工作叫他去做,这种工作,要以它的新奇而引起他的兴趣,使他忙得不可开交,使他欢欢喜喜、专心专意地去做,使他热爱,并且把全副精力都投入这种工作。在我看来,现在似乎只有打猎才能一举而达到所有这些目的。如果打猎可以作为一种无害的娱乐,适合于成年人搞的话,那我们在目前就应当利用它了。爱弥儿具备了所有一切从事打猎的条件:他身体强壮,手脚灵巧,又有耐心,又不知疲劳。毫无疑问,他将对这种运动发生兴趣,他将把他这个年龄的一切劲头都投入这种运动;至少在一个时期内,他将失去由于生活舒适而产生的危险的倾向。打猎可以使他的心变得同他的身体一样的坚强,使他见惯流血和残酷的情景。人们说黛安娜[1]是爱情的敌人,这个比喻是很恰当的:爱情的缠绵完全是从舒适宁静的生活中产生的,激烈的运动将窒息一切温柔的情感。在森林和田野中,情人和猎人的感受是这样的不同,以致他们对相同的事物所产生的印象竟大相径庭。在前者看来是清凉的树荫,是小灌木林,是幽会之地,而在后者看来则是一片牧场,是野兽藏身之处;在这些地方,前者所听到的是笛声和黄莺的歌声,而后者所听到的则是号角声和狗吠声;前者在心目中好像是看到了森林女神,而后者则以为是看到了猎人、猎狗和马匹。你陪着这两种人去散步,听一听他们不同的语言,你马上就会明白这个世界的样子在他们看来是完全不同的,他们的思想也像他们的爱好一

[1] 黛安娜,希腊神话中的月神和女猎神。

样，是迥然两样的。

我当然知道怎样把这两种兴趣结合起来，怎样才能最终获得时间去领略它们。但是，青年人的热情是不能这样划分的：使他唯一去搞他所喜爱的事情，不久就会把其他一切完全忘掉的。不同的欲望产生于不同的知识，只有我们最初的喜好才能成为我们长期追求的目标。我不希望爱弥儿把他整个的青年时期都用去屠杀野兽，我更不赞许他热衷于这种残忍的行为，我的目的只是用它去延迟另外一个更加危险的欲念的到来，以便在我向他谈到这个欲念的时候，他能保持冷静，容许我从从容容地描述，而不使他的心里感到躁动。

在人的一生中，有一些时期是永远不能忘怀的。爱弥儿现在正在接受我所阐述的这种教育，这段时期，对他来说就是永远不能忘记的，它对他今后的一生都要产生影响。所以，我们要深深地把它印在他的脑子里，使它永不磨灭。我们这个时代的错误之一，就是过多地使用了冷静的理智，好像人除了理智以外，就没有什么可利用的了。由于我们忽视了影响想象力的表象的语言，我们便失去了语言之中最有力的语言。说话的印象总是很淡然的，我们通过眼睛比通过耳朵更能说动一个人的心。由于我们只讲一番道理，结果遂使我们的教训流为空谈，不能实践。单单凭理性，是不能发挥作用的，它有时候可以约束一个人，但很少能够鼓励人，它不能培养任何伟大的心灵。事事讲一番道理，是心胸狭窄的人的一种癖好。有气魄的人是有另外一种语言的；他通过这种语言，能说服人心，作出行动。

我发现，近几个世纪以来，人和人之间除了用暴力和利害关系互相控制以外，便没有其他的办法，而古代的人彼此间大都是采用劝导和心灵感召的办法的，其原因是他们知道利用表象的语言。所有一切的契约都是很庄严地达成的，以便使它们不至受到任何破坏。在实行暴力以前，神就是人类的主宰；在神的面前，人们订立条约，结成联盟，宣布他们的信约；地球的表面就是一部记载这些事情的书。岩石、树木和一堆堆的石头，由于经历了这些行为都变成为神圣的东西，受到野蛮人的尊敬；它们就是这本书的篇页，时时刻刻都展现在人的眼前。宣誓的井，活的和看得见人的井，芒布累的古老的橡树，作见证的石堆，所有这些，尽管是很简陋的纪念物，然而是很庄严的，象征着契约的神圣，没有哪一个人敢用犯罪的手去亵渎它们，这些无言的证人远比今天的严酷的空洞的法律更能坚定人的信念。

在政府的统治下，王权的威仪压制着人民。尊贵的表记，如王座、王笏、紫袍、王冠和纹章，在他们看来都是神物。用这些赫赫的表记把一个人装扮起来，就能受到他们的敬重。这个人不用军队和威胁的手段，只要一开口，人们就服从。现在，人们要取消这些表记[①]，这样蔑视的结果怎样呢？王室的威严将从所有的人的心中消失，国王只有使用军队才能得到人民的服从；臣民之所以尊敬

---

① 罗马的天主教士很巧妙地保存了这些表记，有几个共和国，如威尼斯，也在学他们的样子。尽管国家已经衰败，威尼斯政府在堂皇的古物的装点之下，仍然享受着人民的爱戴；除了戴三重王冠的教皇之外，也许在这个世界上就没有哪一个国王、哪一个显赫的人物或平民能够像威尼斯的执政那样，虽无权无势，但由于礼制的隆重而显得很神气，由于在公爵似的冠冕之下蓄着妇女的发式而受到尊敬。在基督升天节那天举行的同大海结婚的仪式虽引起愚人们的哄笑，但能使威尼斯的老百姓为了保持这个专制的政府而流他们的血。

他，完全是由于害怕受到惩罚。国王固然是再也用不着戴什么王冠，贵族也用不着戴什么显示他们的尊贵的标记；但是，要执行他们的命令，他们就非要有十万人的军队不可。这样做，尽管在他们看来也许还觉得更好一点，但是我们可以一目了然地看出，长此下去，终究对他们是不利的。

古代的人能倚仗他们的口才达到他们的目的，这一点固然是很奇妙的；但是，这种口才不仅表现在措辞的美，而且，从来就是说话的人所说的话越少，他所取得的效果反而越大。说话之所以显得生动，不在于说了些什么词，而在于使用什么符号来表达；不是说得生动，而是演得生动。把一个东西呈现在人的眼前，就能燃起他的想象，引起他的好奇，使他一心等着你要说些什么话；单单这个东西往往就能说明全部的问题。思腊西布路斯和塔昆尼乌斯割掉罂粟的果实，亚历山大在他所宠幸的人的嘴上盖上他的钤记，戴奥吉尼斯走在芝诺的前面，他们这样做，岂不是比发表长篇的演说更能说明他们的意图吗？要翻来覆去地说多少话才能把这些观念说得清楚呢？大流士在同西塞人以兵戎相见的时候，收到西塞王送来的一只鸟、一只青蛙、一只老鼠和五支箭。使者把这些礼物放下以后，一言不发地就转身回去了。要是在我们今天，这个人就会被大家当作疯子。大流士明白了西塞王的可怕的意思，赶快就收兵回国了。假使用一封信来代替这些东西，它愈说得气势汹汹，它就愈吓不倒人，大流士必然把它看作是虚张声势，一笑置之的。

罗马人是多么注意表象的语言啊！他们所穿的衣服，是随着年龄和身份的不同而有差异的；礼袍、长褂、锦衣、小金结子、缘饰、宝座、棍杖、权标、斧子、金冠、叶冠、花冠、小凯旋、大凯旋，所有这些在他们那个时候都是很考究的，都代表一定的意思和礼仪的，在公民的心目中都产生了一定的印象。国家所注意的是：人民是不是应该集中在这个地方而不集中在那个地方，是不是瞻仰过神殿，是不是倾向元老院，是不是选择在哪一天审议政事。被告人要另外换一身衣服，候选人也要穿另外一种衣服，战士不夸他们的战功而只显示他们的伤痕。在恺撒死的时候，我假想有这样一位当代的演说家，为了感动人民，一定会用尽所有一切陈腐的套语，以为这样就可以对恺撒的伤，对恺撒的血和尸体作一次动人的描写，然而安东尼尽管能言善辩，对这些却只字不提，他叫人把恺撒的尸体搬来，这才是美妙的修辞法啊！

我在这里又把话说到其他的事情上去了，我有好多次都是这样不知不觉地脱离了本题，我离题的次数也真是太多了，再讲下去，读者是忍耐不住的，所以，我现在还是言归正传，回到本题。

你千万不要干巴巴地同年轻人讲什么理论。如果你想使他懂得你所说的道理，你就要用一种东西去标示它。应当使思想的语言通过他的心，才能为他所了解。我再说一遍：冷冰冰的理论，只能影响我们的见解，而不能决定我们的行为；它可以使我们相信它，但不能使我们按照它去行动，它所揭示的是我们应该怎样想而不是我们应该怎样做。如果对成年人来说是这样的话，对青年人来说就更应该是这样了，因为，他们现在受着感官的蒙蔽，他们怎样想象就怎样认识的。

尽管是做好了我所讲的这些准备工作，我也并不突然一下走进爱弥儿的房间，把我要教育他的这件事情一本正经地讲一大套话。我要首先从触动他的想象着手，我要选择时间、地点和对象，我要它们能产生我所希望的印象；如果可以的话，我要叫整个的大自然来为我们的谈话作证；我要那永恒的存在——自然的创造者——证明我所讲的话是真理，我要他做爱弥儿和我之间的裁判；我要在我们谈话的地方打上记号，把我们周围的岩石、森林和山脉作为记载他的诺言和我的诺言的石碑；我将在我的眼睛、声调和姿势中表达我希望对他唤起的热情；到了这个时候，我才开始说，而他也才听我，我心情激动，而他也深受感动。由于我深深感到我的责任是十分的神圣，所以我也要使他觉得他的责任是最值得尊重的；我要用种种形象来使我的论点具有说服的力量，我绝不长篇大论和杂乱无章地讲什么枯燥的教条，但是我要流露出充沛的情感；我所讲的话都是很严肃和简洁的，但是我心中想到的事情怎样也说不完。当我把我为他所做的事情告诉他的时候，我要向他指出，所有这一切都好像是为我自己做的，他将在我深厚的情谊中看出我做这一切事情的理由。当我突然把话头一变的时候，我将使他感到多么惊奇和多么激动啊！我不谈他的利益，就不会使他的心感到紧张，反之，此后我只是谈我自己的利益，却更能打动他的心；我已经使他年轻的心中产生了友爱、慷慨和感恩之情的幼芽，看着它们成长是很愉快的，现在，我要用它们去激发他的心了。我紧紧地把他抱在怀里，让热情的眼泪流在他的身上，我将告诉他说："你是我的财产，我的孩子，我的事业；我要等到你得到幸福的时候，我才能取得我的幸福；如果你使我的希望落空，你就窃取了我二十年的生命，使我到老年的时候遭受痛苦。"你向一个青年人这样讲，才能把你所讲的话深深地刻画在他的心里。

在此以前，我举了一些老师在遇到困难的时候应该如何教导学生的例子。我这一次也打算这样做，但是经过几番试验之后，我放弃了这个办法，因为我认为法国的语言是太细腻和雕琢了，不宜于用来在一本书中描述就某些事情所施行的初步教育的那种天真做法。

人们说，法语是语言之中最雅洁的语言；可是我，我却认为它是最污秽的语言；因为，我觉得，一种语言的雅洁不在于能避免粗俗的词汇，而在于没有那些词汇。实际上，你要避免它们，反而不能不把它们放在心中斟酌一番，而且，还没有哪一种语言比法语更难于干干净净地表达各种意思了。读者对作者所说的一切都感到吓然，大吃一惊，因为他轻易地就能发现猥亵的说法，然而要作者避免这些说法的话，那就困难了。一句话既然经过了不洁净的耳朵，又怎能不沾染污秽呢？反之，一个风俗敦厚的民族，不论表达什么事情，都是有适当的说法的，这些说法很正当，因为它们用就用得很正当。再也找不到哪一个人说的话比《圣经》上所说的话更朴实的了，其原因正是由于《圣经》上的话是出自一片天真的。要使《圣经》上讲的事情听起来不正经，只需把它们译成法文就行了。我要告诉爱弥儿的话，在他的耳朵听起来都是规规矩矩、正正派派的，然而要读者读起来也有这种感觉的话，那就要具备一个像他那样纯洁的心。

我甚至认为，当这件事情使我们谈到道德问题的时候，还应当考虑一下我们所讲的话是不是真正的文雅，是不是对罪恶故弄玄虚；因为，他在学会朴实的语言的时候，一定会同时学会严肃的语言的，所以，应当使他知道这两种语言为什么是这样的不同。不管怎样，我总认为，我们不应当过早地拿一些空洞的教条去塞年轻人的耳朵，以免他成长到正该应用这些教条的年岁时，反而对它们加以嘲笑；我们应当等待，等待他能够听懂我们的话的时候，我们才向他如实地阐述自然的法则，向他指出这些法则对人们施加的制裁表现在违背它们的人就要遭受肉体和精神上的痛苦；在向他讲到这个不可思议的生殖之谜的时候，我们除了让他知道自然的创造者使这种行为具有快感之外，还应当让他知道这种行为之所以微妙，是由于有专属的爱情，让他知道有许多忠贞的义务包围着这种行为，使这种行为在达到目的的时候将获得双倍的快乐；我不仅把婚姻描写为一切结合之中最甜蜜的结合，而且还描写为一切契约之中最神圣不可侵犯的契约，因此，我要着重说明为什么这种结合是这样神圣地受到一切人的尊重，为什么任何人如果敢玷污它的纯洁就要受到世人的憎恨和诅咒；我将向他描绘一幅触目惊心的真实的图画，说明荒淫无度的恐怖，说明他的兽行是多么愚蠢，说明在这条看不见的道路上一失足就要造成种种罪恶，就要把走这条道路的人拖入毁灭的深渊；我将有凭有据地向他指出崇尚贞洁，就能获得健康、精力、勇气、美德以及爱情的本身和人类的一切真正的财富；我认为，当我们已经使他希望保持贞洁的时候，我们将发现他的心就会倾听我向他讲解的保持贞洁的方法，因为一个人只要还保持着他的贞洁，他就会珍惜它，只是在他已经失去贞洁之后，他才会等闲视之的。

所以，说作恶的倾向是不可制服的，说我们不仅不能战胜它，而且还要屈服于它，是说得不对的。奥里利阿斯—维克托说，有几个爱女色爱迷了的人，为了和克利奥帕特拉欢度一宿，竟甘愿牺牲自己的生命，这样的牺牲，在患了色情狂的时候，是可能做出来的。

但是，现在假定有一个最疯狂、最不能控制其感官的人发现别人在准备刑具，并且确信一刻钟以后自己就要极其痛苦地死在刑具之下，从此刻起，这个人不仅马上会拒绝诱惑，而且还觉得要战胜它们也是不难的，因为，同诱惑相伴随的可怕的形象将立刻打消他接受诱惑的念头，由于接受诱惑的念头接连被打消，这种念头也就不会再产生了。我们之所以有这个缺点，唯一的原因是由于我们的意志薄弱，其实，我们从来就是有坚强的力量去实现我们的强烈的愿望的。“有毅力，就能克服困难。”啊！如果我们能够像爱惜生命那样痛恨罪恶，我们就能轻而易举地像克制自己不吃那放有毒药的美味的菜一样，不去犯那片刻之乐的罪。

在这件事情上，你对一个年轻人所施的一切教育之所以没有成效，那是由于你所施的这些教育还缺乏他那个年龄的人所能懂得的道理，而且重要的是，对任何年龄的人所讲的道理都要以一定的形式表述，才能得到他们的喜欢，这一点，你怎么不明白呢？如果必要的话，就用严肃的口气讲，但是，要让你所讲的话始终具有一种使他不能不听的魅力。我们不能干巴巴地说一些话来打消他的这些欲望，我们不能遏制而要引导他的想象，以免它产生可怕的结果。对他讲什么叫爱，对他讲妇女，对他讲快乐的事情；要使他在你的谈话中能发现使他年轻的心感到高兴的美妙的事物；要千方百计地使你成为他的知心人，因为只有在你变成了他的知心人的时候，你才能真正做他的老师。所以，别担心你的话会使他感到厌烦，他要求你告诉他的话，比你想谈的还多。

如果我按照这些原理采取了一切必要的预防措施，并且在我的爱弥儿年岁日增，到了这个紧要关头的时候，我把所有这些应该告诉他的话都告诉了他，我深深相信，他将在我预定的时刻迫不及待地自己来要求我的保护。当他发现他周围的危险时，他将怀着他那个年龄的满腔热情来向我说："啊，我的朋友，我的保护人，我的老师！请你再行使你想放弃的管教我的权能，因为目前是我最需要你管教的时候；在此以前，只因我的能力柔弱，你才管教我；而现在，则是出自我的心愿，要求你行使这种权能，而我也将比以往对它更表示尊重。请你保护我不受我周围的人的毒害，而且特别要保护我不为我自身的敌人所陷害；请你关心你自己的事业，使它适于享受你的令名。我愿意服从你的规矩，我愿意始终服从，这是我永恒不变的心愿；万一我有不服从你的地方，那是因为我遇到了我身不由己的事情。所以，请你保护我不受我的情欲的蹂躏，从而使我恢复我的自由；你要防止我变成它们的奴隶，要使我做我自己的主人，不服从我的感官，而服从我的理性。"

当你使你的学生达到了这种地步(如果不能达到的话，应该归咎于你)，你要注意，不可过分地相信他所说的话，以免在他觉得你对他管得过严的时候，埋怨你出其不意地对他施加控制，从而认为他有权逃避你。正是在这种时刻，一言一行都要斟酌和谨慎，尤其是因为这是他第一次看见你对他采取这种态度，所以对他的影响特别深远。

你对他说："青年人，你轻率地作出了一些难以遵守的诺言，在作出诺言以前，你应当对它有一番了解，因为你还不知道情欲将多么凶猛地把人们拖入那些掩盖在快乐的情景之下的罪恶的深渊。你的心灵并不卑贱，这我是知道的；你不会违背你的信约，但你将一再后悔你承诺了这样的信约！你将一再责骂那个爱你的人，因为他为了替你解除那些即将降临到你的身上的痛苦，不得不使你感到伤心！尤利西斯被茜林[1]的歌声打动之后，便叫开船的人解开他身上的束缚，同样，你被快乐的外衣迷惑之后，也想挣断你身上的锁链的；你将再三再四地抱怨我，当我最关心你的时候，你反而责备我对你实行专制；我一心一意地为你寻求幸福的时候，反而遭到你的仇恨。啊，我的爱弥儿，如果我在你的心目中变成了一个可恶的人，我将感到万分痛苦的，即使是为了你的幸福，这个代价也是太大的。可爱的年轻人，因为你答应服从我，所以就使我不能不教导你，不能不为了你而忘记我自己，不能不拒绝听你的种种抱怨，不能不继续不断地使你的欲望和我的欲望作斗争，这一切你难道不明白吗？你加在我身上的这个担子，比你自己肩负的担子还重。在承担这种担子以前，要好好地估计我们的力量；你花一些时间去考虑一下，同时让我也花一些时间去考虑；你要知道，我们愈是慢慢地确定我们遵守的信约，我们的信约便愈是能够得到忠实的遵守。”

你自己还需知道的是，你愈是对信约想得困难一些，你的信约便愈是容易付诸实施。应当使你的学生知道他答应遵守的诺言是很多的，而你答应遵守的诺言比他还多。当时机到来的时候，也就是说他在契约上签过字之后，你就应当改变语气；你原来说要管得尽量的严格，而现在却要做得尽量的宽和。你告诉他说：“我的年轻的朋友，你还缺乏经验，所以我要使你能保持你的理智。你现在已经有能力处处看出我的行为的动机，所以你只要保持冷静的头

[1] 茜林，希腊神话中的海上女妖，常以美妙的歌声诱使航海的人投水自溺。

脑,就可以明白我的动机何在。你首先要服从我,然后才问我为什么要命令你那样做的原因,一旦你能够理解我,我随时都可以向你解释其中的道理,我绝不害怕你来做你和我之间的裁判。你答应服从我的管教,而我则答应只利用你的服从来使你成为人类当中最幸福的人。我可以拿你以前所过的生活来证实我的诺言。只要你能找到另外一个像你这样年纪的青年享受过你这样美好的生活,我就不再向你提什么诺言了。”

树立了我的威信之后,我首先注意的是:要怎样才能避免使用这种威信。我想方设法地渐渐得到他对我的信任,以便成为他在寻求快乐中的知心人和决定人。我不仅不打击他那样年纪的倾向的发展,我反而要熟习它们的发展的情况,以便加以控制;我要了解他的观点,才能对他进行指导;我绝不牺牲他现在的快乐去寻求什么遥远的幸福。我不希望他有一时的快乐,但是,如果可能的话,我希望他有永久的快乐。

有些人为了不让青年人掉入情欲的陷阱,就想一本正经地教育他,想使他对爱情产生厌恶,甚至想使他认为在他那个年龄一产生爱情的念头便是犯罪,好像爱情只是老年人的事一样。大家的心里都明白这种教法是错误的,是不能说服人的。青年人在可以信赖的本能的引导下,对这种晦气的教条虽然是假装接受,但在暗中是要取笑的,一有机会,就会把它们束之高阁的。这种教法完全是违背了自然。我采取相反的教法,反而能更有把握地达到同样的目的。我不怕促使他心中产生他所渴望的爱情,我要把爱情描写成生活中的最大的快乐,因为它实际上确实是这样的;我向他这样描写,是希望他专心于爱情;我将使他感觉到,两个心结合在一起，感官的快乐就会令人为之迷醉，从而使他对荒淫的行为感到可鄙；我要在使他成为情人的同时，成为一个好人。

把一个年轻人的日益滋长的欲望完全看成理性教育的障碍，这是多么狭隘的眼光啊！我，我则认为这种欲望恰恰是使他乖乖地服从理性教育的手段。我们只能够以欲念来控制欲念，我们必须利用它们的威力去抵抗它们的暴虐，我们始终要从天性的本身去寻找控制它的适当的工具。

爱弥儿生来不是为了永远过独居的生活的，作为社会的成员，他要为社会履行他的义务。既然他要同人们一起生活，他就应当对他们有所认识；他已经一般地了解人类，但是他还需要分别地了解个人。他已经知道人在世界上要做些什么事情，但是他还需要知道人在世界上应当怎样生活。对于这个巨大的舞台，他已经知道其中的内幕，现在是到了应该把它的外部的情景告诉他的时候了。这时候，他不仅不会像一个鲁莽的青年那样对它没头没脑地羡慕，而且要用严正的思想去辨别它的真相。毫无疑问，他的情欲可能对他有所摧残；听任情欲的摆布，怎能不受到它的摧残呢？但至少是，他绝不受别人的情欲的欺骗。当他看见别人产生情欲的时候，他将以智者的眼光去看他们，既不会学他们的样子，也不会受他们的偏见的诱惑。

正如人生中有一个年龄是适合于用来研究学问一样，在人生中也有一个年龄是适合于用来研究社会的习惯的。一个人要是过早地了解这个习惯，他就会不假分别、不假思考地终生遵从这种习惯，因此，尽管是遵从得很好，但他始终不知道他做的事情有什么意义。但是，如果一个人既了解这种习惯，又明白这种习惯的道理，他就会有分别地遵从，因此也遵从得更恰当、更真诚。你把一个一无所知的十二岁的孩子交给我，到他成长到了十五岁，我再把他交还给你，这时候，我敢保证他同一个从幼儿时期就开始受你的教育的孩子相比，他所学得的知识同你的孩子学得的知识是一样多的；所不同的是，你的孩子的知识表现在他心里记得的东西多，而我的孩子的知识则表现在他能进行判断。同样，我们也可以用这个方法教育一个已经步入社会的二十岁的青年，只要我们善于教导，一年以后，他同一个从童年时期起就一直生活在社会环境中的青年相比，他一定是更加可爱和更加大方的，其原因是：前者能够分别情况，对年龄、地位和性别不同的人采取合乎社会习惯的办法，能够把种种情况归纳成原则，并且把它们应用于意料不到的事情；反之，后者成天都是那样死板板的照章行事，而一到了没有章法可循的时候，就会弄得手足无措了。

法国的少女个个都是在修道院受教育一直到结婚的。我们知不知道她们是很难懂得这些在她们看来是十分新奇的方法呢？我们能不能够把巴黎的妇女之所以那样窘态毕露和不了解社会习惯说成是因为她们没有从小就在社会中生活呢？这种偏见来之于世俗的男人的本身，因为他们不知道除了这个小小的理由以外，还有更重要的原因，所以就错误地认为早入社会，就能了解社会。

在另一方面，我们当然也不应该等得太久。一个人的青年时期如果全都是在远离社会的地方度过的，则他以后到社会中去，便会终生都带有那种拘拘束束的样子，说话也总是说得不得体，举止也很生硬，而且，即使他已经习惯了社会的生活，他也无法改掉这些笨拙的地方，反而愈改愈闹笑话。每教导一件事情，都要选择一个适当的时间,都要避免它带来的危险。特别是我们现在所教导的这件事情,更是危险重重,所以我绝不让我的学生毫无防范地去冒这种危险。

如果我的方法能够完全成功地达到一个一贯的目标,如果它在避免一个困难的过程中又能同时防止另一个困难的产生,那么,我就可以断定它是一个好方法,断定我在运用它的时候也运用得很正确。我认为,在目前这件事情上,我按照我的方法而采取的策略就是如此。如果我采取严酷和冷淡的态度对待我的学生,则我就会失去他的信任,不久以后他就会躲避我。如果我事事依从他的心意或闭着眼睛不管,我又怎能做他的保护人呢?我只是在他放肆胡闹的时候才对他使用我的权威,牺牲我的良心去挽救他的良心。如果我唯一无二地是抱着教育他的目的才使他进入社会,则他所受的教育,将比我预期的还多。如果我使他同社会隔离一直隔到底,则他从我这里又能学到什么东西呢?也许他能学到种种的学问,但最为每一个人和公民所需要的学问他却没有学到,这种学问就是:怎样跟他的同胞一起生活。如果我在这方面对他的教育进行得太早,则他将把我的话当成耳边风,因为无论在什么时候他都是只注意他眼前的事情的。如果我只满足于使他得到快乐,那对他有什么好处呢?他将日趋萎靡,得不到任何教育。

以上这些都不是我的目的。我的计划是在于为这件事情做好种种准备。我将对这个年轻人说:“你的心需要一个女伴,让我们去寻找一个适合于你的伴侣,也许我们是很不容易找到她的,真正优秀的人始终是很少的,但是,我们既不着急,也不畏难。毫无疑问,总是有这样一个真正优秀的人的,到最后我们总会找到她,或者至少也会找到一个同她差不多的人的。”我用这样一个使他满怀希望的计划，就可以把他带入社会。我还用得着多费唇舌吗？你看我这样讲，岂不是把一切都说清楚了吗？

当我向他描述我替他寻找的情人是什么样子的时候，请你想一想我是不是能够使他倾听我讲的话，我是不是能够使他觉得我所讲的品质确实是可爱，我是不是能够使他领会他应该追求或逃避哪些情感。如果我不能够使他预先渴望找到一个什么样的人，那我也许就要算是人类当中最愚笨的人了。向他描绘的对象只不过是想象的，但问题是要使他厌恶那些可能诱惑他的人，要他到处进行比较，从而使他宁可要他幻想中的人而不要他所看见的真正的人，因为真正的爱情如果不是虚构和梦想的，它本身有什么意义呢？我们想象中的人总是比我们实际追求的对象更可爱的。如果我们发现我们所爱的对象不过就是那个样子，那么，世界上就不会再有爱情了。当我们停止了爱，尽管我们所爱的人仍然同从前一样，我们也觉得她没有什么可爱的；庄严的面纱一旦掉落，爱情就消失了。我在描绘想象的对象的时候，我要进行比较，作出判断，从而就可以轻而易举地防止他对真正的人物产生幻象。

我绝不因此就向青年人描绘一个根本不存在的十全十美的模特儿，我绝不采取这个办法去骗他，但是，我要这样来挑选他的情人的缺点，要她的缺点同他相适合，为他所喜欢，而且还要以她的缺点去改正他的缺点。我也不向他说假话，硬说我所描绘的人确实是有的，但是，如果他喜欢我所描绘的样子的话，他就会希望很快地得到这个样子的人。从希望到想象，这个过程是很容易走过的，因为，只要你巧妙地描绘，突出显著的特征，就可以使他想象的人物具有很大的真实感。我甚至可以给这个想象的人物取一个名字；我将笑着对他说："我们给你未来的情人取名叫'苏菲'[1]，'苏菲'是一个吉祥的名字；如果你所选择的对象本来不叫'苏菲'，她至少也要配得上我们称她为'苏菲'；现在我们可以预先把这个光荣的名字给她。"讲了这些话以后，如果我既不肯定，也不否认，而是找一些事情把话引到一边去，就会使他的怀疑变成信心；他就会认为我们故弄玄虚地不把他将来的妻子告诉他，而且认为时间一到他就会看到她的。只要他有了这样的想法，只要我们好好地选择了我们向他描绘的特点，则其他的一切就好办了；我们让他出入于社交场合也不至于有什么危险，我们只需保护他的感官不受毒害就行了，他的心是很安全的。

但是，不管他是不是把我向他描绘得这样可爱的模特儿想象成哪一个人，只要这个模特儿描绘得很清楚，就既不会使他对所有同它相像的人减少爱恋之情，也不会使他对那些不像它的人不保持疏远，因为在他看来，这个模特儿好像是真有其人似的。这是多么便利的一个办法啊！采用这个办法，我们就可以保护他身临危险而心不受危险，就可以利用他的想象去控制他的感官，就可以把他从那些女人的手中挽救出来，因为她们要他花极高的代价才能学到这些知识，她们为了培养一个青年的礼貌，竟牺牲他的诚实。苏菲是这样的平凡！所以，当其他的妇女向他走来的时候，他将以什么眼光去看她们呢？苏菲是这样的质朴！他怎么会喜欢她们那种神气呢？他所想的同他所看到的差得太远了，所以他是永远不

---

[1] "苏菲"，聪慧之意。

会受到她们的危害的。

所有那些主张对孩子加以管束的人，都是根据同样的偏见和同样的教条而得出这种看法的，因为他们对孩子们的观察就没有观察得深刻，他们对孩子们的想法更是错误的。青年人之所以开始走上歧途，不是由于他们的体质或感官的发育，而是由于人的偏见。如果这里有几个在寄宿学校受过教育的男孩子和在修道院受过教育的女孩子，我可以当着他们的面证明这一点；因为他们最初学习的东西，唯一能够学会的东西，就是种种的恶习；使他们遭到败坏的，不是他们的天性，而是人们的榜样。现在，我们且不去管那些在寄宿学校和修道院的男孩子和女孩子，让他们去受那不良的风气的败坏，他们已经到了不可救药的地步了。我在这里只谈一谈家庭的教育。现在假定有一个青年人是在他父亲的外省的家中受过良好的教育的，让我们看一看他到了巴黎，或者说，看一看他进入社交场合的时候是什么样子，你将发现他心中所想的都是正当的事情，他的意志和他的理智是同样的健康；你将发现他对罪恶的事情表示轻蔑，对花天酒地的生活感到害怕；只要一提娼妓的名字，你就会发现他的眼睛中流露出天真无邪的恶感。我认为，如果青年人了解她们的目的和穷困境遇的话，他们是绝不会自己走进那些可怜的人的幽暗的屋子的。

六个月以后，当你重新见到这个青年的时候，你就再也不认识他了；要不是他向你嘲笑他过去是多么老实，要不是由于你告诉他说他原来是一个朴实的人因而使他感到羞愧，要不是从这两点上看出他确实是那个青年，看出他对自己的行径感到赧颜的话，你根据他那些放肆的语言、时髦的套语和轻浮的样子，还以为他是另外一个人哩。唉，在多么短的时间中他就变成了这个样子啊！为什么会产生这样突然和这样巨大的变化呢？是由于他的体质的发育吗？他在他父亲的家庭中不也是在这样地发育吗？而且我们断定，他原来是没有这样的说话的语气和套语的。是由于感官开始领略到享乐的味道吗？恰恰相反。当一个人开始寻欢作乐的时候，他是感到羞怯不安的，他要躲避光明和喧嚣的人声。最初几次肉体的快乐总是很神秘的，贞洁的心使这几次放浪的行为更有乐趣，想把它们隐瞒起来。头一个情人将使他感到胆怯，而不会使他变得不知羞耻。由于这个年轻人被这种如此新奇的情景所迷醉，因此他总是悄悄地去享受，生怕把它们失掉了。如果他把这些事情拿出去乱说，则可见他既不是一个色鬼也不是一个钟情的人；他愈是吹嘘，便愈见他不懂得爱情的乐趣。

这种前后判若两人的情况，完全是思想方法改变的结果。他的心还是那个心，可是他的想法已经变了。他的感情的变化尽管是比较慢，但最后也将由于思想方法的改变而改变；只要一到这种地步，他就真正的堕落了。他刚刚进入社交场合，就在其中受到一种同他原来的教育截然相反的教育，结果，就使他轻视他原先看重的东西，而看重他原先轻视的东西，别人将使他把他父母和老师的教训看作是陈腐的废话，把他们谆谆教导他的天职看作是孩子们应该遵守的规矩，而他现在已经长成大人，便可以把这些规矩不放在眼里了。他认为，为了自己的体面，不能不改变自己的做法；即使他没有那种欲念，他也要去大胆胡为；他以为，不胡闹一阵反倒不好意思。他还没有领会善良风俗的意义，就竟然看不起这些风俗；他以花天酒地的生活感到自豪，而不知道他已经变成了淫荡的浪子。我永远不能忘记一个瑞士卫队的军官所说的一句坦率话，他虽然是讨厌他的伙伴们的那种胡闹的寻欢作乐的生活，但是又不敢不跟他们同流合污，为的是怕受到他们的嘲笑，因此他说："我跟着去寻欢作乐，正如我不喜欢卷烟也跟着抽烟一样，一搞惯了就尝到其中的滋味了，一个人总不能老是像一个孩子似的。"

所以，对一个进入社会的青年来说，应该提防的不是色欲而是虚荣；因为，他将听从别人的倾向的支配而不听从自己的倾向的支配，他之所以这样放荡，是由于狂妄的心理而不是由于爱情。

如果承认这一点的话，我就要问，在抵抗一切可能伤害他的道德、情操和元气方面，这个世界上还有哪一个人比我的学生具有更好的武装，还有哪一个人比他更能抵抗风暴的袭击，因为，他对哪一种引诱没有防御的能力呢？如果他的欲念促使他去接近妇女，他在她们当中将找不到他所寻求的人，因而他已经有所归属的心将使他裹足不前，同她们保持疏远。如果他的感官使他心慌神乱，燃起了欲火，他又怎样去满足他的感官呢？通奸和寻花问柳的可怕的后果将使他远离娼妓和已婚的妇女，因为青年人的放荡行为往往是由这两种妇女当中的一种妇女开始引起的。一个未婚的女子也可能是很风骚的，但是她不可能是脸皮很厚的；即使一个青年男子认为她乖巧伶俐，想娶她为妻，她也不会自动去搂着他的脖子的，何况还有人监护着她哩。从爱弥儿这方面来说，他也不会完全听从自己的情欲的支配；他们两个人至少是怀着胆怯和害羞的心的，因为这种心理是同最初的欲念分不开的；他们绝不会一下子就亲热到了极点，他们也不能毫无阻碍地从从容容地逐渐亲热起来的。如果不是这样的话，那他就已经学会了他的伙伴们的榜样，学会了他们那样嘲笑自己的节制，硬要模仿他们的行径。但是，在世界上还有哪一个人比他更讨厌模仿别人的行为呢？像他这个自己既没有偏见也不为别人的偏见所左右的人，怎会像其他的人那样一听到别人嘲笑就变了样子呢？我已经花了二十年的工夫使他具有抵抗冷嘲热讽的人的能力，他们要愚弄他的话，不是一天、两天可以办得到的，因为在他看来，嘲笑不过是愚人们的语言，要不为他人的嘲笑所动，就要鄙弃他们的偏见。对于他，要采取讲道理而不采取嘲笑的方式，才能打动他的心；只要是讲道理，我就不害怕孟浪的年轻人把他从我身边夺走，我有良心和真理为我的后盾。即使他产生了偏见，二十年的情谊也将发挥它一定的作用：任何人都不能够使他相信我曾经拿一些没有用处的教育折磨过他，在一个正直和富于情感的心中，一个忠实的朋友的声音将压倒二十个引诱者的叫嚣。由于现在的问题只是向他指出他们在欺骗他，向他指出他们在假意把他当作成人看待的时候，实际上是把他当作小孩子，所以，我说话的时候，始终要语气严肃，说得恳切，以便使他明白只有我才把他当作成人。我将对他说："你知道，由于你的幸福就是我的幸福，所以我才说这番话的，我不能不这样说。可是那些年轻人为什么要来劝说你呢？那是因为他们想引诱你，他们并不是爱你，他们也不是关心你；他们唯一的动机是想陷害你，因为他们看见你比他们高尚；他们想使你也堕落得像他们那个卑贱的样子，他们之所以骂你听我的管束，为的是好让他们来管束你。你相信不相信不由我而改由他们来管束你，对你有好处？难道说他们比我还高明？难道说他们对你一天的情感比我对你的情感还深？要说明他们的嘲笑有他们的道理，那就要说出他们有什么依据，他们凭什么根据说他们的行为准则比我们的行为准则好？他们只不过是在模仿其他的轻浮的人的样子，而现在又要你模仿他们的样子。为了摆脱他们所说的他们的父亲的偏见，他们就去听从他们的伙伴的偏见。我不明白他们这样做有什么用，但是，我发现他们肯定地会失去两个巨大的好处：其一是父母的爱，而父母的忠告总是很诚恳的；其二是经验，而经验是使我们能够判断我们所知道的事物的，当父亲的人都曾经经历过小孩子的生活，而小孩子则未经历过父亲的生活。”

“你相信不相信他们是真正按照他们那些荒谬的说法行事呢？不是的，亲爱的爱弥儿，他们为了欺骗你，竟对他们自己也说假话；他们的表里是不一致的，他们的心在不断地揭露他们的虚伪，他们的话往往同他们的行为相矛盾。他们当中有些人把老实的人作为谈笑的材料，但是，要是他们的妻子也像他们那样取笑老实人的话，他们就会感到不愉快。他们当中有些人对道德不道德满不在乎，甚至对他们未来的妻子的不道德行为，或者，在丧尽了廉耻之后，对他们已经结婚的妻子的不道德行为也等闲视之；但是，再说下去，谈一谈他们的母亲，看一看他们会不会为了冒改姓名，为了盗窃另一家人的嫡亲的继承者的财产，而甘心做一个同人苟合的行为不端的女人的儿子，看一看他们在被别人当作私生子的时候，是不是不动声色。他们当中哪一个人愿意他的女儿也蒙受他使人家的女儿所蒙受的那种羞辱呢？如果你把他们教你的那些法则应用于他们自身的话，他们没有一个不把你置于死地的。这就可以看出他们是言行不一致的，他们当中没有哪一个人是相信他自己所说的话的。我要阐述的道理就是这些。亲爱的爱弥儿，如果他们也有他们的道理的话,你便把他们的道理拿来想一想,并且同我的道理比较一下。如果我也像他们那样采取冷嘲热讽的做法,你将看到,他们可揶揄的地方比我还多。我是不怕严格的考验的。嘲笑者的胜利是暂时的,真理仍然是真理,他们狂妄的笑不久就会消失的。"

你认为爱弥儿长到二十岁的时候是不可能还是那样的温顺。我们的看法简直是大相径庭!我,我却认为他在十岁的时候才很难管教哩,因为他在那个年龄,我凭什么东西去控制他呢?为了获得我现在对他的这种控制,我花了十五年的苦功。在这期间我不是在教育他,而是在使他做好接受教育的准备。现在他已经受到了足够的教育,所以才这样温顺;他已懂得友情的声音,懂得服从理智。不错,我在表面上是让他独立的,但实际上他是受到了严格的约束的,因为,正是由于他愿意受我的约束,所以他受到的约束是最严格不过的。以前,我只能控制他的身,而不能控制他的心,所以我对他是寸步不离的。现在,我有时候就离开他,让他自己去做自己的事,因为我随时都是控制着他的。当我离开他的时候,我拥抱着他,满怀信心地对他说:"爱弥儿,我把你托付给我的朋友,我把你交给他诚实的心,他将对你的一切向我担负责任。"

要打破从来没有败坏过的健康的感情,要消除从理性深处直接产生的准则,不是一下子可以办得到的。如果在我离开的期间发生了什么变化,由于我离开的时间不长,他也不可能那样严密地隐瞒我,不可能使我在危险发生以前看不出危险,或者来不及补救。由于他不至于一下子就变得十分堕落,所以他也不至于一下子就学会骗人的手段;如果在人类中确有那样一个人是拙于玩弄欺骗的伎俩的话，那就是爱弥儿了，因为他平生还没有碰到过使用这种伎俩的机会。

经过这些教育之后，我相信他是有充分的把握，不受奇异的事物和庸俗的语言的影响的，因此，我宁可让他到巴黎最坏的场合去，也不愿意他一个人待在他的房间或花园里，沉浸在他那样年纪的忧虑不安的心情中。尽管所有一切可能危害青年的敌人都来攻击他，也休想损害他的毫毛，他唯一要提防的敌人是他自己。这个敌人之所以那样厉害，完全是由于我们的错误，因为，正如我已经说过千百次的，我们的官能完全是由于我们的想象的刺激才开始躁动的。肉欲并不是身体上的需要，说它是一种真正的需要，是不对的。如果我们的眼睛没有看到过淫秽的事物，如果我们的心中没有产生过不洁的观念，我们是不会感觉到有这种所谓的需要的，因此，即使没有别人的教导，没有自己的努力修养，我们也将始终保持贞洁的。人们不知道是哪些环境和哪些景象在青年人的血液中引起那样严重的暗暗的躁动的，甚至他自己也看不出这种忧虑不安的原因，这种不安的心情是很不容易镇静下来的，而且是不久以后又要重新产生的。至于我，我愈是对这个紧要关头和它的近因及远因进行思考，我便愈是认为，一个在荒野中成长起来的孤独的人，要是他不看什么书，不受什么教育和接触什么女人，不管他活到多大的年龄才死，他死的时候也是童身。

但是，我们在这里所讲的并不是这样一个野蛮人。我们在人群之中为社会培养一个人，是不可能，而且也不应该始终把他放在一种浑浑噩噩的境地中培养的；何况求知识，最坏不过的是求个一知半解哩。对我们的眼睛所见到的事物的记忆和我们所获得的观念，在我们孤单独处的时候将浮现在我们的心中，使我们不能不产生许多比真实的事物更有诱惑性的形象，因此，孤单独处之有害于心中怀有这种形象的人，一如它之有利于过惯了孤独生活的人。

因此，你要十分注意地观察青年的行动；他能够保护他不受别人的危害，但是你要保护他不受他自己的危害。你无论白天或黑夜都不要离开他，无论如何你要睡在他的房间里，他不困乏到极点，你不让他上床，他一醒来，你就叫他离开床铺。只要你教育他的东西超出了本能的范围，你就不要相信他的本能：当他单独一个人的时候，他的本能是好的，一旦他涉足社会，他的本能就值得怀疑了。但是，我们不能消灭他的本能，我们要对它加以控制，控制它也许比消灭它还难咧。当你的学生受着本能的驱使而滥用他的感官，从而想寻找机会去满足它的时候，那就非常危险了。只要他曾经遇到过一次这种危险的机会，他就完全葬送了，他的身子和心从此就要时常受到摧残。在一个青年人可能沾染的习惯中，这个习惯是最恶劣的，他将把这个习惯的不良后果一直带进他的坟墓。当然，最好还是……如果你不能克服你那火热的情欲的话，亲爱的爱弥儿，我就觉得你很可怜了；但是，我绝不犹豫，绝不能让大自然的目的化为泡影。如果需要一个暴君来压制你的话，我便宁可把你交给这个暴君，因为我能够把你从他的手中解放出来。不管怎样，我从女人的手中挽救你，远比从你自己的手中挽救你还容易得多。

在二十岁以前，身体一直是在成长，需要使用他的全部的精力；因此，在这个时期节制情欲，是由于自然的法则使然的，违反这个法则，就不能不损害身体。二十岁以后，克制情欲就是一种道德的行为了，其目的是为了教导一个人怎样律己，怎样做自己的欲念的主人。但是，道德的行为有可以变通的地方，有例外的情形，有它们自己的法则。当人类的弱点使我们不能不在两害当中选择其一的时候，我们总是选择那个程度较轻的害处的；因为，我们宁可做一件错事，而不愿意染上一种恶习。

请你记住，我在这里说的不是我的学生而是你的学生。由于你让他的情欲躁动，结果使你也无法管束，干脆就听任他的情欲发展，并且不掩饰他已经取得了胜利。如果你能够如实地把他的胜利的情况告诉他，他将感到羞耻而不会感到骄傲，从而使你取得在他走入迷途的时候对他加以指导的权利，这样做，至少可以使他不至于掉进深渊。重要的是，学生无论做什么事情，甚至做坏事，老师都应该知道和加以监督；老师同意学生做一件坏事，或者自己做错一件事情，总比受学生的欺骗和学生做了坏事而自己一点也不知道好一百倍。谁要是想对某些事情闭着眼睛不管，他不久即将发现，他对任何事情都不能不闭着眼睛不管的。他做第一件坏事的时候，如果你容忍他，他就要去做第二件坏事的，这样接二连三地做下去，到最后必然是打乱整个秩序，践踏一切法规的。

另外一个错误的做法，我曾经批判过，但心胸狭隘的人仍然是老犯这种错误：做老师的人经常在那里假装一副师长的尊严样子，企图让学生把他看作一个十全十美的完人。这个做法的效果适得其反。他们怎么不明白，正是因为他们想树立他们的威信，他们才反而摧毁了他们的威信；怎么不明白要别人听他们所讲的话，他们就应当设身处地地为听话的人想一想，要打动别人的心，自己的行为就必须合乎人情！所有这些完人是既不能感动别人也不能说服别人的。人们往往认为，由于他们没有情欲，所以由他们去克制学生的情欲，是一件很容易的事情。如果你想纠正你的学生的弱点，你就应当把你自己的弱点暴露给他看，就应当让他在你身上也发现他所体验到的斗争，使他照你的榜样学会自己克制自己，使他不至于跟着其他的人说："这个老头子，因为自己不能过年轻人的生活，就打算把青年人看作老年人；因为他自己的欲火已完全熄灭，便把我们的欲火当作一种罪恶。"

蒙台涅说，他有一次问德郎盖爵士在同日耳曼人谈判的时候，曾经有几次因为替国王效劳而醉得迷迷糊糊的。我要问某一个青年人的老师曾经为了他的学生的缘故到那些肮脏的地方去过几次。几次？我说错了。如果第一次没有打消他那个浪子再到那些地方去的念头，如果那个浪子没有悔恨和羞愧的样子，没有泪如泉涌地向他哭泣，他就应该马上离开他；他是一个怪物，要不然，你就是一个傻瓜，你对他再也起不到什么作用了。不过，我们是不采取这些极端的手段的，因为它们的后果很不好，也很危险，在我们所实行的这种教育中是用不上的。

一个青年人尽管其天性良好，但是，我们仍须在做好许多周密的准备工作之后，才能让他去接触我们这个时代的污秽的风气！这些工作做起来是很吃力的，然而是不能不做的，因为在这方面倘有疏忽，就会葬送一个青年。有些人之所以堕落，之所以变成今天这个样子，正是由于他们在少年时期做了不名誉的行为。他们在不道德的行为中已经变得性情疏懒和卑鄙，他们的心胸极其狭隘，因为他们丧失了元气的身体很早就被败坏，他们剩余的精力已经不足以使他们奋发起来。他们滑头滑脑的样子正好说明他们的心缺乏刚毅，他们不能体会高尚和伟大的情感，他们既失去了天真也没有活力，他们在任何事情上都是很下贱，很卑鄙可恶的，他们只能够做小小的瘪三和骗子，他们甚至还没有足够的勇气去做赫赫有名的大强盗。在青年时期耽于色欲的人就会变成这样可鄙的；如果在他们当中有一个人知道对自己的行为加以节制，他即使同他们厮混在一起，他也能保住他的心、他的血液和他的德性，不受他们的熏染；到了三十岁的时候，他就可以打败所有那些小人，如果他想控制他们的话，甚至比控制自己还容易。

姑且不论爱弥儿的出身和命运怎样，如果他想成为这样的人的话，他是可以做到的；但是，他太看不起他们了，所以是不屑于去使役他们的。现在，让我们来看一看他在他们当中将保持怎样的样子，因为，他之所以进入社交场合，不是为了在其中大出风头，而是为了对它有所认识，想在其中寻找一个配得上他的伴侣。

不论他出生在什么等级的人家，不论开始的时候是进入哪一种社交场合，他都是朴朴实实不露锋芒的。但愿上帝保佑，别让他在社交场合中太出色了！所有那些乍看起来是很优秀的品质，他是没有的，他也不希望有那种品质。别人如何说法，他是毫不在乎的，因此不为他们的偏见所左右；在别人不了解他以前，他也不管别人是不是尊重他。同别人见面的时候，他的态度既不羞怯也不傲慢，而是自自然然和真真实实的；他既不感到拘束，也不会做出一副装模作样的样子；他在大庭广众之中，同他单独一个人的时候完全是一样的。他是不是因此就会变得很粗鲁、自大和看不起人呢？恰恰相反；既然他单独一个人的时候他不轻视别人，他同他们相处在一起的时候怎么会小看他们呢？他之所以不喜欢学他们的样子而宁愿保持他原来的样子，是因为他并不认为他们比他高明，但是他也不会对他们表示一种毫不在意的态度，因为他根本就没有这种态度。如果说他不懂得一套外表的礼节的话，他却懂得人对人的关心。他是不忍心看见人家遭受痛苦的，他绝不虚情假意地把自己的位子让给另外一个人，但是，如果他看见另一个人受到了人们的忽视，而且在他看来那个人的确因大家的忽视而感到十分难过，这时候，他就会出自一片好心地把他的位子让给那个人；因为，我的学生认为，与其看见别人迫不得已地站在那里，还不如自己站起来把位子让给他，反而舒服一些。

从大体上说，尽管爱弥儿是不把别人估计得很高的，但他对他们丝毫不表示轻蔑，因为他对他们是很同情和关心的。当他不能够使他们领会真正的善的时候，他就让他们保持他们所喜欢的口头的善，以免他们丧失了这种善而陷于更坏的境地。因此，他既不同他们争论，也不对他们进行辩驳；他不讨好什么人，也不拍谁的马屁；他在表示他的看法的同时，他也不压制别人的看法，因为他爱自由甚于爱一切，而坦率就是自由的最好的表现形式之一。

他很少说话，因为他并不希望引起人家对他的注意；也是因为这个缘故，他要说就只说有意义的事情，否则，他又为什么要说呢？爱弥儿教养有素，所以绝不会成为一个碎嘴子。我们之所以唠唠叨叨说个不停，究其原因，或者是由于我在后面即将谈到的自命不凡的心理，或者是由于对鸡毛蒜皮的事情也斤斤计较，愚蠢地以为别人也同我们一样地把这些事情看得很重要。一个人如果对事情有足够的了解，从而能恰如其分地对它们作出估计，是绝不会说过多的话的；因为他能够同时判断别人是不是会注意地听他，是不是对他所说的话感兴趣。一般地说，知识少的人，讲话讲得特别多；知识多的人，讲话反而讲得很少。这个道理很简单，因为无知的人总以为他所知道的事情是很重要，应该见人就讲。但是，一个有教养的人是不轻易炫耀他肚子里的学问的，他可以讲很多的东西，但他认为还有许多的东西是他讲不好的，所以他就闭着嘴巴不讲。

爱弥儿不仅不对别人的礼貌抱抵触的态度，反而自己顺着他们的礼貌去做，其目的并不是为了显示他好像是懂得那些规矩，也不是为了假装一副斯文的样子，相反地，他是害怕引起别人的注目，害怕别人看出他与众不同；因为，只有在别人不注意他的时候，他才感到舒服。

尽管他已经踏入了社交场合，他对其中的做法还是绝对地一无所知的，但是他并不因此就感到害羞和胆怯；他之所以躲在别人的后头，其原因绝不是由于他感到局促，而是由于他要好好地观察他们，就不能让他们看见他。别人对他抱怎样的看法，他是不介意的；别人的嘲笑，他是一点也不害怕的。因此，他能够经常保持平静的心灵和清楚的头脑，不至于因为不必要的顾虑而弄得自己不安。不管别人是不是注意他，他始终是尽他的力量去做；同时，由于他可以时时刻刻聚精会神地观察别人，因此，他能够洞若观火地看出他们的那些做法的意义；这一点，是那些受俗见愚弄的人办不到的。我们可以说，他之所以能够很快地懂得他们的做法，恰恰是因为他对那些做法根本不以为然的缘故。

你不要错看了他的风度，你不能把他的风度拿来同那些纨绔子弟的风度相比。他的表情泰然自若而不妄自尊大，他的态度从容而不傲慢。粗暴的样子是做奴隶的人才有的，独立自主的人是一点也不矫揉做作的。我从来没有看见过哪一个心灵高尚的人把他的高尚显露于言表的;装模作样的神气是心地邪恶和空虚的人才有的,因为他们除了这种神气以外,就没有其他的东西可显示的。我曾经在一本书*中看到,有一天,有一个外国人走到著名的舞蹈家马塞耳的客厅里,马塞耳便问他是哪一国的人,"我是英国人,"那个外国人回答道。"你是英国人!"马塞耳又说道,"你来自那公民可以参与国家大事,公民是主权的一个组成部分[①]的岛国吗?不,先生,看你这低着头、目光羞怯和举措不安的样子,说明你只不过是一个在名义上称作选民的奴隶而已。"

我不知道这些话是否可以表明他对一个人的性格和外表之间的真正的关系了解得很清楚。至于我这个没有舞蹈大师那样体面的人,看法正好相反。我要说:"这个英国人并不是一位吹牛拍马的人,我从来没有听说过哪一个吹牛拍马的人是低着头和举措不安的;在一个舞蹈家的客厅中显得很羞怯的人,到了众议院就不见得是这个样子了。"毫无疑问,这位马塞耳先生把他本国的同胞个个都视为罗马人了。

当我们爱别人的时候,我们也希望别人爱我们。爱弥儿爱他

---

* 《论精神》❶,第2篇,第1章。

① 这好像是说有些公民不是市民,不能以这样的资格参与主权似的!但是,法国人认为他们有资格窃取公民这个光荣的称号,而这个称号,以前是属于高卢人的城市的市民的;法国人窃取了这个称号以后,就改变了它所含的观念,以至我们再也不明白它的意思了。有一个人最近写了许多荒唐的文章批评我的《新哀洛伊丝》,并且在文章的署名上还添加了一个头衔:"潘伯夫的公民",以为这样就向我开了一个很有风趣的玩笑。

❶ 十八世纪法国哲学家、机械唯物主义的代表人物爱尔维修的主要著作。

的同伴，他也希望他的同伴爱他。此外，由于一个更重要的理由，他还想讨取妇女们的欢心；他的年龄、他的品德和他的目的，这一切都在促使他产生这个愿望。我之所以说到他的品德，是因为他的品德在这方面将起很大的作用；有性格的人才是真正尊重妇女的人，他们不像别人那样鹦鹉学舌似地说一大堆献殷勤的风流话，但他们具有一股出自内心的十分真实和温存的热情。在一个青年妇女的身边，即使混杂着千百个酒色之徒，我也能够把那个同他们站在一起的有品德和自制能力的人认出来。既然爱弥儿一方面是怀着这样火热的一颗心，另一方面又具有那么坚强的抵抗欲念的理智，我们想一想他将有怎样的表现！为了接近她们，我相信他有时候将感到害羞和不安的；但是，这种不安的样子绝不会惹得她们不喜欢，心术不坏的女人十之八九也觉得这种样子很可爱，而且会想办法使他更加具有这种样子的。此外，他那热情的表现也将随对方的身份的不同而有显著的改变的。他对已婚的女人就表现得十分稳重和尊敬，他对未婚的女子便比较活泼和温柔。他绝不会忘记他所寻求的目标，他所注意的始终是那些同他的目标相像的人。

再没有哪一个人能够比爱弥儿更得体地按照自然的秩序和良好的社会的秩序而对人表示其尊敬了；不过，他始终是先按自然的秩序而后按社会的秩序去尊敬人的；他对一个比他年长的平民，比对一个跟他同年的官员更尊敬。作为社交场合中的年轻人之一，他始终是极其谦虚的，其原因不是由于想在表面上做得谦卑，而是由于他具有一种以理性为基础的自然的情感。他不像那些假装聪明的年轻人一样做出一副傲慢无礼和通晓世事的样子；这些年轻人为了取悦同伴，谈起话来声音比聪明有识的人谈话的声音还高，而且在老年人讲话的时候往往插嘴进去，打断他们的话头；路易十五曾经问一个年老的绅士是喜欢他那个时代还是喜欢现在这个时代，那个老年人回答道："陛下，我年轻的时候要处处尊重老年人，而现在我到了老年，又要处处尊重年轻人了。"在爱弥儿看来，他并不认为这个年老的绅士回答的话是说得对的。

他具有一颗对人体贴入微的心，但是他从来没有被一般的俗见所左右过，尽管他乐于使别人感到高兴，而别人是不是对他表示器重，他是毫不介意的。因此，我们可以说，他对人是一片真情而不只是彬彬有礼，他绝不会盛气凌人和装模作样；你对他关怀一次，比对他说千百句恭维话更能打动他的心。由于同样的理由，他也注意他的仪表和举止，他甚至还可能讲究一下他的服饰，其原因不是想装作一个高雅的人，而是在于使他的仪表更加可爱；他不需要穿一身锦绣，他绝不让华丽的服装损害他的风度。

大家可以看到，所有这些是用不着我教他的，这完全是他幼年时候所受到的教育的结果。人们给社会的风尚涂上一层浓厚的神秘的色彩，好像一个人即使到了应该懂得这些风尚的年岁，也不能自然而然地懂得似的，好像在一个诚实的心中是不存在有这些风尚的基本法则似的！真正的礼貌表现在对人的善意：怀着善意的人，是不难于表达他对人的礼貌的；只有那些不怀善意的人才要在外表上强做礼貌的样子。

"习俗的礼貌的最大的坏处是，它告诉人们一个不实际按照它奉为圭臬的道德去做的方法。要是在教育我们的时候，启发了我们的人道和善意的精神，我们对人就会有礼貌的，或者说，我们是用不着做作礼貌的样子的。

“虽说我们没有那种表现温文尔雅的礼貌，但我们有表现诚实的人和公民的礼貌，我们是用不着玩弄虚假的。

“为了得到人家的喜欢，是用不着那样地矫揉造作，只要我们为人善良就行了；对于别人的弱点，我们用不着说一番假话去敷衍，只要我们采取宽容的态度就行了。无论什么人，只要我们用这种办法去对待他，就既不会使他感到骄傲，也不会使他趋于腐败；他将感激我们的这种做法，并从而变得比以前更好的。”[①]

我想，如果某一种教育能够产生杜克洛先生在他这一段文章中所要求的礼貌的话，那就是我从开头到现在所一贯主张的这种教育了。

我认为，采用这样不同的教育方法，爱弥儿将培养成一个跟世人完全两样的人，但愿上帝保佑他永远不要跟世人一个样子！不过，他虽然跟别人有所不同，但他绝不会引起人家的讨厌和取笑：不同的地方也许是很显著的，然而是不会使别人感到不快的。如果你高兴的话，你可以把爱弥儿看作一个可爱的外邦人。起先，大家是原谅他的奇特的地方，说“将来是可以把他教好的”。往后，大家对他的做法完全习惯了，发现他并没有什么改变，所以仍然是原谅他，说“他生来就是这个样子”。

他不像一个风流潇洒的人物那样受到大家的追捧，但大家仍然是喜欢他，虽然说不出喜欢他的道理；大家虽不夸他有多大的才学，但却心甘情愿地请他去判断有才学的人之间的争论；他的学识

① 杜克洛：《论本世纪的风俗》。

也许是很单纯和有限的，但他的头脑是很清晰的，他的判断是很准确的。他绝不标新立异，因此他不向别人夸耀他的聪明。我已经使他了解到：所有一切健康的和真正有益于人的观念，是人类最初所知道的那些观念，它们在任何时候都是社会中的唯一的真正的纽带，而野心勃勃的人想使自己显得不平凡，就只好散布一些毒害人类的观念了。这样一种博取他人尊敬的办法，他是不会采取的；他既知道在什么地方可以找到他的幸福，也知道怎样去增进人家的幸福。他的知识的范围只涉及于有益的事物。他所走的道路是很窄的，然而是很明确的；由于他没有离开这条道路的企图，所以，即使同大伙儿混在一起，他也不会迷失方向或大出风头。爱弥儿是一个身心健康的人，他不想做什么了不起的人；因为大家想拿这个称号侮辱他，而他始终认为有这个称号是很光荣的。

他抱有使别人快乐的愿望，所以他对别人的说法并不是绝对地一点也不重视的；不过，在别人的意见中，他只重视同他个人有直接关系的部分，对于那些任意的胡乱的说法，他是不管的，因为这种说法完全是受时尚和偏见的支配的。他很自尊，无论做什么事情都尽力去做，而且希望比别人做得好：赛跑时，脚步要跑得最轻快；角斗时，体力要比对方强；工作时，技术要比别人巧；游戏时，要玩得比同伴们好，比同伴们熟；他不想胜过别人则已，如果想胜过别人的话，他就一定要使他优胜的地方能够从事实的本身一眼就看出来，而不必等别人来评判，例如评判他是不是比另一个人更聪明，是不是更会说话或更有学问，等等；他更不希望他优胜的地方是优胜在一些身外的东西，例如出身比别人高贵，比别人富有，比别人有声望，比别人在外表上更神气。

他爱所有一切的人，因为他们同他一样是人；但是他特别爱那些同他最相像的人，因为他认为他是一个善良的人；同时，由于他在判断别人是不是同他相像的时候，是根据那个人对道德的行为的看法是不是同他一致，因此，在一切需要有良好的性格才能作出的事情上，他是非常喜欢受到人们的称赞的。他不会对自己说："我很高兴，因为大家都称赞我"；但是，他要这样对自己说："我很高兴，因为大家都称赞我做的事情是一件好事；我很喜欢这些人的称赞，因为他们自己就是值得称赞的人；他们的判断既然是十分明智，所以能得到他们的器重当然是很好的。"

他从前在读历史的时候是根据人的欲念去研究人的，而现在进入了社会，他就要根据人的风尚去研究他们了，他将时常对人们所喜悦或厌恶的风尚进行思考。现在，他要对人类审美的原理作哲学的研究，他在目前这个时期正是适合于做这种研究的。

我们愈是要深入探讨审美力的定义，我们便愈弄愈糊涂；审美力是对大多数人喜欢或不喜欢的事物进行判断的能力。不这样来看，你就无法明白审美是怎样一回事情。但不能因此就说有审美力的人占多数；因为，尽管多数人对每一件事物能作出明智的判断，但很少有人对所有的事物都是像多数人那样判断的；而且，尽管最大多数人的爱好综合起来就是良好的风尚，但懂得风尚的人是很少的，正如：尽管最共同的特点综合起来就是美，但美丽的人毕竟还是很少的。

需要注意的是，这里的问题并不是说：我们爱什么东西是因为它对我们有用，我们恨什么东西是因为它对我们有害。我们的审美力是只用在一些无关紧要的东西上，或者，顶多也只是用在一些有趣味的东西上，而不用在生活必需的东西上的，对于生活必需的东西，是用不着审美的，只要我们有胃口就行了。正是这个缘故，我们在审美方面要作出纯正的判断是很困难的，而且好像是十分任性的，因为，审美力是听命于本能的，除了本能以外，我们是找不到它那样判断的原因的。我们还要区别它在精神的领域中的规律和它在物质的领域中的规律。在物质的领域中，审美的原理好像是绝对地无法解释的†。但须注意的是，在一切模仿的行为中，是包含着精神的因素的①，这样就可以解释为什么"美"在表面上好像是物质的，而实际上不是物质的。我还要补充一点，审美的标准是有地方性的，许多事物的美或不美，要以一个地方的风土人情和政治制度为转移；而且有时候还要随人的年龄、性别和性格的不同而不同，在这方面，我们对审美的原理是无可争论的。

审美力是人天生就有的，然而并不是人人的审美力都是相等的，它的发展的程度也是不一样的；而且，每一个人的审美力都将因为种种不同的原因而有所变化。一个人可能具有的审美力的大小，是以他天赋的感受力为转移的；而它的培养和形式则取决于他所生活的社会环境。第一，我们必须在好几种社会环境中生活过，才能作许多的比较。第二，还需要有娱乐和消闲的场所，因为在事业的往来中我们不是按兴趣而是按利害关系去做的。第三，还需

† 在其他版本作："……无法解释的，例如：谁能给我们解释为什么是这个歌而不是那个歌最受到人们的喜欢？谁能给我们阐明颜色调配的原理？谁能告诉我们为什么一般人总爱使草地成椭圆形而不成正圆形，而喷水池却要成正圆形而不成椭圆形？"

① 这一点，我在《论语言的起源》这篇文章中已经阐述过了，读者可以在我的集子中找到这篇文章。

要有这样的社交场合：在这种场合中，不平等的现象既不显著，偏见的压力也不太大，而且，在这种场合中人们所追逐的是声色而不是虚荣；因为，在相反的情况下，一时的时髦将压倒人们的爱好，使他们在选择东西的时候，不问那个东西是不是他们所喜欢，而只问它能不能使他们引人注目。

在后面这种情况下，如果还说良好的风尚就是大多数人的喜好，那就不对了。为什么呢？因为目的变了。因此，大多数人的看法并不是他们自己的看法，而是他们认为比他们高明的人的看法；那些人怎样说，他们就跟着怎样说；他们之所以称道某一个东西，并不是因为它好，而是因为那些人在称道它。在任何时候，让每一个人有他自己的看法，这样，大多数人所称道的东西其本身便必然是好的。

在人做的东西中所表现的美完全是模仿的。一切真正的美的典型是存在在大自然中的。我们愈是违背这个老师的指导，我们所做的东西便愈不像样子。因此，我们要从我们所喜欢的事物中选择我们的模特儿；至于臆造的美之所以为美，完全是由人的兴之所至和凭借权威来断定的，因此，只不过是因为那些支配我们的人喜欢它，所以才说它是美。

支配我们的人是艺术家、大人物和大富翁，而对他们进行支配的，则是他们的利益和虚荣。他们或者是为了炫耀财富，或者是为了从中牟利，竞相寻求消费金钱的新奇的手段。因此，奢侈的习气才得以风靡，从而使人们反而喜欢那些很难得到的和很昂贵的东西。所以，世人所谓的美，不仅不酷似自然，而且硬要做得同自然相反。这就是为什么奢侈和不良的风尚总是分不开的原因。哪里崇尚奢侈,哪里的风尚就很糟糕。

特别是在男女的交往中,审美力不论或好或坏都容易表现出来;它的陶冶是必然要受到在这种交往中所接触的对象的影响的。但是,由于男女交往的种种便利条件冲淡了喜悦对方的心,审美力就一定会因之退化的;我觉得,我们在这里又找到了另外一个最能说明良好的风尚取决于良好的道德的原因。

在有形的和需要凭感官判断的事物方面,应当斟酌妇女们的爱好去做;在精神的和需要凭智力判断的事物方面,应当斟酌男子们的爱好去做。当妇女们确实做到像一个女性的样子的时候,她们就只是过问她们有能力过问的事情的,而且作出的判断往往是很正确的;但是,当她们硬要指指点点地批评文学,说这本书做得好、那本书做得不好,而且还要把她们所有的精力用来做书的时候,她们的看法就会一无是处的。做书的人如果拿他的著作去请教于女学士,那一定会弄得很糟糕的;讲时髦的男子如果去请妇女们指点他们的打扮的话,那一定会打扮得很可笑的。我不久就会谈到妇女们的真正的才干,谈到培养她们的才干的方法,谈到在哪些事情上应当听取她们的意见。

当我和爱弥儿谈论在他目前所处的环境和他所从事的研究工作中他不能不注意的事情时,我就把以上这几个基本的论点作为原则。谁能说这种事情同他没有关系呢?不仅是需要别人帮助的人应当了解什么样的东西能够使人感到喜欢或不喜欢,而且那些帮助别人的人也应当在这方面有深刻的了解;你首先要使他感到喜欢,然后才能够对他进行帮助;只要你著书立说是为了阐发真理，则讲求表达的方法就绝不是一件无聊的事情。

如果是为了培养我的学生的审美力，而必须在一些审美观尚未形成的国家和审美观已经败坏的国家之间进行选择的话，我选择的次序是颠倒的；我先选择后面这种国家，而后选择前面那种国家。这样选择的理由是：审美观之所以败坏，是由于审美审得过于细腻，专门挑选大多数人看不到的地方来欣赏。过分细腻，就会引起争论；因为，我们对事物的区别愈细，则需要区别的地方就愈多，这样一来，对美的看法就会穿凿入微而很难一致。因此，有多少人便会产生多少种审美观。对个人的爱好进行争论，就会扩大哲学和人的知识范围，从而就可以学会如何思考。只有广泛地涉足于各种社会场合的人才能细腻地审美的，因为要把所有的美的样子都看过以后，才能注意到细微的差别，至于那些不常到稠人广众的场合中去的人，他们审美的时候是只看一个大样子的。也许在现今世界上还找不到哪一个文明的地方是像巴黎的一般人的风尚这样如此糟糕的，然而良好的风尚也正是在这个首都形成的；似乎，在欧洲受到人们重视的书籍的作者没有一个不是在巴黎受过教育的。谁要是以为只要看一看在巴黎出版的书就够了，那是一定会上当的；因为，我们同作者谈一次话，比读他们的书还能了解到更多的东西；何况对我们最有教益的人还不是著作家哩。必须依靠社会的精神才能使一个有思想的头脑得到开展，才能使他的眼力尽量地看得深远。如果你有一点天才的话，请到巴黎去住一年，你马上就能充分地发挥你的天才，否则你就会一事无成的。

我们可以在风尚不良的地方学会怎样运用我们的思想,但是我们绝不能同那些已经沾染了不良风尚的人抱同样的看法;不过,如果我们长期同那些人在一起的话,是很难做到这一点的。我们应当借他们的思想来改进我们作判断的时候所使用的工具,只不过是要避免他们那种用法罢了。我将十分注意地培养爱弥儿的判断力,以免使它受到败坏;当他的眼力已经是相当的敏锐,能够认识和比较人们的种种爱好的时候,我将引导他把他的审美力集中地用来鉴赏那些比较单纯的事物。

为了保存他健康的和纯洁的审美力,我还要由浅处着手慢慢地循序进行。在这乱糟糟的放荡的人群中,我要找机会同他进行有益的谈话;而我所谈的,始终是他感到喜欢的事情,我要很留心地使我所讲的话既有趣味也有教育的意义。现在是阅读有趣的书籍的时候了,现在是教他分析语句和欣赏口才和措辞的美的时候了。为说话而学说话,是没有什么意义的;说话的用处并不像人们想象的那样大,但是,对说话的方法进行研究,就必然会进而研究一般的文法。要学好法文,就必须学好拉丁文;必须研究这两种语言,并且把它们互相加以比较,才能很好地懂得说话的艺术的规律。

此外,还有一种十分朴实的说话的方法是很能打动人心的,这种朴实的方法现在只有在古人的著作中才能找到了。爱弥儿发现,古人的辩词、诗歌和各种各样的文学著作,也像他们的史书一样,既富于内容,而且还慎于下论断。反之,我们当代的著述家做起文章来,话是说了一大堆,但内容却很少。一再把他们的论断当做法律似地硬要我们接受，这不是培养我们自己下论断的办法。在所有的纪念碑上，甚至在墓碑上，就可以看得出这两种风格的不同。在我们的墓碑上写满了一大篇歌颂之辞，而在古人的墓碑上，是只谈事迹的：

> 过客啊，请停下来追思这位英雄。

当我在一个古代的墓碑上看到这个墓志铭的时候，我也许起先会把它当作是当代的人写的，因为在我们这个时候，再没有什么东西比英雄更多的了，而在古人当中，英雄是很少的。他们不说一个人是英雄，他们只说明他做了些什么事情而成为这样一个人的。同上面那个英雄的墓碑相比，我们且看一看懦弱的萨德纳佩路斯的墓碑：

> 余以一日之功而建塔尔斯与昂其耳二城，而今余身故矣。

据你看，哪一个墓碑的意味深长？我们的碑文，尽管洋洋洒洒地写了一大堆，其实是只适宜于用来吹捧小人的。古代的人是按照人的本来的面目来描写他们的，因此可以看得出他们确实是人。色诺芬在追忆万人大撤退中被奸细出卖而牺牲的几个战士时，称赞他们说："他们死了，但在战争和友爱中没有留下任何的污点。"这就是他所说的话。不过，请你想一想，在如此简短的一句赞辞中，作者的心中是充满了什么感情。谁要是看不出它的美来，谁就太可怜了！

在赛莫庇勒的一个石碑上刻着这么一句话：

> 过客啊，去告诉斯巴达人，我们是遵照他的神圣的法令而在此长眠的。

一眼就可以看出，这句话不是出自研究碑文的学者之手的*。

我的学生虽然把怎样措辞说话看成是一件不足轻重的事情，但如果他不一下子就注意到这些差别，如果这些差别对他选择读物不发生影响，那也表明我在这里的做法错了。当他被狄摩西尼的雄辩迷着了的时候，他一定会说“这个人是一个演说家”；而在读西塞罗的著作时，他又会说“这个人是一个律师”。

一般地说，爱弥儿是更喜欢读古人的著作而不喜欢读我们今人的著作的，唯一的原因是：古代的人既生得早，因而更接近于自然，他们的天才更为优异。不管拉·莫特和特拉松神甫怎样说，人类的理性是没有取得什么真正的进步的，因为我们在这方面有所得，在另一方面便有所失；所有的人的心都是从同一点出发的，我们花时间去学别人的思想，就没有时间锻炼自己的思想，结果，学到的知识固然是多，但培养的智力却少。同我们的胳臂一样，我们的头脑也习惯于事事都要使用工具，而不靠自己的力量去做了。封特讷耳说，所有一切关于古人和今人的争论，归纳起来不过是：

* “过客啊，请停下来……”这个墓志铭是为日耳曼的将军弗朗索瓦·德·梅尔西作的；这位将军阵亡后，就埋在诺德林根的战场上。见伏尔泰：《路易十四时代》，第3章。

色诺芬对那几个因奸细出卖而遭到杀害的希腊战士所说的话，见他的历史著作第2卷的末尾；关于死在赛莫庇勒的斯巴达人的墓志铭，见希罗多德的著作，第7卷，第228段。

至于萨德纳佩路斯的墓志铭，是斯特拉波这样说的；但是，在斯特拉波的著作中，这个墓志铭要长得多，而且其文字也跟卢梭在这里所引述的不同。这个墓志铭是这样说的：“萨德纳佩路斯，阿纳森达腊克西斯之子也，仅以一日之功而建塔尔斯与昂其耳二城。过往诸君，且请畅饮饱餐，及时行乐，盖舍此数端，余皆弹指即过、不足挂怀之事也。”

从前的树木是不是比现在的树木长得更高大。如果农耕这件事有了变化的话,提一提这个问题也不能说不对。

我使爱弥儿追溯了纯文学的来源之后,还要告诉他现代的编纂者们是通过哪些途径而储蓄其知识的;报刊、翻译作品、字典,所有这些他都要瞧一下,然后就把它们束之高阁。为了使他快乐一下,我也让他到学院中去听学人们如何夸夸其谈地瞎说一通;我将使他看出:他们当中每一个人如果都自己单独研究的话,其作用是比同大伙儿一起研究更好一些的;我让他自己根据以上几点,对所有那些堂皇的机关的用处得出一个结论。

我带他去看戏,其目的不是为了研究戏中的寓意,而是为了研究人们的爱好;因为,正是在戏场中,人们的爱好最能赤裸裸地展现在一个有思想的人的面前。我将对他说:"戏中的箴言和寓意,且不去管它;我们在这里要学习的,不是这些东西。"演戏的目的不是为了表述真理,而是为了娱乐;我们在任何学校都不可能像这里一样如此透彻地学会使人喜悦和打动人心的办法。研究戏剧,就必然会进一步研究诗歌;这两者的目的是完全相同的。如果他对诗歌有一点儿兴趣的话,他将多么高兴地去学习诗歌的语言:希腊文、拉丁文和意大利文!研究这些语言,他将获得无限的乐趣,而且对他是只有好处的;当他长到这样的年龄和处在这样的环境,对所有一切触动他的心弦的美是这样神迷的时候,他将觉得研究这些语言是很愉快的。请你假想在这边是我的爱弥儿,在那边是一个在学校念书的顽童,他们都同样读《伊尼依特》第 4 卷,或者读提步路斯的诗,或者读柏拉图的《筵话篇》,请你想一想他们的感受将有多大的差别!在爱弥儿看来是如此动人的东西,对那个孩子竟一点影响都没有！“啊，可爱的年轻人！等一等，把你的书收起来，我看你太激动了；因为，我所希望的是，爱的语言将使你感到快乐，而不是使你感到迷醉。你固然是要做一个有感情的人，但也要做一个有睿智的人。如果你只能做这两种人当中的一种人，那你是算不得什么的”。此外，他在研究那些死的语言以及研究文学和诗歌的时候是不是能取得成就，在我看来是没有什么关系的。即使他对这些东西一点也不懂，他也不会因此就有什么不好，我拿这些东西来教他，其目的并不在于要他研究这些消闲的玩意儿。

我的主要的目的是：在教他认识和喜爱各种各样的美的同时，要使他的爱好和兴趣贯注于这种美，要防止他自然的口味改变样子，要防止他将来把他的财产作为他寻求幸福的手段，因为这种手段本来就是在他的身边的。我在前面已经说过，所谓审美，只不过就是鉴赏琐琐细细的东西的艺术，它的确是这样的；不过，既然人生的乐趣有赖于一系列的琐细的事物，那么，对它们花这样一番心思也不是毫无意义的；我们可以通过它们去学习利用我们力所能及的东西所具有的真正的美来充实我们的生活。我在这里所说的，并不是道德上的美，因为这种美是取决于一个人的心灵的良好倾向的；我所说的只是排除了偏见色彩的感性的美，真正的官能享受的美。

为了更好地表述我的思想，请允许我暂时不谈爱弥儿，因为他纯洁的和健康的心是不能用来作为衡量他人的尺度的；所以，让我在我自己的心中找一个更明显的和更符合于读者的性情的例子。

有一些社会职业似乎可以改变人的天性，可以把从事那种职业的人重新铸造成好人或坏人。一个胆小鬼到了纳瓦尔的兵团就会变成一个勇士。一个人不只是在军队中才能养成这种团体精神，而且一个人所受到的团体精神的影响也不见得一定是好的。我曾经怀着恐惧的心情想过一百次：如果我今天真是不幸在某个国家从事这样一种职业的话，我明天就几乎是不可避免地要变成暴君，变成徇私舞弊和残害人民的人，变成危害国王的人，变成专门同人类、正义和美德为敌的人。

同样，如果我是富翁的话，我必然是曾经为了做富翁而采取过一切发财致富的必要的手段的：我上逞下骄，锱铢必较地只顾我个人，对所有一切的人都冷酷无情，对下层社会的人的疾苦冷眼旁观；我之所以称穷人为下层社会的人，是因为我想使别人不了解我曾经是他们那个阶级的人。最后，我要利用我的财富去恣意享乐；到了这个地步，我就同其他的人一个样子了。

在享乐方面，我跟他人不同的是：我好声色而不好虚荣，我要尽情地讲求舒适的享受而不炫耀于浮华的外表。我甚至不好意思向人家显示我的富有，我好像时时刻刻都听见那些不如我阔绰的人在妒忌我，悄悄地向他们旁边的人说："瞧那个家伙，他生怕人家看不出他很阔气。"

在这盖满了大地的许许多多的财富中，我将寻求我最喜欢和最能占有的东西。为此，我的财富的第一个用场是用来买得闲暇和自由，其次是用来买得健康，如果健康可以用钱买得到的话。由于要买得健康就必须节制欲念，而没有健康，就没有生活的真正乐趣，因此，我要节制我的肉欲。

我时时刻刻要尽量地接近自然，以便使大自然赋予我的感官感到舒适，因为我深深相信，它的快乐和我的快乐愈相结合，我的快乐便愈真实。我选择模仿的对象时，我始终要以它为模特儿；在我的爱好中，我首先要偏爱它；在审美的时候，我一定要征求它的意见；在菜蔬中，我将选择已经由它添加了美味、从而尽可能少经人手的烹调便能送上餐桌的食物。我要提防弄虚作假的花招，我要直接享到美味的乐趣。即使我放开肚子大吃，也不能使饭馆老板发我的财，他休想拿毒药当山药来敲我的竹杠[1]；我的桌子上绝不会摆什么样子虽然好看不过是发恶臭的东西，绝不摆从远地运来的腐肉；为了满足我的肉体的快乐，我是不怕任何麻烦的，因为这种麻烦的本身就是一种快乐，能够使我们所预期的快乐大为增加。如果我想尝一尝远在天边的一份菜，我将像阿皮希乌斯那样自己走到天边去尝，而不叫人把那份菜拿到我这里来，因为，即使拿来的是最好吃的菜，也总是要缺少一种调料的，这种调料，我们是不能够把它同菜一起端来的，而且也是任何一个厨师没有办法调配的：这种调料就是出产那种菜的地方风味。

由于同样的理由，我也不学有些人的样子：他们总觉得其他的地方比他们目前所在的地方舒服，因此，总是逆着季候干，使风土和季候不相调和；他们在冬天偏要过夏天，在夏天偏要过冬天，到意大利去乘凉，到北方去取暖。在他们看来，以为是逃过了季候的酷烈，殊不知到了那些地方，他们不知道怎样防备，反而会更觉得

[1] 这句译文同原文略有出入。原文直译为：“他休想高价把毒药当鱼卖给我；”在法文中，“毒药”(poison)和“鱼”(poisson)是两个形似和音近的字；卢梭选用这两个容易混淆和误认的字，是含有诙谐的意思的。为了尽可能保存原文的风趣，故译文略有变动，译为：“他休想拿毒药当山药来敲我的竹杠”；取“毒药”和“山药”这两个词中都有一个“药”字，在字面上有一点近似。

季候酷烈难受。至于我，我却要待在一个地方，而且同他们的做法恰恰相反：我将尽情地享受一个季节中一切令人赏心悦目的美，享受一个地方独具一格的特殊风味。我的爱好是多种多样的，我的习惯是互不相同的，然而它们都始终是合乎自然的；我将到那不勒斯去消夏，到彼得堡去过冬；有时候我将侧着身子躺在塔兰特的人迹罕到的岩窟中呼吸清风，有时候我跳舞跳疲乏了，便气喘吁吁地去看明亮的水晶宫。

至于我的餐桌和房间的陈设，我将用极其朴素的装饰品把季节的变化表现出来，我要把一个季节的美都一点不漏地尽情享受；这个季节没有过完，我绝不提前享受下一个季节的美。打乱了自然的秩序，是只会带来麻烦而不会带来乐趣的；当大自然不愿意给我们东西，而我们硬要向它索取的话，它是给得很勉强的，是有怨言的，这样的东西质量既不好，而且也没有味道，既不给人营养，也并不爽口，再也没有什么东西比提早上市的果子更淡而无味的了；巴黎的富翁花了很多的钱用火炉和温室培养，结果一年四季摆在他们桌上的蔬菜和水果都是很劣等的。尽管我在霜天雪地的时候有许多樱桃，或者在隆冬的时候有几个琥珀色的西瓜，但这时候，我的口既不需要滋润也不需要提味，我吃起樱桃或西瓜来，又有什么意思呢？在三伏天吃热炒栗子舒服不舒服？难道说大地不用我花多少气力就给我提供了那么多鹅莓、草莓和各种鲜果，而我不吃，却偏偏去吃刚出锅的热栗子么？正月间，在壁炉架上摆满了人工培养的绿色植物和暗淡而没有香味的花，这不仅没有把冬天装扮起来，反而剥夺了春天的美；这等于是不让自己到森林中去寻找那初开的紫罗兰，不让自己去窥看那胚芽的生长，不让自己欢天喜地地喊道:“世人啊,你们不要灰心,大自然还活着咧!”

为了把我的生活料理得很好,我只用很少的几个仆人。这一点我在前面已经说过了,不过现在再说一遍也有好处。一个市民虽只用一个仆人,却比一个公爵周围有十个跟班使唤还侍候得周到。我曾经想过一百次:要是在进餐的时候,杯子就摆在我的旁边,我想喝就可以喝;反之,如果我讲究排场的话,那就要二十个人接连传呼“斟酒!”之后我才能解我的渴。凡事要别人替你做,那一定会做得很糟糕的。我不叫别人到商店去代我买东西,我要亲自去买;我自己去,就免得我的用人和商人勾搭,而且可以选得好一点,价钱便宜一点;我自己去,也可以散散心,看一看外面的情景;这样做,既有趣,而且有时候还可以增长见识;最后,我还可以借此机会散散步;总之,这样做是有好处的。我们之所以觉得厌倦,是由于待着不动的时候太多了;如果常常去走动,就不会觉得生活枯燥无味的。一个门房或跟班总是不能很好地表达你的意思的;我不喜欢他们插身在我和其他的人的中间,我也不愿意老是坐着马车叮叮当当地在街上走,好像怕被人家挨着似的。一个人的两条腿就是他的两匹马,安步当车随时都可以到外面去走;他比谁都清楚这两匹马是不是累了或病了,绝不怕车夫为了偷懒,就借口马儿生病,使你出不了门;在路上即使遇到千百种障碍,你也不会着急,也不会在你巴不得想飞快地赶路的时候,偏偏要因为马不能走而不得不停下来。最后,既然我们自己比谁都能够更称心如意地办好自己的事情,那么,即使我们论权势赛过亚历山大,论财富胜过克里苏斯,我们也只有在自己确实不能做的时候,才要别人帮忙。

我不愿意修一座宫殿来做我的住所,因为大厦千间,夜眠不过八尺，公用的屋子是不能算作某一个人的；我的每一个仆人的房间，也好像我的邻居的房间一样，跟我是不相干的。东方人尽管是放纵声色，但他们的居室都是非常简朴的。他们把人生看作旅行，把他们的家看作逆旅。这个道理，对那些企图长生的富翁来说，当然是不起作用的；不过，我另外有一个理由将使我采取东方人的那种做法。我认为，要是我在一个地方摆设了很多的东西，那等于是不让我到别的地方去，等于是把我囚禁在我所谓的宫殿里了。这个世界其本身就是一个相当漂亮的宫殿：一个阔气的人要讲求享受的话，不是随处都可以享受的吗？“凡是有福可享的地方，便是我的家乡。”他应当拿这句话作为他的座右铭。哪一个地方是金钱万能，哪一个地方就是他的家；哪一个地方能够放他的保险箱，哪一个地方就是他的国土，正如菲力浦所说的，不论什么地方，只要他那匹驮着银子的骡子能够进得去，就可以做他的家[①]。我们为什么要把自己关在几堵墙和几扇门里，好像是永远不越雷池一步呢！如果发生了一场瘟疫或战争或暴动，使我不得不离开一个地方而到另一个地方，我将发现，我还没有到达那个地方，那里就已经给我准备好旅舍了。既然是走遍天涯到处都有人为我准备旅舍，我为什么又要自己去修盖一个旅舍呢？我为什么要这样忙忙碌碌，放着今朝的福不享，硬要等到以后呢？一个人处处同自己过不去，是不能过愉快的生活的。所以，恩珀多克利斯责备阿格里仁托说，他们一方面把享乐的东西堆存起来，好像他们只有一天的命

① 有一个穿得很漂亮的外邦人，在雅典有人问他是哪个国家的人，他回答说：“我是一个有钱人。”我觉得，这句话回答得很好。

好活似的，而另一方面又在那里大兴土木，好像他们是要长生不死似的*。

此外，尽管房子大，但没有多少人住，没有多少东西放，对我又有什么用处呢？我的家具也同我的爱好一样，是很简单的，即使我爱读书和爱看画，我也不要画房和书房。我知道收藏书画是永远也收藏不完的，倘使残缺不全，那是比一无所有还感到难过的。在这一点上，富裕反而是痛苦的根源，没有哪一个收藏家没有这种体会。当你体验到这一点的时候，你就不会去收藏什么东西了。如果你懂得怎样利用你的珍藏，你是不会拿去向人家显示的。

赌博，不是有钱人可以去搞的，它是那些没有事干的人消遣的玩意儿；我的爱好是多种多样的，所以我没有时间拿去搞这种坏事情。如果我是一个孤单的穷人，我是绝不会去赌的，顶多也只是偶尔下一盘棋，而这已经是玩得过度了。如果我很富有的话，我更难得去赌了，即使去赌也只能下很小的赌注，以免自己或别人因输赢太大而感到难过。一个人在富裕的时候是不会产生赌钱的动机的，因此，要不是他的心术变坏了的话，他是不会视赌如命的。有钱的人赢几个钱也算不了什么，而一输了钱就一定会感到恼火的；在小赌中赢得的钱到最后也要输光，通常都是输的多赢的少；因此，如果他好好地明白这个道理，他对这种十之八九是要倒霉的玩意儿是绝不会发生浓厚的兴趣的。有些人妄想去碰一碰自己的运气，那就到更激动人心的事情中去碰运气好了；命运的偏向在小赌和在大赌中都是一样地可以看得出来的。一个人之所以喜欢赌

---

* 蒙台涅：《论文集》，第2卷，第1章。

博，是由于他的贪婪和生活的无聊；这种爱好是只有那些心灵空虚和不用头脑的人才有的；我觉得，只要我有高洁的情操和丰富的知识，就绝不会拿这样一种事情来消磨我的时间。有思想的人都是不喜欢赌博的，因为一爱好赌博，就会使他丧失运用思想的习惯，或者，使他把他的思想用之于那些毫无意义的事情。专心于学问，其结果之一（也可能是唯一的结果）是可以稍稍扼杀这种贪鄙的欲念；他即使去赌，也是为了实验赌博的用途而不是醉心于赌。至于我，我要在赌徒们当中同赌博斗争，我看见他们输钱，比我亲自赢他们的钱还感到痛快。

我无论在私生活或同世人的交往中都是始终如一，并无两样的。我希望我的财富处处给我以舒适，同时又不使人觉得他们同我不平等。杂七杂八的装饰品，从任何一方面说来都是很不舒服的。为了在人群当中尽量保持我的自由，我穿的衣服要使各种身份的人看来都适合我的地位，而不显得特殊，从而使我省得装模作样地做作一番，既可以在酒吧间里同普通人厮混，也可以在宫廷中同贵族们周旋。这样做，我就可以更好地支配我自己的行动，从而可以领略一切社会地位的人的乐趣。据说，有一种女人一见到穿普通衣服的人就给以闭门羹，她们是只招待衣服华丽的人的；果真是这样的话，我就到别的地方去消磨时间好了；不过，如果这种女人确实是生得又年轻又俊俏的话，我也偶尔会穿上一身锦绣到她们那里去的，但顶多只同她们混一个晚上。

我和我所交往的人之间的唯一的联系是：互相友爱、兴趣一致和性情相投；我将以成年人而不以有钱人的身份同他们交往；我不容许在我和他们交往的乐趣中掺杂有利害关系的毒素。如果我的财富使我还保持有几分博爱的心肠，我将广泛地为他人效劳，为他们做好事；我希望我周围的人是一群同伴而不是趋炎附势之徒，是朋友而不是食客；我希望他们把我看作一个好客的主人而不看作一个施主。独立和平等使我同他们的关系是非常的真诚坦率；在这种关系中是不包含有义务和利害关系的成分的，它所遵循的唯一法则就是兴趣和友谊。

我们是不能用金钱买得一个朋友或情人的。只要舍得花钱，当然是容易得到女人的，但用这个办法便不能得到一个忠实的女人。爱情不仅不能买卖，而且金钱是必然会扼杀爱情的。任何一个男人，即使他是人类当中最可爱的人，只要他用金钱去谈爱，单单这一点就足以使他不能够长久地受到女人的爱。不用多久，他花了一阵钱，结果是在替别人养女人，或者说得更确切一点，另外一个男人将得到他的金钱；在这种以金钱和淫乱构成的双重关系中，既谈不上爱情，也谈不上荣誉和真正的快乐；那既不忠实又很可怜的贪婪的女人是怎样受到他所供养的流氓的对待，也将怎样对待那个给她的金钱的傻瓜，因此，她对这两个人都是没有爱情可言的。对我们所爱的人手面大方，只要不是在做交易，那是一件很好的事情。我认为，只有一个办法可以满足这种对女人的欲望而又不使爱情受到损害，这个办法就是：把你的全部家产都给她，然后再由她来供养你。需要斟酌的是，我们对什么样的女人不能采取这个办法。

有人说："是我占有莱斯❶，而不是莱斯占有我"，这句话实在

❶ 莱斯，古代希腊有名的才貌双全的妓女。

是说得没有意思。占有如果不是双方互相占有的话，那等于是没有占有，顶多是占有她的肉体，而未占有她那个人。在爱情上既不讲道德，又何必小题大做，说什么占有不占有呢？要找女人，那是最容易不过的事了。在这一点上，一个赶骡子的人比百万富翁还幸福得多。

唉！如果一个人能够洞察这种弊害，那么，当他获得了他所希望的东西时，他将发现它同他的希望是差得很远啊！为什么要那样迫不及待地败坏一个人的天真？一个青年人是应该受到我们的保护的，要是他第一步路走错了，就不可避免地要掉进苦难的深渊，使他除死亡以外就无法摆脱苦难的折磨。既然这样，我们为什么要使他沦为牺牲呢？其原因无他，是人的兽性、虚荣、愚蠢和谬误在作怪。这样一种享乐，其本身就是不符合自然的；它产生于人的偏见，产生于以一个人的自暴自弃为开端的最卑劣的偏见。当一个人觉得自己是最糟糕的时候，他是害怕同任何人进行比较的，他事事想争第一，以减轻他讨人憎恨的程度。试看那些贪恋这种片刻之乐的人是不是值得喜爱，是不是即使显得执拗也能加以原谅的青年。不是的，一个人有了品貌和才情，是不害怕他的情人是一个情场老手的，他将大胆地对她说："你知道寻欢作乐，这算不得什么，我的心将告诉你，你是根本不懂得什么叫乐趣的。"

一个被酒色淘空了身子的老色鬼，既不讨人喜欢，也不会体贴别人，而且脸皮又厚，不知羞耻，所以，任何一个女人只要懂得什么样的人可爱，她就不会爱他的；这种老色鬼知道要弥补他的这些缺点，就要赶快趁一个无知的少女没有经验的时候使她冲动春情。他的最后一招就是利用这种事情的新奇来讨取对方的欢心。毫无疑问，这种荒唐行为的秘密动机就在于此；但是，他的想法完全错了，因为，正如他能够刺激对方的自然的情欲一样，他也将引起对方的自然的恐怖。在他的这种愚蠢的企图中还疏忽了一点，那就是对方的自然的恐怖心将促使她维护她的权利。一个出卖自己的少女即便已经委身于他人了，在委身于她所选择的人的时候，她要作一番比较，而他正是害怕她把他同别人加以比较的。因此，他所买得的快乐是一场空，而且还不能不因此受到对方的厌恶。

至于我，尽管我的财富使我的为人有所改变，但有一点我是永不改变的。即使我改变得一点儿仁义道德之心都没有了，我至少能保持几分审美力，保持几分良知和谨慎细致的心，有了这些，就可以防止我上人家的当，不至于以我的财产去追求一场空梦；防止我把我的金钱和精力浪费于教导孩子怎样欺骗我和嘲笑我。如果我很年轻，我就要寻求青年人的乐趣；既然要尽量享受肉体上的快乐，我就不能以富人的身份去追逐这种快乐。如果我仍然是我现在这个样子，那又是另外一回事情了，我将小心谨慎地只追求适合于我这个年龄的人享受的快乐，我将培养我能够欣赏的爱好，而抛弃一切必然给我带来痛苦的爱好。我决不让我的灰白的胡子去受年轻的姑娘们的奚落，我决不拿我索然寡味的温情去招惹她们的厌恶，使自己成为她们的笑柄，我不敢设想她们像描写老猴贪淫似地说我对她们也是那样地淫虐。如果我的习惯没有很好的纠正，从而使我原来的色欲变成了一种需要，我也可能去满足这种需要，不过，我的内心将感到十分羞愧的。我要从我的需要中剔除好色的成分，我要尽量选择一个最好的情人，而且钟情于她，我不能让我的弱点再行发展，而尤其重要的是，我只能让一个人知道我有这个弱点。即使我们在这方面得不到乐趣，人的生活在其他方面也是有它的乐趣的。由于我们徒然去追逐那些转瞬即逝的快乐，我们反而丧失了同我们常相伴随的快乐。我们要随着我们年龄的增长而改变我们的兴趣，正如我们不能违背四时的季节行事一样，我们也不能违背年龄的大小行事；在任何时候都要克制自己，而不能一反自然，枉费心机地去寻欢取乐，将消耗我们的生命，使我们不能充分地享受。

一般的人很少有闷闷不乐的时候，他们的生活是很紧张的；他们娱乐的花样虽然不多，然而是非常有趣的；辛苦了许多日子之后，他们快快乐乐地过几天是感到很舒服的。长时间的劳动之后，来一个短期的休息，从而使他们觉得他们的工作是很有趣的。对有钱的人来说，最感到恼火的就是他们的生活索然寡味。尽管花了许多的钱去寻欢作乐，尽管有许多的人在争相取悦他们的心，但他们仍然觉得百般无聊，腻得要死；他们拼命地逃避生活的厌倦，然而仍旧时时刻刻感到闷闷不乐，十分难受；尤其是妇女，她们既不会生活，又不会寻乐，成天忧忧郁郁地过日子；对她们来说，生活的无聊已经变成了一种可怕的疾病，使她们有时候失去理性，而且到终致丧失生命。在我看来，再没有什么人比一个巴黎的美妇人的命运更可怕的了；而数了她的命运以后，就要数那个依恋她的美少年的命运可怕了，因为他也变得像一个懒散的女人，加倍地丧失了他的男子的地位，当他自诩为一个走运的人的时候，他实际上是在过着任何人都不能忍受的漫长的痛苦的日子。

我们之所以讲求礼法、时髦和规矩，其原因在于崇尚奢侈和外表，而结果，遂使我们的生活总是那样死气沉沉千篇一律。想使别人看起来我们是很快乐，反而会弄得一无是处：无论是自己或别人都毫无乐趣可言的[1]。一般的人是最害怕受到人家的嘲笑的，结果反而处处都受到人家的笑话，弄得苦恼不堪。一个人之所以可笑，完全是由于做法太死板的缘故；善于变换环境和兴趣的人一到了今天就会抹去昨天的印象，他在别人的心目中好像是没有这个人似的；不过，他是很快乐的，因为他每时每刻和在每一件事情上都是照着他自己的意思去做的。我也要唯一无二地永久采取这种方式，我到了一个环境，就过那个环境的生活而不问其他的环境如何；我每一天都按当天的情况去做，好像它同昨天和明天毫不相干似的。正如我以一个普通人的身份同普通人混在一起一样，我一到了田间就要像一个农民，谈起庄稼活儿来，不会在庄稼人面前闹笑话。我不到乡间去过城市的生活，我不在我外省的住宅前面修一座提勒里宫似的大门。我要在一个树木成荫的小山坡上修一间小小的白墙绿窗的农家房子；尽管用茅草盖屋顶，住起来一年四季都是很舒服的，但是我要把屋顶盖得漂亮一点；不过，我不用暗淡的薄石片盖，而要用瓦盖，因为用瓦盖，看起来比较干净和鲜艳，同时，因为我家乡的房子都是用瓦盖的，所以一看见瓦屋顶，就会引起我回忆少年时代的快乐生活。我要把我的院子用来做家禽饲养场，我不修马厩，但要修牛棚，以便取得我非常喜欢的牛奶。我的

---

① 有两个广为交际的妇女，为了使别人看起来她们是很快乐的样子，竟定了这样一条规矩：不到清晨五点钟不上床睡觉。在严冬的时候，她们的仆人在大街上等她们一直等到深夜，简直没有办法使他们不挨冻。有一天晚上，或者说得更确切一点，有一天早晨，有人走进这两个乐得不晓得天日和时辰的人的房间里，结果发现，房间里不多不少恰恰就是她们两个人，在沙发上睡大觉咧。

菜园就是我的花园，我的美丽的果园就是我的公园，它的样子同我在后面即将谈到的果园是一样的。树上的果子，过路的人爱吃就吃，我的园丁既不去数它们，也不去收摘它们；我不愿意在果园的四周围上一道漂亮的树墙，让人家看了不敢去动它。尽管这样小小地奢侈一下花钱不多，但因我所住的地方选择在偏远的省份，在那里，银钱少而食物多，富人和穷人都一般地过日子。

在那里，我将结交一批人，不过我结交的时候，要有选择而不图人多；他们当中，有喜欢游玩而且也懂得游玩的朋友；也有一些妇女，她们能够走出房间到田野去做游戏，而且有时候还能放下她们织布的梭子和纸牌，去钓鱼，去捕鸟，去拾柴和摘葡萄。在那里，我要把城市的习气忘得一干二净，在乡下就得像乡下人的样子；我们有各种各样有趣的事情好玩，而且其花样之多，竟使我们到了晚上不知道明天选哪一种东西来玩才好。运动和活泼的生活使我们的胃口大开，吃什么东西都有新鲜的滋味。我们的每一餐都等于一次宴会，我们所喜欢的是食物丰富而不是味道美不美。愉快的心情、田间的劳动和活泼的游戏，这三者可以说是世界上的第一流的厨师；在那些太阳一出就忙得上气不接下气的人看来，吃东西要那么样考究味道实在是可笑的。我们吃东西的时候也不讲究先吃什么后吃什么，餐具也不求其精美；处处都可以做我们的餐厅：在花园中，或者在小船上或树荫下，哪里都成；而且有时候还远远地离开家屋，到流动的泉水旁边，到绿茵茵的草地上，到赤杨和榛树丛中去吃；一大群会餐的人高高兴兴地带着饮食，一边走一边还唱着歌；草地就是我们的桌子和椅子，喷泉的石岸就是我们的餐具架；餐后吃的果子就悬挂在树上；我们先吃哪一道菜或后吃哪一道菜，一点也没有关系，只要有胃口，就可以省得那样拘泥。每一个人都大大方方地先给自己拿菜，同时也喜欢看到别人像他那样先拿给自己然后才拿给他。我们这样又亲切又随便，既不粗鲁，也不虚伪和拘束，说说笑笑地争着吃，其乐趣反而比斯斯文文地讲礼貌还浓厚一百倍，而且更能融合大家的心。没有任何一个讨厌的仆人来偷听我们说些什么话，或者悄悄地批评我们的做法，以贪婪的目光数我们吃了多少东西，故意要我们等好一阵工夫才拿酒来给我们喝，而且还抱怨我们一餐饭要吃那样长久。我们自己做自己的仆人，以便成为自己的主人；每一个人都可以得到大家的侍候；究竟过了多少钟点，我们也不去管它；进餐的时间就是休息的时间，以便躲过一天的炎热。如果有一个农民干完了活儿，扛着锄头从我们旁边走过，我就向他说几句好听的话，敬几杯美好的酒，振奋他的心，使他更能快乐地忍受他的辛苦；而我自己也感到内心激动，十分愉快，我悄悄地对自己说："我也是一个人。"

如果当地的乡亲们聚在一块儿过什么节日，我将跟我的同伴头一个赶去赴会；如果我的左邻右舍有人举行婚礼（他们的婚礼当然比城里人的婚礼更能得到上帝的祝福），他们将邀请我去参加，因为他们都知道我是喜欢看到人家的欢乐的。我将给这些善良的人带几件像他们那样朴朴实实的礼物去，增加他们的喜庆的乐趣，而他们转赠给我的，则是我的同辈们不能理解的无价的好东西：自由和真正的快乐。我坐在长桌子的一端，同他们高高兴兴地一块儿进餐；我将同他们再三再四地合唱一首乡间的老歌曲，我在他们的院子里跳舞，比在歌剧院跳舞还跳得高兴。

也许有人会向我说："以上所说的都很好，可是打猎的事情又怎样呢？是不是在乡村中就不打猎了呢？”我的意思是：我只是希望有一块小牧场，不过我的说法是不对的。我假定我是一个富人，我需要有一些唯我独享的快乐，我要从伤害动物中取得乐趣；此外，我还需要许多其他的东西。我所需要的是：土地、树林、看守庄园的人、地租和绅士的荣誉，我尤其是需要人们的巴结和奉承。

好得很。不过，我们周围的邻居一方面是既要保护他们的权利，另一方面又是巴不得侵占别人的权利的；我们的园丁彼此之间会发生争执，也许主人之间也会发生争执；于是，就要吵嘴，就要闹架，就要互相仇恨，说不定还要打官司，这些事情是很不愉快的。我的佃户看见我的兔子吃他们的麦子，看见我的猪吃他们的蚕豆，是很不高兴的，他们眼看着这些东西糟蹋他们的庄稼也不敢打死它们，只好把它们赶出他们的田地。他们白天种地而到了晚上还得看守，他们要用狗来看守，他们要敲鼓，要吹号角和摇动铃铛，所有这些乱七八糟的声音将打扰我的睡眠。我情不自禁地想到这些可怜的人的苦境，责备我给他们带来了许多麻烦。如果我贵为王侯的话，对这一切我就不在乎了；可是我，一个刚刚发迹的富翁，我的心还是同大家的心差不多的。

事情还没有完：野物一多，就会引诱很多的人来打猎。我要惩罚那些来偷着打猎的人，我要准备几间禁闭室和看守禁闭室的人，来看管他们和罚他们做苦工。这样做，我觉得是够残酷的了。这些可怜的人的妻子将围着我的大门，哭哭啼啼地闹得我很不安宁；要么就把她们赶走，否则就要用粗野的办法去对付她们。有些穷人并没有偷偷地来打猎，但因我的树林中的野禽野兽糟蹋了他们的庄稼，是一定要来向我诉他们的苦的。前面那种人因为偷猎我的野禽野兽而要受处罚，后面这种人又因为没有来偷猎我的野禽野兽而遭到巨大的牺牲，来偷猎当然要倒霉，不来偷猎也要倒霉！我在我周围所见到的都是凄凉的景物，所听到的都是呻吟的声音，这简直是大煞风景，使人不能痛快地去猎取成群的松鸡和近在脚边的野兔。

如果你希望你的快乐中不带丝毫的苦味，那你就不要排除他人而独自一个人享受，你愈让大家来共享你的快乐，你就会愈觉得你的快乐完全不带一点儿苦味。因此，我绝不会照我刚才在上面所讲的那样去做，我一方面既不改变我的爱好，另一方面又要在寻求乐趣的时候尽量地减少麻烦。我在乡间的住所要修建在任何人都可以自由打猎的地方，在那里，我可以高兴地玩而不遇到什么惹人烦恼的事情。可猎的野禽野兽也许不多，所以，在寻猎的时候就需要有更多的技巧，这样一来，在猎到它们的时候，便可以使人更感到高兴。我记得我父亲看见第一只松鸡飞起来的时候，心里真是高兴得蹦蹦地跳；当他发现那只他追寻了一个整天的野兔时，简直是乐得发狂。是的，我认为，当他单独一个人牵着狗，扛着枪，背着猎袋和杂七杂八的用具以及一只小小的猎获物，在黄昏时候精疲力竭地带着满身被荆棘刺破的伤痕回到家里，其喜悦的心情远远超过了一般对打猎很外行的人，因为他们尽管骑着骏马，有二十个人扛着装好了弹药的猎枪跟着他们，但只能用了一支再换一支，必须等野物跑到他们身边的时候才能开枪打它们，既没有技术，也不光彩，甚至连运动都谈不上。因此，当我们不需要看管土地，不需要处罚偷偷打猎的人和折磨穷人的时候，我们既未因此而减少我们的乐趣，而且还可免除一切的麻烦。我之所以宁可过这样的生活，其理由就在于此。不管你怎样做，你老是那样折磨别人，自己是不能不同时遭到某些麻烦的；大家常常诅咒你，早晚会使你的野味吃起来很苦的。

再说一下，排除他人而独享乐趣，反而会使乐趣化为乌有。只有同人家分享的快乐，才是真正的快乐；要想独自一个人乐，是乐不起来的。如果我在花园周围修建的墙使它变成一块凄凉的禁地，那么我花了很多的钱反而使自己失去了散步的乐趣，使我不得不到远处去散步。财产这个魔鬼，摸着什么东西就要败坏什么东西。一个有钱人到哪里都想做主人，但他一做了主人反而得不到快乐，只好时时刻刻地到处逃避。至于我，即使我发了财，我也要保持我贫穷时候的做法。现在我可以享用别人的财产，从而使我比只享用我自己的财产更加富有；在我的附近，我觉得哪块地方好，我就把它据为己有。任何一个征服者都没有我做事这样果断，甚至王室的土地我也要侵占；所有的空地，只要我喜欢，我就不加分别地把它们占领下来，并且给它们取一个地名；我把这块空地作为我的花园，把那块空地作为我的草坪，于是它们就归我所有了；从此以后我就可以在其中大摇大摆地走来走去了，我要经常去看一看，以便保持我的所有权；凡是我路过的地方，我爱怎样利用就怎样利用；如果有人说，我所侵占的这块土地的正式的主人用这块土地出产的作物卖得了金钱，所以他从这块土地上得到的益处比我得到的益处大，我认为是说得不对的。即使他们挖沟筑篱来阻挡我，那也没有关系，我把我的花园扛起来就走，我把它安放到别处去；在附近有的是地方，我要对我的邻居掠夺一个很长的时期之后，他们才不能容忍我。

以上是我试图指出在愉快的闲暇时候如何选择真正的有趣的消遣，我们要玩就得按这种精神去玩，其他的一切玩法都不过是胡闹妄为和愚蠢的无聊的事情。任何一个人，只要他脱离了这些原则，不论他多么有钱，多么会挥金如土，他也领略不到生活的意义。

毫无疑问，人们会反对我说，这样的娱乐法是谁都会的，照着这些办法去玩，就不一定非要有钱不可了。这句话，正是我要得出的结论。只要你想得到快乐，你就可以得到快乐；只因习俗的偏见，才使人觉得一切都很困难，把摆在我们眼前的快乐也全都赶走了；要得到真正的快乐，比在表面上假装快乐还容易一百倍。一个善于欣赏和真正懂得逸乐的人，是不需要有金钱的，只要他有自由和自己做自己的主人就行了。任何一个身体健康、无冻饿之虞的人，只要他抛弃了他心目中臆想的财富，他就可以说是一个相当富有的人了，这就是贺拉斯所说的"以中庸为贵"。金银满库的人啊，另外想一个使用你们财产的办法吧，因为在寻求快乐的时候，金钱是没有用的。爱弥儿所知道的东西并不比我所知道的东西多，但是，由于他有一颗更纯洁和健康的心，所以他在这方面的见解比我的见解还好些，全世界的人都不能不说他的种种看法是对的[†]。

在这样消磨时间的过程中，我们一直在寻找苏菲，可是找不着她。正是由于不应该很快就把她找到，所以我们才到我明明知道

† 在其他版本作："……说他的种种看法是对的。这样一种培养兴趣的办法，比采用读书去培养兴趣的办法好得多。贺拉斯和肖利厄对他也没有什么更好的办法可讲的。我再说一下，我们需要了解的是，这些方法这时候用起来是不是索然寡味和收不到效果，或者对他是十分相宜的。"

没有她的地方去找她[①]。

时间已经很紧迫了;现在是应该马上把她找到的时候了,以免他把另外一个女人当成是她,等到发现认错了人便后悔不及了。巴黎,你这驰名的城市,你这闹闹嚷嚷、充满了乌烟瘴气的城市,你这以妇女不爱体面、男子不爱美德而著称的城市,再见吧。巴黎,再见吧;我们现在要寻找爱情、幸福和天真;我们离开你是越远越好的。

① “才德的妇人,谁能得着呢?她的价值远胜过珍珠。”见《旧约全书·箴言》,第31章,第10节。

第　五　卷

现在，我们已经演叙到青年时期的最后一幕了，不过，还没有到大功告成的时候。

一个成年人单独一个人生活，那是不好的。爱弥儿现在是一个成年人了，我们曾经答应过给他一位伴侣，现在应该把她给他了。这个伴侣就是苏菲。她躲藏在什么地方？我们到哪里去找她？必须认识她，才能找到她。我们首先要知道她是怎样一个人，然后才能更好地估计她住在什么地方；即使我们已经把她找到了，事情也还没有完。洛克说："既然我们这位年轻的绅士即将结婚，那就把他交给他的情人好了。"写到这里，他的著作就宣告结束了。至于我，我可没有培养什么绅士的荣幸，所以，我在这方面决不学洛克的样子。

苏　菲
或
女　人

如同爱弥儿是一个成年的男子一样，苏菲应当是一个成年的女人，也就是说，她应当具备所有一切成年的女性的特征，以便承担她在身体和精神方面应当承担的任务。现在，让我们从男性和女性的异同着手，进行一番研究。

就一切跟性没有关系的东西来看，女人和男人完全是一样的：她也有同样的器官、同样的需要和同样的能力；身体的结构也是一样的，身上的各个部分和它们的作用也是相同的，面貌也是相像的；不管你从哪一方面看，女人和男人之间的差别只不过是大小的差别罢了。

就一切涉及性的东西来看，女人和男人处处都有关系，而处处也都不同，要把他们加以比较，是很困难的，因为在男女的体格方面很难确定哪些东西是属于性的，哪些东西不是属于性的。通过比较解剖学，甚至单单凭肉眼的观察，我们也觉得他们之间的一般的区别好像是不在于性，然而它们跟性是确有关系的，只不过是我们看不出它们跟性发生关系的脉络罢了；关于这些脉络，我们还不知道它们散布的范围有多么大。我们确切知道的唯一的一件事情是：男人和女人共同的地方在于他们都具有人类的特点，他们不同的地方在于他们的性。从这两个观点来看，我们发现他们之间既有那样多相同的地方，也有那样多相反的地方，以致我们可以说，大自然把两个人既做得这样相像，又做得这样不同，确实是奇迹之一。

所有这些相同和相异的地方，对人的精神道德是有影响的；这种影响是很显著的，而且大家都是亲身经验得到的，所以我们用不着争论到底是男性优于女性，还是女性优于男性，或者两种性别的人是相等的，因为，每一种性别的人在按照他或她特有的方向奔赴大自然的目的时，要是同另一种性别的人再相像一点的话，那反而不能像现在这样完善了！就他们共同的地方来说，他们是相等的；就他们相异的地方来说，是无法比较的。说一个成熟的女人和一个成熟的男人相似，是说他们的外貌相似，而不是说他们的精神相似；如果说要完全相似的话，那就连大小的差别也不许有了。

在两性的结合中，每一种性别的人都同样为共同的目的而贡献其力量，不过贡献的方式是不同的。由于方式不同，所以在两性的精神上也就产生了一个显而易见的差别。一个是积极主动和身强力壮的，而另一个则是消极被动和身体柔弱的，前者必须具有意志和力量，而后者只要稍为有一点抵抗的能力就行了。

如果承认这个原理的话，我们就可以说，女人是特地为了使男人感到喜悦而生成这个样子的。如果倒过来说，男子也应该使女人喜欢的话，那也只是一种不太直接的需要，因为，他的长处是在于他的体力，只要他身强力壮，就可以使她感到欢喜。我同意有些人所说的：这样的欢喜不是爱情的法则在起作用，但是，这是比爱情的法则更由来久远的自然的法则在起作用。

如果说女人生来是为了取悦于和从属于男人的话，她就应当使自己在男人看来觉得可爱，而不能使他感到不快。他对她之所以那样凶猛，正是由于她有动人的魅力；她应当利用她的魅力迫使他发现和运用他的力量。刺激这种力量的最可靠的办法是对他采取抵抗，使他不能不使用他的力量。当自尊心和欲望一结合起来的时候，就可使双方互相在对方的胜利中取得自己的成功。所以，一方是进行进攻，另一方是采取防御；男性显得勇敢，女性显得胆怯，直到最后拿出大自然赋予弱者制伏强者的武器——娇媚害羞的样子。

谁敢这样说：大自然是毫无差别地要两性的色欲都是同样的亢进，而且要性欲最先冲动的一方首先向对方作出要求满足色欲的表示？这种看法真是怪糟糕的！既然性行为对两性产生的结果是这样不同，那么，如果双方都同样大胆地去做这种行为，是不是合乎自然的道理呢？在共同的行为中，双方的负担既然是这样的不平等，那么，如果一方不受羞耻心的制约，另一方不受自然的克制，则不久以后双方都要同归于尽，而人类也将被本来是用来保存自己的手段所毁灭，这一点，难道还不明白吗？由于妇女们容易刺激男子的感官，燃起他们心中即将熄灭的欲火，因此，如果在世界上的某一个糟糕的地方，特别是在女多于男的热带地方，这种看法要是普遍流行的话，则男子们在妇女的淫欲的摧残之下，一个个都没有办法抵抗，不能不被她们所牺牲，被她们拖向死亡。

如果雌性的动物没有这种羞耻心，会产生怎样的结果呢？它们会不会像女人那样摆脱这种作为色欲的制约的羞耻心而贪淫无度呢？雌性的动物只有在需要的时候才产生性欲的，需要一满足，性欲也就停止；它们不是那样假情假意地推开雄性的动物[①]，而是干脆利落地一下子就拒绝的；它们的做法和奥古斯都的女儿的做法完全相反，当船只已经装满了货物的时候，它们就不再接纳乘客了。即使在它们听任性欲摆布的时候，它们心甘情愿地进行性行为的时间也是很短暂的，不久就会过去的；它们受本能的推动，也受本能的制约。如果你使妇女们丧失了这种羞耻心，她们用什么东西来代替这种消极的本能呢？在没有这种本能的情况下，如果你还希望女人不想男人，那等于是希望男人个个都成草包。

① 我曾经说过，所有的女性差不多都会做这种假情假意半推半就地拒绝的样子，甚至雌性的动物在它们已是十分心甘情愿的时候，也会这样做作一番的；只有从来没有看见过她们这种装模作样的样子的人才不同意这一点。

至高的上帝在任何事情上都希望人类具有荣誉心，他在把无限的欲望赐予人类的同时，又赐予调节欲望的法则，以便使人类既能自由，又能自己控制自己；他使男人既有旺盛的色欲，又使他具有克制色欲的理智；他使女人既有无限的春情，也使她具有节制春情的羞耻心。此外，在人类正当地运用其性能力的时候，他还使人类获得一种当时即能享受到的赏赐，那就是，如果人类按照他的法则而诚实地从事的话，就会得到乐趣。在我看来，所有这些是可以起到动物的本能所起的作用的。

不论女人是不是像男人那样发生了性欲，也不论她是不是愿意满足他的欲望，她总是要表示推辞和进行防卫的，不过推辞和防卫的程度是不一样的，也不是始终都是那样坚决和同样成功的。攻者要取得胜利，被攻者就要允许或指挥他进行进攻，有多么多巧妙的办法刺激进攻者拼命进攻啊！最自由和最温柔的动作是绝不容许真正的暴力的，大自然和人的理性都是反对使用暴力的。大自然之反对使用暴力，表现在它使较弱的一方具有足够的力量，想抵抗就能够抵抗；理性之反对暴力，在于真正的暴力不仅是最粗野的兽行，而且是违反性行为的目的的，因为一则是由于这样做，男人就等于是向他的伴侣宣战，从而使她有权把侵害者置于死地，以保卫她的人身和自由，再则是由于只有妇女才能独自地判断她自己的处境，同时，如果任何一个男人都可窃夺做父亲的权利的话，则一个孩子便无法辨认哪一个人是他的父亲了。

这样，我们可以根据两性体质的差异而得出第三个结论，那就是：较强的一方在表面上好像是居于主动，而实际上是要受较弱的一方的支配的；其所以如此，并不是由于男子惯于向妇女献小殷勤，也不是由于他以保护人自居，表现得宽宏大量不拘细节，而是由于一种不可变易的自然的法则，因为这种法则使妇女可以很轻易地刺激男人的性欲，而男人要满足这种性欲，就比较困难，从而使他要依对方的兴致为转移，并且不得不尽力地取悦对方，以便使她承认他为强者。对男人来说，在他取得胜利的时候，他最感到甜蜜的是他不知道究竟是弱者向他的强力让步，还是她心甘情愿地投降；而妇女又往往很狡猾地故意使他和她之间存在着这种疑团。这在一点上，妇女的心眼和她们的体质完全是一致的：她们不仅不以她们的柔弱为可羞，反而以之为荣；她们柔嫩的肌肉是没有抵抗力的，她们承认连最轻便的东西也负担不起；要是她们长得粗壮的话，也许反而觉得不好意思咧。为什么呢？这不仅是为了显得窈窕，而且是为了更好地进行防卫，她们要事先给自己找个借口，以便在必要的时候取得弱者的权利。

我们从自己的罪恶行为中逐步地获得了许多知识，从而大大地改变了我们在这个问题上的旧看法；我们现在是很少听说有强奸的行为了，因为这种行为已经不大需要，同时世人也不再相信有这种行为[①]；但是，在上古的希腊人和犹太人当中常常听说有这种事情，因为它们是符合朴实的自然生活的，而后来只因我们日趋放荡，所以大家才不提这种事情了。现在，人们之所以较少地谈到强奸的事，当然不是由于男子们更能克制，而是由于人们已不再那样地相信；从前，向人家诉说强奸的事情，是能够说得心地朴实的人

① 要在年龄和体力上极不相称，才能说是真正的强奸；不过，我在这里是按照自然的秩序来论述两性的相对的地位的，所以我把男女两性都放在构成这种地位的共同的关系中来阐述。

相信的，而在今天就会招致别人的取笑，因此，倒不如不说还好些。在《申命记》* 中有一条法律规定，如果奸淫的事发生在城里，则被奸的女子也要跟诱奸的人一同受到惩罚；但是，如果发生在乡间或人烟稀少的地方，则只惩罚男子。据这条法律说，这是“因为那女子已经喊叫，但是没有人听见”。这种宽大的解释，教育了女子们不要到人多的地方去，以免遭到意外。

由于人们的看法有了改变，因此对风俗也产生了显著的影响。现今的男子个个都向妇女大献殷勤，就是这种影响的结果。男子们发现，他们要得到快乐，便要依靠女性的自愿，而且依靠的程度比他们所想象的还大得多，他们必须采取体贴对方的做法，才能满足自己的愿望。

所以，我们可以看出，我们是怎样在不知不觉中由肉欲而达到道德观的，是怎样由粗俗的两性结合中逐渐产生温柔的爱情的法则的。女子之所以能够驾驭男人，并不是由于男人愿意受她们的驾驭，而是由于大自然要这样做：她们还没有在表面上制伏男子以前，就已经是在驾驭男子了。海格立斯想凌辱塞士庇斯的五十个女儿，但是却不得不在奥姆伐尔的脚边去纺纱；参孙的力量虽大，也大不过德利拉。妇女们是有这种威力的，而且是谁也不能剥夺的，即使她们滥用这种威力，我们也没有办法；如果她们有失去这种威力的可能的话，她们早就失去了。

至于说到性行为对两性的影响，那是完全不平等的。男性只不过在某些时候才起男性的作用，而女性终生都要起女性的作用，

* 《旧约全书·申命记》，第 22 章，第 23 至 27 节。

至少她在整个的青年时期要起女性的作用;任何事情都可以使她想起她的性别,同时,为了很好地起到她的作用,她就需要一套同她的性别相适应的做法。她在怀孕期间需要得到照顾,她在坐褥期间需要休息;她在授乳期间需要过一种安适而少活动的生活;为了抚养孩子,她应当性情温柔和有耐心,她应当具有一种不为任何事物所挫折的热情和爱;她是孩子们和父亲之间的纽带,只有她才能使他爱他们,使他相信他们确实是他的。为了使全家的人亲密相处,需要她做出一些多么细致的安排啊!妇女们之所以能这样做,并不是因为这些事情是一种美德,而是因为其中含有乐趣,没有这种乐趣,人类是不久就会消灭的。

两性之间相互的义务不是也不可能是绝对相等的。如果妇女们在这个问题上抱怨男子做得不公平的话,那是不对的;这种不平等的现象绝不是人为的,或者说,至少不是由于人们的偏见造成的。它是合理的,在两性当中,大自然既然是委她以生男育女的责任,她就应当向对方负责抚育孩子。毫无疑问,任何人都是不容许背信弃义的,任何一个不忠实的丈夫,如果在他的妻子尽到了女性的艰巨的责任之后,竟剥夺了她应当享受的唯一的报酬的话,他便可以说是一个不正直的野蛮人;但是,如果妻子不忠实,则后果就更糟糕了,她将拆散一个家庭,打破自然的一切联系;由于她给他养的是一些私生子,所以她既出卖了丈夫,也出卖了孩子;她不仅不忠实,而且还不贞洁。我还没有发现哪一次乱伦和犯罪的事情同不忠实的女人是没有牵连的。如果说世界上确有一种可怕的处境的话,那就是一个倒霉的父亲的处境了:他不敢信任他的妻子,从而也不敢尽量发抒他内心的甜蜜的情感,当他拥抱他的孩子的时候,他怀疑他所拥抱的那个孩子是不是别人的,是不是他的耻辱的象征,是不是篡窃他嫡亲的子女的财产的盗贼。在这个家庭中,尽管那个犯罪的女人强使家中的人做出相爱的样子,但实际上是在挑使他们互相成为暗中的仇敌,所以,哪里能说他们是一家人呢?

因此,问题不仅是做妻子的人本人应该是很忠实的,而且她在她的丈夫、她的邻人以及所有一切的人看来都是忠实的;她应当态度谦逊、举止谨慎,而且还略略含羞;她在别人的眼中看来,也要如同她在她自己的良心看来一样,不愧为一个有品德的人。如果说做父亲的人应该爱他的子女,则他便应该尊敬他们的母亲。由于这种种原因,所以妇女们一方面有许多应尽的义务,另一方面也要求她们必须像保持贞操一样地保持一个很好的名声。根据这些原理,我们不仅可以推论出男性和女性应有的品德为什么不同,而且可以推论出:在妇女们的天职和习俗方面还有一种新的动力促使她们要极其谨小慎微地注意她们的行为和态度。只是笼统地说两性平等,说他们的义务是一样的,那等于是在说空话,不针对上述这些问题来说,那就是说了也等于白说。

举出一些例外的情形来反驳有实实在在的依据的普遍法则,这哪里说得上是一种实事求是的推理方法呢?你也许会说:"妇女们哪里是常常在生孩子呢?"不错,她们不是常常在生孩子,但是,她们本来的目的是要生孩子的。怎么!仅仅因为在这个世界上的百十来个大城市中,妇女们过着淫荡的生活,因而所生的子女很稀少,你便以这一点为依据说妇女们的天职是少生子女!穷乡僻壤的妇女们过着十分朴实和贞洁的生活,要不是她们来弥补城市中的太太们生育稀少的后果的话，你想一想那些城市将变成什么样子？在好些省份中，一个妇女如果只生四个或五个孩子的话，还会被人家看作是生殖力不强的女人咧[①]！这个或那个女人少生几个孩子，这有什么要紧呢？难道说因此就能断定妇女们的天职不是做母亲吗？大自然和人类的伦理难道就因此不通过普遍的法则把这种天职赋予她们吗？

不管你把两次怀孕期之间的间隔拖多么长，一个妇女是不是因此就能够毫无危险和毫无困难地断然变换另外一种生活方式呢？她能不能够今天做乳母，明天去做战士呢？她能不能够像变色的蜥蜴一样改变她的气质和爱好呢？她能不能够一下子就不干家务工作，到野外去栉风沐雨地干重活和拼着性命打仗呢？她能不能够时而胆小[②]，时而勇猛；时而娇弱无力，时而身强力壮呢？如果说在巴黎成长起来的年轻人都感到军人的生活很苦，那么，从来没有晒过太阳，连走路都觉得吃力的女人，在过了五十年的舒适生活之后又去当兵，是否吃得消呢？她们在这种年龄（男子们在这种年龄就应当退伍了）能不能去从事这种艰辛的职业呢？

我知道，在有些国家里，女人生孩子的时候几乎没有什么痛苦，而且用不着操多大的心就能把孩子抚养起来；但是，也正是在这些国家里，男人一年四季都能裸着半个身子，而且还能同猛兽格

① 如果不是这样的话，人类就必然要绝灭；为了要保存人类，每一个妇女差不多要生四个孩子才能完全补足这种缺额，因为在出生的孩子中，几乎有一半在他们自己还不能生育子女以前就死了，所以必须剩下两个人来接替父亲和母亲。因此，请你想一想：我们能不能够依靠城市来保持这样一个人口数字。

② 妇女们的胆子小，这也是一种自然的本能，以便她们在怀孕期间防备双重的危险。

斗，能把一只独木船扛在肩上就像扛一个背包，能跑七八十里路去打猎，能在露天地里睡觉，能忍受难以想象的疲劳，而且几天不吃东西也能够生活。女人长得强壮的时候，男人就会长得更加强壮；但是，如果男子的身体变得衰弱了，则女人的身体就会更加衰弱；当被减数和减数都相应地改变的时候，差数仍然是一样的。

我很清楚：柏拉图在《理想国》中主张女人也要做男子所做的那些运动。他在他所主张的政治制度中取消了家庭，但又不知道怎样安置妇女，所以他只好把她们改造成男人。这个天才优秀的人把各方面都论述得很详细，对所有各种问题都阐发了他的见解，甚至任何人都没有向他提到的一些难题他都想到了，不过他对别人已经提到的一些疑难并未很好地解决。我现在不打算谈那种所谓的妇女团体，在这个问题上要是像一般人那样一再责备他的话，那恰恰证明责备他的人没有读过他的著作；我打算论述的是社会上男女混杂的情形；由于男女混杂不分，所以两种性别的人都去担当同样的职务，做同样的事情，结果是必然会产生一些不可容忍的弊端的；我要论述最温柔的自然的情感的消灭，它们被一种必须依靠它们才能存在的虚伪做作的情感所吞噬。难道说不需要自然的影响就能形成习俗的联系！难道说我们对亲人的爱不是我们对国家的爱的本原！难道说不是因为我们有那小小的家园我们才依恋那巨大的祖国！难道说不是首先要有好儿子、好丈夫和好父亲，然后才有好公民！

当我们论证了男人和女人在体格和性情上不是而且也不应当是完全相同之后，我们便可由此得出结论说：他们所受的教育也必须有所不同。他们固然应当遵循自然的教训，在行动上互相配合，但是他们不应当两者都做同样的事情；他们工作的目的是相同的，但是他们工作的内容却不一样，因此促使他们进行工作的情趣也有所差异。我们已经尽了一番力量把男子培养成一个天性自然的男子，现在，为了使我们的工作达到完善，且让我们探讨一下怎样培养妇女，使她们适合于这种男人。

如果你想永远按照正确的道路前进，你就要始终遵循大自然的指导。所有一切男女两性的特征，都应当看作是由于自然的安排而加以尊重。你一再说："妇女们有好些这样或那样的缺点，而这些缺点我们是没有的。"你这种骄傲的看法将使你造成错误；你所说的缺点，正是她们的优点；如果她们没有这些优点，事情就不可能有目前这样好。你可以防止这些所谓的缺点退化成恶劣的品行，但是你千万不能去消灭它们。

妇女们也不断在那里发牢骚，说我们把她们培养成徒具外表的撒娇献媚的人，说我们老是拿一些微不足道的小玩意儿去取悦她们的心，以便使她们容易受我们的控制；她们说我们责备她们的那些缺点是由我们造成的。简直是在那里胡说！男人们是从什么时候起才开始插手女子的教育的？谁阻碍过做母亲的人按她们的意愿去教养女子？"她们没有学校可上！真糟糕！"啊！但愿上帝也不让男孩子去上学校好了！这样做，他们是更能培养成有感情和心地诚实的人的。谁强迫过女孩子们硬要把她们的时间浪费去搞那些琐琐碎碎的事情？谁要她们去学你的样子把一半的时间拿去搞梳妆打扮？谁阻拦过你，不让你按照你的心意去教育她们和请人教育她们？如果她们长得美丽，因而讨得我们喜欢，如果她们笑眯眯的样子使我们感到引诱，如果她们从你那里学来的巧妙办法使我们心醉神迷，如果她们穿得漂亮，使我们喜欢欣赏，如果我们让她们从从容容地使用那些可以使我们甘拜下风的武器，能不能怪我们做得不对呢？好吧，你就像培养男子那样培养她们好了，男人们一定是衷心赞成的。因为，她们愈是想学男人的样子，她们便愈不能驾驭男人；这样一来，他们才会真正地成为她们的主人哩。

所有一切男女两性同样具有的能力，并不是双方具有的程度都是相等的；但从总的方面说来，他们和她们的能力是互相补充的。妇女以妇女的身份做事，效果就比较好，如果以男人的身份去做，效果就比较差；无论在什么地方，只要她们善于利用她们的权利，她们就可以占据优势；但如果她们要窃取我们的权利，她们就必然会不如我们的。这是一个普遍的真理，我们不能像偏袒女性的风流男子那样，单单用一些例外的情形把这个真理驳倒。

如果在妇女们的身上去培养男人的品质，而不去培养她们本来应该具备的品质，这显然是在害她们。狡黠的女人把这一点看得很清楚，所以是不会受这种做法的欺骗的；她们在企图窃取我们的权利的同时，一点也不放弃她们的权利；然而这样做的结果是，由于这两种权利是互不相容的，所以这两种权利她们都得不到，她们不但不能达到我们的地位，反而达不到她们本来应该达到的地位，使她们的价值损失了一半。贤明的母亲，请你相信我所说的这一番话，不要违反自然把你的女儿造就成一个好男子；你应当把她培养成一个好女人，这样，对她自己和对我们都有更大的好处。

是不是因此就可以得出结论说，应当使她对一切事物都蒙昧无知，只能够让她们经管家务呢？一个男人应不应该把他的伴侣当作奴仆呢？他会不会不让她去享受社交的乐趣呢？为了更好地使役她，他会不会使她没有一点思想和知识呢？他会不会把她造成一个十足的机器人呢？不会的，当然不会的；大自然使妇女们具备了那样聪慧和那样可爱的心灵，所以它绝不会抱这样的主张的；相反地，它希望她们有思想和有眼光，希望她们有所爱和有所认识，希望她们像培养身体那样培养她们的心灵；所有这些就是它赋予她们的武器，以弥补她们体力的不足，并支配我们的体力。她们有很多的东西需要学习，但是她们只能学习那些适合于她们学习的东西。

我无论是从女性特殊的天职方面去考虑，还是从她们的倾向或义务方面去观察，都同样地使我了解到什么样的教育才适合于她们。妇女和男子是彼此为了双方的利益而生的，但是他们和她们互相依赖的程度是不相等的：男子是由于他们的欲望而依赖女人的，而女人则不仅是由于她们的欲望，而且还由于她们的需要而依赖于男人；男人没有女人也能够生存，而女人没有男人便不能够生存。她们想要获得生活的必需品，想要保持她们的地位，就必须要我们愿意供给她们的生活必需品，就必须要我们愿意保持她们的地位，就必须要我们认为她们配享受这些东西；她们要依赖于我们的情感，依赖于我们对她们的功绩的估计和对她们的品貌的尊重。由于自然法则的作用，妇女们无论是就她们本身或就她们的孩子来说，都是要听凭男子来评价的。她们不仅是应当值得尊重，而且还必须有人尊重；她们不仅是要长得美丽，而且还必须使人喜欢；她们不仅是要生得聪明，而且还必须别人看出她们的聪明；她们的荣耀不仅在于她们的行为，而且还在于她们的名声；一个被人家看作是声名狼藉的女人，其行为不可能是诚实的。一个男人只要行为端正，他就能够以他自己的意愿为意愿，就能够把别人的评论不放在眼里；可是一个女人，即使行为端正，她的工作也只是完成了一半；别人对她的看法，和她实际的行为一样，都必须是很好的。由此可见，在这方面对她们施行的教育，应当同我们的教育完全相反：世人的议论是葬送男人的美德的坟墓，然而却是荣耀女人的王冠。

首先要母亲的身体好，孩子的身体才能好；首先要女人关心，男子才能受到幼年时期的教育；而且，他将来有怎样的脾气、欲念、爱好，甚至幸福还是不幸福，都有赖于妇女。所以妇女们所受的种种教育，和男人都是有关系的。使男人感到喜悦，对他们有所帮助，得到他们的爱和尊重，在幼年时期抚养他们，在壮年时期关心他们，对他们进谏忠言和给予安慰，使他们的生活很有乐趣，所有这些，在任何时候都是妇女们的天职，我们应当从她们小时候起就教育她们。只要我们不根据这个原理去做，我们就会远离我们的目标，而我们教她们的种种训条，既无助于她们的幸福，也无助于我们的幸福。

不过，尽管所有的妇女们都希望而且也应当使男子们感到喜悦，然而怎样使有才德的人和真正可爱的人感到喜悦，和怎样使那些有辱男性和处处模仿女性的花花公子感到喜悦，在做法上是迥然不同的。无论天性或理性都不可能使一个妇女爱男人身上跟她相同的地方，反过来说，她也不应该为了取得男人的爱就学男人的样子。

所以，如果妇女们抛弃了淑静的态度，而去学那些傻头傻脑的男人样子，则她们不是在遵循而是在违背她们的天职；她们在自己剥夺自己应享的权利。她们说："如果我们不这样做，我们就不会讨得男子的欢心。"这简直是在胡说。只有糊涂的女人才喜欢胡闹的男人；如果她们想吸引这样的男人，那就表明她们是非常的愚蠢。如果世界上没有轻薄的男子的话，糊涂的女人也许还巴不得制造几个轻薄的男子咧；妇女使男子产生的轻薄行为，远远多于男子使妇女产生的轻薄行为。一个妇女如果爱真正的男子和想讨取他们的欢心，她就应当采取一些适合于她的意图的手段。妇女们由于身份的关系，所以是很风骚的；但是，她们卖弄风骚的方式和目的，是要随着她们的看法不同而有所变化的。我们使她们的看法符合自然的看法，妇女们就可以受到适合于她们的教育了。

小小的年轻姑娘也是很喜欢装饰品的。她们不满足于她们长得美，而且还希望别人发现她们的美；我们在她们小小的面孔上就可以看出她们已经有了这种心思，一到她们能够听懂我们向她们所讲的话，我们只需告诉她们说别人在怎样谈论她们，就可以把她们管束得好好的。然而，如果你糊里糊涂地同样向男孩子们说别人在怎样谈论他们，就不可能取得那种效果。只要他们能够自由自在地玩，别人怎样说他们，他们是满不在乎的。要使他们受这个法则的约束，那是要花很多时间和精力的。

女孩子们的这种最初的教育，不论是从哪里得来的，总之是一种很好的教育。既然是身体先精神而生，则我们就应当首先培养身体，这个次序对男人和女人来说都是一样的。但是，培养的目的是不同的：在男人是培养它长得壮而有力，在女人则是培养它长得灵巧；这并不是说男性只能唯一无二地具有男性的品质，女性只能唯一无二地具有女性的品质，这只是说这些品质在每一种性别的人的身上应当有主有次；女子也必须有足够的体力，做起活来才感到轻松；男子也必须相当的灵巧，做起活来才觉得容易。

妇女的体质要是过于柔弱，也会使男子的身体日趋柔弱的。妇女们不应当像男子那样粗壮，但是也要强壮得同他们相配合，才能生育像他们那样健康的孩子。在女修道院寄宿的女子，吃的虽然是普通的饮食，但是由于在户外和花园中蹦蹦跳跳游玩的时候多，所以从这一点上说，在女修道院比在自己家里好，因为在自己的家里，一个女孩子吃的虽然是精美的饮食，然而由于时而受到大人的夸奖，时而又受到大人的斥责，并且成天都在一间关得紧紧的房间里坐在母亲的面前，不敢起来走一走，不敢说话或闹嚷，也没有片刻的自由去玩、去跑、去跳、去叫，随她们那个年龄的活泼的天性去做，结果对她们不是过于娇生惯养就是不适当地管得过严，没有一样是做得合乎道理的。青年人的身心之所以遭到败坏，其原因就在这里。

斯巴达的女孩子也像男孩子一样地做军操，其原因并不是为了去打仗，而是为了将来生育一些能够忍受战争的艰苦的儿子。我倒不认为，为了给国家生养士兵，就一定要母亲们背着步枪去学普鲁士的兵操；但是我认为，从大体上说来，希腊人在这方面的教育方法是很有道理的。青年女子经常出现在公共场合，只不过是女孩子同女孩子聚在一起，而不同男孩子们混起来的。在任何一个节日、集会或祭神的典礼中都可看到一队一队的优秀的公民的女孩子，她们戴着花冠，提着花篮，捧着花瓶和祭品，载歌载舞地玩着，使希腊人的迟钝的感官接触到一种动人的情景，抵消他们粗笨的体操所产生的不良效果。不管这种风俗对男子产生了什么影响，它总是能通过轻松活泼的运动使女子在青年时期练成一副良好的体格，通过使人喜欢的殷切愿望培养她们的兴趣，而又不损害她们的性情。

这些年轻的姑娘们一旦结了婚，就再也不在公共场合露面了；她们待在家里，把她们的全部精力用来管理家务。大自然和理性给女性安排的生活方式就是如此。这样的母亲所生育的儿子才是地球上最健美的男子；尽管有几个岛上的人的名声不好，然而，在全世界，甚至在包括罗马人在内的所有一切民族中，只有古代希腊的妇女才是那样既聪明又可爱，既贤淑又长得漂亮的。

我们知道，希腊人的衣服很宽大，一点也不束缚身体，因而使他们的男子和妇女的身材个个都长得像他们的雕像那样匀称优美；在我们中间，由于自然的体态已经被弄得不像原来的样子，再也找不到那样匀称的身段，所以现今在艺术上还要拿他们的雕像作为模仿的模特儿。所有一切哥特式的紧身衫和把我们周身四肢捆得严严实实的花边带，古代的希腊人是绝对没有见过的。他们的妇女也没有穿过鲸尾式裙子，可是我们现今的妇女却被这种东西弄得身材不像个样子，使人一点也看不出它们的轮廓。这样一种不好的服式在英国竟流行到了一种难以置信的程度，我不能不设想其结果是必然会败坏他们的民族的；我认为，他们之所以喜欢这种服式，正是由于他们的风尚不好的缘故。一个妇女像黄蜂似地切成两段，是一点也不好看的，这是有碍观瞻和使人一想到那种样子就感到不痛快的。同所有一切其他的事物一样，身材的窈窕也有它一定的比例和限度，超过这个限度，就肯定是一种缺点；这种缺点在裸体的时候看起来是极其刺目的，难道说用衣服把它罩起来就好看么？

我真的不敢研究是什么理由使得妇女们硬要把自己像穿铠甲似地束缚起来；我承认：一个二十岁的女人要是乳房下垂和腰身粗大，确实是很难看的，但是，如果在三十岁的时候是这个样子的话，那就一点也不难看了；不管我们愿不愿意，我们在任何年龄都要长得合乎自然，人的眼睛在这一点上是看得清清楚楚的，所以，不管什么年龄的女人在有了这种缺陷的时候，样子固然是不好看，但总比傻头傻脑地把自己装扮成一个四十岁的大姑娘好看得多。

所有一切妨碍和束缚天性的东西都是由于风尚不好而造成的，就身体的装饰和心灵的修养来说，确实是这样的。生命、健康、理性和舒适，应该是压倒一切的，不舒适的事物绝不会显得优美；苗条并不等于瘦弱，为了讨得人家的爱，就不应当有一副不健康的样子。一个人生病的时候固然是可以引起人家的同情，但是，要想得到人家的喜欢，就必须长得活活泼泼，身体健康。

男孩子和女孩子有许多共同的游戏，这是很应该的，他们长大以后，不是也应该在一块儿玩的吗？他们也各自有适合于自己的爱好。男孩子喜欢运动和吵闹，喜欢打鼓、抽陀螺和推小车；而女孩子则喜欢好看和用来化妆的东西，喜欢镜子、珠子、花边，尤其是喜欢布娃娃，布娃娃是女孩子特定喜欢的东西，从这一点就显然可以看出她的爱好是切合她的使命的。打扮的要点在于怎样使用化妆品，这种艺术是孩子们可以学会的。

你看：一个女孩子成天玩她的那个布娃娃，她不断地给它装饰，无数次地给它穿衣服和脱衣服，不论她善于挑选或是不善于挑选，她总是接二连三地给它佩戴一些新的装饰；她的手指很笨，她也没有养成一定的爱好，但是她的倾向已经显露出来了。她玩布娃娃玩得没有个完，时间也不知不觉地过去了，究竟玩了几点钟，她也不知道，甚至连吃饭都忘记了；她如饥似渴地寻找的是化妆品而不是食物。你也许会说："她所打扮的是她的布娃娃而不是她本人。"当然，她注意她的布娃娃而没有注意她自己，她对她自己还不能做任何事情，她还没有长大成熟，她既没有才能也缺乏体力，她什么都不懂，她整个的心思都贯注在她的布娃娃的身上，她把她所有一切可爱之处都转移在它的身上。她不会永远都停留在这种情况的，她在等待她自己成为一个布娃娃的时刻。

可见这是必然要形成的一个倾向，你只需注意它的发展，加以指导就行了。当然，这个小女孩心中所想到的只是怎样打扮她的布娃娃，怎样给它打蝴蝶结子和小围脖儿，怎样给它扎花边，所有这些她都一定要依靠别人帮她的忙，因此她觉得要是她自己会做就好了。人们之所以开头第一样就教她学做这些东西，其原因就在于此；这些东西并不是人们规定她非做不可的工作，而是好心好意地拿给她去玩的。实际上，几乎所有的小女孩都是不愿意学习读书和写字的；但是，当她们把针线拿在手里的时候，她们就学习得很起劲。她们以为自己已经长成大人，高高兴兴地想象着她们终有一天会用这些本领打扮自己。

把这第一条道路打开之后，就容易前进了；跟着，她们就会自己去学做琐琐碎碎的化妆品，学绣花和打花边。挂什么窗帘，她们是不太过问的；用什么家具，她们也是不管的。这些东西对她们没有什么关系，别人爱怎样安排就怎样安排。成年的妇女才喜欢考究窗帘和壁纸之类的东西，年轻的姑娘对它们的兴趣是不大的。

像这样自觉自愿地学习这些东西，很容易促使她们去学画图画，因为绘画这门艺术同考究穿扮是很有关系的；不过，我不希望她们去学画风景，更不希望她们去学画人物。学着画一画花草、果木和各种图案就够了，因为这些画可以增加她们的服装的美，使她们在找不到合适的花样时，可以自己画出来刺绣。一般地说，如果男子只应该研究对他有用的学问的话，则妇女尤其应该把她们研究的范围限制于对她们有用的事情，因为，尽管妇女的生活没有那样劳累，但她们做事一般是比男人更加勤奋的，而且常常还要穿插着做许多其他的事情，所以不容许她们按各人的才能去自由选择，因而不能很好地尽她们的本分。

不管那些爱说风凉话的人怎样说，男女两性都是具有同样的良知的。女孩子一般都是比男孩子更温顺一些的，而且，正如我在后面即将谈到的，我们可以管她们管得严一点；但是，不能因此就得出结论说我们可以强迫她们做她们不明白其用处的事情；做母亲的人要善于向她们指出我们叫她们做的事情有什么用处，由于女孩子的智力比男孩子的智力成熟得早，所以要做到这一点是比较容易的。根据这个原理，女孩子和男孩子不仅不应该去研究那些既没有什么好处，而且也不可能使从事研究的人感到愉快的无聊的学问，甚至连那些他们在目前这个年龄还不明白而必须等到年岁稍长以后才能明白其用途的学问，他们也是不应该去研究的。既然我不愿意强迫一个男孩子读书，所以我尤其不愿意在没有使女孩子们明白读书的用处以前就硬要她们去啃书本；何况我们平时向她们解释读书的用处时，我们是按照我们的观念而不是按照她们的观念解释的哩。总之，一个女孩子有什么必要在那样小的年纪就要学读书和写字呢？难道说马上就要叫她去管理家务吗？在她们中间，很难找出几个人是不滥用这种有害的学问的，何况所有的女孩子都极其好奇，所以，只要她们一有余暇和机会，她们用不着你去强迫，也是要学读书和写字的。也许，她们首先是应该学会算术，因为再也没有什么东西是像算术那样不仅时时都有用处和需要更多的练习时间，而且还容易发生错误。如果一个女孩子非要做一次算术题才能吃到樱桃的话，我敢担保，她很快就能学会计算数字的。

我认识一个小女孩，她是先学写字然后才学识字的，而且开头是用针写然后才用笔写的。在所有的字母中，她起先只喜欢写"o"。她不断地写了大"o"又写小"o"，写了粗笔画"o"又写细笔画"o"，在一个"o"字中间又写另外一个"o"，而且总是反着笔顺写"o"。可惜，有一天，当她正在做这个有意义的练习的时候，她在一面玻璃镜里看见了自己的样子；她觉得这种别扭的姿势很难看，于是就像米讷瓦❶似地把笔扔掉，从此就不写"o"了。她的弟弟也跟她一样，不学写字了，不过，使他讨厌写字的原因，是他觉得写字是受罪，而不是学她的样子。大家另外想了一个办法才使她又重新练习写字；原来这个小女孩是很娇气的，她不喜欢把她的衣服拿给她的妹妹穿；从前，家里的人在她的衣服上都打了记号，而以后就不替她打记号了，所以她只好自己学打记号。她以后进步的情况如何，大家是可以想象得到的。

❶ 米讷瓦，即希腊神话中的雅典娜。

你必须把你叫女孩子去做的事情的意义给她们讲清楚，但是一定要她们把那些事情做好。懒惰和桀骜不驯是女孩子的两个最危险的缺点，而且，一有了这两个缺点，以后就很难纠正。女孩子们应当做事细心和爱劳动；这还不够，她们从小还应当受到管束。如果这样做对她们是一种苦楚的话，这种苦楚也是同她们的性别分不开的；而且，要是不受这种苦楚，她们将来一定会遭受更大的痛苦的。她们一生都将继续不断地受到最严格的约束：种种礼数和规矩。必须首先使她们习惯于这种约束，她们才不会感到这种约束的痛苦；必须使她们习惯于控制她们种种胡乱的想法，以便她们自己能使自己顺从他人的意志。如果她们成天都想干活的话，我们还应当在某些时候强迫她们一点事情也不做。如果她们最初有了不良的爱好和爱做什么事情就做个没有完的话，她们就容易产生轻佻放荡和反复无常这些缺点。要防止这种弊病，最重要的就是要教育她们自己克制自己。在我们现在这种麻木不仁的社会情况下，一个诚实的妇女的一生，就是不断地同她自己斗争的一生；妇女们来分担她们给我们造成的痛苦，这是很公平的。

要防止女孩子们厌弃工作而只知玩乐。采取一般的教育方法便容易使她们产生这种贪玩而不愿干活的缺点，因为，正如费讷龙所说的，这种教育方法一方面使女孩子们感到十分厌腻，另一方面又使她们只贪图快乐。如果大家遵守前面所讲的法则，这两种缺点当中的第一个缺点便只有在她们不喜欢她们周围的人的时候才会发生。一个小女孩如果喜欢她的母亲或她的朋友，则她终日同她们在一起工作，也不会感到厌倦；单单是同她们聊天，就足以消除她心中所感到的束缚。但是，如果她觉得管理她的人是一个眼中钉，则她在那个管理人面前做任何事情都是做得不痛快的。有些女孩子觉得同母亲在一起不如同别人在一起快乐，这样的女孩子是很难变成好孩子的；不过，要判明她们真正的情感，就必须对她们的情感进行研究，而不能单凭她们所说的话，因为她们会甜言蜜语地说一番假话来掩饰她们的思想的。我们也不能够规定她们硬要爱她们的母亲，不能说由于女孩子有服从母亲的义务因而必然要对母亲产生爱的，在这方面是一点也不能勉强的。只要母亲不使得她的女儿讨厌她，则她对女儿的爱护、照顾和平日的习惯，就会使她的女儿爱她的。做母亲的人即使管束她的女儿，只要管得恰当，则不仅不会减少反而会增加她对母亲的爱的，因为，既然妇女生来就处在隶属他人的地位，所以女孩子们也会懂得她们是应该服从别人的。

由于女孩子只能够有很少的自由，所以她们往往过分地使用人们让她们所享受的那点自由；她们处处都表现得很极端，甚至做游戏的时候也比男孩子做得起劲，这就是我刚才所说的第二个缺点。这种缺点必须加以制止，因为它将造成妇女们所特有的几种恶习，例如任性和入迷，一个女人如果有了这些恶习，则她今天虽然喜欢一样东西喜欢得不得了，而一到了明天，也许连瞧都不瞧它一眼了。对她们来说，好恶无常同做事过分一样，是极其有害的，而这两种缺点都是由同一个原因引起的。我们不应该不让她们欢欢喜喜、笑笑闹闹地做顽皮的游戏，但是我们要防止她们为了去做另一种游戏便厌弃这一种游戏；必须使她们在一生之中时时刻刻都要知道有所约束。要经常使她们玩得正高兴的时候，可以马上停止，毫无怨言地去做另外的事情。要做到这一点，只要养成习惯就行了，因为习惯可以变成第二天性。

由于养成了受约束的习惯，结果就会使一个妇女形成一种她终生都必须具备的品质：温顺；她之所以必须具备这种品质，是由于她始终要永远听从一个男人或许多男人的评判，而自己又没有办法不受他们的评判的影响。一个女人应当具备的第一个重要的品质是温柔，因为，她既然是生成要服从有那样多恶习和缺点的男人，则她从小就要知道她应当毫无怨言地忍耐一个丈夫不公正的行为和错误。她之所以要这样温柔，不是为了他，而是为了她自己。做妻子的人如果泼辣和顽强的话，其结果是只会增加她的痛苦和丈夫的错误行为的；如果她们要想征服他们，就不能使用这种武器。天老爷并不是为了使她们变成爱吵吵闹闹的人才长得那么巧言令色地善于说话的；也不是为了使她们能够颐指气使地横蛮行事才长得那样柔弱的；也不是为了叫她们骂人才长有那样一副好听的嗓子的；也不是为了使她们能够横眉怒目地大发脾气才长有那样俊秀的面孔的。当她们怒容满面的时候，她们就失去了她们本来的样子了；尽管她们常常有发牢骚的理由，但如果她们大发雷霆地骂人，那就不对了。男性应当保持男性的态度，女性也应当保持女性的态度；一个丈夫如果太懦弱，就会使他的妻子变得很跋扈；不过，除非男人是一个怪物，否则一个女人的温柔的性情迟早是会使他俯首帖耳地拜她的下风的。

但愿女孩子们常常都是那样乖乖地听话的，但是做母亲的人是不应该老是那样不通人情的。我们不应当为了使一个小女孩变得很温顺就采取折磨她的办法，也不应当为了使她变得彬彬有礼就对她采取粗暴的态度；相反地，要是她有时候玩弄一下狡猾的手段，我也是不生气的，只要她玩弄这种手段的目的不是为了逃避我们对她不服从的行为所给予的惩罚，而是为了摆脱我们的管束。问题不在于硬要使她可怜地依赖于人，而是在于使她意识到她必须依赖他人就够了。狡黠是女性的一种自然的禀赋，我深深相信所有一切自然的倾向其本身都是很正当的；我认为，我们也应当像培养她们的其他的天性一样地培养她们的这种禀赋，问题只是在于怎样防止她们滥用这种禀赋。

我呼吁所有一切善良的人仔细地研究我这个看法的真理。我不希望大家在成年的妇女们的身上去研究这个问题，因为，我们的种种清规戒律已经逼使她们变得十分的奸诈了。我希望大家去研究女孩子，去研究小姑娘，因为她们可以说是刚刚才出生不久的人，希望大家把她们跟年纪相同的男孩子加以比较；如果他们跟她们比起来不显得迟钝和笨拙的话，那就说明我的看法完全错了。现在，且让我从孩子们十分天真的做法中举一个例子来谈一谈。

在吃饭的时候不准孩子们要什么东西，这是一个极其平常的规矩，因为人们认为，不拿一些毫无意义的规矩压在他们身上，就不能够把他们教好，所以一个可怜的孩子想要一样东西而不做出想得要命的样子，就不马上给他或不给他①。大家都知道，一个懂得这个规矩的小男孩如果在餐桌上没有人理他的话，他会多么巧妙地向大人要一点盐或其他的东西。我不认为人们会因为他表面上要的是盐而实际上要的是肉，就说他不对；大家不理他，这种做

① 当一个孩子发现再三再四地强要可以达到目的的时候，他就会纠缠不休地索取；不过，如果你说不给他就硬是不给他，他就不会再向你要那个东西了。

法是极其残酷的，所以，要是他索性打破这个规矩，直截了当地说他肚子饿了，我不相信人们就可以因此而惩罚他。我亲眼看见过一个六岁的小女孩就是这样做的，而且是在十分为难的情况下采取这种做法的，因为，除了她家的人从来都是严格禁止她直接地或间接地要东西，不容许她不听大人的话以外，而且那一餐饭所有的菜她都吃过了，只有一份菜大家忘记给她，不过这一份菜恰恰是她很想吃的。

这个小女孩为了使得大人忘记给她的菜而又不戴上不听话的罪名，她用手指头依次指着所有的菜盘，一边指一边大声地说："这份菜我吃过了，那份菜我吃过了。"但是指到她没有吃过的那份菜的菜盘时，她一声不吭地把手指头挪过去了，而且在挪的时候故意使人看得清清楚楚，于是大家就问她："这一份菜你没有吃过吗？""啊！没有，"这个小小的贪吃的女孩一边把头低下去，一边很小声地这样回答。我不再多说了，请你自己把小女孩的这种机灵的做法同小男孩的机灵的做法对比一下吧。

凡是自然存在的东西都是好的，没有哪一个普遍的法则对人类是有害的。上帝使女性长得那样特别机灵，从而就极其公平地补偿了她在体力方面的不足；没有这种机灵，女人就不是男人的伴侣，而是他的奴隶。正是由于她的才智优越，所以她才能保持她的平等的地位，才能在表面上服从而实际上是在管理他。女人有许多不利的地方，例如男人的缺点，她本身的羞怯和柔弱；对她有利的，只是她的才能和美丽的容貌。她培养她的才能和修饰她的容貌，不是很应该的吗？不过，美丽的容貌并不是每一个女人都有的，而且这种容貌由于许多意外的事情将遭到毁伤，由于年龄的增长而日益消逝，由于风俗习惯的不同将损害它的美的效果。所以只有机智才能作为女性所有的真正的资本；不过，我们所说的机智，并不是社交场合中所赞赏的那种无助于幸福生活的机智，而是善于适应其地位的机智，是利用我们的地位并通过我们的优点来驾驭我们的艺术。一般人都不知道妇女们的这种机智对我们有多大的用处，不知道它使男女两性的交际多么的富于魅力，不知道多么能遏制孩子们的乖戾和约束粗野的丈夫，不知道它多么能使一个家庭管理得井井有条；要是没有它，一个家庭便会弄得混乱一团的。狡猾的坏女人将滥用这种机智，这一点我知道得很清楚；不过，哪一种东西不遭到世人的滥用呢？我们不能够因为这种创造幸福生活的手段有时候对我们有害，便把它加以毁灭。

一个女人可以用化妆品来使她出一出风头，但要获得别人的喜爱，还是要依赖她的人品。我们的穿戴打扮并不等于我们的本身，由于穿的和戴的东西太考究，往往反而更加难看，何况使穿戴装饰品的人之所以能引人注目的，是那些最不为人看重的东西咧。人们在这方面对女孩子施行的教育是完全错误的。他们用装饰品来奖励她们，促使她们喜欢华丽的衣装；当她们五光十色地打扮起来的时候，人们对她们说："多么美丽啊！"恰恰相反，我们应当教她们懂得，她们所用的装饰品只要能掩盖她们的缺点就行了；真正的美，是美在它本身能显出奕奕的神采。爱好时髦是一种不良的风尚，因为她的容貌是不因她爱好时髦而改变的；她的面貌既然永久都是那个样子，所以，一种化妆品只要是曾经一度使她显得好看，就可以永久地使用它。

当我看见一个年轻的女孩子用艳丽的服饰来打扮自己的时

候,我就对她那种怪里怪气的样子感到忧虑,担心别人将对她那种样子抱不好的看法;我将说:"她穿戴这样多的装饰品,真是太累赘了;你看她是不是可以少穿戴一些?她没有这样或那样的装饰品,不也是够美的吗?"也许她会主动地要求别人把她穿戴的那些装饰品取掉之后再评判她是不是美,要是她这样做了,那真是值得庆贺的。只有在她穿扮得很简单的时候,我才夸奖她的。如果她了解到化妆品的作用是在于弥补她的姿色之不足,如果她了解到使用了化妆品就等于默默地承认她必须穿戴着这些东西才能讨得人家的喜欢,那么,她不仅不会以她的穿扮而感到骄傲,她反而会感到不好意思的;当她比平时穿扮得花哨的时候,她一听见别人说:"她多美呀!"她便会羞得脸儿发红的。

此外,尽管有一些人是需要一点装饰,但没有哪一个人是非要穿华丽的衣服不可的。女人之所以过分地打扮,是由于上流社会浮华的风气,而不是由于她们个人的爱好虚荣,她们完全是听别人怎样说就怎样打扮的。要打扮得真正的娇艳,有时候也需要用心思考究一番,然而是一点也用不着奢侈品的,朱诺❶实际上比维纳斯❷穿扮得还好看。"由于你不能把她的样子画得很美,你就把她画成一个穿扮华丽的人。"阿贝利斯向一个蹩脚的画家这样说道,因为这个画家在海伦❸的身上画了许多穿戴的东西*。我也曾经说过,珠光宝气的装饰品正好表明穿戴它们的那个女人是很丑的,

❶ 朱诺,丘比特的妻子,婚礼之女神。

❷ 维纳斯,即希腊神话中的爱与美的女神。

❸ 海伦,希腊神话中斯巴达王梅尼拉乌斯之妻,是一个绝色的女人。

* 克累芒特·亚历山大:《教育学》,第2卷,第12章。

用这些东西打扮，是最愚蠢不过的事情。一个年轻的姑娘如果会审美，如果能鄙弃时髦，那么，即使你不给她宝石、彩缎和花边[①]，而只给她一些丝带、罗纱、细布和绣花，则她做的衣服，穿起来也比别的女人用拉杜沙所有的绫罗绸缎做的衣服还漂亮一百倍。

由于好看的服装始终是好看的，而且也应当尽可能穿最好看的衣服，所以，凡是了解自己穿什么样的服装才适合的妇女，总是会选择好看的衣服的，而且选定之后就经常穿它的；由于她们并不是每天都要换一个样式的衣服，所以她们在服装方面就不像那些不知道穿什么样式衣服好的女人那样花费许多的时间。要打扮得真正好看，只需稍稍梳妆一下就可以的。年轻的姑娘们本来是没有什么可打扮的，她们一天的时间应当用在她们的工作和功课上，然而一般的姑娘除了不抹胭脂以外，却同结了婚的太太一样爱打扮，而且一谈起打扮，往往比已婚的妇女还谈得起劲。妇女之所以过分地打扮，是由于生活无聊而不是像人们所说的是由于爱好虚荣。一个在化妆室花六个小时打扮的女人，是完全知道她并不比一个只用半小时打扮的女人好看的，然而她可以借此机会花去许多厌倦的时间，用这个办法消一消遣，总比一事不做好得多。如果不把时间用去梳妆打扮，从中午一直到晚上九点钟又做什么事情呢？找几个妇女来侍候自己，拿一些麻烦的事情给她们做，这也是一个消遣的办法；更妙的是，本来是只有在这个时间才看得见丈夫的，但现在就可以借口打扮不同他见面了；于是，卖旧货的商贩、小

① 有些女人的皮肤本来是相当白的，因而是不需要在衣服上衬花边的，然而，如果她们不用花边的话，反而会惹得人家说闲话。几乎每一次都是丑陋的女人开始穿某一种式样的服装，从而使那些本来是很美丽的妇女也傻头傻脑地跟着学她们的样子。

白脸、小作家、小诗人和小歌唱家就可以一个接一个地到她们那里去,若是没有梳妆打扮这一回事,是不可能把这些人聚集在一起的。她们这样做,唯一的好处据说是她们在梳妆打扮时比穿着礼服时更好看一些,不过,这个好处并不是像她们想象的那样大,爱梳妆打扮的女人是得不到她们所说的好处的。你必须毫不犹豫地要女人受女人的教育,使她们喜欢女性的工作,使她们为人谦逊,使她们勤于持家,这样,她们就自然而然地不去浓妆艳抹地打扮,而且在穿着方面反而会更加雅致好看。

正在向上成长的女孩子们,应该了解的第一件事情是:光有美丽的化妆品,而她们本身不美丽,那是不够的。她们是不可能把自己打扮得漂亮的,也不可能一下子就长成一副婀娜多姿的样子的,但是她们是能够做到风度优娴、声音动人、步履轻捷、举止大方,而且处处显示她们的优点的。只要她们声音响亮、口齿清楚、两臂丰满、行动稳健,不管她们怎样穿扮,都是能够引起人家的注目的。从这个时候起,她们就不能光是会做针线活儿了,她们应当具备一些新的才能,并且已经了解到那些才能的用处。

我知道,严肃的教师是不愿意教女孩子们学唱歌、跳舞或任何其他的艺术的。这在我看来是很可笑的。他们打算叫谁去学这些东西呢? 叫男孩子去学吗? 把这些艺术教给男人还是教给女人? “谁都不教,”他们回答道,“唱鄙俗的歌曲等于是犯罪;跳舞是魔鬼想出的花招,一个年轻的女子只能够拿工作和祈祷作为她消遣的内容”。一个十岁的孩子拿这些东西来消遣,真是奇怪! 至于我,我很担心,如果硬要这些小小的圣徒把她们的童年时期拿去祈祷上帝,到了青年时期就会完全两样的,她们结婚之后,就一定会想方设法地弥补她们在童年时期损失的时间的。我认为,正如我们应当考虑什么东西适合于她们的性别一样,我们也要考虑什么东西适合于她们的年龄;一个小小的女孩子是不能够像她们的祖母那样过日子的,她应当活泼地玩耍、唱歌和跳舞,一切适合于她那个年龄的天真无邪的游戏,都应该让她去做,因为她们应当态度稳重和举止端方的时候,很快就要到来了。

不过,在态度和举止上是不是非改变不可呢?这种改变未必不是由于我们的偏见造成的?由于我们硬要诚实的妇女受到一些清规戒律的束缚,结果便使婚姻生活失去了一切可以使男人感到愉快的地方。如果他们觉得家里冷冷清清,因而不愿意待在家里,或者说,如果说他们对这样一种索然寡味的情景毫无兴趣,这有什么奇怪呢?由于基督教的教义过分地强调了这些清规戒律的重要性,结果便使它们变成不能实践的空话;禁止妇女唱歌、跳舞和做种种有趣的事情,结果就使她们在家中变成一个忧忧郁郁、动不动就吵闹、令人难以忍受的人。任何一种宗教都没有给婚后的生活加上那些严格的戒律,也没有哪一种宗教对这样神圣的结合是如此蔑视的。大家采取了许多办法硬不让妇女变成可爱的人,硬要使丈夫变成冷漠无情的男子。有些人说,不会有这种情形;我很明白这种说法的意思,不过我认为,既然基督教徒也是人,那就一定会产生这种情形的。我个人认为,正如一个阿尔巴尼亚的少女为了做伊斯帕亨的嫔妃就学会许多技艺一样,一个英国的女孩子也应当为了使她未来的丈夫感到喜悦而学会许多优良的本领。有些人说,做丈夫的人反而觉得他们的妻子没有那些本领才好哩。不错,我也认为是这样的,如果妇女们不用那些本领去取悦丈夫,那就是用它们去勾引一些年轻的浪子到她们家里去做丑事。不过，你想一想，要是一个聪慧可爱的妇女具有那些才能，并且用它们去使她的丈夫感到欢喜，这岂不是可以增添他的生活的乐趣吗？这岂不是可以防止他在工作房里昏头昏脑地过了一天之后，到外边去寻求快乐吗？在许多有这种多才多艺的妇女的幸福家庭中，每一个人都可以为共同的快乐而贡献其才能。这样的家庭，大家不是都见过的吗？在这种共同的快乐中，可以使家中的人彼此信任和亲睦，从中领略到天真无邪的温情，这岂不是比那些闹哄哄的公共场合中的娱乐好吗？

人们使各种技艺太偏重形式了，太一般化了，弄得处处都很呆板和做作，以致年轻人十分讨厌这些在他们心目中本来是认为非常生动活泼的游戏。我想，最可笑不过的，是一个年纪很大的舞蹈或唱歌教师愁眉苦脸地走到那些只知道嬉哈打笑的年轻人跟前，用一种比冬烘先生讲课的口气还慎重的声调传授他所知道的那一点儿肤浅的学问。举例来说，唱歌是不是一定要看乐谱呢？即使是一个音符也不认识，难道就不能把声音唱得柔和而准确，难道就不能唱得很有风味，就不能合着别人唱吗？同样的歌，是不是什么人都可以唱呢？同样的唱法是不是所有的人都适合呢？我怎么也不能够相信：同样的表情、步法、动作、姿态和舞蹈既适合于一个活泼调皮的棕色头发的小姑娘表演，也适合于一个心情忧郁的金色头发的美妇人表演。如果我看见一个老师把相同的功课一模一样地拿去教这两种人，我认为，这个人是只知道照章行事，根本就不懂得他所从事的那门艺术的。

有人问：女孩子们应该是请男老师教还是请女老师教？这一

点，我可不知道；不过，我认为，她们用不着请男老师也用不着请女老师；我希望她们爱学什么就自由自在地去学什么，我希望不再看到穿扮得花花绿绿的走江湖的艺人在我们的城市中溜来溜去。这些人所教的那些东西即使是对女孩子有用，但我很难相信，同这些人交往不给女孩子们带来更多的害处，我很担心他们胡说八道的那些话以及他们的态度和语调会使他们的学生一开头就喜欢学他们的那些无聊的玩意儿；那些无聊的玩意儿既然被他们说得了不起，所以女孩子们也就会跟着他们拿它们做独一无二的学习内容。

在所有一切以娱乐为唯一目的的艺术中，任何人或任何东西都可以做女孩子们的教师；她们的父亲、母亲、弟兄、姐妹、朋友、保姆、镜子，特别是她们自己的兴趣，都可以做她们的教师。你千万不要说你要教她们学这样或学那样，而应当由她们自己向你请求。你不要使一件有趣味的事情变成了一件苦事，特别是学这些东西，只要有学好的愿望，就算是取得了第一个成功。如果说非要正规地学习不可，我在请男教师或女教师这个问题上还没有一定的看法。我不知道一个男舞蹈教师是不是可以握着一个女学生的白嫩的手，是不是可以叫她提起裙子，是不是可以叫她把两只眼睛抬起来看他，是不是可以叫她张开两臂，把怦怦跳动的胸脯挨近他的身子；不过，我敢说，在这个世界上还没有什么东西可以引诱我去担任这种教师。

只要有热心和才能，就能养成一种审美的能力；有了审美的能力，一个人的心灵就能在不知不觉中接受各种美的观念，并且最后接受同美的观念相联系的道德观念。也许，这就是女孩子为什么比男孩子能更早地具有规矩和羞耻的观念的原因之一；要是你认为这种早熟的观念是由于女教师的教育的结果，那正表明你对她们的教育的方式和人类心灵的发展是非常无知的。在一切使人喜悦的艺术中，说话的艺术占第一位，只有通过它才能使被习惯钝化了的感官获得新的乐趣。心灵不仅使身体富有生气，而且还能使它恢复一定程度的青春；由于感情和观念继续不断地产生，我们的面容便显得活泼和有变化；通过发自心灵的语言，可以使人把连续的注意力长久地集中于同一个目标。我认为，正是由于这些缘故，女孩子们才能很快地学会一些讨人喜欢的话语，才在她们还不知道语句的意思以前，说起话来就是那样地有声有调，而男子也乐于倾听她们的语言，甚至在她们还不能够理解他们的心意以前，他们就在窥察这种才智开始显现的时刻，以便了解她们什么时候开始流露她们的情感†。

妇女的舌头是很柔和的，她们开始学说话的时间比男人早，而且说起来也比较容易，也比较好听；有些人责备她们说话说得多，这也许是事实；不过，我不仅不责备她们，反而要称赞她们，因为她们的嘴和眼睛所进行的活动是相同的，而且是由于相同的理由而进行相同的活动的。男人说他所知道的话，而女人则说她使别人喜欢的话；前者说话需要具备知识，而后者说话则需要具备风趣；前者说话的主要目的是讲述有意义的事情，而后者说话的目的则是讲述有趣味的事情。两者说话的共同点应当是：说话要说得真

† 在其他版本作：……甚至在她们还不能够理解他们的心意以前，可以说他们就已经是在窥察女孩子们什么时候具有辨别的能力，以便了解他们什么时候可以爱她们；因为，不管你怎样说，我们是希望使那些讨我们喜欢的人感到高兴的，万一我们对她们感到失望了，我们就不可能再长久地喜欢她们了。

实，除了这个共同点以外，在其他地方就应当有所不同。

因此，我们不能像对付男孩子一样，用“有什么用处?”这么一句生硬的话去堵塞女孩子的唠唠叨叨的嘴，而应当换一句同样难答的话去问她们：“会产生什么效果呢?”在那既不能分辨善恶又不能判断别人心意的幼年时期，她们应当牢牢地记住这个法则，即同别人说话的时候，只能够说使人喜欢的话；这个法则要实践起来是很困难的，因为它必须从属于第一个首要的法则，即千万不能撒谎。

在这一点上，我发现还有许多其他的困难，不过那些困难要等到年龄稍大以后才遇到罢了。至于目前，只要女孩子注意到：不因说实话而显得粗鲁；从天性上说，她们对粗鲁的行为也是很厌恶的，通过教育，就可以轻易地教会她们怎样避免这种行为。一般地说，在人和人的交往中，男人的礼貌表现在予人以帮助，而女人的礼貌则表现在对人体贴。其所以有这种区别，绝不是因为社会的习惯使然，而是自然而然产生的。男人好像处处都想为你效劳，而女人则处处都想使你感到欢喜。因此，我们可以说，不论我们对女人的性情怎样看法，她们的礼貌总是比我们的礼貌更为真挚，这种礼貌是产生于她们原始的本能的；当一个男人伪称把我的利益看得比他的利益还重的时候，不管他用了什么样的花言巧语来掩饰他这种假话，我也看得出他是在撒谎的。所以，要妇女们做到彬彬有礼，要教育女孩子们学会礼貌，是用不着费多大的力气的。第一个教她们对人有礼的，是她们的天性，我们所能做的，只不过是顺着天性的发展，继续对她们进行教育，使她们按照我们的习惯而表现其对人的礼貌。至于女人对女人的礼貌，那是另外一回事情了；

她们互相之间显得很拘束和冷淡，彼此都感到别扭，以致大家都索性不掩饰这种别扭的心情，不装模作样地做作一番，从而在虚假中反而显得真诚。然而，年轻的女孩子们彼此之间有时候也是存在着真诚的友谊的。在她们那样的年龄，快快乐乐的活泼心情可以起善良的天性所起的作用；她们喜欢自己，从而也就喜欢所有的人。这一点确实是事实，即在男人们面前的时候，她们彼此亲吻和互相拥抱就显得格外热情和亲切，虽然她们明明知道这种亲热的样子会使男人感到妒忌，但她们却以她们能够用这种样子引起男人的艳羡而引为骄傲。

既然我们不应当让男孩子问一些乱七八糟的问题，我们便更应当禁止女孩子问，因为，不论我们是满足了她们的好奇心或是煞费苦心地避开了她们的好奇心的注意，都将产生严重的后果，何况她们善于猜测我们所隐藏的秘密，善于发现那些秘密究竟是怎样的一回事情哩。不过，我虽然不喜欢她们问这问那的，但我主张我们应当多多地向她们提问题，想办法使她们多多谈话，使她们常常练习，以便在谈话的时候态度从容，巧于应付，并且在这不至于发生什么不良后果的时候启发她们的心灵和口才。这些谈话始终要很轻松愉快地进行，只要善于安排和引导谈话的内容，就会使年轻的女孩子们感到非常有趣，并且把她们一生都须遵循的最基本和最有用的道德教育贯注在她们白璧无瑕的心中；表面上是在同她们谈一些有趣的和琐碎的事情，实际上是在告诉她们要具备哪些品质才能够真正地赢得男子的尊重，要怎样才能够使一个诚实的妇女获得光荣和幸福。

如果说男孩子们没有树立任何一个真正的宗教观念的能力的

话，则女孩子们更是不能理解任何一个真正的宗教观念了，这一点，我们大家都是知道得很清楚的；正是由于这个缘故，我才主张趁早把宗教的观念灌输给她们，因为，如果说要等到她们能够有条有理地谈论这些深奥的问题的时候才告诉的话，则我们也许就永远也不能够告诉她们了。女人的理性是一种实践的理性，这种理性虽然可以使她们能够很巧妙地找出达到既定的目的的手段，然而却不能够使她们发现那个目的。两性的社会关系是很美妙的，由于有了这种关系，结果就产生了一种道德的行为者，女人便是这个道德的行为者的眼睛，而男人则是它的胳臂，但是，由于他们二者是那样的互相依赖，所以女人必须向男人学习她应该看的事情，而男人则必须向女人学习他应该做的事情。如果女人能够像男人那样穷究种种原理，而男人能够像女人那样具备细致的头脑，则他们彼此将互不依赖，争执不休，从而使他们的结合也不可能继续存在。但是，当他们彼此和谐的时候，他们就会一起奔向共同的目的；我们不知道他们当中哪一个人出的气力多一些，每一个人都受对方的驱使，两个人都互相服从，两个人都同样是主人。

正是由于这个缘故，妇女的行为要受舆论的约束，她们信仰什么要完全凭他人来决定。所有的女孩子都要信她母亲所信的宗教，所有的妇人都要信她丈夫所信的宗教。即使那种宗教是虚伪的，但由于驯良的禀性使母亲和女儿都服从自然的秩序，因而也就可以使上帝不至于把她们信仰虚伪的宗教看作是罪恶。她们自己既然没有判断的能力，所以她们应当把父亲和丈夫的话作为宗教的话来加以接受。

妇女们既然不能自己推演信仰的法则，她们便不能拿证验和理性的法则来限制信仰；但是，由于她们受到了千百种外力的影响，她们往往要在这方面或那方面脱离真理。她们总是趋于极端的：要么就一点不相信宗教，否则就是一个十分虔诚的信徒；她们不知道怎样才既能明辨真伪又能虔诚地信仰。弊病的根源不仅在于女性的性格，而且还在于我们男性错误地运用了我们的权威；骄奢淫逸的风气使宗教遭到轻视，悔罪的恐惧又使它被人们看作暴君；人们对宗教的信仰为什么不是过多就是过少的原因就在于此。

既然妇女们信什么宗教要听凭他人的权威决定，所以，与其向她们讲解信仰的理由，倒不如直截了当地告诉她们应当信什么宗教；因为对模糊的观念给予信仰，是使她们流为盲信的第一个原因，如果硬要她们信仰荒唐的事物，结果不是导致狂热就是导致怀疑。我们用问答法讲授教义，最终将使她们变成不信教的人还是变成狂热的信徒，这我可不知道；但是，我深深相信，采用教义问答法是必然会使她们成为这两种人当中的一种人的。

首先，当你向女孩子们讲解宗教的时候，千万不要使宗教在她们的心目中变成一种阴森森的和使人感到厌烦的事物，千万不要告诉她们说信仰宗教是她们的一项义务或天职，因此，也千万不要叫她们背诵任何讲述宗教的书，甚至连祈祷文也不能叫她们背诵。你只需当着她们的面按时做你的祷告就行了，切不可强迫她们同你一起做。要按照耶稣基督的教训，把祷告的词句说得简短，念祷告词的时候，精神一定要集中，态度要相当的庄重；你要知道，既然要上帝注意地听我们的祷告，我们自己就必须对我们所做的祷告加以注意。

女孩子们是不是从小就懂得宗教，这一点并不重要，重要的是,她们应当对宗教有正确的理解,特别重要的是她们应当爱宗教。如果你使她们感觉到信仰宗教是一个繁重的负担,如果你一再告诉她们说上帝对她们很生气,如果你借宗教的名义硬要把千百种艰难的义务强加在她们的身上,而她们发现这些义务就连你自己也从来没有履行过,这时候,她们将怎样想呢?她们岂不把学习教义和祈祷上帝看作是小女孩子的事情,岂不想自己赶快长成大人,以便同你一样地摆脱这种种拘束吗?要树立榜样,要树立榜样!不以身作则,你就不可能成功地教好孩子。

当你向她们讲解宗教信条的时候,你应当采取直接教授而不应当采取一问一答的形式。她们所回答的话,应当是她们自己心里想出来的而不是别人告诉她们的。教义问答教授课本中的那些答案,其效果是适得其反的,是学生倒过来教育先生;既然老师讲解的那些东西他们都不懂,但是又硬说他们相信他们根本不相信的东西,所以那些答案从孩子们口中说出来就成了十足的谎话。请你告诉我,在知识渊博的聪明的成年人当中,哪一个人在讲述教义问答的时候没有撒谎。

在我们的教义问答课本中,第一个问题是:“是谁创造你并把你带到这个世界上来的?”小女孩子虽然明明知道是她的妈妈,但她却毫不犹豫地回答说是上帝。在这个问题上,她心里只明白这一点,那就是她对这样一个似懂非懂的问题,作了一个连她自己也根本不懂的回答。

我希望一个真正了解儿童心灵进展的人替他们写一本教义问答课本。这样一本书,也许会成为我们一切著作中的最有用的一本书,而且在我看来,它会给它的作者带来极大的荣誉。毫无疑问，这本书如果要写得好，那就要写得跟我们目前这本教义问答课本完全不同。

这样一本教义问答课本，只有在孩子对其中的问题能够自行回答而不必事先学习书中的答案的时候，它才可以得到良好的效果；当然，有时候也应当让孩子们提他想问的问题。为了使大家明白我的意思，我应当做出一个样子，可是我觉得，要做这样一个样子，我的能力还是不够的。我姑且试一试，以便使大家对它有一个大致的概念。

要得出我们教义问答课本中第一个问题的正确答案，我想，新的教义问答课本大体上应当以如下的问法开始：

阿姨：你还记得你妈妈当女孩子的时候吗？

小女孩：记不得了，阿姨。

阿姨：你的记忆力那样好，为什么记不得呢？

小女孩：因为那时候我不在这个世界上咧。

阿姨：那就是说你还没有出生？

小女孩：没有。

阿姨：你会不会永远活下去呢？

小女孩：会的。

阿姨：你现在是年纪轻还是年纪老？

小女孩：我很年轻。

阿姨：你的奶奶是年轻还是年老？

小女孩：她年纪老了。

阿姨：她是不是曾经有过年轻的时候？

小女孩：有过的。

阿姨：她为什么现在就不年轻了呢？

小女孩：因为她已经老了。

阿姨：你将来会不会像她一样的年老呢？

小女孩：我不知道[①]。

阿姨：你去年的衣服到哪里去了？

小女孩：已经把它们拆掉了。

阿姨：为什么要把它们拆掉呢？

小女孩：因为我穿起来太小了。

阿姨：为什么你穿起来太小了呢？

小女孩：因为我长大了。

阿姨：你还要往上长吗？

小女孩：啊！还要往上长的。

阿姨：女孩子长大了，会变成什么样的人呢？

小女孩：会变成妇人。

阿姨：妇人会变成什么样的人呢？

小女孩：变成妈妈。

阿姨：成了妈妈以后又怎样呢？

小女孩：以后就老了。

阿姨：你也会老吗？

小女孩：等我当了妈妈的时候。

阿姨：年纪老了以后又会变成什么样子呢？

① 虽然我用的是“我不知道”这几个字，实际上那个小女孩讲的是另外一个意思；应当斟酌她回答的话究竟是什么意思，并且叫她好好地解释一下。

小女孩：我不知道。

阿姨：你的爷爷是怎样的呢？

小女孩：他死了[①]。

阿姨：他为什么会死呢？

小女孩：因为他已经老了。

阿姨：老年人的结果怎样呢？

小女孩：他们都会死掉的。

阿姨：当你老了以后，你……

小女孩（打断阿姨的话）：啊！阿姨，我不愿意死。

阿姨：孩子，谁都不愿意死，可是谁都要死的。

小女孩：怎么！妈妈也要死吗？

阿姨：同大家是一样的。女人和男人一样，也是要老的，女人年老了以后，就要死的。

小女孩：要怎样才能够多活一些时候才老呢？

阿姨：在年轻的时候老老实实地生活。

小女孩：阿姨，我以后一定要老老实实。

阿姨：好极了。不过，你是不是以为你能永久活下去呢？

小女孩：当我很老，很老……

阿姨：什么？

① 这个小女孩之所以能够这样回答，是因为她听见人家这样说过；但是，需要追究一下她对死亡是不是有一个正确的观念，因为这个观念并不是如人们想象的那样简单和为小孩子所理解。我们在《阿伯尔》这首短短的诗歌里可以看到一个怎样教她理解死亡的例子。这一首优美的诗歌洋溢着我们可以用来充实自己的心灵以便同孩子们交谈的那种可爱的天真想法。

小女孩：当一个人年老以后，你说他一定会死的。

阿姨：你是不是只死一次呢？

小女孩：唉！是呀。

阿姨：你的前一辈人是谁？

小女孩：我的爸爸和妈妈。

阿姨：他们的前一辈人又是谁呢？

小女孩：他们的爸爸和妈妈。

阿姨：你的后一辈人是谁呢？

小女孩：我的孩子。

阿姨：他们的后一辈人又是谁呢？

小女孩：他们的孩子，等等。

顺着这条线索，通过具体的归纳推理，我们就可以像寻找任何事物的起源和结束一样，找到人类的起源和结束，也就是说，找到不是由父母生养的父亲和母亲，并找到以后不再生养子女的孩子[①]。只有把一长串这样的问题问过之后，才算是有了充分的准备，可以问教义问答课本中的第一个问题了；只有在这个时候，我们才能问这个问题，而孩子也才能了解这个问题。从这个问题到第二个涉及神性的定义问题，中间还隔着多大一段距离啊！要什么时候才能走完这段距离呢？上帝是一种精灵！什么叫“精灵”？我要不要使一个孩子把她的心思用来探究这个连大人也摸不着头脑的晦涩的形而上学？这些问题，不能够由一个小小的女孩子来

① 永生的观念是不能同神的应许一起用来解释人类的生殖的。从数字上一代一代地这样连续数下去，同这个观念是矛盾的。

解答，顶多只能够由她提出来。所以我将简单地告诉她说："你问我什么叫上帝，这是很不容易讲清楚的，上帝是我们听不见、看不见和摸不着的，我们只能够通过他所做的事去认识他。为了要弄清楚他的存在，那就要先知道他做了些什么事情。"

即使说我们所有的教义都是同样的真实，但不能因此就说它们是同样的重要。是不是在任何事物上都要看出上帝的荣耀，这关系不大；对人类社会和社会的每一个成员来说，重要的是：所有的人都要认识到上帝的法律要求他必须对他的邻人和他自己尽种种的义务。我们彼此之间应当时时刻刻互教的，就是这一点，尤其是做父母的人更应当拿这一点来教育他们的子女。是不是一个处女做了造物主的母亲，是不是她生的上帝，或者是她单单生了那么一个男人，而上帝进入了这个男人的身体同他合而为一；圣父和圣子的本质是相同的还是相似的；圣灵是来自圣父还是来自圣子，或者是来自他们两者；所有这些问题，在表面上看起来尽管是很重要，但是我认为，对人类来说，能不能够解决这些问题，其重要性并不是就超过了他们是不是知道哪一天该纪念复活节，是不是知道应该做祷告、守大斋和小斋，在教堂里是说拉丁语还是说法语，在墙壁上是不是要挂圣人的画像，是不是要做弥撒或听弥撒，是不是要娶妻子。对以上这些问题，一个人爱抱怎样的看法就抱怎样的看法，别人是一点也管不着的；至于我，我对它们是一点也不感兴趣的。对我和跟我相同的人来说，重要的是每一个人都应当知道人类的命运有一个主宰，我们大家都是这个主宰的儿子，他要求我们为人公正，彼此相爱，而且对人要善良和仁慈，要遵守我们同一切人的信约，即使同敌人订立的信约，我们也应当遵守；我们今生的表面的幸福是虚假的，我们过了今生还有来生，在来生中，至高的存在对善良的人要给予奖赏，对恶人要给予惩罚。应当拿这些教义和类似的教义来教育年轻人和劝导公民。毫无疑问，谁要是违反这些教义，就应当受到惩罚；这样的人将扰乱整个秩序，成为社会的敌人。谁要是鄙弃这些教义，硬要我们拿他个人的看法作为我们的看法，其结果也是一样的；为了要按照他的方式建立秩序，他就要扰乱和平；他妄自尊大，自命为上帝的代言人，以上帝的名义硬要人们对他表示服从和尊敬，从而把他自己放在上帝的地位。这样的人，即使我们不把他当作一个不容异说的人而处罚他，也应当把他当作一个亵渎上帝的人来惩办的。

因此，你要把那些神秘的教义束之高阁，因为它们对我们来说只不过是一些没有意义的空话；白白地费一阵力气去研究那些荒唐无稽的教义，就会使研究的人忽略道德的修养，结果，不仅没有使他们变成好人，反而使他们都成了疯子。必须使你的孩子们始终只学那几条涉及道德修养的教义，必须使他们相信，只有那些教导我们行为端正的教义才对我们有所裨益，值得学习。切不可把你的女儿培养成什么神学家和诡辩家；关于天上的事情，你只把其中可以增进人类智慧的部分告诉她们就行了；要使她们经常意识到上帝就在她们的面前，要她们以上帝作为她们的行为、思想、美德和欢乐的见证；要使她们因上帝爱善而诚心为善，要使她们因为上帝将补偿她们所受的痛苦而毫无怨言地忍受痛苦；总之，要使她们在一生当中都要保持她们将来出现在上帝面前的那种快乐的心情。这才是真正的宗教，有了这样的信仰，才不会产生邪恶和狂妄的弊病。别人要传布什么崇高的信仰就让他们去传布好了；至于我，我的信仰就只有以上阐述的几点。

此外，需要提到的是，只要女孩子们还不能够运用她们的理智，只要她们日益增长的情感还未启发她们的道德心，只要她们还没有长到这样的年岁，对她们来说，是好是坏就全看她们周围的人是不是这样做的。吩咐她们做的事情都要是好事情，禁止她们做的事情都要是坏事情，她们对那些事情不应当知道得太多。从这里我们可以看出，对她们周围的人和管教她们的人进行选择，比选择男孩子周围的人和管教男孩子的人，还重要得多。她们开始自己判断事物的时刻终于要到来的，因此，现在是改变她们的教育计划的时候了。

到现在为止，也许我在这方面所说的话是说得太多了。如果我们不拿一般人的偏见作为妇女们应该遵守的法律，我们怎么会降低她们的地位呢？女性是管理我们的人，如果我们不败坏她们，她们会增加我们的光荣的，因此我们不应当把她们贬低到这种地步。就全人类来说，在还没有产生人类的偏见以前就是存在着一条法则的，所有一切其他的法则都应当以这条法则一定不移的方向为依归，因为它对人类的偏见要进行裁判，而人类的看法只有在同它相吻合的时候，才能得到我们的尊重。

这个法则就是内在的良知。我在前面讲过的话，就不再重复了；现在我只提出这一点，如果不同时从这两方面去教育妇女，则她们所受的教育始终是有缺陷的。仅仅有良知而不尊重他人的评论，就不可能使她们产生善良的心灵，以自己美好的行为去赢得世人的称誉；仅仅尊重他人的评论而不听从自己的良知，结果便会造成一些虚伪和不体面的妇女，这样的妇女是爱外表而不爱美德的。

因此，她们应当培养一种能够平衡这两方面的影响的才能，这种才能既可以不让她们的良知走入歧途，又可以纠正偏见的谬误，这种才能就是理性。可是，一提到理性二字，就会引起多么多的问题啊！妇女们有没有健全的推理能力呢？她们需不需要培养理性呢？她们能不能把理性培养得好呢？培养理性是不是有助于她们去承担她们所负的任务呢？培养理性同她们应当具有天真的心是不是相符合呢？

由于研究和解决这些问题的方式不同，因此形成了两个相反的极端，有些人主张女人只能够督促女仆纺纱和缝纫，从而把她们变成男人的第一个仆人；另外一些人则觉得她们现有的权利还不够，因此还要使她们来夺取我们的权利；在一切适合于女性具有的身份方面让她们占我们的上风，而在其他方面又使她们同我们相等，这岂不是把大自然赋予丈夫的优势转交给妇女了吗？

男人虽然是因为有了理性才认识到他的天职，但他的理性并不是十分健全的；女人也是因为有了理性才认识到她的天职的，而她的理性则比较单纯。她对丈夫的服从和忠实，她对子女的爱和关怀，是这样自然和这样明显地因她的地位而产生的，所以，只要她没有什么坏心眼，就不能不听从良知的支配，只要她的天性没有败坏，就不可能对她的天职产生不正确的理解。

我绝不毫无区别地责备一个妇女仅仅做她女性的工作，也不责备人们让她除了女性的工作以外，对其他一切就一无所知；要做到一无所知，还需要有很朴实和健康的风俗，或同人很少往来的生活方式哩。在大城市中，因周围有许多德性败坏的男人，所以一个妇女是很容易受到引诱的；她能否保持她的美德，往往要看她所处的环境。在这个哲学的世纪,她必须具备一种经得住考验的美德,她必须事先知道人们可能对她说些什么,和她对人们所说的话应当抱怎样的看法。

此外,她的为人既然要由男人来评判,她就应当取得男人的尊重,而且,特别是要取得她的丈夫的尊重;她不仅应当使他爱她这个人,而且还应当使他认可她的行为;她应当在公众面前证明她无负于他的选择,她应当通过人们给予妇女的光荣而替她的丈夫增光。如果她对我们的社会一无所知,如果她不懂得我们的习惯和礼数,不明白人们做评判的依据,不明白是哪些情绪在左右他们做出这样或那样的评判,她又怎能做到上面所说的那几点呢?她既然要按照她自己的良心又要按照人们的舆论行事,她就应当懂得怎样把这两者加以比较和调和,而且要懂得只有在它们互相冲突的时候她才应当按照她自己的良心去做。对于他人的评判,她应当有所取舍,她必须知道什么时候应当接受,什么时候应当反对。在拒绝或接受他人的偏见以前,她应当把它们加以衡量,找出它们产生的根源,预见它们的后果,使它们有利于她自己;当她尽她的天职的时候,她就可以避免人们的责难,所以她应当注意,千万不要给人以责难的口实。如果不使她的心灵和理智得到陶冶,她是不能够把以上几点做得很好的。

我经常想到我的第一个原理,它可以帮我解决一切困难。我对目前的情况进行研究,我要寻求它们的原因,我最后发现目前的情况是很好的。我去拜访一些男主人和女主人都同样是十分好客的人家。他们两个人都受过同样的教育,对人都同样地彬彬有礼,都同样地兴致勃勃、谈笑风生,都同样地希望好好地款待客人,要使每一个人回去的时候都对他们感到满意。男主人对所有一切都经管得十分周到:他来来往往地招待客人,一点不嫌麻烦;事无巨细,他都是十分注意的。女主人坐在她的位子上,尽管有一些人在她的周围绕成一个圆圈,好像是不让她看见其余的人,然而屋子里的事情没有一件她不知道;离开屋子的客人,没有一个她没有同他谈过心;所有一切能够使客人高兴的事,她绝无一些疏漏;她没有向任何人说过一句不愉快的话;她一方面既不打乱尊卑的次序,另一方面还做到了使客人当中最小的人也要和最大的人一样受到同等的款待。主人请客人进餐,大家到餐桌就座。男主人因为懂得谁和谁坐在一起最合适,就按照他所知道的情况去安排客人的席位;女主人虽然不懂得这些,但也不会弄出差错;她已经从大家的脸色和举动上看出应该怎样安排才对,所以每一个人都觉得他的座位很合他的心。送菜的时候,从来没有遗漏过任何一个人。男主人依次给大家送菜,当然不会漏送;而女主人则能看出客人喜欢吃什么菜,就把那份菜给客人送去;当她同她身边的人谈话的时候,她的眼睛还同时注视着坐在桌子的另一端的客人;她看得出哪一个客人是因为肚子不饿,所以一点东西也不吃,哪一个人是因为手脚笨拙或腼腆害羞而不敢自己取菜或向主人要东西。在离开桌子的时候,每一个人都觉得她对他是特别地照顾,每一个人都觉得她忙得连一口饭菜都没有吃,而实际上,她比谁都吃得多。

客人们走了以后,两位主人就谈起当天经过的情形。男主人谈到客人向他讲了些什么事情,谈到同他聊天的人说了些什么话和做了些什么事。女主人虽说在这方面不很留心,但她却猜得出客人们在大厅的另一端低声细语地说些什么,看得出某一个人心里在想什么,看得出某一句话或某一个姿势含有什么意思;客人刚一露出某种神态,她马上就可以了解他的心意,而且几乎每一次都了解得合乎实际的情形。

一个社交界的妇女有了这样的心灵智慧,就可以善于治家、善于待客;一个妖娆的妇女有了这样的心灵智慧,就可以使向她求婚的人个个都感到欢喜。卖弄风情比怎样保持礼貌更需要讲究分寸,因为,一个有礼貌的妇女如果对大家都是那样地彬彬有礼,她在任何时候都不会出什么差错;但是,如果一个风骚的女人对任何人都是那样卖弄风情的话,她不久就会失去控制男子的魅力的;如果她想使所有的情人都皆大欢喜,结果反而会使他们个个都对她感到厌恶。她在社交场合中同男人交际的方式,是不容许她去讨好每一个男人的;只要她好好地对待每一个人,别人也不会那样仔细地去计较她对谁是不是有偏心;可是在爱情上,对人的爱是专属的,如果有一次对另外一个人表现得更亲切,就会伤害感情的。一个敏感的男人,宁可单独一个人受女人的恶劣对待,也不愿意同其他的人一起受她的恩爱。在他看来,糟糕的是:他同别人一样,在情人的眼中没有什么显著的分别。因此,如果一个女人想同时保有几个情人的话,她就必须使得他们每一个人都相信她对他是特别的好,而且,还要当着众人的面使他相信这一点,而众人在他面前也同样地相信自己是她所专爱的人。

如果你想看一个左右为难的人是怎样一个样子的话,你就把他放在两个同他有秘密关系的女人中间,这时候,你就可以看到他将现出一副怎样的傻相。同样,把一个女人放在两个男人中间,其效果就更好了,你将惊奇地发现她是多么巧妙地欺骗他们两个人,使他们每一个人都得意地嘲笑对方。如果这个女人对他们都同样地表示相信,都同样地做出亲热的样子,她又怎么能够使他们受片刻的欺骗呢?如果拿同样的态度对他们,那岂不表明他们对她有同样的权利么?啊!她才不这么做咧!她不仅不拿同一个样子对他们,反而会假装在他们两个人之间是有厚薄的分别的;她假装得那么像,以致一方面使那个受她甜言蜜语地奉承的人认为她对他很温存,另一方面又使那个受她冷落的人认为她说的那一番好话是在挖苦那个人。于是,双方都得意洋洋,老以为她爱的是他,其实,她对谁都不爱,她爱的是她自己。

既然是想使人人都感到欢喜,则卖弄风情也应该采取类似的手段;轻浮任性如果做得不恰当,将引起大家的反感;应当用巧妙的手段去掩饰轻浮的做法,才能够更牢固地束缚她的奴隶。

她使用了种种巧妙的花招
去一个一个地勾引新的情人;
她不是对一切人都是那副脸孔;
她要因人因时而变换她的面容*。

这种巧妙的手段的秘密何在呢?如果她不是继续不断地和细致地观察男人,她怎能时时刻刻了解男人内心的思想,怎能运用一种力量去遏制或刺激她所发现的隐蔽的动机呢?这种巧妙的手段是不是人人都可以学得到的呢?不,它是妇女们所特有的,她们个个都会,即使男人去学,也达不到她们那种程度的。这是女性显著的特征之一。机智、透彻和细致的观察是女人的一门学问,她们有没有才能,就表现在她们是不是能善于运用这门学问。

* 塔索:《解放了的耶路撒冷》,第 4 篇,第 87 节。

事情就是这样的，而我们也阐述过它为什么是这样的道理。有些人说妇女们是很虚伪的。她们是后来才变成那样虚伪的。老天爷赋予她们的是手腕而不是虚伪。就女性的真正的倾向来说，即使她们在说谎的时候，她们也没有对人虚伪的意思。表达她们内心思想的既然不是她们的嘴，你又何必对她们所说的话那样认真呢？你要察看她们的眼睛，察看她们的脸色，察看她们的呼吸和羞羞答答、半推半就的样子，这是大自然叫她们向你表达的语言。她们口头上总是说"不"，而且只能说"不"，但她们说"不"字的时候，其语气并不是始终不变的，这种语气是没有半点虚假的。女人的需要和男人的需要是一样的，然而她们哪里具备表明她们有同样的需要的权利呢？即使她们的愿望是合情合理的，然而要是她们没有其他的方法表达她们不敢说出的话，她们的命运就会落得十分的悲惨。难道说行为端正就非做出一副可怜的样子不可吗？难道说她们不应该用一个巧妙的办法，在不公开吐露的情况下表达她们的心愿吗？她们需要具备多么高明的手腕才能使男人看出她们急于倾吐的热情啊！她们需要经过多么艰苦的学习，才能一方面既可打动男人的心，另一方面又要在表面上显得对他们满不在乎！加拉太的苹果和她那样笨头笨脑地逃跑的样子，替她说了一番多么动人的话啊！她还有什么要补充的呢？那个牧羊人在柳林中追逐她，她要不要去告诉他说她是故意逃跑，以便勾引他去追她呢？我们可以说她是表里不一的，因为她并没有告诉他说她是在勾引他。一个女人的做法愈是含蓄，她的手段就愈是高明，即使对她的丈夫也是这样。是的，我认为卖弄风情如果卖弄得不超过限度，就是一种淑静和真实的表现，就合乎正当的行为规律。

在反对我的人当中，有一个人说道德是一个整体，这句话是说得很好的；我们不能把它分割为二，不能承认一部分而抛弃另一部分。如果你爱它，你就必须完完全全地爱它；对于你不应当具有的那些情感，如果可能的话，就必须把它们从你的心中排除掉，而且时时刻刻都要绝口不提它们。道德的真理并不是存在的事物，而是良好的事物；不好的事物是不应当存在的，更不应当得到我们的承认，尤其是我们一加承认，就能使它们得到不应当得到的效果的时候，我们更不应当承认它们。如果我受到了什么东西的引诱，想去偷窃，如果我把这个意图说出来，因而引诱了另外一个人做我的同犯，那么，当我去引诱他的时候，那岂不说明我已经先屈服于事物的引诱么？你为什么说女人害羞的样子是一种虚伪的表现呢？难道说丧失了羞耻心的女人反而比害羞的女人更真诚么？不，这样的女人比其他的女人还虚伪一千倍。她们之所以那么堕落，是由于沾染了种种恶习，有了恶习不改，而且还做了些鬼鬼祟祟的事情使恶习愈来愈有害于人[①]。反之，那些还知道羞耻的女人，不以自己的缺点为骄傲的女人，甚至向爱她的人也隐藏其心愿的女人，男人要经过一番很大的困难才能得到她的垂青的女人，才是最真

① 我知道有些女人在某一点上公然决心要那样做，她们以为她们的这种直率的做法是可取的，并且硬说，除了这一点以外，她们的一切行为都是值得尊敬的；在我看来，除了傻子以外，她们的这种说法是谁也不相信的。大自然对女性施加的最严厉的约束一取消之后，还有什么东西可以管束她们呢？她们既然抛弃了女性固有的荣誉，还有什么荣誉可以得到她们的重视呢？只要有那样一次听任了情欲的摆布，她们就再也没有抵抗的决心了。“女人一度丧失了廉耻，便来者不拒，什么事情都干得出来了。”* 没有哪一个著述家比说这句话的人对两性的心理了解得更透彻了。

* 塔西佗：《编年史》，第 4 卷，第 3 章。

诚和忠实于自己的信约的人,才是我们一般最信赖的人。

就我所知,只有德·郎克洛小姐是例外,不符合上面所说的情形,这位德·郎克洛小姐是被大家看作一个非凡的人物的。据说,她轻视女性的道德,一切要按照我们男性的道德去做。大家夸她为人坦率,是一个可靠的伙伴和忠实的朋友;最后,为了把她描绘成一个很光彩的人,大家说她已经变成了男子。妙极了。不过,尽管她有那样高的声望,但是,正如我不愿意要她做我的情人一样,我也不愿意要这样一个男子做我的朋友。

以上所说的,从表面上看来好像是同我们不相干似的,其实同我们是很有关系的。当现今的哲学把女性的羞耻心和所谓的虚伪作为嘲笑的材料的时候,我便看出了这种哲学将产生什么样的结果;我发现它肯定要使我们这个时代的妇女所仅有的一点荣誉也要完全丧失的。

根据以上的阐述,我认为我们大体上就可以确定妇女们适合于受什么样的教育,她们从青年时期起应该思考一些什么问题。

我已经说过,女性承担的义务在表面上看起来是很容易的,而实际上要恪尽这些义务,那就很困难了。她们首先应当认识到那些义务对她们有好处,从而才能对承担那些义务感到喜欢,这是使她们易于履行那些义务的唯一办法。每一种身份和每一种年龄的女人都是有她的义务的。只要她乐于承担,她就能够很快地认识到她有哪些义务。你要尊重你的妇女的地位,不论上帝使你生下来是什么身份的人,你都要始终做一个善良的女人。重要的是,要按照大自然的安排而生活;妇女们是能够极其容易地成为男子所喜欢的人的。

抽象地和纯理论地探求真理，探求原理和科学的定理，要求探求的人能够把他的概念做综合的归纳，那是妇女们做不到的；她们应当研究实际的事物，她们应当把男人发现的原理付诸应用，她们应当仔细观察，以便使男人们能论证原理。在一切同妇女们的天职无直接关系的事物上，她们看问题的时候应当斟酌男人的心理，应当着眼于以人们的爱好为唯一目的的有趣味的事物；因为，在需要运用思想的事物上，她们是没有理解的能力的，她们也没有相当精细的头脑和集中的注意力去研究严密的科学；至于说到有形的事物，那是应当由比她们活跃，比她们见多识广，比她们体力强而且比她们更经常地使用其体力的男性去判断可以感知的事物和自然法则的关系的。妇女们的体力很弱，对于外界的事情也很少见闻，因此她们只能够估计和判断她们可以加以运用的动力，以补她们体力之不足，这种动力就是男人的欲念。她们的做法比我们的做法优越，她们的一举一动都可以激动人们的心。所有一切她自己无力去做而且对她来说又是必须做或喜欢做的事情，她都需要用巧妙的办法使我们产生做那些事情的愿望；因此，她对男人的心理应当有一个透彻的了解；不是抽象地了解一般男人的心理，而是了解她周围的男人的心理，了解她或因法律或因舆论而一定要受其制约的男人的心理。她应当学会如何通过他们的言语、行为、神色和姿势而洞若观火地看出他们的感情。她应当通过她自己的言语、行为、脸色和姿态使他们产生她所喜欢的情感，而又不露出她有使他们产生这种情感的意思。他们比她们对人心有更透彻的研究，然而她们却比他们更能看出人心的内部的活动情景。妇女们可以说是负有发现“实验道德”的责任，而男人则应当把她们所发现的实验道德做系统的归纳。妇女的心思比男人的心思细致,男人的天才比女人的天才优厚;由女人进行观察,由男人进行推理,这样配合,就能获得单靠男人的心灵所不能获得的更透彻的了解和完整的学问。一句话,就能获得我们能够加以掌握的对自己和对他人都确实有用的知识。艺术之所以能不断地使大自然赋予我们的工具臻于完善,其道理就在于此。

妇女们周围的人就是她们应该阅读的书;如果她们读得不好,那是因为她们有缺点,或者是因某种欲念蒙蔽了她们的眼睛。然而,要真正地尽到做母亲的责任,她们不仅不应该抛头露面地出去交际,而且还应该像女修道院中的修士一样过着深居简出的生活。因此,我们应该像对待那些送入女修道院的女子那样对待未出嫁的少女。在她们未断绝念头,远远地离开她们不应该享受的娱乐以前,让她们去看一看那些娱乐的情景,以免它们的假象有朝一日使她们的心灵不得安宁,扰乱她们幽静的生活。在法国,少女们都住在修道院里,而已婚的妇女则常常出入于社交场合。在古代,情况恰恰相反。正如我已经说过的,少女们在公众面前游戏取乐的时间是很多的,而妇女们则常常待在家里。这种习惯是比较合理的,是更有助于保持良好的风俗的。未婚的少女是可以做一点儿撒娇的样子的,玩耍就是她们主要的事情。已婚的妇女有她们的家务事,是不需要再出去物色丈夫的;可是,她们看不出这种做法对她们的好处,而不幸的是,她们又爱出时新的风头。做母亲的人啊,你们无论如何都要以你们的女儿做你们的伴侣。你们要使她们具备一个清晰的头脑和诚实的心,然后把纯洁的眼睛可以看到的一切事物都让她们去看。跳舞、集会、运动,甚至戏剧都应当让她们去看一看；所有一切在轻浮的少年以错误的眼光看来感到入迷的东西，在健康的眼睛看来是没有什么危险的。愈是让她们去好好地看一看那些闹闹嚷嚷的玩意儿，她们便会愈早地对它们感到厌恶。

我当然知道有些人会起来反对我。哪一个女孩子看到这种有害的例子而不受它的影响呢？她们只要一看到社交界的情形就会心慌意乱，就没有一个人愿意离开那种场合。事情很可能是这样的。但是，在让她们看到这种迷惑人的情景以前，你是不是做了充分的准备，使她们看到那种情景而不动心？你是不是好好地向她们阐明了它所显示的事物？你是不是已经如实地向她们描绘了那些事物的样子？你是不是充分地给了她们抵抗虚荣的幻象的武器？你是不是已经使她们幼稚的心喜爱那种在喧嚣的场合中寻找不到的真正的快乐？你采取了哪些预防的办法和措施去防止她们产生一种将使她们走入歧途的不正当的爱好？你不仅没有采取任何步骤，使她们的心不受一般人的偏见的影响，反而在她们的心中散布人们的偏见；你老早就使她们对她们所看到的种种无聊的玩意儿产生喜爱之心了。你让她们去搞那些玩意儿，她们当然是喜欢的。有一些进入社交界的女孩子，除了她们的母亲以外，便没有其他的人管她们，然而她们的母亲往往比她们还疯狂得多，只能够教她们的女儿照她们那个样子去看待各种事物。母亲的榜样是比理性更能影响孩子的，因此使她们认为跟着妈妈去做就是对的，做母亲的人在女儿的心目中是有威信的，她们的话是无可争辩的。所以，如果说我主张一个做母亲的人应该把她的女儿带到社交场合中去看一看，那是根据了这样一个假定才这样主张的，这个假定是:她要使她的女儿看到社交场合中真正的情景。

其实,女孩子们早就开始变坏了。女修道院倒是真正的培养女孩子们卖弄风情的学校,不过,不是培养我所讲的那种风情,而是使妇女们日趋下流的风情,是促成女孩子们成为浪荡的小妖精的风情。当她们从女修道院出来,一下子进入乌烟瘴气的社交场合的时候,便觉得这种场合很合她们的口味。她们已经受过在社交场合中厮混的教育,因此,她们对那种场合很感兴趣,这有什么奇怪呢?我很担心我在后面阐述的看法是出于偏见而不是根据研究的结果;我觉得,一般地说,在信奉新教的国家中,能够比信奉天主教的国家中找到更多的可爱的家庭和称得上贤妻良母的妇女;如果是这样的话,我们就可以毫无疑问地断定:其所以有这种差别,一部分原因是女修道院的教育。

要能够对恬静的家庭生活感到喜爱,就必须对它有所认识,就必须从童年时期起领略到这种生活的甜蜜。只有在父母家才能学会怎样爱自己的家;如果做母亲的人在这方面没有对她们进行教育,她们将来也是不喜欢教养她们的孩子的。可惜的是,在大城市中,没有人对女孩子们进行家庭教育了。大城市中的社交场合是那样的多和那样的乱,以致再也找不到一个清闲的地方过安静的生活,甚至在自己的家里也如同在公共场合一样。由于她经常同其他的人厮混,她就等于是没有家了,甚至连她的父母也几乎不认识了,她把他们看作外人,质朴的家庭气氛和使家庭趣味无穷的亲密情感都一起化为乌有了。所以,女孩子们在吃奶的时候就从母乳中吸到了这个时代的所谓享乐和人们所奉行的行为准则了。

有些人硬要女孩子们在表面上显得很拘谨的样子,以便使那些凭外表取人的傻瓜娶她们做妻。但是，对这样的女孩子们一加研究，你就可以发现，在忸忸怩怩的样子下面，她们已经露出了那种正在吞噬她们的火热的欲念，你从她们眼睛的表情就可以看出她们一心要模仿她们的母亲。她们的心意不是在得到一个丈夫，而是在得到一张结婚的证书。既然有许多的办法可以使她们在没有丈夫的情况下过那种生活，她们又何必要那样一个丈夫呢？不过，她们还是需要一个丈夫，以便她们在采取那些办法的时候做一个掩护[①]。她们表面上显得很正经，而骨子里却非常的淫荡，假正经的样子本身就是一个淫荡的标志；她们之所以要这样假装一番，正是为了使她们能够更早地抛弃这种正经的外表。巴黎和伦敦的妇女们，我请求你们原谅我。任何地方都可能出现一些奇迹，不过，拿我来说，我是一个奇迹也未曾看到过的；如果在你们当中真能找到一个心地纯洁的人的话，我就承认我对我们的社会是一无所知的。

所有现今的种种教育方法，其结果都将同样地使年轻的女孩子对豪华世界的玩乐发生兴趣，而且，由于有了那种兴趣，不久以后就会产生享受那种玩乐的欲望。在大城市中，一个女孩子一开始生活，跟着也就开始败坏，而在小城市中，则是在她能够运用理性的时候才开始败坏的。外省的女孩子因为学了别人的样子，看不起她们可爱的朴实的风俗，便急于到巴黎来分享我们风气中的腐败味；她们游历巴黎的唯一目的，就是在学习那些美其名为才艺

① 一个人在青年时期所走的道路，是圣人所不能理解的四件事情之一；而他所不能理解的第五件事情是淫妇的脸皮为什么那样厚，“她吃了，把嘴一擦，就说：我没有行恶。”《旧约全书·箴言》，第 30 章，第 20 节。

的恶习，而且，当她们发现自己在放荡的行为方面不如巴黎的贵妇时，她们还觉得不好意思，巴不得自己赶快成为一个首都地方的人。在你看来，是在什么时候开始糟糕的？是开始在她们有那种打算的时候，还是开始在她们达到了目的的时候？

我不希望一个贤明的母亲把她的女儿从外省带到巴黎来看这些对外省人极其有害的情景；我认为，即使要来，那就在她的女儿已经受到不良的教育之后才来，或者在这些情景对她的女儿已经没有什么危害性的时候才来。一个女孩子如果有很好的鉴赏能力和清醒的头脑，并且喜欢做正当的事情，则她纵然看到巴黎的有害的情景，那也不会像其他的人那样受它们的迷惑。在巴黎，你可以看到一些轻浮的女孩子急急忙忙地要在六个月内学会那一套时髦的作风，好让人家骂她们一辈子；不过，是不是也有一些女孩子因为不喜欢那些闹闹嚷嚷的场合，把她们在外省的生活和其他的人所艳羡的巴黎生活做一番比较之后，又回到她们在外省的家，这样的女孩子是不是有人看见过呢？我就看见过许多的青年妇女，被她们好心的丈夫和老师带到首都之后，又自动地回到外省去，而且她们要回去的心情远比要来巴黎的心情还切；她们在离开巴黎的前夕，很温存地对她们的丈夫说："唉！还是让我们回到我们的茅屋去住吧，住在茅屋里比住在这里的皇宫还舒服得多！"我不知道还有多少好人没有跪拜过偶像，而且还蔑视人们对它的无意义的崇拜。只有愚蠢的人才是到处闹闹嚷嚷的，聪明的妇女是绝不会做什么耸人听闻的事的。

尽管一般人都日趋堕落，尽管大家都普遍地抱有偏见，尽管对女子实施的教育不好，但总有一些妇女还仍旧保持着一种不为外力所左右的判断能力的，既然是这样，那么，当这种判断的能力受到了适当的教育的培养，或者说得更确切一点，当这种判断的能力没有受到不良教育的败坏的时候，如果我们要着眼于保持或培养自然的情感的话，我们该怎样做呢？为了要做到这一点，是用不着那样啰啰唆唆地说一长串话来使年轻的女子听了感到厌烦的，也用不着那样一五一十地向她们讲一篇干巴巴的道德经的。向男孩子和女孩子讲解道德，那等于是在消灭他们所受的一切良好教育的效果。像那样冷冰冰地教训一阵，其结果必然会使他们对说教的人和他们所讲的话产生反感。同年轻的女孩子们讲话的时候，千万不能拿她们所负的天职去吓唬她们，也不能把大自然加在她们身上的束缚说得那样严重。你向她们阐述她们的天职时，话要说得简明，说得中肯，不要使她们以为履行那些天职是一件不愉快的事情，你切不可有一点儿不高兴或盛气凌人的样子。所有一切要她们动脑筋思考的问题，我们也应该动脑筋思考一番之后才说；如果用问答的方式对她们讲解道德，则其内容也要像教义问答那样的简单和明了，但是说话的语气不要那样严肃。必须向她们指出，这些义务就是她们的欢乐的源泉和权利的根据。你要爱别人，才能得到别人的爱；你要幸福快乐地生活，就必须使自己成为一个为人家所喜欢的人；你要人家听从你的话，就必须使自己值得人家的尊敬；你要爱惜自己的体面，才能得到人家的称誉。要做到这几点，是不是很困难呢？妇女的权利是多么光荣！是多么值得尊重！当一个妇女善于行使她的权利的时候，男人的心将对那些权利表示多么的关切啊！一个女子是不一定非要等到有了相当的年龄或已经衰老的时候才能享受那些权利的。只要她有美德，她就可以开始行使她的权利；一到她长得亭亭玉立的时候，她凭她的温柔的性格就能够树立威信，使男子看到她那种淑静的样子感到敬畏。如果一个十六岁的女孩子长得又聪明又可爱，平时寡言鲜笑，善于理解别人，同时，态度又是那样的温柔，语言又是那样的诚恳，美丽的容貌又显示了她的女性的青春，羞怯的样子又使人感到喜悦，她尊重别人，从而也赢得了人家的尊重；见到这样一个少女，哪一个粗野无礼的人还敢不收藏他那傲慢的气焰，还敢不检点他的行为呢？

所有这些，虽说是一个女孩子形之于外的表现，但我们绝不能把它们看作是无关紧要的表现；它们之所以有魅力，不仅要以感官的美做它们的基础，而且还要我们从心眼里认为妇女是我们男子的良好行为的天然评判者。谁愿意受到女人的轻视呢？在世界上是没有哪一个人愿意受女人的轻视的，即使是不喜欢妇女的人，也是不愿意受到她们的轻视的。你们以为我这个向她们阐述如此严酷的事实的人就不重视她们的评判吗？不，在我看来，她们的话比你们的话更值得重视，读者啊，你们往往比她们还显得一副娘儿们气哩。我虽然是看不起她们的脾气，但我仍然要称颂她们的公正；只要我能够使她们不得不尊重我，即使她们恨我，那也没有什么关系。

如果我们善于运用她们的积极性，我们将完成多么多的伟大的事业啊！可惜在现今这个时代，妇女们有力的影响已经丧失，她们的话男人已不再听从，这是多么可悲的时代！这真是堕落到了极点。所有一切风俗敦厚的民族对妇女都是很尊重的。你看一看斯巴达，看一看日耳曼，看一看罗马，如果在这个世界上曾经有过光荣和美德荟萃之处的话，那就是罗马。在罗马，妇女们所歌颂的是伟大的将军的战功，妇女们所哭泣的是丧失了国家的元老；她们的夸赞和诉愿是神圣的，是对共和国事业的最庄严的裁判。所有一切巨大的变革都是由妇女发端的：是一个妇女使罗马获得自由的，是一个妇女使平民成为执政的，是一个妇女结束了十人团的暴政的，是妇女们把被围困的罗马从流放的反叛者手中解救出来的。风流的法国人啊，当你们以嘲笑的眼光瞧着一群妇女走过去的时候，你们抱怎样的看法呢？你们也许还会跟在她们后面奚落她们哩。同样的事物，由于你们跟我的眼光不同，所以我们的感觉也完全两样！也许我们各人有各人的理由。如果以漂亮的法国太太们排成这样一个队伍的话，我认为简直就不成体统；但是，如果以罗马的妇女排成这样一个队伍的话，你们就需要拿伏尔斯人的眼光去看她们了，就需要像科里奥兰努斯[1]那样在心里想一想怎样办了。

我还要补充一下，我认为美德之能够巩固爱情，犹如它之能够巩固自然的权利，如果一个情人具有美好的道德，她就可以像做妻子和做母亲的人那样行使同样的权能。凡是真实的爱，都是充满着热情的，其所以那样地充满热情，是因为在想象中始终存在着一个真正的或虚幻的完美的对象。如果在情人的眼中看来那个完美的对象是没有什么价值的，是一个只供官能享乐的工具，在他的心

[1] 科里奥兰努斯，传说中的公元前五世纪罗马将军，曾大败罗马的敌人伏尔斯人，为国家立下战功；后来遭到放逐，遂投奔伏尔斯人，并率领他们围困罗马。在即将攻陷罗马时，元老院请他的母亲到他的军营中去，以母子之情打动他的心，遂解罗马之围。

目中哪里还能燃起一股激烈的热情呢？如果是抱有这种看法的话，他的心是热不起来的，是不会去追求那使情人心醉神迷、情意缠绵的高尚的乐趣的。我承认爱情是空幻的，只有情感才是真实的，是情感在促使我们去追求使我们产生爱情的真正的美。有人说，这种美在我们所爱的对象的身上是不存在的，它是因我们的错觉而产生的。啊！这有什么关系呢？我们是不是因此就可以不那么热烈地把我们所有的世俗的情感奉献给这个想象的模特儿呢？是不是因此就可以不拿淳厚的心对待我们所钟爱的人呢？是不是因此就可以不抛弃我们卑劣的欲念呢？一个男人不愿意为他的情人牺牲生命，这哪里是一个真心的情郎？而一个愿意为爱情而死的人，他心里还有什么粗俗的肉欲？我们嘲笑旧时的骑士，其实只有他们才是真正地懂得爱情的人咧，至于我们，我们只知道贪图色情罢了。传奇式的爱情观之所以在我们看来觉得可笑，并不是因为我们有了理性，而是因为我们有了不良的风俗。

不论在哪一个时代，自然的关系都未曾改变过，由自然的关系中产生的或好或坏的影响也始终是一样的，尽管人们用“理性”这个词来掩饰他们的偏见，那也只是在表面上改了个名称罢了。对自己进行克制，始终是一个很高尚的行为，即使是因为听从荒唐的说法而克制自己，那也是很高尚的；只要有真正的爱好荣誉的心，有见识的妇女就会按她的地位去寻求她一生的幸福。对一个心灵高尚的美丽的女人来说，保持贞操是一个极为可贵的道德。她看见整个的世界都在她的脚下，她战胜了一切，也战胜了她自己。她自己的心就是一个宝座，所有的人都来向它表示敬拜；为两性所尊重的温柔和专一的情感，以及世人的敬重和她的自尊心，不断地使她感到她在某些时候进行的斗争是光荣的。她所遭遇的艰苦是转瞬即逝的,然而她在艰难困苦中获得的荣誉是永不磨灭的。一个高尚的妇女,当她以自己优良的品德和俊秀的容貌而引为骄傲的时候,她心里是多么愉快啊!一个钟情的女人是比莱斯和克利奥帕特拉更能领略肉体快乐的美的;即使将来她的容颜消失了,她的光荣和快乐的心情仍然是存在的;只有她才能够在回忆往事的时候感到快乐†。

所负的天职愈艰巨,则我们之所以要担负这些天职的理由便愈加鲜明。道貌岸然地用一本正经的话来谈这些极其重大的事情,年轻的女子是听不进去的,是不能够把她们说得口服心服的。由于这种语言同她们的思想状况太不相称,她们背地里就会把那些话当成耳边风,一点也不重视,所以,结果是反而容易使她们听任她们的倾向的发展,而不能够从事情的本身中找出她们必须抵抗她们的倾向发展的理由。毫无疑问,如果我们采用良好的教育方法去培养一个女孩子,则她就可以获得抵抗各种引诱的武装,如果我们只拿一些一本正经的话去灌注在她的心里,或者说得更确切一点,灌注在她的耳朵里,则她一碰到一个狡猾的引诱者,她就肯定会变成他的牺牲品的。人们说,一个年轻而漂亮的女孩子绝不应当轻贱她自己的身子,她应当认真地悔恨她的美色使男人犯了巨大的罪恶,她必须诚心诚意地向上帝忏悔她成了男人贪婪的

† 在其他版本作:"……感到快乐。如果我所描绘的这条道路是值得你们喜欢的话,那就很好了;它是一条康庄大道,它符合于自然的秩序;你只有采取这条道路,才能达到你的目的。"

对象，她必须相信她自己心中的那一片柔情蜜意是魔鬼虚构的。我们应当针对她们本身举出一些切实的理由，因为以上所说的理由是不能够打动她们的心的。更坏的做法，而且也是人们常常采用的做法是：使她在思想上产生矛盾，先是说她的身体和美丽的容貌已经沾染了罪恶的污点，从而使她感到羞辱，然后又要她把这样可轻可贱的身子当做耶稣的圣殿似的加以尊重。过高和过低的观念都同样是不足以说服人的，是不能够自圆其说的；因此，必须举出一些能够为女性，并且能够为她那样年纪的女孩子所能懂得的理由。只有在你说明了她之所以要尽那些天职的理由之后，你才能够使她重视她的天职：

> "只因不准许，她才未犯错误，而最终她是非犯错误不可的。"*

毫无疑问，只有奥维德才能作出这样一句一针见血的论断。

如果你想使年轻的女子喜欢良好的品行，那你就不要再三再四地向她们说，你们要规规矩矩，而应该使她们意识到规规矩矩的行为将给她们带来巨大的利益，应该使她们认识到规规矩矩的行为的全部价值，而且使她们喜欢这种行为。仅仅给她们指出在遥远的将来要获得这种利益，那是不够的，必须马上从她们那样年岁的人所有的种种关系中，从她们的情人的性情中使她们看到这种利益。必须向她们描述有品德的男子是什么样子，教她们怎样识别这样的人，怎样爱他，怎样为了自己的利益而爱他；要向她们证明，只有这样的男人才能把她们看作朋友、妻子和情人，使她们得到幸福。要通过理性去培养她们的美德；要使她们认识到，女性能否树立威信和获得优越的地位，不仅取

---

* 奥维德：《恋歌》，第 3 篇，第 4 首。

决于她良好的行为和性情，而且还取决于男人的良好行为和性情；此外，还要使她们认识到，她们对卑鄙恶劣的人是没有办法的，不尊重道德的人是不会尊重他的情人的。可以肯定的是，当你向她们讲述我们这个世代的风俗的时候，你将使她们对这种风俗产生一种内心的厌恶；如果你把时髦的人物指给她们看，她们便会对那些人表示轻视的；她们将鄙弃他们的种种说法，厌恶他们所表现的种种情感，看不起他们的虚伪的殷勤；她们将产生一种高贵的雄心——要赢得伟大的和坚强的男人的尊重，要成为斯巴达式的妇女，要指挥男子。一个脸皮很厚和诡计多端的女人，只知道用撒娇耍赖的办法去勾引情人，只知道用笼络的办法去保有情人，因此，只能够在一些普通的小事情上把她的情人当奴隶使用，至于在重大的事情上，她就不能驾驭他了。至于一个长得又聪慧又可爱的诚实的妇女，能够使她周围的男人不得不尊重她的女性，平时寡言鲜笑十分端庄的妇女，一句话能够取得男人的尊敬和爱的妇女，只要她做一个手势，就可以把他们差遣到天涯海角，就可以叫他们到她所指定的地方去作战，去争取荣誉，去牺牲生命①。

① 布朗托姆说，在弗朗斯瓦第一时代，有一个年轻女子的情人是一个爱讲话的碎嘴子，后来她硬不准他讲一句话，要他无限期地保持绝对的沉默，而那个男子也就很忠实地在整整的两年间一句话也没有讲，以致大家都以为他因为生病而变成哑巴了。有一天，有很多人聚在一起，他的情妇（那时候谈情说爱还是很秘密的，所以大家还不知道她是他的情妇）夸口说可以马上把他的哑病治好，而且只用了“说话”两个字就叫他说起话来了。在这样的爱情中是不是有某种伟大的和英雄的行为存在呢？毕达哥拉斯的哲学即使讲得天花乱坠，难道还能够比她的办法更灵验吗？今天的妇女，即使付出了她可能付出的一切代价，但是不是能够使她的情人也像那个人一样地在一天之中不说一句话呢†？

† “今天的妇女……”这句话在手稿中是没有的。在手稿中是：“你想象不到有神力的人只消一句话就可以使一个人有讲话的机能吗？而我是怎么也不相信一个美而无德的女人能够做出这样的奇迹的。所有巴黎的美妇，尽管手段高明，但在今天要她的情人一句话也不说，是很难办到的。”

在我看来，这种威信是崇高的，是值得花一番心血去获得的。

我们便是按照这种精神培养苏菲的，我们培养她的时候，做法是十分的仔细，但又没有花太多的力气，我们是顺着而不是逆着她的爱好去做的。现在，让我们按照我向爱弥儿所讲的形象，按照爱弥儿自己所想象的能够给他带来幸福的妻子的形象，简单地描述一下苏菲的人品。

我将不厌其烦地一再说明，我不是在培养什么神童。爱弥儿不是神童，苏菲也不是神童。爱弥儿现在已经长成为成年的男子，而苏菲也长成为成年的女人；他们可以骄傲的，就是这一点。在我们目前这种男性和女性混杂不清的情况下，能够像样地做一个男子或一个妇女，那差不多就是一个奇迹了。

苏菲出生在一个良好的人家，她的天性很善良，她的心很敏感，这颗极其敏感的心有时候会使她产生很难平静的想象。她对事物的观察是非常正确的，但不怎么深刻；她的心情很悠闲，然而是不平衡的；她的样子长得很普通，但是是讨人喜欢的，从她的相貌就可以看出她为人是十分的忠厚；你刚接近她的时候也许觉得她没有什么特殊的地方，但在离开她的时候你心里就不能不有所感触。别人有一些良好的品质是她没有的，而她自己的好品质，也许在程度上还不如别人；但是，要一个人把一些良好的品质配合起来形成一副很好的性格，那就谁也不如她了。甚至连她的缺点，她也知道怎样去利用；如果她长得十全十美的话，也许她反而不如现在这样令人喜欢了。

苏菲并不美丽，但男子们一到她身边就会忘掉比她更美的女人，而美丽的女人一到她身边就会觉得自己并不怎么美。乍看一眼，她虽不漂亮，但你愈看就愈觉得她长得好；有些东西，她那样长法就好看，而别人那样长法就不好看，至于她长得好看的地方，那就确实好看，谁也赶不上她了。也许别人的眼睛比她的漂亮，嘴巴比她的乖巧，样儿比她的吸引人，但是，别人的身材不如她的匀称，肤色不如她那样好看，手没有她那样白嫩，脚没有她那样小巧，目光没有她那样柔和，相貌没有她那样动人。她使你看到她的时候感到喜欢，但是不会使你心里入迷；她使你一看到她便感到动心，但是又说不出你动心的道理。

苏菲很爱打扮，而且也懂得怎样打扮；她的母亲除她以外，就再没有用收拾房间的仆人；她有很高的审美力，所以总穿扮得很好看；不过，她是很讨厌华丽的衣服的，她的衣服又简朴又淡雅；她所喜欢的不是那种花花绿绿的衣服，而是合身的衣服。她不懂得什么颜色的衣服合乎时髦，但是她很清楚什么颜色的衣服才合乎她的身子。没有哪一个年轻女子像她那样在表面上对装饰品很不讲究，而实际上是花了一番工夫的。她没有一件装饰品是随随便便穿戴在身上的，但是在每一件装饰品上你都看不出她精心配搭的痕迹。她的穿扮在表面上显得很平常，但实际上是十分好看，引人注目的。她不仅不炫耀她迷人的美，她反而把它掩饰起来，但她愈掩饰，便愈是使人在心里回味。当你看到她的时候，你会说她是“一个朴实的聪明的女孩子”，但是，如果你在她身边待久了，你的眼睛和心就会一刻不停地老是去看她和想她，这时候，你会感觉到，她身上的服饰之所以那样朴实，正是为了使你逐件逐件地通过它们去想象穿戴那些服饰的人。

苏菲有一些天生的才能，这一点她自己是知道的，而且是充分地加以利用了的；不过，由于她还不知道怎样培养那些才能，所以她只知道用她清脆的声音节拍准确而谐和地唱歌，用两只灵巧的脚轻松活泼地练习走路；在任何场合都能毫无拘束和大大方方地向人家行礼。她唯一的唱歌教师是她的父亲，她唯一的舞蹈教师是她的母亲；住在邻近的一位风琴师教她弹过几次风琴，以后她就自己单独去练习了。起初，她只想多弹黑键子*，后来，她发现风琴的清脆的声音可以使声调听起来更加美妙，才逐渐逐渐地学习和声；最后，在她长大的时候，她便开始领略到音乐的美，对音乐感到喜欢了。不过，喜欢音乐只能说是一种爱好，而不能说是才能，她现在还不能看着谱子就会唱歌。

苏菲最喜欢的而且也是大家花了一番很大的工夫教她学习的，是女性专长的工作，甚至连大家原来不打算要她做的剪裁和缝制衣服之类的工作，她也是非常喜欢的。没有哪一门针线活儿她不会做或不乐于做，但她最喜欢的是做花边，因为，只有做花边的时候姿势最好看，最能使手指头越练越灵巧。她对所有一切家务事情都是很专心细致地做的。她也会做菜和做一切杂事，她很熟悉各种食物的价值和质量的优劣，她很会计数算账，她简直就是她母亲的管家。由于她自己将来一定是要做一个家庭主妇的，所以她在经管她父母的家庭的时候，就可以学会怎样经管她自己的家；她能够帮助家中的女仆们做事，而且经常是自动地去帮助她们做的。任何事情，只有在你自己会做的时候，你才能够有效地指挥别

* 在我们的客厅中，钢琴已经取风琴的地位而代之，自从有了钢琴以后，再这样练习就太笨了；制造乐器的人已经改变了键盘上的两种颜色的次序，较显著的键子用象牙，不太显著的键子用乌木。

人去做。她的妈妈之所以要她这样做家中的事情，其原因就在于此。就苏菲来说，她心里是考虑不到这些的；她的第一个天职是做一个好女儿，她在目前唯一要履行的就是这个天职。她心中所考虑的是怎样侍奉她的母亲，怎样尽心竭力地替她分担一部分劳苦。因此，她在做家务工作的时候，并不是那么平均地样样都喜欢的。举例来说，尽管她喜欢吃精美的饮食，但她并不喜欢到厨房去做菜；在烹调饮食的过程中，有几样事情是她很感厌烦的，在她看来是不清洁的。她在这方面是极其考究的，这样一种过度的考究已经变成了她的缺点之一：她宁可让一餐的饭菜都烧焦煮烂，也不愿意弄脏自己的衣袖。由于同样的理由，她也不愿意去整治菜园。她认为泥土是很不清洁的，她一见到肥料就觉得闻到了一种不好的气味。

这个缺点，是由她的母亲对她的教育造成的。照她的母亲看来，在妇女们应当做到的许多事情中，最重要的事情之一就是保持清洁，保持清洁是大自然一定要妇女们非做到不可的特别重要的事情。在世界上，最令人感到恶心不过的是一个肮脏的妇女，如果她的丈夫讨厌她的话，那是讨厌得很有道理的。她从苏菲的童年时候起，就一再地向她讲解这一点；她十分严格地要求她的女儿要保持个人的清洁，她的衣服、寝室、所做的一切东西和梳妆用具都要那样干干净净的；注意清洁已经是她的一种习惯，每天要占去她的一大部分时间，而且首先是搞完了清洁工作然后才搞其他的事情。在她看来，东西做得好不好是次要的，而最重要的是做得干净。

然而，所有这一切并没有使苏菲因此就养成一种装模作样的神气，也没有使她养成一股娇气；她在这方面的考究是不花一文钱的，她房间里用的水全都是普通的水，她所知道的独一无二的香气是花香，将来，她的丈夫要想闻到什么甜蜜的气味的话，那就只能去闻她的呼吸了。总之，她在注意个人的仪表上尽管花费了一些心思，但她并没有因此就忘掉她应当把她的生命和时间用之于更高尚的事情。她不会，或者说她不愿意因为过分地讲究身体清洁而玷污了灵魂；与其说苏菲很清洁，不如说她很善良、很纯洁。

我在前面说过苏菲是很贪吃的，她天生的食量就是很大的；不过，由于她已经养成了良好的习惯，所以她对饮食是很有节制的，而且在目前，由于她有了很好的道德修养，所以在饮食上是更有节制了。我们对女孩子是不能像对男孩子那样利用她们贪吃的习惯对她们进行一定程度的控制的。贪吃的习惯对女性是有很大的影响的，如果让她们贪吃的话，那是极其危险的。在童年时候，小小的苏菲如果是单独一个人走进她妈妈的房间的话，没有哪一次是空着两只手走出来的，她一看到糖果和糕点就经不住考验，总要口里发馋，拿几个来吃的。她的妈妈一再地当场捉住她、惩罚她，让她挨饿。最后，她的妈妈终于使她明白糖果对牙齿是有害的，而且吃得太多会使身体发胖的。这样，苏菲就改正了这个缺点，到她一天天长大的时候，她就有了其他的爱好，因而使她改掉了这种贪口腹的习惯。妇女和男子一样，只要她们的思想一旦活跃起来，贪图口腹就不再成为一个支配她们行动的恶习了。苏菲保持了女性特有的爱好，她喜欢吃奶制品和甜食，喜欢吃发面食品和一碟一碟的小菜，但是肉是吃得很少的，她从来没有喝过酒或其他的烈性的饮料；此外，她吃任何东西都是很有节制的，女人的劳动量没有男人的劳动量大，所以用不着吃那么多东西去补偿她们身体的消耗。不论什么东西，只要味道好她就喜欢吃，而且她也善于品尝饮食的味道；食物的味道即使不好，她也能够吃，而且吃起来也没有什么感到不舒服的地方。

苏菲的头脑很聪明，但还说不上是十分的敏慧；她的思想很健全，但还说不上是十分的深刻；大家之所以没有议论过她的才情是不是优异，是因为大家都觉得她既不比人家聪明，也不比人家愚蠢。她具有的才情足以使同她谈话的人感到很有乐趣，虽然按照我们所理解的妇女的文化程度来看，她的措辞并不是特别优美；她所说的事情不是从书上学来的，而完全是从同她的父母的谈话中领会到的，是从她自己的思考和对她所接触的为数不多的人的观察中归纳出来的。苏菲天生就是很活泼的，而且在童年的时候还有点儿调皮；不过，她的妈妈后来就有意识地一点一点地制止她那种轻浮的样子，以免到了非改掉这种样子不可的时候才突然叫她改，那就不好改了。因此，在她还没有到非改不可的时候，她已经就变得相当的稳重了；现在，她已成长为大姑娘了，她觉得保持这种稳重的样子，比在不知其所以然的情况下去学习这种样子，还容易得多。有时候，看见她由于原来的习惯没有完全改掉而仍然表现出童年时候的活泼样子，但跟着又规规矩矩地，闭着嘴，低着头，脸儿羞得通红。看到她这种样子，真是令人感到十分的喜悦。她处在这成年和童年之间的时期，所以这两种人的样子都有一点。

苏菲的心太敏感了，所以她的脾气很难保持平衡；不过，由于她为人是十分的温柔，所以即使在脾气发作的时候也不会使别人感到难堪；她只是让她自己难过一阵罢了。如果你说了一句伤害她的话,她也不会生气,不过她心里是很激动的,她将跑到另外一个地方去哭泣。在她哭得很伤心的时候,只要一听到她的父亲或母亲叫她,她便马上擦干眼泪,憋着啜泣的声音,笑着玩着地跑到他们的跟前。

她并不是一点任性的心情都没有的;由于她的脾气有些过于急躁,所以她对人家所说的话喜欢表示反抗,因而每每使她自己不能约束自己。但是,只要你在一段时间内不去管她,让她的心情恢复平静,则她为了弥补她的过失而采取的办法,那简直就是一种美德的表现了。如果你惩罚她,她也乖乖地忍受。你将看到,她感到羞愧的不是受到惩罚,而是做错了事情。即使你一句话也没有说,她也会自动去弥补她的过失,而且在这样做的时候,态度是那样的坦率和开朗,以至使你不可能对她怀抱恶意。即使你当着仆人的面责备她,她也坦然接受而没有任何狼狈不堪的样子;一到你对她表示宽恕的时候,你从她喜悦的面孔上就可以看出她心中解除了多么大的负担。总之,对于别人的过失,她可以耐心地忍受;而对于自己的过失,则乐于改正。女性的天性,如果没有受到我们的败坏,就是如此可爱的。女人对男人是能够表示忍让的,甚至对他们的不公正的行为也是能够容忍的。可是,如果你要像约束女孩子那样地约束男孩子,那就办不到了;他们将对不公正的行为表示反抗,因为大自然并没有要求他们一定要容忍这种行为:

格雷文的
倔强的儿子怀着冲天的愤怒†。

† 贺拉斯:《颂诗》,第1卷,第6首。

苏菲是有信仰的，不过，她的信仰是很合理的，而且是很简单的；既没有什么教条，也很少做什么祈祷；说得更确切一点，她只知道最重要的事情是实践道德，她将做一切善良的行为，以便在做这种行为的过程中将她整个的生命奉献给上帝。她的父母在这方面给她的种种教训，其目的都在于使她养成恭谨而谦逊的习惯；他们经常向她说："我的女儿，在你这样的年龄，是不可能理解宗教的，将来，等你到了能够理解的时候，你的丈夫会告诉你的。"此外，她们从来没有啰啰唆唆地向她讲什么对宗教要虔敬的话，他们的办法是以身作则，使自己的榜样深深地刻画在她的心里。

苏菲是很爱美德的，这种爱已经变成了支配她的一切行为的力量。她之所以爱美德，是因为任何事物都没有美德那么美；她之所以爱美德，是因为美德能够使妇女获得光荣。她认为，一个德性优良的妇女就等于是一个天使。她爱美德，是因为她把美德看作是得到真正的幸福的道路，是因为她认识到一个不诚实的妇女一生中必然要遭遇贫穷，必然要被人们遗弃，必然要受到许多痛苦，必然要做出可耻的和不名誉的行为。最后，她之所以爱美德，是因为她可敬的父亲和温柔而严肃的母亲热爱美德，他们不只是满足于以自己的美德而获得幸福，他们还要为了她的幸福而爱美德；而她最大的幸福是：实现她为他们创造幸福的愿望。正是因为她抱有这些看法，所以她的内心中才有一股热情激励着她的心，使她的一切不良的倾向都受制于这个崇高的愿望。苏菲的终身都将是一个贞洁和诚实的妇女，她在她的内心深处已经发誓要做到这一点，而且，她是在她已经明白这个誓言是值得遵守的时候，才发这个誓的。这个时候，如果她贪恋官能的快乐，她是可以毁掉这个誓约的，然而她最终还是发誓要做到这一点。

幸运得很，苏菲还不是一个风流的法国女人。一个风流的法国女人生性是很冷酷的，由于爱好虚荣而经常那样妖艳地打扮；她心中所想的是怎样使自己大出风头而不是怎样使别人感到喜悦，她所追求的是玩乐而不是娱乐。苏菲心中所考虑的是怎样去爱别人，这种想法竟使她在许多欢乐的场合也分散了她的心，甚至还使她感到苦恼。她已经不再有原来那种活泼的样子了，她已经不再是从前那样嘻嘻哈哈地玩了；她不仅不害怕孤单独处会感到无聊，而且还想方设法地要过这种孤独的生活；她在这种生活中想到了那样一个人，他可以使她感到孤独生活是一件很甜蜜的事情。所有一切同她不相干的人，她都感到讨厌；她所需要的不是献殷勤的人，而是情人；她愿意使一个诚实的人感到喜欢，感到永久的快乐，但不愿意去博取众人的称赞，说她很时髦，因为这种称赞只能够给她一天的体面，而第二天就会变成笑柄，受到人家的指责。

妇女的判断力比男子的判断力发展得早。由于她们从童年时候起就处于防御的状态，有一个很难保守的宝物，因此，她当然是很早就需要认识什么是善和什么是恶的。苏菲是一个十足的早熟的女孩子，由于她禀赋的气质使她更早地成熟，所以她的判断力也比其他同年纪的女孩子发展得快。这是一点也不奇怪的，因为成熟的时间和程度并不是人人都是相同的。

人们曾经教过苏菲，女性和男性各有一些什么义务和权利。她既知道男子有哪些缺点，也知道妇女有哪些恶习；同时，她也知道男子和妇女有哪些相对应的品质和德性，而且把所有这一切都牢牢地熟记在心的。任何人所想象的诚实的妇女，都没有她所想象的那样高尚；妇女的形象要高尚，这一点她是不感到奇怪的；而她感到欣慰的是，她理想中有一个为人诚恳和行为端正的男子；她认为她就是为了这样一个男子而生的，她配得上他，她能够使他得到幸福，而她也将从他那里得到同样的幸福，她相信她一看见这个男子就可以把他认出来，因此，现在的问题只是怎样去寻找他。

正如男子是妇女的品行的评判人一样，妇女也是男子的品行的天然评判人，这是他们之间相互的权利，男女双方都是十分知道的。苏菲知道她有这种权利，而且也知道运用这种权利，不过，由于她知道她很年轻，知道她没有经验，知道她自己的地位，所以她在运用这种权利的时候是很有分寸的，她懂得什么才评判什么，而且也只有在她能够从其中得出某种有意义的论点的时候，她才进行评判的。当某人不在场的时候，她一谈到他，说话就极其谨慎，如果那个人是妇女，则她说话就尤其谨慎了。她认为，正是因为妇女们自己谈论女人的事情，她们才彼此都说怪话和互相讥讽。但是，只要她们把话题限制于谈论男子的事情，则她们说话就会很公正的。所以苏菲是只谈男人的事情的。对于妇女们，她只是在知道她们做了好事，应该加以表扬的时候，她才谈论她们的。她认为，为了尊重女性，是应当这样做的；当她对有些妇女没有什么表扬的话可说的时候，她就一点也不谈论她们；她不谈她们，那就可以明白她对她们的看法了。

苏菲是一点世故的气息都没有的，但她对人是十分的亲切、殷勤，而且无论做什么事情都是温雅的。在为人做事方面，她那种快乐的天性对她的用处，比许多巧妙的手段对她的用处还大。她对人是有一定的礼貌的，不过，她对人的礼貌既不落俗套，也不拘泥于时尚，不因时尚的变化而变化，而且还不是因袭习惯而照章行事的；她之所以对人有礼，完全是出于一种真诚的使别人感到高兴和愉快的愿望。她一句无聊的奉承话都不会说，也不会咬文嚼字地去恭维人；她从来不向人家说她对他感激得不得了，说人家对她太抬举了，请别人不要为她再辛苦了，等等。她尤其是不喜欢转弯抹角地说话的。对别人给予她的关心，对别人向她表示的尊敬，她也以礼相待，或者简单地对那个人说“谢谢你”，不过，这句话从她口中说出来，那就是很真实的了。对于别人诚恳地给予她的帮助，她是感激在心里的，因此也就听不到她口头上表达什么谢意了。她从来不拘泥于法国人的习惯，硬要那么装模作样地做作一番，例如从这个房间走到那个房间的时候，把手伸过去让一个六十开外的老年人扶着她，反之，她倒是很想去搀扶那个老年人。如果是一个花花公子冒失地伸手去扶她的话，她就让那个人的手落个空，去摸着楼梯的扶手；同时，她一边三脚两步地跑进房间，一边向那个人说她不是跛子。尽管她的身材不高，她也不愿意穿高跟鞋；她的脚是相当的小，用不着穿这种鞋子。

她不仅在已婚的妇人面前是那样沉默寡言，对她们表示尊敬；而且，在已婚的男人或年纪比她大得多的人面前，她也是这样；她从来不坐在他们的上手，除非他们叫她坐，她才只好坐，而且，只要情况一许可，她马上又会回到她在下手的座位的；她之所以这样做，是由于她知道：妇女固然是应该受到尊重，而年纪大的人则更应该受到尊重，因为年长的人照理说来都是很贤明的，所以比任何人都应该受到大家的尊敬。

至于对那些同她年纪差不多的人，那又是另外一回事情了，她要采取另外一种做法使他们不能不尊敬她；她知道要怎样才既不失去跟她相称的谦逊态度，而同时又显得威严。如果他们本身一举一动都很谨慎，她就愿意拿青年人所有的亲热态度去对他们；他们天真无邪的谈话也许是很可笑的，不过是很正派的。如果他们所说的话很庄重，她认为那是很有意义的；然而，如果他们所说的话很胡闹，她就马上制止他们，因为她特别讨厌那种毫无意义的话，她认为这种话是有辱女性的。她知道她所寻求的那个人是不会说这种无聊话的，那个人的性格已深深地印在她的心里，因此，不适合于那个人说的话，她也不容许另外一个人说。由于她对女性的权利极其尊重，由于她的纯洁的感情使她的内心产生了一种骄傲，由于她本身的种种美德使她感到了一种力量，使她认为自己是值得尊重的，因此，如果别人甜言蜜语地向她说奉承话，她就会很生气的。不过，她的脸上并不露出生气的样子，而只是向那个甜言蜜语的人说一句表面上夸赞而其实是讽刺的话，或者突如其来地用一句冷冰冰的话去堵住他的嘴。如果有那么一个美如太阳神的男子向她做出一副温文尔雅的样子，很有风趣地称赞她十分的贤淑，称赞她十分的美丽和潇洒，并且说只要能够使她感到快乐，他自己也感到快乐，这时候，她会打断他的话头，很有礼貌地向那个人说："先生，这些事情我恐怕比你知道得更加清楚，如果我们没有什么有趣的事情好谈的话，我想，我们的话就谈到这里吧。"她一边说一边行礼，远远地走开；她在这种情况下就是这样做的。你去问一问你们那些风流的小白脸，对这样一个不喜欢听那种夸夸其谈的话的人，是不是可以随随便便老是在她的跟前唠三叨四地讲。

这并不是说她不喜欢人家称赞她，只要称赞她的话说得恰到好处，只要她认为你称赞她是出自诚心，她也是喜欢听你的称赞的。为了表明你确实在称赞她的长处，你首先就要把她的长处指出来。实事求是的称赞，她高尚的心是喜欢听的；吹吹捧捧的称赞，她一听到就起反感的；苏菲生就那么一副性格，是学不会那种小丑的本领的。

由于她的判断力是那样的成熟，由于她在各方面都长得像一个二十岁的女孩子，所以，苏菲一满十五岁，她的父母就不再把她当作一个小孩子了。他们刚刚在她身上第一次发现青年人特有的激动不安的现象，就赶快做好应付这种发展的准备，他们对她说话的时候，语气既很温柔，内容也颇有意义。他们那种富于感情和内容的话，是很适合于向她那样年纪和性格的人说的。如果她的性格是我所想象的那种性格，她的父亲一定会向她这样说：

“苏菲，你已经成长为一个大姑娘了，你不久就要成长为大人了。我们希望你将来会得到幸福，我们之所以这样希望，是为了我们自己，因为我们的幸福是有赖于你的幸福的。一个好女孩子的幸福是寄托在一个好男子的幸福之中的，因此，我们必须考虑你的婚姻问题，这个问题应当及早考虑，因为，一个人的婚姻可以决定一个人一生的命运，所以必须用充分的时间去考虑它。

“再没有什么事情比选择一个好男人更难的了，如果说真有比选择好男人更难的事情的话，那就是选择一个好女人了。苏菲，你将来就要成为一个这样可珍可贵的女人，你将成为我们一生的光荣，给我们的晚年带来幸福；不管你有多大的长处，在这个世界上总可以找出比你的长处更多的人的。没有哪一个人不以娶你为荣，而同你结婚之后可以使你更感到荣耀的人，也是很多的。现在的问题是:怎样在这些人当中寻找一个同你相配的人,怎样去认识他,怎样使他认识你。

“婚姻是否能取得最大的幸福,在很多方面要取决于男女双方是不是相配,不过,要想在各个方面都相配的话,那是十分愚蠢的。所以,我们只能首先注意到在主要的方面是不是相配,如果在其他方面也相配,那当然是更好,如果不相配,那也没有关系。十全十美的幸福在世界上是不存在的;然而最大的痛苦,即我们本来可以避免而没有避免的痛苦,是由于我们的过错而遭遇的不幸。

“在有些方面是就自然的情况来说是相配的,而在另外一些方面是就社会制度来说是相配的,在还有一些方面则完全是按照世人的舆论说来是相配的。做父母的人可以判断男女双方是不是符合后面这两种相配的情形,至于第一种相配的情形,只能由孩子们自己去判断。由父母做主的婚姻,纯粹是就社会制度和舆论来考虑双方是不是相配的;他们所取的不是人,而是社会地位和财产;然而社会地位和财产是可以改变的,只有人才是始终如一,没有什么改变,他在任何情况下都是那个样子;尽管一方很有财产,然而婚姻之是否幸福,完全取决于两个人的关系。

“你的母亲是有社会地位的,我是很有钱的;我们的父母之所以使我们两人结婚,纯粹是从这两点上考虑的。我失去了我的财产,而她也失去了她的地位,她被她家中的人遗忘了,高贵的门第今天对她有什么用处呢?在我们苦难的日子中,我们唯一的安慰是我们的心紧紧地结合在一起;由于我们的爱好一致,所以才选择了这种深居简出的生活;尽管我们很贫穷,然而我们生活得很愉快,我们彼此把对方看作是自己的一切。苏菲是我们共同的财产,我们感谢老天爷使我们失去了其他的财产而获得了这个财产。你看,我的孩子,上帝是怎样安排我们的:我们原来是由于门当户对而结婚的,可是现在门第和财产都化为乌有了;而我们之所以能够生活得这么幸福,完全是依靠了一般人根本不加考虑的男女双方自然相配的地方。

"丈夫和妻子应当互相选择。他们必须以共同的爱好作为第一个联系。他们应当首先听从他们的眼睛和心的指导,因为结婚之后,他们的第一个义务就是彼此相爱,而彼此相爱或是不相爱,是并不取决于我们的,所以要履行这个义务,就必须具备另外一个条件,那就是在结婚以前双方就是彼此相爱的。这是自然的法则,这个法则是任何力量都不能够废除的;有些人之所以想用许多法律去限制它,是因为他们只考虑到社会的秩序而未考虑到婚姻的幸福和公民的道德。亲爱的苏菲,我们向你所讲的这些话并不是什么难以实践的德行。它只是要求你自己能做自己的主人,要求我们把选择丈夫的权利交还给你。

"我们把所以要让你享受完全的自由的道理讲过之后,也必须向你讲一讲你必须很明智地运用你的自由的道理。我的女儿,你是一个很善良和有头脑的人,你的心地很端正和虔敬,你具有一个诚实的女人应当具有的才能,你的相貌也是很好看的,不过你是很贫穷的,你有最珍贵的财产,但是你没有人们最重视的财产。因此,你只能够希望得到你可能得到的人,而且在决定你的高尚的心愿的时候,你不能够根据你的意思或我们的意思,而必须根据人们的舆论。如果说问题只在双方的品德要相等的话,那我们就没有理由来限制你的愿望;但是绝不能够使你的愿望超出了你的财产可能达到的范围，同时不要忘记你的财产是很少的。尽管一个配得上你的男子不至于把财产上的不平等看成是婚姻的障碍，但是你应当考虑到他未曾考虑到的问题；苏菲，必须效法你的母亲，只能够同一个以娶你为荣的男子结婚。你没有看见过我们富裕时候的光景，你是在我们已经贫穷的时候出生的，有了你，我们觉得贫穷的生活也很甜蜜，你跟我们一同度过了困难的日子而没有叫过一声苦。苏菲，你要相信我所说的话，千万不要去追求我们感谢老天爷从我们手中夺去的那笔财产；我们只有在失去那些财富之后，才真正领略到幸福的甜蜜。

“你是那样的可爱，所以任何人都不能不喜欢你；你虽然很贫穷，但并不是贫穷到竟使一个正直的男子觉得有了你反而是一个累赘。有一些人将向你求婚，不过这些人也许是配不上你的。如果他们是老老实实地以本来的面目出现在你的面前的话，你是可以看出他们真实的品德的，他们浮夸的做法是不可能长久地瞒住你的；不过，尽管你有很好的判断力，尽管你能够看出他们的品德，但是你毕竟缺乏经验，你不懂得世人的伪装有多么巧妙。一个狡猾的坏人很可能对你的爱好进行一番研究，以便想办法来引诱你，在你的面前吹嘘他有种种的美德，其实他是没有那些美德的。苏菲，也许你还来不及发现你上了他的当，你就被他毁灭了，等到你发现你的错误的时候，已经是悔之不及了。我们的感官给我们造成的陷阱是最危险的，而且也是我们的理性很难避免的；万一你不幸而掉入了这个陷阱，则你所看到的便都是虚幻的情景，你的眼睛将感到迷惑，你的判断的能力也无法发挥，你的意志将受到败坏，你甚至还觉得你所犯的错误是值得艳羡的；这时候，即使你了解到那是不对的,你也舍不得改正了。我的女儿,我希望你听从你的理智,我不愿意你受你心中的倾向的摆布。只要你的头脑很冷静,你就可以判断你自己的行为;但是,一到你有了情人,你就必须争取你的母亲对你的关心。

"我现在向你提出一个既能表达我们对你的尊重又能证明我们之间的自然秩序的条件。习惯的做法是:父母替他们的女儿选择丈夫,而只是在形式上问她是不是同意。我们的做法要同习惯的做法完全相反,由你去选择,而只是在形式上征求一下我们的意见。苏菲,你要使用你的权利,你要自由地和明智地使用你的权利。应当由你自己去选择同你相配的人,而不能由我们去选择;不过,你在双方相配的条件方面是不是选错了,那就要由我们来判断,我们要判断你是不是在不知不觉中按照着你自己的愿望去选择的。出身、财产、社会地位和人们的舆论,我们是用不着去考虑它们的。你要选择一个诚实的男人,他的人品要能够使你感到喜欢,他的性格要同你的性格相适合;不管他是什么人,我们都愿意以这样的人做我们的女婿。只要他有干活的能力,只要他有好的品行和爱他的家,他就可以算是一个有相当的财产的人。如果他能以自己的美德使他的职业受到人们的尊重,他的社会地位就是很光荣的。即使全世界的人都责备我们,那有什么关系呢?我们所考虑的并不是别人是否赞同,而是你的幸福。"

读者诸君,我不知道这样一番话将对那些按照你们的方法培养起来的女子产生什么影响。至于苏菲,她对这一番话是无言回答的,羞怯和温柔的心使得她很难把她的想法加以表述;然而,我充分相信,这一番话将深深地刻画在她的心里;如果说对于人的决心是可以相信的话，那我们就应当相信这样一种决心了，即决心要成为一个值得她的父母尊重的人。

即使把事情说得坏一点：假定她的性情很急躁，觉得这样长时间的等待是一件很痛苦的事情，我认为，她的理智和她的常识、爱好、审慎，特别是童年时期在她心中培养的感情，是可以抵制她的急躁的心情和战胜她的感官的，即使不能战胜，至少也能抵抗一个很长的时期。她宁可做一个烈女而死，也不愿意因为嫁给一个没有品德的人，因为误选配偶而遭到种种痛苦，使她的父母感到伤心。正是由于她的父母让她享有完全的自由，因此她才更加注意于培养她的心灵，才更加苛于选择她的丈夫。尽管她像一个意大利女人那样热情，像一个英国女人那样敏感，但她在控制她的心情和感官方面却像一个西班牙女人那样自尊，在寻找情人的时候很不容易找到一个她认为是配得上她的人。

并不是所有的人都能意识到热爱诚实的事物就可以使人的心灵获得巨大的动力，意识到为人恳切和行为端正就可以使一个人从他的本身获得巨大的力量。有一些人认为一切伟大高尚的事物都是空幻的，这些人的卑微和邪恶的头脑永远也认识不到正是因为爱道德爱得入了迷，所以才能控制人的欲念。对于这些人，只能拿实际的事例去教育他们；如果他们硬不承认我所说的事例是正确的，那他们的结果是会更糟糕的。如果我告诉他们说苏菲并不是一个想象出来的人物，只不过她的名字是由我取的罢了；她所受到的教育，她的脾气和性格，甚至她的面貌，都是真真实实确有根据的，而且现在还有一个忠厚人家的人一回想到她就伤心流泪；毫无疑问，如果我这样向他们讲，他们对我所说的一切是不相信的；

不过，如果我把一个同苏菲这样相像的女孩子的故事在这里照实地讲出来，如果大家不感到奇怪，从而把这个故事看作是她的故事，那对我有什么妨害呢？大家相不相信这个故事是真实的，那没有什么关系；如果大家愿意的话，就把我讲的故事看作是虚构的小说好了，不过，我的意图是在于阐述我的方法，而我的目的终究是要达到的。

这个少女不仅具有我希望苏菲具有的那种气质，而且在许多方面也是那样地像苏菲，所以我们索性就用苏菲这个名字叫她，她也是当之无愧的；现在我就把这个名字给她好了。她的父母同她谈过了我在上面所记述的那一段话之后，觉得是不可能有求婚的人来到他们所居住的那个小村庄的，因此在有一年的冬天就把她送到城里的一个姑母的家中，并且把到城里去的目的秘密地告诉了她的姑母，因为自尊的苏菲在心灵深处是很骄傲的，是能够克制自己的情感的，不管她多么地需要一个丈夫，她也宁可终生不嫁，而不愿意由她去找他。

为了满足她的父母的愿望，她的姑母带着她去拜访别人的家，带着她进入社交场合和热闹的场所，让她看一看各种各样的人，或者说得更确切一点，让各种各样的人看到她，因为苏菲对所有那些狂欢狂乐的事情是根本不感兴趣的。她的姑母发现，她见到那些容貌俊秀举止稳重的青年并不躲避。她那种端庄的样子，本身就有吸引他们的魅力，其效果同撒娇卖俏是差不多的；但是，她同他们谈过两三次话之后，便不理睬他们了。不久以后。她就改变了这种似乎是硬要人家膜拜的神气，而代之以比较谦和的态度和冷冷淡淡的礼貌。她经常是十分注意自己的行为的，她绝不让他们找到一点点为她效劳的机会，这一切就充分地说明了她不愿意做他们当中的任何一个人的妻子。

聪明有识的人是不喜欢闹闹嚷嚷、玩玩乐乐的事情的，只有那些没有思想的人才喜欢这种无聊的事情，才认为糊糊涂涂地过日子是幸福的。由于苏菲找不到她所要寻找的人，很失望地发现她所见到的人不过如此，所以她对城市便感到厌腻。她深深地爱她的父母，任何东西都不能够消除她因为见不到他们而感到的苦恼，任何东西都不能够使她忘记他们；因此，预定的回家的日期还没有到，她很早就提前回家了。

当她回到父母的家里又重新做她原来所做的那些事情时，大家就发现：尽管她还保持着她原先的做法，但是她已经改变了她的心情。她显得精神涣散，急躁不安，忧忧郁郁，精神恍惚，而且还时常躲在一边哭泣。起初，大家还以为她有了情人，因此才感到不好意思；可是一问她，她又极力否认。她说她根本就没有看见过一个能够打动她的心的人，苏菲是从来不撒谎的，从来是说实话的。

她愈来愈显得憔悴，她的健康开始败坏。她的母亲对这种变化很感不安，决定要弄清楚其中的原因。她把苏菲带到一边，用那种只有温柔的母亲才有的疼爱和动人的语言说："我的女儿，我在我的腹中孕育过你，我心里无时无刻不是想到你的，所以你要把你的秘密向你的母亲诉说。有什么秘密的事情不能让母亲知道的呢？除了你的父亲和我以外，谁能同情你的痛苦，谁能分担你的痛苦，谁能减轻你的痛苦？啊！我的孩子，你愿意让我为你的痛苦整天操心，而不让我知道你的痛苦究竟是怎样一回事情吗？"

年轻的苏菲不仅不隐瞒她的忧虑和痛苦，反而认为母亲来安慰她和做她的知心人实在是再好不过的事情；不过，由于她感到羞怯，所以不好意思讲，不知道用什么话来描述那种同她极不相称的情形，尽管她竭力控制自己，结果仍然是感官激动，心绪不宁。最后，还是她那种羞怯的样子提醒了她的母亲，她使她吐露了她心中难过的原因。她的母亲不仅不无端地责备她，反而给她以安慰和同情，搂着她哭泣。她的母亲极其贤明，绝不会把她的痛苦看作是犯罪，因为，正是由于她本身素重道德，所以才使她这样伤心的。既然要解除这种痛苦是极其容易的，而且又是合法的，那么，我们要问，她为什么要这样毫无必要地忍受这种痛苦呢？她为什么不运用他们赋予她的自由？她为什么不接受人家的求婚？她要什么人才中意？难道说她不知道她的命运可以由她自己独立地掌握，而且，不管她选择什么人，她的父母没有不同意的，何况她所选择的人一定是一个诚实的人呢？她的父母把她送到城里去，可是她不愿意留在那里；曾经有好几个人来向她求婚，她都拒绝了。她还在等待什么呢？她还有什么要求呢？这种矛盾真是令人难以解释！

其实，其中的道理是很简单的。如果说问题只是在于找一个年轻的伙伴，那马上就可以选择一个人的；不过要选择一个终生的伴侣，就不是那么容易的；何况双方都要互相选择，所以必须等待，而且往往在找到一个可以终生相处的人以前，不能不白白地浪费一些青春。苏菲的情况就是这样的，她需要一个情人，而且这个情人是配做她的丈夫的；不过，说到要称她的心意的话，那样一个情人和那样一个丈夫差不多都是同样难找的。所有那些漂亮的青年，只是在年纪上同她是相当的，至于在其他方面，那就不相当了；

由于他们显得很轻浮、爱好虚荣和说杂七杂八的废话，而且一举一动都没有规矩，互相模仿那种装腔作势的样子，所以她很不喜欢他们。她要寻找的是一个人，可是所遇到的尽是猴子；她要找一个高尚的灵魂，可是一直没有找到。

"我是多么不幸啊！"她对她的妈妈说："我需要寄托我的爱情，可是找不到一个我所喜欢的人。那些人尽管引起了我的注意，但是我的心是讨厌他们的。我还没有见到过一个使我产生而不使我打消希望的人；相爱而不相敬，是不能持久的。唉！这样的人，你的苏菲是不要的！她所喜欢的人的形象早就深深地刻画在她的心里了。她只爱这样一个人和使他得到幸福，而她也只有同他在一起才能过愉快的生活。她宁可虚度年华，宁可不断地同自己的感情斗争，宁可痛苦地然而是自由地死去，也不愿意同一个她不喜欢的人在一起，使自己灰心失望、极度痛苦；她宁愿死，也不愿意活受罪。"

苏菲的母亲听了这些话便大感惊异，她认为苏菲的这些想法是太奇怪了，所以使她不能不怀疑这当中必然有某种秘密。苏菲从来不是一个装腔作势的可笑的人。既然从小就对她进行了种种教育，以便使她将来能够适应同她一起生活的人，能够把必然要做的事情看作是好事，那么，她为什么又会产生这种过分挑剔的想法呢？她对这个可爱的人是这样地着迷，而且在话里一再地谈到他，因此使她的母亲猜想：她之所以这么任性，必然还有她所不知道的原因，她心里的话还没有全部说完。这个可怜的女孩子沉浸在她秘密的痛苦中，巴不得能够找到一个人，向他吐露真情。她的母亲催促她讲，她还显得有些犹豫；最后她竟沉默不语，一言不发地走了出去，过了一会儿才走回来，手里拿着一本书说："可怜你不幸的女儿吧，她的痛苦是没有办法医治的，她的眼泪是永远也流不完的。你想知道这当中的原因，唉！原因就在这里。"她一边说一边把书扔在桌子上。她的母亲把那本书打开一看，原来是一本《太累马库斯奇遇记》[1]。起初她的母亲还不懂得这个谜，经过一番盘问之后，最后才惊奇地（这种惊奇的心情是很容易理解的）从她女儿含含糊糊的回答中发现，她的女儿一心要做欧夏丽[2]的情敌。

苏菲爱太累马库斯，而且对他的爱情的热烈是没有什么东西可以阻止的。当她的父亲和母亲一知道她这种狂热的爱以后，就笑了起来，并且充分相信他们可以讲一些道理使她的头脑恢复清醒。他们的想法完全错了，因为不只是他们才能讲出一番道理，苏菲也有她的道理，而且能够用她的道理去说服他们。她有好几次把他们说得哑口无言，用他们自己的道理去反驳他们，给他们指出这些痛苦都是他们造成的，说他们培养她的目的本来就不是为了嫁给一位这个时代的人，说要么她必须采取她的丈夫的思想方法，否则她就要他采取她的思想方法，说由于他们对她的教养，已经使

---

[1] 《太累马库斯奇遇记》是费讷龙在1699年发表的一本小说，表面上是为了教育路易十四的孙子布果涅公爵写的，实际上是通过对异国风土人情和政治设施的描述，批评路易十四和在他统治下的法国的种种社会弊病。

太累马库斯是希腊神话中伊撒克王尤利西斯的儿子。当他的父亲去参加特洛伊战争的时候，太累马库斯还是一个小孩子。后来，他长大成人以后，就在他的老师门特的指导和陪同下，出国去寻找他的父亲。

[2] 欧夏丽，其前身即《奥德赛》中峨吉矶岛上的女神卡利普索。尤利西斯的船遇难后，卡利普索把他接到岛上去住了七年。在《太累马库斯奇遇记》中，卡利普索又以"欧夏丽"的名字出现，迎接尤利西斯的儿子。关于太累马库斯和欧夏丽相遇和相爱的故事，参看《太累马库斯奇遇记》，第7卷。

她认为要她采取她的丈夫的思想方法是不可能的，因此必须要她的丈夫按照她的思想方法去做。她说："假使有一个具有我这种想法的人，或者有一个我可以使他采取我这种想法的人，我就同他结婚；不过在没有找到这样一个人以前，你们为什么要责备我呢？你们应当同情我。我是心里有痛苦而不是发了疯。人的心不是以意志为转移的吗？这不是爸爸亲口说过的吗？如果没有我所爱的这样一个人，那能怪我吗？我不是一个好空想的人，我并不是想嫁给一个王子，我不是在寻找太累马库斯，我知道太累马库斯是一个虚构的人物，我所寻找的是一个同他相像的人。既然世界上有了我，而我觉得我的心和他的心又是这样的相像，那么，怎么会没有他呢？不，不要这样看不起人类，不要以为一个可爱的和有道德的人完全是幻想出来的。他是生存在这个世界上的，也许他也在寻找我，他要寻找一个爱他的心。不过，他是谁呢？他在什么地方呢？这些我都不知道，在我所遇到的那些人当中，是没有这样一个人的；毫无疑问，在我将来遇到的人当中，也是见不到他的。啊，我的母亲！你为什么要使我这样地爱美德？如果说我只爱美德而不爱其他的东西的话，那不能怪我，而应当怪你。"

我是不是会把这个伤心的故事讲到最后说它以悲惨的结局告终呢？我是不是要说它在悲惨的结局发生以前有一连串的斗争呢？我会不会把那位母亲描写成一个没有耐心的人，描写她一改当初疼爱女儿的样子而变得很严峻呢？我会不会说那位父亲竟大发雷霆，忘记了他当初的信约，把一个最有品德的女儿当成疯人呢？最后，我会不会描写这个可怜的女孩子尽管是因为爱一个臆想的人物而遭到父母的迫害，但她反而更加爱那个臆想的人物，因此她将慢慢地走向死亡,在正是应当把她引到圣坛举行婚礼的时候,她反而掉进了坟墓呢? 不,所有这些凄惨的事情,我都要加以抛弃。我用不着那样去描写,我无须用我认为是如此动人的一个例子来说明。尽管由于我们这个时代的风俗使人们产生了许多偏见,但在爱善和爱美方面女子并不比男人差,在大自然的培育之下,她们也能够像我们一样做种种的事情。

说到这里,也许有人会打断我的话头问我:是不是大自然硬要我们花那么多气力去克制我们放纵无度的欲望。我的回答是:不,而且我们之所以有这样多放纵无度的欲望,也不是大自然赐予我们的。只要不是它赐予我们的东西,都是同它相违背的,这一点,我已经证明过千百次了。

现在,让我们把苏菲还给爱弥儿,让我们使这个可爱的女孩子复活起来,使她的想象力不再是那样的奔放,然而要使她的命运更加幸福。我要描写一个普通的女人,由于我要培养她的灵魂,所以我扰乱了她的理智,连我自己也走入了歧途。现在,我们要回到我们原来的道路。苏菲在平凡的心灵中也只有一种良好的天性,而她胜过其他妇女的地方是受过良好的教育。

我准备在这本书里阐述一切可能做到的事情,以便让每一个人按他的理解在我所说的好事情中去加以选择。一开始,我就曾经想到从小就对爱弥儿的伴侣进行培养,要为爱弥儿培养她,同时也要为她而培养爱弥儿,而且还打算把他们两个人放在一块儿培养。不过,一加考虑之后,我就发现这样过早地安排是不好的,而且,在没有弄清楚他们的结合是不是合乎自然的秩序,没有弄清楚

他们之间是不是有适合于结合的条件之前，就预先确定这两个小孩将来要匹配成婚，那是十分荒唐的。我们不能把在野蛮的状态下是自然的事情，和在文明的状态下是自然的事情混为一谈。在前一种情况下，任何一个妇女对任何一个男人都是适合的，因为男人和女人都只是具有原始的和共同的个性；而在后一种情况下，由于每一个人的性格受各种社会制度影响而得到发展，由于每一个人的思想不仅是因为他所受的教育，而且还因为天性和教育之间正确的或错误的配合，使人形成了特有的个性，因此，男女双方要进行选择的话，便只有把他们互相介绍，让他们自己看一看在各方面是不是彼此相宜，或者，至少让他们作出对彼此都最为适合的选择。

不幸的是，社会生活一方面发展了人的性格，另一方面也使人分成了等级；由于性格的发展和等级的划分是不一致的，所以等级的划分愈细，不同等级的人便愈容易混淆。正是由于这个原因，才产生了许多不相配称的婚姻和败坏秩序的事情；很显然，人们愈不平等，自然的情感就愈容易败坏；等级的差距愈大，婚姻的联系便愈松弛；贫富愈悬殊，父亲和丈夫便愈是没有恩情。不论是主人或奴隶，他们都不再爱他们的家了，他们所看重的是他们的等级。

如果你想防止这些弊病和获得美满的婚姻，你就必须摒弃偏见，必须把人类的社会制度忘得一干二净，而只按照大自然的意思去做。如果一个男人和一个女人只是在一定的条件下是相配的话，那他们是不能结婚的，因为将来条件一变，他们彼此就不再相配了；但是，如果两个人不论是处在什么环境，不论是住在什么地方，不论是占据什么社会地位，都是彼此相配的话，那他们就可以结成夫妻了。我的意思并不是说在婚姻问题上可以不考虑社会关系,我的意思是说自然关系的影响比社会关系的影响要大得多,它甚至可以决定我们一生的命运,而且在爱好、脾气、感情和性格方面是如此严格地要求双方相配,所以一个贤明的父亲(即使他是国王或君主)不应当有丝毫的犹豫,必须为他的儿子娶一个在这些方面相配的女子,尽管那个女子是出生在一个不良的人家,尽管她是一个刽子手的女儿。是的,我认为,这样一对彼此相配的夫妇是经得起一切可能发生的灾难的袭击的,当他们一块儿过着穷困的日子的时候,他们比一对占有全世界的财产的离心离德的夫妻还幸福得多。

因此,我没有在爱弥儿幼小的时候就给他选定一个妻子,我等待着,要为他找一个同他相配的人。其实,根本就不是我这样主张,而是大自然这样主张的;我的任务只是去发现大自然替他选择的配偶罢了。我之所以说是我的任务而不说是他的父亲的任务,是因为他的父亲在把他交给我的时候,就同时把父亲的地位让给我了,并且把父亲的权利也交给我了,爱弥儿的真正的父亲是我,是我把他教养成人的。如果我不能按照自然的选择,也就是说按照我的选择为他主持婚事的话,我也许已经拒绝担任培养他的工作了。我感到快乐的是:我使他成了一个幸福的人,这种快乐可以补偿我为了使他成为这样一个人而花费的许多心血。

但是,不要以为我在替爱弥儿寻找配偶这件事情上一直是很拖延的,不要以为我会拖延到叫他自己去寻找她。我之所以要这样叫他去寻找一番,只不过是借此机会使他对妇女有所认识,以便他能够了解同他相配的那个女人有哪些优点。苏菲早就是找到了的，也许爱弥儿已经看见过她了；不过，只有在时机成熟的时候他才能够认识她。

尽管在婚姻问题上并不是非要双方的社会地位相等不可，但是，如果双方的社会地位相等，再加上他们在其他方面也相配，那么，平等的社会地位就可以使其他相配的因素具有更多的价值；相等的社会地位是不能抵消任何一个相配的因素的，但是，如果双方在各个方面都是相等的话，那他们是否适于结婚，就要看他们的社会地位是否相等了。

即使一个人是君主，他也是不能想娶什么等级的女人就娶什么等级的女人的，因为，尽管他没有偏见，但别人有偏见，所以，虽然一个女子同他是相配的，他也将碍于人们的偏见而不娶她的。因此，一个贤明的父亲在为他的儿子选择女人的时候要采取谨慎的做法，要受到限制。他不要想为他的儿子攀一门门第比他们高的亲事，因为这是不能由他做主的。即使可能的话，他也不应当去高攀；因为高贵的门第对年轻人，特别是对我所培养的这个年轻人来说，有什么好处呢？如果这个年轻人果真高攀了一门亲事，则他本身将遭遇千百种痛苦，终其生都将受害的。我特别要提到的是，像高贵的地位和金钱这样一些性质不同的事，是不可能弥补他的损失的，因为它们给他带来的好处，还不如他从它们当中受到的害处多；而且，即使你想使好处和害处两相平衡也是不可能的，何况每一个人都为自己打算，结果势必给两个家庭，甚至给两夫妻埋下倾轧不和的伏机。

一个男人同比自己高贵或比自己低微的家庭联姻，对婚姻之是否美满是有很大的关系的。同比自己的等级高的女人结婚，是完全不合道理的;同比自己等级低的女人结婚是比较合理的。既然一个家庭只能通过它的家长和社会发生联系,所以家长的社会地位是可以决定全家人的社会地位的。当他同一个等级比他低的女人结婚的时候,一方面他既没有降低自己的身份,另一方面又提高了他的妻子的身份;反之,如果同等级比他高的女人结婚,他既降低了他的妻子的身份,而自己的身份也一点都没有得到提高。所以,同等级比自己低的女人结婚有好处而无坏处,同等级比自己高的女人结婚有坏处而无好处。再说,按照自然的秩序来看,妇女也是应当服从男子的。因此,如果他娶一个等级比他低的女人的话,自然的秩序和社会的秩序便彼此吻合,万事都很顺利。但是,如果他娶了一个等级比他高的女人,情况就恰恰相反了;他就必须在后面这两种情况之间选择其一:不损害他的权利就损害他的恩情,不做负义的人就做受轻贱的人。在这种情况下,女人必然要觊觎男人的权威,必然要作威作福地对待男人;这样一来,家长反而变成了奴隶,变成了人类当中最可笑和最可轻的人。同亚洲国家的皇帝的女儿结亲的人,就是这样一副可怜相:他一方面因同皇家联姻而感到光荣,另一方面也因此而受到种种的折磨,据说,他们去同妻子睡觉的时候,也只能够从床脚那一边上床的。

我想,有许多读者一回忆起我曾经说过女人天生就是有一种驾驭男人的才能,就会责备我在这里又说出自相矛盾的话了;他们把我的意思完全弄错了。拥有指挥的权利和管束指挥的人,这两件事情是完全不同的。女人管束男人的方法是用温情去管束,是用巧妙的手腕和殷勤的态度去管束;她是采取关心男人的方式去命令男人做事的,她是采取哭泣的方式去吓唬男人的。她应当像一位大臣那样统治他的家，从而才可以想做什么就命令男人去做什么。从这一点上说，我可以担保，凡是治理得井井有条的家，也就是女人最有权威的家。但是，如果她不理解她的男人的思想，如果她想窃取他的权利，想对他发号施令的话，就会把一个家庭弄得乱七八糟，造成许许多多痛苦和可羞可耻的事情的。

所以，要选择的话，就只能够在同自己的等级相等和低于自己的等级的人之间加以选择；我认为，在选择后者的时候，还需要受到某些限制，因为在下层社会的人群中是很难找到一个能够使诚实的男人得到快乐和幸福的女人的。其所以如此，并不是由于下层社会的女人比上层社会的女人坏，而是由于她们没有善和美的观念，是由于上层社会的人做了许多不正不义的事情，从而使她们竟把她们的种种恶习也看作是正当的行为。

人类本来是不大用脑筋思想的，正如他学会了其他的艺术一样，用脑筋思想也是他后来才学会的，不过是经过了一番困难才学会的。无论就男性或女性来说，我认为实际上只能划分为两类人：有思想的人和没有思想的人；其所以有这种区别，差不多完全要归因于教育。有思想的男人是不应当同没有思想的女人结婚的，因为，如果他娶了这样一个女人的话，他就只好一个人单独去用他的思想，从而便缺少那种共同生活中的最大的乐趣。成天为生活劳碌的人，他们心中所想的完全是他们的工作和利益，他们的精神似乎全都灌注在他们的两只胳臂上了。这种无知的状态是无碍于他们的诚实和道德的，反而常常还有助于他们的诚实和道德；我们对于我们的天职往往是想得多，但结果只是说了一番空话而不实行。良心是哲学家当中最明智的哲学家，为了要做一个忠厚的人，倒不一定先要把西塞罗的《论职分》这本书研究一番；世界上最诚实的妇女也许是最不明白什么叫诚实的。千真万确的是：只有同有教养的人交往才有乐趣；一个做父亲的人即使很喜欢他的家，但如果在家里的时候只有他自己才了解他自己，如果他心里的事情谁也不明白的话，这确实是大煞风景的。

此外，一个女人如果没有运用思想的习惯，她又怎能培养她的孩子呢？她怎能判断什么事情是适合于她的孩子去做呢？连她自己都不懂得什么是美德，她又怎能教她的孩子去爱美德呢？她只会宠爱或吓唬孩子，不把孩子们养成专横的人便会把孩子们养成胆怯的人，不把孩子们养成模仿大人的猴子便会把他们养成鲁莽的顽皮儿童，在她手里是不可能养出聪明可爱的儿童的。

因此，一个受过教育的男人是不宜于娶一个没有受过教育的女人的，他不应该到没有受教育机会的阶层中去选他的妻子。不过，我倒是十分喜欢朴实和受过粗浅教育的女子，而不喜欢满肚皮学问和很有才华的女子的，因为她将把我的家变成一个由她主持的谈论文学的讲坛。对丈夫、孩子、朋友、仆人以及所有其他的人来说，有才华的女人都是灾祸。由于她认为她有很高的才情，所以她看不起妇女们应尽的天职，并且硬要照德朗克洛小姐那样把自己变成一个男人。她一到社会上去，就会做出许多可笑的事情，使自己受到人家理所应当的批评，因为，一方面只要她不守她的本分，她就一定要变成一个可笑的和受人家批评的人，另一方面她想学男人的样子也是学不会的。一个有大才的女人是只能够吓唬傻瓜的。我们知道当她们作画或做文章的时候，实际上是有另外一个男画家或男朋友在替她们执笔的，有一个不露面的文学家在暗中指点她们的。一个诚实的妇女才不屑于搞这种吹牛的骗人的花招咧。即使她有一些真正的才能，但要是她自命不凡的话，那也是有害于她的才能的。她的尊严在于不为人知，她的光荣在于她的丈夫对她的敬重，她的快乐在于她一家人的幸福。读者诸君，我要请你们自己去判断，请你们老老实实地告诉我，当你们走进一个女人的房间的时候，是什么东西使你们对她作出更高的评价，是什么东西使你们怀着敬意走到她的身边；是看见她忙于针线活儿，忙于料理家务，周围摆满了孩子的衣服，还是看见她在梳妆台上作诗，周围是各种各样的小书和五颜六色的小纸片，更使你们对她心怀敬意？要是地球上的男人个个都是头脑很清醒的话，这样一种满肚皮学问的女子也许会终其身都是一个处女咧：

> "嘉拉，你问我为什么不愿意娶你吗？因为你说话太斯文了。"①

谈了以上几点之后，就应该谈一谈女人的相貌了。首先引起我们注目的是相貌，然而我们应当放到最后才考虑的也是相貌，不过，我们不能因此就说相貌好不好是不要紧的。我觉得，不仅不应当追求而且还应当避免讨一个花容月貌的女人做妻子。当你一占有了一个女人的时候，你不久就会觉得她的姿色是不美的；六个星期之后，尽管在你看来她的姿色不过如此，但只要她这个人还存在，她就会给你带来许多的危险。除非一个美丽的女人是天使，否则她的丈夫将成为人类当中最痛苦的人；再说，即使她是一个天使，她怎能不使他时时刻刻都处在敌人的包围之中呢？如果说极其丑陋的相貌不是那么令人厌恶的话，我倒是宁可选极其丑陋的

① 马希埃利斯：《讽刺诗》，第11篇，第20节。

女人而不选极其美丽的女人的；因为，用不着过多久的时间，丈夫就会觉得美或丑是无所谓的，美人会招来麻烦，而丑陋的人反而会带来好处。不过，如果丑得令人讨厌的话，那就最糟糕不过了；讨厌的感觉不仅不会消失，而且会不断地增加，以致最后会变成怨恨的。这样的婚姻无异于是地狱，娶了这样的女人，还不如死了的好。

对一切事物，都求它一个中等；就拿美色来说，也不例外。清秀而楚楚可人的容貌，虽然不能引起你的爱恋，但能讨得你的喜欢，所以我们应当选择这种容貌；这种容貌的女人一方面对丈夫既没有什么损害，另一方面对双方都有好处。温雅的风度是不会像姿色那样很快就消失的，它是有生命的，它可以不断地得到更新；一个风度温雅的女人在结婚三十年之后，仍能像新婚那天一样使她的丈夫感到喜悦。

正是因为考虑到这几个方面，所以我才选择了苏菲。她也像爱弥儿那样是一个大自然的学生，她长得比任何一个女子都更配得上他，她就是他将来的妻子。她在出身和各种长处方面同他是相等的，而在财产方面则比他略逊一筹。乍看起来她并不漂亮，但你愈看就愈觉得喜欢。她巨大的魅力是逐渐地发生作用的，而且是要同她亲密相处才能看得出来的，在世界上只有她的丈夫才能最深刻地体会这一点。她所受的教育既不深也不浅，她有一些无一定目的的爱好，有一些缺乏技巧的才艺，有一定的判断能力，但她的知识还不够多。她心中没有什么学问，但是她受过研究学问的训练，好比一块经过仔细耕耘的土地，只要你播下种子，就一定有收成的。除了巴勒姆做的算术书和偶然落在她手中的《太累马库斯奇遇记》以外，她就没有读过其他的书；但是，一个能对太累马库斯表示深情厚爱的女孩子，难道还会具有一颗无情的心和缺乏智力的头脑么？啊，可爱的天真的姑娘！将来要担任她的教师的人是多么幸福！她不是她的丈夫的老师，而是他的学生，她不仅不硬要他按照她的兴趣去做，而且自己还愿意照他的兴趣去做。要是她是一个女学士的话，她还不如她现在这个样子对他更有用处，他将来是很愿意教导她的。他们见面的时刻终于到来了，我们赶快设法使他们相会吧。

我们怀着忧郁和沉思的心情离开巴黎。这个乱哄哄的城市不是我们活动的中心。爱弥儿对这个大城市轻蔑地瞟了一眼，以愤懑的语气说："我们在这里枉自寻找了好些日子！啊！我称心的妻子是不会在这里的。我的朋友，这一切你是知道得很清楚的，可是你对我的时间一点也不爱惜，你对我的痛苦一点也不动心。"我两只眼睛紧紧地注视着他，很冷静地对他说："爱弥儿，你想一想你说的这些话对不对？"他一下子就蹦过来抱着我的脖子，表现很难过的样子，紧紧地搂着我，一句话也没有说。当他发现他做错了事情的时候，他总是这样表白他的心的。

我们走过原野，真是像两个游侠，不过，我们并不是像他们那样为的是去闯江湖、历奇险；恰恰相反，我们是采取离开巴黎的办法，避免遇到那些奇怪的事情；然而我们还是要仿照他们那样东游西荡，飘忽不定，时而快速前进，时而缓步慢行。由于他是按照我的办法培养的，所以他能够领略这当中的旨趣，我想，没有哪一个读者会那么呆板，以为我们两个人会在一辆门窗紧闭的舒适的驿车中打盹儿，什么都不看，什么都不瞧，从起点到终点这一段路等于白过，在趱程前进中反而浪费了我们本来想节省的时间。

人们说生命是很短促的，我认为是他们自己使生命那样短促的。由于他们不善于利用生命，所以他们反过来抱怨说时间过得太快；可是我认为，就他们那种生活来说，时间倒是过得太慢了。由于他们时时刻刻都在想望一个目标，所以他们常常是那样伤心地看到他们和目标之间隔着一段距离，这个人希望明天怎样生活，那个人希望下个月怎样生活，另一个人又希望十年以后怎样生活，其中就没有哪一个人在那里考虑今天怎样生活，没有哪一个人满足于当前这一小时的情景，所以大家都觉得这一小时实在是过得太慢了。他们抱怨说时间过得太快，这完全是胡说；他们是自己愿意花钱去促使时间加速流过的，他们是自己愿意用他们的财产去消耗他们的生命的；其实，如果一个人能够随意消除他所感到的烦恼，能够随意消除他那种使他急切等待他所想望的时刻尽快到来的心情，如果能够做到这些的话，也许大家都是愿意把寿数缩短成几个小时的。从巴黎跑到凡尔赛，从凡尔赛又跑到巴黎，从城市走到乡村，从乡村又回到城市，从这个区走到那个区，他一生的一半的时间就是这样消磨的，要是他没有这么一套浪费时间的秘诀，特地把自己的事情放下来，然后又忙忙碌碌地去找事情做，也许他还拿着他的时间发愁哩。他认为这样是争取时间，不这样，就不知道怎样做才好；恰恰相反，他是为了奔波而奔波，坐驿车来的目的只是为了照样跑回去。世人啊，难道说你们硬要不断地毁谤自然么？既然人生不可能按照你们的心意尽量缩短，你们为什么又要抱怨它太短促呢？如果在你们当中有一个能节制欲望的人，不希望时光赶快流过的话，那他是一点也不觉得人生太短促的；在他看来，生活和享乐是同一回事情；即使他年纪很轻就死去了，他也是活够了他的天年才死的*。

即使说我的方法只有这么一点好处，我也愿意单单因为这点好处而采取我的方法，不采取其他的方法。我之所以培养爱弥儿，并不是为了叫他希望或等待什么未来，而是为了使他享受现在；当他的希望超过了现在的时候，他的心情也没有那么着急，绝不会抱怨说时间过得太慢了。他不仅要享受希望的乐趣，而且还要享受去寻求他所希望的目标的乐趣；而他的欲望是这样的有节制，以致他享受现在的乐趣都享受不完，哪里还会再想望什么未来。

因此，我们在路上不是像驿夫那样追赶路程，而是像旅行家似的沿途观赏。我们心中不只是想到一个起点和终点，而且还想到起点和终点之间相隔的距离。对我们来说，旅行的本身就是一种乐趣。我们沿途并不像两个囚犯那样忧忧郁郁地坐在一辆关得严实的小笼子里。我们也不像女人那样舒舒服服地走一阵歇一阵。我们要冒着大风，要观赏周围的景物，爱看什么就看什么。爱弥儿从来不到驿站上去坐下休息，而且，除非是为了赶路，他也绝不坐驿车。不过，爱弥儿怎么会有赶路的理由呢？理由只有一个，那就是享受生活。除此以外，我还可以补充这样一个理由，即只要可能，是不是做一些有意义的事情？是的，因为做有意义的事情，其

* “把每时每刻都用在自己的事业上的人，是不想望明天……也不害怕明天的。这就是为什么不论寿数多少，对他来说都是足够的；当末日来临的时候，睿智的人会毫不犹豫地去迎接死亡。”见塞涅卡：《论生命的短促》，第7、11章。

本身就是对生活的享受*。

就我所知，只有一个办法比骑马旅行还要愉快，这个办法就是步行。我要走就走，要停就停，爱走多少路就走多少路。我可以观察各地的风土人情，我爱向左走就向左走，爱向右走就向右走；我觉得什么东西有趣味就去看什么东西，凡是风景优美的地方我就停下来欣赏欣赏。遇到小溪，我就沿着它的岸边漫步；遇到茂密的森林，我就到树荫下去乘凉；遇到岩洞，我就进去看一看；遇到矿场，我就去研究它含的是什么矿物。我觉得哪个地方好，我就在哪个地方歇息。歇息够了，我就继续前进。我既不依靠马匹，也不依靠马夫。我用不着非走大道不可，也用不着硬要选平坦的小路；只要一个人能够走过去，我就可以从那里走；凡是一个人能够看的东西，我就可以去看，我可以随心所欲地享受完全的自由。如果天气不好，不能前进，或者，如果我走累了，我就骑马。如果我太疲乏了……可是爱弥儿是永远也不觉得累的，他的身体很壮，所以，他怎么会感到疲乏呢？他是一点也不着急的。即使他停了下来，哪里就能说他感到厌腻了呢？他到处都能找到一些有趣的事情。他可以走进一个手工匠人的家，去为他干活，他可以借这个锻炼胳臂的机会歇一歇他的脚。

要徒步旅行，就必须仿照塞利斯❶、柏拉图和毕达哥拉斯那样

---

* “我觉得，旅行是一种有益的运动……如果认为走右边那条路不舒服，我就走左边那条路。如果我有什么东西漏看了，我就再回头去看一看；我总是往前走的……大多数人都是原路去原路回来；他们悄悄地坐在车子里，不同外界接触，生怕自己沾染了什么新鲜的空气。”蒙台涅：《论文集》，第 3 卷，第 9 章。

❶ 塞利斯(公元前 640—前 546)，古希腊哲学家和数学家，自发的唯物主义的米利都学派的奠基人。

去旅行。我很难想象一个哲学家会采取另外一种旅行的方式，不去研究摆在他脚下和眼前的琳琅满目的东西。凡是对农业有一点兴趣的人，谁不想研究一下他所经过的地方有哪些特产和哪些耕作的方法？喜欢自然科学的人，见到一块土地哪有不去研究的？见到一块岩石哪有不去敲它几下的？见到丛山哪有不去采集植物的？见到乱石哪有不去寻找化石的？待在城市里的博物学家在研究室里研究自然科学，他们也收集了一些标本，知道那些东西的名称，可是就是不了解它们的性质。爱弥儿的研究室里的东西比国王的研究室里的东西还丰富得多，他的研究室就是整个的地球，每一种东西在那里都安排得恰到好处，主管这个研究室的自然科学家把一切东西都摆得很有条理，即使是多邦通[1]也不见得能比他做得更好。

用这样一种美好的办法旅行，真是其乐无穷！何况它还能增进健康，使人心情愉快哩。我经常发现那些坐着舒服的马车旅行的人，在车子里沉思梦想，忧忧郁郁，满腹牢骚，受了许多的罪；而徒步旅行的人反而轻松愉快，觉得一切都是很如意的。当我们快要走到过夜住宿的地点时，我们的心里是多么痛快！一顿简单的晚餐吃起来是多么有味！进餐的时候心里是多么快乐！在一张木板床上睡觉是多么香甜！如果你的目的只是想到某一个地方去，你当然可以坐驿车，但是，如果是为了旅行游历，那就要步行了。

如果照着我所说的这个办法旅行了五十英里，爱弥儿还没有忘掉苏菲的话，那就表明：也许是我的做法不够巧妙，否则就是他

[1] 多邦通(1716—1800)，法国博物学家，百科辞典派学者之一。

没有一点儿好奇心；因为，由于他已经有了许多的基本知识，所以他是不会不把他的心用去追求更多的知识的。一个人的好奇心同他所受的教育是成比例的；爱弥儿受教育恰恰已达到希望学习更多的东西的时候了。

我们看了一个地方又想看另外一个地方，我们继续不断地前进。我把我们第一次行程的终点定得很远。要把终点定得很远，是很容易找一个借口的，因为我们之所以从巴黎出来，就是为了到远方去寻找一个妻子。

有一天，我们比平常多赶了些路程，走入了不辨路径的群山和幽谷之中，迷失了前进的道路。没有关系，随便走哪一条路都可以，只要能达到终点就行了；不过，我们的肚子饿了，总得找一个地方吃东西呀。幸运得很，我们找到了一个农民，他把我们带进了他的茅屋；我们津津有味地吃完了他给我们做的那一顿简便的晚餐。当他发现我们这样疲劳和这样饥饿的时候，他对我们说："如果上帝把你们引到了山那边的话，你们也许还可以受到更好的招待咧……你们将找到一个忠厚的人家……将找到乐善好施的人……找到极其善良的人！……这并不是说他们的心比我的心更好，而是说他们比我更富裕，而且据人家说，他们在从前比现在还要富裕哩……谢谢上帝，他们现在也不算穷，这一乡的人都领受到了他们剩下来的那一点财产的好处。"

一听说有善良的人，爱弥儿的心就高兴起来了。他望着我说道："我的朋友，我们到那里去吧；这附近的人都因为有这一家人而得了福，我很乐意去拜访这一家的主人，也许他们也是很喜欢看到我们的。我相信，他们会很好地接待我们，如果他们把我们当一家人看待，我们也将把他们当成我们的亲人。”

这个农民清楚地向我们讲明了那一家人的房子在什么方向以后，我们就出发了，我们在树林中左弯右转地前进，我们在半路上遇到了一场大雨，大雨可以延迟我们到达的时间，但不能够阻止我们前进。我们终于走出了树林，在黄昏的时候到达了那个家。它的四周是一个小小的村落，它的建筑尽管简单，但样子也颇别致。我们走进屋去，要求主人留宿我们。仆人领我们去告诉主人，主人问了我们一些问题，但态度是很礼貌的。我们没有把我们旅行的目的告诉他，但是把我们绕道的原因向他讲了。由于他从前曾经是一度富有，所以很容易从来客的风度看出我们是什么样的人；见过大市面的人，对这一点是不会弄错的，一看我们的这个“护照”，他就留我们住在他家了。

主人让我们住在一个非常之小，然而是十分清洁和舒服的房间里，房间里生着火，还给我们预备了一些洗换衣服和各种需用的东西。“啊！”爱弥儿吃惊地说道：“他们对我们真是殷勤，那个农民说的话确实不错！真是周到！真是一片诚意！对陌生人这样无微不至地关心！我简直觉得我们是生活在荷马的时代似的。”“你体会到了这一点，”我向爱弥儿说道：“不过，你用不着感到奇怪；凡是外乡人很少去的地方，外乡人一去就是很受欢迎的。正是因为客人少，所以主人才这样殷勤好客。客人常常去，主人就不那么好客了。在荷马的时代，人们是很少到外地去旅行的，所以旅行的人走到哪里都很受欢迎。也许，我们是他们今年所见到的唯一的过路人咧。”“不要紧，”他接着说道：“他们虽然难得见到客人，可是客人来了又招待得这样好，这本身就是很值得称赞的。”

我们擦干身子和换好衣服之后，就去见我们的居停主人；他把我们介绍给他的妻子，她对我们不仅十分客气，而且还很关心。她的两只眼睛注视着爱弥儿。作为一个母亲，而且又处在她现在这样的环境，看见这样一个年轻的男子走进她的家，是不能不心情激动的，或者，至少也会感到稀奇的。

他们赶快为我们做好了晚餐。在走进饭厅的时候，我们看见了五份餐具；我们都坐好了，可是还剩下一个空位子。一个年轻的姑娘走进来，向我们深深地行了一个礼，然后一言不发地端端正正地坐着。爱弥儿一方面忙着进餐，一方面忙着回答主人的问题，所以在向她还了一个礼之后，便继续谈他的话，吃他的东西。由于他以为他现在距离行程的终点还很遥远，所以他当时根本就没有联想到他这次旅行的主要目的。话题谈到了我们迷路的情形。“先生，”我们的主人向他说道：“我认为你是一个聪明可爱的年轻人，这使我想起你们，你和你的老师，雨淋淋地拖着困乏的身子到达这里，其情形就好像太累马库斯和门特到达卡利普索的岛上一样。”“是的，”爱弥儿回答道：“我们在这里也受到了卡利普索的款待。”他的门特跟着就补上一句：“还看到了欧夏丽的美妙的风姿。”不过，爱弥儿只读过《奥德赛》，但没有读过《太累马库斯奇遇记》，所以他不知道欧夏丽是什么人。至于那个女孩子，我看见她的脸儿一直红到了耳根，埋着头看她的菜盘子，连呼吸都不敢呼吸。她的母亲看出了她这种难为情的样子，便向她的父亲使了一个眼色，于是他就变换了话题。在谈到他目前这种隐居生活的时候，他不知不觉地便谈到了使他过这种生活的缘由，谈到了他的生活中的痛苦和他的妻子的忠贞，谈到了他们共同生活中的安慰，谈到了他们隐居生活中的安闲的情景，但自始至终一句话也没有谈到那个年轻的姑娘；所有这一切构成了一个美丽的动人的故事，使人听了不能不感兴趣。爱弥儿听入了迷，竟连东西都不吃了。最后，当这位最诚实的男人高高兴兴地谈到最端庄的女人的爱情时，我们这位年轻的旅行家竟不由自主地伸出一只手抓着男主人的手，伸出另一只手抓着女主人的手，一边激动地吻着，一边还流着眼泪。这种年轻人的天真的热情，使大家都深为感动；可是那个女孩子比任何人都更加敏锐地感到他有一颗善良的心，因此她觉得眼前这个人就是为菲洛克提提斯[1]的痛苦而感到悲哀的太累马库斯。她偷偷地观察他面部的表情，发现所有一切都说明把他同太累马库斯相比是比得很恰当的。他的态度潇洒而不傲慢，他的举止灵活而不粗笨，他神采奕奕，眼光柔和，相貌很讨人喜欢。这个年轻的姑娘看见他流眼泪的时候，几乎自己也同他一起流出眼泪了。尽管是可以找一个很好的借口流几滴眼泪，但毕竟害羞的心制止了她。她责备她的眼泪流到了眼皮边，因为为自己家里的事情哭泣是不对的。

她的母亲从晚餐一开始就不断地注意着她，发现她这种局促不安的样子，便借口叫她去办一件事情，使她摆脱这种难为情的境地。过了一会儿，这个女孩子又回到饭厅来了，但她还是没有恢复平静，慌乱的样子大家都看出来了。她的母亲很温柔地对她说："苏菲，坐下来，为什么要为你的父母的不幸的遭遇而哭个不停呢？你是安慰你父母的人，所以不应当比你的父母对那些痛苦更感到

[1] 菲洛克提提斯，希腊神话中参加特洛伊战争的希腊勇士之一。

伤心。”

一听见“苏菲”这个名字，你可以想象爱弥儿是多么吃惊。这个多么亲切的名字使他愣了一下，但他立刻清醒过来，以急切的目光去看那个竟敢取这个名字的人。苏菲，啊，苏菲！我一心寻找的人就是你吗？我心中所爱的人就是你吗？他观察她，他以一种又害羞又不相信的目光仔细地端详着她。他所看见的脸儿并不恰恰就是他所想象的那个样子，他也说不出他所看到的这个女孩子要比他所想象的那个女孩子好一点还是差一点。他详详细细地看她的每一个特征，他窥察她的每一个动作和每一个姿势，他觉得对她的一切可以作千百种不同的解释；只要她愿意开口说一句话，叫他付出半个生命的代价他也是情愿的。他慌乱不安地看着我，他的眼睛既好像是在问我，又好像是在责备我。他的每一道目光都好像是在说：“在这紧要关头你要指导我，万一我的心入了迷和走了错路，我这一生就无法挽回了。”

在这个世界上，爱弥儿这个人可说是最不善于弄虚作假的了。他旁边有四个人在详详细细地看他，而且其中有一个人在表面上满不在乎而实际上对他是十分注意的。在他这一生中最感到狼狈的时刻，他怎么能掩饰自己的情感呢？苏菲的锐利的眼睛把他这种慌乱的样子看得一清二楚；他的目光正好向她说明她就是他注视的对象。她认为这种不安的样子还不能表示他是爱她，不过，这有什么关系呢？只要他在注意地瞧她就够了；如果他在看她的时候显得无所谓似的，那她才感到难过咧。

做妈妈的人和她的女儿的眼力是差不多的，不过妈妈的经验要比女儿的经验多些。苏菲的母亲因为我们的计划成功而露出了微微的笑容。她看出了两个年轻人的心，她认为现在是到了应该使这位新太累马库斯下定决心的时候，因此，她设法使她的女儿开口说话了。她的女儿现出了一副天然的温柔神情，以一种使人不能不感动的羞怯的声音回答她。一听到这种声音，爱弥儿便投降了；这个女孩子就是苏菲，他现在对这一点已没有什么怀疑了。即使说她不是苏菲，现在也来不及说不是了。

这时候，那位迷人的女子的魅力像洪流似地冲进了他的心，而他也开始大口大口地吞下她用来迷醉他的毒汁。他现在一句话也不说了，别人问他的话他也不回答了；他的两眼只看着苏菲，他的两耳也只听着苏菲；她一开口说话，他也跟着说起来；她一埋着头，他也埋着头；他看见她叹息，他也叹息。看来，苏菲的灵魂已经在指挥他了。他的灵魂在这短短的一会儿工夫起了多么大的变化啊！现在，不是苏菲而是爱弥儿在那里战栗了。自由、天真和坦率，全都没有了。他慌慌张张，局促不安，不敢正眼看他周围的人，以免瞧见别人在看他。他生怕大家看穿了他的心，他希望大家都看不见他，以便让他仔仔细细地端详她，同时又不让他被她所看见。苏菲则相反，害怕爱弥儿的心已经消失，她发现她已经取得了胜利，她享受着胜利的滋味。

尽管她心里暗中欢喜，但她并不形之于言表*。

她的脸色一点也没有改变；但是，尽管她看起来是那样羞羞答答、两眼低垂的样子，但她温柔的心是乐得嘣嘣直跳，并告诉她说太累马库斯已经找到了。

* 塔索：《解放了的耶路撒冷》，第 4 篇，第 33 节。

我在这里所描写的他们天真无邪的爱情产生的经过，当然是太简单和太朴素了，但如果因此就把我所描写的这些情节看作是茶余酒后说来开心的笑话，那就完全错误了。大家对一个男人和一个女人初次见面时候的情形给予他们两个人一生的影响，是认识不足的。大家不知道，双方初次见面的印象，同爱情的印象以及驱使他谈爱的心情的印象，是同样很深刻的；它将产生深远的影响，而且这种影响将随着年龄的增长而一直延续到人死了以后，它的作用才能停止。有些人在论述教育的著作中，板着一副学究面孔啰啰唆唆、空话连篇地大谈那些莫名其妙的所谓孩子们的本分，可是对教育工作中最重要和最困难的那一部分——从童年到成人这一阶段中的紧要关头却只字不提。我之所以能够使我的这一部教育论文有几分用处，其原因特别是在于我在这部著作中不害怕人家的挑剔和文字表达上的困难，决心对其他著述家所略而未提的这一重要的部分作很详细的阐述。如果我把应当采取的做法都讲清楚了，那我也就把我应该讲的话都说出来了，即使说我把这本书写成了小说，那也没有关系。描写人类天性的小说，是一本很有意义的小说。如果说只是在这本著作中才看到过这种小说的话，那能怪我吗？它可以说是我们人类的历史。只有你们这些使人类趋于堕落的人才把我这本书看成小说。

另外还有一个使这第一次感受特别强烈的原因，那就是我们在这里所讲的这个年轻人，并不是从小就是那么胆怯、贪婪、妒忌和骄傲的，并不是具有可以供一般的老师在施行教育时用来控制其学生的种种欲念的；这个年轻人不仅在这里是第一次产生爱情，而且还是在这里才开始产生种种欲念中的第一个欲念的；这个欲念也许将是他这一生当中唯一感觉得最强烈的欲念，因此，他最终会形成怎样一种性格，也将取决于这种欲念。他的思想方法，他的感情和他的爱好都将因一种持久的欲念而形成一定的形式，不再改变。

你可以想象得到，爱弥儿和我经过了那样一顿晚餐之后，是不会一觉就睡到天亮的。怎么！单单是因为一个人的名字同我们所设想的名字相符合，竟使一个聪明的人如此吃惊吗？难道说世界上就只有一个苏菲吗？难道说她们的灵魂也像她们的名字一样是完全相同的吗？难道说凡是名叫苏菲的女孩子都是他的吗？对一个从来没有交谈过的陌生人竟这样大动感情，是不是发了疯呢？“等一等，年轻人，你要仔细地观察观察和研究研究。你甚至连我们的主人是怎样一个人都还不知道哩；一听你所说的这些话，人家还以为你是在你自己的家里咧。”

现在不是给他上课进行教育的时候，给他上课他是听不进去的。如果你对他讲应该这样或那样的话，反而会使这个年轻人更加对苏菲发生兴趣，因为他现在是急于想证明他的倾向是正确的。由于名字的符合，由于他认为他见到她是一种幸运的巧遇，由于我采取了一种慎重的态度，因此愈加使他心情激动，苏菲在他看来实在是太可爱了，所以他深深相信我也不会不喜欢她。

第二天早晨，我猜想爱弥儿尽管还是穿他那一身旧的旅行装，但总会细心地穿得整齐一点的。果然不出我的预料；不过，我觉得好笑的是，他赶忙把主人给我们预备的衣服都穿在身上了。我看出了他的心意，我高兴地发现，他是打算借换衣服和还衣服的机会建立一种联系，以便在正大光明地去还主人的衣服时，再一次见到他们的面。

我希望看到苏菲也打扮得更加漂亮一点，可我的想法完全错了。那种庸俗的搔首弄姿的做法，是只适合于那些想取得人家喜欢的女人的。真正的爱情的娇艳是更加微妙的，打扮的方法是完全不同的。苏菲穿得比昨天还要简单，甚至可以说是非常的随便，当然，她一身的衣服还是极其清洁的。我在她这种随随便便的穿扮上也看出了她在卖弄风情，因为我发现这当中有一些忸忸怩怩的样子。苏菲知道浓妆艳抹是求爱的一种方式，但是她不知道过分随便也是一种求爱的表示，那就是说，她不愿意以穿扮而要以她的人品求得对方的欢心。唉！只要一个情人知道她在想他，那她穿哪种衣服，有什么要紧呢？苏菲了解到她已经掌握了他的心，因此她不仅要以她的媚态去刺激爱弥儿的眼睛，而且还要刺激他的心去猜想她是多么动人；她不仅希望他看她的姿色，而且还希望他在心里想象她有哪些美。难道说他还没有看个仔细，还猜想不出她有其他的美么？

可以肯定的是，在昨天晚上我同爱弥儿谈话的时候，苏菲和她的母亲也是在那里议论的。她的母亲探出了她的心事，而且还给了她一些指导。第二天，我们见面的时候，大家都是有准备的。这两个年轻人见面将近十二个小时，他们之间一句话也没有交谈过，但他们已经互相了解了。他们打招呼的时候态度很拘谨；他显得有点难为情，有点害羞；他们两人一句话也不说；他们埋着头，好像是为了避免你看着我、我看着你；这种做法的本身就向我们说明了情况；他们互相躲避，但步调是一致的。他们已经感觉到，在没有把事情说出来以前，是需要保持秘密的。当我们离开那里的时候，我们要求主人允许我们亲自来送还我们带走的东西。爱弥儿的话是向着她的父母说的，但他的焦急的眼光却望着苏菲，硬要她表示答应。苏菲一句话也没有说，也没有什么表情，好像是什么也没有看见，什么也没有听见似的；但是她的脸上却泛出了红晕，这红红的脸儿比她父母回答的话还能说明问题。

他们虽然没有留我们住下去，但请我们以后再去看他们，这是做得很恰当的；你可以留宿找不到住处的旅客，但让一个情人住在情妇的家里，那就不对了。

我们刚刚走出那可爱的房屋，爱弥儿就打算在附近找一个住处，离得最近的那间茅屋，他也觉得是太远了，情愿睡在屋子外面的那条壕沟里。"你真是一个小傻瓜，"我用一种同情的语气向他说："怎么！你已经被情欲弄迷糊了！你连规矩和理智全都忘记啦！你这可怜的人啊！你以为你是在爱你的情人，其实是在损伤她的名声！如果人家知道从她家里走出来的那个年轻人睡在附近，人家将怎样说呢？亏你还说爱她咧！你这样做岂不是败坏她的名誉么？这就是她的父母殷勤地款待了你之后得到的报酬么？难道说你想糟蹋那个关系到你的幸福的女子的名声吗？""啊！"他激动地回答道："别人将说些什么废话和胡乱的猜疑，那打什么紧？你不是教导过我别把他人的议论看在眼里吗？哪一个人能够比我自己更清楚我是多么地尊敬苏菲，我是多么地想向她表示敬意？我对她的爱不仅不会使她遭到羞辱，而且还会使她感到光荣，我是配得上爱她的。既然我的心和我的行为处处都使她受到应得的尊敬，我怎么会损害她的名声呢？""亲爱的爱弥儿，"我一边拥抱他，一边说道："你为自己着想，同时也要为她着想。男性的荣誉同女性的荣誉是不能相比的，它们的依据是完全不同的。这些依据都是确确实实、合乎情理的，因为它们都同样是来之于自然的；你把别人说长道短的话视同等闲，但你不能不为了你的情人而重视别人的议论。你的荣誉只是在于你的自身，而她的荣誉则有赖于别人的评价。你如果采取毫不顾忌的做法，就连你自己的荣誉也会受到损害的；如果是因为你，别人就不对她表示她应得的尊敬，那么，你自己应得的尊敬也是得不到的。"

我一面向他解释这些道理，一面就使他意识到，如果把别人的议论不当成一回事，那是很不对的。她有哪些性情，他不知道；她的心是不是早有所属，她的父母是不是早已给她订了婚，他对她一点也不了解，也许他和她之间根本就不具有结成美满婚姻的条件，所以谁能向他担保他将来一定要娶苏菲为妻呢？难道说他不知道丢人的事情将给一个女孩子造成不可磨灭的污点？难道说他不知道即使她同那个使她丢人的男子结了婚，这个污点也是洗不清的？一个人如果竟想使他所喜爱的人丢失名誉，这哪里是聪明的人？如果他想使一个不幸的女孩子因讨得了他一时的欢心而永远为这件事情所招来的痛苦哭泣，这哪里是一个诚实的人？

这个年轻人一听我向他指出的这些后果便大吃一惊；由于他爱走极端，所以他现在觉得离开苏菲的家越远越好，他加快脚步，赶快走开；他向四周打量，看是不是有人在偷听我们；他愿意为了他所喜爱的人的荣誉而牺牲他自己的幸福一千次。他情愿终生不见她，也不愿意给她造成一次不愉快的事情。我从他的童年时期起就培养他有一颗懂得爱情的心，现在，我花费的这番苦心得到了第一次收成了。

因此，现在的问题是要找到一个距离远而又能够听到她的消息的住所。我们到处寻找，到处打听；我们打听到离这里八公里远的地方有一座城，我们宁愿到那里去住而不愿住在附近的村子里，因为住在附近会引起人家的猜疑。这个初尝爱情滋味的人终于走到了那个城里，他心里充满着爱，充满着希望和欢乐，特别是充满着种种真挚的感情。我就是这样逐渐逐渐地把他日益增长的欲念引向善良和诚实的，我要在他不知不觉中使他的一切倾向都朝着这个方向发展。

我的事业即将完成，我早就看出完成的时间即将到来了。所有一切巨大的困难都克服了，所有一切巨大的障碍都越过了，现在要注意的是不要因急于求成而前功尽弃。在变化无常的人生中，我们要特别避免那种为了将来而牺牲现在的过于谨慎的畏首畏尾的做法；这种做法往往是为了将来根本就得不到的东西而牺牲现在能够得到的东西。我们应当使一个人在什么年龄就过什么年龄的快乐生活，以免花了许多心血之后，还没有过快乐的生活就死了。如果说我们每一个人都有一个享受生命的时候的话，那就是在少年时期结束的时候，因为在这个时候一个人的身心的各个部分的发育最为健全，同时，在这个时候正是达到他一生的过程的中途，离开他觉得很短促的两端最远。如果说糊涂的年轻人的做法是很错误的话，那不错在他们贪玩，而是错在他们所寻求的不是他们目前即能享受的乐趣，错在他们由于希求暗淡的未来，而不知道利用他们当前就能享用的时间。

请你看一看我的爱弥儿：他现在已经年过二十，长得体态匀称，身心两健，肌肉结实，手脚灵巧；他富于感情，富于理智，心地是十分的仁慈和善良;他有很好的品德,有很好的审美能力,既爱美又乐于为善;他摆脱了种种酷烈的欲念的支配和偏见的束缚,他一切都服从于理智的法则,他一切都倾听友谊的声音;他具有许多有用的本领,而且还通晓几种艺术;他把金钱不看在眼里,他谋生的手段就是他的一双胳臂,不管他到什么地方去,都不愁没有面包。可是现在,他被一种日益增长的情欲弄得迷迷糊糊的,他的心燃起了第一道情火;他甜蜜的幻想给他打开了一个欢乐的新天地;他正在爱着一个可爱的人,而且从这个人的性格上看,比从她的样子上看还要可爱;他满怀希望,等待着他应得的报酬。由于他们心心相印,由于他们纯洁的感情互相投合,才产生了他们最初的爱情,这种爱情是能够持续长久的。凭着他的信心,尤其是凭着他的理智,他无所畏惧、无所悔恨地如醉如痴地爱着;他无所忧虑,他所考虑的只是他和她的不可分离的幸福。在他的幸福中还缺少什么东西呢?让我们看一看,找一找,想一想他还需要些什么,除了他已经有了的以外,我们还可以给他些什么?一个人可能获得的一切好东西他全都有了,你如果再给添加什么东西的话,就不能不使他在另外一方面损失一种东西;一个人能够多么快乐,他就有多么快乐。在这种时候,我会不会剥夺他这样美好的命运呢?我会不会干涉他这样纯洁的欢乐呢?啊!他所尝到的这种幸福,就是我辛勤一生的报酬。要是我使他有所损失的话,我拿什么东西去补偿他呢?即使我给他的幸福加上一顶王冠,我也会使它所包含的最令人神迷的乐趣遭到牺牲。在希望得到这种最大的幸福的时候,其乐趣比实际得到它的时候还甜蜜一百倍;在等待的时候,其滋味比尝到的时候还好得多。啊,可爱的爱弥儿,你爱她和为她所爱吧！在占有这种幸福以前，要把它好好地享受一个时期；既要享受爱情，也要享受天真；在你等待另外一个天堂的同时，要建筑你在地上的天堂。我决不剥夺你生命中这一段快乐的时光，我将为你选取其中令人销魂的东西，我将尽可能把它加以延长。唉！可惜它终归是要结束的，而且是在很短的时间内就要结束的；不过，我至低限度要使它保持在你的记忆里，使你不因享受过它而感到悔恨。

爱弥儿没有忘记我们要去送还主人的东西。当我们把这些东西准备好了以后，我们就骑着马赶快跑，因为这一次他巴不得一出发就立刻到达那里。当一个人的心有了情欲以后，它就对平常的生活感到乏味了。不过，只要我的时间没有白白地浪费，他就不会在百般无聊的状态中度过的。

可惜的是，道路很复杂，乡下的路很难走。我们迷失了方向。他第一个发现我们走错了路，可是他并不性急，没有抱怨，他把全副精神都用来寻找道路，他东找西找地找了好久才把路找到了；不过他自始至终都是保持冷静的。这一点，在你看来也许觉得没有什么关系，可是对我这个了解他性情素来急躁的人来说，就是很了不起的一件事情，因为我从他的童年时候起，就注意到使他在必要的时候要沉得住气，现在我发现我这一番苦心已经是收到了成效。

我们终于到达那里了。他们对我们的招待比第一次简单得多和亲热得多，因为我们已经是熟人了。爱弥儿和苏菲打招呼的时候有一点儿不好意思的样子，他们两个人自始至终一句话都没有说。他们在我们面前有什么好说的呢？他们的谈话是不需要别人作见证的。我们到花园中去散步，花园中有一块很大的菜地，有一块种着各样果树的果园，果树长得很高大、很好看，果园中小溪密布，而且还有许多的花坛。“这个地方多美啊！我认为这里就是阿耳西诺乌斯[❶]的花园。”爱弥儿说道，心中充满着荷马的诗意，充满着火也似的热情。苏菲想知道阿耳西诺乌斯是什么人，于是她的母亲便问我。“阿耳西诺乌斯，”我向她们说道：“是科西尔的一个国王，据荷马说，阿耳西诺乌斯的花园，曾被人家批评说这个花园太单调，种植的花木太少了[①]。阿耳西诺乌斯有一个漂亮的女儿，她在她的父亲留宿一位陌生人的前一天夜里梦见她不久就要有一个丈夫。”苏菲吃了一惊，脸儿通红，埋着头，说不出话来；你怎么也想象不出她当时是多么狼狈。她的父亲看到她这种狼狈的样子反而很高兴，而且故意使她更加狼狈，他说那位公主还亲自到河里去洗餐巾。他接着还问道：“你们可曾想到，她对脏了的餐巾摸都不摸一下的，她说她闻到它们有一股油味。”苏菲一听这话便知道是

❶ 阿耳西诺乌斯，希腊神话中腓希人的国王；尤利西斯的船遇难后，曾受到他的热情的招待。关于他的女儿诺西卡和尤利西斯相会的情形，请参看荷马：《奥德赛》，第6卷。

① “在走出宫廷的时候，人们看到一个占地二十多亩的大花园，花园的四周筑有围墙，其中种有许多开着花朵的树木，有梨树和石榴，还有许多其他很好看的果树、甜美的无花果和青橄榄。一年四季树木上都是结着果实的。冬天和夏天，温和的西风使这种树木开始结果，同时又使另一种树木的果实开始成熟。梨子和苹果在树上简直是熟透了，无花果树上结满了无花果，葡萄架上挂满了葡萄。葡萄园中的新葡萄，任你怎么摘也摘不完；人们把一部分葡萄放在地上让太阳晒干，同时，在摘葡萄的时候，把那些还没有成熟的酸葡萄或刚刚才开始变红的葡萄留在葡萄藤上让它们成长。在花园的两端有两块花圃，终年都盛开着鲜花；花园每一端有一股清泉，一股清泉灌溉着花园，另一股清泉经过宫廷而流入城中的一个水塔，供公民饮用。”

以上就是阿耳西诺乌斯国王的花园中的情景（见《奥德赛》，第7卷）；花园中没有格子篱，没有塑像、人工喷泉和草地，这是使得荷马这个老梦想家和当时的国王们丧失体面的事。

说给她听的，于是便马上忘记了她那种天然的羞怯，很激动地替自己辩护。她的父亲当然知道，如果他们叫她去做的话[①]，所有的餐巾她都会洗得干干净净的，如果把这件事情交给她，即使餐巾再多一点，她也会很高兴地去洗的。她一边说，一边带着不安的神气悄悄地看着我，而我禁不住笑了起来，因为我看出她纯朴的心灵惊慌不安，所以她要为自己辩护。她的父亲看到她这股傻劲，还故意捉弄她，用嘲笑的口吻问她为什么要替自己辩护，问她跟阿耳西诺乌斯的女儿有哪些共同的地方。她又羞又怕，连呼吸都不敢呼吸，不敢抬起头来看人了。可爱的女孩子，现在不是故作镇静的时候，尽管你不说，你已经表示得清清楚楚了。

这一幕小小的戏大家不久就忘记了，或者说好像是忘记了；对苏菲来说，幸而在我们当中只有爱弥儿不懂得我们讲的是什么事情。我们继续散步，这两个年轻人起先是挨在我们的身边，但是要跟着我们这样慢腾腾地走，就觉得很不习惯；他们不知不觉就走在我们的前面了，他们愈走愈接近，终于肩并肩地走在一起，并且走得离我们相当远了。苏菲好像是在静静地听着，爱弥儿在比手画脚地起劲地谈着，看来，他们是谈得很有兴趣的。整整一个小时以后，我们就往回走了；我们叫他们，他们走回来，可是这一次是他们走得慢了，我们发现他们是充分地利用了这一段时间的。当他们走到我们可以听到他们的声音的地方，他们的谈话就突然中断，他们加快步伐赶上我们。爱弥儿走近我们的时候，神色自若，令人喜

① 我很感谢苏菲的母亲没有让她把她那样一双细嫩的手给肥皂浸粗糙了，因为爱弥儿是常常要吻她那一双手的。

悦;他的眼睛充满着快乐的光辉,他略显不安地看着苏菲的母亲,猜想她将怎样对待他。苏菲在走近我们的时候,神色却不是那样的泰然,她好像是因为我们看见她同一个年轻人肩并肩地在一起走过而显得有些羞答答的,尽管她常常同其他的男子在一起谈过话,可是从来没有什么不安的表现,而且,即使显得不安,也没有像今天这样不安到了极点。她气喘喘地跑到她母亲的身边,说了几句不相干的话,好像是借此表示她同她的母亲老早就是在一起的。

一看这两个可爱的青年的脸上露出了开朗的神情,我们就知道他们这一次谈话替他们幼稚的心解除了一个沉重的负担。他们彼此之间还照旧是那样的稳重,但不像从前那样拘谨了;他们之所以那样稳重,一方面是由于爱弥儿对苏菲的尊敬,另一方面是由于苏菲还感到有一些害羞,同时还由于这两个人都是十分的诚挚。爱弥儿已经敢同她说话了,而她有时候也敢回答爱弥儿的问题了,不过,她每一次都是要先看一看她母亲的眼色才开口说话的。就她来说,变化得最明显的是她对我的态度。她对我表示了一种衷心的敬仰,她很注意地看我,她对我说话的时候显得很不自然,她仔细地观察我喜欢哪些事物;我发现她对我是十分的尊重,而且也希望得到我的尊重。我知道,这是因为爱弥儿已经向她谈过我了;你也许会说,他们两个人已经在共同设法争取我的同情;事情不是这样的,要赢得苏菲这个人的心不是那么容易的。也许爱弥儿还要我去讨好她,而不要她来讨好我哩。好一对可爱的年轻人啊……一想到我的这个年轻的朋友的多情的心在第一次同他的情人谈话的时候,就这样再三地谈到我,我感到十分的高兴,知道我花费的苦心已经取得了代价,我得到了他的友谊的报偿。

我们又去拜访了他们好几次。这两个青年人之间谈话的次数也愈来愈多了。沉醉在爱情中的爱弥儿，以为他的幸福即将到来了。然而，他是迄今还没有得到苏菲的正式的许诺的；她细心地听着他，可是一句话也没有说。爱弥儿知道苏菲是很害羞的，因此对这种沉默的表示一点也不觉得奇怪；他觉得她对他的印象并不坏，他知道子女的婚姻是由父母主持的，他以为苏菲在等待她的父母的命令，他请求她允许他去向她的父母提出求婚，她没有表示反对。他把这件事情告诉了我，我代表他去求婚，而且是当着他的面求的。使他大为吃惊的是，他到这个时候才知道苏菲是自己做主的，才知道他要得到幸福，那就一定要她本人表示愿意！他开始对她的行为感到迷惑。他的信心减少了。他感到惊异，他发现，事情并不是像他所想象的有了很大的进展；现在，是需要用甜蜜的爱情的语言才能打动苏菲的心了。

爱弥儿这个人是不善于猜想他有哪些困难的，如果你不告诉他，他也许一辈子都不知道，而苏菲这个人是极其自尊的，所以不愿意把她的困难告诉他。使她见而生畏的困难，也许在另一个女子看来正是一种应该赶快争取的优越条件。她没有忘记她的父母对她的教训。她的家很穷，而爱弥儿的家很富有，这一点她是知道的。他首先要赢得她的尊重！他需要具有怎样的品德才能使苏菲不至于感到这种财产上的不平等是他们的婚姻的障碍呢？他对这种障碍是怎样想的呢？爱弥儿是不是知道他的家很富有？他哪里会去问他的父母有多少家产？谢谢老天爷，他是不需要什么财产的；没有财产，他也能做一切好的事情。是他的心而不是他的钱包促使他去做善良的事情的。他把他的时间、他的精力、他的爱和他这个人奉献于穷苦的人；在谈到他所做的善良的事情时，他从来没有说过他在穷人身上花了多少钱。

由于他不知道他不讨苏菲喜欢的原因何在，他便认为是由于他自己有了过错；因为，他哪里敢说这是由于他所钟情的那个人脾气古怪呢？自尊心的损伤更增加了他求爱不得的痛苦。在这以前，他接近苏菲的时候是怀着乐观的信心的，认为他是配得上她的；而现在，则没有这种信心了。他在她面前显得羞怯不安。他再也不想用爱去打动她了，他现在竭力要争取她的同情。有好几次他几乎失去了耐心，而且几乎露出了抱怨的情绪。苏菲好像是觉察到了他在生气，于是便注意地看他。这一看就解除了他的武装，而且使他感到不好意思，因为他比从前更加屈服于她了。

由于苏菲这样顽强地抵抗和保持缄默使他感到烦恼，他便向他的朋友吐露他的心事。他要他的朋友分担他心中的忧郁和苦闷，他请求他的朋友给他以帮助和指导。“这是多么难解的一个谜啊！她很关心我的命运，这一点我是毫不怀疑的；她不但不躲避我，而且很喜欢同我在一起；当我到她家的时候，她显得很快乐，而在我走的时候，她就显得难过；她诚恳地接受我对她的关心，我要她做什么事情的时候，她也显得很高兴；她也乐于向我提出一些意见，有时候甚至还对我发布命令。然而她对我的请求却表示拒绝。当我大着胆子谈到结婚的时候，她马上就很严肃地制止我；如果我再说下去，她就离开我。她希望我属于她，可是又不愿意听我说她属于我，这是什么道理呢？她很尊敬你，很喜欢你；她不敢阻止你说话，请你去同她讲吧，叫她说一说这当中的原因，你要为你的朋友帮忙，使你的事业得到完成，不要使你的学生因受了你的教育反而沦为牺牲。啊！如果你不助成我的幸福，我便要因为受了你的培养而得到这番痛苦的。”

我去问苏菲，我没有花什么气力就从她口中套出了她不讲我也早知道的秘密。可是，我很不容易使她同意我把这个秘密去告诉爱弥儿；最后，我终于得到了她的同意，于是我跟着就去告诉爱弥儿了。我一告诉他这当中的原因，竟使他吃惊得说不出话来。他不懂得其中的奥妙，他想象不出多几个金币或少几个金币同他的人品和德行有什么关系。当我向他解释金钱对人们的偏见的时候，他就笑了起来；他高兴得不得了，他想马上就走，去把所有一切的财产都毁掉，都通通抛弃，以便成为一个跟苏菲同样贫穷的体面的人，回来和她结婚。

“嗯，什么！”我一边制止他，一边笑他这样性急，我说道：“你这个幼稚的头脑还没有长大成熟吗？你研究了一生的哲理，还不会推理吗？按照你这个糊涂的计划，一定会把事情弄得很糟糕，使苏菲更加倔强的，这一点，你怎么看不出来呢？你比她富一点，这是你稍稍胜过于她的地方，如果你为她把一切财产都牺牲了，那你胜过她的地方就更多了；你稍稍胜过她一点点，她都那么自尊，不愿意屈居于你之下，如果你胜过她的地方再多一些，她又怎能屈服于你呢？如果她不能容忍一个丈夫说是他使她富起来的，她又怎能容忍他说他是为了她才变穷的呢？唉，可怜的孩子，你要当心，不要让她疑心你有这样的打算。相反地，你要为了爱她的缘故而十分节俭和谨慎，以免她说你企图用巧妙的手腕获得她的欢心，说你是由于平时满不在乎才失去了你本来是为了她而自动牺牲的财产。”

“你以为她真的是害怕巨大的财富，以为她之所以表示反对，恰恰是因为你拥有财产吗？不，亲爱的爱弥儿，她之所以反对，是有一个极其重要的理由的，那就是：她考虑到了财产在拥有财产的人的心灵中所产生的影响。她深深知道，有钱的人是把他的财产看得重于一切的。他们是宁肯要黄金而不要美德的。当他们把别人为他们所做的工作和他们付给别人的金钱拿来一比，他们总觉得别人所做的工作不如他们付出的金钱多，即使别人以毕生的精力为他们干活，他们也认为别人吃了他们的面包，就欠了他们的债。啊，爱弥儿，你应该怎样做才能消除她的疑惧呢？你要她能充分了解你，那不是一天、两天就能做到的事情。所以，你要把你高贵的心灵的宝库打开来让她看一看你有哪些东西可以弥补你因为有了财产而产生的缺陷。只要你有始有终地长期做下去，你就可以战胜她的抵抗；只要你有高尚豁达的情操，你就可以使她不能不忘记你是一个有钱人。你要爱她，为她工作，为她的可敬的父母工作。你要向她表明：你为他们工作，不是由于一时的狂热的情欲的驱使，而是由于在你的内心深处有不可更易的行为准则。你要发扬你所有一切被财产玷污了的美德，只有这样做，才能使你的美德同她所赞赏的美德调和一致。”

大家可以想象得到，这个年轻人听了我这一番话心中是多么兴奋，他恢复了多么大的信心和希望，他诚实的心是多么庆幸自己能够做一些使苏菲欢喜的事情，虽然这些事情，即使没有苏菲这个人，或者他不爱她，他也是要做的。尽管你对他的性格不很了解，但他在这种情况下将采取什么做法，你还想象不出来吗？

这样一来，我就成了这两个纯洁的青年的知心人，成了他们的爱情的中间人！对一个教师来说，这的确是一种美好的工作！美极了，它简直使我认为我这一生当中还从来没有达到过如此高尚的地位，还从来没有对自己的工作感到过如此的满意。再说，这个工作也是有它的乐趣的，因为我在这一家人当中很受欢迎，大家托我关心这两个青年人，看他们做事是不是合乎规矩；爱弥儿生怕得罪了我，表现得十分的柔顺。苏菲给我以真实不假的全部友情，而我是只能享受我应得的那一份友谊的。这样，她就通过我而间接地对爱弥儿表示尊敬了。为了他，她对我表现了千百种柔情，只要她能够向他本人表现这种柔情，就是叫她死，她也是甘愿的；而他，他是知道我不会损害他的利益的，所以看到我这样巧妙地对待她，简直是高兴极了。在散步的时候，如果她拒绝挽着他的胳膊，他心里也很坦然，因为他看见她是为了他才挽着我的胳膊的。他毫无怨言地同我握一握手就走开了，他使了一个眼色，低声细语地对我说："朋友，你要为我说话。"他很留心地看着我们，想从我们的脸上看出我们内心的情感，想根据我们的姿势猜测我们说了些什么话；他知道，我们所说的话句句都是同他有关系的。可爱的苏菲啊，当太累马库斯听不见我们的谈话的时候，你放心地同他的门特谈吧！你是多么坦率地让他看出了你这颗温柔的心中的思想！你是多么高兴地向他表示了你对他的学生的尊敬！你是多么巧妙地让他看出了你内心极其温柔的情感！当那个性急的人沉不住气，不能不打断你的话的时候，你那种佯怒的神情是装得多么地惟妙惟肖啊！当他来到我们身边，妨碍了你说他的好处，妨碍了你听我对他的评论，妨碍了你从我的话中找出爱他的理由，这时候，你那种生气的样子是做得多么可爱啊！

这样，爱弥儿终于被大家当作一个公然的情人，而他此后也就充分地利用了这个地位的一切便利；他述说，他催促，他请求，他再三再四地纠缠。即使苏菲用生硬的语句和生硬的态度对他，也没有关系，只要他的话能够被她听到就行了。他花了许多气力之后，终于使苏菲自己愿意公开地对他行使一个情人的权威：她规定他应该做什么，他命令他而不请求他，她接受他的帮助而不说什么感谢的话，她规定他去看她的次数和时间，规定他必须到了某一天才能去，而且只能够在她那里待多少小时。所有这些都不是闹着玩，而是十分严格地执行了的；正因她是经过了审慎的考虑才接受这些权利，所以她行使这些权利的时候就非常认真，以至往往使爱弥儿后悔他不应该把这些权利给她。不过，不管她命令他做什么，他都是毫不推诿的；而且，在按照命令离开苏菲的时候，他总要喜形于色地看我一眼，好像是对我说，“你看，她已经占有了我。”这时候，庄重的苏菲在悄悄地观察他，在暗中笑她的这个奴隶这么骄傲。

阿耳邦[1]和拉斐尔[2]，把你们的笔借给我，让我来描绘这沉溺于爱情的情景！弥尔顿[3]，请教导我怎样用我这枝粗大的笔叙述他们快乐的爱情和天真！不，在神圣的大自然面前，把你们那些故弄玄虚的伎俩收藏起来吧。首先，我们只要有一颗敏感的心和诚实的灵魂就行了；然后，让我们放开胸怀，自由自在地想象这两个年轻的情人的快乐心情。他们在他们的父母和导师的照顾之下，

---

[1] 阿耳邦(1578—1660)，意大利画家。

[2] 拉斐尔(1483—1520)，意大利画家。

[3] 弥尔顿(1608—1674)，英国诗人。

无拘无束地追逐那使他们感到陶醉的甜蜜的幻想，他们满怀希望，从从容容地走向美满的结局，用鲜花和花环装点着使他们偕同到老的幸福的婚姻。有许多美妙的形象使我自己也感到迷醉，我零零散散地把它们都收集起来，它们使我感到如此的心醉神迷，以致使我不知道怎样把它们组合在一起才好。啊！只要有一颗心，谁不会自己把那父亲、母亲、女儿、教师和学生的各个不同的情境组成一幅美妙的图画，谁不会自己想象他们彼此是如何地共同努力，使这一对可爱的情人结合，让他们的爱情和美德给他们带来幸福？

只是在这个时候，由于他急于想使苏菲感到欢喜，他才开始感觉到他所学的那几种艺术确有用处。苏菲喜欢唱歌，他同她一起唱；不仅如此，他还教她乐理。她长得很灵敏，喜欢跳舞，他同她一起跳；他按照步法改正她那种乱跳一阵的样子，使她跳得又熟又好。教唱歌和跳舞，是很有趣的，快乐活泼的情趣使他们感到兴奋，把他们的爱情和他们那种羞羞答答的样子融合在一起；一个情人是可以大着胆子放手地教她跳舞和唱歌的，他是有权做她的老师的。

她家里有一架破旧的风琴，爱弥儿把它修理好，而且还调好了音。他是一个木匠，又是一个制作和修理乐器的人。他始终奉行着这么一句格言：凡是自己能够做的事，他都学着自己做，而不求助于别人。她们的家修建在一个风景优美的地方，他以它做背景画了几幅图画；苏菲有时候也帮他画上几笔；画好后，就挂在她的父亲的房间里做装饰。他们装画的框子全都没有涂上金色，因为它们不需要这种颜色来陪衬它们。她一面看爱弥儿作画，一面就模仿他，逐渐逐渐地她也画得很好了；她开始培养各种艺术才能，有了她的美,她的艺术才能就更显得优长了。她的父亲和母亲看见琳琅满目地摆满了那么多艺术作品,便想起了他们当年的富裕,只有艺术作品才能使他们觉得从前富裕的生活很有乐趣;爱情装饰了他们的家,只有爱情才能使他们的家在既不花钱又不费力的情况下,获得他们在从前必须花许多金钱和心思才能获得的快乐。

崇拜偶像的人用他所喜爱的珍宝去装饰他所崇拜的偶像,把他所敬奉的神打扮得十分漂亮;同样,在一个男人的眼里,即使他的情人已经是十全十美了,他也是不满足的,他要不断地用新的东西去装饰她。这并不是因为她需要有那些东西才能使他感到快乐,而是他认为他需要打扮她,他认为这样做,才能对她再一次表示敬重,才能在观看她的时候感到一番新的乐趣。他觉得,如果他不用他所有的一切好东西去装饰她,他那些好东西就无处使用。爱弥儿巴不得一下子把他所知道的东西全都教给苏菲,而不问她是不是愿意学,也不考虑那些东西对她是不是适合,看到他那种性急的样子,实在又令人感动,又令人好笑。他怀着一种孩子似的着急的心情把他所知道的东西都向她说,都向她讲;他以为只要他一讲,她马上就懂得。他自己在那里想:要是同她讨论一番,同她谈一番哲理,是多么的快乐;他肚子里的一切知识,如果不能够拿出来给她看一看,他那些知识就没有用处;要是他知道的东西不让她知道,那他是很不好意思的。

现在,他给她讲哲学,讲物理,讲数学,讲历史,一句话,什么都讲,苏菲看到他那么热情,心里也很喜欢,而且想尽量利用这个机会学一些东西。当她允许他坐在她身边教她的时候,他心里是多么高兴!他觉得天堂已经向他打开了大门。然而在这种情况下教课，对老师来说固然是无所谓，可是对这个女学生来说就很为难，所以是不利于学习的。她不知道她的眼睛要怎样才能躲开他那一双紧紧地盯着她的眼睛，当他们的眼光一相碰上的时候，课程就进行不下去了。

妇女们并不是一点思想方法都不懂的，不过她们推起理来只能推一个表面。苏菲对什么东西都要动脑筋去想，但是却想不出一个大道理。她在伦理学和艺术方面学习得最好；至于物理学，她只对几个一般的法则和宇宙体系取得了一点点概念。有几次，当他们在散步中看到了大自然的奇景，他们也敢于运用他们白璧无瑕的心去思考自然的创造者。他们在造物主面前一点也不害怕，他们要共同向他倾吐他们的心。

怎么！两个年华正盛的情人在幽会的时候竟谈起宗教来了！他们把他们的时间用去讲教义！干吗要亵渎崇高的上帝呢？是的，他们在谈论宗教的时候，是陷入了一种甜蜜的幻想的：他们彼此都觉得对方是很完美，他们彼此相爱，他们热情洋溢地谈论美德为什么是那样的高贵。为了美德，他们作了种种的牺牲，从而感到美德更加可爱。他们必须克制奔放的情感，有时候两个人竟因此而流下了比甘露更纯洁的眼泪，这些甜蜜的眼泪使他们沉迷于生命的享受；他们这种如醉如痴的情景，还从来没有哪一个人体会过哩。他们的自制更增加了他们的快乐，使他们看出这种牺牲是很高尚的。耽于肉欲的人，有躯体而无灵魂的人啊，你们将来有一天会明白这一对情人的快乐在什么地方，而且必然会因为在这幸福的时候没有享受到这种快乐而感到终生遗憾的！

尽管他们是这样有理智，他们有时候也难免不闹一些意见，甚至吵起来的；苏菲并不是一点脾气都没有的，爱弥儿也不是一点也不性急的；不过，小小的暴风雨很快就会过去，从而使他们比以前更加亲密；爱弥儿从经验中知道，这种暴风雨并不可怕；他知道，两个人争吵固然会给他带来害处，但争吵以后又和好如初，是可以给他带来更大的益处的。由于第一次争论使他得到了一些益处，因此他希望再发生争论的时候也可以给他带来好处，他这种想法当然是错了；不过，虽说他并不是在每一次争论中都获得了显著的好处，但他在每一次争论中都发现苏菲是真心诚意地爱他的。你也许想知道他究竟得到了什么好处。我很愿意告诉你，我很愿意借此机会向你阐述一个重要的原理，同时，还借此机会批驳一个很有害处的说法。

爱弥儿在爱苏菲，但他并不是一个冒冒失失地做事情的人；我们也可以想象得到，庄重的苏菲是不允许他做出什么狎昵的样子的。在任何事情上，再严肃也应当严肃得有个分寸，所以，如果说她有什么可以责备的地方的话，那就是她的做法太生硬而不是太浪荡，就连她的父亲也担心她这种极端的自尊会变为高傲。即使在秘密的幽会中，爱弥儿也不敢请求她给他一点点爱情的表示，甚至连希望她爱他的样子也不敢做出来；在散步的时候，她愿意挽着他的胳臂才挽着他的胳臂，而不允许他认为他有权利要她这样做，所以，在她挽着他的胳臂的时候，他也只偶尔敢一边叹息，一边使她的胳臂挨着他的胸膛。克制了一个很长的时期之后，他才大着胆子去偷偷地吻她的衣服，他有好几次都碰上了好运气，因为她装着没有看见的样子。有一天，他想在吻她的衣服的时候，把动作做得更明显一点，果然，苏菲就说他这样做是不对的。他坚持要去吻她的衣服，于是她生气了，而且向他说了几句刺耳的话；爱弥儿也受不了，也回了她几句刺耳的话。两个人在这一天当中都是那样气冲冲地闹着别扭，两个人都很不痛快地各自走开了。

苏菲很感不安。她的母亲是她的心腹人，她怎能向她的母亲隐瞒她心中的难过的事情呢？这是她第一次同爱弥儿争吵，他们争吵了一个小时，所以这的确是一件很严重的事情！她责备她自己的过错；她的母亲允许她去弥补她的过错，她的父亲也命令她这样做。

第二天，内心不安的爱弥儿比平常来得更早一些。苏菲在帮助她的母亲梳妆，她的父亲也在同一个房间里；爱弥儿很有礼貌地走进去，但脸儿是显得很忧郁的。父亲和母亲刚一招呼他，苏菲马上就转过身来，向他伸出手去，用一种宽慰的语气向他问好。很显然，她这只漂亮的手是伸过来让爱弥儿吻它的；他握着它，但是不吻它。苏菲虽然是有一点害羞了，但仍然是极其从容地把手缩了回去。爱弥儿这个人是不懂得妇女们的那一套做法的，他不知道妇女们那样闹脾气有什么用处，他不可能把苏菲那种任性的表现轻易就忘记了，不可能很快就把他的怒气平息下去。苏菲的父亲看见她那种窘态，便笑了起来，这一笑，便把苏菲弄得狼狈不堪。这可怜的女孩子，既感到不安又感到受了羞辱，手足失措，巴不得大哭一场。她愈克制自己，她心里就愈是难过；最后，尽管她不哭，她的眼泪还是流了出来。爱弥儿一看见她流下了眼泪，便跪下去捧着她的手，用力地吻了几下。“老实说，你真是太好了；”苏菲的父亲一边哈哈大笑，一边说道：“如果是我，我才不能容忍这种发脾气的做法哩，我一定要惩罚那一张冒犯我的嘴。”这一句话使爱弥儿鼓起了勇气，他用请求的目光转过去看苏菲的母亲，而且还以为看见她做出了同意的表示，于是便战战兢兢地去贴近苏菲的脸；苏菲掉过头去保护她的嘴，然而却让他吻到了她那玫瑰色的脸蛋儿。冒失的爱弥儿还不满意，苏菲微微地挣扎了一下。要不是她的母亲在旁边看见的话，不知道他要吻到什么时候哩！严肃的苏菲啊，你要当心啦，要是你再拒绝的话，他更是要常常吻你的衣服了。

在爱弥儿这样惩罚了苏菲之后，她的父亲就走出房间去做什么事情了，跟着，她的母亲也找了一个借口叫苏菲走开了；在苏菲走开以后，她便用一种严肃的语气向爱弥儿说道："先生，我想，像你这样一个出生在良好的人家而且又受过良好的教育的青年人，是有感情和品德的，是不会用羞辱来报答一个对你表示友情的人家的。我并不是一个故作严肃和难于接近的人，我是能够谅解青年人那种痴狂的行为的，我容忍了你当着我的面做出这种行为，这就充分地证明了这一点。你问一问你的朋友，请他告诉你有哪些应守的规矩；他将告诉你，在父亲和母亲当面许可的嬉戏的行为和背着他们放肆胡闹的行为之间有什么区别。背着他们胡闹，不仅滥用了他们的信任，而且还把浓厚的情谊变成了一种害人的陷阱；然而，要是你当着他们的面表示你这种浓厚的情谊的话，那就没有什么关系。你的朋友将告诉你，我的女儿错就错在她在你第一次放肆的时候，没有看出哪些行为是不能允许你做的。他将告诉你，只有在她认为你对她是友好的时候，你的行为才能成为一种友好的行为，而一个有荣誉心的人是不应该利用一个女孩子的天真，背地里对她那样放肆的，尽管她当着大家的面可以允许你那样做。因为，我们知道哪些行为是端正的，可以当着众人的面做，但是我们不知道在神秘幽暗的地方，当一个人自己判断他的行为的时候，他将放肆到什么程度。”

这一番义正词严的责备，显然是向我说的而不是向我的学生说的，这位贤明的母亲说完这一番话以后就离开我们了。的确，她使我不能不佩服她看问题是那样周到。爱弥儿当着她的面吻她的女儿的嘴，她认为没有关系，但是她害怕爱弥儿背地里去吻她的女儿的衣服。我们一般人所奉行的箴规格言真是荒谬，因为它们往往使我们为了要做出一本正经的样子，便使我们丧失了一颗真正的诚实的心；当我一想到这点的时候，我便豁然明白：为什么话愈是说得干净，心地愈是肮脏；举动愈是谨严，做出这种举动的人愈是不讲道德。

当我趁此机会向爱弥儿讲述我早就应该告诉他的那些规矩的时候，我产生了一种新的看法，这种看法如果让苏菲知道了的话，她也许会更加自尊的，所以我千万不能告诉她的情人；这个看法是：她这种所谓的高傲的做法尽管受到了人们的责难，然而是一种很明智的自我防备的措施。由于她知道她自己性情激烈，所以她连最小的火花也感到害怕，要尽一切力量远远地躲避它。她之所以那样严肃，并不是由于她为人骄傲，而是由于她为人谦卑。她能够控制爱弥儿，然而她害怕她不能控制她自己；她要通过对爱弥儿的控制来控制她本人。如果她对自己有更大的信心的话，她也许就不会那样高傲了。除去这一点，在世界上还有哪一个女孩子比她更温柔呢？还有哪一个女孩子比她更能够耐心地忍受那种无礼的行为呢？还有哪一个女孩子比她更不愿意冒犯别人呢？除了道德的行为以外，在任何事情上，哪一个女孩子是像她那样没有一点儿矫揉做作的表现呢？再说，她并不是因为自己有种种美德而骄傲的，她之所以显得那样骄傲，只不过是为了保存她的美德罢了；如果她能够毫无危险地按照她内心的倾向去做的话，她真是愿意拥抱她的情人哩。这些情形，她那谨慎的母亲甚至对她的父亲都没有谈过，因为男人是不应该把女人所有一切的做法都知道得清清楚楚的。

苏菲不仅没有因为征服了他而感到骄傲，相反地，除了对那个造成这种变化的人以外，她对任何人都更加宽厚，不再是那样的苛求。她意识到她是独立的，然而她高尚的心灵并没有因此而妄自尊大。她谦逊地庆祝她牺牲了自由而取得的胜利。她听到"情人"这个词的时候，脸儿也不再发红了；然而从此以后，她的态度就没有那样随便，说话就比从前含羞了；不过，尽管她显出难为情的样子，但内心是洋溢着喜悦的心情的，而且，她那种羞答答的样子本来就不是出于一种为难的心情的。特别是对来到她家的年轻人，她的态度跟以往是大不相同了。自从她不再害怕他们以后，她从前对他们所采取的那种极端稳重的做法就大有改变了。由于她已经选好了她的情人，所以她对一般的人就表现得无拘无束、十分洒脱；她既然不过问他们是不是有长处，所以她也就不再像从前那样对他们的行为有很多的责难，她觉得他们都是很讨人喜欢的。

如果说真正的爱情可以使用卖弄风骚的做法的话，我觉得苏菲在她的情人面前对其他的年轻人就有几分卖弄风骚的迹象。你也许会说，尽管她已经使用了那种又羞又爱的微妙手段燃起了爱弥儿心中的情欲，但她还不满足，还要使他发一点儿急，从而更加刺激他的情欲；你也许会说，她之所以故意取悦那些年轻人，是因为她不敢同爱弥儿这样痛痛快快地玩，所以才特地做出这种样子来折磨他；可是，苏菲这个人是十分慎重、十分善良和有理智的，所以她绝不会存心折磨他。为了缓和这种危险的刺激作用，她抛弃了那种前顾后虑的做法，而代之以爱情和诚恳；她知道什么时候该使他吃惊，什么时候该使他安心；虽说她有几次曾经使他感到不安，但她从来没有使他伤过心。由于她担心她所爱的人还没有对她燃起足够的爱情的火焰，所以她故意要使他感到忧虑，这种做法是可以原谅的。

这样一个小小的手段对爱弥儿产生了什么影响呢？他会不会嫉妒呢？难道说他永远也不会产生嫉妒的心吗？我们必须考虑的，正是这一点；由于这些枝枝节节的事情也属于我这本书所要探讨的范围，所以不能说我谈论这些事情就是离开了本题。

我在前面已经论证过，在一切以个人的偏见为转移的事物中，人们的心是怎样产生嫉妒的情绪的。但在爱情上，那又是另外一回事情了；表面上看来，嫉妒是如此的近似天性，所以大家都很难相信它不是从天性中产生的；有几种动物的嫉妒心之大，简直可以使它们发疯，然而，就以它们为例，也可以无可争辩地证明我所持的相反的看法。公鸡打得头破血流，雄牛斗得你死我活，是人教它们的吗？

我们对所有一切扰乱和妨碍我们的快乐的事物，都是怀有反感的，这种反感是一种自然的冲动，这一点是无可争辩的。要独一无二地占有我们喜欢的东西，这种愿望在一定程度上也是属于这种类型。但是，当这种愿望变成了欲念，变成了疯狂，或者变成了痛苦和忧郁的梦想，即所谓的嫉妒，那又是另外一回事情了；这种嫉妒的心理，也可能是自然的，也可能不是自然的，所以我们应当把它们加以区别。

在《论人类不平等的起源》这本书中，我已经把从动物中引证的例子做过一番分析；现在，我对这个问题又重新考虑了一下，我觉得我所阐述的论点是有相当的依据的，所以我敢于请读者再去把那些论点阅读一下。我对我在那本书中所说的区别只补充这一点：由天性产生的嫉妒，在很大程度上是由性能力引起的，当性能力是或者好像是无穷无尽的时候，这种嫉妒的心理就达到了最高点，因为，雄性的动物在这个时候要按照它的需要来行使它的权利，所以不能不把另外一个雄性的动物看作一个可恶的竞争者。在这一类动物中，由于雌性动物总是服从头一个来到它身边的雄性动物，所以它完全是因为被雄性动物所征服而隶属雄性动物的，同时它也将因此使雄性动物争吵不休。

相反地，在有些动物中，一个雄性只同一个雌性相结合，它们的结合有一种道德的联系，从而形成了一种婚姻；雌性动物是通过它自己的选择而委身于雄性动物的，所以它必然要拒绝另一个雄的，而雄性动物因为有这种偏爱保证了雌性动物对它的忠实，所以它在看见其他的雄性动物时也不至于怎样不安，可以同它们比较和平地相处在一起。在这种动物中，雄的也分担了养育小动物的责任，这是自然的法则之一；我们看到雄性动物养育它的小动物的时候，不能不有所感动，看来，雌性动物正是由于雄性动物爱它的子女，所以它才那样报答它们的父亲。

如果我们按照原始的朴实情况来看一看人类，我们就很容易看出，由于男性的性能力有限，由于他的欲望适度，所以他是自然而然地只要有一个女人就会感到满足的；这一点，至少在我们这个国家里可以用男女两性人数相等这个事实来证明；在有些人种中，男子的性能力特别大，一个男子拥有几个女人，所以，在这种人种中男女两性的人数是大不相等的。尽管男人不会像鸽子那样去哺育小孩子，他也没有乳汁去喂他们，但他在这方面是可以归入四足动物这个范畴的；由于小孩子在很长一个时期都是那样柔弱，所以他们和他们的母亲没有父亲的疼爱就不行，他们是不能不需要他的关心的。

以上所述，说明我们是不能拿某些雄性动物的强烈的嫉妒的表现来阐述人类的情形的；在有些热带地区是实行一夫多妻制的，这种例外的情形更能证明我所说的原理，因为，正是由于一个丈夫的妻子太多了，所以他才实行那样专制的管制，同时，由于他意识到他的体力上的弱点，所以他要依靠压制的办法来逃避自然的法则。

在我们中间，尽管大家在这方面不像热带的人那样逃避这个法则，但从另一个意义来说，大家仍然是在逃避这个法则的，而且逃避的原因是更加见不得人的，因为，我们之所以产生嫉妒的心理，是由于社会的欲望而不是由于原始的本能。在大多数男女的风流行为中，男子对情敌的憎恨，远远超过了他对情妇的爱。他之所以害怕他的情妇不单单爱他，那是由于他有一种自私心(我在前面已经论述过这种自私心产生的根源)，他的动机是来源于虚荣而不是来源于爱情。再说，我们的愚蠢的社会制度也已经使妇女们变得这样的矫情[①],燃起了这样强烈的情欲,以致我们对她们所表示的最真诚的爱情也是不敢相信的;即使她们向你表白了她们对你的情感,那也是靠不住的;即使她们有偏爱你的表示,也是不能使你安心地不害怕遇到任何情敌的。

至于真正的爱情,那又是另外一回事情了。我在前面提到的那本书中已经指出过,这种感情并不是像人们所想象的那样自然的,温柔的情意和火热的情欲是大有区别的:前者使一个男人钟爱他的伴侣,而后者则使一个男人被一个女人的虚假的姿色所迷惑,从而把她看得比她本来的样子还美。爱情是排他的,是希图对方偏爱自己的。它同虚荣的区别在于:虚荣是只向对方提出种种要求而自己却什么也不给予对方,是极不公平的;反之,爱情是向对方提出了多少要求,而自己也给予对方多少东西,它本身是一种充满了公平之心的情感。再说,他愈是要求对方的爱,便愈是表明他相信对方。当一个人产生了爱情的幻想的时候,是容易相信对方的心的。如果说爱情使人忧心不安的话,则尊重是令人信任的;一个诚实的人是不会单单爱而不敬的,因为,我们之所以爱一个人,是由于我们认为那个人具有我们所尊重的品质。

当我们阐明了这几点以后,我们就可以很有把握地说出爱弥儿将产生什么种类的嫉妒心了,因为,既然嫉妒心在人的心中只不过是一颗种子,则它以后将发展成什么形式,那完全是由一个人所

① 我在这里所说的矫情,同适合于她们的性别、来源于天性的矫情是恰恰相反的;后者的目的在于掩饰她们确有的情感,而前者的目的在于假装她们没有的情感。每一个社交界的妇女,成天都在那里吹嘘她们所谓的情感,但在实际上,她们除了她们自己以外,是谁也不爱的。

受的教育决定的。又钟情又嫉妒的爱弥儿绝不是一个脾气乖戾、疑心很重的人,他这个人是非常温柔、敏感和害羞的;苏菲的做法可以使他感到惊异,但不会使他感到愤怒;他采取的方法是争取他的情人而不是威胁他的情敌,他将把他的情敌看作一个障碍而不看作一个敌人,他尽量避开他而不恨他;即使恨他的话,那也不是因为他敢于同他争夺他企图占领的心,而是因为他使他遇到了失去这颗心的危险;他绝不会那样愚蠢地认为别人敢于同他竞争就是伤害了他的自尊心。由于他知道他之能否得到对方的偏爱,完全在于他是不是有美德,他之能否获得荣誉,要看他是不是能够取得成功,所以,他将加倍地努力,使自己成为一个可爱的人,这样,他才有成功的可能。豁达的苏菲尽管有好几次采取了使他感到惊异的办法来刺激他的爱情,但她也善于采取一些办法来减轻他吃惊的程度,使他得到一些补偿;她只不过是为了考验他才利用那些年轻人的,所以,一考验完毕,马上就把他们遣走了。

这样慢慢地下去,怎么得了呢?啊,爱弥儿,你变成了什么样的人,我还能认出你是我的学生吗?我发现你是多么的颓废!那个体格这样壮实,不怕寒暑,不畏劳累,一切听凭理智的年轻人,那个不为一切偏见和欲念所动的年轻人,那个爱真理,服从理性,把自己身外的一切东西看作等闲的年轻人,到哪里去了?现在,安乐悠闲的生活使他的意志日趋薄弱,竟让自己受制于女人;他成天所想的是如何讨取她们的欢心,他把她们的意志当作法律;他把他的命运交给一个年纪轻轻的女孩子,他俯首帖耳地拜倒在她的面前;庄重的爱弥儿竟变成了一个女孩子的玩具!

生活就是这样一幕一幕地变化的。尽管一个人由于年龄不同而有不同的行动的动机，但人终归还是原来那个人。他在十岁的时候是听糕点指挥的，在二十岁的时候是听情人指挥的，在三十岁的时候是只知道追逐享乐的，在四十岁的时候是只知道追逐野心的，在五十岁的时候是只知道追逐钱财的。他在什么时候才一心只追逐理智呢？当一个人受到指引，从而不知不觉地奔向了理智，这个人是多么的幸福！只要那个指引他的人能够把他引到他的目标，又何必去管那个指引他的人究竟是谁呢？就连英雄和圣贤也是赞赏人类的这个弱点的；任何一个人，尽管他为女人纺过纱，也不能因此就不算是一个伟大的人。

如果你想使一种良好的教育的效果对一个人的一生都发生作用的话，你就要使那个人在青年时期保持他在童年时期养成的良好习惯；当你的学生已经变成了你所想象的人，你就要使他在任何时候都始终是那个样子。要做到这一点，你的工作才算最后完成。正是由于这个缘故，所以必须让老师和他的学生常常在一起，因为，年轻人没有老师的指导，是不知道应当怎样追逐爱情的。一般的老师，尤其是一般的父亲做得不对的地方是：他们以为孩子们有了这种生活方式以后，就一定会丢掉从前的生活方式，以为孩子们一旦成长为大人，就必然会抛弃他们在童年时期养成的种种习惯。如果说童年时期养成的或好或坏的习惯要随着童年时期一起消失，如果说采取了跟童年时期绝对不同的生活方式，就必然会采取另外一种思想方法，那么，我们为什么要在他们的童年时期花那么多气力去教育他们呢？

正如一切大病将中断我们记忆力的延续一样，一切强烈的欲念也将中断我们的性情的延续。尽管我们的爱好和倾向都起了变化，而且这种变化有时候是相当突然的，但这种变化将因我们的习惯而受到缓和。在我们的倾向渐次发展的过程中，也像在色彩的渐次减淡的过程中一样，巧妙的艺术家应当使它们渐次的过程不至于被人家看出来，他应当把几种颜色调配在一起，而且，为了不至于使任何一种颜色突然消失，他应当把某几种颜色涂遍整个的画面。这个做法已经被我们的经验证明是正确的。漫无节制的人天天都在改变他们的爱好、他们的兴趣和他们的感情，但就是不改一改他们这种变化多端的毛病；生活有规律的人，始终是按照他们旧有的习惯去做的，甚至在老年的时候也仍然喜欢做他们在童年时期所喜欢做的事情。

如果你能够使年轻人在进入人生的一个新阶段以后，仍然不忘记他们所经历的前一个阶段；使他们养成新习惯以后，仍然不抛弃他们原来的旧习惯；使他们自始至终都喜欢做善良的事情，而不管他们是从什么时候开始做的，如果你能够做到这几点，你就能够保持你的事业的成果，而且，一直到他们死的时候，你都可以放心他们不至于做坏事情，因为，最令人害怕的变化，正是你现在所密切注意的年龄的变化。有些人因为在以后不容易改掉他们所保持的童年时期的习惯，反觉歉然，其实，要是一旦把它们都改掉了的话，他们这一辈子也就再也培养不成那些习惯了。

你认为你已经使儿童和青年养成了许多习惯，然而其中有一大部分都不是真正的习惯，因为他们是被你强迫着那样做的，而且在他们迫不得已地那样做的时候，他们一有机会就不再那样做的。一个人不论在监狱里住了多么久，他都不会养成爱坐监狱的兴趣；在监狱里住久了，不仅不能减少他对监狱的憎恨，而且会使他更加厌恶监狱的。爱弥儿绝不会抛弃他童年时期养成的习惯，因为，他在童年时期是只做他愿意做而且喜欢做的事情的，等到长大为成人的时候，他也是这个样子，所以，习惯的势力是必然会使他更加领略到自由的乐趣的。活跃的生活、体力劳动和体育运动，对他来说是这样不可缺少的东西，以至于如果不许可他做这些活动的话，他是一定会感到很难过的。如果一下子就要他去过那种安安闲闲、坐着不动的生活，那等于是把他投入了监狱，把他用链子束缚起来，使他处在一种拘束不安的境地。我毫不怀疑，他的精神和身体都将因此而受到损害。在一间关得严严实实的屋子里，他觉得呼吸都很难，他需要大量的空气，需要运动和使身体感到疲劳。甚至当他坐在苏菲的身边的时候，他也禁不住时而斜着眼睛去瞧瞧田间的景色，并且希望同她一起到田间去跑一跑。然而，在他必须好好地待在家里的时候，他也能够待下去，但他心里是感到激动不安的，他好像在同他自己斗争；他之所以待在家里，是因为他受到了束缚。你也许会说，这是我使他感到有这种需要的，是我使他受到这种束缚的。你说得不错，我使他受到了成人时期的束缚。

爱弥儿爱苏菲，但是，是什么东西首先使他那样爱她的呢？是感情、美德和对诚实的事物的爱。他既然对他的情人爱诚实的事物感到喜悦，那么，他自己是不是会丧失对诚实的事物的爱呢？从苏菲那方面来说，她提出了哪些要求呢？除了他天生的种种情感以外，她还要求他尊重一切真正的善，要求他为人俭朴、天真和慷慨无私，要求他不要把一切浮华和财富看在眼里。实际上，在他的情人还没有要求他这样做以前，爱弥儿早就是具有这些美德了。

那么，爱弥儿究竟在哪些方面起了变化呢？他有许多新的理由要他保持他原来的样子，他跟他从前不同的地方就只是在于他爱上了苏菲。

我想，任何一个稍稍留心地看这本书的读者，都不会认为爱弥儿现在的环境是偶然凑合起来的。在各个城市里都有许多可爱的女孩子，然而他所喜爱的这个女孩子却居住在远离城市的乡村，这是偶然的吗？他遇到她，这是偶然的吗？他们两个人十分相配，这是偶然的吗？他们不能住在同一个地方，这是偶然的吗？他不得不在离她很远的地方找一个住所，这是偶然的吗？他们见面的机会是那样的少，而且，他必须花费很多的气力才幸而能见她一次，这也是偶然的吗？你也许以为他已经变成了一种弱不禁风的样子了。恰恰相反，他变得愈来愈坚强了，他必须保持我以前给他养成的那一副强壮的体格，才受得住苏菲叫他去忍受的疲劳。

他住在离她八公里之远的地方。这个距离便好似熔炉的风箱，我可以利用它去锻炼爱情的锋芒。如果他们住在两个大门对大门的房子里，或者，如果他可以舒舒服服地坐着一辆漂亮的马车去看她，那么，他就可以随随便便地去亲近她了，就可以按照巴黎人的方式去爱她了。要不是大海把赫罗和林德尔隔开了，林德尔怎么会愿意为赫罗而死呢[1]？读者诸君，请让我把话就说到这里吧；如果你们能够理解我的意思，你们是可以在我所叙述的这些情

[1] 据希腊神话故事说，希腊人林德尔同住在海勒斯滂海峡对岸塞斯托斯城的女祭师赫罗相爱；有一天，林德尔拟游过海峡去看赫罗，途中突遇暴风雨，因而溺死；赫罗闻讯后，也蹈海以殉。

节中找出我所遵循的原理的。

我们头几次去看苏菲的时候，都是骑着马去的，因为骑马可以走得快一点。我们觉得这个办法很好，所以我们第五次还是骑着马去。他们在等候我们；在离他们的家半英里多远的地方，我们就看见路上有许多人在等我们。爱弥儿看见这种情形，心里就怦怦地跳起来；在走近他们的时候，他一眼就看见了苏菲；他立刻跳下马来，飞也似地跑到那一家人的跟前。爱弥儿是喜欢好马的，他那匹马是很活跃的；它一得到了自由，就跑到田野里去了；我去追它，花了很多气力才追着它，把它牵了回来。不巧，苏菲是很害怕马的，所以我不敢走近她。爱弥儿没有看见这一段经过，于是苏菲就悄悄地告诉他说他给我增加了许多麻烦。他很难为情地跑过来，牵着马跟在我们的后头。每一个人轮流牵马，这个办法是很公平的。为了把我们的马带开，他只好在前头先走。这样一来，就把苏菲留在后面了，因此，他再也不觉得骑马是一件很舒服的事情了。他气喘喘地跑回来，在半路上接着我们。

下一次去，爱弥儿就不愿意骑马了。"为什么?"我问他："我们带一个马夫去照管马匹好了。""啊!"他说道："我们骑马去，岂不给那一家可尊敬的人增加很多负担吗? 你想一想，他们既要供给我们的饮食，又要喂养我们的马。""的确，"我说道："尽管他们很穷，但也十分豪爽好客。富人们虽然在表面上是那样的阔气，但只招待他们的朋友，可是穷人，连他们的朋友的马也是要管的。""我们走路去吧，"他说道："像你这样一个始终是那样欢喜同你的学生在劳累中寻求快乐的人，难道说还没有走路的勇气么?""走路去，那太好了，"我马上回答道："而且，在我看来，谈恋爱的时候是用不着闹得那样乌烟瘴气的哩。”

在快要到达的时候，我们发现苏菲和她的母亲比上一次还要走得远来接我们。我们像箭也似地一下就走到了她们的身边。爱弥儿满身是汗，苏菲的可爱的手立刻用手绢去擦他的脸。从这一次以后，即使世界上的马再多，我们也不愿意骑了。

不过，两个人始终不能够在黄昏的时候相会，这是相当地令人难过的。夏天慢慢地过去了，白天逐渐逐渐地短了。不管我们怎样说，主人都是不答应我们在他们那里玩到夜里才动身回我们的住所的，所以，如果我们不一清早就去的话，我们差不多就只好一到那里马上就转身回来。由于苏菲的母亲很体谅我们和关心我们，所以她终于认为我们可以在村子里找一个地方偶尔过一次夜。一听到她这样说，爱弥儿马上就拍手叫好，高兴得跳起来；而苏菲也没有动脑筋去想一想这当中的究竟，反而在她母亲想出这个权宜的办法这一天，更加亲热地去吻她的母亲。

我们之间就渐次地建立和巩固了甜蜜的友谊和天真无邪的交情。一到苏菲或她的母亲所规定的日子，我大部分都是同我的朋友一起去的，不过，我有时候也让他一个人单独去。我对他的信任，可以培养他的心灵，何况现在再也不能把他当小孩子看待哩；既然我的学生值得我的尊重，我为什么非同他一道去不可呢？我有时候也不带他而独自一个人去；这时候，尽管他很难过，但他从来不发牢骚，发牢骚有什么用？再说，他也知道我是不会损害他的利益的。此外，不论我们是一块儿去还是分开去，你都可以想象得到，不论刮风或下雨都是阻挡不了我们的，如果我们一身雨淋淋地走到他们那里，因而引起了他们的同情的话，我们反而感到更加快乐。可惜，苏菲不让我们这样做，不准许我们在天气不好的时候到他们那里去。我发现，她对我秘密传授她的做法，就只有这一条她是没有照着我的话去做的。

有一天，他单独一个人去了，我原来以为他要到第二天才回来的，可是当天晚上他就回来了；我一边拥抱他，一边说："啊！亲爱的爱弥儿，你回来看你的朋友啦！"可是，他不仅不回答我，反而有一点儿生气似地说："你不要以为我是自己愿意这么早就回来的，我是不得已才回来的。她叫我回来，所以，我回来是为了她而不是为了你。"一听到他这样天真的说法，我又重新拥抱他，并且向他说："坦率的人，诚实的朋友啊，关系到我的事情，是隐瞒不了我的。如果说你是为了她才回来，那么，你是为了我才这样说的。叫你回来的人是她，而使你心地这样坦白的人是我。你要永远保持这种高尚的坦率的心灵。我们可以让那些同我们不相干的人爱怎样说就怎样说，可是，让一个朋友认为我们具有我们本来没有的美德，那是犯罪的。"

我要尽可能使他不要小看他说话这样坦率的意义，因为我发现，他之所以直截了当地说是苏菲叫他回来的，大部分是出于他对苏菲的爱，而不是因为他本来就处事豁达，所以我告诉他说，他不愿意说这次回来是出自他自己的主张，是因为他想把这个功劳归给苏菲。他料想不到无意中就在这句话里向我透露了他的内心：如果爱弥儿慢条斯理、一步一步缓缓地回来，同时，一边走一边又在心里梦想爱情的美景，那么，他充其量也只能算作是苏菲的情人;但是,如果他大踏步地匆匆忙忙地跑回来,跑得满身是汗,那么,尽管他有点儿生气,我们也可以看出他的确是算得上门特的朋友。

大家可以看出,由于我们做了这些安排,所以这个年轻人是不可能成天同苏菲待在一起的,是不可能想去看苏菲就去看苏菲的。每个星期顶多只让去一次或两次,而且去一次,也只能够在那里玩半天,很难得在那里待到第二天的。他常常盼望看到她,而在见她一次之后,又要花许多时间去甜蜜地回味同她见面的情景,他在这两方面花的时间比他实际同她见面的时间多得多。即使他去看她,他一来一去花费在路上的时间,也要比同她待在一起的时间多。正是这种真诚的、纯洁的、甜蜜的、想象多于实际的快乐,能够刺激他对苏菲的爱情,而又不至于使他变得懦懦弱弱像一个女人的样子。

在他不去看苏菲的日子里,他也并不是懒懒散散地待在家里不动的。在这些日子里,他还是原来那个爱弥儿,一点也没有改变。他经常到附近的田野去,继续研究他的博物学;他研究当地的土壤、物产和耕作的情形;他把他所见到的耕作方法同他所熟习的方法加以比较,他研究它们之所以不同的原因;当他发现其他的方法比当地的方法好的时候,他就把他所知道的好方法传授给当地的农民;当他设计了一种样式更好的犁头时,他就叫人按照他所绘的图样去制作;他发现了泥灰岩,他就把泥灰岩的用处告诉他们,因为这里的人还不知道泥灰岩的用处;他经常亲自动手去耕作,当地的人都感到惊异,因为他们看见他用起工具来比他们还用得熟练,看见他在田间翻土比他们翻得深,砌垄比他们砌得直,播种比他们播得匀，管理苗床比他们管理得好*。他们并不嘲笑他谈起庄稼活来就瞎吹牛，因为他们看见他对庄稼活确实是十分的内行。总之，他对一般重大的公益事情都是很热心地去做的。不仅如此，他还到农民家里去拜访他们，了解他们的社会地位和家庭情形，调查他们有多少子女和多少土地，调查他们的产品和销路，调查他们有哪些权利、有多少负担和债务，等等。他只拿很少的现金去发给他们，因为他知道他们一般是不善于支配金钱的；即使他把钱给他们了，他也要亲自去指导他们怎样使用。他找工人来帮他们干活，而且常常是由他给他们偿付工人替他们干活的工资。他帮助这个人修缮半已倒塌的茅屋；他帮助那个人整治因缺乏资金而荒弃的土地；他供给这个人一头母牛、一匹马或其他的牲口，以弥补他所受的损失；当两个邻居要去打官司的时候，他劝服他们言归于好；如果一个农民生病了，他便请人去照护他，并且还亲自去照顾他①。当一个农民受到豪强的邻居欺凌的时候，他去保护他；当青年男女互相追求的时候，他帮助他们结成夫妻；当一个善良的妇女失去了他亲爱的孩子的时候，他去看她和安慰她；他并不是去瞅她一眼就转身走开的，他一点也不轻视穷人，他愿意同受苦的人长久

* "苗床"一词的本意，是指沿着向南的墙根砌起来的一排土堆，其作用是使撒在其上的种子可以迅速生长。但是，这个词也用来指顺着田塍堆起来的畦；在种植谷物的时候就需要做这种畦，使水易于流通。畦的高度、宽度和方向，随土地的土壤性质和位置而有所不同。

① 所谓照顾一个生病的农民，这并不是说替他打扫屋子、给他药吃和为他请医生。所有这些，穷苦的人在生病的时候都是不需要的；他们所需要的是比较好和比较丰富的食物。你们在发烧的时候，不吃东西，病就好了；农民在发烧的时候则需要吃东西，需要吃肉，需要喝酒；他们的病差不多都是因为穷困和劳累而得的，所以，他们最好的药水在你们的酒窖里，他们最好的药剂师是你们的屠夫。

地待在一起;当他去帮助农民的时候,他往往要同那个农民一起吃饭;有些人虽然不需要他的帮助,但他也接受他们的邀请,到他们家里去作客;他在成为一些人的恩人和另外一些人的朋友的同时,始终把自己看作是同他们平等的人。总而言之,正如他善于使用他的金钱去帮助他们一样,他也善于使用他的体力去帮助他们。

他有时候走到那个幸福的人家的近旁,希望在一个隐蔽的地方看见苏菲,看见她散步而自己又不被她看出来。不过,爱弥儿的一举一动始终是很坦然的,他不会也不愿意有越轨的行为。他这种可爱的天性能够激励他的自尊心,对他自己的行为作公正的见证。不准许他做的事,他就严格遵守,绝对不做;他绝不走得太近,绝不想在偶然中得到只有经过苏菲的许可才能得到的机会。反之,他倒乐于在附近漫游,寻找他的情人走过的足迹,甜蜜地想象她为了使他感到欢喜,曾经在这条路上花费了许多苦心。在他去看苏菲的前一天,他就到附近的村庄去订第二天吃的东西。我们在表面上好像是无意之间向那个方向走去的,好像是偶然走近那个村庄的;我们买到了一些水果、糕点和奶油。考究饮食的苏菲当然能看出我们在这方面花费了一番心思,她称赞我们准备得十分周到。我虽然在这方面没有出多少主意,但她在称赞的时候也说我有一份功劳;这个女孩子之所以这样做,是因为她不好意思直接感谢她的情人。她的父亲和我一边吃点心一边喝酒,而爱弥儿则同她们在一起,注意地瞧着苏菲的匙子接触过哪一个奶油碟子,就急忙把它拿过来自己吃。

提起糕点,我便向爱弥儿谈到他从前赛跑的故事。大家都想知道是怎么一回事情,我把它详细地叙述了一下,大家都笑了起来，并且问爱弥儿现在还能不能跑。“比以前跑得更快，”他回答道：“要是把赛跑的法子忘记了的话，那太可惜了。”在我们当中有一个人很想看他怎样一个跑法，可是不敢说出来；另外一个人建议请爱弥儿再跑一次，他接受了这个建议，于是就在附近找了两三个年轻小伙子来；我们确定要给一个奖品，并且仿照从前做游戏的样子，在终点放一块点心。每一个人都准备好了，苏菲的爸爸双手一拍便发出了起跑的信号。矫捷的爱弥儿像疾风似地跑到了终点，那三个笨手笨脚的年轻人才跑出去几步路哩。爱弥儿从苏菲手中接过了奖品，并且像伊尼阿斯[1]那样慷慨大方地把它分给那几个跑输了的人。

正当大家欢欢喜喜庆祝胜利的时候，苏菲竟大着胆子向胜利的爱弥儿挑战，说她跑得不比爱弥儿差。他马上赞成同她比赛一下。当她准备进入跑道的时候，当她把衣服的两边卷起来的时候，当她怀着比在赛跑中胜过爱弥儿更急切的心情把一条美丽的腿呈现在爱弥儿眼前的时候，她把她的裙子看了一下，看它是不是够短，同时悄悄地在她母亲的耳朵边上说了一句话，她的母亲微微地笑了一下，并且还做了一个赞成她那么办的手势，她来到她的对手的旁边；起跑的信号刚一发出，大家就看见她像鸟儿似地向前飞跑去了。

妇女们生来就是不善于跑步的，即使她们向前飞奔，那也是可以被人家赶上的。尽管跑步不是妇女们做起来唯一显得笨拙的事情，然而是她们做起来姿势唯一难看的事情。她们的两个胳臂肘

---

[1] 伊尼阿斯，希腊神话中特洛伊战争的著名勇士之一。

紧紧地贴在身子后边，使我们一看就觉得好笑，而且，她们穿的是高跟鞋，所以跑起来就好像会跑而不会跳的蚱蜢似的。

爱弥儿没有想到苏菲比其他的妇女善跑，所以不仅待在起跑的地方动都不愿意动一下，并且还带着轻蔑的微笑看着她跑。但是，苏菲的脚步很轻快，而且穿的是平底鞋，她是不需要用高跟鞋来使她的脚显得小巧的；她是那样迅速地一下子就跑到前面去了，以致在爱弥儿发现她领先那样远的时候，他得马上起跑，否则，他还没有追上去，这位当今的阿塔兰特[1]就已经跑到终点了。他立刻像老鹰捕小鸟似地跑去，他赶快追，紧紧地在她脚跟后面跑，最后，终于在她跑得喘不过气的时候赶上了她，轻轻地用左手去扶着她的腰，把她像一片羽毛似地搂在胸前，一直跑到终点，使她领先到达目标，这时候，他一边高声喊道："苏菲胜利了！"一边把一条腿跪下去承认他跑输了。

除了以上所说的事情以外，我们也到另外的地方去做我们以前所学的手艺活儿。我和爱弥儿每个星期至少要到一个木工师傅家里去干一天活，而且，凡是因天气不好，不能到田间去工作的时候，我们也要到他家里去干活。我们不像那些身份比木工师傅高的人那样，只是到他家里去做个样子给人家看，而是诚心诚意地以工人的身份去替他干活的。苏菲的父亲有一次来看我们的时候，正好看见我们在工作，因此他一回去就十分称赞地把他所看到的情形告诉他的妻子和女儿。他说："你们去看一看那个在工场里工

[1] 阿塔兰特，希腊神话中西罗斯王的女儿，以善跑著称，据说，她立下誓言：谁跑得过她，她就嫁给谁。后来，希波米尼斯同她赛跑，在途中接连扔下三个金苹果去诱惑她，趁她去拾苹果，耽误了时间，终于胜过了她。

作的年轻人,你们去看他是不是看不起穷人!"我们可以想象得到苏菲听到这一番话心里是多么高兴。他们反复地谈论这件事情,而且想出其不意地去看他工作的情形。她们问我,而且在表面上装着是随便问一问似的,把我们去干活的日期打听确实以后,母女两人就坐着一辆马车到镇上来看我们了。

一走进工场,苏菲就看见那边有一个身穿背心、头发极其散乱的年轻人:他是这样专心干他的活儿,以致在她进去的时候,他一点也没有看见她。她停下来,并且向她的母亲做了一个手势。爱弥儿一手拿凿子,一手拿榔头,即将凿好一个榫眼;凿好榫眼之后,他又去锯木板,锯好之后又用夹子把它夹住,以便把它刨光。苏菲见到他这种工作的情形,一点也没有笑;相反地,她很受感动,对他产生敬意。女人啊,你要尊重你的主人,他为你工作,为你挣钱买面包,这样的人才算是男人咧。

当她们注意地看他的时候,我便瞧见她们了,我把爱弥儿的袖子拉了一下,他一转过身来,就看见她们了,于是,扔下工具,一边高兴得叫起来,一边向她们跑过去。他欢喜一阵之后,就找个地方请她们坐下,然后,他又继续去干他的工作。可是苏菲不能安静地坐下来,她兴奋地站起来,在工场里跑来跑去,一会儿看看工具,一会儿又去摸一摸刨光的木板,一会儿又到地上去拾刨花,一会儿又来看我们的手,并且说她喜欢这门手艺,因为它是十分清洁的。这个活泼的女孩子还学了一下爱弥儿干活的样子。她用她白嫩的手拿着一把刨子去刨木板,刨子在木板上滑来滑去,就是没有刨下木花来。我好像是看见了爱神在空中一边飞一边笑,我好像是听见了它在欢欢喜喜地叫道:"海格立斯报了他的仇了。"

这时候，苏菲的母亲去问那位木工师傅："师傅，你一天给他们两个人多少钱？""夫人，我每人每天给二十个铜子，另外还管他们的伙食；但是，如果这个年轻人愿意的话，他还可以挣更多的钱，因为他在这里要算是最好的工人了。""一天二十个铜子，还管伙食！"苏菲的母亲一边说，一边用温柔的目光看着我们。"是的，夫人。"木工师傅说道。说完这句话，她就跑过去拥抱爱弥儿，流着眼泪紧紧地把他抱在怀里，接连喊了几声："我的儿子！我的儿子！"

她同我们谈了一阵话（但没有耽误我们的工作）之后，就向她的女儿说道："我们回去罢，时间已经不早了，不要让家里的人等我们。"说完之后，她又走到爱弥儿的身边，轻轻地摸着他的脸儿说道："啊！出色的工人，你愿不愿意跟我们一块儿回去？"他很难过地回答道："我跟这个师傅订了合同，所以你要去问一问他。"她去问师傅是不是可以让我们走，师傅回答说不可以。"我们的活儿很紧迫，后天就得完工。由于我信任这两位先生，所以我谢绝了许多前来找工作的工人；如果没有他们这两个人，我现在就找不到另外的工人来代替，因此我就不能按期交货。"苏菲的母亲一句话也没有说，她等着瞧爱弥儿怎样讲法。爱弥儿把头低下去，一句话也没有讲。这种沉默的样子使她有点儿感到吃惊，她说："先生，你怎么不讲话呢？"爱弥儿用温柔的目光看着她的女儿，只简简单单地说道："你们看，我必须留在这里干活。"一听到这句话，她们转过身就走了。爱弥儿陪着她们走到门口，目送她们一直到看不见的时候，才叹了一口气，一言不发地继续去干他的活儿。

在回家的路上，苏菲的母亲因为对爱弥儿回答她的话感到有点不痛快，便和她的女儿谈起他这一次为什么这样古怪。"怎么！"

她说："难道说木工师傅就那样难于对付，不留下来就不行吗？还有，爱弥儿本来是很大方的，在不必要的时候尚且不吝惜金钱，怎么在该花钱的时候反而舍不得花了呢？""啊，妈妈！"苏菲回答道："谢谢上帝，爱弥儿并不那么相信金钱的魔力，所以他不愿意利用金钱去破坏他个人的信约，不愿意依靠金钱的力量使他自己和另外一个人都同时违背各自的诺言！我知道，他是可以花点钱去弥补那个师傅因他们离开而受到的轻微的损失的；但如果他这样做了，他就会使他的灵魂变成财富的奴隶，他就会常常用金钱去代替他应当履行的义务，他就会认为只要花钱，什么事情都可以办得到。爱弥儿绝不会抱这种想法的。我希望他不要因为我而改变了他原来的想法。你以为他留在那里是没有意义的吗？妈妈，你不要搞错了，他是为了我才留在那里继续工作的，这一点，我在他眼睛的表情里看得很清楚。"

这并不是说，苏菲对别人是不是真正爱她，是看得无所谓的；恰恰相反，她在爱情上是要求得极其严格的；她宁可不为任何一个人所爱，也不愿意被一个人半心半意地爱。她对她自己的美德有一种高贵的骄傲感，她认为而且也希望别人对她的德行给予应得的尊重。要是一个人意识不到她的美德的价值，要是他不像爱她的美色那样爱，而且加倍地爱她的美德，要是他不知道他应当首先尽他应尽的义务然后才去爱她，要是他不知道他爱她应当胜于爱其他一切的东西，那么，她是看不起这样一个人的。她并不希望得到一个完全按她的意志办事的情人，但是她希望驾驭一个不因为她而损坏其本身优点的男子。西尔塞把尤利西斯的同伴败坏成下贱的痞子以后，就通通加以鄙弃，而唯一无二地委身于她无法败坏的尤利西斯[1]。

除了这个神圣不可侵犯的权利以外，苏菲对所有一切的权利也是极端重视的。她暗中窥察爱弥儿是不是真诚地尊重她的权利，是不是热心热肠地照她的心意去做，是不是善于猜测她的心，是不是准确无误地按她规定的时间到她那里去，她既不希望他去得太晚，也不希望他去得太早，她希望他准时到达她那里。去得太早，这表明爱弥儿是为他自己而不是为她；去得太晚，这表明他对她满不在乎。对苏菲满不在乎！只要对她有一次满不在乎，就不用想再来第二次。即使她的怀疑没有根据，那也会把整个的希望一笔勾销的；不过，苏菲是很公正的，她一发现她做错了，她就会想办法弥补她的过失的。

有一天黄昏，他们在等我们到他们那里去，爱弥儿是已经接到了命令的。他们到路上来迎接我们，可是我们没有去。出了什么事情吗？遇到了什么意外吗？怎么没有人给他们送个信去！他们等我们一直等到天黑。可怜的苏菲以为我们死了，她感到伤心，感到难过，她哭了整整的一个夜晚。当天晚上他们派了一个人来探问我们，并且叫他第二天早晨把我们的消息带回去。我们也派了一个人同那个人一起去，替我们说明我们的歉意，并且告诉他们说我们的身体都很平安。过了一会儿，我们也亲自到他们那里去了。这时候，他们的心才放下来，苏菲擦干眼泪，或者，如果说她还在哭的话，那是因为她很不高兴才哭的。我们还活着，固然是使她放下

[1] 事见荷马史诗《奥德赛》。在希腊军攻陷特洛伊后，尤利西斯于回国途中，遇到女妖西尔赛用魔法把他的伙伴们变成了猪，但只有尤利西斯不为她的魔法所动，是她无法改变的。

了心，但是，她高傲的心并没有因此而消失不愉快的感觉，因为爱弥儿虽然活着，可是叫她白白地等了一个夜晚。

当我们到达的时候，她就想回到她的房间去。她的父母叫她不要走，于是她只好留下来；但是，她立刻打定主意，假装一副镇静和满意的神情来骗过大家的眼睛。她的父亲来迎接我们，并且向我们说："你们使我们等得好苦啊，在这个屋子里，有一两个人是不会轻易就原谅你们的。""谁呀，爸爸？"苏菲说道，尽量装出一副泰然自若的笑脸。"只要没有说你，关你什么事？"她的爸爸回答道。苏菲没有争辩，埋着头继续干她的活儿。她的母亲很冷淡但有礼貌地接待我们。爱弥儿觉得很难为情，不敢走近苏菲。她先向他说话，问他身体好不好，并且请他坐；她表面的样子假装得那样好，以致这个还听不懂愤怒的语言的年轻人简直被她这种表面上冷冷静静的样子骗过了，而且几乎要怪自己做得不对了。

为了使他不继续蒙在鼓里，我走过去抓着苏菲的手，像往常那样拿到嘴唇边去亲吻，她突然一下把手缩回去，并且用一种极其特别的声音叫了一声"先生"，于是，这无意之间流露出来的态度才立刻使爱弥儿明白了她真正的心情。

至于苏菲本人，由于她发现她真实的心情已经暴露，便索性不再是那样克制自己的情感了。她表面上的冷静的态度也变成一种带讥讽的样子了。无论你向她说什么，她都只慢吞吞地、用疑惑不定的口气说一两个简单的字眼来回答你，好像是生怕你看不出她在生气似的。爱弥儿吓得半死，怀着很痛苦的心情看着她，竭力想使苏菲把眼睛转过去望他，以便看出她内心的真正情感。苏菲对他这种冒失的做法更感到生气，就看了他一眼，这一看就打掉了爱弥儿想她再看第二眼的念头了。幸亏爱弥儿因为吓得发抖，所以才没有大着胆子正眼看她和向她说话；因为，即使他没有做什么错事，但要是他看见她生气的时候也满不在乎、谈笑自若的话，她也许永远不会原谅他的。

我认为，现在是我应该出来讲话，应该做一番解释的时候了，因此，我又走到苏菲的身边。我拉着她的手，这一次她没有把手缩回去，因为她快要晕倒了。我用很温柔的语气向她说道："亲爱的苏菲，我们的心里是很难过的；不过，你是一个非常明白事理的人，你在没有听到我们讲一讲这次事情的经过以前，不要就断定我们是做错了；现在，请你听我说一说昨天的经过。"她没有吭声，跟着，我就说道：

"我们昨天是四点钟出发的，尽管规定我们到达的时间是七点钟，但我们总是提前动身，以便在快要到达这里以前略事休息。当我们走了三分之二的路程的时候，突然间听到离我们不远的山谷里传来了痛苦的叫声，我们向那个地方跑去，发现一个可怜的农民因为从城里回来喝醉了酒，从马上摔下来，跌断了大腿。我们叫喊，请人来帮助，然而喊了一阵也没有人回答，我们只好试着再把他扶上马去，可是没有成功，因为稍稍动一下，那个人就痛得受不了。于是，我们决定把马拴在林中的一个僻静的地方，然后用我们两个人的胳臂交叉地搭成一个担架，把他抬起来，按照他所指的方向和道路尽量稳妥地把他抬回家去。路很远，我们在路上休息了好几次。我们终于走到了，但身体已经是十分的疲乏；我们极其吃惊地发现，这个农民的家我们是去过的，我们费了许多气力抬回去的这个人，正是在我们第一次到这里来的那一天曾经热情地招待过我们的那个农民。不过，由于一路上弄得手忙脚乱，所以一直到走到了他的家，才把他认出来。

“他家里只有两个小孩子。他的妻子不久就要生第三个孩子了，由于在看见我们把他抬回去的时候吃了一惊，所以几个小时以后她便生了。在一个孤孤单单的茅屋里，遇到这种情况的时候没有人来帮助，怎么办呢？爱弥儿出了一个主意：他去把我们拴在树林中的马牵出来，他骑上马去，飞也似地跑到城里去找医生。他把马给医生骑。由于他不能及时找到一个看护，所以在他派人给你送信来以后，就和一个仆人又走回那个农民的家；你可以想象得到，要照管一个断了腿的男子和一个生孩子的女人，我是很忙的，凡是我认为他们两个人需用的东西，我都要替他们做好准备。

“其他的细节我就不谈了，因为它们同我们的事情没有关系。我们一刻不停地一直忙到半夜两点钟。最后，在天亮以前我们才来到附近的一个屋子里，等你们醒了以后，把我们经过的情形告诉你们。”

我说到这里就停止了，就不再多说了。这时候，谁都没有说话；爱弥儿走到他的情人的身边，提高嗓门，以我料想不到的一种坚定的语气说道：“苏菲，你是我的命运的主宰，这一点你是很清楚的。你可以使我伤心而死，但是你不可能使我忘掉仁爱的权利；我认为，这种权利比你的权利是更加神圣的；我绝不能够因为你就把这种权利完全抛弃了。”

一听到这些话，苏菲就站了起来，一声不响地用一只胳臂去搂着爱弥儿的颈项，并且在他的脸上吻了一下；吻完以后，便用一种无法形容的温雅的姿态向他伸出一只手去，向他说道：“爱弥儿，握着这只手，它是属于你的。你什么时候愿意，你什么时候就可以做我的丈夫和我的主人，我要尽我的力量来享受这个荣誉。”

在她刚一亲吻爱弥儿的时候，那位乐得心花怒放的父亲便拍手叫道：“再吻一次，再吻一次！”而苏菲也果真不慌不忙地又在爱弥儿的脸上吻了两下；然而，也就是在她吻他的同时，她对她刚才所作的举动感到吃惊，因此便扑在她母亲的身上，把羞得通红的脸儿藏在她母亲的怀里。

大伙儿在当时的喜悦心情，我在这里就不描写了，因为这是我们可以想象得到的。饭罢以后，苏菲便想去看一看那两个生病的人，她问我们到那里去有多少路程。苏菲想去看他们，这当然是一件好事情。我们到达那个农民的家里，发现他们两个人分躺在两张床上（因为爱弥儿派人去搬了一张床来），我们看到有些人在照顾他们，这些人也是爱弥儿请来的。但除此以外，他们两个人的床上的东西都很零乱，以致使他们既生病，又睡得不舒服。苏菲围上一条女佣人的围裙，便去整理那个农妇的床，随后又去整理那个男子的床；由于她灵巧的手摸得出哪些东西将刺痛他们的身体，所以她能够把他们的床铺垫得很软和，使之适合于他们疼痛的身躯。这两个病人一看见她去，已经是感到很大的安慰了，大家都说她能够估计得到哪些东西将使那两个病人感到不舒服。本来是极其娇气的这个女孩子，现在既不嫌脏，也不嫌臭；她既不要人家帮忙，也没有打扰那两个病人，一会儿工夫就把屋子收拾得干干净净，没有臭气。平常大家都觉得她是十分害羞，而且有时候还显得十分倨傲；她，在世界上连指尖儿都没有接触过男人的床，现在竟毫不迟疑地去扶起那个受伤的男子，替他换包伤口的布，使他睡得更舒服，能够多睡一会儿。慈善的心肠胜过了害羞的心。无论她做什么事情，她的动作都是极其轻巧和敏捷的，所以把病人的痛苦减轻了，病人还没有看见她摸着他们的身子哩。那个农民和他的妻子都异口同声地祝福这个来帮助、同情和安慰他们的可爱的女子。她是上帝给他们派来的天使，她具有天使的容貌和风度，她具有天使的温存和善良的心。爱弥儿悄悄地看着她，内心十分地感动。男人啊，你要爱你的伴侣，因为上帝之所以把她赐给你，是为了在你痛苦的时候由她来安慰你，在你生病的时候由她来照护你，这样的女人才算是妻子。

大家给新生的婴儿施洗礼。这两个情人把婴儿抱到洗礼盆里的时候，内心都在急切地盼望他们不久也将有自己的婴儿。他们祈求他们期望的时刻早日到来，而且认为这个时刻已经到来。苏菲心中的一切疑虑已完全消失，可是这时候我的疑虑反而产生了。他们还没有达到他们所想象的那样好的程度，每一个人都有他产生疑虑的时候。

他们有两天没有见面了，第三天早晨，我手里拿着一封信走进爱弥儿的房间，我两只眼睛紧紧地盯着问他："如果有人来告诉说苏菲死了，你怎么办？"他大叫一声，把手一拍，站了起来，一言不发地用茫然的目光看着我。"你回答我怎么办？"我仍然是那样沉着地问道。他对我这种冷静的样子感到生气，他向我走过来，眼睛里冒出了愤怒的火焰，并且摆出一副吓人的姿势站在那里说："怎么办？……我不知道；不过，我要说明的是，谁把这个消息告诉我，我这一生就永远不再见他。""你放心吧，"我微笑地回答道："她活着，她身体很好，她在想念你，而且还在等我们今天晚上到他们那里去哩。现在，让我们出去散一会儿步，聊一聊天。”

他心中充满了情欲，所以不可能再像从前那样同我谈纯粹理性的问题，因此，我必须利用他这种情欲的本身去引起他对我给他的教训加以注意。我之所以要在我们谈话之前向他提出这样一个可怕的问题，其原因就在于此。我深深相信，他现在可以倾听我向他讲的话了。

“我们应当生活得很幸福，亲爱的爱弥儿，这是一切有感觉的人的最终目的，这是大自然使我们怀抱的第一个欲望，而且也是我们永远也不会放弃的唯一的愿望。但是，幸福在什么地方？谁知道它在哪里？每一个人都在寻找它，可是就没有一个人找得到它。我们用一生的时间去追求它，一直到死的时候也得不到它。我的年轻的朋友，当你出生的时候，我把你抱在手里，凭至高的上帝为证，我大胆地许下诺言：我要以我毕生的精力为你谋求幸福。我对我自己承担的工作是不是充分了解呢？不了解，我只知道我使你幸福了，我自己也就得到了幸福。在为你追求幸福的同时，我要使我们两个人都共同来承担这个工作。

“当我们不知道我们应当做什么事情的时候，最聪明的办法就是什么事情也不做。在一切格言中，这是对人最有用处的格言，同时也是人们最最难于奉行的格言。如果你还不知道幸福在什么地方就去追求幸福，那就会愈追愈远，就会走多少道路便遇多少危险。但是，并不是所有的人都知道这种无所为然后才有所为的办法的。当一个人怀着满腔热情，急于得到幸福的时候，他是宁可在寻求的过程中走错道路，也不愿意为了寻求幸福而待在那里一点事情也不做；然而，只要我们一离开我们有可能发现它的地方，我们就再也不能够回到那个地方去了。

"正因为我对我承担的工作不十分了解,所以我要尽量避免在这方面发生错误。在教育你的过程中,我下定决心不走一步弯路,同时也防止你去走弯路。我按照自然的道路前进,以便它给我指出通往幸福的道路。我最后发现,自然的道路就是幸福的道路,我们已经在不知不觉中按照这条道路前进了。

"你要做我的见证,做我的裁判,我绝不反对你所作的判断。你出生的头几年并没有白白地浪费,它们对你以后的年岁是有益处的;你享受了大自然赋予你的一切美好的礼物。在大自然使你遭受疾病的时候,我保护着你不受疾病的危害,而你所遭受的疾病都有助于你的身体,使它能够忍受其他的疾病。你之所以要经历那些疾病,其目的在于使你能够避免更大的疾病。你没有经历过仇恨和奴役的事情。你过着自由和快乐的生活,你保持了公正和善良的人品,因为痛苦和邪恶是分不开的,而一个人是只有在他过着痛苦的生活的时候才会变成坏人的。但愿你能够把童年的记忆一直保持到你的晚年!我深深相信,你那颗善良的心在回忆童年的时候,一定会祝福那只在你童年时期教育过你的手。

"当你长到明白事理的年岁时,我保护着你不受人们的偏见的影响;当你的心变得能感受情感的时候,我保护着你不受欲念的支配。如果我能够把这种内心的宁静延长到你的生命结束的时候,我的事业的成绩就有了保证,而你也就可以得到一个人可能获得的最大的幸福;可是,亲爱的爱弥儿,我徒然把你的心灵放在冥河的水里去浸过,我没有使它能够坚强到可以抵抗一切力量的袭击;你现在遇到了一个你不知道怎样去战胜的新的敌人,而我也不知道要怎样才能把你从这个敌人的手中挽救出来。这个敌人就是你自己。大自然和命运让你过着无拘无束的自由生活。你能够忍受贫穷,你能够忍受肉体的痛苦,至于精神上的痛苦,你是从来没有遇到过的,那时候,你一切都取决于你这个人,而现在,你一切都取决于你所迷恋的事物,完全以它们为转移;在你开始产生欲念的同时,你使你自己也变成了你的欲念的奴隶。尽管没有任何东西来侵犯你,尽管你身体上没有发生任何的变化,然而你的心灵可以产生无限的哀伤!你没有生病也将感到巨大的痛苦!你没有死也觉得自己是死了千百次!或者是谁造了一个谣言,或者是谁弄错了一件事情,或者是谁产生了一个怀疑,都将使你感到灰心丧气。

“在戏院里,你看到戏台上的英雄像痛断肝肠似地号啕大哭,使整个的戏院也回响着他们的哭声;他们像妇人似地咽咽哀鸣,像小孩似地哭出了眼泪,从而赢得了观众的掌声。你可记得:你本来是想看到那些人表现出坚定果断的行为的,然而一看到他们诉苦诉怨、哭哭啼啼的样子,你说他们是多么可耻啊。‘怎么!’你以轻蔑的语气说道:‘这就是人们要我们学习的榜样,要我们仿效的模范!他们要把人类的弱点蒙上虚假的美德的外衣来加以吹嘘,是不是他们认为人类还不够渺小,不够可怜,不够软弱吗?’我的年轻的朋友,你从今以后要对戏台上的人物表示宽容,因为你现在已经变成了这种人物当中的一个了。

“你不害怕痛苦和死亡。当你肉体上遭遇痛苦的时候,你能够忍耐需要的法则的制约,但是你还没有做到用法则去约束你心中的贪欲;我们一生中之所以有许多烦恼,正是由于我们有所爱好而不是由于我们有所需要。我们的欲望愈增加,我们的力量就几乎要等于零了。一个人按他的欲望来说,他必须要依赖千百种事物,而按他本身来说,他对任何事物都是不需要依靠的,甚至可以不依靠他自己的生命;可是,如果他喜爱的东西愈多,他的痛苦就必然会愈益增加的。世界上的一切都有一个完结的时候,我们所喜爱的东西早晚是会失去的,然而我们却紧紧地依恋着它们,好像它们要永远存在似的。一想到苏菲死了,你为什么就那样害怕?难道说你以为她会长生不死吗?有一些像她那样年纪的人不也是死了吗?她终归是要死的,我的孩子,也许还会比你先死咧。谁知道她在此刻是不是还活着?大自然只不过是要你死一次,而你自己却要你再死一次,你现在的做法是会使你死两次的。

“你成了你自己的放纵的欲念的奴隶,这是多么可怜啊!你经常在感到空虚,经常在患得患失,经常在惊惶恐惧,甚至连让你享受的自由你也不能享受。你什么也舍不得牺牲,结果你是什么也得不到的。由于你一心追逐你的欲念,结果你是永远也不能够满足你的欲念的。你时时想心灵保持平静,然而你的心灵却一时一刻也得不到平静;你将成为一个可怜的人,你将成为一个坏人。像你这样使一切都屈从于你的欲念,你怎能不成为坏人呢?如果你不能够忍受迫不得已的穷困,你又怎能自觉自愿地抛弃你已经占有的东西呢?你又怎能为了履行你的天职而牺牲你的爱好,为了听从理智而反抗你的欲念呢?你说,谁要是来告诉你说你的情人死了,你就再也不愿意看见那个人,既然是这样,那么,要是一个人把她从你手中活活地夺去,要是他敢于向你说:‘你必须把她看作是已经死去,美好的德行要你同她分离,’你又怎样对待这个人呢?如果说,不管后果如何,不管苏菲是不是已经嫁人,不管你是不是已经结婚，不管她是爱你还是恨你，不管她的父母是把她许配给你还是不许配给你，不管怎样你都要同她生活在一起，那么，这是你的志愿，你可以不计代价地占有她。但是，请你告诉我，要是一个人心中想做什么就做什么，要是他一点也不抵抗他自己的贪欲，他还有什么罪恶的事情做不出来呢？

“我的孩子，没有勇气就得不到幸福，不经过斗争就不能完成德行。‘德行’这个词就是从‘力量’这个词产生出来的，力量是一切德行的基础。一个力量微弱的人之所以能够实践德行，固然是由于他的天性，但必须凭借他的意志，他才能坚决果断地去完成；正直的人们之所以能够赢得我们的称誉，其原因就在于此；尽管我们说上帝是善良的，但我们不说他是有德行的，因为他做善良的行为是不需要经过一番努力的。这样一句如此亵渎上帝的话，我一直等到你具有理解的能力时才告诉你*。当我们不花什么代价就能够完成德行的时候，我们是不需要对它作一番认识的。只有在我们的欲念已开始产生，我们才感觉到有认识德行的必要。对你来说，这种时刻已经到来。

“我在朴实的大自然中把你抚养起来，在这段时间，我一方面没有向你讲述那些难以履行的天职，另一方面我还保护着你不受恶习的浸染，以免使你感觉到履行天职是一件很困难的事情；我使你认为种种谎言是无益的，但不是可恨的；我很少教导你像重视你

* “看来，德行这个词就含有困难和斗争的意思，没有果敢的心是不能够完成的。也许就是因为这个缘故，我们才说上帝是善良的，是威严、自由和正直的，而不说他是有德行的。上帝的行为是十分的天真，是用不着费什么力量的。”蒙台涅：《论文集》，第2卷，第11章。

自己的权利那样重视他人的权利;我已经使你成为一个善良的人,但尚未使你成为有德行的人。但是,一个善良的人是只有在他愿意做善良的人的时候,他才能够保持他的善良,因为在人类的欲念的冲击之下,他的善良的心会被破坏和消失的。一个善良的人只不过是就他自己来说是一个好人罢了。

“要怎样才算是一个有德行的人呢?一个有德行的人是能够克制他的感情的,因为,要这样,他才能服从他的理智和他的良心,并且能履行他的天职,能严守他做人的本分,不因任何缘故而背离他的本分。到现在为止,你只不过在表面上是自由的,正如一个奴隶一样,只不过因为主人没有使唤而享受暂时的自由罢了。现在,你应当取得实际的自由,你要学会怎样做自己的主人,指挥你自己的心,啊,爱弥儿,要这样你才能成为一个有德行的人。

“所以,你还需要再刻苦学习一个时期,这次学习的内容比你以前所学的东西要困难得多,因为,大自然可以替我们解除它强加在我们身上的痛苦,或者教导我们怎样忍受那些痛苦,但是,它从来没有说过它可以解除我们自己造成的痛苦,它将抛弃我们,让我们做我们自己的欲念的牺牲品,让我们去遭受我们无谓的烦恼的折磨,让我们拿我们本来是应该觉得可羞的眼泪来夸耀自己。

“你的第一个欲念现在已经产生,也许这是你应得的唯一的欲念。如果你能够以男人的气概对它加以控制的话,它也许就会成为你最后一个欲念,而你也就可以遏制一切其他的欲念,也就可以除了受美德的驱使以外,不再受其他的欲念的驱使了。

“不能把产生这种欲念看作是犯罪的事情,这一点我是很清楚的;它和感受它的心灵是同样的纯洁。它产生于纯洁的心地,它受到天真烂漫的心灵的培养。幸福的情人啊，对你们来说，道德的美是必然会增加你们的爱情的美的；你所期待的甜蜜的结合既是你心地善良的报偿，也是你忠实于爱情的报偿。不过，诚实的人啊，请你告诉我，这个如此纯洁的欲念，岂不仍然是支配你的一切行动的主人吗？而你岂不仍然是它的奴隶吗？如果它明天不再是那样的纯洁了，你能不能够从明天起就克制住它呢？现在正是试验你的力量的时候，如果要等到试验你的力量的时候才试验的话，那就来不及了。可怕的试验应该在危险还没有到来以前早早进行。我们不能临阵磨刀，我们要在打仗以前做好准备，我们必须把一切都准备好了，才去作战。

“把欲念分成可以产生的欲念和禁止产生的欲念，以便自己能够追逐前一种欲念而克制后一种欲念，这是不对的。任何一种欲念，只要你能够控制它，它就是好的；如果你让它使役你，它就会成为坏的欲念了。大自然不许可我们使我们的爱好超过我们的力量可能达到的范围，理性不许可我们希望得到我们不可能得到的东西，良心并不是不许可我们受到引诱，而是不许可我们屈服于引诱。产生或不产生欲念，这不取决于我们，但是，能不能够控制欲念，那就要由我们自己来决定了。所有一切我们能够加以控制的情感都是合法的，而所有一切反过来控制我们的欲念就是犯罪的。一个人去爱他人的妻子，这并不算是犯罪，如果他能够使他这个不好的欲念受到天职的法则的约束的话；反之，如果他爱他自己的妻子竟爱到不惜牺牲一切去取悦她的话，那就是犯罪的了。

“你不要以为我会向你讲许多啰唆的道德的格言，我只向你讲一个格言，而这个格言实际上也就包括了所有其他的一切格言了。

你要做一个人，把你的心约束在你的条件所能许可的范围。你要研究和了解这个范围，不管这个范围多么窄，只要你不超过它，你就不会遇到痛苦；如果你想超过的话，你就必然会遭遇许多不愉快的事情的；我们之所以有许多痛苦，正是由于我们毫无节制地追逐我们的欲念；当我们忘记了我们做人的环境，而臆造种种想象的环境，从想象的环境中回到现实的环境的时候，我们就会觉得我们的生活是很不幸福的。只有在我们缺少我们有权利占有的东西的时候，我们才值得花力气去获取那些东西。如果事情已经很明显地表明我们不可能得到我们所想望的东西时，我们就应该转移我们的念头；当我们的愿望没有实现的希望时，我们就不能因之而感到苦恼。一个乞丐尽管有当国王的愿望，但他绝不会因为这个愿望而感到苦恼的；一个国王正因为他认为自己不仅仅是一个人，所以他才想成为神。

“妄自骄傲是我们一切巨大的痛苦的根源，所以，对人间的苦难一加沉思，睿智的人就会变得很有节制的。他将牢牢地守着他的地位，而不做任何超出他的地位的事；他绝不会浪费他的精力去寻求他不可能保持的东西；他将用他全部的精力去享用他确实占有的东西；他绝不会像我们这样想得到这个又想得到那个，因此他实际上比我们富得多和强得多。在这个世界上，一切都是在变化着的，一切都是要成为过去的，而我也许明天就会从这个世界上消灭的，作为一个终归要死亡的人，要不要在这个世界上建立一些永久不解的关系呢？啊，爱弥儿，我的儿子！如果我失去了你，我岂不是什么都没有了吗？然而我必须想到我有失去你的可能，因为，谁知道你什么时候会被人家从我手中夺去呢？

“如果你想生活得又快乐又严肃，你的心就只能够去爱那永恒不变的美，你应当按你的条件去限制你的欲望，应当先履行你的天职然后才去满足你的欲望，你应当把需要的法则也用之于道德的行为，你应当学会在你失去了你可能失去的东西时怎样应付，你应当学会在实践美德的时候，如果必要的话，怎样抛弃一切的东西，怎样应付各种事变，怎样转移你的心，使它不受事变的摧残，怎样鼓起勇气应付逆境，以便使你永远不会落到悲惨的境地，怎样坚定地履行你的天职，从而使你永远也不会做犯罪的行为。这样一来，尽管你的命运作祟，你也会生活得很愉快；尽管你的欲念丛生，你也会生活得很严肃。你将发现即使你所占有的东西是容易丧失的，你也会从中享受到极大的快乐，而不会有任何忐忑不安的心理；是你占有它们，而不是它们占有你；你将认识到，对人来说，一切东西都是有失去的一天的，所以要舍得牺牲，才能够得到享受。的确，这样一来，你就不会幻想什么虚假的快乐，从而也就不会尝到从虚假的快乐中产生的痛苦。这样一转变，将使你获益匪浅，因为这些痛苦是经常的和实际的，而快乐则是很稀罕的，是空的。你不仅将打破许多骗人的偏见，而且还将打破认为生命有了不起的价值的说法。你可以毫无忧虑地享受你的生命，你可以毫无恐惧地结束你的生命，你可以像舍弃一切东西似地舍弃它。其他的人因为害怕得不得了，所以认为一没有生命就停止存在了；可是你，由于你深知生命是可有可无的东西，所以你将认为在离开生命的时候才真正地开始生活哩。死亡对恶人来说是生命的结束，然而对正直的人来说却是生命的开始。”

爱弥儿很专心地听着我，但也时而流露出不安的表情。他担心我先把这一段话说完之后，便跟着做出可怕的结论。他料想，我在向他讲述为什么一定要锻炼心灵的力量以后，便要使他去受这种严格的锻炼；正如一个受了创伤的人，一看见外科医生走来便打哆嗦一样，他感觉到那极其厉害，然而是治人疾病和使人免于腐败的手，已经接触到他的创伤了。

由于他感到疑惑，感到不安，急于想知道我将做出什么结论，因此，他不但不回答我，反而问我，而且在问我的时候是显得有一点儿害怕似的。“怎么办呢？”他战战兢兢地问道，连眼睛都不敢抬起来看我。“怎么办？”我以坚定的语气回答道：“应该离开苏菲。”“你说什么？”他气冲冲地叫道：“离开苏菲！离开她，欺骗她，要我成为一个背信弃义的人，成为一个坏人，一个发假誓的人！……”“怎么！”我打断他的话说道：“爱弥儿，你以为我要你去做这种人吗？”“不，”他仍然以激烈的语气说道：“你不会这样，别人也不会这样；即使你这样做，我也能够保持你对我的教育，绝不会成为这种人的。”

我早就料到他会这样突然生气的，所以我做出满不在意的样子，让他生气。如果我没有这种我再三教导他的镇静的态度，我又怎能反复地教导他做事镇静哩！爱弥儿对我是极其了解的，所以他相信我绝不会叫他去做任何坏事，但是，就他所了解的“坏事”这个词的意思来说，离开苏菲就是一件坏事，因此，他等待着看我怎样解释。于是我又继续说道：

“亲爱的爱弥儿，你相不相信有人（不管他是什么身份的人）比你这三个月来的生活过得更快乐？如果你相信的话，你便应该抛掉这种错误的想法。在领略生命的乐趣以前，你已经把生命的快乐享受尽了，除了你这三个月中经历的乐趣以外，就再没有什么可享受的了。感官的享受是瞬息即过的，内心的习惯始终是要忘掉它们的。你在希望中享受到的乐趣，比你将来实际享受的乐趣要大得多。想象力给你所想望的东西披上了美丽的外衣，但是，等到你得到那个东西的时候，它就会把外衣取走的。除了自在的上帝以外，便只有不存在的东西才真正是美的。如果这种状况能够长久持续的话，你也许就找到了至高的幸福了。但是，所有一切属于人的东西都是要衰老的；在人生中，一切都是要完结的，一切都是暂时的。如果使我们感到快乐的环境无止境地存在下去的话，则我们将因对它享受惯了，而领略不到它的趣味了。如果外界的事物一点都不改变，我们的心就会变；不是幸福离开我们，就是我们离开幸福。

“在你迷迷醉醉的日子里，时光悄然地过去了。夏天已过，冬天即将到来。即使我们的体力许可我们在如此酷热的季节继续去看他们，他们也是不同意的。不管我们愿不愿意，我们都必须改变我们的生活方式，目前这种生活方式是不能长久下去的。我从你焦急的目光中看出，要改变这种方式是不困难的，因为凭着苏菲的誓言和你自己的愿望就可以很容易地想一个办法躲避大雪，不再到他们那里去看她。临时的措施当然很好，但当春天到来，大雪一融化，就只好结婚了；所以我们应当考虑一个一年四季都适用的办法才行。

“你想和苏菲结婚，可是你认识她还不到五个月！你之所以想娶她，不是由于她同你相配，而是由于她使你感到喜欢；难道说你爱她就保证她同你是相配的，难道说最初是彼此相爱的人以后就不会变得彼此相恨！她是一个很有品德的人，这一点我是知道的。一个人光是有品德就行了吗？两个人都为人诚实就算是两个人相配了吗？我担心的不是她的品德而是她的性情。一个女人的性情哪里是一天就可以看出来的？你知不知道要在多少种情况下观察才能把她的脾气观察得透彻？四个月的爱情就能保证你会爱她一辈子吗？也许离开两个月你就会把她忘得一干二净的，也许你一离开，马上就会遇到一个人把她从你的心中完全排除的。也许你回来的时候，你将发现她对你冷冷淡淡，其情形恰和她现在对你亲亲热热的样子形成对照。感情和她的品德是不相干的，她也许依然是那样的诚实，但她已经不爱你了。我相信她将来必然是同样的忠贞，但是不经过一番考验，谁敢向你担保她仍然爱你？反过来，谁又敢向她担保你仍然爱她？你要等到已经用不着考验的时候才去考验吗？你想等到你们两个人已经不可能分离的时候才互相了解对方的真正性情吗？

“苏菲还不到十八岁，而你也刚刚才满二十岁，这是恋爱的时候，但不是结婚的时候。在这样的年龄就想做父亲和母亲啦！啊！要想把孩子们抚育好，至低限度你自己就不能是孩子。你知不知道有多少年轻的女人因为还不到年龄就生男育女而败坏了身体和缩短了寿命？你知不知道有多少孩子因为母亲的身体不好而长得很瘦弱？如果母亲和孩子都同时发育，如果把身体发育所需要的一份养料分给两个人，结果母亲和孩子都得不到大自然所定的份额，两个人岂不是都长得不好吗？如果我对爱弥儿的认识不错的话，他就会宁可晚一些结婚，娶一个健壮的妻子和养育健壮的子女，而不愿意为了满足自己急切的欲望就牺牲他们的生命和健康。

“现在来谈一谈你自己。你急于想做丈夫和做父亲，可是你考虑过做丈夫和做父亲的人有哪些责任吗？当你成为一家之长的时候，你也就成为国家的一个成员了。怎样才是国家的一个成员呢？这一点你知不知道？你研究过做人的责任，可是做公民的责任你知不知道呢？你知不知道什么叫政府、法律和祖国？你知不知道你要花多大的代价才能够生活？你知不知道你应当为谁而死？你以为你什么都懂得了，而实际上你是一点都不懂的。在占有社会秩序中的一个席位以前，你应当研究和了解什么地位最适合于你。

“爱弥儿，你应当离开苏菲，我的意思并不是叫你抛弃她。如果你能够离开她，不同她结婚，对她来说，那是太好了。你现在要离开她，以便在回来的时候更适于做她的丈夫。你不要以为你已经配得上娶她了。啊！你还有许多必须做的事情没有做咧！你要去完成那高尚的使命，你要学会忍受离别的痛苦，你要去获取忠贞的报偿，以便在回来的时候，使你有能够体面地同她在一起的权利，能够不需要她的恩赐而是直截了当地要她报答你，答应你的求婚。”

由于这个年轻人还没有经历过自我斗争，还不习惯于用意志去克制欲望，所以很不服气，他表示反对，他同我进行争论。即将到手的幸福为什么不要呢？她愿意嫁给他，而他不娶她，这是不是意味着他看不起她？为了要学习他应当知道的东西，为什么就一定要远远地离开她呢？即使说非离开她不可，为什么又不让他等到他和她已经结成了不可分解的关系，有了保证之后才离开呢？总之，他的意思是：等他做了她的丈夫之后，他才愿意跟着我走；等他们结了婚之后，他才能够放心地离开她……“正是为了要离开她，所以才必须先同她结婚，亲爱的爱弥儿！你这种想法是多么矛盾啊！要是一个男子在他的情妇不在身边的时候也照样能够生活的话，这个人的确是值得我们称赞的；然而，一个做丈夫的人就不应当在没有必要的时候离开他的妻子了。你不要狐疑不定，我已经看出，你这样并不是出自本心的，你应当大着胆子去告诉苏菲说你不能不离开她。好了！鼓起勇气来，你既然是不服从理性，那你就要听从另外一个导师。你还没有忘记你同我所订的信约。爱弥儿，你必须要离开苏菲，我要你这样做。”

听完了我所说的这些话，他低着头默默地想了一会儿，然后，抬起头来，用很坚定的语气问我：“我们什么时候走？”“一个星期以后，”我回答道：“必须使苏菲对我们的走在思想上有一个准备。女人是比较软弱的，我们应当对她们做一番安排；对你来说，这一次走是必不可免的，然而对她来说就不是这样了，所以我们应该原谅她不能够像你这样以巨大的勇气来对待这件事情。”

我很想把这两个年轻人的爱情的故事继续讲下去，一直讲到他们分别的那一天为止；不过，我花费各位读者的时间已经是够多的了，因此，让我们长话短说，把他们的故事在这里告一结束。爱弥儿敢不敢像他刚才向他的朋友那样向他的情人表示坚决的态度呢？在我看来，他是敢的；他之所以能够这样坚决，正是由于他对苏菲的爱情是十分的真诚。如果他不花什么代价就可以离开她的话，他反而会不好意思去向她说的；他以罪人的身份离开她，对一个心地诚实的人来说，这个角色总是很难承担的，因此，他的牺牲愈大，则他在使他去遭遇牺牲的人的眼中看来便愈值得尊敬。他并不害怕她对他离开她的动机发生误解。他每看她一眼，就好像在对她说:“苏菲呀,你要了解我的心,你要忠实于你的爱情;你的情人并不是一个没有品德的人。”

至于自尊的苏菲,她是竭力以稳重的态度来对待这突然的打击的,她尽可能表现得无所谓似的。但是,如同爱弥儿一样,由于她没有斗争和胜利的经验,所以她坚定的样子不久就软下来了。她情不自禁地时常哭泣和战栗,她害怕爱弥儿会把她忘掉,因此,对这次分离更加感到伤心。她不当着她的情人哭,她从来不向他表示她的担心;她在他面前尽可能克制她的情感,甚至连气都不叹一口;她的眼泪是向我流的,她的苦是向我诉的,她是把我当做她的知心的。妇女们是很聪明和善于伪装的。她愈是暗中在抱怨我的专制的做法,她愈是对我表现得很殷勤,她知道她的命运是掌握在我的手里的。

我安慰她,我竭力使她放心,我向她担保她的情人,或者说得更确切一点,担保她的丈夫是忠实于她的;只要她也像他对她那样的忠实,我向她保证他两年之后就会同她结婚。她对我是相当地尊重,所以她相信我是不会骗她的。我现在成了他们之间互相的担保人。他们的心,他们的品德,我的正直,以及他们的父母的信心,所有这些都使他们对他们的命运放心。不过,只要一个人的心很软弱,即使他有理智,那又有什么用呢?他们觉得这一次分离就好像是再也不能见面似的。

这时候,苏菲想起了欧夏丽也曾怀抱过一番隐忧,她认为她现在正好处在欧夏丽的地位。我们不可让她在他离开的时候再产生那种狂热的爱情。“苏菲,”我有一天向她说道:“你和爱弥儿互相赠送一本书吧。你送他一本《太累马库斯奇遇记》,使他可以学一学太累马库斯的样子;让他送你一本你所喜欢的《旁观集》[1]。你可以在这本书中研究诚实的妇女有哪些天职,而且随时想到两年以后就要尽那些天职。"互相赠送一本书,结果使两人都感到喜欢,使他们彼此都产生了信心。可是最后,伤心的日子终于到来了,他们非分离不可了。

那位可敬的父亲(我一切都是同他商量着办的)在我向他告别的时候拥抱我,并且把我拉到一边用很沉重而略带严肃的语气说道:"我已经尽了我的一切力量使你感到喜欢,我知道我是在同一个重荣誉的人一起做事的;现在,我只有一句话向你说了:请你记住你的学生已经吻过了我的女儿的嘴唇,签订了婚约。"

这两个情人的表情是多么不同啊!爱弥儿表现得十分激动,情不自禁地哭了起来,眼泪大把大把地流在苏菲的父亲和母亲的手上,流在苏菲的手上,哽哽咽咽地拥抱苏菲家中所有的人,翻来覆去地老是讲那么几句话。要是在另外一个场合,像他这样语无伦次地讲了一遍又一遍的话,会引起大家发笑的。至于苏菲,她面色苍白,眼神幽暗,没精打采地站在那里动也不动,既不说话,也不哭泣,也不抬起头来看任何一个人,甚至连爱弥儿也不看一看。尽管他拉着她的手,把她紧紧地抱在怀里,也不能改变她的表情;她仍然站在那里一动也不动,对他的哭泣,对他的拥抱,对他所做的这一切,好像都没有什么感觉似的;在她看来,他已经是早就离开她了。这种表情,比她的情人所表现的那种哭哭啼啼、难舍难分的

[1] 《旁观集》是从英国文学家艾迪生(1672—1719)和斯蒂尔(1672—1729)合办的报纸《旁观者》中选录的许多短文。

可怜样子还动人得多！他看见和感受到了苏菲的这种表情，他的心都碎了。我用了很大的气力才把他拉走了；如果我让他在那里再待一会儿的话，也许他就不愿意走了。我感到高兴的是，他走的时候看到了这种悲惨的样子。万一他将来受到什么人的诱惑，使他忘记了苏菲对他的情感，那么，我就要提醒他在启程那一天所看到的情景，这样一来，只要他的良心未死，我是一定能够再把他带回到她的身边的。

游　历

有些人问，年轻人出外游历是不是好，并且对这个问题进行了许多争论。如果我们换一个提法问，已经出外游历过的人是不是好，也许争论的意见就没有那样多了。

滥读书的结果是有害于科学的研究的。当一个人自以为他已经晓得了他在书本中读到的东西时，他就以为他可以不去研究它了。读书读得太多，反而会造成一些自以为是的无知的人。没有哪一个世纪的人所读的书有如本世纪的人所读的书这样多，然而也没有哪一个世纪的人所知道的东西是像本世纪的人所知道的东西这样少*。在欧洲所有的国家中，没有一个国家是像法国这样印行过那么多历史、文学和游记之类的著作的，然而也没有任何一

* “满足于纯粹的书本的知识，是极其糟糕的！在学哲学的时候，所有一切呈现在我们眼前的东西都可以作为我们的书。这个巨大的世界是一面镜子，我们应当在这面镜子面前好好地瞧一瞧我们自己。所以，我希望我的学生把这个世界当作他们的书。”蒙台涅：《论文集》，第 1 卷，第 25 章。

个国家是像法国这样对其他民族的天才和风俗知道得那么少的。书籍多了，反而使我们不去看世界这本书了；或者，即使去看的话，每一个人也只是看他所看到的那一页的。要是我不知道确实有人说过："怎能做一个波斯人！"我一听之下，还以为这句话是民族偏见最重的国家的人说的，还以为是最爱散布民族偏见的女人说的。

一个巴黎人自以为他了解所有各种民族的人，其实他只了解法国人；在巴黎城中，成天都有许多的外国人，然而在巴黎人看来，每一个外国人都是特别奇怪的，在普天之下是找不到第二个的。必须在仔细地研究过这个大城市的有产者之后，必须在同他们一起生活一段时间之后，你才能相信他们尽管是那样聪明，但同时也是十分愚蠢。令人奇怪的是，他们每一个人也许都读过十来遍有关一个国家的著作，然而在真正见到那个国家的人的时候，他们仍然是感到迷惑不解的*。

要透过作者的偏见和我们自己的偏见去看出事情的真相，这的确是不容易的。我这一生中曾经读过许多游记，然而我从来没有发现过哪两本游记对同一个民族的叙述是一致的。把我所见到的一些情况同我在书中所读到的情况一加比较之后，我终于决心把所有一切游历家的著作都束之高阁，后悔我不应该把我的时间

---

* "一个人的心灵(在旅途中)可以继续不断地得到训练，去观察那些我们从前不认识的新东西；要形成一种生活的方式，我想，无论哪一个学校的方法都没有这样做好，那就是不断地使他去研究别人的生活和奇异的思想，使他去观察我们千千万万种不同的人的性情……说来也真不好意思，我们当今的人实在是蠢透了，硬要发疯似地不喜欢一切同他们性情相反的人，好像同那些人根本就合不来似的；当他们离开了他们的本乡，不管他们走到哪里，他们都仍然按他们的章法行事，并且还憎恨外人。"蒙台涅：《论文集》，第3卷，第9章。

用去读他们的书，并由此而深深相信，要做各种各样的研究，就应当实地去观察而不应当仅仅是念书本。事情确实是这样的，因为，即使游历家们个个都是很忠实的，但他们所叙述的也只是他们所见到的或想当然的情形，他们必然要用自己的看法给事情的真相涂上一层虚假的颜色。如果还要进一步分析哪些是他们的谎言和坏话，其结果又将怎样呢?

既然有些人向我们吹嘘读书的用处，我们就让那些生来就爱读书的人去采用这个办法好了。同雷蒙·路尔*的办法一样，这个办法也有一个好处:它可以教会他们夸夸其谈地讲他们根本就不懂得的事情。它还可以把一些年方十五的人训练成柏拉图，在一小撮人中间大谈其哲学，并且照着保罗·吕卡斯❶或塔韦尼埃❷的话向人们讲埃及和印度有怎样的风俗。

我认为这一点是无可争辩的，即:任何一个人，要是他只看见过一个民族的人，便不能说他了解人类，而只能说他了解曾经同他生活过的那些人。因此，我们又可以换一个方法来对游历提问题了:“一个有很好教养的人是不是只了解他本国的同胞就够了，或者，他是不是还需要普遍地看一看各种民族的人?”这样问法，就没有什么可争论或怀疑的了。你看，要解决一个困难的问题，有时候在很大的程度上要看你对那个问题是怎样提法的。

* 雷蒙·路尔于1236年生在马召尔卡，他有一个别号叫“启蒙先生”，在他那个时代很负盛名，被大家当做一个无所不晓的人。他写了许多有关各种学问的文章，其文笔和思想在当时是很受尊重的。

❶ 保罗·吕卡斯(1664—1737)，法国旅行家，曾游历埃及、叙利亚和波斯等地。

❷ 塔韦尼埃(1605—1689)，法国旅行家，著有《土耳其、波斯和印度游记》一书。

不过，为了研究人类，是不是需要跑遍整个的地球呢？是不是要跑到日本去观察欧洲人呢？为了要了解一个民族，是不是要把那个民族中的每一个人都一一加以研究呢？不，一个民族中的人是极其相似的，所以用不着分别地去研究他们。你观察过十个法国人，就等于观察了所有的法国人。至于英国人和其他民族的人，我们虽不能说看见过十个英国人或其他民族的人就等于看见了所有的英国人或其他民族的人，但有一点是肯定的，那就是每一个民族都有它自己的独有的特征，这种特征虽不能单单从一个人的身上归纳出来，然而是可以从几个人的身上归纳出来的。正如你见到过十个法国人就等于见到了所有的法国人一样，你只要对十个民族的人做一番比较的研究，你就可以了解这些民族的人了。

为了要增长知识，仅仅到各个国家去跑一趟，那是不够的，还必须懂得怎样在那些国家从事一番游历。为了要进行研究，就需要具备一副眼光，并且把它贯注于你想要了解的事物。有许多人在游历一阵之后，所受到的教益还不如他们从书本中受到的教益多，其原因就是由于他们不懂得怎样动脑筋去思考；他们在读书的时候，至少可以得到作者的指导，但在他们自己去游历的时候，他们反而是不知道看什么东西好的。另外有一些人，在游历一阵之后，也是得不到什么教益的，其原因是他们没有增长知识的愿望。他们的目的是这样的不同，所以要他们抱着学习的目的去游历，是不大可能的；对于你无心观察的东西，你是不可能仔仔细细地去看它一番的。在全世界的各个民族中，法国人是最喜欢到外国去游历的，但是，由于他自己的习惯太多，所以往往把不属于习惯的事情也看作是习惯了。这个世界的每一个角落都有法国人。

任何一个国家都不像法国这样有那样多的人出去游历。但尽管这样，在欧洲所有的民族中，法国人虽然比谁都看到过更多的其他民族的人，但也只有法国人对其他民族的人了解得最少。英国人也是爱游历的，但他们游历的方式是不同的；这两个民族在各方面都是相反的。英国的贵族爱游历，而法国的贵族则从来不到外国去游历；法国的人民爱游历，而英国的人民则从来不到外国去游历。我认为，这个差别正好表明英国人是值得称赞的。法国人到外国差不多都是为了去发点小财，而英国人不到外国去发财则已，如果要去发财，就要带着充足的金钱去经商；他们到外国去游历，那是为了到别个国家去花掉他们的金钱，而不是为了去营谋生活的；他们为人极其骄傲，绝不愿意到国外去做低贱的事的。这就可以使他们比抱着另外一个目的到外国去游历的法国人在国外更能增长许多的知识。然而，英国人也有他们的民族偏见，而且他们的民族偏见比任何人都多；但是，他们之所以有这种偏见，其根源在于他们内心的感情而不是由于他们的无知。英国人的偏见产生于骄傲，法国人的骄傲产生于虚荣。

正如受文化熏陶最少的人一般都比较聪明一样，不常到外地游历的人出去游历一次反而能收到最好的效果，其原因是他们不像我们这样爱去看那些琐琐碎碎的事情，不像我们这样爱寻找那些投合我们的无聊的好奇心的东西，因此能够把他们全部的注意力都用去研究那些真正有意义的问题。就我所知，只有西班牙人是这样游历的。至于法国人，他到了一个国家就只知道去拜访艺术家，而英国人则爱去临摹古迹，德国人则带着他的题名簿去找所有的学者；西班牙人到了一个国家便不声不响地研究该国的政治制度、风俗和治安情形；在这四个国家的人当中，只有他能够从他的见闻中带回一些有益于他的国家的东西。

古代的人是很少出外游历的，他们也很少阅读和写作游记之类的书，然而我们根据他们给我们遗留下来的著作就可以看出，他们彼此之间的了解，比我们了解我们同时代的人还了解得清楚。单拿荷马这个诗人来说，我们读他的作品，简直是感觉到好像亲身到了他所描写的那个国家似的；即使不说他这样的诗人，我们一提到希罗多德也是不能不表示钦佩的，因为，虽然他写的历史是着重叙事而很少分析和评论，但他对当时的风土人情的描写，却远非我们今天的历史学家所能比拟，尽管我们今天的历史学家在他们的著作中描写了许许多多的人物。塔西佗对他那个时代的日耳曼人的描写，比当今任何一个作家对德国人的描写好得多。毫无疑问，钻研古代史的人，对希腊人、迦太基人、罗马人、高卢人和波斯人的了解，比我们任何人对自己的邻居还了解得深刻。

还须承认的是，各个民族原来的特征是一天天地在消失，因此要认识它们也就比较困难。随着各种族的人的互相混合，民族之间的区别已经逐渐地不存在了，而在以往，这个民族和那个民族的区别是很显著的，是一眼就可以看出来的。从前，每一个民族都是比较闭关自守的，它们之间的交通来往没有现在这样频繁，它们共同的或互相矛盾的利益也没有现在这样多，民族和民族之间的政治的和群众的联系也比现在少，各个国王之间也没有像现在这样吵吵闹闹地进行所谓的谈判，他们互相间也很少派遣使臣或长年驻扎的使节，远洋航行也是很少的，他们也不到远地去通商做生意，他们之间仅有的那一点点贸易，不是由国王自己雇外国人去做，便是由那些受大家轻贱的人去做，这些人既不能对任何民族产生影响，也不可能促使民族和民族互相接近。现在，欧亚两洲之间的联系远比当初高卢和西班牙之间的联系还密切一百倍；单拿欧洲来说，它的人口比今天整个世界的人口还稀疏得多。

对这一点，需要补充的是：大多数古代的人都可以说是土人，即本来就是他们那个国家生长的人；由于他们在他们那个国家居住的时间相当久了，所以已经记不得他们的祖先当初是从什么时候在那里定居的，同时，由于住的时间相当久，所以也让当地的风土在他们身上打下了不可磨灭的烙印；反之，拿我们现今的人来说，在罗马人入侵之后，新近又发生了野蛮人的大迁徙，因而使各个国家、各个民族的人全都混起来了。今天的法国人，已不再是从前那种长得又高又大、金头发、白皮肤的法国人了；希腊人也不再是那种在艺术上作为模特儿的希腊人了；就连罗马人的面貌也变了样子，甚至他们的性情也有了改变；波斯人原来是属于鞑靼族的，由于同塞加西亚人的血统相混，他们也一天天地失去了他们原先丑陋的样儿；今天的欧洲人已不再是高卢人、日耳曼人、伊比利亚人和阿洛布罗格人了；他们全都是西塞人，只不过面貌略有不同，而性情则有较大的差异罢了。

这就是为什么由风土的影响而产生的古代的民族特征比之今天更能显示民族和民族之间在气质、面貌、风俗和性格上的差异的原因；今天的欧洲是很不稳定的，所以没有足够的时间让自然的原因打上它们的烙印，同时，欧洲的森林已经砍伐，池沼已经干涸，土地的耕作情形虽然比古代坏，但耕作的方法比从前更一致了，所以，由于这种种原因，连这个地方和那个地方、这个国家和那个国家之间在外形上的差别也看不出来了。

也许，当我们考虑到这种种原因的时候，我们就不会那样性急，一看希罗多德、提西亚斯[1]和普林尼[2]的书就加以嘲笑，说他们笔下所描写的每一个国家的居民都有一些我们所不曾看到过的原始的特征和显著的差异。要是能找到原来的那些人，就能从他们的身上看出原来的面貌；要是他们没有丝毫的改变，他们就能保持原来的样子。如果我们能够同时把所有一切曾经在这个世界上生活过的人放在一块儿研究的话，我们哪能不相信他们确实是一个世纪比一个世纪变得大不相同，哪能不相信在今天无论你从这个民族找到那个民族都是找不到他们那种人呢。

随着研究工作的愈来愈困难，人们对它就愈来愈忽视，而且也做得很不彻底，这也是我们在探讨人类天性的发展方面成绩不佳的一个原因。一个人抱着什么目的去游历，他在游历中就只知道获取同他的目的有关的知识。如果他的目的是想创立一套哲学，则他便只是去看他希望看到的东西的；如果他的目的是在追逐财货，他就会把他全部的注意力贯注在同他的利益有关的事物上去的。商业和手工技术固然是能够使各国人民互相交往，然而也妨碍了他们互相了解，因为，当他们彼此都想在对方身上谋求利益的时候，哪里还有心思去过问其他的事情呢？

把凡是我们能够生活的地方都看一看，对我们来说是有益处的，因为这样，我们就可以选择一个能够使我们生活得最舒适的地

[1] 提西亚斯，公元前五世纪的希腊历史学家。

[2] 普林尼(23—79)，罗马著述家。

方。如果每一个人都可以自给自足地靠自己的力量生活，则他只需了解他赖以生活的地方就够了。一个野蛮人是不需要任何人的帮助就能生活的，他对整个世界也是没有什么贪心的，因此，他只了解，而且也只想了解他所生活的那个地方。如果他迫不得已地要到其他的地方去生活，他也将避免来到人所居住的地方，他愿意靠野兽生活，而且，只要有野兽，他也就能够生活。可是我们，我们是需要过文明人的生活的，我们不吃人就活不下去，我们每一个人为了自己的利益都喜欢到人数最多的国家去。这就是为什么大家都涌向罗马、巴黎和伦敦的原因。在各国的首都，人血的价钱总是最便宜的。到大都会去看到的都是大人物，而大人物全都是差不多的。

人们说，我们有许多学者为了研究学问，已经到外国去游历了，这种说法是不对的；那些学者同其他的人一样，也是为了利益才到外国去游历的。像柏拉图和毕达哥拉斯这样的人，在今天是再也找不到了，即使是有的话，也不在我们这个国家。我们的学者个个都是奉了朝廷的命令到外国去游历的；朝廷派遣他们，供给他们旅费，发给他们薪水，叫他们去研究这样或那样的事物，很显然，他们去研究的事物绝不是道德方面的。他们必须把他们全部的时间都奉献于朝廷的目的；他们太老实了，哪里能拿了朝廷的钱不做朝廷的事。不管在哪一个国家，如果确有一些好奇的人自己花钱去游历的话，那也不是为了去研究人，而是为了去教训人。他们所需要的不是学问而是浮华的外表。他们哪里能想到应该在游历中学会摆脱偏见的桎梏呢？他们正是出于偏见才去游历的。

为了观赏一个国家的山川而去游历，和为了研究一个国家的人民而去游历，其间是大有分别的。好奇的人总是抱着前一个目的去游历的，他们在游历中只是附带看一下一个国家的人民。对研究哲理的人来说，则应该同他们相反，主要是研究人民，而附带看山川。小孩子是先看东西，等他长得够大了，他才研究人。大人则应该先研究人，然后才看东西，如果他有看东西的时间的话。

因此，我们不能够因为游历得不好就得出结论说游历没有用处。不过，即使承认游历有用处，但我们能不能够因此就说什么人都可以去游历呢？不，恰恰相反，只有很少的人才适于去游历，只有那些有相当的毅力的人，能够从他人的错误中接受教训而不受引诱的人，能够借鉴别人的恶事而自己不去做恶事的人，才可以去游历。游历可以促使一个人的天性按它的倾向发展，以致最终使他成为一个好人或坏人。一个周游过世界的人，在回来的时候是什么样子，他今后一生都永远是那个样子。他游历回来之后，将变得更坏而不是变得更好，因为他去游历的目的就是向往于坏事而不是向往于好事。没有受过良好教育的行为不端的年轻人，在游历中将沾染所有一切他游历过的国家的人的恶习，但别人的美德，他们却一点也学不到，尽管别人在暴露其恶习的同时也显示了美德；但是，生长在善良人家的青年，由于他们善良的天性受过良好的培养，由于他们确实是抱着受教育的目的去游历，所以游历归来之后，个个都会变得比他们在游历以前更好和更聪明。我的爱弥儿就是要这样去游历的。那个年轻人[1]，那个无愧于一个高尚的时代的人，那个使全欧洲惊羡其美德的人，那个虽然在如花似锦的

[1] 卢梭在这里所说的年轻人，据说是吉索伯爵。

年岁就为国捐躯但未枉活一生的人，那个以自己的美德装饰自己的坟墓的人，那个等待着外邦人来到他的坟墓上撒播鲜花以表崇敬的人，就是这样游历的。

所有一切经过一番推理而做的事情，都有它自己的法则。游历，作为教育的一个组成部分来说，也是有它的法则的。为游历而游历，是在乱跑，是在到处流浪；即使说是为了受教育而去游历，这个目的也是过于空泛的，因为没有一个明确的目的的教育，是没有意义的。我希望青年人有一种鲜明的学习意图，这种意图经过很好的选择之后，就可以决定所要学习的内容了。采取我所实行的方法，就自然而然要继续按照我在这里所说的话去做的。

但是，通过他和事物的物质关系以及他和人的道德关系对自己做了一番研究之后，他还需要通过他和本国的同胞之间的法律关系来研究他的处境。为此，他首先需要一般地研究政府的性质，研究政府的各种形式，最后还要专门研究他出生地的政府，以便了解他在那个政府管辖之下生活是不是适宜，因为，每一个人由于具有任何力量都不可能加以破坏的权利，所以在他长大成人和做了自己的主人的时候，他就可以自主地废弃那个把他同社会联系起来的契约，离开那个社会所在的国家。他之所以在长大到有理智的年龄以后还被大家看作是默认了他的祖先所订立的契约，只不过是因为他还居住在那个地方。正如他有权放弃他所继承的父亲的遗产一样，他也有权放弃他的祖国；再说，出生地是自然的赐予，他一放弃了它，也就放弃了一切了。每一个人，不论他出生在什么地方，除非他为了取得国家保护的权利而自愿受到法律的管辖以外，他要想在他出生的那个地方自由自在地生活，是不能不遇到危险的。

我用实际的例子告诉他说:“一直到现在为止,你都是在我的指导之下生活的,你还没有管理你自己的能力。不过,你即将达到这样的年龄了,法律将在你达到这个年龄的时候允许你自己处理你自己的事情,从而使你自己做你本身的主人。你不久就将发现你在这个社会上是孤孤单单的,要依靠一切,甚至还要依靠你的遗产。你想创立一个家,这是很值得称赞的,它是男人的天职之一;不过,在你结婚之前,你必须知道你自己愿意成为一个什么样的人,你怎样度过你的一生,你用什么方法去可靠地为你和你的家庭谋求面包,因为,尽管我们不应当把挣面包看作是一件主要的事情,但也应当在这个问题上有所思考。难道说你愿意依靠你所轻视的那些人吗?难道说你愿意通过那些使你要不断地受到他人摆布的社会关系,通过那些迫使你自己也要变成坏人才能逃避坏人的欺骗的社会关系,去建立你的家和确定你的地位吗?”

说完以后,我就向他讲述各种可能的运用他的资财的办法,例如,或者用之于经商,或者用之于从政,或者用之于理财;我向他指出,不管他去做什么,他都要遇到一些危险,使他处于今天不知明天如何的境地,使他事事都要看别人怎样对他而决定他的行为,因而使他不能不按照别人的榜样和偏见更改他的性情、他的看法和他的做法。

我告诉他说:“另外还有一个使用你的时间和精力的办法,那就是去当兵,也就是说,受他人以高薪雇用,去屠杀那些从来没有对我们做过坏事的人。这个职业在男子们当中是很受尊重的,大家对那些只会干这种杀人的事情的人是特别看得起的。此外,这个职业不仅不需要你放弃其他的财产，而且还使你更加需要它们；消灭那些从事这个职业的人，也是搞这个职业的人的一种光荣。当然，他们并不是通通都同归于尽的；而且，正如种种其他的职业一样，这个职业不知不觉地也形成了一种发财致富的方式；不过，我很担心，在我向你讲述那些在这方面取得成功的人是怎样做的时候，我也许会使你产生好奇心，去学他们的样子。”

“你还须知道的是，在从事这个职业的时候，也许除了追逐女人以外，即使你没有豪壮的勇气也没有关系；反之，你表现得最畏缩、最卑贱和最奴才样，反而会受到人家的特别看重，因为如果你想认真地全心全意地干，你也许还会受到人家的轻视和怀恨，说不定还会被人家赶走，至少，你所有的伙伴将因你在他们梳妆打扮的时候跑到战壕去工作，而藐视你和排挤你。”

可以想象得到，所有这种种职业都是不合爱弥儿的兴趣的。“怎么！”他会向我说：“难道说我把童年时候的本领都忘得一干二净了吗？我的胳臂断掉了吗？我的气力全都用尽了吗？我不会干活了吗？你所说的那些职业和人们愚蠢的偏见，对我有什么关系？我只知道为人善良和正直才是最光荣的；我只知道同我所喜欢的人一块儿独立生活，以自己的劳动去挣得面包和增进健康，才是最幸福的。你向我讲的那些危险，是吓不倒我的。我只要在这个世界上有那样一小块土地，就满足了。我埋头苦干，使土地出产东西，我就可以无忧无虑地生活。我只要有苏菲和这样一块土地，我就可以过很富裕的日子。”

“不错，我的朋友，一位妻子和一块属于你的土地，是足够使一个明智的人过幸福的生活了；但是，这一点点财富尽管是不算多，但并不是如你所想象的是人人都可以得到的。最稀罕难得的妻子，你已经是找到了，现在让我们来谈一谈土地。

"一块属于你的土地，亲爱的爱弥儿！你在哪里去选择这样一块土地？在这个世界上，你站在什么地方可以这样说：'我是这里的主人，这块土地上的东西是属于我的？'我们固然是可以知道在哪一个地方容易使人发财致富，但我们哪里知道在什么地方可以使人不需要财富也能生活呢？谁知道在什么地方可以生活得既自由又不依赖他人，既不需要侵害别人也不怕别人来侵害自己呢？你以为我们可以很容易地找到一个永远让我们为人诚实的国家吗？如果说确有那样一种又合法又可靠的谋生办法，可以使我们无须玩弄手段或同人家打交道，就能独立地生活的话，我认为，那就是靠你的双手劳动，耕种你自己的土地了；但是，我们在哪一个国家里能这样说：'我所耕种的这一块土地是属于我的？'在选择这样一个幸福的地方以前，必须要弄清楚你在那里是不是一定能够得到你所寻求的安宁，你必须防备专制的政府、迫害异端的宗教和不良的风俗来扰乱你的安宁。你必须要能够避免种种苛捐杂税，以免把你的劳动果实通通剥削干净，你必须要能够避免同人家无止无休地打官司，以免把你的财富消耗得一无剩余。你必须要能够堂堂正正地生活，以便使你无须去讨好当地的官员或他们的下属、法官、教士、有钱有势的邻居和各种各样的坏人，因为，要是你不做好预防他们的准备，他们就一定要来侵害你的。

"你尤其要使你能够躲避达官贵族和富豪的欺凌，因为，他们一看见拿伯的葡萄园[1]，他们就要把他们土地的边界划过去包围它的。如果你真是不幸，碰上了那样一个有地位的人在你的茅屋旁边买下了或者修建了一座房屋，你是不是有把握可以使他找不到任何借口以你的土地去扩大他的庄园，或者，也许在明天，你是不是有把握可以不让他修一条大路来侵占你的土地？如果你想树立足够的名声，以避免所有这些不愉快的事情，那你就要同时储蓄足够的钱财，因为在这种情况下储蓄钱财，对你是没有什么不好的。钱财和名声是互相依赖的，有钱财而无名声，或者有名声而无钱财，都是不行的。

"亲爱的爱弥儿，我的经验比你多，我对你这个计划将要遇到的困难比你看得清楚。不过，你的计划确实是一个很好的计划，踏踏实实的计划，它将最终使你获得幸福，让我们努力把它付之实行。我有一个建议：让我们从现在起，花两年的时间去游历，等你游历回来以后才在欧洲选择一个可以使你和你的家人幸福生活的地方，以便避免我刚才向你讲述的那些麻烦。如果我们成功了，你就可以得到其他的人寻求不到的幸福，你就不会后悔把你的时间拿来这样利用。如果不成功，你也可以消除你的幻想，把痛苦看作是不可避免的，从而使你自己得到安慰，按照需要的法则办事。"

我不知道，读者诸君是不是可以看出这样一种学习的办法将使我们得到怎样的结果；但是，我现在敢断言，如果爱弥儿本着这

[1] 拿伯的葡萄园，据基督教《圣经》上说，耶斯列人拿伯有一个葡萄园，靠近撒玛利亚王亚哈的王宫；亚哈想把拿伯的葡萄园做他的菜园，拿伯不同意，说他敬畏耶和华，不敢将先人留下的产业让给别人，于是亚哈的王后遂唆使人诬告拿伯"谤渎上帝和王"，将拿伯处死，并占据了他的葡萄园。参见《旧约全书·列王纪上》，第21章。

样一种意图去开始和继续游历一番之后回来，仍然对政治制度、人民风俗和各种各样的政府法规一无所知的话，那必然是因为我们两个人都有不够的地方：他的智慧不够，我的判断的能力不够。

政治学还有待于发展，据估计，它也许永远不会发展起来了。在这方面居于一切学者之首的格劳修斯[1]，只不过是一个小孩子，而且最糟糕的是，他还是一个心眼很坏的孩子。我认为，根据大家一方面把格劳修斯捧上了天，另一方面把霍布斯骂得狗血喷头的情况来看，正好证明根本就没有几个明理的人读过了或理解了这两个人的著作。事实是，他们两个人的理论完全是一模一样的，只不过各人使用的词句不同罢了。他们论述的方法也是有所不同的。霍布斯是采取诡辩的方法，而格劳修斯则采取诗人的方法，其他的一切，就完全是一样的了。

在近代的人当中，只有一个人说得上是有能力创立这样一门既庞杂而又没有用处的学问的，此人就是著名的孟德斯鸠。不过，他避而不谈政治学的原理，而只满足于论述各国政府的成文法；在这个世界上，再没有什么东西比这两门学问的内容不同的了。

然而，任何一个人，只要他想按照各个政府实际的情况认真地研究它们，就不能不把这两门学问结合起来。为了要判断它们现在是什么样子，就必须知道它们应当是什么样子。要想阐明这些重大的问题，最困难的地方在于我们能不能够使一个人有兴趣去讨论和回答这两个问题："它们和我有什么关系？"以及"我怎样对

[1] 格劳修斯（1583—1645），荷兰法学家，所著《论战争与和平法》一书，在很长的时期里被视为国际关系的法典。

待它们?”我们已经使我们的爱弥儿能够自己解答这两个问题了。

第二个困难之点在于我们每一个人都有儿童时期养成的偏见,在于我们都受过种种教条的熏染,尤其是在于著述家们个个都有偏心;他们时刻都在说他们阐述真理,其实他们哪里管真理不真理,他们心目中所考虑的是他们的利益,只不过他们在口头上不讲就是了。老百姓既没有委任著述家们去做教授,也没有给他们年金或法兰西学院院士的席位,所以,请你想一想,老百姓的地位怎么能够由他们去决定!我要尽量使这个困难之点在爱弥儿眼中看来算不了一回事情。当他刚刚知道什么叫政府的时候,他唯一要做的事情是去寻找最好的政府,他的目的并不是为了著书立说,万一他真要执笔著书的话,那也不是为了讨好当今的权贵,而是为了树立人权。

还有第三个困难之点,这一点只是个别的人才会遇到,而且是易于解决的,所以我现在既不把它提出来,也不着手去解决它,因为,只要我不怕它就行了。我认为,当我们去从事这样一种研究的时候,我们所需要的,并不是巨大的才能,而是对正义的真诚的爱和对真理的尊重。如果说我们可以找得到一个适当的时机对政治制度作公正不偏的研究的话,我认为,现在就是这样的时机了,否则,以后就再也找不到这样的机会了。

在进行研究以前,我们必须先定出一些研究的规则,我们需要有一个标准来衡量我们所研究的东西。政治学的原理就是我们的标准。每一个国家的民法就是我们衡量的尺度。

我们的基本的概念是很简单和明了的,是直接从事物的性质中归纳出来的。这些基本的概念将作为我们讨论的问题,而我们只是在把它们相当满意地解决之后，才把它们表述为原理。

举例来说，当我们首先追溯自然状态的时候，我们就要研究人生来是自由的还是生来是奴隶，是生来就是同他人联合在一起的还是生来是独立的；他们是自愿联合在一起的还是被一种暴力强迫联合在一起的；那个强迫他们联合在一起的暴力是否能够制定一种永久的法律，凭着这种法律，这个原先的暴力即使已经被另外一种暴力所征服，它也仍然有要求人们服从它的权利，以致据说自从宁录王[1]以暴力制服了人民以后，其他的暴力尽管已经把他的暴力消灭了，也仍然要看作是不合法的和篡逆的，而且，只有宁录王的后代或他所禅让的人才是正统的国君；或者，如果原先的暴力已不存在，而在它之后出现的暴力是否可以强迫我们服从，是否可以摧毁原先那个暴力的一切束缚，因而只有在它自己对我们施加压力的时候我们才服从它，而且一旦我们有了抵抗的力量，我们就可以不服从它。所以，法律就是暴力，只不过换了一个词来说罢了。

我们要研究：我们是不是能说一切疾病都是上帝赐予的，因此，请医生治病是犯罪的。

我们还要研究：当一个匪徒在大道上拦住我们抢劫的时候，尽管我们有办法把我们钱包里的钱藏起来，我们是不是也应该本着良心把我们的钱拿给他，因为他手中所持的枪也是一种权力。

“权力”这个词的意思在这种情况下是不是跟合法的权力有所

---

[1] 宁录王，基督教《圣经》上说，宁录是古实的儿子，含的孙子，据说，是创建巴比伦的国王。参见《旧约全书・创世记》，第10章。

不同，是不是要按照法律它才能成立。

如果我们不承认暴力的法律，而拿自然的法律即父权作为人类社会的原理，我们便要研究这个权力有多么大，它的自然的根据是什么；除了孩子的利益和身体柔弱，以及父亲对孩子的天性的爱以外，它还有没有其他的存在的理由；如果孩子的身体不弱了，而且他的智力又发育成熟了，他能不能在保持其自身的生命方面变成唯一的自然的判断人，并从而变成他自己的主人，不受其他人的约束，甚至不受他的父亲的约束，因为，千真万确的是：孩子之爱他本人，是远远胜过其父亲对他的爱的。

如果父亲死了，孩子们是不是一定要服从他们的长兄或另外一个对他们根本没有天然的父爱的人；从这一族到那一族，是不是始终只有一个首领，而所有各族的人都要服从他？如果是这样的话，我们就要研究他这种权力为什么又被划分了，为什么统治这个世界的人又不止一个呢？

假定所有的民族都是通过自己的选择而构成的，那我们就要分辨法律和事实的差异了；既然孩子们之所以要服从他们的兄长、叔父或其他的亲族，并不是由于这些人非要他们服从不可，而是因为他们愿意服从，那么，我们就要问：这样一种社会是不是自由自愿地结合的？

其次，谈到奴隶法，我们要问：一个人是不是可以按照法律把他的权利毫无条件、毫无保留和限制地通通让给别人，也就是说，他可不可以放弃他的人格，放弃他的生命和理智，放弃他的人身，是不是可以做事不问是非，一句话，是不是可以在未死以前就停止生存，尽管大自然明明是要他自己保持他自身的生命，尽管他的良心和理智已经告诉他应该做什么和不应该做什么。

如果在奴隶法中有某种保留和限制，那我们就要问：这个法律是不是因此就变成了一种真正的契约；根据这个契约，双方既然都同是订约人，没有共同的主人[①]，因此，他们按照契约的条件，便仍然是自己的主人，每一方都享有这一点自由，而且在一旦发现这个契约对他们有害的时候，可以马上把它毁掉。

既然一个奴隶都不能够毫无保留地把他的一切权利让给他的主人，一个民族怎能毫无保留地把它的一切权利交给它的首领呢？既然一个奴隶都可以判断他的主人是不是遵守了契约，一个民族怎么不可以判断它的首领是不是遵守了契约呢？

由于我们不能不这样重新探讨，研究“集合的民族”这个词的意思，因此，我们要问：为了要集合成一个民族，在未出现我们所说的那种契约以前，是不是还需要订立一个契约，或者，至低限度要有那么一个默契。

既然一个民族在尚未选择它的国王以前就已经是一个民族了，则它不是根据社会契约而构成一个民族，又是根据什么呢？可见，社会契约是一切文明社会的基础，我们只有根据这种契约的性质，才能阐明按照这种契约而构成的社会的性质。

我们要研究这种契约的主要内容是什么，我们是不是大体上可以把它概括成这样一段话：“我们每一个人都同样把自己的财产、人格、生命以及自己的一切能力交给全体意志去支配，听从它

① 如果有一个共同的主人的话，那就是国王了；可见，奴隶法既然是根据统治权而订的，它便不是统治权的起源。

的最高的领导，而我们作为一个集体，将把每一个成员看作是全体的不可分割的一部分。”

如果可以这样概括的话，那么，为了给我们所需要的词下一个定义，我们就可以这样说：这个集体的契约不仅不提缔结契约的每一个人，它反而要制造一个在大会中有多少人投票就算是由多少成员组成的实有的集合体。这个共同的人格一般称为“政治体”；这种政治体在消极的时候，它的成员就称它为“国家”，在积极的时候就称它为“主权”，在跟它的同类相比较的时候就称它为“政权”。至于成员的本身，总起来说就称为“人民”；分开来说，作为“城邦”的一分子或主权的参与者就称为“公民”，作为服从同一个主权的人就称为“属民”。

我们认为，这种联合的契约包含一个全体和个人之间的相互的约定，每一个人可以说是同他自己订立契约，因此他具有双重的关系，即：对别人来说，他是行使主权的一分子；对主权者来说，他是国家的一个成员。

我们还认为，既然一个人没有亲自订约便不一定非遵守契约不可，而全体意志虽可以根据每一个人所处的两种不同的关系而强迫所有的属民服从主权，但它不能强迫国家服从它。由此可见，除了独一无二的社会契约以外，便没有也不可能有任何其他的所谓的基本法了。这并不是说政治体在某些方面不能同别人订立契约，因为，对外国人来说，它就是一个简单的存在，一个个体。

订约的双方，即每一个个人和全体，既然没有一个可以裁决他们之间的分歧的共同的上级，那我们就要研究，是不是每一方都可以在他高兴的时候破坏契约，也就是说，只要他一旦认为契约对他有害，他就可以不遵守。

为了阐明这个问题，我们认为，按照社会契约，主权者是只能够根据共同的和全体的意志行事的，它的法令只能有共同的和普遍的目的；因此，主权者是不可能直接损害个人的，要损害的话，便要损害所有的人，但这种情况是不会发生的，因为这等于是自己损害自己。所以，除了公众的势力以外，社会契约就不需要其他的保证，因为，只有个人才能够破坏它，然而，破坏了社会契约，个人也不能因此就不受它的约束，反之，他却要因为破坏它而受到惩罚。

为了更好地解决类似的问题，我们要经常记住，社会契约是一种特殊性质的契约，而且只是它具有这种特殊的性质，所以人民才是同自己在订立契约，这就是说，人民作为整体来说就是主权者，而每一个个人就是属民，这是政治机器在构造和运用方面非具备不可的条件，只有这个条件才能够使其他的契约合理、合法而且不至于给人民带来危险；如果没有它，其他的契约就是荒唐的和专制的，并且还容易产生巨大的流弊。

由于个人只服从主权者，由于主权者就是全体意志而不是其他的东西，所以我们由此可以看出每一个人为什么在服从主权者的时候就是服从他自己，为什么在社会契约之下生活比在自然状态中生活更为自由。

我们从个人方面把自然的自由和社会的自由加以比较以后，我们还要从财产方面把产权和主权，把个人土地权和最高领土权加以比较。如果说主权是以财产权为基础的话，则财产权就是最应当受到主权者尊重的权利；只要把它看作是个人特有的一种权利，它对主权来说就是神圣不可侵犯的；然而，要是把它看作是所有的公民共有的权利的话，那它就要服从全体意志的支配了，这个意志就可以废除它了。所以说主权者是没有任何侵犯一个人或几个人的财产的权利的；但是，它可以制定法律去夺取所有的人的财产，例如在莱喀古士时代的斯巴达就是这样做的；反之，梭伦[1]废除债务的做法就是不合法的。

既然只有全体意志才能约束一切属民，那我们就要研究这种意志是怎样表达出来的，我们要凭什么标记才能把它认得出来，什么叫法律，法律的真正的特性是什么。这个问题还从来没有人研究过，法律的定义还有待于我们来下哩。

当一个国家的人民专门针对一个或几个成员考虑问题的时候，这个国家的人民就分裂了。在全体和部分之间就产生了一种关系，从而把它们分成两个分离的存在：部分是一个存在，而全体在少去这一部分之后就是另一个存在。但是，全体在少去这一部分之后就不是全体了；只要存在着这种关系，那就不能称为全体，而只能称为两个大小不等的部分。

反之，当全体人民为全体人民制定法律的时候，那就是考虑到人民自己的情况了；如果说产生了一种关系的话，那就是从一个观点来看的整体对从另一个观点来看的整体，而整体是没有分裂的。法律的对象是全体，而制定法律的意志也是全体。我们在这里需要研究的是，其他的法令是不是可以冠上“法律”这个名称。

如果说主权者只能够通过法律来表述它的意志，如果说法律只能有一个对国家所有的成员都有同样的关系的目的，那么，主权

[1] 梭伦(公元前640—前558)，雅典的立法者。

者就没有针对一个特殊的目的制定法律的权力；然而，为了保存国家，也必须处理一些特殊的事情，因此，我们要研究怎样才能做到这一点。

由主权者制定的法令，只能够是全体意志的法令，即法律；然而，为了执行这种法律，也需要有一些明确的条例，强制的即政府的条例；在另一方面，这些条例是只能够针对特殊的目的来定的。所以，主权者在确定人民选举首领的时候所依据的法令，就是法律，而我们在选举执行法律的首领的时候所依据的法令，只不过是一个政府的条例罢了。

这是第三个关系，按照这个关系，我们可以把集合的人民看作是行政官或他们自己以主权者的身份所制定的法律的执行者[①]。

我们要研究人民是不是可以自己剥夺自己的主权，以便把它交给一个人或几个人；因为，选举的条例并不是一种法律，按照这个条例来说，人民并不就是主权者，因此我们不明白他们怎能把不是属于他们的权力转交给别人。

既然主权的实质就是全体的意志，那我们还不明白要怎样才能够使个别的意志和全体的意志形成一致。我们倒是应该假定它同全体的意志是相矛盾的，因为，个人的利益总是占先的，大众的利益总是相等的；即使说两者形成一致是可能的，但是，除非它是必然的和不可摧毁的，否则，统治权是不可能由此产生的。

① 这些问题和提法大部分是从《社会契约论》中摘录出来的，而《社会契约论》的本身又是另外一部长篇著作的提纲；要写那样一部长篇的著作，我的力量是不够的，所以早就放弃不写了。我从这部长篇著作中摘录出来的短短的论文将另行发表，这里所讲的只是它的大要。

我们要研究在社会契约未被破坏的时候，人民的领袖，不论他们是以什么名义当选的，是不是仅仅是人民的官员，而人民是在命令他们执行法律；我们要研究这些领袖是不是应当向人民汇报他们施政的情况，他们自己是不是也应当服从他们要人家服从的法律。

如果说人民不能够把他们的最高权力让给别人，他们是不是可以把它委托给别人行使一个时期？如果说人民不能够找一个人来做自己的主人，他们是不是可以找一些人来做自己的代表？这个问题很重要，值得我们加以讨论。

如果说人民既不能够有一个最高的统治者，也不能够有代表，那我们就要研究他们怎样给自己制定法律，他们是不是应当有许多的法律，他们是不是应当经常改变他们的法律，一个人口众多的大民族是不是能够自己做自己的立法人？

罗马人是不是一个人口众多的大民族？

形成人口众多的大民族，是不是好？

根据前面阐述的几点，我们可以看出：在一个国家的属民和主权者之间有一个中间体，这个中间体是由一个或几个人组成的，他们负有掌管行政、执行法律和维持政治和公民自由的责任。

这个中间体的成员称为行政官或国王，也就是说他们是统治者。整个中间体按组成的人来说，称为执政者；按它的行为来说，则称为政府。

如果我们根据整个中间体对它自己的行为来看，也就是说根据全体对全体或主权者对国家的关系来看，我们可以把这个关系比作一个以政府为中项的两个比例外项之间的关系。行政官从主权者那里接受命令，并把他所接受的命令发给人民；两边一算，他的乘积即他的权力和公民（他们一方面是属民，另一方面又是主权者）的乘积即权力是相等的。你改变三项当中的任何一项，将立刻打破它们之间的比例。如果主权者想实行统治，换句话说，如果他想颁布法律，又如果属民拒绝服从他所颁布的法律，则原来的秩序即告消失，跟着就会出现一片混乱，结果，这个分崩离析的国家不陷入专制政治就会陷入无政府状态。

现在假定一个国家是由一万人组成的。主权者只能被看作为一个集合的整体，而每一个个人作为属民来说是可以单独地和独立地存在的。因此，主权者对属民是一万对一，这就是说，尽管主权是完全受国家的成员的支配，但每一个成员所享有的主权实际上只有万分之一。假如人民的总数有十万，又假定属民的地位没有什么变化，但是，由于他所投的票的效力已减到十万分之一，因此，他那一票在法律的制定方面的影响也就会缩小为十分之一。所以，由于属民始终是一，主权者的权力是必然会随着公民的人数的增加而扩大的。由此可见，国家愈大，个人的自由就愈少。

个别的意志和全体的意志愈不符合，也就是说，人民的动向和法律愈不符合，就愈要增加压制人民的力量。另一方面，由于国家的幅员大，就给了社会权力的执行者更多的滥用权力的念头和机会，因此，政府控制人民的权力愈大，主权者便愈是应该有反过来控制政府的权力。

根据这种双重关系，我们可以断定，主权者、执政者和人民之间的比例并不是人们随随便便确定的，而是由于国家的性质必然产生的结果。我们还可以看到，由于两个外项之一，即人民，是固定不变的，所以复比每增加或减少一次，单比就要跟着增加或减少一次；但是，不论是增或是减，每一次都非要改变中项不可。我们由此可以得出结论说，独一无二的绝对的政治制度是不存在的；按大小来说有多少个不同的国家，在性质上就有多少种不同的政府。

如果说人民的人数愈多，人民的意向和法律的关系便愈少，那我们就要研究是不是可以这样类推：行政官的数目愈多，政府便愈没有力量。

为了要阐明这一点，我们就需要指出每一个行政官的身上是具有三种本质上不同的意志的：第一个是倾向他自己的利益的个别意志；第二个是专门以维护执政者的利益为目的的行政官的共同意志，这种意志可以称为集团的意志，对政府来说是普遍的，对国家（政府是国家的一个组成部分）来说是特殊的；第三个是人民的意志，即主权者的意志，这种意志无论对作为总体的国家或者对作为总体的一个组成部分的政府来说，都同样是普遍的。在一个十全十美的立法机构中，个别的特殊的意志几乎是没有的，政府固有的集团的意志也是十分次要的，因此，作为主权者的全体的意志是衡量一切其他意志的标准。反之，按照自然的秩序来说，这几种不同的意志愈集中，它们便愈趋活跃；全体的意志始终是最弱的，集团的意志是居于第二位的，个别的意志是胜过一切的；所以，每一个人首先是他自己，其次是行政官，然后才是公民。这个次序的先后和社会秩序的先后是恰恰相反的。

阐明了这一点以后，我们再进而假定政府是掌握在单独一个人的手中的。在这种情况下，个别的意志和集团的意志便完全地结合在一起了，因此，集团的意志也就达到了它可能达到的最高的强度。由于暴力的使用要依靠这种强度，由于政府的绝对的权力就是人民的权力，是始终不变的，因此可以得出结论说，最活跃的政府是由单独一个人执掌的政府。

反之，把政府和最高的权力结合在一起，以拥有主权的人民为执政者，有多少公民就委多少行政官，这样一来，集团的意志便同全体的意志完全混淆，不能够像全体的意志那样活跃，并且还让个别的意志各行其是。所以，尽管政府的绝对权力没有任何减少，但这样的政府是最不活跃的。

这些法则是无可争辩的，其他的论点只不过是用来阐明它们罢了。举例来说，构成一个集团的各个官员就比构成一个整体的各个公民活跃得多，因此，个别的意志是可以对整体起很大的影响的。因为，每一个行政官差不多都担任了政府的某种特殊的职务，而每一个公民是不能以个人的身份运用主权的。此外，国家的幅员愈大，政府的实际的权力也愈大，虽然它实际的权力并不是因为国家的幅员扩大而扩大的；但是，如果国家的幅员不变，即使是增加行政官，那也是没有用处的，政府是不可能因增加行政官而获得更多的实际权力的，因为政府只不过是国家（我们假定它的大小是不变的）的权力的保管者罢了。所以，行政官的数目一多，政府的权力不仅不因此而增加，反之，它活跃的程度还会因之而减弱的。

论证了政府将因行政官的增加而趋于松弛之后，论证了人民的人数愈多，政府的压力也应当愈大之后，我们就可以得出结论说，行政官和政府的比例应当同人民和主权者的比例成反比；这就是说，正如人民的人数增加，领袖的人数就愈应减少一样，国家愈是庞大，政府的机构便愈应紧缩。

为了以后能够用更确切的名称阐述各种形式的政府，我们首先指出，主权者可以把政府交给所有的人民或大部分人民去掌管，从而使充当行政官的公民比普通的公民还多。这种形式的政府，我们称它为“民主政府”。

其次，主权者可以把政府交给比较少的人去掌管，从而使普通公民的人数比行政官的人数多；这种形式的政府，我们称它为“寡头政府”。

最后，主权者可以把整个的政府集中地交给单独一个人去掌管。现今最普遍的就是这种政府；我们称这种形式的政府为“君主政府”或“王权政府”。

我们认为，所有这几种形式的政府，或者，至少前两种形式的政府，在掌管政府的人数方面是可以或多或少的，甚至有相当大的增减余地的。因为民主政府可以包括所有的人民，或者，可以缩小到包括一半的人民。寡头政府则可以从一半的人民缩小到包括一小部分人民。即使是王权政府，有时候也可以在父子之间或弟兄之间或其他人之间分成几部分。在斯巴达经常有两个国王；在罗马帝国甚至同时有八个皇帝，而人们也并不因此就说罗马帝国遭到了分裂。每一种政府必然在有一点上是同另一种政府相混淆的，正如国家有许多公民一样，政府在实际上也可能有许多不出这三种基本类型的形式。

还有，由于每一种政府在某些方面都可以划分成几部分，一部分按这种方式治理，另一部分又按另一种方式治理，因此，把这三种形式结合起来，就可以产生许多混合式的政府，而每一种混合式的政府都可以用所有一切单一的形式的政府去乘它。

人们常常争论哪一种形式的政府是最好的，而没有想到每一种形式的政府都可以在某种情况下成为最好的政府，而在另外一种情况下又成为最坏的政府。在我们看来，如果承认各个国家行政官[①]的人数应当同公民的人数成反比这个看法是正确的，那我们就可以得出这样的结论：一般地说，民主政府适用于小国，寡头政府适用于中等的国家，而君主政府则适用于大国。

只有根据这样一个探讨的线索，我们才能彻底了解公民究竟有哪些权利和义务，权利和义务是不是可以分开；才能了解什么是祖国，它实际上是由什么组成的，每一个人凭什么来判断他有祖国还是没有祖国。

我们就每一种文明社会的本身对它们进行了这样一番研究之后，我们还要把它们加以比较，以便探讨它们之间种种的不同的关系：它们之中有大有小，有强有弱；它们彼此攻击、互相侵犯和互相摧残；在这接连不断的一来一往的侵害行为中，造成了许多的悲惨事件和丧失了许多人的生命，所以，如果让人们保持他们原始的自由的话，也许还不至于遭到这样大的牺牲。我们要研究：我们在社会制度中行使的自由是太多还是太少；当各个社会各自保持其自然的独立的时候，受法律和多数人制约的个人是不是就既不受两种状态的害处，也得不到两种状态的益处；在这个世界上是不是与其有几个文明社会，毋宁连一个文明社会都没有还好些。这种混合的状态岂不是本想使人分享两种状态的益处，结果是一种状态

① 大家应当记住的是，我在这里所说的是最高的行政官即国家的领袖，其他的行政官只不过是他们在这一部分或那一部分的代理人。

的益处都得不到,“既不让人做战争时期的准备,也不让人享受和平时期的安宁[①]”么?这样一种部分的和不完全的联合,不是要产生暴政和战争吗?而暴政和战争不是人类最大的灾难吗?

最后,我们还要研究:要医治这些弊病,是不是可以采取联盟和联邦的办法,让每一个国家对内自主,对外以武装去抵抗一切强暴的侵略。我们要研究怎样才能建立一个良好的联盟,怎样才能使这种联盟维持久远,怎样才能使联盟的权利尽量扩大而又不损害各国的主权。

圣皮埃尔神甫主张欧洲所有的国家联合起来,以便在它们之间保持持久的和平。这种联合办得到办不到?即使说办得到,我们能不能够断定它可以维持长久[②]?这样去探讨,必然会直接地促使我们去研究国际法,从而达到阐明我们在国内法中难以阐明的问题。

最后,我们还要阐述战争法的真正的原理,并且要研究为什么格劳修斯和其他的人所说的原理完全是错误的。

我一点也不奇怪:正当我阐述这些问题的时候,聪明的爱弥儿会打断我的话向我说:“当我们按照法则,十分严密地一步一步地修起这座大厦的时候,也许人们还以为我们用的是木材而不是人哩!”“是的,我的朋友;不过你要知道,法则是不会向人的欲念屈服的,对我们来说,问题首先是要论证政治学的真正原理。现在,我

① 塞涅卡:《心灵的平静》,第1章。

② 我一开始论述这个问题,就在这本著作的提要中列举了“赞成”的理由;至于“反对”的理由,至少在我看来是一些颠扑不破的反对的理由,将紧接着这篇提要在我的著作中加以阐述。

们的基础已经打好了，且来看一看人们在这个基础上修建的东西，你将看到许多有趣的情景啊！”

于是，我叫他阅读《太累马库斯奇遇记》，走太累马库斯所走过的路，我们寻找快乐的萨郎特和几经忧患而变得很聪明练达的伊多梅内。一路之上，我们发现了很多的普洛太西拉斯，而菲洛克勒斯则一个也没有找到。像多尼人的国王阿德腊斯特那样的人并不是没有的†。不过，我们且让读者去想象我们旅途的经过，或者，像我们这样随身带着一本《太累马库斯奇遇记》去游历；至于作者本人想避免或者在不知不觉中所走的一段弯路，在这里就不提了。

不过，爱弥儿并不是王子，而我也不是神，所以，尽管我们不能模仿太累马库斯和门特那样施恩于人，我们也不感到难过，因为没有哪一个人比我们更善于按自己的身份做事，也没有哪一个人比我们更不愿意做不符合我们的身份的行为了。我们知道所有的人都负有同样的使命，任何一个人，只要真心爱善和全力为善，就能完成他的使命。我们知道太累马库斯和门特都是虚构的人物。爱弥儿在旅途中并不是那样懒懒散散、一点儿事都不做的，假如他是王子的话，他还做不出他所做的那些事哩。如果我们都是国王，我们就不能成为行善的人了。如果我们既是国王又是行善的人，我们就会每做一件好事(其实是我们从表面上看来认为是好事)，就会做出千百件真正的坏事。如果我们既是国王又是贤人，则我们要

† 有些人企图使卢梭同富有的元帅发生纠葛，使他失去弗雷德里克的保护，就告诉前者说《爱弥儿》中所讲的阿德腊斯特就是弗雷德里克；卢梭不但没有否认，而且还同意了这种说法。见《忏悔录》，第12卷。

为我们自己和为别人所做的头一件好事，就是放弃王位，重新变成我们现在这样的人。

我已经讲过为什么游历对许多人是有害的。对青年人来说，游历之所以更加有害，是我们使他们在游历的过程中采取的方法不对。由于一般的教师所关心的是游历的乐趣而不是游历对青年人所给予的教育，所以他们带着青年人从这个城市跑到那个城市，看了这个宫廷又看那个宫廷，会见了这一界的人又会见那一界的人；或者，如果教师是一个学者或文学家，他就会使青年人把他们的时间消磨于涉猎图书，消磨于观赏古迹，研究古老的碑文和抄录古老的文献。他们每到一个国家，就去钻研前一个世纪发生的事情，以为这样就是在研究那一个国家。因此，他们花了许多旅费，跑遍了整个的欧洲，研究了许多鸡毛蒜皮的事情，或者把自己弄得十分厌倦之后回来，仍然是没有看到任何一样可能使他们感兴趣的东西，没有学到任何一样可能对他们有用的事情。

各国的首都都是差不多的，在那里混杂不清地居住着各种各样的人和流行着各种各样的风气，所以是不能够到首都地方去研究一个国家的人民的。巴黎和伦敦在我看来是一个样子。居住在巴黎和居住在伦敦的人尽管有某些不同的偏见，但他们彼此相同的偏见却也不少，而他们实际的做法也完全是一样的。我深深知道出入于这两个地方的宫廷里的是一些什么样的人。我也知道人口的聚集和财富的不平等将产生怎样的风气。只要你把一个拥有二十万居民的城市的名字告诉我，我马上就知道那里的人是怎样生活的。即使说那里还有一些我不知道的事情，那也值不得我跑到那里去研究。

在边远各省，人民的活动比较少，通商和外邦人士的往来没有那么频繁，同时居民的流动也没有那样多，财产和社会地位的变动也没有那样大，所以，我们要研究一个民族的天才和风尚的话，是应该到边远的省份去研究的。在首都地方，你可以走马看花地看一下；但在远离首都的地方，你就要仔仔细细地观察了。真正的法国人不在巴黎而在土伦；麦西亚的英国人比伦敦的更具有英国的风味；加利西亚的西班牙人比马德里的更带有西班牙的特点。正是在远离首都的地方才能看出一个民族的特性和没有混杂一点外国色彩的地地道道的样子，正如在最大的半径的尖端才能最准确地量出一个弧形的面积一样，我们在边远的省份才最能看出一个政府的好坏。

关于风俗和政府的必要的关系，在《论法的精神》一书中有极其详细的阐述，所以，要研究这种关系的话，最好是阅读这本著作。但一般地说，我们可以用两个明显的标准来判断政府的相对的好。一个标准是人口。凡是人口日见减少的国家，它就是在趋向于灭亡的；而人口日见兴旺的国家，即使是很贫穷，它也是治理得很好的[①]。

不过，这里所说的人口，必须是由于政府和风俗而自然达到的结果；因为，如果人口的数字是由于殖民地的人民凑起来的，或者，是由于偶然的或暂时的原因而达到的，则殖民地和这些偶然的和暂时的原因正好表明那个国家是治理得不善的。当奥古斯都颁布种种取缔单身汉的法律的时候，这些条例的本身就表明罗马帝国

① 就我所知，只有一个国家是例外，不符合这个标准，这个国家就是中国。

在衰亡了。正当的做法是，应当用政府的善政去促使人民结婚，而不能用法律去强迫他们结婚；用暴力的办法而达到人口的增长，我们是用不着去研究的，因为人们对违反天性的法律会想办法逃避，使它变成一纸空文的。我们要研究的是因风俗的影响和政府的自然的倾向而达到的人口增长，因为只有风俗和政府才能产生永恒的效果。好心的圣皮埃尔神甫主张对每一个个别的弊病采取小小的补救的办法，他不追究它们共同的根源，看是不是能够把它们一下子同时加以纠正。对于一个病人身上的烂疮，我们不能采取一个一个地分别去治疗的办法，而应当使他生长那些烂疮的血液通通变得很干净。据说，英国用奖励的办法去发展农业，我看不出这个办法有什么好处，这恰恰证明那个国家的农业是不能长久发达的。

第二个表明政府和法律的相对的好的标准也是体现在人口上的，不过体现的方式有所不同，也就是说，它不体现在人口的数量上而体现在人口的分布上。两个面积和人口都完全相等的国家，很可能在力量上是极其悬殊的；其中比较强盛的那个国家，其人口是很均匀地分布在它的领土上的；没有大城市，因此也没有那种表面的繁华的国家，终究是能够打败它的对手的。一个国家之所以弄得很贫穷，正是由于它有大城市的缘故，因为大城市所生产的财富是一种表面的和虚假的财富，也就是说，金钱虽多，而实际的益处却很少。有些人说巴黎这个城市抵得上法兰西国王的一个省，而我却认为它反而是花掉了他几个省的收入；巴黎在各个方面都是由外省供给的，外省的收入大部分都流入了这个城市，而且一流入之后，就再也不能到达老百姓和国王的手中了。说来也真是想象不到的，在本世纪的理财家中，竟没有一个人看出：要是把巴黎这个城市毁掉的话，法国要比它现在这个样子强盛得多。人口分布得不均匀，不仅对国家没有好处，而且甚至比人口减少对国家的害处还大，因为人口减少最多是不产生什么作用罢了，而人口分布不均匀则将产生负面作用。如果一个法国人和一个英国人都以他们的首都很大而感到十分骄傲，而且还互相争论到底是巴黎还是伦敦的居民众多的话，我认为，这两个人无异乎是在那里争论到底是法国还是英国的政治最糟糕。

你走出城市去研究一个国家的人民，才能对他们有所了解。如果你只对政府的表面形式，只对它那庞大的行政机构和许多官吏的官腔官调进行研究，而不同时通过那个政府对人民产生的影响，不通过它的各级行政机构去研究它的性质，那也是研究不出一个所以然来的。形式的差别实际上在各级行政机构之间是存在着的，所以，只有把它们全都考察一番，才能把这种差别看出来。在某一个国家里，你可以通过一个部的下级属员的行为去研究那个部的风气；在另一个国家里，你可以通过国会议员的选举情形而研究那个国家是不是真正的自由；不过，无论在哪一个国家，如果你只看城市的话，那是不可能了解那个国家的政府的，因为政府在城市和农村中的做法是不一样的。然而，构成一个国家的是农村，构成一个民族的是农村的人口。

在边远的省份按照各个民族原始的天才的质朴状态进行研究，就会得出一个总的看法，充分证明我在本书内封页上引录的那一句话是说得很对的，可以使人类的心灵感到极大的安慰；这个总的看法就是用这样的方法去研究，结果发现所有一切的民族都是很好的;它们愈接近自然,它们的性情便愈是善良;只有在它们聚居城市、受到文化的熏染而败坏的时候,它们才趋于堕落,才把某些尽管是很粗俗然而是没有害处的缺点变成看起来很文雅而实际上是非常有害的恶习。

根据以上的论述,又可以看出我所提倡的游历方法还有一个好处,那就是:由于年轻人在极其腐化的大城市停留的时间少,所以一方面不容易沾染那种腐化的习气,另一方面还可以在十分朴实的人们和人数较少的社交场合中养成一种更准确的判断力、更健康的审美观和更诚实的作风。不过,对我的爱弥儿来说,城市的不良的风气是没有什么可怕的,他具有保护其自身所需要的一切能力。我在这方面还采取了种种预防的手段,而其中最可靠的一个手段就是利用他心中的深厚的爱。

大家不知道真正的爱情对青年人的倾向可能产生的影响,因为,管教青年的人并不比青年们对真正的爱情有更好的认识,所以结果使青年们在爱情上走入歧途。一个年轻人是应该有所钟爱的,否则他就会趋于淫乱。在表面上不准许他们追逐爱情,那是很容易的。有些人向我举出了千百个年轻人的名字,据说,他们都是规规矩矩、不谈情说爱的;但是,能不能够举出一个成人,一个真正的成年人,能够说他年轻的时候也是规规矩矩、不谈情说爱的,而且是由于有了真正的认识而不谈情说爱的。在一切涉及道德和天职的事情中,人们只图一个表面,而我则要讲究实际,而要取得实际的效果,除了我的办法以外,如果还有其他的办法的话,那我算是错了。

在安排爱弥儿去游历以前,先使他成为一个钟情的人,这个主意并不是我自己想出来的。我之所以采取这个办法，是由于以下的一件事情。

我有一次在威尼斯去拜访一个英国青年的老师。那时候是冬天，我们围坐在火炉旁边。老师收到了邮局送来的一些信件。他看完那些信以后，便把其中的一封大声地念给他的学生听。那封信是用英文写的，我一点也听不懂，但在他念那封信的时候，我看见那个英国青年从他衣袖的袖口上撕下许多十分漂亮的花边，把它们一个接一个地扔到火炉里，而且，在扔的时候，动作是那样隐秘，生怕被大家看了出来。我对这种任性的行为感到吃惊，于是便注意地看了一下他的脸，而且确实发现他内心是动了感情的。尽管所有一切人的内心形之于外的表现都是相同的，但由于民族的不同而有其差别，而且这种差别从表面上看是容易看错的。正如各种民族的人口中所讲的语言有所不同一样，各种民族的人面上显露的表情也是有所不同的。我等那个老师把信念完以后，便把他的学生想方设法不让大家看见的光秃秃的两个袖口指给他看，我问他："能不能够告诉我这是什么意思？"

那个老师把事情的经过一看，就笑了起来，欢欢喜喜地去拥抱他的学生；在征得他的学生的同意以后，便向我讲述我很想知道的这当中的原因。

他告诉我说："约翰先生刚才撕掉的那些花边，是本城的一位女士不久以前送给他的。可是，你知道，约翰先生是已经在本国同一位小姐订了婚的，他很爱那位小姐，而那位小姐也确实是值得人爱的。这封信就是他的情人的母亲写的，现在我把其中的一段话译给你听，因为正是这一段话引起你所看到的那种撕掉花边的行为的。”

“露西一刻不停地替约翰爵士做衣袖的花边。蓓蒂小姐昨天来陪着她玩了一个下午,并且尽量帮着她做花边。当我知道露西比平时起身得早的时候,我就去看她在做什么事情,我发现她在拆蓓蒂昨天替她做的那一部分花边。她不愿意在她所送的礼物中有一针一线是另外一个人而不是她亲手做的。”

过了一会儿,约翰先生就到另外一个房间去拿另外的花边,于是我便向他的老师说:“你的这个学生的天性很优秀,不过,请你真实地告诉我,露西的母亲所写的这封信是不是事先经过一番商量和安排的?是不是你用来拒绝那位送花边的女士的手段?”“不是,”他说:“一切都是真实的;我在我施行的教育中并没有采取什么巧妙的手段,我所依靠的是天真和热情;上帝帮助我完成了我的工作。”

这个青年人的形象一直记在我的心中,没有忘怀过;它在一个像我这样爱幻想的人的头脑中是不会一点儿影响都不产生的。

现在是应该结束我们的游历的时候了。让我们把约翰爵士带回给露西小姐,也就是说,把爱弥儿带回给苏菲。他将给她带回去一颗跟从前同样温柔的心,而且还会给她带回去一个比从前更加聪慧的头脑;由于他研究了各种政府的弊害,研究了各国人民的美好的德行,因此他回国的时候,还将给他的祖国带回他从这些研究中所取得的教益。我还做了特别的安排,使他在每一个国家中受到一些有才德的人以古人殷勤好客的方式款待他;将来,我也不反对他同那些人书信来往,增进交情。再说,同遥远的国家的人士通信,也是一件很有意义和非常有趣的事情,是防止产生民族偏见的一个好办法。因为在我们的生活中时时刻刻都将遇到民族偏见的袭击,所以迟早会使我们受到它们不良的影响。要消除这种影响,最好的办法莫过于同我们所尊敬的人进行诚恳的交往,因为他们既没有我们的民族偏见,而且还反对他们的民族偏见,所以能够使我们获得以一种偏见去抵制另一种偏见的方法,从而使我们不受两种偏见的影响。这跟住在我们国家的外国人或者跟住在他们国家的外国人交往是完全不同的。首先,一个外国人对他侨居的国家总是有顾虑的,他不敢真实地表达他对那个国家的想法,或者,当他还住在那个国家的时候,他对那个国家是不能不只说好话的。要等到他已经回到了他自己的国家,他才能打消顾虑,对那个国家作出公正的评价。我倒是喜欢同那些曾经到过我们国家的外国人谈一谈他们对我们的看法,不过,我要等到他们已经回到了他们自己的国家,我才去问他们。

用去差不多两年的时间游历了欧洲的几个大国和许多小国之后,学会了两三种主要的语言,并且在那些国家中亲眼看到了自然风光、政治制度、艺术和人物方面的真正的奇异的景象之后,爱弥儿感到很不耐烦了,并且告诉我说我们游历的期限已经到了。于是我告诉他说:“啊!我的朋友,你是知道我们这次游历的主要目的的;你已经看见和研究了许多的东西,你研究的结果怎样呢?你打算怎样办呢?”要么,我所用的方法是不对的,要么他会这样回答我:

“我打算怎样办?我要按照你对我的教养做人,除了大自然和法律的束缚以外,就不再给自己带上任何枷锁。我愈是对人们在社会中所做的事情加以研究,我愈是认为:由于他们都想各自独立，他们反而成了奴隶，而且还不能达到用自由去保证自由的目的。他们为了不受各种事物的洪流的冲击，便想了种种办法使他们有所依附；此后，当他们想走动一步都不可能走动的时候，他们才惊奇地发现他们对一切都要依赖了。我认为，要想使自己得到自由，是用不着特别地做什么事的，只要你不愿意失去你的自由就行了。我的老师，是你教导了我要服从需要的法则，从而使我获得自由的。不论在什么时候得不到我所需要的东西，我都可以毫无困难地忍受；由于我不违反需要的法则，所以用不着依附什么东西也可以维持我的存在。在我们游历的过程中，我曾经想过：在这个世界上，是不是可以找到一小块地方让我绝对地自由自主地过我的生活；然而，在人世间，我们在什么地方才可以不受人们的贪欲的影响呢？经过仔细的研究以后，我发现我这个愿望的本身就是矛盾的；因为，即使我无须依赖任何一样东西，但我至少要依靠我所居住的土地；正如森林女神的生命要依靠树木一样，我的生命也是要依靠这块土地的；我发现'统治'和'自由'是两个意义正好相反的词，我只有不做我自己的主人，我才能做一间茅屋的主人。

'我的愿望吗？我的愿望是：有一块不大不小的土地。'

"我知道我们是为了怎样处理我的财产而进行这一番研究的。你已经确有依据地论述了我为什么不能够同时保持我的财富和我的自由；不过，当你希望我既要有自由而又不要有所依赖的时候，你岂不是在希望我取得两种互相矛盾的东西吗？因为，我只有回头去依赖自然，否则我就不能够摆脱我对人的依赖。我怎样处理我的父母遗留给我的财产呢？我首先要从不依赖财产做起，我要摆脱一切使我同财产发生关系的因素；如果他们把财产遗留给我，我就让它保持它原来那个样子；如果他们不给我，我反而能不受财产的牵制。我决不会为了保存我的财产而操心，我要坚定地按我的本分行事。不论我是穷是富，我都要保持我的自由。我不只是在这样的国家和这样的地方才过自由的生活，我在世界上的任何一个地方都要这样。就我来说，我是把一切偏见的束缚都打破了的，我只知道服从需要的法则。我从出生的时候起就开始学习怎样忍受这个法则的束缚，我将继续受它的束缚直到死亡。因为我已经是成年的人了，在做奴隶的时候，除了奴隶的枷锁以外，我尚且能忍受这个法则的束缚，在自由的时候我哪里会反而不能忍受呢？

“我在这个世界上究竟有怎样的地位，那有什么关系？我究竟居住在什么地方，那有什么关系？不论在什么地方，只要有人，我就认为我是在我的弟兄的家；如果没有人，我就认为我是在我自己的家。只要我能够保持独立和富裕，我就有生活的手段，我就能够活下去。如果我的财富要奴役我，我就毫不惋惜地抛弃它；只要我有做工的手，我就能够生活。当我的手不能做工了，别人供养我，我就活下去；别人抛弃我，我就死掉好了；即使别人不抛弃我，我也是愿意死的，因为死亡并不是贫穷造成的一种痛苦，而是一个自然的法则。不管死亡在什么时候到来，我都不把它看在眼里，在它的面前，我决不作偷生的打算；然而在我活着的时候，它也是永远不能够妨碍我的生活的。

“我的父亲，我今后就是要这样做的。如果我不产生什么欲念的话，在成人以后，我就能够像上帝那样独立地生活，因为，我既然是满足于我现在的地位，我便用不着同命运作斗争。充其量我也只有一条锁链，而且也只有这一条锁链我才永远要受它的束缚，并且以受到它的束缚而感到光荣。现在，你把苏菲给我，我就可以自由了。”

“亲爱的爱弥儿，我很高兴地从你的口中听到了一个成年人所说的话，很高兴地从你的话中了解到你心中的思想。在你这样的年纪能够这样不存一点私心，我是很喜欢的。在你有了子女的时候，这种不为自己打算的精神会减少，但是在那个时候，你的为人会完全合乎一个慈父和智者的标准的。在你未游历以前，我已经知道这一番游历将产生什么结果了，我已经知道你在严密地观察了我们的种种社会制度以后，是不会对它们寄予它们不配受到的信任的。要想在法律的保护之下寻求自由，那是徒劳的。法律！哪里有法律？哪里的法律是受到尊重的？你到处都看到，大家正是借法律的名义追逐个人的利益和欲念。然而，自然的和秩序的永恒的法则是存在着的。对睿智的人来说，它们就是成文的法律；它们通过良心和理智而深深地刻画在人们的心里；要想自由，就必须服从这些法则；只有做坏事的人才会变成奴隶，因为他在做坏事的时候，总是违背了他自己的心的。不管在什么形式的政府之下，都是没有自由的，自由是存在于自由的人的心里的，他走到哪里就把自由带到哪里。一个坏人不管走到哪里都是受到束缚的。即使在日内瓦，坏人也是奴隶；而自由的人，即使在巴黎也能享受他的自由。

“如果我向你谈到公民的义务的话，你也许会问我哪里有祖国，也许会认为这个问题将把我难倒。你的想法错了，亲爱的爱弥儿，因为，一个人即使没有祖国，至少也有一个居住的地方。一个人总是要在一个政府和法律的幻影之下才能安宁地生活。只要个人的利益也像全体的意志那样保护了他，只要社会的暴力保障了他不受个人的暴力的侵犯，只要他所目睹的恶事教育了他要爱善，只要我们社会制度的本身使他看到和憎恨其中不公平的事情，那么，即使社会契约没有受到人们的尊重，那又有什么关系呢？啊，爱弥儿！哪一个人没有受过他居住的地方的一点恩惠呢？不管他所居住的是怎样一个地方，他都是因为有了它才能获得人类最珍贵的东西：行为中的美德和对美德的爱。如果是生长在森林里，他当然是可以生活得更快乐和更自由的，但是，由于他在听任他的天性的发展过程中，他没有什么事情需要他去进行斗争，因此，他虽然可以成为一个好人，但不能成为一个有德行的人，他绝不可能像他现在这样克服他的欲念而成为有美德的人。单单是秩序的表象就已经使他能够对秩序有所认识，对它表示喜爱了。公众的福利尽管被他人用来作为行为的借口，但对于他却是真正的行为的动机。他已经学会了怎样同自己进行斗争，怎样战胜自己，怎样为公众的利益而牺牲个人的利益。所以，不能说他从法律中一点好处都没有得到，因为法律使他即使同坏人在一起也有为人正直的勇气。不能说法律没有使他能够自由，因为法律教育了他怎样克制自己。

“所以，不能说‘我在什么地方住跟我有什么关系呢？’这关系到你是不是能够尽你所有的义务，其中之一就是热爱你的出生地的义务。当你是一个孩子的时候，你的同胞保护过你，而你长大成人以后，你也应该热爱他们。应该生活在他们当中，或者，你至少也应该生活在尽可能对他们有帮助的地方，以便在他们需要你的时候可以找到你。也有这样一种情况，即一个人生活在国外也许比在国内对他的同胞更有用处。在这种情况下，他便应当唯一无二地听从他的热情的驱使，毫无怨言地忍受亡命国外的痛苦；亡命国外这种做法的本身就是他的义务之一。不过你，可爱的爱弥儿，还没有什么原因一定要你作出这样重大的牺牲，你还没有担负向人类阐述真理的艰巨使命，你应当到他们中间去同他们一起生活，在同他们亲密的交往中培养友情，为他们行好事，做他们的模范；对他们来说，你的榜样比我们所有一切的书籍都更有用处，他们亲眼看到你所做的好行为，将比我们所说的一切空话更能感动他们的心。

“可是，我并不因此就硬要你到大城市中去住；反之，善良的人应该为别人树立的榜样之一就是过居家的田园生活，因为这是人类最朴实的生活，是良心没有败坏的人的最宁静、最自然和最有乐趣的生活。我的年轻的朋友，在一个国家里，只要你用不着跑到深山旷野就能得到安宁，这样的国家就是很美好的！但是，这样的国家在哪里呢？一个善良的人在城市中是很难满足他的向往的，因为在城市中他的一切心血都要用来对付奸人和骗子。有些人欢迎那些百无一能的人到城市中去，而这些人到城市去的目的也只是在于追求财富，所以结果是必然会使那个国家遭到毁灭的；反之，我们倒是应该以城市的人口去增加乡村的人口。所有那些从大城市隐居到乡村的人之所以对国家有用，恰恰就是在于他们离开了城市，因为城市的种种弊病都是人口太多造成的。如果他们能够把活泼泼的生活，把文化和对自然的爱带到穷乡僻壤去，他们对国家就更有用处了。当我一想到这种情景的时候，我心里便感到十分的欢喜:爱弥儿和苏菲在朴素的环境中为他们周围的人做了许多好事,使乡间的生活趋于活跃,使可怜的村民重新燃起他们已经熄灭的热情。我在想象中看到了那里的人丁兴旺,田野富饶,大地上盖满了绿茵茵的作物;干活的人多,收获的东西多,大家做起活来好像是在办喜事,在这一对可爱的夫妇的周围响起了乡民们欢乐和祝福的声音,因为是他们俩使乡间又重新充满了活泼的生气。有些人把黄金似的年岁看作一场春梦。是的,任何一个人,只要他的心和他的爱好遭到了败坏,他如花似锦的年华就会像春梦似地消磨过去的。有些人并不是真正悔恨他们这样消磨他们的岁月,因为他们只能口头上说一些后悔的空话。要恢复已经消磨的年华,应该怎样办呢?唯一的,但也是不可能实践的办法是:你要爱它。

"看来,在苏菲居住的地方的周围已经出现了这种恢复新生的景象,你只需同他们一起去完成由她的可敬的父母开始的工作就行了。不过,亲爱的爱弥儿,如果人们要你去承担艰巨的义务的话,你就不要因为过着那样甜蜜的生活而不愿意承担!你要记住:罗马人是先做耕田的农民,然后担任执政的。如果国王或国家要你去为你的祖国服务,你就要抛弃一切去接受人们分派给你的职务,完成公民的光荣的使命。如果你觉得你担任的职务很繁重,你可以采取这样一个既诚实而又可靠的办法去摆脱它,这个办法是:很忠实地执行你的任务,以致别人再也不愿意把这个任务交给你。不过,你不要害怕这样的任务会落到你的头上,因为只要这个世纪的人还存在,他们是不会要你这样的人去为国家服务的。"

我很想描写一下爱弥儿回到苏菲身边的情形，描写一下他们的爱情的结局，或者说得更确切一点，描写一下他们夫妇之爱的开始！他们的这种爱是建筑在终生相敬的基础上的，是建筑在不随美丽的容颜消失而消失的道德上的，是建筑在性情相投的条件上的；而性情相投可以使他们友爱相处，使他们到了老年还能过着初婚那样的甜蜜的时光。不过，所有这些细节叙述起来也许是很有趣的，然而是没有什么用处的；到现在为止，我一直规定着我自己即使要叙述有趣味的细节，也必须要它们在我看来有用处，我才叙述它们。在快要完成我的使命的时候，我会不会违背这个规定呢？不，我也像我手中的这一支笔一样，已经感到很累了。拿这样一种需要穷年累月地花费时间的工作来说，我的力量太弱，本来是不能够承担的，要不是已经进行到了现在这种程度的话，我也许会放手不做的。为了不至于使它落个半途而废，现在是应该把它最后完成的时候了。

我终于看到爱弥儿最甜蜜的日子和我最快乐的日子到来了，我终于看到我的一番心血取得了成就，现在，我已经开始领略到这种成就的乐趣了。这一对可敬的夫妇是牢不可破地结合在一起了，他们的口说出了，而且他们的心也证实了他们的誓言是一点也不虚假的：他们结成了一对夫妻。当他们从教堂中走回他们的家的时候，他们让人们领着他们走回去；他们不知道他们现在在什么地方，不知道他们到哪里去，不知道他们周围的人在做什么。他们什么也听不见，他们糊里糊涂地回答人家的问题，他们眼花缭乱，什么也看不见了。啊！乐得心醉神迷啦！唉，这正是人类的弱点！幸福的感觉冲昏了这个人的头脑，他还不够坚强，还受不住这种快乐的感情的迷醉。

很少有人知道在举行婚礼那一天应该用怎样的语气向新婚的夫妇说话才算适宜。有些人死气沉沉地板着面孔讲，而有些人则随随便便把话说得十分的轻浮，在我看来，这两者都同样是不适当的。我宁可让这一对年轻人的心自己去体会他们的乐趣，自己去感到激动和感到陶醉，也不愿意人们纠缠不休地去分散他们的心，用空洞的好话使他们感到烦恼，或者，用一些粗俗的笑话使他们感到难堪，尽管这些笑话在另外一种时候说来可以使他们感到很有趣，但在举行婚礼那一天来说就会使他们感到不愉快了。

我发现爱弥儿和苏菲带着快乐的倦容，对人家向他们所说的话根本就不用心去听。我，我既然主张他们每天都要享受他们的生活，会不会让他们把这样珍贵的一天浪费掉呢？不，我希望他们领略这一天的滋味，体会这一天的乐趣，尽情地享受这一天的美。我把他们从乱哄哄的人群中拉开，带他们到另外一边去散步，我向他们谈他们自己的事情，使他们的头脑恢复清醒。我不只是希望他们的耳朵听，我最希望的是他们的心要听我向他们所讲的话；我当然知道在这一天唯一能够引起他们的兴趣的话题是什么。

“我的孩子”，我拉着他们两个人的手，向他们说道：“我在三年前就看见你们燃起这股旺盛而纯洁的火焰，它在今天果然铸成了你们的幸福。这股火焰曾经继续不断地高涨过，现在，我从你们的眼睛中看出它已经达到了最激烈的程度，而今后它就要愈来愈减弱了。”读者诸君，你们难道想象不到爱弥儿先是狂喜，继而是激动，最后竟慎重其事地发起誓来！难道想象不到苏菲显得很不高兴，把她的手从我的手中缩回去！难道想象不到他们彼此相视，流露出一种微微反对的神情，表明他们直到最后一口气都是彼此相爱的！我不管他们的表情怎样，我继续讲我的。

“我常常想，如果我们在结婚之后仍然能保持爱情的甜蜜，我们在地上也等于进了天堂。这一点，迄今还没有人做到过。但是，如果说这一点并不是绝对做不到的话，你们俩是配得上去树立这样一个他人未曾有过的榜样的，而能够学你们这种榜样的人也是不多的。我的孩子，你们愿不愿意听我告诉你们一个在我看来是唯一能够树立这种榜样的办法？”

他们微笑地交换了一下目光，显然把我这种直率的说法不当一回事情。爱弥儿简单地说了一声他感谢我这个办法，同时又说他相信苏菲还有一个更好的办法，说在他看来，只要采用苏菲的办法就行了。苏菲马上赞成他的说法，并且现出一副很有信心的样子。不过，我从她那种嘲笑的神气中看出她是有一种好奇心的。我仔细地观察爱弥儿，他火热的目光虎视眈眈地凝视着他的妻子的美，他唯一感兴趣的就是这种东西，因此对我所说的话满不在乎。我也微微地笑了一下，并且自言自语地说：我马上有办法使你注意听我的话。

男女两性之间的内心秘密冲动的差别从表面上几乎是看不出来的，然而正是这种差别突出地表明了男女两性在个性上是有所不同的，并且同一般人所抱的看法是完全相反的；大体上说，男人是不像妇女那样始终如一的，总是比妇女更易于对爱的甜蜜失去兴趣的。妇女们早就料到男人的心是容易变的，并且因此而感到不安[①]，这就是她们比较妒忌的原因。当他开始冷淡下去的时候，她就不得不像他从前对她那样关心地反过来对他表示关心，因此她时时哭泣，毕恭毕敬地对他，而且还不容易次次都做得成功。对人表示爱和关心本来是能够赢得人的心的，可是她现在即使是爱他和关心他，也很难夺回他的心了。我要回头来谈一谈我防止结婚以后爱情渐趋冷淡的药方。

"这个办法又简单又容易，"我继续说道："那就是：在结为夫妇之后继续像两个情人那样过日子。""实际上，"爱弥儿一边在暗暗微笑，一边说道："对我们来说，要做到这一点并不困难。"

"你说这不困难，但也许比你所想的困难得多。现在，请你们让我把这一点阐述一下。

"你如果把一个结子打得太紧，结子就会断掉的。婚姻的结合就是如此：你想使婚姻的结合愈紧密，结果它反而会不紧密的。婚姻的结合要求夫妇双方都要忠实，忠实是一切权利中最神圣的权利；不过，一要求忠实就必然会使一方把对方管束得过严的。强制和爱情是不能融合在一起的，要命令一方给予快乐是办不到的。苏菲！你别害羞，你别逃跑。上帝为证，我绝不会伤害你的羞耻心！不过，这件事情关系到你一生的命运。为了这样重大的一件事情，你必须站在你的丈夫和我这位长辈中间听我讲这一番话，尽

① 在法国，首先离心离德的是女人，这是必然的，因为她们的脾气坏，只是要丈夫听她们的话，当丈夫不听她们的话的时候，她们就不理他们了。在其他的国家正好相反，首先离心离德的是丈夫，这也是必然的，因为妇女们尽管是很忠实，然而是很粗鲁的，她们硬要他们满足她们的欲望，所以使得他们对她们感到厌烦。这是很普遍的真实情形，这种情形也可能有许多的例外，但我相信它确实是普遍存在的。

管这一番话在其他的场合你听起来是受不了的。

“不论是采用占有或控制的办法都是不能够束缚一个人的心的，一个男子对一个同他私通的女子的爱比对他自己的妻子的爱深厚得多。要怎样才能够使温存的关心变成一种义务，把最甜蜜的爱情变成一种权利呢？要使它成为一种权利，就需要双方有共同的愿望，除此以外，在大自然中是找不到其他的办法的。法律能够对这种权利加以限制，但不能够使它扩大。肉体的快乐本身当然是很甜蜜的！但能不能够用强迫的办法去取得这种应该由肉体快乐的本身产生的美妙感觉呢？不能，我的孩子，结婚以后两个人的心是连在一起了，但身体不能受到管束。你们应当采取的办法是彼此忠实而不是互献殷勤、讨取欢心。你们中间每一个人都不能再许身给另外一个人，但你们两人除了自愿以外，谁也不应该强迫谁。

“如果是这样的话，亲爱的爱弥儿，我便希望你始终做你的妻子的情人，希望她也永远做你的情妇和她自己的主人；你必须成为一个欢欢喜喜的，但是是很尊敬她的情人；一切快乐都要从爱情中去取得，而不能够强要对方把使你快乐作为一种义务，即使她对你做的是一件很小的事情，你也千万不可把它看作是你应享受的权利，而应当把它看作是她对你的恩情。我知道她将因为害羞而不愿意公开表示她爱你，因此，需要你去克服她那种害羞的心。如果一个男人既温存体贴又真正地爱一个女人，他哪里会看不出她秘密的心意呢？他哪里会不知道当她的心和眼睛已表示乐意的时候，口头上的拒绝完全是假的？我希望你们两个人都各自支配各自的身体和爱情，只有在自己心甘情愿的时候才把这一切给予对方。你们始终要记住：即使结婚之后，也只有在两相情愿的时候，做快乐的事才是合法的。我的孩子，你们别担心这个法则会使你们彼此疏远，相反地，它将使你们两个人都更加有意地互相取悦，并且防止过多地做快乐的事情。只要你们彼此忠实，单单依靠天性和爱情就已经足够使你们互相亲近了。"

听完了这些话，爱弥儿很不高兴，叽叽咕咕地表示反对；苏菲羞答答地用扇子遮着她的眼睛，一句话也没有说。也许，在这两个人当中，最不高兴的并不是那位叽叽咕咕满腹牢骚的人。然而，我还是硬着心肠继续讲下去，我指出爱弥儿缺乏温存而使他脸儿羞得通红，我相信苏菲是愿意承担条约中的她那一份义务的。我故意挑她说话，而大家都知道，她是不敢向我说假话的。爱弥儿显得不安，注视着他年轻的妻子的眼睛的表情；他从她慌乱的神情中看出一种娇媚的羞态，从而深深相信他是可以信赖她的。他跪在她的脚边，欢天喜地地吻着她向他伸出的手，并且发誓说，他除了已经发誓忠实于她以外，还放弃他对她的一切权利。"亲爱的妻子，"他对苏菲说道："正如你现在是我的生命和命运的主宰一样，请你也主宰我的一切欢乐。即使你硬不给我快乐，因而使我死去，我也愿意把我最可贵的权利交给你。我不需要你对我处处殷勤，我需要的是你的一片真心。"

诚实的爱弥儿，你放心吧！苏菲这个人是非常的豪爽，她绝不会让你因为对她慷慨反而成为牺牲品的。

晚上，当我准备离开他们的时候，我以尽量严肃的语气向他们说："你们要记住：你们两个人都是自由的，你们之间根本就不存在什么夫妇的权利问题。你们要照着我的话做，彼此不要在表面上假意顺从。爱弥儿,你现在愿不愿意同我一起回去?苏菲是允许你同我一块儿回去的。”爱弥儿很不高兴,想反对我。“苏菲,你的意见呢?我可不可以把他带走?”这个撒谎的女子红着脸儿说:“可以。”多么令人欢喜的甜蜜的谎话啊,它比真话还好咧!

第二天……人们对喜气洋洋的景象不再感兴趣了,不良的恶习既败坏了他们的心也败坏了他们的审美力。动人的事情他们感觉不到,可爱的事物他们看不到。你,为了描写肉体的快乐,只知道去想象这两个幸福的情人怎样沉浸在甜蜜之中,你想象的这幅情景是很不完善的!你只描绘了其中最简单的那一部分景象,而最细腻的快乐神情,在你的图画中是一笔也看不到的。啊,你们当中谁观察过美满地结成一对夫妇的年轻人,第二天离开他们新床的时候,在困倦而纯洁的目光中还流露着他们刚刚才尝到的迷人的美,还流露着可爱的天真,流露着表明他们这一生要偕同到老的极其可贵的信心!这才是人心最感到神往的东西,这才是肉体快乐的真正图画;你已经看见过一百次,可是你就不能够把它认出来,因为你那僵硬的心是不爱这种情景的。苏菲显得又快乐又稳重,在她母亲的怀抱里度过白天的时光,在她的丈夫的怀抱里度过了黑夜之后,在母亲的怀抱里休息是很舒适的。

一天以后,我发现了某种变化,爱弥儿故意做出有一点儿不满意的样子;不过,从这种假装的神情中,我注意到他那种急躁的心情显得很温柔,而且明明显得是出于服从对方的意愿,所以我料想这当中并没有什么不愉快的事情。至于苏菲,她比前天更显得高兴,我在她的眼睛中看出了一种满意的神色,她使爱弥儿入了迷,她简直是在捉弄他,逗他生气。

这个变化是不容易看出来的，但还是没有逃过我的眼睛；我感到不安，我私下去盘问爱弥儿；原来，使他很感歉然的是：前天夜里，尽管他再三请求，苏菲都不答应他跟她同睡一床。这个威严的女人急于要行使她的权利。我要他把经过的情形谈一下；他说，他曾经苦苦地哀求，但苏菲却拿他开玩笑；最后，她看见他快要生气的时候，才用充满了温柔和爱的目光看着他，拉着他的手，用动人心弦的声音说了一句"忘恩负义的人！"爱弥儿是这样的愚蠢，竟一点也不懂得她说这句话的意思。至于我，我当然是明白的。我离开爱弥儿，又私下去盘问苏菲。

我向她说："我已经看出他这样任性的原因。其实，再没有人比爱弥儿更温柔的了，然而也没有哪一个人是像他那样不善于使用他的温情。亲爱的苏菲，你放心吧，我给你的是一个男人，你要把他当作一个男人来看待，你已经得到了他的青春的精华；他从来没有把他的青春浪费于别人，而将来，他也要永远为你保存他的青春。

"亲爱的孩子，我需要把我前天在我们三个人中间所讲的话解释一下。你也许从其中领会到了一种控制你们的快乐行为的办法，以便使你们的快乐能保持长久。啊，苏菲！我所说的那一番话还有另外一个我劳心苦思地想达到的目的哩。爱弥儿在成为你的丈夫的同时，也就成了你的首领；你应当服从他，这是大自然这样安排的。如果说妇女们都像苏菲的话，叫男人听女人的话，那当然是很好了，这也是符合自然的法则的；我之所以要你对他的行乐加以节制，是为了使你能够像他作为男性而控制你的身子一样地控制他的心，这是需要你花很多心血才能做到的。但是，如果你能够控制你自己的话，你就能够控制他了；从这几天的经过来看，我认为你是有勇气采取这样一个困难的做法的。如果你过了相当时候再给他一次恩情，使他觉得你的恩情很珍贵、很稀罕，如果你能够把你的恩情运用得很适宜，你就可以借爱情的力量而长久地控制他了。如果你想看到你的丈夫时常来拜倒在你的脚下，你就要始终使他同你的身体之间有一点距离。不过，在你的严肃的做法中，要带一点儿羞怯，千万不能任性，要使他觉得你是稳重而不是胡闹。你要注意的是：在控制他的爱情的同时，不要使他对你的爱情产生怀疑。你要通过你的恩情而使他爱你，你要采取拒绝的办法而赢得他的尊敬；要使他赞美他的妻子的贞洁，但是不要使他抱怨他的妻子太冷淡无情。

"我的孩子，这样，他就会对你寄予信任，听从你的意见，有事同你商量，凡事不同你研究就不做决定。这样，你才能够在他越轨的时候唤起他的理智，很温存地说服他，使他回到正路；为了使你对他有用，就需要使你在他看来可爱，要使用娇羞的美态去达到道德的目的，要使用爱情的力量去增益理智的行为。

"不要做到了以上几点你就认为这个办法始终是有效的。不管你多么小心谨慎，愉快的事情最终还是要使快乐的心逐渐消失的，所以最需要注意的还是爱情。当爱情经过很长的时期之后，就会产生一种弥补爱情的空隙的美好的习惯；享受了情欲的美妙乐趣之后，就会产生深厚的信任。孩子们将在给予他们的生命的两个人之间建立一种甜蜜的而且比爱情本身还牢固的联系。即使你不再是爱弥儿的情人，但你是他的妻子和朋友，是他的孩子的母亲。所以，不要再采取你原来那种矜持的态度，而应当在你们之间建立最亲切的情谊，不要再同他分床而睡，不要再拒绝他，不要再任性。这样，你就会变成他自己的半个身子，使他不能够没有你，使他一离开你就觉得是离开了他的本身。你在你父母家中的时候，把他们的家管理得很有条理，使家庭生活很有乐趣，现在也要把你自己的家管理得像那个样子。当一个男人在他家里感到很快乐的时候，他是一定会爱他的妻子的。你要记住：如果你的丈夫在你的家中生活得很幸福，你也必然会成为一个幸福的妻子。

"至于目前，不要对你的情人这样严肃，他是值得你去殷勤待他的；如果你吓他的话，他是会生气的；不要因为照顾他的健康而牺牲了他的快乐，而你自己也是应该享受你的快乐的。你千万不要让他产生厌恶的感觉，不要让他有打消欲望的念头；你不要为拒绝他而拒绝他，而只能在你为了使你给他的恩情更有乐趣才采取拒绝的做法。"

然后，我把他们两个人找在一起，我当着她的面向她的年轻的丈夫说："你应当好好地忍受你自己愿意承担的枷锁，你应当采取良好的行为，才能使你承担的枷锁轻松一些。你特别要为了恩情而作出牺牲，不要以为用发脾气的办法就可以使对方爱你。"要恢复和平是一点也不困难的，每一个人都可以猜出他们达成和平的条件。他们互相亲了一个吻，从而便签订了他们的和约；签完和约以后，我便向我的学生说："亲爱的爱弥儿，一个男人一生当中都需要别人给他的忠告和指导，我已经尽了我最大的力量把我对你的义务一直履行到现在；到这里，我这耗费了许多岁月的任务便结束了，而另一个人便应该从这里开始把这个任务承担下去。今天，我便放弃你赋予我的权威，今后，管理你的事务的人就是她了。"

最初那种乐得发迷的心情逐渐地平静下来，让他们安安静静地享受他们这种新的生活环境的美。快乐的情人，可敬的夫妇！为了赞颂他们的德行，为了描写他们的幸福，便需要叙述他们一生的历史。当我一再在他们身上看到我的工作的成绩的时候，我的心高兴得怦怦地跳了起来！我曾经多次把他们两个人的手握在我的手里，从心底里热烈地感谢上帝！我曾经多少次吻过他们两人互相握着的手！他们快乐的眼泪有多少次掉落到我的手上！他们深深地被我快乐的心情所感动，同我一起分享这令人陶醉的乐趣。他们的可敬的父母在他们孩子的青春生活中再一次享受到青春的美，他们可以说是在他们孩子的身上再开始生活一次，或者说得更确切一点，他们第一次认识到了生命的价值，他们诅咒他们过去的财富没有让他们在年轻的时候享受到这样美妙的生命。如果说在这个世界上确有幸福存在的话，那就应当到我们所居住的地方去寻找了。

过了几个月，有一天早晨，爱弥儿走进我的房间，拥抱着我说："我的老师，祝贺你的学生吧，我不久就要做父亲了。啊，我们即将担负多么艰巨的责任，我们是多么地需要你呀！不过，我绝不要你在抚养了父亲之后再抚养他的儿子！除了我以外，我绝不让另外一个人来承担这样一个如此神圣和如此可贵的责任；即使我能够像我的父母为我选择老师那样地为他选择一个老师，我也不愿意把这个任务交给别人！但是，我希望你仍然是继续做我们这样年轻的老师的老师，指点我们，教导我们，我们将乖乖地听你的话。只要我活着，我就是需要你的。我比以往任何一个时候都更需要你，因为现在我已经开始承担成人的任务了。你已经完成了你的任务，请你指导我学习你的榜样；你好好休息吧，现在是应该你休息的时候了。”

附　　录

爱弥儿和苏菲
或
孤独的人

书柬一

我生活得很自由，我的生活很幸福，啊，我的老师！你给我培养了一颗能感受幸福的心，你使我得到了苏菲；在一个兴旺的家庭中，不仅充满着甜蜜的爱和洋溢的友谊，而且还充满着父亲对子女的慈祥。这一切表明我的生活是很幸福的，表明我将得到一个愉快的晚年，能够无牵无挂地死在我的子女的怀抱里。唉！这充满快乐和幸福的时刻，这使人展望将来便觉得现在是十分美好的时刻，这使我的心在无限快乐的情景中每天每日都陶醉于一个百年至福的时刻，变成了什么样子呢？所有这一切都像梦幻似地消逝了。在我年纪尚轻的时候，我便失去了一切，失去了我的妻子、孩子和朋友，失去了所有的一切，甚至失去了和同胞的联系。我的心已经被它依依不舍的东西撕得粉碎了，在所有这一切当中，它只有极其微小的一点点依恋了，只淡淡地还爱着那虽无乐趣但也无所悔恨的生命了。如果在我失去了一切之后，我还能活一个很长的时期的话，我必然是孤孤单单地老死的，而且在死的时候，身边连一个人的影子也见不着的;那时候,只有上帝来合上我的眼睛了。

既然是这样,谁还能使我对这可悲的生命(我没有爱它的理由了)操什么心呢?然而,由于对往事的记忆,由于生活在这个世界的秩序中而感到的安慰,我不能不毫无怨言地服从这永恒的裁决。我死在我所喜爱的一切事物中,我不急不躁和无忧无虑地等待着我的余年同我失去的生命再结合起来。

可是你,亲爱的老师,你怎样生活的呢?你还能同你的爱弥儿一起死在这茫茫的土地上吗;或者,你是不是已经同苏菲一起安居在那荟萃着正直的人的地方呢?唉!不管你在什么地方,你都是因为我而死的;我的眼睛再也看不到你了,可是我的心无时无刻不想念你。只有在严酷的需要如此无情地使我感觉到它的压力,而且使我除我自身以外全都失去以后,我才清楚地认识到你对我的教育的意义。我现在是孑然一身,失去了所有的一切;然而,我仍然是原来那个样子,灰心失望的事不能消灭我这个人。这几页书信也许是达不到你的眼前的,我也未抱有它们达到你的眼前的希望;毫无疑问,它们在未得到任何一个人的阅读以前就会毁掉的;不过,没有关系,我把它们写出来,我把它们收在一起,我继续写下去。我的信是写给你的,我是向你追述那既培养了我的心,然而也使我的心为之伤感的珍贵的记忆的;我要向你讲述我自己,讲述我的思想和我的行为,讲述你给我培育的这颗心。我什么都讲,好事、坏事以及我的痛苦、欢乐和我的过失,全都要讲,但是我相信,在我所讲的事情中,没有任何一件事情是有辱于你的事业的。

我的幸福是享受得过早了,从我出生的时候起,我就开始享到幸福,所以它应当在我死去以前先行结束。我整个的童年时期是过得挺愉快的，是在自由、欢乐和天真无邪的状态中度过的；我所受的教育同我的游玩从来没有分开过。所有的人回想起他童年的快乐时候都是感到很甜蜜的，然而，说到在甜蜜的回忆中想不出任何一件伤心的事情的，也许只有我一个人。唉！如果我在儿童时期就死了的话，我就可以说是一个既享受了生活而又不知道生活的辛酸的人了。

我长成了一个青年人，我仍然过着幸福的生活。当我达到心有欲念的年岁，我用我的感官培养了我的理智；使别人走入歧途的欲念，对我来说正是通向真理的道路。我学会了如何才能头脑清醒地判断我周围的事物，判断我应当从我周围的事物中取得什么乐趣；我是根据又真实又简明的原理去判断的，权威和他人的议论是不能改变我的看法的。为了要发现事物同事物之间的关系，我就对每一件事物同我之间的关系进行研究，通过两个已知项，便可以找到第三项；为了要通过所有一切同我有关的事物去认识宇宙，我只需认识我自己就够了；把我的地位一加明确，其他的地位就可以找到了。

这样，我了解到最明智的方法是渴求现在的东西，并按照自己的命运去节制自己的心。你告诉我说："能够由我们做主的就是这一点，其他一切都是受需要的制约的。"同自己的命运拼命斗争的人是最不明智的，而且始终是最不幸福的。他对他的境遇所做的种种改变，虽减轻了他的痛苦，但减轻的程度还不如他为了改变他的境遇而遭受的内心的折磨多。他成功的次数是很少的，而且，即使成功，也是得不到什么收获的。不过，哪一个有感情的人能够始终是那样毫无欲望和毫无依恋地生活呢？这不是一个人，这是一头牲畜，或者是一个神。由于我不能够保证我不对所有一切同我有关的事物寄予爱，你便教导我至少对这些事物要有所选择，教导我只爱最高尚的事物，只爱同我一样高尚的人，把“我”扩及于整个的人类，这样，就可以保持我不受我周围的邪恶的欲念的侵害了。

由于我的年龄增长，我的感官也开始活跃起来，它们要求我寻找一个伴侣；你用情感使我的感官的火焰趋于纯洁；我正是通过促使感官冲动的想象力学会如何抑制我的感官的。我还没有认识苏菲以前，我就爱她了；这种爱保护了我的心没有落入邪恶的陷阱，它使我的心对美好和诚实的事物感到乐趣，它用不可磨灭的字迹在我的心中刻上神圣的道德的法则。当我最后看到了我所崇拜的这个高尚的人，感受到她的魅力时，所有一切令人心醉神迷的美使我的心浸透了一种无法形容的甜蜜的感觉。初恋时期的美好的日子，甜蜜的日子，但愿你们能够一次再次地重新开始，充实我今后的整个的生命！我是不想望什么来世的幸福的。

悔恨是没有用了！愿望是不能实现了！所有一切都完了，都一去不复返了……热情的爱慕之后，我获得了我的代价，所有的心愿都满足了。作为她的丈夫，而且始终作为一个情人，我在宁静的生活中享受到了另外一种幸福，但是，它跟在狂热的贪欲中享受到的幸福是同样的真实。我的老师，你以为你已经了解了这个迷人的女子。啊，你简直是大错而特错了！你所了解的是我的情人，是我的妻子，可是你并未了解苏菲。她的种种魅力是无穷无尽的，每时每刻她的魅力都好像有所更新，直到她生命的最后一天，我还发现我对她的魅力是不了解的。

作为两个孩子的父亲，我把我的时间分别用之于我所钟爱的妻子和她所生育的可爱的孩子；你帮助我为我的儿子实行一种同我所受的教育完全相似的教育;我的女儿,在她的母亲的教养之下,也在学她的母亲的样子。我成天所做的事情,就是经管苏菲的产业;我已经忘记了我自己的财产,为的是享受我最大的幸福。虚假的幸福!我已经再三地感觉它是变幻无常的。它不过是昙花一现,转眼就要消失的;当一个人达到最高峰的时候,他马上就要往下坡走了。家庭的衰败,是不是由你这位忍心的父亲开端的呢?是什么严重的原因使你离开我们,不同我们一起过恬静的生活呢?我的殷勤侍候怎么会讨不到你的欢心呢?你以完成了你的事业而感到满足,这我是看出来了的,意识到了的,完全相信的。你以我的幸福而感到幸福;苏菲的温情照护使你慈父般的心感到十分喜欢;你爱我们,你同我们在一起感到很快乐,然而你毕竟还是离开我们了!如果你不离开我们的话,我也许还要更幸福的;我的儿子也许就会活着,或者说别人就不会来葬送他的生命。他的贤良可爱的母亲也不会离开他的父亲的怀抱。你的隐退给我造成了严重的后果,使我不断遭到可怕的命运的打击!不,在你的监护之下,罪恶和痛苦是不会来到我的家的;由于你离开了我的家,你给我造成的痛苦远比你给我这一生创造的幸福多得多。

老天爷不再保佑你不居住的这个屋子了。痛苦和悲哀的事情一个接着一个地不断发生。在短短的几个月中,苏菲的父亲死了,母亲也死了,最后,她的女儿,她盼望了许久才生育的这个美丽的女儿,她当作宝贝看待的这个女儿,她愿相伴一生的女儿,也死去了。最后这个打击,使她坚毅的心受到动摇,而且终于完全消失。到这个时候为止,由于在孤独中过着满意和宁静的日子,她还不知道生活的辛酸,她还没有使她聪敏善感的心具备抵抗命运的打击的武装。亲人的死是她遇到的头几件痛苦的事情，然而这只不过是我们的痛苦的开始咧。她成天流着眼泪，她的女儿的死，使她对她的母亲的死更感到伤心；她悲哀地时而呼唤她的女儿时而呼唤她的母亲；她每到一个曾经同她们天真无邪地亲密相处的地方，她都要呼唤她们。所有一切能够引起她回忆她们的事物，都使她感到伤心。我决定使她离开这个令人悲哀的地方。我在首都有一些事情需要处理，这些事情我以前是不打算去办的；我建议她跟她的一位女友一起到首都去，这位女友是我们的邻居，要到首都去同她的丈夫在一起。她赞同我的建议，以便不至于和我分离，不过她并没有了解我的动机。她的心是太痛苦了，必须得到平静。只有分担她的悲伤，和她一起哭泣，才能使她得到一点安慰。

在走近首都的时候，有一种我从来没有经历过的可怕的感觉使我为之震惊。我心中涌现了许多不祥的预感，我所看见的一切景象，我从你口中听到的关于大城市的一切看法，使我一想到住在首都便感到胆寒。我害怕把我们如此纯洁的一对夫妇暴露在那些将败坏我们关系的危险前面。当我看到忧郁的苏菲，当我想到是我自己把这样贤良和这样美丽的妻子带进这处处都将使她失去天真和快乐的偏见和罪恶的陷阱，我便为之战栗。

然而，由于我对她和对我自己深有信心，我便忽视了这样一个要我事事必须谨慎的预感，把它看作是没有意义的；我一方面为这预感所苦恼，一方面又把它当作是无稽的梦幻。唉！我没有想象到不久之间果然就成了无情的事实。我虽然不是有意到首都去寻求危险，然而在首都却处处有危险跟在我的身边。

你对我们在这个不良的城市中所度过的两年时间，对居住在首都沾染的毒素给我的心灵和命运带来的严重后果，作怎样的估计呢？你对这个悲惨的结局必然是十分清楚的。这种结局在快乐的日子里未露端倪，而在今天回忆起来，倍加感到伤心，因为它使我想起了造成这些伤心之事的根源。我对人的殷勤，使我同一些人取得了密切的联系，久而久之便同他们结成了朋友，这样一来，就使我这个人有了很大的变化！你曾经使我的心具备了很好的武装，使它能够抵抗他人的行为的影响，不去学他人的样子，然而他们怎么会终于使我在不知不觉中去喜欢那些在我的青年时期不屑为之的无聊的事情呢？我怀着其他的目的去看待这些事情，同心有专属的时候去看待这些事情，其间是有多大的差别啊！现在，我活跃的想象力不再像从前那样只追逐苏菲了，不再像从前那样厌恶那些不像她的人了。我不再追逐她，我已经占有了她；当我年轻的时候，我觉得她的美使其他的人大为逊色，而现在我觉得她的美使其他的人也同样美起来了。不久以后，我对那些人也感到欣赏，因而我的鉴赏能力便大大为之降低。正因我的心思一点一点地花费在那些无聊的事情上，我的心在不知不觉中便失去了它原来的活力，变得没有热情和力量了。我怀着不安的心情享受了这种乐趣又去享受那种乐趣；我追逐一切，然而我也厌恶一切；我只有在我失去了本来面目的时候才感到快乐，我为了得到快乐，就糊里糊涂地过日子。我感觉到了一种巨大的变化，然而我也不愿意承认这种变化是危险的；我不让我自己有片刻的反省的时间，怕的是在反省中再也认不得我自己了。我对一切人都没有那么迷恋了，我对一切人的爱都冷淡了，我信口开河地空谈感情和道德而不谈真理了。我成了一个缺乏温情的风流绅士，成了一个缺乏美德的禁欲者，一个做傻事的智者。在我的身上只保留着你的爱弥儿的名字和某些语言。我坦率的心、我的自由、我的欢乐、我的天职以及我的儿子、苏菲和你，所有这些，在从前都激励着我的心灵，使我的生活达于至善，而现在，却逐渐逐渐地同我分离了，从而使我自己也好像在背离自己了，在我消沉的心灵中只留下一种空虚和纷乱的感觉。最后，我什么也不爱了，或者说，我觉得我没有什么可爱的了。可怕的火焰，表面上看起来好像是熄灭了，原来它是掩盖在灰烬下面，为的是在不久之后以空前凶猛的火势更炽烈地燃烧起来。

变化之大，简直是想象不到的！使我一生感到光荣和幸福的她，怎么竟会成为我的生活中的耻辱和失望呢？我怎样来描述这如此可悲的误入歧途呢？不，我的笔和口绝不去叙述那些丑恶的情节；这会损坏留在我心中的这个最庄重的妇女的形象的，是令人想起往事就感到难过和害怕的，是使人对美德缺乏信念的；也许我还没有把它写完，我就死一百次了。社会的风气，恶习和他人的行为的引诱，虚伪的友情的陷害，人类心灵的脆弱和变化无常，我们当中谁经受得住这种考验呢？唉！如果说苏菲也使她的美德蒙受了污点的话，哪一个妇女还敢相信她自己的品德呢？一个人要有多么独特的性格，才能在走了那么远的歧路之后，又回头保持他从前的样子！

我要向你叙述的，是你的获得新生的儿女。他们所有的不正当行为，你是知道的，因此，我在这里只谈一下促使他们认识前非和能够把前后经过加以连贯的事情。

苏菲得到了安慰，或者说得更确切一点，被她的女友拉去参加的社交活动分散了心，从此以后，她再也不喜欢那种深居简出的生活；她把她死去的亲人完全忘记了，她把还活在她身边的人也忘记了。她的儿子一天天地长大起来，也不像从前那样依赖她，而母亲也学会了如何摆脱儿子的拖累了。至于我自己，我也不再是她的爱弥儿，而仅仅是她的丈夫了；在大城市中，一个诚实的妇女在公开的场合对她的丈夫是很端庄的，可是私下里是见不到她有端庄的样子的。日子一久，我们这几个人也是这样做法了。我们在不知不觉中都变了。我们两个人彼此都在想远远地避开对方的监督，以便爱怎么活动就怎么活动了。我们再也不像从前那样结合成一个人，我们是两个人了，因为社会的风气使我们互相分离，我们的心再也不互相亲近了，只有我们在乡下的邻居和城里的朋友来看我们的时候，我们才偶尔聚在一起了。那个女人常常向我暗送秋波，而我也确实是苦苦地克制自己才抵住了她的引诱；此后，由于她看见对我无法可想，便反过去专门亲近苏菲，同苏菲形影不离。她的丈夫同她是常常在一起的，因此同我的苏菲也常常在一起了。他们的外表是很规矩和正派的，但是他们所奉行的行为准则却是令人十分害怕的。他们之所以相处得很和谐，其原因不是由于他们有真正的爱，而是由于他们对各自应尽的本分都同样地漠不关心。由于他们把夫妇间的权利看作是无所谓的，因此他们认为让每一个人无拘无束地随兴趣去玩，反倒能够使他们更加相爱，认为彼此都不约束，反倒能够互不干扰，河水不犯井水。“我的丈夫生活得很快乐，对什么都感兴趣。”这句话就是那个女人说的！“我把我的妻子看作是一个朋友，我这样才感到高兴。”这句话就是那个男人说的。他们还说：“我们的感情不取决于我们，但是我们的做法是由我们决定的：每一个人都尽可能使对方感到快乐。我们亲爱的人爱怎么就怎么，还有什么办法比这样做更能对我们所爱的人表示爱呢？这样就可以免得那样躲躲藏藏的了。”

这种毫不隐晦的做法，使我们感到害怕。但是，这一点是我们不知道的，即：热情的友谊将使我们放松对某些事情的注意，而这些事情，在没有友谊的时候是会引起我们的反感的；我们还不知道：这样一种极其投合人心的邪恶的说法，将使我们把我们的心思、行为、端庄的外表，把我们的自由、诚恳和信念，全都牺牲于我们无法控制的情感，牺牲于使人痛苦和对双方都没有好处的秘密的义务；我们不知道：当两个人已离心离德的时候，这样一种维系结合的方法，对天性善良的人是有其魅力的，是能够在“达观”这个词儿的掩盖下引诱人的，如果没有良心的帮助的话，即使有理智，也很难保护自己不受它的危害。正是这个缘故，苏菲和我才羞于表现我们已不再具有的殷勤。这两个男女把我们征服以后，就肆无忌惮地彼此侮弄，而且以为他们这样做是在彼此相爱；然而，由于苏菲和我从前是互相尊重的，这种互相尊重的态度我们是不能抛弃的，因此，我们在做有辱对方的事情时，还不能不互相躲避。当我们表面上显得彼此是一个累赘的时候，我们实际上是比那形影不离的人更结合得紧密的。然而，当我们到了互相侮弄也用不着回避的时候，那就表明我们永远也不能够再互相亲近了。

当我们之间的疏远达到最明显的程度时，情况也一下子起了变化，而且变得很奇怪。苏菲突然间足不出户，不同人相往来，其情形同她在此以前的贪玩好乐恰成对比。她的心情一向是不平衡的，现在更是变得成天忧忧郁郁的了。她从早到晚都待在她的房间里，既不说话，也不哭泣，对谁也不理睬，更不许任何人去打扰她，甚至连她那位女友她也不愿意见面了。她把这一点告诉了那个女人，而且在那个女人来看她的时候，她表现得很不耐烦，虽然她没有表示拒绝；她不止一次地请求我为她摆脱那个女人。我批评她这种任性的做法，我认为这是出于嫉妒的心理；有一天，我还以开玩笑的方式向她表明我这种看法。“不，先生，”她冷冷淡淡地但语气是很果断地说道：“我是一点也不嫉妒的，不过，我很厌恶那个女人，我只请求你帮我做一件事情，那就是不要让我再看到她。”听完这些话，我大吃一惊，很想弄清楚她恨那个女人的原因，但是她拒绝回答。她向她的丈夫关上了大门，于是我也只好向那个女人关上大门，从此我们就不再见他们了。

然而她依然是那样的忧郁，这使人十分不安。我开始感到焦急：要怎样才能知道这当中的原因，她为什么坚持不讲呢？像她这样一个骄傲的人，是不能用权威去逼着她讲的。我们已经有很长一个时期彼此都不互相信任了，所以，她不向我吐露她心里的话，我是一点也不觉得奇怪的。必须取得她的信任。不论她令人惋惜的忧郁样子是不是能感动我的心，也不论我心里的创伤是不是能如我想象的那样得到医治，我觉得这样做对我是没有任何损失的，即：对她表示关切，以期最后能打破她的沉默。

我一步也不离开她。可是，尽管我回到了她的身边，而且表现得极其殷勤，但结果也是徒然，我痛苦地发现，我并未取得任何进展。我想行使我做丈夫的权利，这个权利，我已经有很久没有行使了，但是我遇到了她坚决的抵抗。不过，她所表现的，不再是那种令人焦急难熬的拒绝，这种拒绝是更能够使她给予的爱有新的意义的；她所表现的，也不是那种婉转羞怯而是绝对的拒绝，这种拒绝是令人感到爱的甜蜜的，是应当尊重的；她所表现的，是一个意志坚定的人的严肃的拒绝，她对别人怀疑她，是感到很愤慨的。她着重指出我从前当着你的面所许下的诺言。“即使我做得不对，”她说道，“你也应当尊重你自己，应当永远遵守爱弥儿的话；你绝不能因为我做了错事，就认为你有权利违背你的诺言。你可以处罚我，但是你不能管束我；你要明白，我是绝不允许你这样做的。”对她的话怎样答辩呢？除了尽力使她屈服，使她受到感动，坚决地战胜她的顽强抵抗以外，又有什么法子呢？我的一番努力尽管没有得到成效，却激励了我的爱和我的自尊。要做到以上几点是很困难的，然而也正因为有这些困难，我心中反而产生了火热的情感，我认为能够克服这些困难是一件很光荣的事情。在同她结婚十年之后，在经过这么一段长时期的冷淡之后，我从来没有产生过如此激动和热烈的情感；甚至在我同她初恋的时期中，我也没有在她跟前流过这么多的眼泪；然而这一切都没有一点用处，她依然是丝毫不动摇。

我既感到惊奇也感到痛苦，因为我知道，她这样的心肠狠硬，是不符合她的性情的。我没有失望，虽说我没有战胜她那种顽强的态度，然而我认为我至少在她的态度中发现，她还不是那么冷淡无情的。她也表现了一些遗憾和同情的样子，从而也缓和了她那种生硬的拒绝语气；我有时候发现，她这样做，内心是很难过的；她投在我身上的黯淡的目光虽显得忧郁，然而不显得凶恶，还带有温柔的神情。我想，正是因为她对那种极端任性的行为感到羞愧，她才未能恢复清醒；而她之所以这样地任性，是由于她还缺乏申辩的能力，也许只要对她略加强制，就可以使她服从她本来是不愿服从的压力。我抱着这种充满希望的想法，我满心高兴，觉得我这种想法是很对的，这也是我对她尊重的一种表示，使她在顽抗了这么久以后，再对我屈服也不觉得为难。

有一天，我特别地兴奋，我既婉转地对她表示恳求，而且还对她表示热情的关心，我发现她已经有所感动了，我想取得完全的成功。她显得又难过又心情激动，马上就要屈服了；然而，她的语气、举动和神情突然一变，怒冲冲地把我猛然推开，用又忿恨又失望、令人害怕的目光看着我说："爱弥儿，住手，你要知道，我不再是你的了，我已经和另外一个人同宿过了，并且已经怀孕了；你在我这一生都不能再接近我的身子了。"她说完就猛地冲进她的房间，把房间的门关上了。

我惊得呆若木鸡……

我的老师，我在这里叙述的，并不是我生活中所经历的事情，这种事情是不值得写下来的；我所叙述的，是我的欲念，我的感情，我的思想。我应当详详细细地叙述一下我的心从未经历过的极其可怕的变化。

身体和心灵的巨大创伤在当时是不痛苦的，它们并不是即刻就令人感到难过的；天性之所以那样恬静，为的是可以忍受猛烈的打击，而且往往是在受了致命的打击以后，要好久好久才开始感觉到受了创伤。见到这种预料不到的情景，听到这种不堪入耳的话，我一动不动地待在那里，好像死了似的；我闭着眼睛，连血管里也感到一阵寒冷；尽管我没有昏倒，然而我的感官全都停止活动。我所有的各种器官的机能也陷于麻木，我破碎的心简直是一片混乱，像舞台上改换新布景时那样混乱。

我不知道我这样地在那里待了多久,我依然跪着,几乎连动也不敢动一下,生怕把刚才经过的情形不当作一场梦幻。我很愿意这种昏迷的状态长久地持续下去。我终于清醒过来,这时候,我的第一个感觉是:我对周围的一切感到害怕。我突然站了起来,冲出房间,跑下楼梯,什么也不看,也不向任何人说一句话;我走出屋子,大步大步地向前走去,宛如一只已经被箭射中腰部的鹿,带着箭向前飞奔,以为快快地逃跑,就可以不至于被箭射着似的。

我这样地向前跑去,不仅在路上停也不停一下,而且还始终保持那样的速度,一直跑到了一座公园。天空的阳光使我感到难受,我寻找着树荫;最后,我连气也喘不过来了,像一个半死的人一样倒在一块草地上……"我在什么地方?我变成什么样子了?我听见的是什么话?多么可悲的结局!愚蠢的人啊,你在追逐什么幻影?爱情、荣誉、忠诚和美德,你们在什么地方?高尚的苏菲竟是一个无耻的女人!"我在心情激动的情况下说出了这些感叹的话,跟着就感到心如刀割,哽哽咽咽地连喘息和呻吟的声音都发不出来了;即使是不一再地忿怒不息,我这样突然地心情激动,也一定会使我窒息的。啊,谁能够分析和解释这羞愧、爱、忿怒、悔恨、温情、嫉妒和极度的失望使我同时产生的错综复杂的心情?不,这种情景,这种心乱如麻的样子,是无法描写的。欢欣喜悦的心情是一种均匀的冲动,它可以扩展和纯洁我们的人生,所以是容易想象的。但是,当过度的悲伤把地狱的种种怨恨集中到一个可怜的人的心里的时候,当千百种烦恼的事情碎裂了他的心,而他竟连其中的一件事情也弄不清原委的时候,当他感觉到自己被种种力量拉向相反的方向,从而被撕得粉碎的时候,他就不再是一个单独的个体了，在每一个痛苦的时刻，他都是一个完整的个体，似乎他正是为了受苦才变成许多的个体似的。我的情况正是这样，而且一直延续了好几个钟头。这种情形怎样描绘呢？我不打算长篇累牍地叙述我每一个时刻的感受。幸运的人啊，在你们狭小的灵魂和冷漠的心中是只能看到境遇的变化无常的，是只能产生低级趣味的欲念的，即使你们能够理解我这种可怕的梦幻似的情景，你们也永远不能体会那颗能感受高尚的眷恋之情的心，在断绝了这种情谊时所感到的剧烈痛苦！

我们的力量是有限的，一切激烈的心情总是有间歇性的。当我的心为了忍受痛苦，趁体力疲竭而休息片刻的时候，我突然想起了我的青年时期，想起了你，我的老师，想起了我所受的教育；我想到我是一个人，我马上问我自己："我的身体受了什么创伤？我犯了什么罪？我本身有何损失？如果在这个时刻，像我现在这个样子，我意想不到地又开始了一番生活，我还是一个可怜的人吗？"这个想法胜似闪电地在我的心中投下了一道光明，尽管它转瞬之间又归于消逝，但它已足够使我重新对自己有一个认识。我清楚地认识到了我所处的地位，这刹那之间的理智，使我了解到我还是缺乏推理的能力的。由于我的心灵是十分的激动，因此对任何一件事物都无暇分析；我已经失去了观察、比较和研究的能力，我对任何事物都不能做出我的判断了。老是在那里空想我应该做什么，这等于是在使自己白受罪。这样加深自己的痛苦，是没有什么好处的，我唯一应该做的事情是：争取时间，使我的意志得到坚强，使我的幻想回复平静。如果你当时在场亲身指导我的话，我想，你自己也只能采取这种做法的。

既然我不能够克服我狂烈的心情，我就决定让它尽量发泄，我疯狂地听任这种心情的摆布，然而在我的疯狂中也带有几分不知道是从哪里产生的兴奋，好像是决心要悲伤就悲伤个痛快似的。我一下就站了起来，像方才那样向前走去，然而却没有一定的路线；我奔跑，向东跑一会儿又向西跑一会儿，我让自己受我自己的激动心情的驱使；我自由自在地按照我的想法跑，我跑得气也喘不过来了；由于我时而哀叹时而闷闷地吐一口气，我有几次差一点儿窒息了。

我这样急急忙忙地向前奔跑，也许可以使我感到麻木，减轻我的痛苦。激烈的情绪使人出自本能地发出叫声和做出种种的举动，使精神得到舒畅，心情为之转移；只要一个人在动着，他就处在兴奋的状态中，静静地休息，倒是十分可怕的，因为这表明他已经到了心灰意乱的边缘了。当天晚上，我从这两种情况的差别中得出了一个可笑的看法：暴露疯狂和人间痛苦的种种行为，会不会引起人们取笑那个受疯狂和痛苦折磨的人。

我不知不觉来回地走了千百次，最后来到了城市的中心，我发现周围都是华丽的马车；这正是看戏的时候，在这条街上有一个戏院。如果不是有一个人拉我一下胳臂，叫我当心危险的话，我会被乱跑的马车轧死的。我跑进一个打开着门的屋子，这是一家咖啡馆；我的近旁都是一些相识的人，他们向我说话，把我拉到了什么地方，我也不知道。一个乐器的声音和一道灯光使我震动了一下，我又清醒过来，我睁开眼睛注意地看，我在一个戏院的大厅里，这一天正演一场新戏，大厅里挤满了人，戏已经演到了尾声，观众已快要走出去了。

我战栗，但是我拿定了主意。我一句话也不说，我保持安详，不管要费多大的劲才能做出这种安详的样子，我也要这样做。人们闹闹嚷嚷的，说个没完没了的；他们向我说话，我什么也不听，我有什么可回答的呢？但是，在那些把我拉到这里来的人当中，有一个人偶然提到了我的妻子的名字，一听到这个吓人的名字，我立刻发出了尖锐的叫声，使整个大厅的人都听见，喧哗起来。我立刻镇定，大家又都安静了。然而，由于我的叫声引起了周围的人注意我，我就想找机会逃跑；我逐渐逐渐地走近门边，终于在戏还没有演完以前走出去了。

我走上了大街，我无意识地抽出我在戏院的时候揣在我怀里的手，我发现我的手指上沾满了血，而且，我似乎觉得血正在我的胸膛上流着。我解开胸口的衣服，我发现我的胸膛宛如我胸中的心一样，已经破裂，正淌着鲜血。可以想象得到：一个花了这么大的代价才保持安详的观众，对他刚才所看到的戏，是不能够做出良好的判断的。

我急忙地逃走，生怕又被人家碰见了。趁黑黑的夜色正好逃走，我又开始从这条街走到那条街，好像要这样才能补偿我刚才所受到的那一番拘拘束束一点也不自在的损失，我不停地走了几个小时，最后由于我几乎连站也站不稳了，由于我发现已经走到我的住宅附近，我才回到自己的家，然而这时候我的心仍然是怦怦地跳着；我问我的儿子在做什么，他们告诉我说他已经睡了；我一句话也不说了，我叹息；家里的人想向我说话，但是我制止了他们；我倒下床去，吩咐他们都去睡觉。我休息了几个小时，然而休息时候的情况是比昨天夜里的激动情形更为糟糕的；休息了几个小时以后，天还没有亮我就起床了;我一声不响地走近苏菲的房间,在那里,我未能久停,我怀着可羞的懦弱的心情把苏菲的门槛吻了又吻,在上面洒满了我的眼泪;然后,像一个罪人似的,又害怕又十分小心地离开她的房间,走出我的住宅,决心我这一生也不再回去。

我疯狂愚蠢的行为是很激烈的,不过,为时不久,到这里就结束了,我又恢复了清醒。我认为我这样做是做得对的,即:在我无法克服我的情绪的时候,我就屈服于它,以便让它有了某种发展以后,再对它进行有效的控制。我刚才经历的那种冲动,使我变得易动情感,我前此的忿怒心情,到现在变得很忧郁了;我开始在我内心深处发现,这沉痛的悲哀已经用不可磨灭的字迹刻在我的心中了。我继续向前走去,我要离开这可怕的地方;尽管我行走的速度没有昨夜快,但我一步也没有回头。我走出这个城市,顺着我所见到的第一条大路走去,我的步子又慢又不稳当,表明我已经是神思恍惚,心意消沉了。随着阳光愈来愈照亮眼前的景物,我好像看见了另外一个天,看见了另外一个地,看见了另外一个宇宙,因为对我来说,一切都变了。我不再是昨天那个样子了,或者说得确切一点,我再也不存在了;我感到悲哀的,正是这种真正的死亡。啊,为什么会有那么多甜蜜的回忆涌入我悲哀的心,为什么硬要它回想起那么多可爱的形象,从而使它深深地陷入无益的悔恨呢?我过去的种种欢乐,使我对我的牺牲更感到痛心,它在今天给予我的痛苦,比它过去给予我的肉欲的享受多得多。唉!从过度的快乐一下就转移到过度的悲哀,不让你作片刻的准备,就要越过那长长的距离,谁能说出这样一种前后对照的景象是多么可怕吗?昨天,就在昨天,当我依偎在我所钟爱的妻子的身边时,我可以说是人类当中最幸福的人。是爱情促使我服从她的法律,使我从属于她,她之所以有暴君似的威力,是由于我的温情造成的,我甚至以她对我严酷而感到快乐。我为什么不在这可爱的情景中度过几个世纪,始终是那样地尊敬她,那样地钟爱她,在她的暴虐之下呻吟,想折服她而又不可能,我不断地向她请求、哀告、诉愿,但从来没有达到过我的目的!这样的时刻,这使人等待它去而复来、充满着空幻希望的迷人的时刻,也相当于我占有她的那一段时间一样的珍贵。可是现在,她恨我了,她对我变节了,使我蒙受耻辱了,使我没有希望和办法了,使我甚至于不敢抱什么心愿了……我感到恐惧,因此我要寻找一个能够代替那曾经令我如此迷醉的对象。把苏菲想象得很卑鄙下贱,谁的眼睛能忍心看这个亵渎的形象?我最感到痛苦不堪的,不是我遭受了不幸,而是在不幸的事情中看到了那个造成这种事情的人的羞愧样子。我唯一不忍心观看的就是这幅令人心酸的图画。

昨夜,由于我的心情极端痛苦,才使我没有想到这可怕的情景;我除了忍受以外,就不想别的了。但是,随着我的不幸的遭遇一桩桩地涌现在我的心中,遂使我不能不追溯产生这些遭遇的根源,从而也使我不由自主地要回想到那个不祥的人物。在出城的时候,我没有产生这些想法,这正表明这些想法的倾向是很不正确的。我恨她,这固然使我感到难过,但更使我难过的是,我在恨她的同时,又不能不对她表示轻蔑;最使我痛心的,并不是同她断绝关系,而是我不能不对她表示鄙弃。

我开头对她的看法是很坏的。如果一个普通妇女的不忠实行为是罪恶的话,她的不忠实的行为又是什么呢?邪恶的人做了卑鄙的事情也是不认罪的，他们依然是那个样子，他们根本就不懂得什么叫羞耻，因为他们也根本不懂得什么叫高尚。在社交界中与人通奸的妇女，不过是一些风流的女人而已；可是同人私通苟合的苏菲，那就是一切怪物之中最可恶的怪物了，因为现在的她和过去的她是多么不同啊；不，再也没有什么人的行为是像她那样卑鄙和罪恶的了。

可是我，我既然指责她，而且有充分的权利指责她，我既然受到了她的污辱，要被她这个忘恩负义的人置之死地，那么，在没有对我自己进行批判以前，在没有弄清我在她所犯的过错中，哪些事情应当归咎于我以前，我凭什么权利对她进行如此严酷的批判！你指责她不再像从前那个样子！啊，爱弥儿！难道说你一点儿都没有变吗？在这个大城市中，我发现你在她身边表现的样子和你从前的样子是多么不同啊！唉！她之所以不忠实，正是由于你自己不忠实而造成的。她曾经发誓要忠实于你，而你不也是曾经说过你要永远爱她吗？你抛弃她，然而却希望她忠实于你！你轻视她，但是却希望她始终尊敬你！是你自己的冷淡无情使你失去她的心的，你想为她所爱，你就不应当有任何时候不值得爱。她只是在你违背了你的誓言以后，才学你的样子违背誓言的；你不对她有片刻的冷淡，她就永远不会对你变节的。

在你当初遇见她，而且应当让她永远在那里生活的幽静的环境中，她哪里做过使你抱怨的事呢？你在她的温存体贴中，哪里看见过冷淡的表示呢？是她请求你把她带离那个幸福的地方的吗？你很清楚，她离开那个地方是感到很伤心的。对她来说。她在那里哭泣，也比在这个城市中荒荒唐唐地玩乐更舒服得多。她在那里过着天真无邪的生活，从而给你带来了幸福：她爱你胜于爱她自己的心灵的宁静。她想把你留在那里，可是没有成功，此后她才抛弃一切来追随你。正是你把她从安宁和美德荟萃的地方拖进你自己也深深陷入的罪恶和痛苦的深渊。唉！要她始终是那样的贤淑，要她始终使你过得幸福，那是完全要取决于你自己的。

爱弥儿啊！你已经失去她了，你应当恨你自己而对她表示同情，你有什么权利轻蔑她？你自己没有一点可指责的地方吗？社会生活对你的性情一点影响都没有吗？你不对她不忠实的行为分担责成，但是，由于你自己也不尊重美德，因此，你的行为不就是在为她提供辩词吗？在这样的地方，诚实的事物受到嘲弄，妇女以贞洁为可羞，妇女爱美德反而受到取笑和怀疑。到这样的地方来居住，岂不是在鼓励她不忠实吗？你不违背信约，信约哪里会遭到这样的破坏？你是不是也像她那样具有既能形成巨大的美德也能形成巨大的弱点的烈火似的气质呢？你的身体是不是由于追逐爱情而过分地加以装饰，是不是由于美妙的风姿而易遭危险，是不是由于感官的冲动而易受引诱？啊，这个妇女的命运是多么值得同情！她要继续不断地对别人和对她自己进行多么多的斗争！她需要具有多么大的不可战胜的勇气，多么顽强的抵抗能力，多么坚定的英雄气概！她每天都要经过许多危险才能取得胜利，然而，对于她的胜利，除了老天爷和她自己的良心以外，是没有其他的见证的！多么美好的岁月就是这样在痛苦中度过的，不断地进行斗争和取得胜利，但是，只要有一刹那间的软弱，有一刹那间的疏忽，就会永远糟蹋那无可指责的一生，就会玷污她的种种德行。不幸的女人啊！唉！一失足就给你和我带来了许许多多的痛苦。是的，她的心仍然是纯洁的，我完全有理由相信这一点，因为我对她的心是太了解了，绝不会不明白这一点的。一个邪恶的女人嫉妒她的美德，用诡计布置巧妙的陷阱去破坏她的天真，这一点谁曾料到呢？我在她的眼睛中不是看到了悔恨交集的神情吗？难道不是看到她那么忧伤的样子我才回到她的身边的吗？难道不是看到她那种痛苦的表现我才产生体谅的心的吗？一个忠实的妇女是不会那样矫揉造作去欺骗她的丈夫和以出卖丈夫为乐的。

我又把她的行为和她所讲的使人震惊的话拿来更仔细地想了一下，我既然看见这个羞怯的女人能够克服害羞的心而坦率地暴露她所做的事，能够抛弃那种违背良心的自尊，尽管谁也没有强迫，也不愿意隐瞒她的过错，不愿意用她早已失去了的殷勤态度去掩饰她的过错，以求保持我的信任和她的名声，同时还生怕那个不是出自我的骨血的孩子篡取我的父爱，我既然看到这一切，我怎么能没有一点感触！在这不可屈服的高尚的勇敢行为中，我怎么不钦佩她那巨大的魄力，甘愿牺牲荣誉和生命，也不愿意为人虚伪，甚至在自己的犯罪的行为中也表现了道德的勇气！“是的”，我暗暗欢喜地说道，“尽管是做了不名誉的事，但是，这个心灵坚强的人还保持着她的毅力；她是有过错的，但是她这个人并不邪恶；她可以犯罪，但是她并不怯懦。”

这样，我的内心便渐渐地对她产生了一些好的看法，对她的批判就比较温和和恰当。我不说她做得对，但是我为她的行为辩解；我不原谅她对我的侮辱，但是我赞同她坦率的做法。我以这种心情来安慰我自己。我不能够完全解除我心中的爱，如果心中保持爱而又不珍视爱的话，那是太无情了。当我认识到我还为她所爱的时候，我的心就感到意想不到的轻松。人类对于保持过度的运动是太软弱了。甚至在极度失望的时候，上帝也给我们以适当的安慰。尽管我的命运很可怕，但是，当我一想到可敬又可怜的苏菲的样子，我心里就感到愉快；我喜欢这样对她不断地表示同情。我不仅不像从前那样空自烦恼，损伤身体，我反而感到甜蜜，以致流下了眼泪。我是永远失去她了，这一点我是知道的；但是，我至少还敢于想她，敢于对她表示同惰，有时候，我还敢于呻吟和叹息，然而我又不感到赧颜。

我继续前进，由于这种想法在路上分散着我的心，以致我不知不觉地走了整整一天，到了最后，我终于清醒过来，完全失掉了昨天夜里的那种怨恨之心；这时候，我感到精疲力竭，极其困乏，需要吃东西和休息了。由于我在青年时期受过锻炼，所以我的身体很结实，我不怕饿又不怕累；尽管我的心灵病了，折磨着我的身体，但是，你不仅曾经教导过我要忍耐强烈的欲念，而且还更加注意地教导过我要防止产生这种欲念。我又走了四公里才走到一个村子。由于我差不多有三十六小时没有吃任何东西了，我便略进晚餐，而且吃得很香；我去睡觉，完全消除了那种摧残身体的忿怒心情，我高兴的是，我敢于想苏菲，而且正如我所希望的，把她想象得相貌可鄙的时候少，把她想象得值得同情的时候多。

我安静地睡到天明。忧虑和苦恼是容易使人入睡，让心灵得到休息的；只有在悔恨交集的情况下，心灵才永远得不到休息。我起床的时候，精神是十分的平静，能够考虑我应该做的事情。这是我一生之中最值得纪念同时又是最痛苦的一段时期。我所有的种种依恋全都破裂或起了变化，我所有的天职也改变了；我对一切都不再像从前那样地执着了，我可以说是变成了一个新人。重要的是，我必须慎重考虑我应该采取的办法。我采取了一个临时的办法，以便从长考虑今后应该做什么。我终于走完了到最近的那个城市的一段路程，我走进一个师傅的家，开始干我会做的手艺活儿，以便等待我心灵的躁动完全平静，可以观察事物的本来情形。

我从来没有像在这样一种严酷的情况中更感觉到我所受的教育的力量了。尽管我生来有一副软弱的心，对一切都怀抱温情，容易烦恼，优柔寡断，然而在起初那一会儿按照我的天性行事以后，我便立即克制自己，尽量冷静地考虑我目前的处境。我听从需要的法则的支配，不再是那样白费气力地怨天尤人了；我让我的意志忍受那必然的枷锁的约束；我摆脱自己，作为另外一个人去观察我的过去；我假定我刚刚诞生，从我目前的境况中得出了指导行为的准则，而我自己受到了这些准则的很大的教益，这样一来，我便心灵平静地开始工作，宛如人类当中最快乐的人。

自我的童年时候起，我从你的教导中受益最多的莫过于做什么就专心于什么，绝不一边做一件事一边又想另一件事，因为这样，结果必然是事不成心也不专的。所以，我白天就专心于工作，夜里便反躬沉思；我这样交换地使用我的精神和身体，不仅使我寻出了可行的最好办法，而且使精神和身体两者都不感到疲惫。

从第一个晚上起，我就按照昨夜的思想线索考虑我是不是过于把一个妇女犯的罪看作是了不起的事情了，我认为是我一生的悲惨结局，是不是就是那样大不寻常，以致值得如此地认真看待。“当然，”我心里想道，“在尊重风俗的地方，妇女们的不贞洁行为是会使她们的丈夫丧失体面的，然而在所有的大城市，在男人更加败坏反自以为开明的地方，人们会把前面那种看法当作笑话和没有意义的。”“一个男人的荣誉，”他们说，“决定于他的妻子吗？他碰上了这种事情就是耻辱吗？别人干了坏事怎么说他不光彩呢？”其他的道德训条再严格也没有用，这种说法反而似乎更有道理。

此外，不管人们对我的做法的评判如何，我这样做，难道不是本着我的原则而超然于公众的议论行事吗？只要在我的良心上做一个好人，做一个正直和诚实的人，别人对我抱怎样的看法，又有什么关系呢？对他人心怀同情就是罪恶吗？原谅别人对自己的污辱就是懦弱吗？我应该本着什么天职来规定我的行为呢？我是从来不把人们的偏见看在眼里的，难道说最后还要因为别人的偏见而牺牲我的幸福吗？

即使说这种偏见是有根据的，然而对一个和他人迥然不同的人又有什么影响呢？一个失去希望的不幸的女人和那些不诚实的女人有什么相似之处呢？前者只要内心一感到悔恨就会承认她的过错的，而后者是反倒会用谎言和欺骗的方式来掩盖她们的罪行的，不仅不坦率诚恳地承认，反而表现得厚颜无耻若无其事的样子，甚而把她们丢人的事情拿去矜夸。有恶习的女人，不是违反而是根本轻视她的妇女的天职，这样的女人是不值得敬重的，容忍她就等于是在同她一起做丑事。然而一个妇女虽然是犯了错误，但她之所以犯错误，是由于过失而不是由于她有那种恶习，而且她已感到悔恨，对于这样的妇女，是应该怜悯而不应该恨她的，我们可以毫不羞愧地同情她和原谅她；人们所指责的她所做的坏事，其本身就可以保证她将来不再做那种坏事。苏菲虽然是犯了罪，但仍然是值得尊重的，当她表示悔恨以后，她仍然是值得钦敬的；她的心生来就是爱美德的，因此，当她意识到她违反她的本心做事花了多大的代价以后，她就会比从前更加忠贞的；她将同时养成又坚毅又质朴的性格，从而使她能够保护她的身体，成为一个可爱的人；由于良心责备而感到的羞辱，将使她骄傲的心变得温柔，使她从前出于爱我而对我施加的控制不至于再是那样的专横；她将更加对我表示关心，而不再像从前那样傲慢；今后，也只有在为了纠正一个缺点的时候，她才会犯错误的。

当情欲不能按它们本来的面目征服我们的时候，它们就会戴着智慧的假面具来袭击我们，它们将模仿理智的语言，达到使我们丧失理智的目的。前面所讲的那些诡辩之所以能迷惑我，是由于它们迎合了我内心的倾向。我倒是愿意能够回到不贞洁的苏菲的身边，想听到她说一些赞同我行为懦弱的话。然而，我想这样做也不行，因为，我的理智是不像我的心那样容易对付的，它是不会采取这种荒谬的做法的。我不能隐瞒我自己：我不是为了启发自己而是为了蒙蔽自己才推论这一番道理的。我痛苦地然而是很坚定地对我自己说，世人的准则对一个为自己而活的人是没有约束力的；而且偏见总是袒护偏见，崇尚善良风俗的人总是有一个偏见来肯定他们的偏见的；他们把一个妇女伤风败纪的行为归咎于她的丈夫，是有道理的，因为，其原因或者是他选错了她，或者把她管得不严；我自己的事例就能证明这种责备是正确的，要是爱弥儿始终很有见识，苏菲就绝不会堕落。人们有权利这样设想：一个不尊重自己的女人，是更不尊重她的丈夫的，尽管他值得她的尊重；如果他知道应该保持他的权威，但他不预先防备一个妇女有不规矩的行为，那他就错了；又如果在那个妇女做了丑事以后他还表示容忍，那他就是错上加错了。应该惩罚的不惩罚，是必然会产生可怕的后果的，对自己妻子的不规矩的行为采取听之任之而不谴责的办法，正足以表明他本人就是不尊重良好的风俗的，表明他的灵魂卑贱，不配做男子。

拿我个人的事情来说，我尤其感觉到：使苏菲更加值得尊敬的地方，对于我正是更加令人失望的地方，因为，我们可以对一个软弱的心灵给予鼓励和援助，对一个忘却了天职的人，也可以通过他的理智而使之履行他的天职；然而，要是一个人就性情来说仍然是十分勇敢的，在犯罪的过程中也知道应该保持他的美德，而他之所以要做坏事，只不过是觉得坏事好玩，像这样的人，你有什么办法使他恢复理智呢？是的，苏菲是犯罪了，因为她愿意做一个罪人。当这个高傲的女人克服了害羞的心以后，她就可以克服一切其他的欲念；她能够对我暴露她的罪过，她就能够对我表示忠贞。

我再去对我的妻子表示爱，也是没有用了，她不会再爱我了。既然这个十分爱我的人，这个曾经是我如此钟情的人，已经侮辱过我了，既然我的苏菲已经斩断了她心中的最纯洁的联系，既然我的儿子的母亲已经破坏了夫妇的信约，既然一个没有犯过任何过失的男人的热情和一个美德没有遭到败坏的女人的高尚情操尚且不能预防她第一次犯罪，那么，她再去做那种堕落的事，又有什么困难呢？又怎么能加以预防呢？在走向罪恶的道路上，也只有第一步路才难走，过此以后，就一直走下去，连考虑都不考虑了。她再也不管爱情不爱情，美德不美德，名声不名声了；她侮辱我的时候，已经是没有什么可顾虑的了，甚至在侮辱我以后，连一点点后悔的心也没有了。她是懂得我的心的，她已经使我悲惨到了极点，再进一步使我悲惨到不可收拾的程度,也是用不着她费多大的气力的。

不,我也是懂得她的心的,苏菲是绝不会爱一个有轻蔑她的权利的男子的,尽管这个权利是她给他的……她不再爱我了……这不是这个忘恩负义的女人自己说的吗?这个负心的人,她再也不爱我了!啊!这才是她最大的罪恶,我什么都可以原谅她,只有这一点我是不能够原谅的。

"唉!"我又痛苦地说道,"我一再地谈到原谅,而没有想到:尽管受侮辱的人再三原谅,而侮辱我的人是从来不原谅我的。毫无疑问,她是存心给我这一番罪受的。啊!她是多么恨我啊!"

爱弥儿,你按照过去来判断将来,这简直是大错而特错了!一切都变了。即使你是同她生活在一起的,那也是没有用了;她从前给你的幸福日子是一去不复返了。你再也见不到你的苏菲,而苏菲也是再也见不到你了。两个人相处的情况是以两个人的爱情为转移的:心一变,全都变了;尽管一切都是原来的样子,那也是枉然;当我们不拿同样的眼光看事物的时候,我们就觉得它们都不是从前的样子了。

她是一点也不会灰心丧气的,这一点我是知道的;她仍然值得敬重,值得我爱;她也可以把她的心交给我,然而她是不可能一步错路都不走了,是不可能不失足了,是不可能使我忘记她已做的错事了。忠贞、美德和爱,一切都可以重新获得,而不能重新获得的是信任,没有信任,在夫妻生活中就只能产生反感、苦恼和厌腻,天真的迷人的美已经消失了。一切都完了,一切都完了;不管怎样,苏菲是不可能再得到幸福了,而我,是只有在她幸福的时候,才能得到幸福的。正是这一点决定了我的行动,我宁肯远远地离开她去受苦受罪，也不愿意让她受罪；我宁肯怜惜她，也不愿意折磨她。

是的，我们的一切联系都断了，是她断掉这些联系的。她破坏了她的誓约，因而使我也可以破坏我的誓约。她已经不是我的了，她不是这么说过吗？她不再是我的妻子了，我再见着她的时候，会不会把她看做路人呢？不，我绝不再见她了。我现在是自由的，至低限度应当是自由的，但愿我的心也如同我的信念一样的自由！

怎么！我受到了她的侮辱，不给她以惩罚吗？如果这个不忠实的女人去爱另一个男人，我就把她交出去，这样做对她有什么损害呢！我所惩罚的是我而不是她，因为我牺牲我自己去完成她的心愿。这样做是不是由于荣誉受到污损而发泄气愤呢？哪里有正义？哪里去报仇？

唉！可怜的人，你要向谁报仇？向她报仇，可是你又认为你最感痛心的是，你不能使她得到幸福。不管怎样，你都不能使她成为你的报仇之心的牺牲品。如果可以的话，使她受一些连你自己也感觉不出来的痛苦好了。有一些罪过，是应当让犯罪的人自己去受良心的责备的；对他们加以惩罚，这差不多等于是认可他们的罪行。一个残酷的丈夫配娶一个忠实的妻子吗？再说，凭什么权利惩罚她呢？以什么身份惩罚她呢？做审判她的法官而不做她的丈夫吗？当她违背了她做妻子的天职时，她就不再保有她做妻子的权利了。从她同另外一个人发生关系的时刻起，她就断绝同你的关系了，这一点她是丝毫没有隐瞒的；她没有用她本来就没有的忠贞样子来蒙混你的眼睛，她既没有出卖你，也没有向你撒谎；由于她不再是属于你个人，这就意味着她对于你已经没有意义了。你对她还有什么权利？如果还有什么权利的话，你应当为了你自己的利益而放弃那些权利。你要相信我的话，运用你的聪明就能成为善良的人！报了你的仇就能成为仁慈的人。你在忿怒的时候要当心啦，别让你在一怒之下又回到她的身边。

我受到了两方面的考验：一方面爱情在召唤我，另一方面怨恨之心又在煽惑我，因此，在拿定主意以前，我是要做一番斗争的，当我觉得我已经拿定了主意的时候，一个新的考虑又使我的一切决定全都动摇了。一想到我的儿子，就使我对他的母亲产生了前所未有的温情。我觉得有了这个结合点，就永远不会使她在我的心目中成为一个同我不相干的人，孩子们在生育他们的人之间构成了一个无法分解的纽带，构成了一个不能离婚的天然的和不可辩驳的理由。多么可爱的孩子啊，两个大人之中，谁也是不能离开这些孩子的，他们是必然会把两个大人连在一起的；这种共同的利益是如此的可贵，以致当两个人之间没有其他联系的时候，孩子们就成了他们的联系。怎么能把这个为我的儿子的母亲辩护的理由，用去为那个孩子(他不是我的孩子)的母亲辩护呢？怎么！天性也允许她犯罪啦！我的妻子既然把她的温情分给两个儿子，那她是不能不把她的爱分给两个孩子的父亲的！想到这一点(这个想法比任何一个在我心中产生过的想法都可怕)，我又狂怒起来；一想到一个女人分心爱两个男人的丑恶情景，我的心真是忿怒到快要破裂了。的确，我情愿看着我的儿子死去，也不愿意看见苏菲和另外一个男人生一个孩子。一想到这点，我就感到忿怒；尽管在此以前有许多的想法使我感到痛苦，然而只有这个想法才使我决心要远远地离开她。从这个时候起，我下定决心不再回去；为了使我不至于产生犹豫不决的心，我决定从此不再考虑这件事情。

经过一番考虑而下定这个决心之后，我胸中的怨恨就消除了。对我来说，她已经是死了，我再也不把她看做是罪人了；我只把她看做是一个可敬的和可怜的妇女，我再也不去想她的过错，我怀着怜悯的心情回忆一切使我对她感到惋惜的事情。由于产生了这一系列的倾向，因此我想采取一切我认为是可以安慰一个被遗弃的妇女的好办法；因为，尽管我在心情忿怒的时候一想到她就感到痛苦，尽管她说的话使我感到灰心，但是我毫不怀疑在她的内心深处，她对我还是有依恋之情的，她想到我的损失的时候，一定是很激动的。我们的分离所产生的头一个结果是：她将不能够再做我的儿子的母亲。我一想到这点，我就感到战栗；费了许多周折才决定报一次仇，可是现在一想到这点，我就十分难过。尽管我很生气地说，这个孩子不久就要被另一个孩子代替的，尽管我用尽了嫉妒之心来看待苏菲用另一个孩子来代替我的儿子，我也鼓不起报仇的勇气；我这一切想法，在苏菲看着人们夺去她的儿子而感到失望的形象面前，都不能坚持了。我一再地克制自己，我是经过了一番痛苦才做出这个不合理的决定的，我把这个决定看做是我经过一番深思熟虑而得出的第一个决定的必然结果，要不是一件想象不到的事情促使我把这个决定再仔细考虑一下的话，尽管我不愿意，我也一定会把它付诸实施的。

我还有一点需要考虑的，尽管这一点在我刚才做出那个决定之后，我认为是无关紧要的。我的决定是针对苏菲采取的，但是在采取这个决定的时候，还需要考虑到我，还需要考虑一下我再成为孤单一人的时候将变成什么样子。我已经有好长一个时期不是孤独一人地生活在地球上了；正如你曾经向我预言过的，我的心对它所爱的事物是十分依恋的；它长期以来都是只有在同我的家人一起的时候才是一颗完整的心；因此，必须使我的心同我的家庭脱离，至低限度要部分地脱离，然而部分地脱离反倒比完全脱离更令人痛苦。我们曾经依靠过许多的事物，而现在要依靠自己了，或者，更坏的是，我们所依靠的事物使我们不断感到其他一切都在同我们分离，这时候，我们是多么的空虚，我们失去了多么多的生存能力！我必须考虑我是否依然是那个在任何人都不重视自己在人类中的地位时，还能牢牢地站在他的地位的人。

但是，对一个一切关系都已中断或改变的人来说，这个地位在哪里呢？我做什么？我将变成什么样子？我走向什么地方？我这一生不应该再用来谋求我的幸福了，也不应该再用来谋求曾经是我爱过的人的幸福了，同时，命运已完全剥夺了我有为任何人谋求幸福的希望，既然这样，我这一生还有什么用呢？因为，既然许多准备用来谋求我的幸福的工具最终是给我造成了一场灾难，我哪里还能比你对我更加欢喜地去对待别人呢？不能，因为尽管我还爱我的天职，但是我已经不知道我有哪些天职了。要重新记取这些原则，并把它们用之于我的新的情况，那不是一时就可以考虑好的事情，我困倦的精神需要休息一会儿，以便能专心地重新思考。

我好好地休息了一会儿。由于我摆脱了希望的烦恼，确认我这样做是逐渐地在失去一切希望，觉得过去的事情对我来说已经是没有什么意义，因此，我尽量使我完全处在一个开始生活的人的境地。我心里想，实际上我们永远都仅仅是在开始，在我们的生活中，除了连续的眼前的时刻以外，便没有其他的联系；而在眼前的时刻中，始终要把采取行动的时刻当作第一个时刻。在我们的生命的每一个时刻，我们都在死亡和诞生，死亡能给我们带来什么好处呢？如果说除了将来的事情以外，其他的事情对我们是没有什么意义的，那么，我们就只有根据未来才能断定我们是幸福还是不幸福了。用过去的事情来折磨自己，那就等于是无病呻吟，自寻烦恼。爱弥儿，你要做一个新人，对于你的命运，也像对你的天性一样，不能有更多的埋怨。你不幸的遭遇，都是虚幻的，渺茫的深渊已经把它们全都吞没了；但是，真实的东西，为你而存在的东西，是你的生命，你的健康，你的青春，你的理智，你的才智，你的美德，最后，如果你愿意的话，是你因为有了前面那些东西而取得的幸福。

我又开始工作，静静地等待着我头脑中的思想理出一个相当的条理，以便给我指出我应该做些什么；我把我现在的情况同过去的情况一加比较，我就感到坦然了：这完全是我的行为符合理智的好处，并不是由于经过的事情使然。如果一个人尽管有财产也不愉快的话，那么，只要他能够使他的心保持常态，则不论命运如何，他起码是能够心灵宁静的。不过，在一个有情感的人的心中，这种宁静的状态是不大牢靠的！他可以很容易地把他的心纳入常态，然而他却难于使它保持常态。正是在我认为我所有的决定都极其坚决的时候，我差一点儿把我的全部决定通通推翻。

我走进师傅的屋子，但是没有引起人们太大的注意。我的衣服始终是很朴素的，因为你曾经教导过我要衣着简朴；我的一举一动也不是那样装模作样的，一个到处都觉得很舒适的人，他的样子必然是很平易近人的，因此，他在一个木工师傅家里是不会引起人的注意的，反之，他到了贵族的家里，倒是会引起大家留心观察的。从我的装束看，人们觉得我不像一个工人，然而从我干活的手脚看，觉得我又好像是的确当过工人的样子，他们认为我曾经是小小地发过一点财，然后才堕落到现在又来干我的本行。一个堕落的小暴发户，是不会得到人家的看重的；我说我能干什么活，他们马上就答应我干什么活。突然，我发现他们一家人对我说话的语气都变了，由亲热变得很尊敬；人们在看我干活的时候都带着一种惊讶的样子；我在工场所做的东西（比师傅做的东西还好）得到他们的称赞；他们好像是在窥察我的一切动作和姿势似的；他们想用对待普通工人的办法来对待我，不过要想得到他们的这种待遇也是不容易的；他们也可能是出于尊重的缘故才没有给我高过普通工人的待遇。由于我心里在想事情，所以没有像往常一样立刻发现这种变化；不过我已经养成了细察形势的习惯，所以我不久就注意到我周围的情形，不用多久的工夫，我就看出，我在这些善良的人的心目中已经成了稀奇的人物，使他们很感兴趣。

我特别注意到：师傅的妻子老是那样目不转睛地看着我。对于跑江湖的人，女人是有权利带着好玩的样子看他们的。我使起凿子来，每凿一下，她就吓一跳。我发现：她看见我一点伤也不受，是非常吃惊的。"师娘，"我有一次对她说道，"我觉得你对我的技术是不相信的，你担心我对我这门手艺不精通吗？""师傅，"她向我说道，"我认为你对于你的手艺是很精通的，不过，我想，你这一生当中是只有这几天才干这门活儿的。"一听这句话，我觉得他们对我是很有认识的，我想知道我是怎样被他们看出来的。弄清了许多神秘的情况以后，我才明白，两天以前有一个坐着马车的妇女在师傅的门口下了车，她不让人家告诉我说她想看我，她躲在一个镶着玻璃的门后面，从这里可以瞧见我在工场尽头处工作的情形；她跪在门后面，旁边有一个小孩子，她不时地把那个孩子紧紧地抱着，憋着声长长地叹一口气，流下一把一把的眼泪，她那种痛苦的样子，使所有看见的人都十分的感动；人们有几次看见她几乎想跑进工场，看见她费了好大的劲才克制着自己，才压下了这种想法；末了，她更加全神贯注地仔仔细细把我看了一个很长的时间以后，突然站起来，抱着孩子，把孩子的脸紧紧地贴着她的脸，低声说道："不，他永远不会使你失去你的母亲，走吧，我们用不着再待在这里了。"说完就急急忙忙地走出去；之后，她在得到大家答应说闭口不向我谈这件事情时，她就登上马车，飞也似地走了。

他们说，由于他们对这位可敬的太太感到由衷的同情，因此他们不能不按照他们答应的话做，何况她还一再地要求他们遵守诺言；要是不履行诺言的话，他们是一定会后悔的；他们从她的装束，特别是她的相貌，一眼就可看出她是上流社会的人物，而且，从她的言谈和举止来看，她一定是我的妻子，而不会是别的什么人，因为，他们是怎么也不会把她当作我的姘妇的。

请你想一想当我记述这一段事情的时候，我是怎样的心情？所有这一切说明了多少问题啊！为了寻找我的踪迹，心中是如何的焦急，花了多少工夫打听我啊！所有这些，是一个不再爱我的人做得出来的吗？旅途是多么辛苦！是多么高尚的动机促使她这么长途跋涉！她看见我在做什么事情！啊！这不是第一次了，不过那时候她不是跪着看我，她也没有一把一把地流眼泪。啊，幸福的日子，幸福的日子！这个天使变成了什么样子？……不过，这个女人到这里来做什么呢？……她把她的儿子……把我的儿子也带来了……为什么？……她是来看我，向我说什么话吗？……为什么又悄悄地走了呢？她是来奚落我吗？……为什么又流眼泪呢？这个负心的女人，来看我的目的何在呢？趁我受苦的时候来侮辱我吗？难道说她已经忘记了她对于我已经是没有意义了？我尽量从她这一次来看我的经过中挑她的茬儿，以便压制我心中产生的温情，打消我想去追赶这个不幸的女人的念头，这个念头，尽管我一再克制，也搅得我心绪不宁。然而，我依然停在那里不动。我认为，她这个行动除了表明她仍然爱我以外，不会有别的意义；尽管我做了这个假设，但也丝毫不能改变她促使我采取的决定。

我仔细地把她这次来的种种情况加以研究之后，特别是把她离开这里之前所说的最后那句话加以分析之后，我认为，我已经找到了促使她到这里来的动机，找出了促使她不让我看见而突然离去的原因。苏菲的话说得很简单，但是她所说的话使我的心受到了启发，使我恍然大悟。她说："他永远不会使你失去你的母亲"，她担心我使孩子失去母亲，这就是促使她来的动机，她深深相信这种事情不会发生，这就是她之所以回去的原因。她是根据什么而有这种信心的呢？她看见了什么呢？爱弥儿泰然自若，爱弥儿在工作。爱弥儿在这种情况下丝毫没有为他的情欲所屈服，他所做的事情都是很合理的，她除了这两个结论以外，还能得出什么别的结论呢？使她同她的儿子分离，这个办法在她看来是不合理的，但是在我看来却是合理的。谁的看法不对呢？拿苏菲的话就可以判断这一点。的确，单单拿孩子的利益来说，这个办法本身是不是有什么可怀疑的地方呢？我只考虑到使孩子脱离他的母亲，但是也应当为失去孩子的母亲着想。这样看来是我错了。从一个母亲的手中夺走她的孩子，这个损失是没有办法补偿的，特别是在她那样的年龄，更是无法补偿的，这等于是为了报母亲的旧怨而拿孩子做牺牲；这是感情用事，而不是诉诸理智的行为，除非孩子的母亲是疯子或者是丧失了天性的人，否则是不能这样做的。苏菲正是我的儿子所需要的一个母亲，即使他可以得到另外一个母亲，那也是不如这个母亲好的。当我们不能共同抚养我们的孩子时，那就应当由她或我抚养了；否则，为了发泄我的怨气，就要使他成为孤儿。但是，从我目前所处的境地来看，我应当怎样处理我的儿子呢？我还有相当的理智，可以看出我能够做或不能够做的事情，虽然不能看出我应当做的事情。把这样一个年纪小小的孩子带到外地，或者，为了蔑视这个女人，我就亲自抚养给她看？啊！为了我的安全，我应该离开她愈远愈好。然而，把孩子交给她，又担心最后会终于把孩子的父亲也拉回去了。为了报我的仇，就让他单独在她那里好了，让他在这个不忠实的女人的一生中，每天使她想起以他为保证的幸福，使她想起失去的丈夫。

当然，从她手中夺走我的儿子，这个决定是我在一怒之下做出来的。只有在这件事情上，感情使我陷入了盲动，也只是在这件事情上，我才改变了我的决定。如果我家里的人按照了我的心意去做，苏菲也抚养了这个孩子，他就会生活得相当的好；但也有这样的可能：苏菲会因为我而死去的；或者安于做我的妻子，不再同另外一个人结合，要是这样的话，我就会失去我一生当中最美好的岁月，我们要用多少伤心的眼泪去洗刷我们的错误，然后才能通过我们的再次结合而忘记这些错误啊！

我们是如此地互相了解，所以，只要我能说出她预料到如果我们互相见面将产生什么后果，我就可以说出她突然离去的原因。

我很有理智，但心地软弱，这一点她是知道的；我很清楚，这个高尚而骄傲的人甚至在做错事的时候也是十分刚强的。苏菲得到宽恕之后才回去，这是她绝不愿意的。她知道她的罪过是不会被人们遗忘的，她宁肯受人的惩罚也不愿意求人的宽恕；宽恕的做法对她是不相宜的，倒是加以惩罚反而使她难受的程度要少一些，更合她的心。她认为，即使能弥补她的过失，但也不能把它洗刷清白；即使受尽一切应受的苦，也不能公平地偿清她欠的债。正是这个缘故，她在坦率之中仍显得那样的果敢和粗犷；她向你，向我全家的人讲出她的罪过，但是绝口不谈一切可以原谅她和对她有利的理由；她是那样固执地隐瞒不讲，一字不提，以致我要等她死了以后才能知道这个理由。

由于她不再担心失去她的儿子，所以她也就不想要我对她说什么话。来感动我，等于是来败坏我；她愈不体面，她就愈要珍惜我的荣誉。苏菲可以成为一个犯罪的人，但是她所选择的丈夫是不应当有怯懦的表现的。只有她才有这种过分的自尊心，同时，也许也只有我才能看穿她这种心理。

即使在离开她以后，我也是很感谢她的，因为她使我明白了我出于报复之心而采取的这个决定是不明智的。她在这一点上，是因为观察错误才对我抱良好的看法的；不过我一加考虑，就觉得她的看法并不错；单单从我儿子的利益着想，我认为也应当把他交给他的母亲，我决定这样做了。由于我的看法已定，我便决定不让他可怜的父亲再遇到刚才经历的那一番危险。既然我不应该再接近她，我能不能远远地离开她呢？全靠她，全靠她这一次来，我才得到了这点启发；要按照这个启发去做，我就绝不能再待在这里让她来第二次启发我。

必须逃走,这才是我应做的一件大事,是我从前面所讲的那一番道理推演出来的结论。不过,逃到什么地方?在这一点上我老是在那里考虑,我没有看到,地方的选择是一个极其次要的问题,因为,只要我能离开她就行了。既然是哪里都可以生或死,既然是我只能到哪里就生活在那里或死在那里,干吗要那样犹豫不决地考虑去的地方呢?经常暴露关心生活小事的天性,这表明我们的自爱心是多么的愚蠢!我对到哪里去隐居拿不定主意,其实,谁曾说过我到这个地方而不到那个地方是人类的一件大事,说我的体重将打破地球的平衡?如果我只从我的生存对我的同胞有什么价值这个角度来看待我的存在,我就不会这样急急不安地去探求我应尽的天职了,它们并不是我到哪里就跟到哪里的,喜欢自己的天职的人,是能够尽多少天职就尽多少天职的;我认为,不管我生活在什么地方,不管我处在什么环境,我都要努力尽我做人的使命;如果每一个人都是很合适地为自己而生活,就不会有人感到他需要什么人才能生存了。

明智的人是过一天算一天的,他在他的周围尽他每天应尽的天职。千万别超过我们的能力,别超出我们的生活。我唯一关心的是,我今天应该做什么,至于明天应该做什么,那还不知道咧。目前我应该做的事情是离开苏菲,我应该选择能使我马上就远远地离开她的道路。我们就按照这一条道路走吧。

我一打定了这个主意,就按照我的想法有次序地处理我留下的事情;我给你写信,给我家里的人写信,给苏菲本人写信。我一切都安排好了,但就是没有安排我自己的事情;我什么都不需要,我没有仆人，没有钱，没有行李，特别是没有什么愿望和心事，我单独一个人徒步行进。我在许多民族中间生活过，我航行了许多大海，走过了许多沙漠，东奔西跑地流浪了许多年，我感到惋惜的只有一件事情，然而，正是这件事情我是要逃避的。如果我的心让我得到宁静的话，我的身体就不会感到有所匮乏了。

书柬二

我喝了能使人忘掉往事的水，过去的一切已经从我的记忆中消逝，广阔的宇宙已经展现在我的眼前。这一段话是我在离开我的祖国的时候说的。提到我的祖国，我就感到赧颜，对于它，我心中怀抱的是轻蔑和恨，因为我是靠我自己而取得幸福和人家的尊敬的；我的祖国和它的邪恶的人民给予我的是灾祸，使我沦为牺牲，是耻辱，使我深深感到害羞。我打断了同我的国家的一切联系，我要把整个世界当作我的国家；只有不再做公民，我才能够成为一个世界的人。

在长长的旅途中，我们之所以觉得旅途是十分的艰难，完全是由于我们的终点很遥远的缘故；要是从我们目前所在的地方，一天就可以走到终点的话，我们就不觉得旅途艰难了；如果我们能够一天一天地走到世界的尽头，我们为什么要那样多赶路程呢？当我们把两端连起来看的时候，我们就埋怨这段距离是太长，觉得最好是一下就跳过去；可是没有想到，如果把这段距离分成一部分一部分地走，那就等于是在散步，而最后也是会达到终点的。旅行家们总是有自己的种种习惯、成规、偏见和人为的需要，因此，在他们周围可以说是有一个气圈把他们同他们所到的地方隔离起来，使他们觉得处处都同他们原来的地方有所不同,是两个世界。一个法国人总想把整个的法国都随身带着,当他缺少他在法国所有的某种东西时,他就不能用其他相等的东西来代替,就会弄得一筹莫展的。当他把眼前的东西同他过去的东西拿来一比较,不能照原来的样子做事的时候,他就觉得不舒服;在印度,如果他所睡的床不做得同他在巴黎的床一个模样,他就睡不着觉。

至于我,当我想逃避什么东西的时候,我就转过身去,同它背道而行,正如从前我在蒙莫朗锡镇的树林中同太阳的阴影背向而行一样。我在路上所走的速度虽然不快,但是,由于我的心很坚决,绝不后退,所以就能够弥补速度不快这个缺点。走了两天,就走过了边境的关卡,而且在想办法通过关卡的时候,也有时间考虑我的事情。我愈走得远,便愈感到心情舒畅,在我逃脱了危险以后,我在路途中爱怎样走就怎样走了。就整个计划来说,我能够执行多少就执行多少,我唯一遵守的一条规定是:要顺风而行,我有时候走得快,有时候又走得慢,这要以我的健康、心情和体力为转移。我不是随身带着,而是我本身具有谋生的手段,因此,我既不愁没有车坐,也不愁没有东西吃。我也不担心遇到什么强盗,因为我的钱包和护照不是别的,就是我的两只胳臂,我的衣服就是我放东西的橱柜;对一个做工的人来说,这种衣服穿起来很舒服,即使穿旧了,也容易把它收拾得如同新的。由于我既不带着旅行家的那一套装备,也不像他们那样急急忙忙的样子,所以我就不会引起人家的注意;我走到哪里,人家都把我当成一个乡下人。在边境上被人家扣起来,这种事情是绝不会有的;即使是被扣起来,那也没有关系,我待在那里一点也不着急,我在那里也能像在别的地方一样地劳动；如果要永远把我扣在那里的话，我待一辈子也不难；由于我没有慌慌张张赶路的样子，结果，我想到哪里人家就可以让我到哪里。如果焦虑不安，好像有什么大事似的，那倒会引起人家的怀疑；一个人要是态度安详的话，那就会得到人家的信任的；当人们发现，怎么对我都不会使我生气，就会让我自由活动的。

当我找不到我这门手艺的工作时（这种情况是很少的），我就做其他的活儿。你已经使我得到了一个万能的工具。我有时候做农民，有时候做手工匠人，有时候又做艺术家，甚至有时候还能够做有才干的办事人；我到哪里都有拿出来应用的知识，不过，由于我不急于显示我的知识，所以是不是把它们拿出来使用，可以由我自己掌握。我所受的教育的成果之一是：我说我能干什么活儿，马上就会使别人相信我能专心干那种活儿，因为，我为人十分的单纯，有了一个职位就不觊觎另外一个职位。所以，我做事始终合乎身份，而人家也就会永远让我做下去。

如果我病了——像我这样性情的人，既不吃过量的饮食，也不过多地忧虑，不过多地劳累，不过多地休息，生病的时候是很少的——我就一声不吭地躺着，既不急于求医，也不怕死。动物生病的时候，就不吃东西，静静地待在一个地方，或者病就好了，或者就死去；我也是这样做法的，而我的病也就好起来了。如果我不安于我的地位，如果我再三再四诉苦诉怨地纠缠人家，人家也许就会讨厌我，就不会像现在这样，看见我非常耐心便对我十分亲切和照顾。他们看见我不打扰任何一个人，看见我一点怨言也没有，他们反倒会对我表示关心，而这样的关心，要是我去苦苦求他们的话，他们反倒会拒绝的。

我曾经说过一百次,你愈是硬要人家这样那样地对你,你反而会愈使人家不理你;人家是喜欢自由行事的,其所以尽量对你好,是在于想取得应得的好处。求人家做好事,等于是占取人家的权利,向人布施等于是在还债;自私的人是宁肯白送人情而不愿意还债的。

我这样宛如香客似地长途跋涉,不像一个阔绰的旅行家那样,走到哪里都有一番排场,因此,人们也许会责备我,说我是一个流浪汉,在这种情况下,如果我有时候扪心自问:"我在做什么?我到哪里去?我的目的何在?"我自己就要这样反问:"我生下地来做了些什么?是什么原因促使我作这样一次只有到死才能结束的旅行?"我在执行我的使命,我站着我的地位,我将质朴天真地度过我这短暂的一生;我不在我的同胞中间做恶事,从而就等于是在他们中间做了一件巨大的好事;我满足人家的需要,也就满足了我自己的需要;我为他们效劳而绝不损害他们,我给他们做出一个无忧无虑快快乐乐为人善良的榜样。我放弃了我的遗产,我也照样生活;我不做不公正的事,我也生活下去了;我不求人家的布施,我也能活命。我自己谋自己的衣食,对别人就有好处,因为人家是绝不会无缘无故拿东西白送人的。

由于我不是要从头到尾记述我旅途的经过,因此我把一切只不过是一时的事情都略去不提。我到了马赛,为了按照我原来的方向继续前进,我登上了开往那布勒斯的船;坐船得付船钱,你早已给我准备好了,因为你曾经教过我船上的作业;在地中海开船,也不见得比在大西洋开船更难,约略地交谈几句,就把这两处开船的差别都弄清楚了。我做一名水手。这条船的船长是一个有背景的人,是敌方遣来的叛徒。他曾经被海盗捉住过,而且据说从海盗的手中逃了出来，没有被海盗发现。有几个那不勒斯的商人又叫他做另一条船的船长，这一次是他担任船长以来的第二次出海航行；谁愿意听，他就愿意讲他一生的故事，他是如此地爱夸耀自己，以致你只要做出喜欢听他的样子，他就会把你当做知心。他的爱好，也和他所讲的奇遇一样，是十分的古怪：他时时刻刻都在想办法使他的船员开心，分散精力；在他的船上有两门旋转炮，他成天打炮；夜里，他通宵放枪；我从来没有见过哪一条船的船长是像他那样的快乐。

就我来说，我感到高兴的是：我在航海的技术上得到了锻炼；当我不值班的时候，我也很少离开岗位或船舵。我专心操作，就弥补了我的经验之不足；我不久就发现，我们的船大大地向西方逸出了航线。罗盘的方位线并不错，但是在我看来，太阳和星星的运行同罗盘所指的方位是如此的大不对头，以致我觉得，罗盘针必然是发生了巨大的偏差。我把这种情况告诉船长，他胡言乱语地说了一大通话来嘲笑我；由于这时候正是海浪大作，天空阴云密布，所以我没有办法考虑他说的话究竟是什么意思。我们遇着了一股大风，把我们刮到了大海的中心；风连续刮了两天，第三天，我们远远地瞧见我们的左边有陆地。我问船长那是什么地方，他说那是"礼拜的圣地"，有一个水手认为那是撒丁海岸，大家都吆喝起来，叫他的倒彩；因为，尽管他是一个老海员，他也同我一样，没有见过这条海岸。

我们究竟到了什么地方，对我来说没有什么关系；但是，这个人所说的话引起了我的好奇心，我开始在罗盘盒周围窥察，看是不是有人不小心放了什么铁器，使罗盘针出了偏差。果然，我发现在盒子的一个角落里藏有一块巨大的磁石！我把那块磁石拿掉，罗盘便转回到它本来的方向了。在这同一个时候，有人叫喊起来："帆船。"船长用望远镜一看，说那是一条小小的法国船。由于那条船向我们开来，而我们又没有躲让它，因此它转瞬间就清清楚楚地出现在我们的眼前，这时候，我们每一个人都看出那是一条野人的船。我们船上的三个那不勒斯商人（他们的全部财产都在我们的船上）立时发出一声叫喊，使天空也震荡起来。这时候，我才明白了这个谜。我走到船长身旁，在他耳朵边说道："船长，如果我们被他们捉去的话，你会丢你的命的，等着瞧吧。"我显得一点也不惊慌，我对他说这句话的时候，语调是那么的沉着，以致没有使他感到丝毫的害怕，而且还装着没有听见的样子。

他下令抵抗。但是，没有一条枪是可以使用的，我们消耗了那么多的火药，以致倒真是要使用那两门旋转炮的时候，剩下的火药只够打两炮了。我们的抵抗简直是没有用，当我们的船进入他们射程的时候，他们连枪也不屑于打，干脆叫我们把船靠过去，而且，话刚说完他们的船就到了我们的船边。从开头到现在，船长毫不掩饰地带着怀疑的目光看着我，但是，当他一看见海盗已经上了我们的船的时候，他就不再注意我了，放心地向海盗走去。这时候，我认为，我应该充当法官，充当法律的执行人，为我的同伴报仇，为人类除掉这个叛逆，为大海消灭一个怪物。我向他跑过去，向他大声说道："我早就向你说过，我怎么说就怎么干。"我用我手中拿着的佩刀，一下就砍掉他的脑袋。此刻，我看那个海盗的头子气势汹汹地向我走过来，我牢牢地站着等他，并且把刀倒过来，把刀柄向他送去，"拿着，头目，"我用法兰克话向他说道，"我刚才主持了正义，现在轮到你来主持正义了。”他抓过刀去，把刀举在我的头上，我一声不响地等着他砍下来；可是，他微笑了一下，把手向我伸过来，并且不准海盗们把我像对其他的人那样用铁链锁起来；他也不问一问我，刚才为什么要那样迅雷不及掩耳地把船长干掉；从这一点看来，我觉得他是十分了解我那样做的道理的。一直到阿尔及尔，他们对我都是这样的特殊待遇，到了港口，我们就两个一对两个一对，如同猎狗似地被他们带下船去，押送到监狱。

到现在为止，我的全部注意力都集中在我所看到的事情上，因此，对我自己反而不大关心了。但是，当激动的心情一停止，我就转而考虑我目前的情况的变化，我心中有种种的感想，使我怀着一种满意的心情对我自己说：“这件事情使我失去了什么呢？失去了做蠢事的能力。我比以前更自由了。”“爱弥儿成了奴隶！”我继续说道，“啊！从哪种意义上说来是奴隶？在我原始的自由中，我失去了哪些自由？我生来不就是需要的奴隶吗？他们在我的身上还有什么新的桎梏可加呢？叫我做工吗？当我自由的时候，我不也是在做工吗？叫我吃不饱吗？我心甘自愿地挨过多少次饿！叫我受苦吗？把所有人类的暴力都加在我的身上，在我看来，也只不过是像掉在我身上的一粒沙子。约束我吗？难道说他们的约束比我当初的锁链的约束还紧吗？当初的锁链把我约束得那么紧，我还不愿意摆脱咧。既然我生来就受到人类欲念的束缚，就得由别人或我自己给我带上这种锁链，因为反正不是要带上这种锁链的吗？谁知道带哪一个人的锁链更轻松呢？带别人的锁链时，我至少可以用我的理智来缓和我的欲念；她不是有许多次让我受我的欲念的约束吗？谁能够使我带两条锁链呢？我以前不是已经带过一条锁链了吗？只有自然的奴役才是真正的奴役，人只不过是执行它的奴役的工具罢了。被一个主人所宰割，或者被一块岩石所压死，在我看来是一回事；在奴隶生活中，从最坏的方面来说，我屈服于暴君的程度也不会比屈服于岩石的程度大。最后，如果我有了自由，我又怎么使用它呢？在我现在的境地中，我有什么可想望的？啊！为了不至于陷入沮丧和潦倒，在我自己缺乏意志的时候，就需要得到另外一个人的意志的激励。”

我从这些想法中得出了一个结论，那就是：我的情况的变化，是表面的而不是真实的；如果说自由的意义是在于一个人想做什么就做什么，那么，任何人都不会得到自由；一切都要依靠事物，以严酷的需要为转移，所以，每个人都是很软弱的；谁最能够按照需要行事，谁就是最自由的，因为他从来不勉强去做他不愿意做的事情。

是的，我的父亲，我可以这么说，我受奴役的日子，恰恰就是我享有声望的日子，而我在戴上海盗的锁链的时候，我倒是最能够支配我自己。由于我为他们的欲念所左右，但不同他们一起产生那样的欲念，因此我才最能够了解我有哪些欲念。在我看来，他们的荒谬行为，比你对我的教育还生动得多，我在这些严酷的老师的管理下，所学到的哲学，比从你那里学到的哲学还有用得多。

我做他们的奴隶，可是我还没有尝到我所料想的那种残酷对待。我受到过一些不良的待遇，但是比起他们在我们中间受到的不良待遇还是少的；我知道，“摩尔人”和“海盗”这两个词本身就会令人产生偏见，这种偏见我也是难免不产生的。他们为人并不仁慈，但是很公正，虽说我们不可能从他们那里得到温情和慈悲，但是也用不着担心他们对我们有什么坏心眼和任性的行为。他们要我们能够做多少就做多少，但是不强迫我们做力所不能的事情；他们绝不会因为一个人能力不够而加以处罚，他们处罚人，也仅仅是因为那个人有不好的居心。如果欧洲人在美洲也拿这种正直的心对待黑人的话，黑人的生活就会幸福得很了，可是，由于欧洲人把可怜的黑人只看做是劳动的工具，因此，他完全看黑人对他有什么用，他才决定怎样对待他们；他心目中的公正，是拿他的利益做衡量的标准的。

我换了几次主人，因为据他们说这是把我卖出去了，人还可以拿去卖的吗？他们可以卖我双手做出的东西，但是，我的意志，我的智慧，我这个人，所有这些使我之所以为我而不是另外一个人的东西，当然是不能卖的；关于这一点的论据是：我第一次违反我的所谓的主人的意志行事，我就取得了胜利。这件事情值得叙述一下。

起初，我受到的待遇是相当好的，他们以为我要赎身，可是我悠悠闲闲地待了几个月，看我自己是不是能领略忧愁烦闷的滋味。最后，他们看见我同欧洲各国的领事和僧侣都没有来往，不仅谁也没有谈论过我的赎金，而且连我自己也好像没有考虑这个问题，因此，他们就想用其他的办法从我身上得到好处；他们叫我去做工。我对他们在对待我的做法上的改变，既不感到吃惊，也不感到生气。我对劳苦的活儿一点也不在乎，反而觉得很有趣味。我想了一个办法走进一个工场去，工场的师傅马上就看出我是内行。我干这门活儿给我的主人赚得的钱，比他原先叫我干的那种活儿赚的钱多，为了他的利益，他就把我安置在那里，认为这样做最好。

我发现，监牢中的老伙伴一个个都走了，有钱赎身的人就赎了身，而不能赎身的人，尽管同我的命运一样，但是他们都没有得到我这样的优厚待遇。其中，有两个马耳他岛上的贵族竟无人过问。他们的家里很穷。教会是不赎这样的俘虏的，神甫没有办法赎回所有的人，因此同领事一样，他们自然而然地有所偏心；这种偏心不能说不公正，因为，赎回的人一定要给他们带来更大的好处，他们才优先赎他的。这两个贵族，一个年轻一个年老，他们都受过训练，所以都有长处，但是这种长处在他们目前的处境是无法发挥的。他们有天才，又有手腕，懂拉丁文，还懂文学。他们有可以拿来炫耀和博得赞赏的才能，但是这种才能对做奴隶的人来说，是没有多大用处的。最糟糕的是，他们带着铁链时表现得很不耐心；他们极端吹嘘的哲学，也丝毫没有使这两位骄傲的绅士懂得，应当乖乖地服务于卑贱的人和匪徒；他们一直称他们的主人为卑贱的人和匪徒。我很同情这两个穷人，他们是贵族，所以他们失去了人的地位，没有人的地位，在阿尔及尔就一文不值了，不仅一文不值，而且比一文不值还不如，因为，在海盗当中，一个原来是敌对的海盗，尽管成了奴隶，也不能被看做是一文不值的人的。对于那个年老的贵族，我只能够对他提一点劝告；其实我的劝告完全是多余的，因为他知道的东西比我多，至少就他所炫耀的那门学问来说，他是比我渊博的；他对为人的训诫是彻底了解的，他对种种箴言也是很熟悉的，他所缺乏的是身体力行，他不愿意受需要的桎梏的约束。那个年轻的贵族，比年老的贵族还要急躁，不过，他为人比较热情、活跃和勇敢；他有几次反叛的阴谋和计划全都失败，未能成功，而且，总是计划还没有实行，就被发觉，因此更加深了他的苦难。我竭力勉励他学我的样子，用他的双手做工，以改善他的处境；但是，他把我的忠告当耳边风，满不在乎；他骄傲地对我说，他懂得应该怎样死法。“先生，”我对他说道，“更要紧的是应该懂得怎样生活。”我终于想出了一些减轻他的痛苦的办法，而他也很乐意地怀着感激的心情采纳了我的办法，不过这些办法并未使他领会我的意图。他继续搞他的阴谋，想拼那么一下就完全取得自由；他浮躁不安的思想终于使他的主人（也是我的主人）失去了耐心；我们的主人对他和我都不相信了，对我们两人的关系开始感到怀疑；当我和他谈话的时候，我们的主人以为我是在帮助他搞阴谋，其实我是在尽量劝他不要搞阴谋。我们两个人被转卖给一个公共建筑的承造人，在一个野蛮的监工监督之下干活；这个监工也和我们一样是奴隶，但是，他为了讨好主人，就硬要我们去干那些非人的力量所能胜任的事情。

开头几天，我把那些活儿看得如同儿戏。由于分给我们的工作是相等的，由于我比所有的人都强壮和手脚麻利，所以我总比别人先干完我的活儿，干完以后，我就去帮助那些体力最弱的人，减轻他们一部分工作。可是，那个狗腿子看见我干活勤奋，体力又强，便不许我把这一股劲头用去帮助别人；他把我的工作增加一倍，而且一直逐渐逐渐地往上增加，最后竟把我的话儿增加到那样多，那样重，以致尽管我的精力充沛，但在这样多活儿的重压之下，我马上就有弄垮身体的危险；我的伙伴，不论身体壮的或身体弱的，都吃得很坏，受到恶劣的待遇，在过度的劳累之下，一个个都变得十分的消瘦。

这种情况简直是不能再忍受，因此我决心冒一切危险，摆脱这种处境。我把我的决定告诉那个年轻的贵族,他很兴奋地表示赞成。我很了解他,每当他在大众的眼前时,他总表现出是一个有勇气和有魄力的人,所以,要进行这种英勇的事情,我是很信任他的。我的策略全都是放在我的心里的,要把我的计划付之实行,我也不需要任何人的帮助;不过,这一点的确是对的,即:同我的难友们齐心协力来实行我的计划,其效果要好得多;因此,我决定在把我的计划告诉这个贵族的时候,也同时告诉我的难友。

我费了很大的劲,才使他同意我事先不使用任何诡计而坦率地向伙伴们提出我的计划。我们利用吃饭的时间来谈这件事情,因为吃饭的时候,我们比较集中,主人对我们的监视也比较松懈。我首先用我的本国话向在场的十几位本国同胞讲,我之所以不用法兰克语讲,怕的是被当地的人听见。"伙伴们,"我向他们说道,"仔仔细细地听我讲一讲,按他们加在我身上的工作来看,我剩下的精力还不够两个星期用了,尽管我是大伙儿当中最强壮的人之一;要马上结束这种局面,只有采取一种极其猛烈的手段,要么一下子就把身体彻底弄垮,要么就采取一种防止这种情况的措施。我选择了后一个办法,我决定从明天起拒绝干一切活儿,即使因此而牺牲生命和受到种种可能的对待,也在所不惜。我是算了一算,然后才选择这个办法的。如果我继续像现在这样干下去,不用多久的时间,准定会弄垮身体,一点办法也没有的,可是,我这样拼它几天,就可以取得一个解决的办法。我采取的手段可以吓唬我们的监工,使我们的主人明白他真正的利益何在。如果达不到这个目的,我的命运再坏也不过是这个样子。如果等到我的身体已经弄垮，什么活儿也不能干的时候才采取这个办法，那就为时太晚，得不到效果了；现在，少了我这个人，他们就少得利益；结果我的性命，他们无非省一点粮食罢了。牺牲了我的性命，对他们来说是一项损失，因此，最好就选择这个时候行事。如果你们当中，谁觉得我的话说得对，并且愿意向这个勇敢的贵族学习，采取我这种办法，那么，我们人数一多，效果就愈大，就可以使我们的暴君规矩一点；不过，即使只有他和我愿意这样做，我们也一点不动摇我们的决心，仍然要坚决地拒绝为他们干活，那时候，请你们大家都来作证，看这个办法灵不灵。"

我把这几句简单的话朴朴实实地说出来了，可是受感动的人不多。有五六个人叫我相信他们是可靠的，说他们也要像我那样干。其余的人没有发言，静静地站着。那位贵族对这种沉默的表示感到不满，于是就用他的本国话向大家慷慨激昂地发表意见。由于人数很多，所以他就大声地把我们目前的境遇以及主人和监工的残酷做了一番动人的描写；他通过对我们的恶劣处境的描写，引起了大家的愤慨，使大家产生了火热的复仇心；最后，他对不惧苦刑、能战胜强暴的人大大地赞赏了一番，从而把在场的人的勇气鼓动到这样的程度，以致大伙儿都喊叫起来，打断了他的话，发誓要学我们的榜样，至死也不动摇。

第二天，正如我们所料到的，当我们一拒绝工作，我们马上就受到残酷的虐待；可是我们两个人，还有三四位老伙伴，对这些残酷的虐待满不在乎，连气都不吭一声。那位贵族鼓动的效果并不十分持久。他那些闹闹嚷嚷的本国伙伴，几分钟以后就不能坚持，挨了一阵牛筋鞭子以后，就像羊羔似的又乖乖地去干活儿。那位贵族对这种懦弱的表现感到愤慨，因此，当监工去打他的时候，他就破口大骂，可是那些人却不听他的。我竭力叫他逃跑，这个办法我早就考虑过，而且也向他讲过。我知道，漂亮的讲话的效果是很好的，不过是暂时的。容易受言辞激动的人，也同样是容易冷下来的。冷静而严正地讲道理，是不能煽动人们的狂热的，但是，一旦这些道理深入人心，则产生的效果是永远不会消失的。

那些可怜的人的懦弱表现，却产生了一个我预料不到的结果，其所以会产生这种结果，我认为是由于一种民族的好胜心，再加上我坚定而沉着的模范行为。在法国人当中，有几个人并没有跟着我做，但是，当他们看见那些人又去做工的时候，便吆喝他们，同他们远远地离开，并且，为了嘲弄他们的那种胆怯样子，都来到我的身边，这种行为也带动了其他的人，顷刻间到处都发出了一片造反的声音，以致惊动主人亲自来弹压。

我们的监工说了些什么话去开脱自己的责任和唆使主人来镇压我们，这你是可以想象得到的。他马上指着我说是这次骚乱的主谋，是造反的人的头子，说我企图利用这种暴乱来吓唬人。主人看着我，说道："是你带坏了我的奴隶吗？刚才指控你的话，你已经听见了；如果你有什么话要分辨的，那就说吧。"一个贪得无厌的人面临破产的危险，尽管盛怒已极，但也能显得如此地克制，这一点，不能不使我感到惊异，因为，在这种情况下，要是一位欧洲的主人的话，由于利欲熏心，不但不听我分辩，反倒早已打了我一千皮鞭。"主人，"我用法兰克话向他说道，“你不能怨我们，你对我们的情况一点儿不了解；我们也不怨你，我们所受的苦不是你造成的，你根本不晓得。我们知道要担负需要的枷锁，服从于你。我们毫不吝惜我们的气力为你干活，因为命运已经注定我们要干这种活儿；可是，由于你那位监工叫我们超过我们的体力去干，这就等于是在使我们丧失体力，等于是在用搞垮我们身体的办法来搞垮你的财产。请你相信我的话，派一个比较贤明的人来管理，因为这个监工随心所欲地滥用权力，对你不利。合理地分配工作，我们也不会少干你的活儿，而且这样，你的奴隶都会勤奋地干，日子一久，你所得的利益，比他这样用加重我们劳累的办法给你带来的利益多得多。我们的苦是应该诉的，我们的要求也是很微少的。如果你不理睬我们的要求的话，我们就照我们的计划行事；你那位监工已经尝到过那种滋味，你也可以尝一尝。”

我说完就不作声，那个监工企图答辩，主人不准许他讲话。他用眼睛一个个地打量我的伙伴，他们苍白的脸色和瘦弱的身体证明我的指控是真实的，同时，他们坚定的神情表明他们绝不是害怕威胁的人。跟着，他又重新把我仔细地端详了一下，说道：“你好像是一个明理的人，我想看一看你讲的办法对不对。你指责那个监工的行为，好吧，让我们瞧一瞧你做监工是怎么做的。现在，我叫你去担任他的工作，叫他来做你的事情。”他一下命令，人们马上就取掉我身上的铁链，并且把它拿去戴在那个监工的身上。这一切都是当场办理，顷刻实现的事情。

我无须向你叙述我在我的新岗位上是怎样做法的，因为这不是我要在这里论述的主要问题。我的勇敢的行为传出去了,主人是有意把它散布出去成为阿尔及尔的一条新闻的;最后,连总督也听到我的事情了,因此他想见一见我。主人把我带去见他,并且发现总督很喜欢我,于是就把我送给总督。这样一来,你的爱弥儿又成为阿尔及尔总督的奴隶了。

我在这个新的工作岗位上所遵循的办事法则,是从我早已知晓的原理中推演出来的;这些原理,在我们游历的旅途中曾经讨论过;尽管它们是应用在我所处的境地中,而且也应用得不完全,范围也很小,但是,其效果还是十分可靠,一点不差的。经过的细节,我就不讲了,因为这在你和我之间是用不着讲的。我的成功,赢得了我的主人的尊敬。

阿桑-奥格路是通过最光荣的道路而取得最高的权柄的,因为,他是一个普通的水兵,是一级一级地在海军和国民军中提升为国家领导人之一的,并且,在他的前任死了以后,土耳其人和摩尔人,军人和法官,都一致选举他继掌大权。他所治理的是一个野蛮不驯的民族,是时起兵变、唯恐天下不乱的杂牌军队,这些人,连自己要做些什么也不明白,他们只知道骚动,不管事情搞得好不好,只要把事情搞个两样就行了,但即使这样,阿桑-奥格路也光荣地担任了那个艰难的职位达十二年之久。在他的治理之下,尽管未满足人们所预期的希望,但是人们对他还是无可指责的。在他执政期间,国家是相当的安定,一切都比从前好,商业和农业很发达,海军很强盛,人人有饭吃。但是,从他成效卓著的措施中,人们丝毫没有……*

摘　录

从普雷沃斯特教授自日内瓦致文学书稿编纂人的一封信中摘录的有关让·雅克·卢梭，特别是有关《爱弥儿》的续篇或《孤独的人》的几段话。

诸位先生：

在让·雅克·卢梭年老的时候，我经常有机会见到他，因此，我有几句话，想不揣冒昧地向你们说一下。这是有关一个伟大人物的几件小事，最好是把它们收集起来，免遭遗忘……

我知道他曾经烧掉了几篇手稿；他死后发表的几部遗著，是我们得以读到他保存下来的稿子中的最有意义的几部作品……我听他说过，在他离开伦敦的时候，把准备在一版《爱弥儿》中添加的大量注释全都烧掉了，因为那些注释的稿子使他感到旅途累赘。

……

卢梭从来没有让我知道他在写他的回忆录，只是在有一次他担心他会把它丢失的时候，才向我提到过它的名称。但是，我感到

---

* 特别可惜的是，卢梭没有把这封书柬继续写完；他在1768年7月6日给杜·佩鲁写了一封信，请杜·佩鲁把这封书柬的手稿给他送去，因为他想再看一看这篇稿子，“以便消消遣，度过严酷的冬天。”“我对这封书柬，”他继续写道，“仍然是很喜爱的，这种喜爱的心，我也不想打消，因为我倒是觉得它有一个特殊的用处：使我不至于浪费我的时间，而且，它也不会同我现在所写的东西混在一起，因为我目前写作的，是对以往的不幸的遭遇的回忆，同这封书柬中所讲的事情没有联系。”

从我们即将读到的普雷沃斯特先生的信中就可看出，这篇稿子是送给卢梭的；但可惜的是，卢梭原先想分散的那些忧郁的思想，竟完全占据了他的心，以致使他在写作《对话录》和《一个孤独的漫游者的梦幻》这两部作品时，愈写愈忧伤，愈写愈发挥，腾不出手来，继续写完这封书柬。

特别高兴的是,他曾经很乐意地把《爱弥儿》的补篇读给我听。这篇东西发表在日内瓦版的本子里,标题是:《爱弥儿和苏菲,或孤独的人》。这是一个未完成的作品,写到爱弥儿成为阿尔及尔总督的奴隶就没有写了……卢梭一气不停地读完这篇东西,他的声调是那样的激动,感情是那样的奔放,使人深受感染,可见这的确是一篇成功的新作。在读的时候,他本人是很激动的,他好像又抓着了他在写作这篇东西的时候使他激动不安的思想和感情的线索。他滔滔不绝地讲着(这种情况是很少见的),他向我详细地讲述了他开始写作的这个续篇的几个情节,并且向我说明了它的结尾。以下就是我从所记的几则笔记中综合出来的这个故事的结局。如果在这寥寥几笔的描写中有什么不妥帖的地方,有什么该提而未提到的情节,我希望,读者是相当的公正,不会把它说成是作者的过错。

孤独的人的结局

由于遇到了一系列的事情,爱弥儿最后来到了一个荒岛。他在这个荒岛的岸边发现了一座教堂,教堂的周围长满了鲜花,树上结满了甜美的果实。他每天都去看这座教堂,他每天都觉得它装点得更加美丽。苏菲在这座教堂里做修女,可是爱弥儿不知道。是什么原因使他到这种地方来的呢?是他自己的过失和行为使他忘怀了她的样子。最后,他还是把苏菲认出来了。爱弥儿使用了一些手段和暴力,使她终于屈服。但是,由于她感觉到,她今后不配做他的妻子,因而,她甘心做他的奴隶,服侍她的情敌。这个女人很年轻,由于别的缘故,使她同这一对原先的夫妇的命运联在一起了。她和爱弥儿结了婚，苏菲参加了婚礼。婚后，爱弥儿和那个女子都表现得后悔不迭，一天比一天痛苦，特别是看到苏菲暗中对她很好，对她很尊敬，两个人更是显得难过，几天以后，他们便向苏菲承认他们的婚姻是假的。这个假装的情敌是有丈夫的，她把他领来同苏菲相见，于是苏菲又得到了爱弥儿；爱弥儿原谅她并非出自本心而犯的过错，而她已呕尽了许多心血去补偿她的过失，她痛改前非，从而恢复了她本来的为人；不仅如此，她美好的德行，尽管在没有机会表现以前，只约略地为他所知，但是，当她的德行得到机会充分表现以后，便更加赢得了他的尊重和钦敬。

卢梭生平和著作年表

1712 年 清康熙五十一年 诞生	▲六月二十八日：让·雅克·卢梭①（Jean-Jacques Rousseau）诞生于瑞士日内瓦。他是法国基督新教教徒、钟表匠依萨克·卢梭②（Isaac Rousseau）和苏珊·卢梭③（娘家贝尔纳，本名 Suzanne Bernard）夫妇家庭的第二个儿子。母亲不几天就死于产后失调，他自幼得到姑母的抚育。 ⊙法国波旁王朝国王路易十四（1638—1715）在位（1643—1715）。 ▲十八世纪法国伟大启蒙学者，是“在法国为行将到来的革命启发过人们头脑的那些伟大人物”㊀，最初一批早在卢梭之前，在十七、十八世纪之交就相继诞生：孟德斯鸠（1689），伏尔泰（1694），魁奈（1694），布丰（1707），拉美特里（1709），马布利（1709）。
1715 年 康熙五十四年 三岁	⊙路易十四死。国王路易十五（1710—1774）继位，摄政王奥尔良公爵腓力蒲（PhilippeII，*Due* d'Orléans，1674—1723）掌政。
1719 年 康熙五十八年 七岁	▲略识字，以后学习阅读。

① 又译：约翰-扎克·卢梭（见沈起予译：《忏悔录》，第 7 页）和约翰·卢梭（见孔帕雷〔Gabriel Compayré〕著，梁天咏译：《卢梭与自然教育》，中华书局，1939 年，第 1 页）。

② 又译：伊扎克·卢梭（见《忏悔录》，第 5 页）。

③ 又译：塞臧涅（见范寿康著：《卢梭》，商务印书馆，1932 年，第 1 页）。

㊀《马克思恩格斯全集》，第 20 卷，第 19 页。

1720 年 康熙五十九年 八岁	▲启蒙运动又一批重要思想家相继出世;狄德罗(1713),雷纳尔(1713),达朗贝尔(1717),爱尔维修(1715),孔狄亚克(1715),霍尔巴赫(1723),杜尔阁(1727)。
1722 年 康熙六十一年 十岁	▲十月:父亲和人发生纠纷,诉讼失败,逃往里昂。 ▲由舅父贝尔纳把自己儿子和他送到日内瓦附近布瓦锡(Boissy)地方牧师郎贝西埃(Lambercier)处学习古典语文,兼学绘图、数学。
1723 年 清雍正元年 十一岁	⊙路易十五逐渐参与执政,以致后来独立执政。
1724 年 雍正二年 十二岁	▲由舅父把他和表兄领回日内瓦家中。 ▲到公证人马斯龙家打杂。
1725 年 雍正三年 十三岁	▲四月:转到雕刻匠家做学徒。
1728 年 雍正六年 十六岁	▲春季:不堪师父虐待,出逃。 ▲日内瓦近郊的神甫介绍他投奔安纳西地方德·华伦夫人①(Madame de Warens)。 ▲得到德·华伦夫人之资助,去意大利都灵,进公教要理受讲所,改奉天主教(旧教)。 ▲秋季:到一个伯爵家当仆役,不久被逐。 ▲转到另一贵族家当差,趁机学习拉丁文,接触意大利音乐。
1729 年 雍正七年 十七岁	▲回到德·瓦朗夫人处寄食。 ▲同住的音乐家凯特(George Keith)传授他许多音乐知识。

874

① 又译:瓦伦丝(见《忏悔录》,第 88 页)和华伦(见《卢梭与自然教育》,第 126 页)。

1730 年 雍正八年 十八岁	▲到神学校学习。 ⊙三十年代:法国封建的土地关系呈现动摇,农村的土地兼并加剧;各地棉纺业(诺曼底、卢昂)手工业(土伦、布罗瓦)开始得到发展,资本主义关系的发展,步伐较前加快。
1731 年 雍正九年 十九岁	▲涉猎英国《观察》杂志等政治读物;注意法语修辞,勤恳练习写作。
1732 年 雍正十年 二十岁	▲在尚贝里做土地测量工作,自学数学。 ▲结识一些乐师、音乐爱好者,常相过从。
1733 年 雍正十一年 二十一岁	▲寄居德·华伦夫人家(已迁来尚贝里),涉猎所藏学术著作。
1734 年 雍正十二年 二十二岁	▲辞测量工作。 ▲代德·华伦夫人管家,协助经营家庭制药手工业。 ▲经常采集植物标本,奠定了研究植物学的兴趣。
1735 年 雍正十三年 二十三岁	▲在法国启蒙运动中属于年轻一批的启蒙思想家出世:勒荣(1738),孔多塞(1743)。这个时候,最早一批启蒙思想家已经开始发表著作,启发人们头脑,提出"不承认任何外界的权威",不承认封建阶级和宗教迷信,而要求在理性的法庭上检验事物:1721 年,孟德斯鸠的《波斯人信札》;1733 年,伏尔泰的《哲学通信》;1734 年,孟德斯鸠的《罗马盛衰原因论》;1747 年,拉美特里的《人是机器》等等。
1736 年 清乾隆元年 二十四岁	▲到尚贝里附近沙尔米特养病。 ▲选读哲学著作,接触洛克、莱布尼茨、笛卡尔的著作、王港教科书。 ▲写诗《沙尔米特的果树园》(*Le Verger des Charmettes*)。 ▲结识戈费库(Gauffecourt,1691—1766)。这位研究文献者使他熟悉文坛书肆历史掌故。
1737 年	▲有意识地开展室内小型音乐会,经常作曲,钻研音乐理论。

乾隆二年 二十五岁	▲学习解剖学。到蒙彼利埃听英国医师摩里斯(Fitz Moris)的解剖学讲课一两个月。 ⊙日内瓦人民起义。
1740 年 乾隆五年 二十八岁	▲四月:到里昂,在贵族官员马布里家担任家庭教师。 ▲结识马布里的弟弟、政治思想家、空想社会主义者马布里(Gabriel Bonnot de Mably,1709—1785)和其表弟、哲学家孔狄亚克(Etienne Bonnot de Condillac,1715—1780)。 ⊙法国卷入奥国王位继承战争(1740—1748),法普共同反对英奥同盟。结果,法国在美洲的殖民地的势力被削弱。 ⊙四十年代:资本主义农场经营有显著的发展。
1742 年 乾隆七年 三十岁	▲八月:携带《新记谱法》(*Un nouveau système sur les signes de la musique*)去巴黎。二十二日,由音乐家拉摩(Jean Philippe Rameau,1683—1764)推荐到法兰西学术院宣读,未成。 ▲结识唯物主义哲学家狄德罗(Denis Diderot,1713—1784),两人十分相投,很快成为亲密朋友。狄德罗交游广泛,介绍他认识一些启蒙运动思想家,后来他称之为"哲人党"(les philosophes),共同推动启蒙运动。
1743 年 乾隆八年 三十一岁	▲春季:歌剧《风雅的缪斯》(Les Muses galantes)写成,他的音乐才能开始引起巴黎音乐界注意。 ▲教音乐、抄乐谱,以此维持生活。 ▲六月:离开巴黎,随法国驻威尼斯使节赴意,任其秘书。 ▲《新记谱法》以《论现代音乐》(*Dissertation sur la musique moderne*)之名出版于巴黎。
1744 年 乾隆九年 三十二岁	▲八月:辞秘书职,返巴黎,仍以为剧团和个人抄乐谱度日。 ▲和特莱丝·德·勒娃瑟尔(*Thérèse de Le Vasseur*)同居。 ⊙里昂爆发劳资大冲突。
1745 年 乾隆十年 三十三岁	▲结识启蒙思想运动老一辈思想家伏尔泰(Voltaire,1694—1778)。伏尔泰宣传启蒙思想,反对天主教会和僧侣,多年被迫流浪异国,去年得到默许回国,本年任宫廷史官。
1747 年	▲秋季:喜剧《冒失的婚约》(*L'Engagement téméraire*)写成。

乾隆十二年 三十五岁	
1748 年 乾隆十三年 三十六岁	▲经狄德罗介绍，结识从荷兰来登学成归国的梯德里希(Paul Heinrich Dietrich)，即后来的霍尔巴赫男爵(*Baron* d'Holbach，1723—1789)，唯物主义哲学家、无神论者。一个时期后，经常参加霍尔巴赫的沙龙家庭定期招待会。 ⊙奥国王位继承战争结束，缔结亚琛和约，条款对法国不利，而且英法在印度、北美继续开仗，法国节节败退。人民群众对国王路易十五的专制统治十分不满，国王经常发出所谓“密封御札”，不经过法院、检察厅，不宣布惩治原因和刑期，把人投入巴士底监狱，以强化战争体系，这种动辄逮捕，一意孤行镇压人民群众的暴行，战后有增无已。
1749 年 乾隆十四年 三十七岁	▲年初：开始为狄德罗、达兰贝筹备的《百科全书》撰写音乐方面一部分条目，按期于三个月后交稿。 ▲十月：去巴黎郊外万桑要塞[①]监狱探望狄德罗。狄德罗因发表《论盲人的信札》而被囚禁于此(七月至十一月)。他去探望，并把《法国信使》报上登载第戎[②]科学院有奖征文事以之相商。得到鼓励，随即动笔撰文应征。
1750 年 乾隆十五年 三十八岁	▲七月九日：应征论文《论科学和艺术的复兴是否有助于敦风化俗?》[③]得奖。 ▲经狄德罗介绍，结识德国文学评论家格林姆(Friedrich Melchior Grimm，1723—1807)。在相当一个时期，两人关系特别密切，相处极为融洽。 ▲他对剥削阶级社会文化腐朽、堕落一面的攻击，是叙述在笼统批判文明社会的行文中，这种反对唯理论的观点导致他和霍尔巴赫沙龙常客一些强调理性的朋友，在日常讨论中经常争辩。

① 位于法国东部，在南锡(北)和里昂(南)之间。

② 又译：文新堡(《世界通史》，第 5 卷，第 767 页)。

③ 中译本：何兆武译，商务印书馆 1959 年出版。

▲十一月:《百科全书》出版者发表狄德罗执笔的"说明书"八千份。"说明书"宣布出版八卷本的《百科全书,科学、艺术、工艺详解辞典》,十年出齐,以介绍古典学术和当代科学工艺知识,使人类文明的成就得以总结、汇总而为人们所用。"说明书"不但在巴黎散发,而且寄送全国,并通过各国贵族往来和贸易关系散寄到欧洲各国,广泛征求预订。

▲年底:得奖论文《论科学和艺术的复兴是否有助于敦风化俗?》(*Si le rétablissement des sciences et des arts a contribué à épurer les moeurs*)出版于日内瓦,受到文坛普遍重视。

1751 年 乾隆十六年 三十九岁

▲继续为贵族家庭、音乐团体抄乐谱度日。

▲《百科全书》"说明书"立即引起极端反动的耶稣会士、冉森教派强烈反对,耶稣会杂志宣判《百科全书》为"魔鬼的新巴比伦塔",在于宣传无神论异端思想,要求政府和教会予以制止。与此相反,社会进步人士却热烈欢迎,寄来了订单 1625 份。

★"法国的唯物主义者没有把他们的批评局限于宗教信仰问题;他们把批评扩大到他们所遇到的每一个科学传统或政治设施;而为了证明他们的学说可以普遍应用,他们选择了最简便的道路:在他们因以得名的巨著《百科全书》中,他们大胆地把这一学说应用于所有的知识对象。这样,唯物主义就以其两种形式中的这种或那种形式——公开的唯物主义或自然神论,成了法国一切有教养的青年的信条。"(《马克思恩格斯选集》,第 3 卷,第 394—395 页)

▲六月:《百科全书》第一卷(词头 A 字条目)出版于巴黎。编者是"一个文学家团体",领衔的是狄德罗和达朗贝,略语表列出撰写条目较多者,包括卢梭。最引人注目的是达兰贝写的"序言",试图以进步的唯物主义认识论观点分析和介绍人类全部知识各门学科的基础、关系和作用,首当其冲的是一些宗教和神学条目。

▲天主教耶稣会首先反扑,指定三个教士秘密审查。抓住神学条目在他们的机关报上大做文章,自然神论者普拉德神甫因为

参加撰写神学条目成为他们攻击的目标，被迫逃往柏林。

▲秋季：《论科学与艺术》遭到攻击，写《答波兰国王兼洛林公爵对〈论科学与艺术〉一书的驳难》(*Observations sur une réfutation du Discours pur le roi de Pologne*)。

1752 年 ▲一月：《百科全书》第二卷(词头 B、C 字条目)继续出版。

乾隆十七年 ▲意大利巴姆比尼歌剧团到巴黎访问演出，巴黎音乐界、社交

四十岁 界中反对喜剧的保守分子、贵族艺术拥护者从剧场到社会，从沙龙到街头，从宫廷到商店，到处兴风作浪。改革派针锋相对迎头痛击，演为一场大笔仗，持续两年的所谓“丑角战争”(1752—1754)，卢梭、狄德罗、霍尔巴赫等积极投入了这场“喜歌剧之战”，支持论战中比较民主的流派，对启蒙思想在艺术领域、美学领域的胜利准备了条件。

▲卢梭的父亲死。

▲十月二十八日：喜歌剧《乡村巫师》(*Le devin du village*)在枫丹白露上演获得成功。

▲国王路易十五有意召见他，并准备给他年金，卢梭回避。

▲《论法国音乐的信》(*Lettre sur la musique française*)写成。

⊙里昂工人罢工，到 1786 年，前后六次。

⊙1752—1768 年期间，诺曼底地区农民起义此伏彼起，不下六次。

1753 年 ▲《略论语言的起源》(*Essai sur l'origine des langues*)写成。

乾隆十八年 ▲十一月：《论法国音乐的信》出版。保守派对他实行抵制，居

四十一岁 然“焚烧刍像”。

▲《皇家音乐学院一位乐队队员给乐队同事的信》(*Lettre d'une symphoniste de l'Académié Royale de Musique à ses camarades de l'orchestre*)出版。

▲十一月：《百科全书》第三卷(词头 C 字条目)不顾当局搜查编辑部及所发出禁令，狄德罗等坚持出版。

▲冬季：第戎科学院宣布有奖征文，题目是“人类不平等的起源是什么？人类不平等是否为自然法所认可？”卢梭得讯后，抓紧

时间动笔写应征文。

1754 年 乾隆十九年 四十二岁	▲四月:《百科全书》第四卷(词头 C、D 字条目)出版。 ▲八月:厌弃封建地主阶级统治集团腐朽、堕落的生活,离开巴黎,重皈新教,回到日内瓦,恢复日内瓦共和国公民权。 ▲十月:返巴黎。 ★"平等要求的资产阶级方面是由卢梭首先明确地阐述的,但还是作为全人类要求来阐述的"。(恩格斯:《反杜林论》。《马克思恩格斯全集》,第 20 卷,第 669 页) ▲《论人类不平等的起源和基础》[1]应征文写成,应征结果落选。 ▲以耶稣会为代表的宗教顽固势力大肆攻击,专制政府所代表的封建统治集团随时制造障碍,《百科全书》的出版其困难未有稍减,百科全书派毫不退缩,既得到读者热烈支持,预约的印数原已达 1625 部,实际印数竟突破 2075 部,而且,主编达兰贝撰写大量条目的霍尔巴赫分别于十二月和七月获得学术荣誉,前者为法兰西学术院院士,后者为柏林科学院院士。
1755 年 乾隆二十年 四十三岁	▲四月:落选论文《论人类不平等的起源和基础》[2](*Discours sur L'origine et les fondemens de L'inégalité parmi les hommes*)出版于阿姆斯特丹。 ▲七月:德国启蒙运动思想家、文学家莱辛(Gotthdd Ephrain Lessing,1729—1781)在《柏林特权者》报上撰文赞扬卢梭新著。 ▲莱辛向自己的朋友门德尔松(Moses Mendelssohn,1729—1786)推荐译出卢梭这部新著。门德尔松的译本不久就出版于柏林,在报刊上引起种种评论。 ▲十月:沙尔·博内(Charles Bonnet,1720—1793)在《法国信使》杂志上匿名发表《日内瓦公民费洛波利斯的信》攻击卢梭。

① 又译:《论人间不平等的起源和原因》(见《马克思恩格斯全集》,第 20 卷,第 720 页),《论不平等的原因》(见《世界通史》,第 5 卷,第 761 页)。

② 中译本:李常山译,商务印书馆 1958 年出版。

▲十一月:《百科全书》第五卷(词头 D、E 字条目)出版。

▲《论政治经济学》[①](*Sur L'économie politique*)发表于《百科全书》第五卷。

⊙十一月一日(天主教万圣节):葡萄牙里斯本发生大地震,震后大火。在罗马天主教占统治地位的葡萄牙,发生于宗教大节日的这场自然灾难和所造成的社会混乱,在欧洲各国引起极大的震动。

1756 年
乾隆二十一年
四十四岁

▲卢梭以新著《论不平等》奉赠伏尔泰,伏尔泰阅后大为不满,复信道:"我收到了你的反人类的新书,谢谢你。"

▲四月:移居蒙特莫朗。开始写《朱利,或新爱洛漪丝》。

▲八月:以诗《天命书柬》对上年里斯本地震做了唯心主义解释,来反对伏尔泰旨在嘲笑莱布尼茨的先定谐和说的诗《里斯本的灾难》。

▲《百科全书》第六卷(词头 E、F 字条目)出版。

▲一个人匿名攻击卢梭为《百科全书》撰写的音乐条目。《百科》编者在前言中为卢梭做必要的辩护。

⊙法国卷入七年战争(1756—1763)。法国和奥国结盟反对得到英国援助的普鲁士。战争严重影响国家财政状况。

1757 年
乾隆二十二年
四十五岁

▲七月:对于狄德罗新作《私生子》(1756)的评价,和狄德罗本人的看法大相径庭,争辩结果终至闹翻。卢梭的唯心主义哲学观点,激烈的社会观点使他和百科全书派一些思想家产生一些矛盾,这时,矛盾进一步扩大,后来遂至格格不入,连关系一直比较融洽的散文家格林姆也和他疏远了。

▲开始写《爱弥儿,或论教育》(*Emile, ou de L'éducation*)。*

▲为《百科全书》撰写的条目"感觉主义伦理学,或贤者唯物主义"(La Morale Sensitive, ou le matérialism de sage)搁笔。

① 中译本:王运成译,商务印书馆 1962 年出版。

* 本书引起关心教育思想的读者莫大注意,德国哲学家康德日常活动十分刻板,也因捧读此书,打乱了生活次序。德国教育家巴泽道受此书启发,创办"博爱学校"于德绍。

	▲十月:《百科全书》第七卷(词头 F、G 字条目)出版。本卷包括达朗贝写的条目“日内瓦”。
1758 年	▲《论政治经济学》(《百科全书》条目)单行本出版。
乾隆二十三年 四十六岁	▲三月:发表长信《和达朗贝先生论观赏的信》(Lettre à M. D'Alembert sur les spectacles),批评达朗贝在《百科全书》第七卷上发表的“日内瓦”条目对于日内瓦城市建设和戏剧文化生活的意见。 ▲达朗贝对于日内瓦市政建设和文化艺术生活表示的意见,瑞士官方加尔文教会无理挑剔,法国耶稣会士和巴黎反动文人推波助澜。
1759 年 乾隆二十四年 四十七岁	▲《百科全书》受到封建专制政府和反动教会的镇压。在巴黎议会上,总检察官奥美尔·若利诬蔑《百科全书》“败坏道德”,罗马教皇克里门特十三世勒令焚毁《百科全书》,耶稣会则围剿《百科全书》这批“不做弥撒”的进步思想家,“异教徒以及神和国王与教会的敌人的大集合”。 ▲狄德罗、德·若古等坚持斗争,在艰难的条件下,继续秘密进行第八卷和以下各卷的组织、编写、出版工作。 ★“……卢梭等人已经用人的眼光来观察国家了,他们是从理性和经验……引申出国家的自然规律”。(《马克思恩格斯全集》,第 1 卷,第 128 页) ▲开始写《社会契约论,或政治权利原理》(*Du Contrat social, ou Principes du droit politique*)
1760 年 乾隆二十五年 四十八岁	▲德国剧作家魏塞(Christian Felix Weisse,1726—1804)来法国(1759—1760),回国前,到蒙特莫朗拜访卢梭,同时代表门德尔松把《论不平等》德译本赠送卢梭。
1761 年 乾隆二十六	▲一月:《新爱洛漪丝》取名《阿尔卑斯山麓小城两位相恋居民的信札》(*Lettre de deux amants, habitants d'une petite ville*

年 四十九岁	au pied des Alpes)出版于巴黎,受到读者热烈欢迎。 ▲1756 年编订的《圣·皮埃尔永久和平方案摘要》(*Extrait du projet de paix perpétuelle de Saint-Pierre*)出版。 ▲《新爱洛漪丝》德译本出版于莱比锡。
1762 年 乾隆二十七年 五十岁	▲四月:《社会契约论》①出版于阿姆斯特丹。 ★"理性的国家、卢梭的社会契约在实践中表现为而且只能表现为资产阶级的民主共和国"。(恩格斯:《反杜林论》。《马克思恩格斯全集》,第 20 卷,第 20 页) ▲《爱弥儿,或论教育》出版于阿姆斯特丹和巴黎。 ▲六月:巴黎大主教博蒙出面干涉《爱弥儿》的发行,九日,发出禁令要人们不读此书,十一日,巴黎高等法院发出有关此书的禁令。 ▲卢梭从巴黎出逃,到日内瓦,适逢当局焚烧此书和《社会契约论》,并宣布追究作者;只得又逃往伯尔尼,亦见逐,于是辗转流亡到普鲁士管辖下的纳沙泰尔(Neuchâtel)的莫尔季耶村。 ▲《百科全书、图册》突破重重阻力,得以首先在巴黎公开分卷出版,本年出版第一卷。 ⊙八月:在各省广泛抗议所形成的浪潮冲击下,巴黎高等法院通过决定,解散罗马天主教会顽固的耶稣会教团。耶稣会士转入地下,负隅顽抗,继续为非作歹。
1763 年 乾隆二十八年 五十一岁	▲三月:发表《日内瓦公民卢梭给巴黎大主教克里斯托·德·博蒙的信》(J.-J. Rousseau, citoyen de Genève, à Christophe de Beautmont,写于上年十一月),公开责问教会当局,抗议对他的迫害。 ▲四、五月:取得纳沙泰尔州公民权,放弃日内瓦公民权。

① 中译本:何兆武译,商务印书馆 1962 年出版。

	▲《百科全书·图册》第二卷、第三卷出版。
1764 年 乾隆二十九年 五十二岁	▲出版《山中书柬》(*Lettres écrites de la montagne*),驳斥坊间流传的《乡间书柬》(*Lettres de la campagne*),并责问日内瓦当局。 ▲八月二十一日:科西嘉解放运动领袖德·布达福科(Butta Fouco)来邀请卢梭前往科西嘉协助起草宪法,卢梭未去,但是代拟了个草案。
1765 年 乾隆三十年 五十三岁	▲《科西嘉宪法草案》(*Projet de Constitution pour la Corsica*)写成,1867 年第一次出版。 ▲九月:谢绝普鲁士国王的年金。 ★“卢梭不断避免向现存政权作任何即使表面上的妥协”(《马克思恩格斯全集》,第 16 卷,第 36 页) ▲卢梭既未受到自诩为“开明君主”的普鲁士国王的真正保护,也未得到纳沙泰尔当局的谅解,不得不再度逃亡。弗里德里希·威廉二世对此事自我辩解道:“我所保护的是那些举止有礼、思想健康的自由思想家。” ▲十月:潜回巴黎。若干友好和旧相识正传阅英国作家华尔甫捏造的普鲁士国王给卢梭的信,信中暗讽卢梭有意托庇于普王并盼赐年金。 ▲《百科全书》[①]后十卷(第八至第十七卷)在狄德罗等惨淡经营下,在纳沙泰尔秘密印刷十卷,同时发行,订户增至 4250 户,遍及国内外,轰动欧洲。 ▲《百科全书·图册》第四卷出版。
1766 年	▲一月:随英国哲学家大卫·休谟(David Hume,1711—1776)

① 《百科全书》条目中译(卢梭所撰者外):第二卷狄德罗所写“美之根源及性质的哲学的研究”,收于《文艺理论译丛》,第一期,第 1—32 页,人民文学出版社,1958 年;第七卷孟德斯鸠所写“论自然和艺术作品的鉴赏”未完篇,收于《罗马盛衰原因论,附录:论趣味》,商务印书馆,1962 年,第 137—164 页。

乾隆三十一年	离开巴黎,到英国避难。
五十四岁	▲夏秋:同休谟冲突,怀疑休谟等英国友人要谋害他,并误以为华尔甫所捏造的信件是伏尔泰或达朗贝所写。事实上,各国封建阶级反动政府对他一直进行的迫害,使他多年颠沛流离,终于逐渐患上了被迫害狂,而于英国迸发了出来。
	▲开始编写《植物学术语辞典》。
	▲年底:《忏悔录》(*Les Confessions*)第一卷前篇,即前六章写成。
1767 年 乾隆三十二年	▲三月:英国友人设法替他领取英王乔治三世给他的年金一百英镑,以后未再续支。
五十五岁	▲五月:误解英国友人的好意,终于改名易姓,从伍顿潜行回国。后化名勒努(Renou),避居于特里。
	▲十月:达朗贝、斯华合编《休谟先生和卢梭先生争吵之简要说明》(*Exposé succinct de la contestation qui s'est élevée entre M. Hume et M.Rousseau avec les pièces justificatives*),由达朗贝写序,出版于巴黎。
	▲十一月:拉摩在《"百科全书"音乐条目的错误》(*Erreurs sur la musique dans L'Encyclopédie*,1755)中指出卢梭所写音乐条目的错误。卢梭接受指正,修正有关音乐的短论等,以收于《百科》的条目为主,汇编为《音乐辞典》(*Dictionraine de musique*)出版于日内瓦。
	▲《百科全书·图册》第五卷出版。
1768 年 乾隆三十三年	▲七月:到格勒诺布进行植物学考察,以书柬形式写下研究成果。开始和国内外(荷、英)植物学家通信。
五十六岁	▲抄写乐谱以维持生活。
	▲《百科全书·图册》第六卷、第七卷出版。
1769 年	▲《英雄所需要的道德》写成。

乾隆三十四年 五十七岁	▲十一月:《忏悔录》* 第二卷写成。 ▲重新使用真姓名。
1770 年 乾隆三十五年 五十八岁	▲六月:返回巴黎,住在普拉特里埃街,后叫"让·雅克·卢梭路"。 ▲六月:参加植物学家儒锡叶领导的采集标本旅行。 ★"卢梭的平等说……没有黑格尔的否定的否定来执行助产婆的职务,也不能建立起来。"(恩格斯:《反杜林论》。《马克思恩格斯全集》,第 20 卷,第 152 页) ▲八月二十七日:德国古典哲学家黑格尔诞生于德国。 ▲十二月:《忏悔录》第一卷后编,即后六章写成。手抄本开始在友人中间流传。 ▲《百科全书·图册》第八卷、第九卷出版。 ▲邦库克(Pankoucke)重版《百科全书》。出版前三卷后,遭政府禁止。转而邀请哈勒(生理学家)、孔多塞(哲学家)等主持编辑出版《百科全书·补篇》。 ⊙七十年代:农民暴动、城市贫民风潮急剧频繁,封建阶级统治集团内部也发生严重倾轧。四十年代战争时期开始采用的"密封御札",不仅已经成为国王、王室、政府、教会共同镇压第三等级的工具,同时也成为他们之间内讧、倾轧的手段,"上层"的分崩离析日益显露加剧。
1771 年 乾隆三十六年 五十九岁	★"卢梭曾为波兰人草拟过最好的政治制度,马布利也曾为科西嘉岛上的居民草拟过最好的政治制度。"(《马克思恩格斯全集》,第 4 卷,第 348 页) ▲四月:应波兰威尔豪斯基伯爵之请,写《对波兰政府及其 1772 年四月改革计划的考察》(*Considération sur le gouvernement de Pologne et sur sa projet réformatrice en avril 1772*)。

① 中译本:张竞生译,《卢梭忏悔录》(453 页),世界书局,1929 年;章独译,《忏悔录》,商务印书馆,1929 年;汪炳焜译,《卢梭忏悔录》,启明书局,1936 年;凌心渤编译,《卢梭忏悔录》(110 页),自力出版社,1946 年;沈起予译,《忏悔录》,第一册,文风出版社,1947 年。

	⊙据记载，法国贵族达七万之众，有封号者三千人。 ▲半个世纪来，法国启蒙思想运动有一大批启蒙思想家、唯物主义者、无神论者、自然神论者、重农学派经济学家，在反对封建愚昧政权和宗教迷信势力目标下进行坚韧不拔的活动。他们有的在五十年代就去世了：拉美特里（1751），孟德斯鸠（1755），这时，七十、八十年代，高龄如伏尔泰（1778，八十六岁），布丰（1788，八十一岁），以及爱尔维修（1771）、魁奈（1774）、杜尔阁（1781）、达朗贝（1783）、狄德罗（1784）、霍尔巴赫（1789）也相继凋零。 ▲《百科全书·图册》第十卷、第十一卷出版。
1772年 乾隆三十七年 六十岁	▲《百科全书》整套28卷，文字十七卷，图册十一卷，全部出齐。
1773年 乾隆三十八年 六十一岁	⊙七月：欧洲各国反对宗教和教会的进步阶层持续进行声势浩大的抗议运动，迫于这个广泛的反抗运动，罗马教皇克里门特十四世签署诏书，裁撤耶稣会教团。
1774年 乾隆三十九年 六十二岁	▲会见年轻的生物学家拉马克（Lamarck，1744—1829），两人开始往来。 ⊙路易十六（Louis XVI，1754—1793）在位（1774—1792）。
1775年 乾隆四十年 六十三岁	▲《对话录，或卢梭批判让·雅克》（*Dialogues, ou Rousseau juge de Jean Jacques*）写成。 ▲十月：神话题材歌剧《匹克马梁》（*Pygmalion*）在法兰西歌剧院演出获得成功。

	▲以全部植物学藏书、标本售予一英国友人。 ⊙“面粉战争”爆发，粮食发生恐慌，城市居民纷纷抗议。
1776 年 乾隆四十一年 六十四岁	▲开始写《忏悔录》的补篇《一个孤独的漫游者的梦幻》(*Rêveries du promeneur Solitaire*)，直至去世，未终篇。1782 年出版。 ▲《百科全书·补篇》第一卷、第二卷出版于阿姆斯特丹。
1777 年 乾隆四十二年 六十五岁	▲八月：健康恶化，停止抄写乐谱，生计十分艰难。 ▲《百科全书·补篇》第三卷、第四卷和《图册·补篇》一卷出版。《补篇》五卷出齐。
1778 年 乾隆四十三年 六十六岁	▲五月：移居巴黎附近埃尔默农维耳庄园(Erménonville)。 ▲凯特(George Keith，1693—1778)死。他写遗嘱时，向卢梭表示要把他作为遗产继承者，卢梭坚决反对。 ▲重病期间，青年罗伯斯庇尔(Robespierre，1758—1794，二十岁)慕名来访。 ▲七月二日：病逝，葬于爱尔蒙维尔附近圣·彼得岛他生前所心神向往的地点。法国大革命后，1794 年，四月十五日，革命政府迁葬卢梭灵柩于巴黎国葬所。 生前未刊著作(除已说明者)和身后遗留的著作、稿件分别出版如下： ▲神话题材歌剧《达夫尼斯和克洛埃》(*Daphnis et Chloé*)，1780 年。 ▲《我生平苦难的慰藉》(*Les Consolations des Misères de ma Vie*)(文学艺术创作片断)，1781 年。 ▲《卢梭的植物学》(*La Botanique de J.-J.Rousseau*)，1805 年。 ▲《卢梭未刊著作书信汇编》(*Extraits des œuvres et Corre-*

spondances inédits de J.-J.-Rousseau),1861。

1782—1783 年《卢梭全集》(小开本、47 卷)在日内瓦出版。

1887—1908 年《卢梭全集》(13 卷)出版。

陈尘若编

译名对照表

（本表次序是按汉字笔画数和起笔，点（丶）、横（一）、竖（丨）、撇（丿）排列的，先笔画数，后起笔；又本书脚注中的主要译名也收录在表内。）

890

三　画

门特 Mentor

土伦 Touraine

大流士 Darius

马布利，加布里埃尔 Mably，Gabriel

马耳他 Malte

马其顿 Macédoine

马塞耳 Marcel

马召尔卡 Majorque

马尔波罗 Marlborough

马塞勒斯，诺尼乌斯 Marcellus，Nonius

马希埃利斯 Martial

马基雅弗利 Machiavel

四　画

文森兹 Vincennes

韦尔托特 Vertot

比昂基 Bianchi

瓦罗 Varron

瓦累 Valais

瓦鲁士 Varus

瓦列里乌斯-马克西姆斯 Valère-Maxime

太提斯 Thétis

太累马库斯 Télemaque

尤利西斯 Ulysse

尤维纳 Juvénalis

巴考士 Bacchus

巴勒姆 Barrême

巴尼亚人 Banians

巴斯克人 Basques

巴耳博亚，努涅斯 Balboa，Nunès

巴勒克泽尔 Ballexerd

孔东 Condom

孔狄亚克 Condillac

贝宁 Benin

贝尔纳 Bernard

贝尔纳，苏珊 Bernard，Suzanne

贝纳丹·德·圣皮埃尔 Bernardin Saint-Pierre
内奥姆 Néaulme
牛顿 Newton

五　画

汉尼拔 Annibal
宁录王 Le roi Nembrod
布里 Brie
布瓦洛 Boileau
布瓦锡 Boissy
布尔曼 Burmann
布果涅 Bourgogne
布朗托姆 Brantôme
布鲁土斯,马可·尤尼乌斯 Brutus, Marcus Junius
艾讷 Énée
艾迪生 Addison
圣马可 Saint-Marc
圣马特 Sainte-Marthe
圣丹尼 Saint-Denis
圣皮埃尔 Saint-Pierre
圣·朱斯汀 Saint Justin
圣·克累芒特 Saint Clément
弗勒里 Fleury
弗里乌尔 Frioul
弗朗斯瓦一世 François Ⅰ
弗雷德里克 Frédéric
尼禄 Neron
尼科利尼 Nicolini
加利西亚 Galice
加拉太 Galatée
加利比人 Caraïbes
卡托 Caton
卡耳文 Calvin
卡米路斯,朱利乌斯 Camillus,Julius
卡利普索 Calypso
卡利奥珀 Calliope
卡提利纳 Catilina
卢梭,依萨克 Rousseau,Isaac
卢梭,让·雅克 Rousseau,Jean Jacques
卢森堡 Luxembourg
卢克莱修 Lucrèce
皮罗 Pyrrhon
皮鲁士 Pyrrhus
皮埃蒙特 Piémont
皮特罗尼乌斯 Pétrone
丘比特 Jupiter
代皮讷 d'Épinay
幼里皮底斯 Euripide

六　画

安东尼 Antoine
安讷锡 Annecy
安德罗马克 Andromaque
米利都 Miletus
米讷瓦 Minerve
米达斯 Midas
吉约姆 Guillaume
吉西阿丹 Guicciardin
芝诺 Zénon

芝诺克拉底 Xénocrate
西塞 Scythie
西塞人 Scythes
西尔塞 Circé
西罗斯 Scyros
西塞罗 Cicéron
西内阿斯 Cynéas
亚历山大 Alexandre
亚伯拉罕 Abraham
亚里士多德 Aristote
亚里斯泰提 Aristide
芒布累 Mambré
扫罗 Saul
托尔尼欧 Tornea
夸美纽斯 Comenius
达姆约 D'Amyot
达朗贝 D'Alembert
达维拉 Davila
那不勒斯 Naples
毕丰,若尔日·路易 Buffon,Georges Louis
毕达哥拉斯 Pythagore
吕底亚人 Lydiens
吕卡斯,保罗 Lucas,Paul
朱农 Junon
朱西厄 Jussieu
乔治三世 George Ⅲ
多尼人 Dauniens
多邦通 Daubenton
色诺芬 Xénophon
休谟,大卫 Hume,David
休伦族人 Hurons
伍顿 Wootton
伏尔泰,弗朗斯瓦·玛丽 Voltaire, François Marie
伏尔斯人 Volsques
伊撒克 Ithaque
伊多梅内 Idoménée
伊思帕亨 Ispahan
伊比利亚人 Ibériens
伊壁鸠鲁派 Épicuriens
华伦夫人 Madame de Warens
约翰 John
伦巴第 Lombards

七 画

沙丹,让 Chardin,Jean
沃颇耳,霍勒斯 Walpole,Horace
麦西亚 Mercie
麦鸠里 Mercure
玛丽 Marie
苏拉 Sylla
苏黎世 Zurich
苏埃东尼乌斯 Suétone
苏格拉底 Socrate
克拉克,赛米尔 Clarke,Samuel
克里苏斯 Crésus
克利奥帕特拉 Cléopâtre
杜克洛 Duclos
杜·佩武 Du Peyrou
杜潘夫人 Madame Dupin
李维 Tite-Live

君士坦丁堡 Constantinople
阿尔果 Argos
阿耳邦 Albane
阿波罗 Appolon
阿贝尔 Apelle
阿尔及尔 Alger
阿杰锡拉 Agésilas
阿基米德 Archimède
阿基里斯 Achille
阿塔兰特 Atalante
阿芙罗黛特 Aphrodite
阿尔卑斯山 Les Alpes
阿皮希乌斯 Apicius
阿姆斯特丹 Amsterdam
阿德腊斯特 Adraste
阿桑-奥格路 Assem-Oglou
阿洛布罗格人 Allobroges
阿格里琴托人 Agrigentins
阿耳西诺乌斯 Alcinoüs
阿斯塔纳克斯 Astyanax
阿纳森达腊克西斯 Anacyndaraxes
肖利厄 Chaulieu
里昂 Lyons
里斯本 Lisbonne
希隆 Chiron
希罗多德 Hérodote
希波米尼斯 Hippomène
伯尔尼 Berne
伯利耳 Belle-Isle
狄德罗，德尼 Diderot，Denis
狄摩西尼 Démosthène
狄奥尼苏斯 Dionysos
纽文提特 Nieuwentit
纳瓦尔 Navarre
纳沙泰尔 Neuchâtel

八　画

法沃兰 Favorin
波河 Le Po
波贡 Bourgoin
波尔多 Bordeaux
波尔哈维 Boerhaave
波利毕乌斯 Polybe
庞奈，沙尔 Bonnet，Charles
庞倍 Pompée
郎贝西埃 Lambercier
郎佩勒尔 Lempereur
拉辛，让·巴蒂斯特 Racine，Jean Baptiste
拉班 Laban
拉马克 Lamarck
拉杜沙 La Duchapt
拉图尔 La Tour
拉·封登 La Fontaine
拉·莫特 La Motte
拉斐尔 Raphaël
拉普兰 Laponie
拉普兰人 Lapons
拉·孔达明 La Condamine
拉西第蒙人 Lacédémoniens
拉美特利 La Mettrie

欧夏丽 Eucharis
欧伊勒斯 Oileus
欧里庇德 Euripide
林德尔 Léandre
枫丹白露 Fontainebleau
弥尔顿 Milton
孟德斯鸠 Montesquieu
尚贝里 Chambéry
味吉尔 Virgile
昆体良 Quintilien
昆图斯-库修斯 Quinte-Curce
昂其耳 Anchiale
昂利四世 Henri Ⅳ
图拉真 Trajan
帕拉斯 Pallas
帕米尼俄 Parménion
帕斯卡 Pascal
帕腊塞耳斯 Paracelse
罗兰，沙尔 Rollin，Charles
罗贝尔 Robert
罗伊希林 Reuchlin
罗谬拉斯 Romulus
罗伯斯庇尔 Robespierre
迪多 Didot
迪福 Defoe
恺撒 César
凯尤斯 Caïus
若尔日 George
佩里哥廷人 Perigordiens
佩达勒特 Pédarète
彼得(沙皇)Le czar Pierre
参孙 Samson

九　画

洛克 Locke
洛林 Lorraine
洛克里斯 Locris
美迪斯 Méduse
哀杰克斯 Ajax
珀提坦 Petitain
珈桑德拉 Cassandre
封特讷耳 Fontenelle
茜林 Sirènes
胡顿 Houdon
柏拉图 Platon
查理二世 Charles Ⅱ
查理-爱德华 Charles-Édouard
费讷龙 Fénelon
屋大维 Octavianus
贺拉斯 Horace
思腊西布路斯 Thrasybule
哈莱姆 Harlem
威尼斯 Venise
威尔豪斯基 Wielhorski
科坦 Cotin
科基 Cocchi
科西尔 Corcyre
科西嘉 Corse
科林斯 Corinthe
科敏斯 Comines
科里奥兰努斯 Coriolan

十　画

海德 Hyde
海伦娜 Hélène
海格立斯 Hercule
诺西卡 Nausicaa
诺德林根 Nordlingen
高卢 Gaule
高卢人 Gaulois
泰米斯托克利斯 Thémistocle
都灵 Turin
哥特 Gothique
索利斯 Solis
索福隆尼斯克斯 Sophronisque
埃里桑 Herissant
埃皮鲁斯 Epirus
埃尔默农维耳 Erménoville
埃皮克提特斯 Épictète
莱辛 Lessing
莱斯 Laïs
莱布尼兹 Leibniz
莱喀古士 Lycurgue
莫里哀 Molière
莫吉埃 Motiers
荷马 Homère
格林姆 Grimm
格雷文 Gravem
格勒诺布尔 Grenoble
格劳修斯,胡果 Grotius,Hugo
格勒诺布尔 Grenoble
夏隆 Charron
恩珀多克利斯 Empédocle
峨吉矶 Ogygie
爱弥儿 Émile
爱尔维修,克劳德·阿德里安 Helvétius,Claude Adrien
拿伯 Naboth
特里 Trye
特洛伊 Troy
特腊松 Terrasson
特雷斯 Thrace
修昔底德 Thucydide

十一画

培尔 Bayle
培根 Bacon
菲力浦 Philippe
菲力浦斯 Philippus
菲里吉亚 Phrygia
菲利普斯 Philippes
菲洛皮门 Philopœmen
菲洛克勒斯 Philoclès
菲洛克提提斯 Phyloctètes
萨瓦 Savoie
萨伊德 Saïde
萨郎特 Salente
萨瓦大君 Le Duc de Savoie
萨勒夫山 Montagne de Salève
萨路斯特 Salluste
萨摩耶人 Samoïède
萨德纳佩路斯 Sardanapale
勒克 Lequeux

勒努 Renou
勒博 Le Beau
勒布郎 Le Blanc
勒谬尔 Rêaumur
勒娃瑟尔，特莱丝 Le Vasseur, Thérèse
勒奥尼达斯 Leonidas
梅尔西，弗朗斯瓦·德 Mercy, François de
梅尼拉乌斯 Ménélas
梭伦 Solon
曼尼佗 Manitou
第戎 Dijon
笛卡尔，勒奈 Descartes, René
维纳斯 Vénus

十二画

普林尼 Pline
普腊东 Pradon
普卢塔克 Plutarque
普罗米修斯 Prometheus
普雷沃斯特 Prévost
普洛太西拉斯 Protésilas
博蒙 Beaumont
博胥埃 Bossuet
塔索 Tasso
塔兰特 Tarente
塔尔斯 Tarse
塔西佗 Tacite
塔韦尼埃 Tavernier
塔昆尼乌斯 Tarquin
提勒里 Tuileries
提西亚斯 Ctésias
提步路斯 Tibulle
提比利乌斯 Tiberius
斯华 Suard
斯多噶 Stoïque
斯蒂尔 Steele
斯特拉波 Strabon
斯特腊达 Strada
斯布里加尼 Sbrigani
雅典那 Athéna
腓希人 Phéaciens
腊姆萨，阿兰 Ramsay, Allan
腊姆塞 Ramsai
傅尔涅 Furne
絮耳唐 Sultan
奥尼尔，巴特里斯 Oneil, Patrice
奥菲士 Orphée
奥托曼 Ottoman
奥维德 Ovide
奥古斯都 Auguste
奥姆伐尔 Omphale
奥林匹斯山 Olympe
奥里利阿斯-维克托 Aurélius-Victor
鲁修斯 Lucius

十三画

塞涅卡 Sénèque
塞莱克 Selec
塞利斯 Thalès
塞士庇斯 Thespius

塞斯托斯 Sestos
塞加西亚人 Circassiens
新几内亚 Guinée
福尔梅 Formey
雷必达 Lepidus
雷苏士 Rhésus
雷居鲁斯 Régulus
蒙台涅,米歇尔 Montaigne,Michel
蒙莫朗锡镇 Montmorency
蓓蒂 Betty
路尔,雷蒙 Lulle,Raimond
路伯尔 Loubère
路易十五 Louis XV
路西塔努斯,阿马图斯 Lusitanus,Amatus
詹姆斯二世 Jacques Ⅱ
鲍桑尼阿斯 Pausanias
锡拉丘兹 Syracuse

十四画

赛丽斯 Cérès
赛琳娜 Sirènes
赛莫庇勒 Thermopyles
嘉拉 Galla
赫拉 Hera
赫罗 Héro
赫克托 Hector
赫米斯 Hermès
赫勒斯滂 Hellespont

十五画

潘伯夫 Paimboeuf
摩西 Moïse
摩尔人 Maures
摩莱里 Morelly
撒丁 Sardaigne
德图 De Thou
德利拉 Dalila
德郎盖 De Langey
德美特 Demeter
德·图伦 De Turenne
德·马布利 De Mably
德·郎克洛 De L'Enclos
德瑟萨尔 Desessarts
德·布达福科 De Butta-Foco
德·克鲁扎斯 De Crouzas
德·默拉勒德 De Mellarède
德·舍农索夫人 Madame de Chenonceaux

十六画

霍布斯 Hobbes
霍洛威 Holloway,T.
霍尔巴赫,保尔·昂利 Holbach,Paul Henry
穆罕默德 Mahomet

十七画

戴歇尼 D'Escherny
戴奥吉尼斯 Diogène
黛安娜 Diane

二十一画

露西 Lucy

图书在版编目(CIP)数据

爱弥儿:论教育:全2卷/(法)卢梭著;李平沤译.—北京:商务印书馆,2017
(汉译世界学术名著丛书:120年纪念版:珍藏本)
ISBN 978-7-100-14537-4

Ⅰ.①爱… Ⅱ.①卢…②李… Ⅲ.①教育思想—法国—近代 Ⅳ.①G40-095.65

中国版本图书馆CIP数据核字(2017)第153946号

汉译世界学术名著丛书
(120年纪念版·珍藏本)
爱 弥 儿
论教育
(全2卷)
〔法〕卢梭 著
李平沤 译

商 务 印 书 馆 出 版
(北京王府井大街36号 邮政编码100710)
商 务 印 书 馆 发 行
北京新华印刷有限公司印刷
ISBN 978-7-100-14537-4

2017年12月第1版　　开本710×1000 1/16
2017年12月北京第1次印刷　　印张56¾
定价:280.00元

珍藏本
纪念版

汉译世界学术名著丛书

爱弥儿

论教育

上卷

〔法〕卢梭 著

李平沤 译

商务印书馆
SINCE 1897 The Commercial Press

2017年·北京

ÉMILE

OU

DE L'ÉDUCATION

Par

J.J.Rousseau

PARIS

LIBRAIRIE DE FIRMIN DIDOT FRÈRES, FILS ET CIE

1858

根据菲尔曼·迪多兄弟出版公司 1858 年版译出

汉译世界学术名著丛书
(120年纪念版·珍藏本)
出版说明

2017年2月11日,商务印书馆迎来120岁的生日。120年前,商务印书馆前贤怀揣文化救国的理想,抱持"昌明教育,开启民智"的使命,立足本土,放眼寰宇,以出版为津梁,沟通中西,为中国、为世界提供最富智慧的思想文化成果。无论世事白云苍狗,潮流左右激荡,甚至战火硝烟弥漫,始终践行学术报国之志,无改初心。

逐译世界各国学术名著,即其一端。早在20世纪初年便出版《原富》《天演论》等影响至今的代表性著作,1950年代后更致力于外国哲学和社会科学经典的译介,及至1980年代,辑为"汉译世界学术名著丛书",汇涓为流,蔚为大观。丛书自1981年开始出版,历时三十余年,迄今已推出七百种,是我国现代出版史上规模最大、最为重要的学术翻译工程。

丛书所选之书,立场观点不囿于一派,学科领域不限于一门,皆为文明开启以来,各时代、各国家、各民族的思想与文化精粹,代表着人类已经到达过的精神境界。丛书系统译介世界学术经典,引领时代思想，为本土原创学术的发展提供丰富的文化滋养，为推动中国现代学术和现代化进程做出了突出的贡献。

为纪念商务印书馆成立120周年，我们整体推出“汉译世界学术名著丛书”120年纪念版的珍藏本，寄望既利于文化积累，又便于研读查考，同时向长期支持丛书出版的译者、编者和读者致以敬意。

两甲子后的今天，商务印书馆又站在了一个新的历史时间节点上。我们不仅要铭记先辈的身影和足迹，更须让我们的步伐充满新的时代精神。这是商务人代代相传的事业，更是与国家和民族的命运始终紧密相连的事业。我们责无旁贷，必须做好我们这代人的传承与创造，让我们的努力和成果不仅凝聚成民族文化的记忆，还能成为后来人可以接续的事业。唯此，才能不负前贤，无愧来者。

商务印书馆编辑部

2017年10月

出版说明

《爱弥儿，或论教育》，系法国资产阶级民主主义者、杰出的启蒙思想家卢梭(1712—1778)的重要著作。此书写于1757年，1762年第一次在荷兰的阿姆斯特丹出版。此书出版时，轰动了整个法国和西欧一些资产阶级国家，影响巨大。这部书不仅是卢梭论述资产阶级教育的专著，而且是他阐发资产阶级社会政治思想的名著。

继十六、十七世纪荷兰和英国相继发生的资产阶级革命之后，十八世纪的西欧正处于资本主义经济日益发展壮大，封建社会行将崩溃，更为深刻的资产阶级革命即将到来的时期。这种情况在法国表现得尤为明显。当时，法国是一个落后的封建专制国家，路易十四的“朕即国家”这句骄横的名言，就反映了这种专权状况。封建贵族和僧侣们凭借封建王权和神权对第三等级施加沉重的压迫，使整个第三等级其中包括资产阶级完全处于政治上无权的地位。在经济上，封建贵族和僧侣们拥有大量的土地，控制着财政税收大权，残酷剥削和掠夺第三等级，特别是广大工农劳苦大众。但是，随着资本主义生产的发展，资产阶级的经济实力日益扩大，使它再也不能容忍那种无权状况了。反对封建压迫，推翻君主专制制度，扫除资本主义发展的障碍，成了第三等级的共同要求。卢梭和其他资产阶级启蒙思想家的著作正是反映了这一要求。《爱弥儿》一书则是卢梭通过对他所假设的教育对象爱弥儿的教育，来反对封建教育制度，阐述他的资产阶级教育思想。

卢梭的教育思想是从他的自然哲学观点出发的。按照这种观点，他认为人生来是自由的、平等的；在自然状态下，人人都享受着这一天赋的权利，只是在人类进入文明状态之后，才出现人与人之间的不平等、特权和奴役现象，从而使人失掉了自己的本性。为了改变这种不合理的状况，他主张对儿童进行适应自然发展过程的“自然教育”，教育的目的就是要培育资产阶级理性王国的“新人”。在爱弥儿身上，卢梭就倾注了培育这种“新人”的理想。

卢梭的所谓自然教育，就是要服从自然的永恒法则，听任人的身心的自由发展。因此，他认为，这种教育的手段就是生活和实践，让孩子从生活和实践的切身体验中，通过感官的感受去获得他所需要的知识。他主张采用实物教学和直观教学的方法，反对抽象的死啃书本。卢梭提倡的这种自然教育，在当时学校附属于教会、以宗教信条束缚儿童的个性发展的情况下，应该说是具有反封建的革命进步意义的，他所渴求的资产阶级的“个性解放”，在当时历史条件下客观上也是符合社会进步要求的。他所主张的实物教学和直观教学的方法，尽管十分简单，然而也有某些借鉴作用。但是，卢梭是一个唯心主义的“自然神论者”，他所主张的从儿童的个人爱好和兴趣出发进行教育的“儿童中心论”，他所片面强调的要让儿童从个人活动中求得知识，轻视对儿童进行系统的人类积累的科学文化知识的教育，都为后来流行于资本主义国家的实用主义的教育思想开了方便之门。

与自然教育密切相联的，卢梭还主张对儿童进行劳动教育和自由、平等、博爱的教育，使之学会谋生的手段，不去过那种依高官厚禄的寄生生活，不受权贵的奴役，自由自在地享受大自然赋予的权利，人人平等，互助互爱。卢梭认为，只有经过这些教育，才能使儿童的心灵免受封建宗教偏见的扼杀，及早地养成支配自己的自由和体力的能力，保持自然的习惯。待他长到成年时，他就会善于选择一个良好的制度，在没有奴役的情况下，经营一小块土地或一个作坊，谋 求自己的幸福。卢梭的这些教育思想，对于当时的封建专制教育和宗教教规无疑是有力的批判，对于启发第三等级特别是资产阶级起来反对封建专制的斗争，具有相当大的鼓舞力量。但是，这些教育充其量不过是培养一个自发的小资产者。

正如恩格斯指出的那样："十八世纪的伟大思想家们，也和他们的一切先驱者一样，没有能够超出他们自己的时代所给予他们的限制。"[①]卢梭也是这样，尽管他的教育思想代表着资产阶级的利益和要求，在当时起过反封建的进步作用，但是由于他所处的时代和他自己的阶级局限性，他不懂得阶级和阶级斗争的科学，因而也不懂得自人类划分为阶级以来，教育始终是带有阶级性的，是为一定的阶级服务的工具。正因如此，他的自然教育理论后来为不少垄断资产阶级教育家所利用，他们把资产阶级教育鼓吹为"超阶级"、"超政治"的东西，为帝国主义欺骗劳动人民效劳。

本书共分五卷。卢梭根据儿童的年龄提出了对不同年龄阶段的儿童进行教育的原则、内容和方法。在第一卷中，着重论述对两

① 恩格斯：《反杜林论》第 15 页。

岁以前的婴儿如何进行体育教育，使儿童能自然发展。在第二卷中，他认为两至十二岁的儿童在智力方面还处于睡眠时期，缺乏思维能力，因此主张对这一时期的儿童进行感官教育。在第三卷中，他认为十二至十五岁的少年由于通过感官的感受，已经具有一些经验，所以主要论述对他们的智育教育。在第四卷中，他认为十五至二十岁的青年开始进入社会，所以主要论述对他们的德育教育。在第五卷中，他认为男女青年由于自然发展的需要，所以主要论述对女子的教育以及男女青年的爱情教育。卢梭提出的按年龄特征分阶段进行教育的思想，在教育史上无疑是个重大的进步，它对后来资产阶级教育学的发展，特别是对教育心理学的发展，提供了极可贵的启示。但是应该指出，这种分期以及把体育、智育和德育截然分开施教的方法，是不科学的。

《爱弥儿》一书对我国教育界也产生过一定的影响。早在1923年，曾由魏肇基根据英文节译本译成中文，由商务印书馆出版。这次系根据法文原版全文译出，分上下两卷出版。为了使两卷篇幅大致平衡，我们将第四卷《信仰自白》以后部分划为下卷。书后附有卢梭的生平年表和人名、地名译名对照表，供读者研究参考。

我们身患一种可以治好的病；我们生来是向善的，如果我们愿意改正，我们就得到自然的帮助。

塞涅卡：《忿怒》第十一章第十三节。

目　录

原　　序

这本集子中的感想和看法，是没有什么次序的，而且差不多是不连贯的，它开始是为了使一位善于思考的贤良的母亲* 看了高兴而写的。最初，我的计划只是写一篇短文，但是我所论述的问题却不由我不一直写下去，所以在不知不觉中这篇论文就变成了一本书，当然，就内容来说，这本书的分量是太大了，然而就它论述的事情来说，还是太小了。要不要把这本书刊行发表，我是考虑了很久的；而且在写作的时候，我常常觉得，虽然是写过几本小册子，但毕竟还是说不上懂得著书。我原来想把这本书写得好一点，但几次努力也未见成效，不过，经过这一番努力之后，我认为，为了使大家注意这方面的问题，我应当照现在这个样子把它发表出来；而且，即使说我的见解不好，但如果能抛砖引玉，使其他的人产生良好的看法，我的时间也就没有完全白费。一个深居简出的人，把他的文章公之于世，既没有人替它吹嘘，也没有人替它辩护，甚至不

中译本的四种脚注用不同符号标明：(一)卢梭原注用阳文阿拉伯数字；(二)原书所引《卢梭全集》(巴黎傅尔涅图书出版社 1835 年版)编者注用 † 号；(三)原书所引上述《卢梭全集》编者所采用的珀提坦(1819 年《卢梭全集》编者)所加注释用* 号；(四)译者注用阴文阿拉伯数字。——中译本编者

* 德·舍农索夫人。

知道别人对他的文章想些什么，或者说些什么，那么，即使说他的见解错了的话，他也不用担心别人不假思考就会接受他的错误的。

我不想多说良好的教育是多么重要，我也并不力图证明我们常用的教育方法不好，因为这种工作已经有许多人先我而做了，我绝不喜欢拿那些人人皆知的事情填塞我这本书。我只想说明：很早以来就有人在大声反对这种旧有的教育方法了，可是从来没有人准备提出一套更好的来。我们这个时代的文学和科学，倾向于破坏的成分多，倾向于建设的成分少。人们可以用师长的口吻提出非难；至于说到建议，那就需要采用另外一种口气了，然而这种口气，高傲的哲学家是不太喜欢的。尽管有许多的人著书立说，其目的，据说，完全是为了有益人类，然而在所有一切有益人类的事业中，首要的一件，即教育人的事业，却被人忽视了。我阐述的这个问题，在洛克[1]的著作问世之后，一直没有人谈论过，我非常担心，在我这本书发表以后，它仍然是那个样子。

我们对儿童是一点也不理解的：对他们的观念错了，所以愈走就愈入歧途。最明智的人致力于研究成年人应该知道些什么，可是却不考虑孩子们按其能力可以学到些什么，他们总是把小孩子当大人看待，而不想一想他还没有成人哩。我所钻研的就是这种问题，其目的在于：即使说我提出的方法是很荒谬的，人们还可以从我的见解中得到好处。至于说应该怎样做，也许我的看法是很

---

[1] 洛克（1632—1704），英国哲学家。卢梭在这里所指的是洛克于1693年发表的《教育漫话》。在儿童和青年的教育问题上，卢梭在《爱弥儿》中几次表明他是不赞同洛克的观点和方法的；特别是在第5卷的开头，卢梭更是直截了当地说：“至于我，我可没有培养什么绅士的荣幸，所以，我在这方面绝不学洛克的样子。”

不对头,然而我相信,我已经清清楚楚地看出人们应该着手解决的问题了。因此,就从你们的学生开始好好地研究一番吧;因为我可以很有把握地说,你对他们是完全不了解的:如果你抱着这种看法来读这本书,那么,我不相信它对你没有用处。

至于人们称之为做法的那一部分,它在这里不是别的东西,只是自然的进行而已,正是在这里最容易使读者走入歧途;毫无疑问,也就是在这里,人们将来会攻击我,而且,也许就是人们批评得不错的地方。人们将来会认为,他们所阅读的,不是一种教育论文,而是一个空想家对教育的幻想。有什么办法呢?我要叙述的,不是别人的思想,而是我自己的思想。我和别人的看法毫不相同;很久以来,人们就指摘我这一点。难道要我采取别人的看法,受别人的思想影响吗?不行。只能要求我不要固执己见,不要以为唯有我这个人比其他的人都明智;可以要求于我的,不是改变我的意见,而是敢于怀疑我的意见:我能够做的就是这些,而我已经是做了。如果有时候我采用了断然的语气,那绝不是为了要强使读者接受我的见解,而是要向读者阐述我是怎样想的。我为什么要用怀疑的方式提出在我看来一点也不怀疑的事情呢?我要确切地说出我心中是怎样想的。

在毫无顾虑地陈述我的意见的时候,我当然了解到绝不能以我的意见作为权威,所以我总连带地说明了我的理由,好让别人去加以衡量,并且评判我这个人:尽管我不愿意固执地维护我的见解,然而我并不认为就不应当把它们发表出来;因为在这些原则上,尽管我的意见同别人的意见相反,然而它们绝不是一些无可无不可的原则。它们是我们必须了解其真伪的原则,是给人类为福还是为祸的原则。

"提出可行的办法",人们一再地对我这样说。同样,人们也对我说,要实行大家所实行的办法;或者,最低限度要使好的办法同现有的坏办法结合起来。在有些事情上,这样一种想法比我的想法还荒唐得多,因为这样一结合,好的就变坏了,而坏的也不能好起来。我宁可完全按照旧有的办法,而不愿意把好办法只采用一半,因为这样,在人的身上矛盾就可能要少一些:他不能一下子达到两个相反的目标。做父母的人啊,可行的办法,就是你们喜欢采用的办法。我应不应该表明你们的这种意愿呢?

对于任何计划,都有两种事情要考虑:第一,计划要绝对的好;第二,实行起来要容易。

关于第一点,为了要使计划本身能够为人们所接受和实行,只要它具有的好处符合事物的性质就行了;在这里,举个例来说,我们所提出的教育方法,只要它适合于人,并且很适应于人的心就行了。

至于第二点,那就要看一些情况中的一定的关系如何而定了;这些关系,对事物来说是偶然的,因此不是必不可少的,而且是可以千变万化的。某种教育在瑞士可以实行,而在法国却不能实行;这种教育适用于有产阶级,那种教育则适用于贵族。至于实行起来容易还是不容易,那要以许多的情况为转移,这一点,只有看那个方法是个别地用之于这个或那个国家,用之于这种或那种情况,才能断定它的结果。不过,所有这些个别的应用问题,对我论述的题目来说,并不重要,所以没有列入我的计划的范围。别人如果愿意的话,他们可以去研究这方面的问题,每一个人可以研究他心中想研究的国家或者想研究的情况。对我来说，只要做到下面一点就算是满足了，那就是，不管人们出生在什么地方，都能采用我提出的方法，而且，只要能把他们培养成我所想象的人，那就算是对他们自己和别人都做了有益的事情。如果我不能履行这个诺言，那无疑是我的错误，但是，如果我实践了自己的诺言，人们再对我提出更多的要求的话，那就是他们的错误了；因为我所许诺的只是这一点。

第　一　卷

出自造物主之手的东西，都是好的，而一到了人的手里，就全变坏了。他要强使一种土地滋生另一种土地上的东西，强使一种树木结出另一种树木的果实；他将气候、风雨、季节搞得混乱不清；他残害他的狗、他的马和他的奴仆；他扰乱一切，毁伤一切东西的本来面目；他喜爱丑陋和奇形怪状的东西；他不愿意事物天然的那个样子，甚至对人也是如此，必须把人像练马场的马那样加以训练；必须把人像花园中的树木那样，照他喜爱的样子弄得歪歪扭扭。

不这样做，事情可能更糟糕一些；我们人类不愿意受不完善的教养。在今后的情况下，一个生来就没有别人教养的人，他也许简直就不成样子。偏见、权威、需要、先例以及压在我们身上的一切社会制度都将扼杀他的天性，而不会给它添加什么东西。他的天性将像一株偶然生长在大路上的树苗，让行人碰来撞去，东歪西扭，不久就弄死了。

我恳求你，慈爱而有先见之明的母亲[①]，因为你善于避开这

---

① 最初的教育是最为重要的，而这最初的教育无可争辩地是属于妇女的事情：如果造物主要把这件事情交给男子，那他就会给男子以乳汁去哺育小孩。因此，在你的教育论文中多多向妇女们讲一讲，理由是，不仅她们比男子更注意这方面的问题，不

条大路，而保护这株正在成长的幼苗，使它不受人类的各种舆论的冲击！你要培育这棵幼树，给它浇浇水，使它不至于死亡；它的果实将有一天会使你感到喜悦。趁早给你的孩子的灵魂周围筑起一道围墙，别人可以画出这道围墙的范围，但是你应当给它安上栅栏①。

仅她们在教育上能产生巨大的影响，而且教育的成功对她们的关系也最为密切，因为大多数的寡妇完全是受她们自己的孩子支配的，这些孩子将很清楚地使她们感觉到她们培养他们的方法其效果是好还是坏。法律所牵涉的问题，往往多半是财产，而很少涉及人，因为法律的目的是维持安宁，而不是培养道德，所以它不能给母亲以足够的权威。但是母亲的地位比父亲的地位更为稳固，她们的任务也更为艰巨；家庭之所以能安排得井井有条，也全靠她们的操持；一般说来，她们都是很疼爱孩子的。有时候，一个儿子不尊敬他的父亲，多多少少是可以原谅的；但是，如果有时候，一个孩子的天性竟泯灭到不尊敬他的母亲，不尊敬在怀中把他抚养起来的人，不尊敬用乳汁喂养他的人，不尊敬许多年来忘我地照管他的人，那么，人们就应当赶快像扼死一个不配见天日的怪物那样，扼死这个可恶的人。有人说，做母亲的把她们的孩子娇养坏了。在这一点上，她们当然是做得不对，但是，同你们使孩子陷于堕落相比较的话，她们的错误还是要小一些的。做母亲的希望她的孩子得到幸福，希望他现在就能得到幸福。在这一点上，她是对的。如果她采用的方法错了的话，就应该给她们说明。父亲的奢望、悭吝、专制、错误的深谋远虑以及他们的疏忽大意和冷淡无情，对孩子们来说，比母亲的溺爱为害还大一百倍。此外我必须解释一下，我给"母亲"这个名词所下的定义是什么；这一点是在后面就要谈到的。

① 人们对我说，福尔梅先生❶认为，我在这里所指的是我的母亲，而且还说，他在一本著作中已经谈到这一点了。这简直是拿福尔梅先生和我开玩笑。❷

❶ 福尔梅是一个德国的基督教牧师，于《爱弥儿》初版的第二年，即1763年发表了一本《反爱弥儿》(*Anti-Emile*)。出版卢梭著作的书商讷奥姆因害怕卢梭在书中阐述的某些观点使他遭受当局的罚款，遂请福尔梅把《爱弥儿》通通看一遍，"剔除其中可能遭到人们责难的地方"；福尔梅为了讨好讷奥姆，便篡改和剽窃卢梭的著作，写了一本《基督徒爱弥儿》(*Emile Chrétien*)，这当然是卢梭不能容忍的，所以他在本书中添加了好几个脚注讽刺和谴责福尔梅。

❷ 这里是嘲笑福尔梅连卢梭的身世都没有弄清楚，因为卢梭出生后不久母亲就去世了。

我们栽培草木，使它长成一定的样子，我们教育人，使他具有一定的才能。如果一个人生来就又高大又强壮，他的身材和气力，在他没有学会如何使用它们以前，对他是没有用处的；它们可能对他还有所不利，因为它们将使别人想不到要帮助这个人①；于是，他孤孤单单的，还没有明白他需要些什么以前，就悲惨地死了。我们怜悯婴儿的处境，然而我们还不了解，如果人不是从做婴儿开始的话，人类也许是已经灭亡了。

我们生来是软弱的，所以我们需要力量；我们生来是一无所有的，所以需要帮助；我们生来是愚昧的，所以需要判断的能力。我们在出生的时候所没有的东西，我们在长大的时候所需要的东西，全都要由教育赐予我们。

这种教育，我们或是受之于自然，或是受之于人，或是受之于事物。我们的才能和器官的内在的发展，是自然的教育；别人教我们如何利用这种发展，是人的教育；我们对影响我们的事物获得良好的经验，是事物的教育。

所以，我们每一个人都是由三种教师培养起来的。一个学生，如果在他身上这三种教师的不同的教育互相冲突的话，他所受的教育就不好，而且将永远不合他本人的心意；一个学生，如果在他身上这三种不同的教育是一致的，都趋向同样的目的，他就会自己达到他的目标，而且生活得很有意义。这样的学生，才是受到了良好的教育的*。

① 他同别人在外表上是一样的，如果没有语言和用语言表达的思想，他便无法使人知道他在哪些地方需要别人帮助，因为在他的外表上别人是看不出他有这种需要的。

* 在普卢塔克的著作《论幼儿教育》第 4 章中也有这种三重教育的思想。

在这三种不同的教育中，自然的教育完全是不能由我们决定的，事物的教育只是在有些方面才能够由我们决定。只有人的教育才是我们能够真正地加以控制的；不过，我们的控制还只是假定的，因为，谁能够对一个孩子周围所有的人的言语和行为通通都管得到呢？

一旦把教育看成是一种艺术，则它差不多就不能取得什么成就，因为，它要成功，就必须把三种教育配合一致，然而这一点是不由任何人决定的。我们殚思竭虑所能做到的，只是或多或少地接近目标罢了；不过，要达到这一点，还需要有一些运气咧。

是什么目标呢？它不是别的，它就是自然的目标，这是刚才论证过的。既然三种教育必须圆满地配合，那么，我们就要使其他两种教育配合我们无法控制的那种教育。也许，自然这个词的意义是太含糊了，在这里，应当尽量把它明确起来。

有人说，自然不过就是习惯罢了[①]。这是什么意思呢？不是有一些强制养成的习惯永远也不能消灭天性的吗？举例来说，有一些被我们阻碍着不让垂直生长的植物，它们就具有这样的习性。自由生长的植物，虽然保持着人们强制它倾斜生长的方向，但是它们的液汁并不因此就改变原来的方向，而且，如果这种植物继续发育的话，它又会直立地生长的。人的习性也是如此。只要人还处

① 福尔梅先生断言这句话不是这样说的。不过我觉得，在我本来想回答的一行诗中，明明是说：

请相信我，自然无非就是习惯而已。

福尔梅先生不愿意使他的同类感到骄傲，所以很谦逊地把他的想法说成是大家的理解。

在同样的境地，他就能保持由习惯产生的习性，虽然这些习性对我们来说是最不自然的；但是，只要情况一有改变，习惯就消失了，天性又回复过来。教育确实只不过是一种习惯而已。不是有一些人忘掉了他们所受的教育，另外一些人则保持了他们所受的教育吗？这种差别从什么地方产生的呢？如果是必须把自然这个名词只限用于适合天性的习惯，那么，我们就可以省得说这一番多余的话了。

我们生来是有感觉的，而且我们一出生就通过各种方式受到我们周围的事物的影响。可以说，当我们一意识到我们的感觉，我们便希望去追求或者逃避产生这些感觉的事物，我们首先要看这些事物使我们感到愉快还是不愉快，其次要看它们对我们是不是方便适宜，最后则看它们是不是符合理性赋予我们的幸福和美满的观念。随着我们的感觉愈来愈敏锐，眼界愈来愈开阔，这些倾向就愈来愈明显；但是，由于受到了我们的习惯的遏制，所以它们也就或多或少地因为我们的见解不同而有所变化。在产生这种变化以前，它们就是我所说的我们内在的自然。

因此，必须把一切都归因于这些原始的倾向；如果我们所受的三种教育只不过是有所不同的话，这是可以的；但是，当三种教育彼此冲突的时候，当我们培养一个人，不是为他自己，而是为了别人的时候，又怎样办呢？这样，要配合一致，就不可能了。由于不得不同自然或社会制度进行斗争，所以必须在教育成一个人还是教育成一个公民之间加以选择，因为我们不能同时教育成这两种人。

凡是一个小小的社会，当它的范围很窄，而内部又好好团结的时候，便同大的社会相疏远。凡是爱国者对外国人都是冷酷的：在他们心目中，外国人只不过是人，同他们是没有什么关系的①。这种缺陷是不可避免的，然而是很微小的。重要的是，要对那些同他们一块儿生活的人都很好。在国外，斯巴达人是野心勃勃的，是很贪婪的，是不讲仁义的；然而在他们国内，却处处洋溢着公正无私、和睦无间的精神。不要相信那些世界主义者了，因为在他们的著作中，他们到遥远的地方去探求他们不屑在他们周围履行的义务。这样的哲学家之所以爱鞑靼人，为的是免得去爱他们的邻居。

自然人完全是为他自己而生活的；他是数的单位，是绝对的统一体，只同他自己和他的同胞才有关系。公民只不过是一个分数的单位，是依赖于分母的，它的价值在于他同总体，即同社会的关系。好的社会制度是这样的制度：它知道如何才能够最好地使人改变他的天性，如何才能够剥夺他的绝对的存在，而给他以相对的存在，并且把"我"转移到共同体中去，以便使各个人不再把自己看作一个独立的人，而只看作共同体的一部分。罗马的一个公民，既不是凯尤斯，也不是鲁修斯，他就是一个罗马人，他爱他那所独有的国家。由于变成了他的主人的财产，雷居鲁斯❶便自称为迦太基人。作为外国人，他拒绝接受罗马元老院的席位；这要一个迦太基

① 同样，共和国之间的战争也是比君主国之间的战争更加残酷的。但是，尽管君王之间的战争比较缓和，然而可怕的却是他们的和平：与其做他们的臣民，倒不如做他们的敌人。

❶ 雷居鲁斯（？—公元前250），古罗马将军，以守信著称。在第一次罗马和迦太基战争中，雷居鲁斯被迦太基人俘虏；后来，迦太基人派他回罗马去商议同罗马交换战俘，但雷居鲁斯回国后，极力说服元老院拒绝迦太基人的要求。事毕，元老院劝他留在罗马，但雷居鲁斯仍旧实践自己对迦太基人的诺言，回去被迦太基人处死。

人给他下命令，他才能接受。他对别人想挽救他的生命，感到愤慨。他胜利了，于是就昂然回去，受酷刑而死。这在我看来，对我们现在所了解的人来说，是没有什么重大的意义的。

斯巴达人佩达勒特，提出他自己要参加三百人会议，他遭到拒绝；然而，鉴于斯巴达有三百个胜过他的人，他也就高高兴兴地回去了†。我认为，这种表现是真诚的，我们有理由相信它是真诚的：这样的人就是公民。

有一个斯巴达妇女的五个儿子都在军队里，她等待着战事的消息。一个奴隶来了，她战栗地问他。“你的五个儿子都战死了。”“贱奴，谁问你这个？”“我们已经胜利了！”于是，这位母亲便跑到庙中去感谢神灵††。这样的人就是公民。

凡是想在社会秩序中把自然的感情保持在第一位的人，是不知道他有什么需要的。如果经常是处在自相矛盾的境地，经常在他的倾向和应尽的本分之间徘徊犹豫，则他既不能成为一个人，也不能成为一个公民，他对自己和别人都将一无好处。我们今天的人，今天的法国人、英国人和中产阶级的人，就是这样的人；他将成为一无可取的人。

要有所成就，要成为独立自恃、始终如一的人，就必须言行一致，就必须坚持他应该采取的主张，毅然决然地坚持这个主张，并且一贯地实行这个主张。我等待着人们给我展现这样的奇迹，以便知道他是一个人还是一个公民，或者，他要同时成为这两种人，又是怎样做的。

---

† 普卢塔克：《拉西第蒙人嘉言录》，第 60 节。

†† 《拉西第蒙人嘉言录》，第 5 节。

从这两个必然是互相对立的目的中，产生了两种矛盾的教育制度：一种是公众的和共同的，另一种是特殊的和家庭的。

如果你想知道公众的教育是怎么一回事，就请你读一下柏拉图的《理想国》，这本著作，并不像那些仅凭书名判断的人所想象的是一本讲政治的书籍；它是一篇最好的教育论文，像这样的教育论文，还从来没有人写过咧。

当人们谈到空想的国家的时候，他们就提出柏拉图的制度；然而，要是莱喀古士❶只把他那套制度写在纸上而不付诸实施的话，我可能还以为它更空想得多。柏拉图只不过是要人纯洁他的心灵，而莱喀古士却改变了人的天性。

公共的机关已不再存在了，而且也不可能存在下去，因为在没有国家的地方，是不会有公民的。"国家"和"公民"这两个词应该从现代的语言中取消。其理由我是很清楚的，但是我不愿意谈它，因为它同我阐述的问题没有什么关系。

那些可笑的机构，人们称之为学院①，然而我是不把它们当成一种公共的教育制度来加以研究的。我也不把世人的教育看作这种制度，因为这种教育想追求两个相反的目的，结果却两个目的都达不到。它只能训练出一些阴险的人来，这些人成天装着事事为别人，却处处为的是他们自己。不过，这种表现既然是大家都有，

❶ 莱喀古士，传说是公元前九世纪斯巴达的立法者。

① 在有几个学校里，尤其是在巴黎大学，有几位教师我是很喜欢的，我很尊敬他们；我相信，如果他们不是被迫地照成规做事的话，他们是能够很好地教育青年的。我鼓励其中的一位发表他所拟的改革计划。当人们看到并不是没有救药的时候，也许终于会想法纠正这种不良的状况的。

所以也就骗不了任何人。这不过是枉费心机罢了。

我们本身不断感受到的矛盾，就是从这些矛盾中产生的。由于被自然和人引到了相反的道路，由于在这些不同的推动力之间不得不形成分歧，所以，我们就从中采取一个混合的办法，然而这个办法使我们既不能达到这个目标，也不能达到那个目标。我们在整个的一生中就是这样地斗争和犹豫，以致还不能达到我们的意愿，还不能对我们和别人有所贡献，就结束了我们的生命。

现在要谈一谈家庭教育或自然的教育了。如果一个人唯一无二地只是为了他自己而受教育，那么，他对别人有什么意义呢？如果一个人所抱的两重目的能够结合为一个单独的目的，那么，由于消除了人的矛盾，他就消除了他的幸福生活中的一大障碍。要判断这个人，就必须看他成人以后是怎样的；必须在了解了他的倾向、观察了他的发展、注意了他所走的道路之后，才能作出判断；一句话，必须了解自然的人。我相信，人们在看完这本书以后，在这个问题上就可能有几分收获。

要培养这样一个难得的人，我们必须要做些什么工作呢？要做的工作很多，这是毫无疑问的；万万不要无所事事，一事无成。当我们只遇到逆风行舟的时候，我们调整航向迂回行驶就可以了；但是，当海面上波涛汹涌，而我们又想停在原地的时候，那就要抛锚。当心啊，年轻的舵手，别让你的缆绳松了，别让你的船锚动摇，不要在你还没有发觉以前，船就漂走了。

在社会秩序中，所有的地位都是有标记的，每个人就应该为取得他的地位而受教育。如果一个人是按照他命定的地位而培养的，则对其他的地位就不再适宜了。只有在命运同父母的职业一致的时候，教育才是有用的，而在其他的情况下，未尝不是由于教育给了学生的偏见，反而对他有害处。在埃及，儿子是不能不依从他父亲的身份的，所以教育至少还有一个确实可以达到的目标；但是在我们这里，只有阶级始终是那个样子，而人则不断改变他的地位，谁也不知道，在培养他的儿子去取得他的地位的时候，他是不是在危害他哩。

在自然秩序中，所有的人都是平等的，他们共同的天职，是取得人品；不管是谁，只要在这方面受了很好的教育，就不至于欠缺同他相称的品格。别人要我的学生做军人，做教士，或者做律师，我没有什么意见。在从事他父母的职业以前，大自然就已经叫他认识人生了。生活，这就是我要教他的技能*。从我的门下出去，我承认，他既不是文官，也不是武人，也不是僧侣；他首先是人：一个人应该怎样做人，他就知道怎样做人，他在紧急关头，而且不论对谁，都能尽到做人的本分；命运无法使他改变地位，他始终将处在他的地位上。“命运啊，我对你早有防备，我已经把你俘虏，并且把所有一切你能够来到我身边的道路通通堵塞。”①

我们要真正研究的是人的地位。在我们中间，谁最能容忍生活中的幸福和忧患，我认为就是受了最好教育的人。由此可以得出结论：真正的教育不在于口训而在于实行。我们一开始生活，我

* “一生讲求品德的人，不需要知道琐事；他诸事明达，他考虑的不是如何同自己的妻儿生活，而是如何有意义地生活。”见塞涅卡❶：《道德书简》，94。

① 西塞罗❷：《土斯库兰辩论集》，第5篇，第9章。

❶ 塞涅卡：古罗马斯多噶派哲学家，罗马皇帝尼禄的教师。

❷ 西塞罗（公元前106—前43），古罗马的演说家和政治家。

们就开始教育我们自己了；我们的教育是同我们的生命一起开始的，我们的第一个教师便是我们的保姆。“教育”这个词，古人用时还有另外一个意思，那就是“养育”，不过，这个意思现在我们已经不再用它了。瓦罗❶说：“助产妇接生，乳母哺育，塾师启蒙，教师教导。”①因此，教育、教训和教导，是三样事情，它们的目的也像保姆、塾师和教师的一样，是各不相同的。然而，这些区别没有被人们弄清楚；为了要受到良好的教育，儿童是不应该只跟从一个向导的。

所以，我们必须一般地观察问题，必须把我们的学生看做抽象的人，看做无时不受人生的偶然事件影响的人。如果一个人生来就固定在一个地方的土地上，如果一年四季都没有什么变化，如果每一个人都听天由命，以致永远也不能有所改变，则现行的办法在某些方面还是很好的；一个儿童受了为取得其地位的教育，由于永远不能脱离这种地位，所以也就不至遇到他种地位的种种麻烦。但是，鉴于人生的变化无常，鉴于这个世纪使我们整个一代人为之茫然失措的动荡不安的精神，我们想一想，还有什么方法比把儿童当作永远不出房门、时时刻刻都有人左右侍候的人来培养更荒谬的呢？只要这个可怜的人在地上行动一步，只要他走一步下坡路，他就遭到毁灭了。这并不是说要教他去受这种痛苦，而是要使他知道这种痛苦。

人们只想到怎样保护他们的孩子，这是不够的。应该教他成

❶ 瓦罗（公元前116—前27），罗马学者，他的著作留传下来的有《农村经济》三卷。

① 见《诺尼乌斯·马塞勒斯文集》。

人后怎样保护他自己，教他经受得住命运的打击，教他不要把豪华和贫困看在眼里，教他在必要的时候，在冰岛的冰天雪地里或者马耳他岛的灼热的岩石上也能够生活。你劳心费力地想使他不至于死去，那是枉然的，他终归是要死的。那时候，虽说他的死不是由于你的操心照料而造成，但是你所费的这一番苦心是可能被误解的。所以，问题不在于防他死去，而在于教他如何生活。生活，并不就是呼吸，而是活动，那就是要使用我们的器官，使用我们的感觉、我们的才能，以及一切使我们感到我们的存在的本身的各部分。生活得最有意义的人，并不就是年岁活得最大的人，而是对生活最有感受的人。虽然年满百岁才寿终而死，也等于他一生下来就丧了命，如果他一直到临死的那一刻都过的是最没有意义的生活的话，他还不如在年轻的时候就走进坟墓好哩*。

我们的种种智慧都是奴隶的偏见，我们的一切习惯都在奴役、折磨和遏制我们。文明人在奴隶状态中生，在奴隶状态中活，在奴隶状态中死：他一生下来就被人捆在襁褓里；他一死就被人钉在棺材里；只要他还保持着人的样子，他就要受到我们的制度的束缚。

听说，有些助产妇按摩新生婴儿的头，企图使他有一个更合适的脑袋样子，而人们也容许她们这样做！也许是造人的上帝把我们的头做得不好，所以，外貌要由助产妇来定它的样子，里面要由哲学家来定它的内容。加利比人倒比我们要幸运得多。

---

* “生命如果是很充实的话，它是长久的。当精神把生命应有的美给予了它，使它本身具有能力，则生命就是很充实的了。死气沉沉地活八十年是为了什么呢？这不是在生活，而是苟延残喘……应当以事业而不应当以寿数来衡量人的一生。”见塞涅卡：《道德书简》，93。

“儿童刚出娘胎，刚一享受活动和伸展肢体的自由时，人们又重新把他束缚起来。人们用襁褓把他包着，把他放在床上这样睡着：头固定在一定的位置，两腿伸直，两臂放在身子旁边；还用各式各样的衣服和带子把他捆扎起来，连位置也不能挪动。如果不把他捆得有碍呼吸，如果人们细心地让他侧躺着，让他应该吐掉的口涎能够吐出来，那他就算是幸运了！因为他不可能自由地侧过头来使口涎容易吐出来。”①

新生的婴儿需要伸展和活动他的四肢，以便使它们不再感到麻木，因为它们蜷成一团，已经麻木很久了。不错，人们是让他的四肢伸展着的，但是人们却不让它们自由活动，甚至还用头巾把他的头包起来，似乎人们害怕他有活命的样子。

这样一来，促进身体内部发育的动力便在它要给孩子以运动时遇到了不可克服的障碍。孩子继续不断地枉自挣扎一阵，以致耗尽了他的体力，或者延迟了他的发育。他在衣胞里还没有他扎着尿布那样感到局促、痛苦和拘束。我看不出他生出来有什么好处。

人们把孩子的手足束缚起来，以致不能活动，感到十分的拘束，这样只有阻碍血液和体液的流通，妨害孩子增强体力和成长，损伤他的体质。在不采用这些过分小心的办法的地方，人人都长得高大强壮，体材十分匀称❷。凡是用襁褓包裹孩子的地方，到处都可看到驼背的，瘸腿的，膝盖内弯的，患佝偻病的，患脊骨炎的，

① 《博物学》❶，第 4 卷，12 开本，第 190 页。

❶ 《博物学》系由法国博物学家若尔日·路易·毕丰（1707—1788）等人所编。

❷ 见本书第 50 页注 3。

以及各种各样畸形的人。由于害怕自由活动会使身体成为畸形，结果却逼着它们长成畸形。为了防止孩子们成为残废，人们就甘愿使他们的关节僵硬。

像这样残酷的束缚，难道不会影响孩子们的脾气和性格吗？他们的第一个感觉，就是一种痛苦的感觉，他们感到每一个必要的活动都受到阻碍，他们比戴着手铐脚镣的犯人还要难过，他们徒然挣扎，他们愤怒，他们号哭。你们说，他们第一次发出的声音是不是哭出来的呢？我认为确实是哭出来的，因为他们一生下来你们便妨碍他们的活动；他们从你们那里收到的第一件礼物是锁链，他们受到的第一种待遇是苦刑。除了声音以外，什么也不自由，他们怎能不用他们的声音来诉他们的苦呢？他们哭诉你们施加给他们的痛苦；要是你们也这样被捆着绑着的话，也许比他们哭得更厉害呢。

这种荒谬的习惯是从哪里来的呢？是来自一种不合自然的习惯。自从母亲们轻视她们的头等责任，不愿意哺育自己的婴儿以后，便只好把婴儿交给雇佣的保姆；这些保姆觉得自己在给别人的婴儿做母亲，对婴儿在天性上就不投合，所以就尽量想方设法减少麻烦。自由自在的婴儿是需要经常看守着的，但是，把他们好好地包起来以后，就可以随便放在一个角落里，任他们去啼哭了。只要保姆的漠不关心不露痕迹，只要那吃奶的孩子不摔断胳臂或大腿，那么，即使是死了，或者终身成为一个虚弱多病的人，又有什么关系呢？人们保全了孩子的手足，却损害了他们的身体；而且，不论出了什么事情，都不算保姆的罪过。

那些美貌的母亲摆脱了喂养婴儿的累赘，高高兴兴地在城里寻欢作乐，她们可曾知道在襁褓中的孩子在乡村里受到怎样的对待？当保姆稍为忙一点的时候，她们便把孩子当作一包破衣服似的搁在一边，不去管他；当她们不慌不忙地去做她们的事情时，那可怜的孩子便一直受着那样的折磨。我们发现，在这种情况下的孩子，其脸色都是青的；捆得紧紧的胸部，不让血液流通，于是血液便充斥头部；人们满以为这个受苦的孩子非常安静，其实是因为他没有哭泣的力量了。我不知道一个孩子在这种情况下能够活多少钟头而不至于丧失生命，不过，要这样维持很久我是怀疑的。这一点，我想，就是使用襁褓的最大的好处之一。

有人以为，如果让婴儿自由自在，他们便会采取一些不良的姿势，做一些可以妨害他们四肢美好形态的动作。这是从我们虚假的知识推想出来的空洞论点之一，这个论点从来没有得到任何经验的证实。在比我们通情达理的民族中，孩子们都是在四肢无拘无束的状态中抚养起来的，在他们当中就没有看见过一个受伤的，或者残废的，他们不会让他们的动作剧烈到发生危险的程度，当他们采取猛烈的姿势时，痛苦的感觉便马上会告诉他们改变这种姿势。

我们还没有想到过要把小狗或小猫包在襁褓里，然而，谁曾看见，由于没有这样的关心便使它们遇到任何困难呢？我同意一点，婴儿比较重些，然而相比之下他们也较软弱。他们刚刚能活动，怎么就能伤残自己的身体呢？如果你使他们躺着，他们可能会在这种状态中死去，像乌龟一样，永远也不能翻过身来。

虽然妇女们已经不再给自己的孩子喂奶了，但她们还是不满意，她们竟然想不生孩子，其后果是很自然的。由于母亲的职责很繁重，她们不久就想出了完全摆脱这种职责的办法：她们使她们所怀的孕变成无用，以便重新怀孕，这样，她们就把繁殖人类的乐趣变成为对人类的残害。这个习惯，再加上其他使人口减少的种种原因，已经向我们宣告了欧洲来日的命运。它所产生的科学、艺术、哲学和道德即将把它变成一个荒凉的土地。它将来是遍地猛兽，因为它不能极大地改变居民的这种做法。

我有几次看见一些年轻的妇女玩弄小聪明，她们假装愿意给孩子喂奶。她们知道别人是一定要她们抛掉这种奇怪的想法的：她们巧妙地使她们的丈夫、医生，特别是老太太，来干涉这种事情。如果一个丈夫竟然同意妻子给孩子授乳的话，他就会失去体面，别人会把他当作一个想害死妻子的凶手。谨慎的丈夫，为了安静地过日子，就必须牺牲父亲对孩子的爱。幸而你们在乡下能找到比你们的妻子更能自我克制的妇女！要是你们的妻子这样省下来的时间不是用于别人，而单单是用在你们身上，那你们就更幸运了！

妇女们的责任是无可怀疑的，然而，由于她们轻视这种责任，所以她们就争辩说，吃她们的奶或者吃别人的奶，对孩子都是一样的。这个问题要由医生来裁决，不过我认为它已经是按照妇女们的愿望解决了的[①]；至于我，我觉得，如果担心一个孩子再从生育他的血液中得到什么新的病症的话，他倒是宁可吃健康的保姆的奶，而不吃那娇坏了的母亲的奶的。

但是，应不应该仅仅从体质方面来看这个问题呢？难道一个

① 我总觉得，女人同医生的联盟是巴黎最有趣的怪事之一。医生之所以出名，是依靠了妇女，而妇女之所以能为所欲为，是依靠了医生。我们由此可以推测，一个巴黎的大夫，需要有什么样的才能方始可以成为名医了。

孩子需要母亲的关怀，不如他需要母亲的奶吗？其他的妇女，甚至畜生，也可以使孩子吃到他的母亲不愿意给他吃的奶，然而她们绝不能像母亲那样地关心孩子。凡是把奶给别人的孩子吃而不给自己的孩子吃的，就不是好母亲，这样的人怎能成为一个好保姆呢？也许她们是能够变成好保姆的，但这是慢慢地变的；必须要习惯来改变她们的天性，所以，在保姆对孩子产生母亲之爱以前，那照顾得不周到的孩子也许是已经死过一百次了。

请保姆授乳的好处，其本身就可产生一种坏处，而单拿这种坏处来说，就足以使一切重感情的妇女不敢把自己的孩子交给别人去哺养。这种坏处是：她将把母亲的权利分给别人，或者说得更确切一点，让给别人；她将看着她的孩子跟爱她一样地爱另外一个妇女，或者比爱她还要爱得更真诚一些；她将感觉到他对他的生母表现的那种恭顺，只是一种礼数，而对养母的恭顺，则是一种责任。因为，我在那里找到了一个母亲的苦心操劳，难道不应该对她表示一个儿子的依依之情么？

她们消除这种害处的办法是，教唆孩子轻视他们的保姆，把她当作真正的仆人看待。当保姆授乳的期限一满，她们就把孩子领回来，或者把保姆辞掉；当保姆来看她哺养的孩子时，她们就对她表示爱理不理的样子，这样就可谢绝她来看他了。几年以后，他就再也看不到她了，再也认不得她了。这位母亲以为这样做就代替了保姆，以为用这种冷酷无情的办法就可弥补她的过失，实际上她是想错了。她不但不能把这个天性已变的孩子变成一个孝顺的儿子，反而使他学到一些忘恩负义的行为；正如她教他看不起用奶哺养他的保姆一样，她正在教他日后看不起他生身的母亲。

要是反反复复地这样空谈一些有益的问题不致令人那么丧气的话，我是多么想再详细地论述这一点啊！这联系到许多你想也没有想到过的事情。你愿意使每一个人都负起他首要的责任吗？你就从那些做母亲的人开始，要她们负起她们的责任来；你引起的变化将使你感到惊奇。所有一切都是相继由这个最严重的堕落行为产生的：整个的道德秩序都变了，大家的天性都泯灭了，家里也没有那种活泼泼的气氛了，一个新家庭的动人的情景再也系不住丈夫的心了，也不受外人的尊重了；人们看不见孩子，也就不那么尊敬孩子的母亲了；在家里再也住不下去了，习惯也不能增进血缘的关系了；父不父，母不母，子不子，兄不兄，妹不妹，大家都几乎不认识了，怎么能相亲相爱呢？每个人都只顾他自己。当家庭变成了一个凄凄惨惨的地方，那就需要到别处去寻求快乐了。

要是母亲们都能眷顾她们的孩子，亲自授乳哺育，则风气马上可以自行转移，自然的情感将在每一个人的心里振奋起来，国家的人口又将为之兴旺；这是首要的一点，单单这一点就可使一切都融洽起来。家庭生活的乐趣是抵抗坏风气的毒害的最好良剂。孩子们的吵吵闹闹，人们原来是感到很讨厌的，现在也觉得很有趣了；父亲和母亲更加感到他们彼此是很需要的，他们相互间比以往更加亲爱了，他们的夫妇关系也更为紧密了。当家庭生气勃勃、热热闹闹的时候，操持家务就成了妇女最可贵的工作，就成了丈夫最甜蜜的乐事。所以，矫正了这个无比的恶习，则其他的恶习不久就可全部革除，自然不久就可恢复常态。一旦妇女们又负起做母亲的责任，则男子立刻就可负起做父亲和做丈夫的责任。

这些话都是多余的！对世间的快乐已感到厌倦，是绝不会再感觉到家庭的快乐的。妇女们已经不担负母亲的职责了;她们将来也不再担负这种职责,而且也不愿意担负这种职责。以后,即使她们愿意担负这种职责,她们也很难担负得起来;今天,母亲不亲自授乳的风气已经确立,每一个授乳的女人将会同她周围的所有妇女的反对态度进行斗争,因为她们结成一伙反对她这种她们没有做过的样子,而且也不愿意学习这种样子。

但是,有时候也见到一些天性善良的年轻妇女在这个问题上敢于抗拒这种势力和其他的女人的叫嚷,以坚贞不拔的勇敢精神去完成自然赋予她们的极其高尚的使命。但愿这样的妇女由于担负这种使命而给她们带来益处人数一天天地增多起来!根据最简单的道理得出来的结论,根据我从来没有看见过任何人曾加以反驳的事例,我敢向这些可敬的母亲保证,保证她们将得到她们丈夫的坚定不移的爱情,保证她们将得到她们的孩子的真诚的孝顺,保证她们将得到人人的尊敬,保证她们分娩顺利,毫无痛苦和不良的后果,保证她们身体健康,精力充沛,最后,还保证她们终有一天将高兴地看到自己的女儿学她们的榜样,看到其他的丈夫叫他们的妻子以她为模范。

母不母,则子不子。他们之间的义务是相互的,如果一方没有很好地尽她的义务,则对方也将不好好地尽他的义务。孩子知道了应该爱他的母亲,他才会爱她。如果血亲之情得不到习惯和母亲关心照料的加强,它在最初的几年中就会消失,孩子的心可以说在他还没有出生以前就死了。从这里,我们开头的几步就脱离了自然。

当一个妇女不是不给孩子以母亲的关心而是过于关心的时

候，她也可以从一条相反的道路脱离自然；这时候，她把她的孩子造成为她的偶像，她为了防止孩子感觉到自己的娇弱，却把孩子养得愈来愈娇弱，她希望他不遭受自然法则的危害，于是使他远离种种痛苦，可是没有想到，由于她一时使他少受一些折磨，却在遥远的将来把多么多的灾难和危险积累在他的身上，没有想到这种谨小慎微的做法是多么残酷，它将使幼小时期的娇弱继续延长，到成人时受不住种种劳苦，有一则寓言说，太提斯为了使她的儿子成为一个刀枪不入的人，便把他浸在冥河的水里❶。这个寓言很好，寓意也很清楚。可是我所说的那些残酷的母亲，她们的做法却完全不同，由于她们使孩子沉浸在温柔舒适的生活里，所以实际是在给他们准备苦难；她们把他们身上的毛孔打开，让各种各样的疾病侵袭，使他们长大的时候，成为这些疾病的牺牲品*。

❶ 据传说，太提斯拿着她的儿子阿基里斯的脚踵，把他全身浸入冥河的水里，炼成一个刀枪不入的勇士。参见荷马史诗《伊利亚特》。

* 值得注意的是，在《爱弥儿》出版的前一年，著名的医生德瑟萨尔发表了一篇论文，题为《论幼儿的体格训练》(12 开本，巴黎，托·埃里桑，1760)；在这篇论文里，他以有力的词句和锋利的笔调使人们了解到：把孩子束缚在襁褓里和为了使孩子少受一些痛苦而采取过分小心和关怀的做法是多么危险；他还广泛地谈到温文尔雅、呆呆板板的教育方法的严重后果。他所依据的事实和论点，同《爱弥儿》依据的事实和论点是差不多的。在此以前，毕丰在母亲授乳和使用襁褓方面也提出了完全相同的看法。所以这一套初步教育的学说并不是没有充分地建立起来的，而且圣马特还在 1698 年发表的《教养的方法》(*Pedotrophia*) 这首用拉丁文写的诗里对它尽情地称赞过。但是，正如毕丰本人所说的："是的，这一切我们都说过了，但是只有卢梭先生才指挥人们去做，而且人们也照他的话这样做了。"

此外，似乎在卢梭写作《爱弥儿》的时候，所有一切同幼儿教育有关的问题都受到了最有才学的人的注意，由于他们的深思熟虑，遂使这些问题都达到了同样的结果。哈莱姆的科学协会曾悬奖征求阐述这些问题的论文，一位名叫巴勒克泽尔的日内瓦人获得了这项奖金，他的文章标题为《论儿童的体育》(*Dissertation sur l'Education phy-*

遵循自然，跟着它给你画出的道路前进。它在继续不断地锻炼孩子；它用各种各样的考验来磨砺他们的性情；它教他们从小就知道什么是烦恼和痛苦。出牙的时候，就使他们发烧；肠腹疼痛的时候，就使他们产生痉挛；咳嗽厉害的时候，就使他们喘不过气来；肠虫折磨他们；多血症败坏他们的血液；各种各样的酵素在他们的血中发酵，引起危险的斑疹。在婴儿时期，他们差不多都是在疾病和危险中度过的；出生的孩子有一半不到八岁就死了。通过了这些考验，孩子便获得了力量；一到他们能够运用自己的生命时，生命的本原就更为坚实了。

这是自然的法则。你为什么要违反它呢？由于你想改变这个法则，结果是毁了孩子，阻碍了它对孩子的关心照料取得成效，这一点，你难道还不明白吗？孩子在室外受到自然给他的锻炼，这在你看来是倍加危险，可是相反，这是在分散危险，减少危险。经验告诉我们，娇生惯养的孩子比其他的孩子死的还多一些。只要我们不使他们做超过其能力的事情，则使用他们的体力同爱惜他们的体力相比，其为害还是要小一些。因此，要训练他们经得起他们将来有一天必然要遇到的打击。锻炼他们的体格，使他们能够忍受酷烈的季节、气候和风雨，能够忍受饥渴和疲劳；把他们浸在冥河水里吧。在身体的习惯未形成以前，你可以毫无危险地使他们

sique des Enfants），跟《爱弥儿》同一年发表于巴黎。由于观点和原理的完全一致，遂使卢梭认为这篇论文是抄袭他的，而且在他的《忏悔录》第 11 卷（《卢梭全集》，第 1 册，第 304 页）里很坦率地谈到这一点。我们没有就我们力之所能去考证这件事情，不过，他们之间一致的地方虽然是尽可能多的，但既然是在以前发表的著作中都提出过完全相同的看法，所以就可以把它不作为剽窃来解释了。

养成你所喜欢的习惯；可是，一旦他们有了牢固的习惯，要作任何改变的话，对他们都是很危险的。一个孩子可以忍受一个大人不能忍受的变化，因为最初的性情是柔和易导的，不用花多大的力气就可以养成我们给它确定的类型；而成人的性情就比较执拗，只有用暴力才能改变它已经形成的类型的。所以，我们能够在使孩子的生命和健康不遭到任何危害时，就把他培养得十分健壮的；即使有什么危险的话，也不必犹豫。因为，既然这些危险是同人生分不开的，那么，除了在他一生当中趁它们为害最轻的时候就抛掉它们之外，还有什么更好的办法呢？

孩子随着年龄的增长而愈加宝贵。除了他个人的价值以外，还加上别人为了照料他而花用的种种耗费；除了丧失他的生命以外，还加上我们对他有死亡的感伤。因此，在百般保护他的时候，特别要考虑到他的将来。要抵抗青年时期的祸害，就必须在他未遭遇这些祸害以前把他武装起来，因为，如果说在达到能够利用生命的年岁以前，生命的价值是一直在增加的话，那么，在童年时候使他少受一些痛苦，而结果却使他在达到有理智的年龄时遇到更多的痛苦，这个方法岂不愚蠢！难道说这就是师教？

人的命运是时时刻刻要遭到痛苦的。对他的操心照料，其本身就是同痛苦相联系的。幸而他在童年时候所遇到的只不过是身体上的痛苦，这同其他的痛苦比较起来，没有那样残酷，没有那样悲哀，而且，同那些使我们产生绝命念头的痛苦相比，还是极其少的。一个人是绝不会因为患痛风症而自杀的，唯有心灵的痛苦才使人灰心失望。我们同情儿童的命运，然而应该同情的却是我们的命运。我们更大的灾祸都是我们自己造成的。

在出生的时候，孩子就会啼哭；他的婴儿时期就是在啼哭中度过的。有时候，人们为了哄他，就轻轻地摇他两下，夸他几句；有时候，人们为了不许他吵闹，就吓他，就打他。要么，他喜欢怎么做我们就怎么做，要么，我们硬要他照我们的意思做；不是我们顺从他奇奇怪怪的想法，就是我们要他顺从我们奇奇怪怪的想法：折中的办法是没有的，不是他命令我们，就是我们命令他。所以，他首先获得的观念，就是权势和奴役的观念。还不会说话，他就在支配人了；还不会行动，他就在服从人了；有时候人们惩罚他，可是他还认识不到他犯了什么过失，说得更确切点，他还没有犯过失的能力哩。人们就是这样很早地把这些情绪灌入他幼小的心灵，可是以后又推说那是天性，费了许多气力把孩子教坏之后，又抱怨他成了这样的人。

一个孩子要这样在妇女们的手中度过六七个年头，结果是成了她们和他自己乖僻任性的牺牲品；她们教他这样和那样之后，也就是说，在他的脑子里填入了一些他不明白的语言或对他一无好处的事物之后，用她们培养的情绪把他的天性扼杀之后，就把这个虚伪的人交到一个教师的手里，由这位教师来发展他业已充分养成的人为的病原，教给他一切的知识，却就是不教他认识他自己，不教他利用自己的长处，不教他如何生活和谋求自己的幸福。最后，当这个既是奴隶又是暴君的儿童，这个充满学问但缺乏理性、身心都脆弱的儿童投入社会，暴露其愚昧、骄傲和种种恶习的时候，大家就对人类的苦痛和邪恶感到悲哀。你们搞错了，这个人是照我们奇异的想法培养起来的，自然的人不是这个样子的。

所以，要是你希望保持他原来的样子，则从他来到世上的那个时刻起就保持它。他一诞生，你就把他掌握在自己的手里，他尚未成人，你就不要放弃他：不这样做，你是绝对不会成功的。既然真正的保姆是母亲，则真正的教师便是父亲。愿他们在尽责任的先后和采取怎样的做法方面配合一致；愿孩子从母亲的手里转到父亲的手里。由明理有识而心眼偏窄的父亲培养，也许比世界上最能干的教师培养还好些，因为，用热心去弥补才能，是胜过用才能去弥补热心的。

可是，有许多的事情、工作、职责……啊！职责，毫无疑问，做父亲的职责是最后才考虑的①！我们用不着惊奇，一个人的妻子不愿意哺育他们爱情的果实，则他也就不愿意对他的孩子进行培养。再没有什么图画比家庭这幅图画更动人的了，但是，只要其中少画了那么一笔，也就把整个图画弄糟了。如果说母亲的身体太坏，不能哺育孩子，则父亲的事情太忙，也就不能教育孩子。孩子们远远的离开家庭，有的住在寄宿学校，有的住在教会女子学校，有的住在公立学校，他们把自己的家庭之爱带到其他的地方去了，或者说得更清楚一点，他们把对谁都不爱的习惯带到家里来了。兄弟姊妹彼此都几乎不相识了。当他们拘泥地聚在一块儿的时候，他们

① 我们在普卢塔克的著作中看到，功勋彪炳、治理罗马的监察官卡托，从他的儿子还在摇篮里的时候他就亲自教养，他是那么仔细，以致当保姆即孩子的母亲弄醒孩子，给他洗浴的时候，他就放下一切事情，到旁边来看着；我们在苏埃东尼乌斯❶的著作中看到，奥古斯都这位征服世界和亲身统治世界的主宰，亲自教他的几个孙子写字、游泳和基本的知识，并且常常把他们留在自己的身边；当我们看到这些的时候，我们禁不住要笑那时候的小孩子竟喜欢这样的傻事；他们受到的限制太多，当然是不知道办我们这个时代的大人的大事的。

❶ 苏埃东尼乌斯(约 75—160)，罗马历史学家，著有《十二恺撒传》。

都表现得非常客气，彼此都当作外人看待。只要父母之间没有亲热的感情，只要一家人的聚会不再使人感到生活的甜蜜，不良的道德就势必来填补这些空缺了。难道说真有人竟愚蠢到看不出所有这一切的连锁关系吗？

一个做父亲的，当他生养了孩子的时候，还只不过是完成了他的任务的三分之一。他对人类有生育人的义务；他对社会有培养合群的人的义务；他对国家有造就公民的义务。凡是能够偿付这三重债务而不偿付的人，就是有罪的，要是他只偿付一半的话，也许他的罪还要大一些。不能借口贫困、工作或人的尊敬而免除亲自教养孩子的责任。读者诸君，请你们相信我这一番话。凡是有深情厚爱之心的人，如果他忽视了这些如此神圣的职责，我可以向他预言，他将因为他的错误而流许多辛酸的眼泪，而且永远也不能从哭泣中得到安慰[†]。

这个有钱的人，这个家庭中如此忙碌的父亲，据他说，他是不得已才放弃他的孩子不管的，他采取怎样的做法呢？他的做法是，拿钱去雇一个人来替他完成他所担负的责任。满身铜臭的人，你以为用钱就可以给你的儿子找到一个父亲吗？你不要犯这样的错误了，你给你的孩子雇来的这个人，甚至不能说是教师，他是一个奴仆。他不久就将把你的儿子培养成第二个奴仆。

一个好教师应该具有哪些品质，人们对这个问题是讨论了很多的。我所要求的头一个品质（它包含其他许多品质）是：他绝不做一个可以出卖的人。有些职业是这样的高尚，以致一个人如果

† 见《忏悔录》，第 12 卷，《卢梭全集》，第 1 册，第 314 页。

是为了金钱而从事这些职业的话，就不能不说他是不配这些职业的：军人所从事的，就是这样的职业；教师所从事的，就是这样的职业。那么，谁来教育我的孩子呢？这，我已经向你说过，要你自己。我不能教。你不能教！……那就找一个朋友好了。我看不出还有其他的办法。

一个教师！啊，是多么高尚的人！……事实上，为了要造就一个人，他本人就应当是做父亲的或者是更有教养的人。像这样的职责，你竟放心交给一些为金钱而工作的人。

我们愈是思考这方面的问题，我们就愈发现一些新的困难。教师必须受过教育，才能教育他的学生，仆人必须受过教育，才能为他的主人服务，所有接近学生的人都必须先获得他们应当使他领会的种种印象；必须受了一层教育又受一层教育，一直受到谁也不知道到了什么地方为止。把孩子交给一个连他本身都没有受过良好教育的人培养，又怎能培养得好呢？

这样一个难得的人，是不是找得到呢？这我是不知道的。在这堕落的时代，谁知道一个人的灵魂还能达到多少高尚的程度呢？不过，我们假定这样一个出类拔萃的人是找到了。那么，就先要考虑他应该做些什么，我们才能希望他是怎样的人。我相信，我可以这样预先断定，即：做父亲的人在认识到一个好教师的整个价值的时候，他将毅然决定不用任何教师；因为，他为了找到这样一个教师而花费的力量，将比他自己做教师花费的力量多得多。因此，他愿意做一个朋友，也愿意培养他的儿子做朋友；这样就省得到其他的地方去找教师了，而且，大自然已经把教育的工作做了一半了。

有一个人，我只知道他是很显贵的，他曾经请我去教他的儿子。这当然是给了我很大的荣誉；不过，他不但不应该怨我拒绝了他的请求，而且应该以我的谨慎从事而感到庆幸。如果我接受了他的请求，如果我在我采用的方法上走错了路，那么，即使去教也是要失败的；但是，如果我成功的话，其结果可能是更糟糕的，他的儿子也许将放弃他的头衔，再也不愿意做公爵了。

我深深明了一个教师的责任是十分重大的，同时感到自己的能力是太不够了，所以不论什么人请我担任这个职务，我都是绝不接受的；至于朋友的荐引，对我来说，更是一个新的拒绝的原因。我相信，看过我的这本书之后，就很少有人向我提出这样的请求了；我要求那些打算请我做教师的人再也不要白费气力了。我以前曾经对这个职业做过充分的尝试，以便证明我不适合于这个工作；即使我的才能使我能够担任的话，我的景况也是不容许的。有些人似乎对我的话还不十分重视，因而不相信我的决定是真心诚意的，而且是有根据的，我认为，我应该公开地向他们声明这一点。

我虽然不能担负这个最有意义的工作，但是我可以大胆地尝试一下最容易的事情：按照其他许多人的样子，不去参与其事，而从事著述；应当做的事情我虽不做，但我要尽我的力量把它说出来。

我知道，在类似这种著书立说的事业中，由于作者总是在自由自在地阐述一些不用他去实施的方法，因此，他可以轻而易举地提出许多不能实行的美好的方案，但是，由于缺少详细的内容和例子，他所说的话即使可以实行，在他没有说明怎样应用的时候，也是没有用处的。

所以，我决定给我一个想象的学生，并且还假设我有适合于进行其教育的年龄、健康、知识和一切才能，而且，从他出生的时候起就一直教育到他长大成人，那时候，他除了他自己以外，就不再需要其他的指导人了。我觉得，这个方法可以用来防止一个对他不信任的作者误入幻境；因为，一旦他离开了通常的方法，他就只好把他的方法试用于他的学生，他不久就会感觉到，或者说读者会替他感觉到，他是不是按照孩子的成长和人心的自然的发展而进行教育的。

这就是在种种困难面前我要努力去做的事。为了不致使本书因许多不必要的材料而篇幅太大，我就把每个人都能觉察其是否正确的原理提出来就是了。至于那些需要加以实验的法则，我把它们都应用在我的爱弥儿和其他人的身上，并且使人们在极其详尽的情节中看到我拟定的方法是能够付诸实践的；我准备实行的计划至少要做到这个样子。至于说我是不是做得成功，那就要由读者判断了。

由于这个原因，我在开始的时候便很少谈到爱弥儿，因为，我对教育采取的首要准则，虽同大家公认的准则相反，然而是非常明白的，凡是通情达理的人都很难说是不赞成的。可是，当我继续说下去的时候，我的学生由于跟你的学生所受的教育不同，因此他已经不再是一个一般的儿童，必须对他采取一套特殊的教法。从此以后，他就频频出场，到结尾的时候，我没有一刻工夫不见到他，以致不论他说什么话的时候，都不需要我替他说了。

我在这里没有论述一个好教师应该具备哪些才能，我假设了这些才能，并且假设我自己具有这一切才能。在阅读本书的时候，人们将看到我对自己是多么落落大方。

我只谈一下我跟一般人意见不同的地方。我认为，一个孩子的教师应该是年轻的，而且，一个聪慧的人能够多么年轻就多么年轻。如果可能的话，我希望他本人就是一个孩子，希望他能够成为他的学生的伙伴，在分享他的欢乐的过程中赢得他的信任。在儿童和成年人之间共同的地方不多，所以在这个距离上永远不能形成十分牢固的情谊。孩子们有时候虽然是恭维老年人，但从来是不喜欢他们的*。

人们也许希望他的教师曾经是教过一次学生的，这个希望是太大了；同一个人只能够教一次学生，如果说需要教两次才能教得好的话，那么他凭什么权利去教第一次呢？

一个人有了更多的经验，当然可以做得更好些；但他是不可能这样做下去的。不论是谁，如果他相当成功地把这种事业完成一次之后，他就会感到其中的辛酸，因此就无心再从事这样的工作了；至于说他头一次就做得很糟糕，那就可以预断第二次也一定是很坏的。

我也认为，跟一个青年人相处四年，或教他二十五年，其间是有很大的差别的。你是在你的儿子已经成长的时候才给他找一个教师的；而我则希望他在出生以前就有一个教师。你所请来的这位教师每五年可以换一个学生；而我请来的这位教师则永远只教一个学生。你把教师和导师加以区别，这又是一种愚蠢的想法！你还区别不区别门徒和学生呢？只有一门学科是必须要教给孩子

* 弗勒里神父也抱有这种看法，他希望教师要"有良好的风度、善于谈吐、面貌俊秀。不注意在这方面适应孩子们的偏好，结果，大部分孩子都不喜欢他们从一些年纪太大、头脑迟钝或性情忧郁的人那里学来的东西"。见《研究论文选集》，第15篇。

的：这门学科就是做人的天职。这门学科是一个整体，不管色诺芬[1]对波斯人的教育说了些什么，反正这门学科是不可分割的。此外，我宁愿把有这种知识的老师称为导师而不称为教师，因为问题不在于要他拿什么东西去教孩子，而是要他指导孩子怎样做人。他的责任不是教给孩子们以行为的准绳，他的责任是促使他们去发现这些准绳。

如果说一定要十分仔细地挑选一个老师，那么，也必须容许老师去挑选他的学生，尤其在打算挑一个学生来做样子的时候更是如此。不能根据孩子的天赋和性格来挑选，因为，一方面只有在我的工作完成的时候才知道他有怎样的天赋和性格，另一方面我是在他出生以前就接受了他作为学生的。假如我能够选择的话，我便照我假想的学生那样选择一个智力寻常的孩子。我们要培养的，只是一般的平常人；只有他们所受的教育才能作为跟他们相同的人的教育的范例。

地方对人们的教养并不是没有关系的；人们只有在温带才能达到十分健全的境地。在两极地区显然是不利的。一个人并不像一棵树木那样栽在什么地方就永久留在那个地方；从地球的这端走到另一端的人，就不能不比从中部出发到达同一个尽头的人多走一倍的路。

一个温带地方的居民接连走过地球的两极，他所占的便宜更可以看得出来，因为，虽然他所受的变化同那个从地球的一端走到另一端的人是一样的，但他的自然的体质起变化的地方是不到一

[1] 色诺芬（公元前 434—前 335），希腊历史学家。

半的。一个法国人可以生活在新几内亚和拉普兰，但一个黑人却不能同样地生活在托尔尼欧，一个萨摩耶人也不能生活在贝宁。此外，头脑的组织似乎在两极地方也是不够达到完善的。无论黑人或拉普兰人都没有欧洲人那样聪慧。因此，如果我希望我这个学生是居住在地球上的人的话，则我将从温带的地方挑选这个学生，例如说，在法国，就比在其他地方挑选的好。

在北方，人们在不毛的土地上消耗的东西多；在南方，他们在富饶的土地上消耗的东西少。因此又产生了另外一种差别，使北方的人十分勤劳，南方的人耽于沉思。在同一个地方，我们看到社会上穷人和富人之间也有类似这样的差别。穷人住的地方很贫瘠，富人住的地方很肥美。

穷人是不需要受什么教育的，他的环境的教育是强迫的，他不可能受其他的教育；反之，富人从他的环境中所受的教育对他是最不适合的，对他本人和对社会都是不相宜的。自然的教育可以使一个人适合所有一切人的环境，所以，与其教育穷人发财致富，不如教育富人变成贫穷；因为，按这两种情况的数字来说，破产的比暴发的多。所以，我们要选择一个富有的人；我们深信，这样做至少是可以多培养一个人的，至于穷人，他是自己能够成长为人的。

由于以上的原因，所以我不认为爱弥儿生长名门有什么不好。这毕竟是抢救了一个为偏见所牺牲的人。

爱弥儿是一个孤儿。他有没有父母，这倒没有什么关系。我承担了他们的责任，我也继承了他们的全部权利。他应该尊敬他的父母，然而他应该服从的只是我。这是我的第一个条件，或者说得确切一点，我唯一的条件。

我对上述条件还要附加一点，其实这一点也只是以上条件的继续而已。那就是，除了我们两人同意以外，谁也不能把我们分开。这一条是极关紧要的，我甚至希望学生和老师也这样把他们自己看作是不可分离的，把他们一生的命运始终作为他们之间共同的目标。一旦他们觉察到他们以后是要离开的，一旦他们看出他们有彼此成为路人的时刻，他们就已经成为路人了；各人搞各人的一套，两个人都一心想到他们将来不在一块儿的时候，因此，只是勉勉强强地相处在一起。学生把老师只看作他在儿童时候遇到的灾难，而老师则把学生看作一个沉重的负担，巴不得把它卸掉；他们都同样盼望彼此摆脱的时刻早日到来；由于他们之间从来没有真心诚意的依依不舍的情谊，所以，一个是心不在焉，一个是不服管教。

但是，当他们像从前在一起生活那样，彼此尊重，他们就会互相爱护，从而变得十分的亲热。学生不会因为在儿童时曾跟着的而到成年时又结为朋友的人学习而觉得羞愧；老师也乐于尽心竭力，等待收获果实，他赋予他学生的种种德行，就是他准备他老年时候享用其利益的基金。

这个预先做好的约定，假设了分娩是很顺利的，而且孩子也长得很好，又活泼又健康。一个做父亲的，在上帝赐予他的家庭中不能做任何选择，也不应该有偏心，所有他的孩子，都同样是他的孩子；他对他们都要一样地关心，一样地爱护。不管他们是不是残废的，不管他们的身体是弱还是强，他们之中每一个人都是一个寄存品，他应当考虑他手里的这个寄存品。婚姻不仅是夫妇之间的一项契约，也是同大自然订立的一项契约。

不论是谁，只要承担了不是大自然硬要他非承担不可的任务时，就应当先弄清楚完成这个任务的方法，否则对他将来办不到的事情也要承担责任。凡是照料体弱多病的学生的人，就把他所担负的老师的职责转变成护士的职责了；他把他应当用来增加生命的价值的时间都浪费于照料这样一个没有作用的生命；他将看到一个哭哭啼啼的母亲有一天会因为她儿子的死而责备他，其实他已经替她把那个儿子的生命保全了很长的时间。

一个身体多病的孩子，即使他能够活八十岁，我也是不愿意照管他的。我不愿意要一个对自己和对他人都一无用处的学生，因为他成天担心的，只是怎样保全自身，他的身体损害了他的精神的陶冶。我在他身上那样白白地大费心思，岂不是使社会受到加倍的损失，为了一个人而夺去它两个人吗？要是另外一个人来替我教这个病弱的孩子，我是同意的，而且对他的仁慈表示赞扬；可是我自己却没有这样的才能：我简直不知道如何教这个只想免于死亡的人怎样生活。

身体必须要有精力，才能听从精神的支配。一个好的仆人应当是身强力壮的。我知道放纵能刺激欲望，它久而久之也会摧残身体的；至于断食和少食，也往往由于相反的原因而产生同样的效果。身体愈弱，它的要求愈强烈；身体愈壮，它愈能听从精神的支配。所有一切感官的欲望都寓于娇弱的身体之中；它不仅不能满足那些欲望，却反而愈加刺激那些欲望。

虚弱的身体使精神也跟着衰弱。医药这一门学问对人类的毒害比它自认为能够医治的一切疾病还有害得多。就我来说，我不知道医生给我们治好了什么样的疾病，但是我知道他们给我们带来的病症实在是足以害死人的，例如懦弱、胆怯、轻信和对死亡的恐惧;所以,虽说他们能治好身体,然而他们却消灭了勇气。即使他们能叫死尸走路,对我们又有什么关系呢?我们需要的是人,但是我们就没有看见从他们手中救出过什么人来。

医学在我们这里很时髦,它应当是这样的。它是那些闲着没有事干的人的一种娱乐,这些人不知道怎样使用他们的时间,所以就把它消磨于怎样保全自己的生命。如果他们偏偏生成一个不死的人的话,他们也许就是人类当中最不幸的人了:永远不怕丢失的生命,对他们是一点价值都没有的。对于这些人,就需要医生去威胁他们,使他们感到得意,每天使他们感到自己唯一能够感到的快乐,即自己还没有死去的那种快乐。

我在这里不打算多谈医学的无用。我的目的只是从道德方面来考虑医学问题。然而我不能不说明的是,人们在医学的应用上,也在搞他们在真理的追求上所搞的那种诡辩。他们老是说,治疗病人就可以医好病人,寻求真理就可以找到真理。他们不知道,结算一下医生救活一条性命的账,就需要用一百个被他杀死的病人才能取得平衡,我们从发现的真理中获得了效益,然而同时发生的谬见也造成了错误,结果也是两相抵消。开导人的知识和医治人的医学,当然是非常之好的;但是,那种误人的知识和杀人的医学,就是很坏的了。要告诉我们怎样区别它们。问题的症结就在这里。如果我们懂得忽视真理,我们就永远不会受谎言的欺骗,如果我们不一反常态地去求助于医药,我们就绝不会死于医生之手;这两种节制的做法都是很明智的;照这种做法行事,显然能获得很大的好处。因此,我不争论医学对一些人是不是有用处,但是我要说它对人类是非常有害的。

有些人也许又会那样喋喋不休地向我说，错是错在医生方面，医学本身是不会错的。妙极了，那我们就要医学而不要医生好了；因为，只要医生和医学是连在一起的，则医生的错误之令人恐惧担忧，比医术的帮助之令人怀抱希望，其程度要大一百倍*。

这门虚假的艺术，是用来治心病而不是治身病的，但是，它对心病的功用，也并不比它对身病的功用大：它替我们医治的疾病，还不如它使我们感到的疾病的可怕的印象多；它没有推迟死亡，反而使我们预先感到死亡；它在消耗生命，而不是在延长生命，而且，即使它能延长生命，但对人类来说也是有害的，因为它硬要我们只关心我们自己而不关心社会，使我们感到恐怖而忘却责任。我们所以怕危险，是由于我们知道有危险；至于相信自己不会受任何伤害的人，他是无所恐惧的。诗人使阿基里斯具备了抵抗危险的武装，但这样一来，也就显不出他骁勇的特色，因为，任何人处在他的地位，都可以用同样的代价成为一个阿基里斯的。

如果你们想找到真正勇敢的人，就请到没有医生的地方去好了，在那里，人们是不知道疾病会带来什么后果的，是很少想到死亡的。人天生是能够不屈不挠地忍受痛苦、无牵无挂地死去的。正是医生所处的药方、哲学家讲述的教条和僧侣宣扬的劝世文，使人自甘堕落，忘记了应该怎样死去。

---

* 贝纳丹·德·圣皮埃尔❶在《世外桃源》的序言的第八个注释中告诉我们说，卢梭有一天向他谈过以下一段话："如果把我的著作再印一次新的版本的话，我将把其中所写的关于医生的看法说得温和一些。再没有什么职业是需要像他们的职业那样进行许多的研究了。在各个地方，他们都是真正的最有学问的人。"

❶ 贝纳丹·德·圣皮埃尔（1737—1814），法国作家。

你们要我教一个学生，就不能再要以上这三种人来教他，否则我是要拒绝的。我绝不愿意其他的人来搞坏我的事业；我希望单独教他，要不然，我宁可不插手这件事情。哲人洛克在一生中用了一部分时间研究医学以后，极力劝告大家说，无论是为了预防还是因为一点儿小病，都不要给孩子吃药。我还要提出进一步的主张，我声明，我没有替我自己请过什么医生，因此，除了爱弥儿的生命确有危险以外，我也是绝不替他请医生的，因为医生只有把他杀死，此外就没有办法对他施加更大的毒害。

我当然知道，医生是不会不利用这种延迟就医的做法而说话的。如果孩子死了，那就是因为请医生请得太迟了；如果孩子痊愈了，那就是他把他救活的。但愿如此：愿医生胜利，不过，特别是愿你们只是到了病人临终的时候才去请他。

孩子虽然不知道怎样治病，但是他应当知道他是生了病；这一种艺术可以补另一种艺术之不足，而且其成效往往还比较好些；这是自然的艺术。当动物生病的时候，它就不声不响地静静地忍受着，所以，我们看见呻吟憔悴的动物没有呻吟憔悴的人多。急躁、恐惧、焦虑，特别是药物，杀害了多少人啊，其实这些人的病是不至于把他们害死的，只要过一些时间就可以好起来的！也许有人会向我们说，动物由于它们的生活方式更适合于自然，所以不像我们这样容易感受疾病。说得好！我要我的学生采取的，正是这种生活方式；他采取这种生活方式，也可以得到同样的好处。

医学中唯一有用的部分，是卫生学；然而，卫生并不是一门科学，而是一种道德。节制和劳动是人类的两个真正的医生：劳动促进人的食欲，而节制可以防止他贪食过度。

要知道哪一种养生法对生命和健康最有用处，只需研究一下那些最健壮和寿数最长的人所采取的是什么样的养生法就够了。如果经过普遍的观察以后，我们找不到什么例子说明医药的使用给人类带来了更强健的身体和更长的寿命，甚至经过这一番观察后，发现这门艺术是没有用处的，那么，既然它是在白白地牺牲时间、人和物品，可见它是有害的。用来保持生命的时间，不仅是因为消耗了生命，必须从生命中减去，而且，这种时间是用来折磨我们的，所以它比零年零月零日还糟，它是负数；为了公平地计算起见，必须从我们余下的时间中把它刨出去。一个人活十年不请医生，对他自己和对旁人来说，他生活的时间，比之在医生手中过了三十年受难的生活的人，活的时间还多。前后两种生活我都做过试验，因此，我自信我比谁都有资格从其中得出这样的结论。

这就是我为什么只要健壮的学生的理由，这就是我在保持他有这样的健康体格时所采取的原则。我不打算详细证明体力劳动和身体锻炼对磨砺性格和增进健康有什么功用，这是谁也没有争论的；长寿的例子，差不多在所有最喜欢锻炼、最受得住劳累和最爱干活的人当中都是可以找得到的[①]。我也不打算详细论述为了

① 以下是从英国报纸上摘引的一个例子，这个例子我是不能不谈到的，因为它提出的看法同我所论述的问题是有关系的。

“有一个名叫巴特里斯·奥尼尔的人，生于1647年，在1760年刚刚结过第七次婚。查理二世在位的第十七年，他在龙骑军中服役，以后又在各军团中服役到1740年方才获准退役。他曾经随从英王威廉和马尔波罗公爵出征。这个人向来是只饮普通的啤酒的；他坚持蔬食，只是在宴请亲友的时候才吃肉。他总是日出而起，日落就寝，除了值勤以外，是绝不改变这个习惯的。现在，他已年达一百一十三岁，耳聪体健，走路也不用手杖。尽管他年已高迈，但他一会儿也没有闲过；每个星期天，他都带着他的儿子，孙子和曾孙到教堂去做礼拜。”

达到这个唯一的目的，我将采取哪些关心照料的办法；人们以后可以看到，在我的实践中，采取这些办法是如此的势所必然，所以只需讲一讲它们的精神，就不必再作其他的解说了。

有了生命，接着也就有了需要。新生的婴儿需要一个保姆。如果做母亲的愿意尽她的责任，那就太好了；我们可以写一些东西来指导她；因为这种好处也有它不好的一方面，它使老师和学生稍为疏远了一点。但是，由于孩子的利益，由于她对老师的尊敬，情愿把如此珍贵的一笔储蓄交托给他，因此可以相信，母亲是会重视老师的意见的；凡是她愿意做的事情，她将比另外一个人做得更好。如果我们必须找其他的人做保姆的话，那首先就要好好地选择这个人。

富人们倒霉的事情之一，是他们处处都受欺骗。所以说，如果他们对人的看法是很坏的话，又有什么值得惊奇的呢？使他们腐化堕落的，是财富；真是活该报应，头一个感受到他们所知道的这个唯一的工具的缺点的，也是他们自己。在他们家中，除了他们亲手做的事情以外，其他都是弄得挺糟糕的；可是，他们在家中差不多是从来不做什么事情的。要找保姆的时候，他们就请产科医生替他们找。其结果怎样呢？最好的保姆总是给产科医生钱多的那个人。因此，我是不同产科医生商量替爱弥儿找保姆这件事情的，我要亲自细心地挑选。在这方面，也许我不像外科大夫那样口若悬河地说出我的道理，但是，我的确是出自一片诚心，我的热情将不如他的贪婪那样欺骗我。

挑选保姆这件事并没有什么奥妙之处，它的法则是大家都知道的，不过，我不知道对乳母的年龄以及乳汁的质量是不是要加以更多的注意。新乳汁是十分稀薄的，它差不多是一种轻泻剂，用来清洗残剩在新生的婴儿肠子中的浓厚的胎便。以后奶汁就慢慢地浓厚起来，把一种比较凝固的营养品给予婴儿，这时候，他已经长得更加强壮，可以消化这种东西了。可见，在各种雌性的动物中，大自然之所以按吃奶的小动物的年龄而改变乳汁的浓度，并不是没有原因的。

因此，一个新生的婴儿需要一个新近才坐过月子的保姆。她有她的难处，这我是知道的；不过，人们一跳出自然的秩序，为了做好事情，大家都是有自己的难处的。唯一的权宜之计，就是把事情搞坏；人们所选择的，也就是这个办法。

保姆必须是一个身心两健的人：感情的放纵，也像脾气的暴烈一样，是会败坏她的奶汁的；再则，单单选择身体，那也只能达到半个目的，也许，奶汁好而保姆不好；好的品格和好的性情，同样是很重要的。如果找的是一个品行不端的妇女，那么，我虽不说她哺育的乳儿会沾染她的恶习，但是我要说，他将来是要吃她的恶习的苦的。她既然用乳汁哺育他，难道不应该热情、耐心和温存地照顾他？难道不应该把他收拾得干干净净的？如果她又贪吃又放荡，那么，她不久以后就会损坏她的乳汁；如果她是粗心大意的，或者性情是很急躁的，那么，这个既不能自卫，又不能诉苦的可怜的孩子，在她的摆布之下，将会变成什么样子呢？不论什么事情，邪恶的人是绝不能把它办好的。

保姆的选择之所以更加重要，是由于她所哺养的婴儿，除她以外，就不应再有其他的保姆，正如除了他的老师以外，他就不能再有其他的教师。这个习惯，在古人当中就已经是有了的；古时候的人虽不如我们好发议论，但比我们更加贤明。保姆哺育女孩子以后就不会再离开她了。所以在古人的戏剧中，扮演知心人的，大多数都是乳母，其原因就在这里。一个孩子，陆陆续续由几个人培养，是绝对培养不好的。每换一次人，他就要暗中把他们加以比较，这样一来，往往会使他对管教他的人愈来愈不尊敬，因而也就降低了他们对他的威信。如果有那么一次，他认为大人也并不比小孩子更明白多少道理，那么，年长的人的威信就会消失，对他的教育也就会失败的。一个孩子，除了他的父亲和母亲以外，就不能再有其他的长辈，在没有父母的时候，就只能以他的保姆和他的老师为他的长辈；而且在这两个人当中，有一个是多余的；不过，这样的分担是不可避免的；在这方面，我们只能够这样来补救，即：担负管教这个孩子之责的男子和妇女，在牵涉到孩子的事情上，要配合得如此恰当，以致在他看来，这两个人就如同一个人似的。

保姆的生活必须舒服一些，吃的东西也必须比较的丰富，但是她不应当把她的生活方式全部加以改变；因为一下子突然地和全部地改变她的生活方式，即使是从坏变到好，对健康来说也总归是有危险的；而且，她平常的养生方法既然已经让她或者已经使她长得很健壮，那么，叫她改变她的生活方式又有什么好处呢？

乡村的妇女比城里的妇女肉吃得少，蔬菜吃得多；这种素食的养生法，似乎对她们和她们的孩子是好处多于坏处的。当她们给中产之家的孩子做乳母的时候，人们便拿一锅一锅的肉给她们吃，以为肉汤和炖肉可以使她们有更好的乳糜、生更多的乳汁。我一点也不赞成这种办法;我有我的经验,我从经验中知道,这样养大的孩子,比其他的孩子更容易患腹痛和生肠虫。

这一点也不奇怪,因为肉食本来就是虫类丛生的;这种情况,在素食上就不会产生。乳汁虽然是在动物的身体内炼制而成的,但它是一种植物性食物①;我们把它加以分析,就可以看出来;它容易变酸;而且,它不仅不像动物性食物那样产生残余的挥发性碱质,反而像植物似地产生一种中性盐。

食草动物的奶,比食肉动物的奶更甜,对身体也更有益处。由于乳汁是由跟它同一种性质的东西构造成的,所以能够更好地保持它的性质,而且不容易腐败。如果说要看数量的话,大家都知道,淀粉比肉类能产生更多的血液,因此它们也一定能产生更多的奶。一个孩子,如果不是过早地给他断奶,如果断奶后只给他吃植物性食物,而且他的保姆也只吃蔬食,那么,要说他生肠虫的话,我是不相信的。

也许,植物性的营养品所产生的乳汁很快就会变酸;但是我绝不把变酸的奶看作一种不卫生的食物:有些民族,不喝其他的奶,他们全喝酸奶,喝起来也感到挺舒服;一切的中和剂,在我看来都是骗人的。有些人的脾胃因为不适于喝奶,所以任何中和剂都不能够把乳汁变得适合于他们的脾胃,至于另外一些人,即使不用中和剂,也能够喝奶。有些人害怕吃提炼过的或凝结的奶汁,这真是荒谬,因为大家都知道,奶汁在胃里总要凝结起来的。正是它要凝

① 妇女们吃面包、蔬菜和奶制品;母狗和母猫也吃这些东西;甚至母狼也吃草。因此,才使她们的乳里产生植物性的液汁。现在来检查一下那些完全吃肉类的动物的奶,看它里面有没有这样的东西,我所怀疑的,就是这一点。

结起来，所以才能变成一种相当坚实的食物，以滋养婴儿或幼小的动物；如果它不凝结，光从肠胃里流过去，是不能滋养他们的[①]。人们枉自用各种各样的方法把奶汁加以稀释，枉自用各种各样的中和剂，因为，无论是谁，喝了奶就得消化奶酪；这是没有例外的。胃的构造十分适合于凝结奶汁，所以制干酪用的胃膜也是拿小牛的胃来做的。

因此，我认为，改变乳母的平常的食物，是不必要的，只需使她吃的食物丰富一点，选择得好一点，就够了。素食之所以引起便秘，并不是由于食物的性质，它们之所以不卫生，完全是由于烹调的原因。你们必须改变你们的膳食的做法，不要把食物烤焦了，也不要用油炸；不要把牛油、盐和乳制品拿去煎炒；用水煮的蔬菜，要热腾腾地拿到桌子上以后才用上调料；素食不仅不使乳母便秘，反而会使她有丰富而优良的奶[②]。当大家已经明白素食法对婴儿是最有好处的时候，还能说肉食的养生方法对乳母最相宜吗？这两个方法是相互矛盾的。

空气对儿童的体格作用之大，特别是在生命开始的头几年更为显著。它穿过细嫩的皮肤上所有的毛孔，对那些正在成长的身体产生强烈的影响，给它们留下永不磨灭的印象。所以，我不主张把一个农家妇女从乡下请进城来，关在自己家里的一间屋子中喂孩子的奶，我宁肯叫孩子去呼吸乡村的好空气，而不愿意他呼吸城

① 滋养我们的浆汁虽然呈液态，但它是从固体食物中压出来的。一个做工的人光是喝汤，很快就会把身体弄垮的。如果他喝奶，就会好得多，因为奶会凝固起来。

② 要深入地探讨毕达阿拉斯摄生法的种种优点和缺点的人，可参见科基医生和同他持相反意见的比昂基大夫所作的有关这个重要问题的论文。

里的坏空气。他将像他那位新母亲一样的生活，住在她乡下的房子里，而他的老师也跟着他到乡下去。读者也许还记得，这位老师并不是一个雇用的仆人，而是他父亲的朋友。“但是，如果找不到这样一个朋友，如果这样迁移起来不方便，如果你提出的办法都行不通，又怎么办呢？”人们也许会这样问我的……，该怎么办，我已经告诉过你们了；用不着再请人在这方面出什么主意了。

人类之所以繁衍，绝不是为了要像蚂蚁那样地挤成一团，而是为了要遍布于他所耕种的土地。人类愈聚在一起，就愈要腐化。身体的不健全和心灵的缺陷，都是人数过多地聚在一起的必然结果。在动物中，人是最不宜于过群居的生活的。人要是像羊群似地挤在一起，不久以后就会全部消灭的。人的呼吸，对他的同类来说，是有致命的危险的：这一点，无论从实际或抽象方面说来都是真的。

城市是坑陷人类的深渊。经过几代人之后，人种就要消灭或退化；必须使人类得到更新，而能够更新人类的，往往是乡村。因此，把你们的孩子送到乡村去，可以说，他们在那里自然地就能够使自己得到更生的，并且可以恢复他们在人口过多的地方的污浊空气中失去的精力。乡村中的孕妇急于想到城里来生孩子；恰恰相反，妇女们应该是从城里到乡村去生孩子的，特别是那些愿意自己哺育孩子的妇女更应该这样。她们觉得不如意的地方，也许没有她们想象的那么多；住在一个对人类更觉自然的环境里，尽了自然的责任，跟着也就获得了快乐，而这样的快乐，不久就会使她们再也没有兴味去享受那些同这种责任无关的快乐了。

在分娩以后，人们就先用温水洗涤婴儿，而且在温水里一般还加一点酒。我觉得，在水里加酒，是不必要的。由于大自然并未产生任何酵素，所以我不相信人工制造的酒对大自然创造的人的生命有什么用处。

由于同样的理由，所以也不是非要那样小心翼翼地把水加热不可的；事实上，有许多的民族就不用别的，单单把新生的婴儿放在河里或海里洗一洗就行了；可是我们的孩子，由于父母的体质单薄，在未出生以前就已经是把身体弄得很软弱了，所以来到世界上的时候就带来了一种娇气，不能马上就去受那些可以使他们恢复健康的种种锻炼。只能够一步一步地使他们恢复元气。开头还是照习惯做，然后才逐渐逐渐地摆脱习惯。要经常给孩子洗澡，他们搞得很脏，这就表明他们是有这种需要的。如果只给他们擦澡，那就会伤害他们的皮肤；随着他们的体质愈来愈强壮，就可以逐渐减低水的温度，一直到最后，无论夏天或冬天都可以用冷水甚至冰水洗澡。为了不至于使他们受到什么伤害，就需要慢慢地、一次一次地、在不知不觉中降低水的温度，我们可以用寒暑表来准确地测量这种降低的度数。

这个洗澡的习惯一经养成以后，就不要中断，应该一生都把它保持下去。我之所以这样重视这个习惯，不仅是为了清洁和眼前的健康，而且是把它当作一个增强体质的办法，使肌肉的纤维更柔和，使他们在应付不同程度的暑热和寒冷的时候，既不感到吃力，也没有什么危险。为此，我希望他们在长大的时候，要慢慢养成这样的习惯：有时候，身体受得住多热，就用多热的水洗，而且常常在尽可能寒冷的水中沐浴。这样一来，由于水是一种密度更大的流体，使我们受到影响的地方比较多，而且作用也大，所以只要习惯于忍受不同温度的水之后，对于空气的温度差不多就没有什么感觉了。

当婴儿脱离衣胞，开始呼吸的时候，就不要把他裹在比衣胞还包得紧的襁褓里了。不要给他戴什么帽子，不要给他系什么带子，也不要给他包什么襁褓；给他穿上肥大的衣服，让他的四肢能够自由，既不沉重到妨害他的活动，也不暖和到使他感觉不出空气的作用①。把他放在一个垫得好好的摇篮里②，让他在里面没有危险地随意活动。当他的体质开始增强的时候，就让他在屋子里爬来爬去，让他发展，让他运动他小小的四肢；这样，你将看到他一天一天地强壮起来。把他跟一个用襁褓包得紧紧的同年的孩子一比，你将对他们的发育的差异之大，感到惊奇③。

① 婴儿在城市中，由于经常关在屋子里，而且穿上很多的衣服，所以是非常闷气的。管理他们的人必须知道，冷空气不但对他们没有害处，反而能增强他们的体质，而热空气则将使他们的身体衰弱，使他们发烧，甚至伤害他们的生命。

② 我之所以要说“摇篮”，是因为没有其他的字眼，所以只好用这个惯用的词儿；因为我相信，把婴儿放在摇篮里摇来摇去，是完全没有必要的，而且，这个习惯往往对他们还有害处。

③ “古代的秘鲁人，把婴儿放在一个很宽大的包布里，让他们的手臂能自由活动；当他们把婴儿从包布里抱出来的时候，他们就把他自自在在地放在地上的坑里，坑里垫着布，把孩子的半个身子放进去，这样，他的胳臂就可以不受拘束，而且头部也能够活动，还可以随意地弯曲身子，既不怕跌，也不怕受伤；当他能够举步的时候，母亲就在离孩子稍远的地方把乳头给他看，像一个香饵似的，使他不能不走过去吃。黑人的孩子，有时候是在一个使他感到非常费劲的位置上吃奶的；他用膝和脚盘着他妈妈的臀部，紧紧地抱着她，所以，即使她不用手去帮他一把，他也是能够攀在她身上的。他用手抓着乳房，尽管他妈妈在这个时候还是照常干活，动来动去的，但他仍不慌不忙地继续吮吸，而且还不会跌下来。这些孩子，从第二个月起就开始走路，或者说得确切一点，从第二个月起就用手和膝开始学爬了。这种练习，可以使他们在以后能够用这种姿势跑起来同用脚跑差不多是一样的迅速。”《博物学》，第 4 卷，12 开本，第 192 页。

除了这些例子以外，毕丰先生还应该举一下英国的例子，在英国，蛮不讲理地用襁褓硬把婴儿包起来的事情，已经一天一天地消除了。此外，再请参见路伯尔的《暹罗旅行记》和勒博先生的《加拿大游记》等书。如果需要用事例来证实这一点的话，我可以举出二十页之多的例子。

应当估计到，乳母是会提出强烈的反对的，因为，把手足捆得紧紧的孩子，比需要经常加以看管的孩子所给她的麻烦少得多。此外，穿着宽大的衣服，也容易使人看出孩子的肮脏样儿来，因此就必须常常洗涤。最后，她们还可以用风俗习惯来作为反对的论据，因为这在有些地方，无论什么地位的人都是不能随便加以反对的。

你不要同乳母讲什么道理，你命令她做，看着她做就行了，为了使你规定的事项做起来很顺利，你必须不辞劳苦。你为什么不分担这些事情呢？在平常的教养方面，大家只关心孩子的体格，只要他活着，身体不衰弱下去，其他就无关紧要了；可是这里所说的，教育是随生命的开始而开始的，孩子在生下来的时候就已经是一个学生，不过他不是老师的学生，而是大自然的学生罢了，老师只是在大自然的安排之下进行研究，防止别人阻碍它对孩子的关心。他照料着孩子，他观察他，跟随他，像穆斯林在上弦到来的时候守候月亮上升的时刻那样，他极其留心地守候着他薄弱的智力所显露的第一道光芒。

我们生来就是有学习的能力的，不过在生下来的时候什么也不知道，什么也不明白罢了。我们的心灵被束缚在不完善和不成熟的器官里，甚至对它本身的存在也感觉不出来，初生的婴儿的动作和啼哭，纯粹是出于机械的效果，其中是没有什么意识和意志的。

假使一个孩子生下来的时候就具有成人的身材和体力，假使他出生的时候，比方说，就从母腹中带来了种种的装备，宛如帕拉斯从丘比特的脑壳里跳出来就带着武器似的[1]，那么，这个小大人将是一个十足的傻瓜。一个机器似的人，一个不活动和差不多没有知觉的铸像：他什么也看不见，什么也听不到，一个人也不认识，也不知道把眼睛转过去看他需要看的东西，他不仅看不见他身子以外的任何物件，甚至感觉器官促使他观看的东西，他也不能把它反映到感觉器官里去；他的眼睛不能辨别颜色，耳朵不能辨别声音，身体接触到任何物体也没有感觉，他甚至不知道他有一个身体；他的手接触到什么东西，他脑子里才知道有什么东西；他的一切知觉都集合在一点上，而且只是存在共同的"感觉中枢"里；他只有一个观念，即"我"的观念，他使他的知觉都要符合这个观念；而这个观念，或者说得更确切一点，这个感觉，也许就是他比一个普通儿童具备得多些的唯一的东西。

这个人由于一下子就长大了，所以也不会用两脚站立；他需要花很多的时间去学习怎样才能站得平稳，也许他连试站一下也不知道怎样试法，你们将看到，这个高大强壮的身躯只能像一块石头似地待在原地不动，或者像一只小狗似地爬行。

身体的需要将使他感到难受，然而他又不知道究竟需要些什么，也想不出用什么方法去满足。在胃和手足的肌肉之间没有任何直接的联系，因此，即使周围都是食物，他也不知道向前迈一步

---

[1] 帕拉斯，即希腊神话中的雅典娜，为丘比特和美迪斯的女儿。据说，丘比特（即希腊神话中的宙斯）在他的妻子怀着帕拉斯的时候，疑心他未来的孩子将胜过他，代替他为万神之首，因此就把他的妻子吞下肚去。后来，普罗米修斯用一把利斧把丘比特的头砍开，帕拉斯便从他的脑壳里跳了出来，而且跳出来的时候，手里还拿着矛和盾牌。

或伸出手去拿取;由于他的身子已经成长,他的四肢已经充分发达,而且不像婴儿那样地动个不停,所以,也许他还没有做任何寻找食物的行动以前,就已经饿死了。只要稍稍回想一下我们获得知识的次序和进度,我们就不能否认,一个人在没有获得自己的经验或学会他人的经验以前,他天然的无知和愚昧的原始状态大概就是如此。

人们知道,或者说,人们可以认识到,我们当中每一个人都应该从头一点做起,方才可以达到通常的理解程度;但是,谁知道终点在哪里呢?每一个人的进步是多一点还是少一点,这要看他的天资、他的兴趣、他的需要、他的才能、他的热情以及他所抓紧的机会。我还不知道哪一个哲学家竟敢这样大胆地说:“一个人只能达到这个极限,他再也不能超过了。”我们不知道我们的天性许可我们成为怎样的人,我们当中谁也没有测量过这个人和另一个人之间有多大的距离。人的灵魂竟卑贱到永远也激发不起这样的思想,而且有时候不敢骄傲地对自己说:“我已经超过那个尽头多么远了!我还可以达到更高的境界!为什么让同我相等的人比我走得更远呢?”

我再说一次:人的教育在他出生的时候就开始了,在能够说话和听别人说话以前,他已经就受到教育了。经验是先于教育的;在他认识他的乳母的时候,他已经获得了很多的经验了。如果我们追溯一下最粗野的人从出生一直到他长到目前为止的进步过程,我们就将对他的知识之多感到惊奇。如果我们把人的知识分为两部分,一部分是所有的人共有的,另外一部分是学者们特有的,那么,把后者同前者一比,就显得是太渺小了。可是,我们是不大重视我们所获得的一般的知识的，因为它们是我们在不知不觉之中甚至是在未达到有理智的年龄以前获得的；此外，学问之所以受到重视，只是因为有它的差别，而且，正如在代数方程式里一样，是因为公有数是不加计算的。

甚至动物也能学到很多的东西。它们有感觉，它们必须学会使用它们的感觉；它们有种种需要，它们必须学会满足它们的需要；它们必须学会吃东西，学会走路，学会飞翔。四足动物从出生的时候起就能站立，但是并不因此就知道怎样行走，我们从它们开始走的那几步来看，就明白它们是在做没有把握的尝试。逃出笼门的金丝雀是不会飞的，因为它从来没有飞过。对有生命和有感觉的生物来说，所有一切都是教育。如果植物能向前行动的话，它们就必须具有感觉，必须获得知识，否则它们的种类很快就会消灭。

孩子们最初的感觉纯粹是感性的，他们能感觉出来的只是快乐和痛苦。由于他们既不能走路，又不能拿东西，所以他们需要很多的时间才能逐渐养成见物生情的感觉；但是，当那些事物时而展现时而离开他们的视线，并且在他们看来是有其大小和形状的时候，感性的感觉又反过来使他们受到习惯的支配；我们看见，他们的眼睛不断地转向阳光，如果光线是从旁边射来的，他们的眼睛在不知不觉中将转到那个方向，以致我们应当想办法使他们的脸背过阳光，以免他们变成斜视眼或养成侧视的习惯。他们应当趁早习惯于黑暗，否则他们一看见阴郁的情景就要哭叫。过分严格地规定饮食和睡眠，将使他们觉得每隔一定的时间之后，就必须进那样多的饮食和睡那样多的觉，以致不久以后，他们之所以想吃想睡，就不是因为有所需要，而是由于有了那样的习惯，或者说得更确切一点，习惯使他们在自然的需要之外又增加了一个新的需要，这是必须预先防止的。

应该让孩子具有的唯一的习惯，就是不要染上任何习惯；不要老用这只胳臂而不用另一只胳臂抱他；不要他习惯于常常伸这只手而不伸另一只手，或者老是用那只手；不要到了那个钟点就想吃、想睡、想动；不要白天黑夜都不能够独自待在那儿。应该趁早就让他支配他的自由和体力，让他的身体保持自然的习惯，使他经常能自己管自己，只要他想做什么，就应该让他做什么。

从孩子开始对事物有辨别能力的时候起，就必须对我们给他的东西加以选择。当然，所有一切事物都使人发生兴趣。他自己觉得他是那样的柔弱，以致凡是他不认识的东西，他都感到恐惧；看见新事物而不受其影响的习惯，可以破除这种恐惧。在没有蜘蛛的干干净净的房子里养大的孩子，是害怕蜘蛛的，这种害怕的心理，往往到成人时还保持着。我从来没有看见过乡下的人，无论男子、妇女或小孩，害怕蜘蛛。

既然是单凭我们选择给孩子看的东西，就足以使他养成一个胆小或勇敢的人，那么，为什么不在他开始说话和听话以前就对他进行教育呢？我希望人们使他习惯于看新事物，看丑恶的和讨厌的动物，看稀奇古怪的东西，不过要逐渐地先让他在远处看，直到最后对这些东西都习惯了，并且，从看别人玩弄这些东西，到最后自己去玩弄这些东西。如果在童年的时候看见蟾蜍、蛇和大海虾都不怕，那么，到他长大的时候，不管看见什么动物他也不会害怕了；天天都看见可怕的事物的人，就不觉得它们可怕了。

所有的孩子都害怕面具。我起初拿一个样子好看的面具给爱弥儿看，然后叫一个人站在他面前把面具戴在脸上，于是，我就开始发笑，所有的人都笑，而孩子也就跟着大家笑起来了。我就逐渐地让他习惯于看一些比较难看的面具，最后就看样子丑恶的面具，如果我把进度安排得非常好，那么，到最后一个面具的时候，他不但不害怕，反而会像看见头一个面具那样发起笑来。从此以后，我就不再担心别人用面具来吓他了。

当赫克托[1]向安德罗马克[2]告别的时候，小阿斯塔纳克斯[3]被他父亲头盔上飘动的羽饰吓了一跳，于是就认不出他的父亲来，哭哭啼啼地扑到乳母的怀里，使他的母亲一边含着眼泪一边又苦笑起来；应该怎样来消除这种恐惧呢？赫克托是这样做的：他把头盔放在地上，然后去逗弄孩子。在孩子稍稍安静下来的时候，赫克托也没有到此就算了；他走到头盔那里，玩弄羽毛，并且叫孩子也来玩弄；最后，如果一个妇女敢用手去拿赫克托的军器的话，乳母就该走过去把头盔拿起来，一面笑着，一面把它戴在自己的头上。

如果说要锻炼爱弥儿听惯枪声的话，我就先在短铳里点一个信管，这突然而眨眼即灭的火焰，这闪光，将使他感到欢喜；跟着，我又多加一点火药，再做一遍；我逐渐地用短铳发射少量的没有弹塞的弹药，然后再发射较多的弹药，最后我就能够使他习惯于长

[1] 赫克托是在特洛伊战争中，特洛伊方面最骁勇善战的英雄；参见荷马史诗，《伊利亚特》。

[2] 安德罗马克是赫克托的妻子。

[3] 阿斯塔纳克斯是赫克托和安德罗马克的儿子。

枪、臼炮和大炮的射击以及最吓人的爆炸了。

我曾经观察过，孩子们是不怎么畏惧雷鸣的，除非那霹雳的声响确实可怕、震耳欲聋，否则他们是不害怕的，只有在他们知道有时候雷是可以伤人或打死人的时候，他们才会产生惧怕的心理。当理智开始使他们感到恐惧的时候，我们就要用习惯使他们振奋起来。只要我们循序渐进，就可以使大人和孩子对一切都无所畏惧了。

在生命开始的时候，记忆力和想象力尚处在静止的状态，这时候，孩子所注意的只是在目前对他的感官起影响的东西；由于他的感觉是他的知识的原料，所以要按照适当的次序让他产生感觉，这就要培养要他的记忆力，使它有一天能按同样的次序把这些原料供给他的智力；不过，由于他只知道注意他的感觉，所以先给他清楚地指出这些感觉和造成这些感觉的事物之间的联系就够了。他什么东西都想去摸一摸，什么东西都想去弄一弄：他这样地动个不停，你绝不要去妨碍他，因为这可以使他获得十分需要的学习。正是这样，他才能学会用看、摸[①]和听的办法，特别是把看见的样子和摸着的样子作一个比较，以及用眼力来估计他用手指摸一下会有怎样的感觉——学会用这些办法来了解物体的冷热、软硬和轻重，来判断它们的大小、它们的样子和能够感觉出来的种种性质。

我们只有通过行动，才知道有些东西不是同我们一体的；只有通过我们自己的行动，我们才能获得远近的观念。一个孩子因为

① 在孩子们的感觉器官中，嗅觉器官的发达是最迟的：一直到两三岁的时候，他们好像还嗅不出好的或坏的气味来；我们发现，他们像一些动物那样，对气味是不在乎的，或者说得更确切一点，是没有感觉的。

没有这个观念，所以不管物件是挨在他身边或是离开他一百步远，他都没有分别地伸手去拿。他是那样地使劲，以致在你看来认为是一种指挥的信号，是命令物件到他身边，或者命令你把它拿到他那里；其实不是这样的，只是因为最初出现在他脑子里的东西，然后又出现在他的眼睛里，而现在他认为就在他的手指前边；他只能想象他伸手即可触及的距离。因此，应该使他们常常走动，把他们从一个地方带到另一个地方，使他们感觉到地方的变换，以便使他们学会怎样判断距离。当他们开始能够分辨远近的时候，就需要改变方法，就不应当喜欢抱他们到哪里，就抱他们到哪里，也不应当照他们的意思高兴到什么地方，就到什么地方；因为，只要他们的感觉没有弄错，他们的行动就要随原因而改变。这种改变是值得注意的，需要加以解释的。

当别人的帮助对于满足需要成为必要的时候，由于这种需要而产生的不舒服感觉，就用信号表达出来。孩子之所以啼哭，就是由于这个原因；他们哭的时候很多，这是必然的。他们的种种感觉既然是感性的，所以当他们感到舒服的时候，他们就不声不响地享受，当他们觉得难过的时候，他们就用他们的语言说出来，要别人来解除他们的痛苦。只要他们是醒着的，他们差不多就不能够处在无感觉的状态；要么，他们是睡着的，否则就有所感受。

我们所有的一切语言都是艺术品。长期以来，人们就在探寻是不是有一种人人共同的自然语言。毫无疑问，这样一种语言是有的，那就是孩子们在懂得说话以前所用的语言。这种语言不是咬清音节发出来的，但他们的声音是有抑扬的、响亮的、可以理解的。由于使用了我们的语言，就使我们对这种语言加以轻视，竟至把它完全忘记了。我们对孩子们进行研究,马上就会从他们那里重新学会这种语言。乳母就是教我们学这种语言的老师;她们听得懂她们所哺育的乳儿所说的一切话,她们能够回答他们,她们和他们都能清楚地了解对方的谈话;虽然她们说的是一些字眼,但这些字眼完全是没有用的;他们听懂的,并不是这些字眼的意思,而是伴随这些字眼的声调。

除了声语之外,还有手势语,其效力并不比前者差。不过,这种手势不表现在孩子们的柔弱的手上,而表现在他们的脸上。在这些还未长成的脸上竟有表情,这是很令人惊异的:他们的面貌以难以想象的速度随时变化着,你可以在他们的脸上看见微笑、欲望和恐惧像闪电似地出现,又像闪电似地消逝;每一次都使你觉得,你所看见的是另外一个面孔。他们面部的肌肉当然比我们面部的肌肉更灵活。然而,他们的眼睛却很迟钝,差不多是一无表情的。在他们那样的年龄,只有物质的需要,所以他们的信号应该是这种形式:感觉表现在脸相上,而感情则表现在目光上。

由于人最初是处在艰难和柔弱的境地,所以他最初的声音是悲泣和啼哭。婴儿觉得他有所需要,然而自己又不能满足这种需要,于是哭起来,恳求别人的帮助;如果他饿了或渴了,他就啼哭;如果他太冷了或者太热了,他就啼哭;如果他需要活动,而人们又硬要他休息,他就啼哭;如果他想睡,而人们又打扰他,他就啼哭。他的生活愈不能由他支配,他就愈是经常地要求人们对它加以改变。他只有一种语言,其原因,可以说是由于他身上只有一种不舒服的感觉;由于他的器官尚未发育完善,所以他还不能辨别它们不同的感受;所有一切不如意的事情,对他来说都能形成痛苦的感觉。

这些哭声，人们认为是一点也不值得注意的，然而从其中却产生了人和他周围的一切环境的第一个关系：用来构成社会秩序的那条长长的锁链，其第一环就是建造在这里的。

当孩子啼哭的时候，他是感到很不舒服的，他有他自己不能满足的某种需要：我们要进行观察，研究他需要什么，找出他的需要之后，加以满足。当我们研究不出他需要什么，或者不能加以满足的时候，他就继续啼哭，而我们感到厌烦；于是哄哄他，好叫他闭嘴不再啼哭，要不然就轻轻摇他，或者唱个歌儿催他入睡；如果他还是啼哭，我们忍耐不住了，于是吓他；粗暴的保姆有时候还打他。在他开始生活的时候，他所受到的奇怪的教育就是如此。

在那些讨厌的哭哭啼啼的孩子当中，我曾经看见有一个就是这样挨保姆打的，这件事情，我永远也不会忘记。他马上闭嘴不哭，我以为他是被吓到了。我心里想，这个孩子将来也许是一个奴隶成性的人，只要用严厉的手段就可以逼着他干这干那的。我想错了；这个挨打的孩子，憋着一肚子愤怒，连呼吸也呼吸不出来；我看见他脸都变青了。隔了一会儿，他大声地哭起来，像这样年纪的孩子，他所有的怨恨、愤怒和失望，在那高昂的哭声中都表露出来了。我担心，他这样激动是会气死的。如果说，我怀疑过在人类的心中是不是天生就有正义感和非正义感的话，单单这个例子就足以使我消除我的怀疑。我相信，假使有一块火辣辣的炭偶尔掉在这孩子的手上的话，也许他觉得，还没有像轻轻地，然而是存心侮辱地打他一下那样痛咧。

孩子们的这种易于激动和愤怒的性情，是需要十分小心地对待的。波尔哈维[1]认为，小孩的疾病大部分都是痉挛性的，因为他们的头按比例说来比成人的重，他们的神经系统比成人的散布得广，神经质的人最容易受刺激。千万不要让仆人们接近孩子，因为他们常常使孩子感到厌恶，感到恼怒，感到心烦；对孩子们来说，他们比空气和季候的伤害，还危险一百倍。要是孩子们只是在事物方面而不是在意志方面受到阻碍的话，他们是不至于表示反抗或愤怒的，而且是能够保持身体健康的。所以，为什么自由自在、无拘无束的人的孩子，同那些自以为用时时刻刻干预他的行动的办法能培养得更好的人的孩子相比，不仅不那样的虚弱多病，反而更结实，其中的原因之一就在于此；不过，始终要注意的是，在顺从他们的心意和违反他们的心意之间，有很大的差别。

孩子们起先哭的几声，是一种请求，如果你不提防的话，它们马上就会变成命令的；他们的啼哭，以请求别人帮助他们开始，以命令别人侍候他们告终。这样，由于他们本身的柔弱，所以他们起先是想依赖，随后才想驾驭和使役别人；不过，这种想法的产生，其原因不是由于他们的需要，而是由于我们的服侍，在这里我们开始发现了不是直接由天性产生的道德的影响；我们可以看出，为什么从这头一年起就必须分辨，他们做出那样的表情或发出那样的哭声，究竟有什么秘密的意图。

当小孩一声不响地使劲伸手的时候，因为他不能估计他同他想拿的东西之间的距离，所以他以为他是够得着那个东西的；他的想法当然错了；但是，当他一边又在闹又在哭，一边又在伸手的时

[1] 波尔哈维(1668—1738)，荷兰内科医学家。

候,那就不是他弄错了距离,而是在命令那个东西到他那里去,或者命令你把它拿给他。在前一种情况下,你一步一步慢慢地把他抱到他所要的东西那里;在第二种情况下,你不只是假装没有听见,而且,他愈是哭,你就愈不理他。必须趁早使他养成这样一种习惯,即:不命令人,因为他不是谁的主人;也不命令东西,因为东西是不听他的命令的。所以,当一个孩子希望得到他所看见的和别人准备拿给他的东西时,最好还是把他抱到他想得到的东西那里,而不要把东西拿过来给他:这样做,他就能够明白其中的含义,这种提示方法是适合于他的年龄的,而且还没有任何其他的办法可以启发他明白这一点。

圣皮埃尔神父[1]称成人为"大孩子";我们可以反过来把小孩叫"小大人"。这些提法,作为箴言来说,有它的真实性,但作为原理,就需要加以解释了。不过,当霍布斯[2]称坏人为"强壮的孩子"时,他就把事情简直说反了。所有一切的坏事都是来源于柔弱,孩子之所以淘气,只因为他是很柔弱的;假使他的身体健康有力,他就会变得挺好的:事事都能干的人,绝不会做恶事[*]。在万能的上帝的一切属性中,没有善这样一个属性,就很难想象有上帝。凡是承认两个原理的人,总是认为恶不如善,没有这种认识,他们就会做出荒唐的假设。请参看后面《一个萨瓦省的牧师的信仰自

---

❶ 圣皮埃尔神父(1658—1743),法国著述家,著有《持久和平计划》等书。

❷ 霍布斯(1588—1679),英国哲学家,机械唯物主义的代表人物,他的社会政治观点具有明显的反民主的倾向。

* "心灵伟大,就必然性情温和,因为一切残忍都出于柔弱。"见塞涅卡:《论幸福的生活》,第5章。

白》[①]。

只有理性才能教导我们认识善和恶。使我们喜善恨恶的良心，尽管它不依存于理性，但没有理性，良心就不能得到发展。在达到有理智的年龄以前，我们为善和为恶都不是出于认识的；在我们的行为中无所谓善恶，尽管有时候在感情上能对别人涉及我们的行为分辨善恶。一个孩子总想搞乱他所看见的东西；凡是他能拿到的物品，他都把它打个粉碎；他像捏石头似地捏着一只鸟，把鸟儿捏死了，他还不知道他干了什么哩。

为什么会这样呢？首先，哲学家用人类天生的缺陷、骄傲、好胜、自尊和邪恶来解释这种现象；也许再补充一点，说什么由于孩子感到自己的柔弱，所以巴不得做一些用劲的动作，亲自试验一下自己的力量。可是，请看一看那衰弱多病的老年人，由于人的生命的循环，又使他回到了孩子们那样的柔弱状态，他不仅常常是一动不动地、安安静静地待着，而且还希望他周围的一切也是那样的平静；有一些小小的变动，就会使他感到混乱和不安，他希望看到宇宙万物都是那样的宁静。如果起因没有改变，为什么与同样欲望相联系的同样软弱在老人和小孩之间会产生这样不同的结果呢？如果不是由于老人和小孩的身体状况不同，那么，又到什么地方去找这种变化的原因呢？就生命的活力说，这两种年龄的人都同样是有的，然而在孩子的身上正在发展，在老人的身上正在消逝；一个在成长，一个在毁灭；一个是走向生活，一个是趋向死亡。聚集在老年人心中的活力，正在衰退；然而在孩子的心中，活力却极其

① 见本书第 415 至第 577 页。

旺盛，正在向外扩张，可以说，他觉得他的生命足以使他周围的一切都活跃起来。不管他是在制作什么东西还是在破坏什么东西，这是无关紧要的；只要他能改变事物的现状就够了，所有的改变都是一种活动。如果说在他身上似乎是破坏的倾向较多，其原因也不在于邪恶，而是由于制作东西的活动总是迟缓的，而破坏东西的活动由于是比较的迅速，所以更适合于他的活泼的性情。

造物主在把这种生命的活力赋予孩子的同时，又小心翼翼地只让孩子们轻轻地去使用这种活力，以免造成危害。但是，一旦他们把周围的人都看作工具，他们就会依赖这些人去进行活动，就要利用这些人去追求他们的欲望，弥补他们自己的弱点。他们之所以变得讨厌、蛮横、傲慢、捣乱和不服管教，其原因就在于此；至于所以有这种发展，并不是由于他们有天生的治人的心理，而是在这一发展的过程中使他们形成了这种心理；因为，不需要多么久的经验，他们就会感觉到，用别人的手去干活，只消动一动嘴就可以移动万物，是多么舒服。

在长大的时候，他们就获得了力量，就没有那样的扰攘不安、动个不停，就能够大大地自己克制自己。精神和肉体可以说是取得了平衡，而大自然要求我们的也只是为了保持我们自身所需要的活动。但是，使役他人的欲望，并没有随着产生这种欲望的需要而消灭。驾驭他人的心理唤起和助长了人的自尊，而习惯又加强了这种自尊的心理。这时候，奇异的幻想便跟着需要而产生；这时候，我们的偏见和个人的见解就扎下了最初的根。

一旦明白了这个原理，我们就可以很清楚地看到我们是在什么地方离开了自然的道路的；我们要看一看，要坚持这条道路应该怎样办。

孩子们不仅没有多余的力量，甚至还没有足够的力量来满足大自然对他们的要求；因此，必须让他们使用大自然赋予他们的一切力量，这些力量，他们是不至于随便滥用的。这是第一个准则。

一切身体的需要，不论是在智慧方面或体力方面，都必须对他们进行帮助，弥补他们的不足。这是第二个准则。

在给他们以帮助的时候，应当只限制在他们真正需要的时候才帮助他们，绝不能依从他们胡乱的想法和没有道理的欲望，因为，胡乱的想法不是自然的，所以即使不使它实现，也不会使孩子们感到难过。这是第三个准则。

应当仔细研究他们的语言和动作，以便在他们还不知道装样的年岁时，辨别他们哪些欲望是直接由自然产生的，哪些是由心里想出来的。这是第四个准则。

这些准则的精神是，多给孩子们以真正的自由，少让他们养成驾驭他人的思想，让他们自己多动手，少要别人替他们做事。这样，尽早就让他们养成习惯，把他们的欲望限制在他们力所能及的范围内，他们就不会尝他们力不从心的事情的苦头了。

这里，我们又找到了一个十分重要的新的理由，说明为什么只要注意到不让孩子有跌倒的危险，不让他们的手接触一切可以伤害他们的东西，我们就应该让他们的身体和四肢绝对自由。

身体和手臂都自由的孩子，一定比束缚在襁褓里的孩子哭的次数少些。只知道身体需要的孩子，只有在受到痛苦的时候才会哭；这有很大的好处，因为这样，我们可以确切地知道他什么时候需要帮助，而且，如果可能的话，马上就给他以帮助。但是，如果你不能够解除他的痛苦，你就应当镇镇静静的，切不可用抚弄的办法叫他不哭；你对他的宠爱不仅医不好他的肚子痛，反而使他懂得怎样取得你的疼爱，一旦他知道你可以随他摆布，他就变成了你的主人，这一下全都完了。

孩子们在活动中受到的阻碍愈少，他们哭的时候也愈少；你对孩子们的哭愈是不感到厌烦，你就愈是不会为了要使他们不哭而自找罪受；你少去吓他们或者惯他们，他们也就没有那样的胆怯或倔强，也就能够更好地保持他们的自然状态。正是因为我们没有在孩子们哭的时候就让他们去哭，而是一听见他们哭就殷勤地去抚爱他们，所以才使他们一阵阵地猛然哭起来；我的证明是：没有人管束的孩子，是不像其他的孩子那样爱哭的。我绝不赞成大家因此就放下孩子不管了，相反，应该首先就要预料到他们想做些什么，不要等到他们哭起来的时候才知道他们有什么需要。但是，我也不愿意使他们误解了对他们的关心照料。因为，他们一知道他们的啼哭有那么多用处以后，他们为什么不采用哭的办法呢？当他们知道，你要他们不哭，必须付出代价的时候，他们不会随便要一点点价钱就了事的。到最后，他们索取的代价竟那么高，以致你付不起；这样一来，如果哭了一阵达不到目的的话，他们就会拼命地哭，弄得精疲力竭，甚至哭死为止。

一个孩子如果长时间地哭个不完，其原因既不是受到了束缚，也不是因为生病或缺少什么东西，那么，这样的哭就只是由于习惯或执拗的脾气。这不是大自然的作品，而是由保姆造成的，因为她不知道对孩子的一再啼哭要加以忍耐，所以结果反而使他哭的时间大为增加，她没有想到，今天虽使孩子不哭了，但却使他明天哭得更凶。

唯一能够纠正或防止这个习惯的办法,就是任他怎样哭,你也不去理他。谁也不喜欢做白费气力的事情,就连孩子也是这样。他们在开始尝试的时候,是很顽强的,但是,如果你们坚定的程度比他们倔强的程度还大的话,他们就会打断念头,不再来这一套了。这样,你们就可以使他们哭的时候要少些,使他们养成习惯,只有在痛得不得已的时候才哭出来。

此外,当他们由于胡闹或倔强任性而啼哭的时候,有一个办法是准可以阻止他们继续哭下去的,那就是:用一个好看和吸引人的东西去分他们的心,使他们忘记了哭。大多数保姆都通晓这个艺术,如果做得适当的话,是很有用处的;但最重要的是,不要使孩子发现你们是有意分散他们的心,要让他们在玩的时候不要以为你们是在注意他,所有的保姆笨就笨在不能做好这一点。

所有的孩子断奶的时间都太早。什么时候长牙,什么时候才应该断奶,一般来说,长牙都是痛得难受的。孩子往往不知不觉出于本能地把他手里的东西拿到嘴里去咬。人们以为,拿象牙或狼牙之类的硬东西做咔嗒咔嗒发响的玩具,就可以便利牙齿的成长。我认为这是错误的。把硬东西放在齿龈上,不仅不能使它变得柔软,反而使它会长出老茧,使它发硬,使肌肉裂口时更加难受和更加疼痛。我们还是以动物的本能做例子来说明这一点。我们发现,小狗不是用硬石头、铁或骨头磨炼它们正在成长的牙齿,而是用木头、皮、破布和柔软的东西来磨炼的,因为这些东西可以咬得动,牙齿在上面可以咬出痕迹来。

我们事事都不知道简朴,甚至给孩子随身用的玩意儿也弄得很不简朴。金的、银的和珊瑚的铃铛，小水晶片，各种各样或贵或贱的玩具，这是一些多么没有用处和多么有害的东西啊！这些东西，一样也用不着。别给他们什么铃铛，别给他们什么玩具；几根有叶子和果实的树枝，一只可以听到其中的颗粒发响的罂粟壳，一截既可以供他咂又可以供他嚼的甘草，这些东西，同那些漂亮的小玩具一样，也能够使他玩得挺高兴，并且还没有使他一生下来就习于奢侈的弊害。

大家都知道，奶面糊并不是一种很卫生的食品。煮沸的奶和生面粉会产生许多因不易消化而残剩的污物，是不适合我们的胃的。奶面糊的面粉，没有面包里的面粉那样熟，而且还没有发过酵；我觉得，面包粥和米浆还比较好一些。如果人们偏要做奶面糊的话，那最好是先把面粉烘一下。在我的家乡，就用这样炒过的面粉做一种非常可口和非常卫生的羹。肉汤和肉汁仍然是一种没有多大价值的食品，应当尽量地少吃。重要的是，孩子们首先应当习惯于咀嚼，这是便利牙齿生长的真正的办法；当他们开始咽东西的时候，混合在食物里的唾液就可以帮助消化。

因此，我首先就给他们嚼食干果和面包皮。我将拿一条一条的硬面包和类似皮埃蒙特[1]的面包饼干——乡下人称它为“格里斯”——给他们玩。他们在口里把这种面包弄软以后，总会吞一点下去的，这样，他们的牙齿就长出来了，而且，我们差不多还不知道，他们就已经把奶断掉了。农民的胃一般都是非常之好的，他们断奶时也就是用的这个方法。

---

[1] 皮埃蒙特，意大利和法国接壤的一个省份。

孩子们一生下来就会听我们说话的，不仅在他们还听不懂我们向他们所说的话的时候，而且在他们能够学会发出他们听到的声音以前，我们就已经是同他们说话了。他们的还很迟钝的发音器官，只能一点一点地模仿我们教他们发的声音，并且，这些声音首先是不是像传入我们的耳朵那样清楚地传入他们的耳里，现在还不能肯定。我并不反对保姆用歌曲和又愉快又变化多样的声调逗孩子，但是我反对她们无休止地用许多废话把他们搞得头昏脑涨，因为他们对那些话，除了懂得其中的音调以外，别的都不懂。我希望，我们要使他们听懂的头几个发音，要少，要容易，要清楚，要常常翻来覆去地发给他们听，而且，这几个音所表达的词，要指的是我们拿给孩子看的那几样看得清的东西。不幸的是，我们很容易相信我们所不理解的话，这种情况开始得比人们所想象的还要早。课堂里的小学生仔细听老师的啰啰嗦嗦的话，就像他们在襁褓中听保姆的胡言乱语一样。我觉得，教他们不去听那些废话，也就是对他们进行了非常有用的教育了。

当我们从事研究孩子们的语言的形式和最初的语句时，是会产生许多想法的。不管我们怎样做，他们总是学会了用同样的方式说话了。哲学上的种种空论，在这里简直是没有用处的。

首先，可以说他们是有适合于他们年龄的语法的，这种语法的造句规则比我们的规则还简约；如果我们仔细注意的话，就会感到惊奇，觉得他们是多么准确地仿效了某些类同语，这些类同语，你可以说它们有语病，然而它们是非常有规律的，它们之所以刺耳，只是由于它们说起来很生硬，或者，在习惯上大家还不承认有那种说法。我刚才还听见一个可怜的孩子被他父亲着着实实地骂了一顿,因为他向他父亲说:“爸爸,我到哪里去?”我们可以看出,这个孩子模仿类同语,比我们的文法学家还模仿得好;因为,既然我们向孩子说:“到那里去”,那么,他们为什么不可以说“我到哪里去?”此外,我们要注意的是,他这样说的时候,多么巧妙地避免了“irai-je - y”或“y - irai - je”这两种说法中元音的重复。句子中的指示副词“那里”,我们不知道拿它怎样办,所以就不适当地把它删去了,如果是这样的话,我们能把这个错误推在可怜的孩子的身上吗?硬要去纠正孩子们的这些不合习惯的小错误,这真是一种难以容忍的迂腐的做法和多余的操心,他们随着时间的推移,是一定会自行改正这些错误的。在他们面前说话总要说得正确,使他们觉得,同你谈话,比同任何人谈话都谈得高兴;你们要相信,他们在不知不觉中是会按照你们的语言去纯化他们的语言,用不着你们再去纠正的。

另外一个十分重大的和不易预防的弊病是,人们在教孩子说话这件事情上太操之过急了,好像是担心他们自己不会学说话似的。这样草草率率地着急一阵,是会产生一个同人们所追求的目的正好相反的效果的。他们将因此而说话说得更迟,说得更乱;过分地注意他们所说的每一句话,就会忽略要他们咬清音节发音:由于他们懒于把嘴张得大大的,结果,他们当中有些人终生发音都有毛病,说话也没有条理,使别人几乎听不懂他们到底说些什么。

我同乡下人一起生活的时间很多,但是从来没有听见他们当中有哪一个男子或妇女、男孩或女孩是卷着舌头发“R”音的。

这是什么原因呢？难道农民的发音器官的构造跟我们的不同？不，是由于他们经过了不同的练习方法。我的窗子前面正好有一个土坡，这一带的小孩子常常聚集在这个土坡上玩。尽管他们离我是相当的远，我也能清清楚楚地听出他们说些什么；我常常回忆他们的话，以便用来写这本书。我的耳朵天天都使我搞错他们的年纪；我听到的是一些十来岁的孩子的声音，可是我一看，全是三四岁的孩子的身材和面孔。不单是我一个人有这样的经验，而且，来看我的一些城里人（我和他们谈起这件事情）也同我一样地搞错了。

其所以产生这种结果，是因为城里的孩子一直到五六岁的时候都是在房间里由保姆照管着的，他们只要在嘴里叽叽咕咕地讲一下，别人就可以听见他们了；当他们一动嘴唇的时候，听起来也是很费劲的，而别人教他们讲的话，他们学也学得不好，因此，经常在他们周围的那些人，只要注意一下，就可以猜到他们想说什么，用不着去听他们究竟说了些什么话的。

在乡下的情况就不同了。一个农家妇女并不是时时刻刻都在她孩子的身边的，所以他不得不学会要非常清楚和大声地说出他需要别人听他所说的话。在田野里，由于孩子们到处分散，远远地离开他们的爸爸、妈妈和其他的孩子，所以要练习使远处的人能够听见他所说的话，要练习估计用多大的力量发音才能穿过他和听话的人之间的距离。他就是这样认真地学习发音，而不是在留心照料他的保姆的耳朵边上结结巴巴地嘟哝几声就完了的。当你问一个农家孩子的时候，也许他羞得不敢回答你，但他要说，他就说得很清楚，不像城里的孩子需要保姆做他的翻译；不经过保姆的翻译，就听不懂他牙缝里咕噜咕噜地说些什么[①]。

在长大的时候，男孩子进了中学，女孩子到了女修院，就会改正这个缺点；结果，男孩子和女孩子一般都比一直是在自己家里培养起来的孩子讲话讲得更清楚些。但是，使他们不能学会像农民那样发音的原因是，他们必须在心中记住许多的东西，必须高声背诵他们所学的课文；因为在学说话的时候，他们养成了结结巴巴讲话，随随便便发音和发音不准的习惯，所以在背诵的时候就更为糟糕；他们要费许多气力才能找到他们要背诵的词句，所以只好把词儿的音节拖得长长的：当记得不牢靠的时候，要舌头说话不结巴，是不可能的。这样一来，他们就养成或保持了发音上的毛病。你们以后可以看到，我的爱弥儿是不会有这些毛病的，或者，至少是不会由于上述的原因而染上这些毛病的。

我承认，一般平民和乡村居民走上了另外一个极端，他们讲话的声音之高，往往超过了实际的需要，由于发音过于准确，因而使他们的语音也就过于粗笨，他们的腔调太重，他们不善于选择词儿，等等。

但是，第一，我觉得这个极端比另一个极端的坏处要少得多，因为谈话的头一个法则是要别人听懂你讲的话，所以我们说话的最大的缺点，就是说了而别人听不懂。夸自己没有一点儿腔调，也

① 这并不是没有例外的；我们常常看到，开头说话说得很不清楚的孩子，到后来在他们开始变嗓子的时候，声音就大得简直是震耳欲聋。但是，如果连这些细枝末节都要谈到的话，我就没有一个谈完的时候；聪明的读者应当看到，由同一个弊病产生的过和不及，都可以用我的方法同样去改正。我认为，“保持适度”和“切勿过分”这两个准则是不能分开的。头一个准则一经确立，第二个准则就必然会跟着产生。

就是在夸自己失去了语句的优美和力量。腔调是我们所谈的话的灵魂,有了它,所谈的话才动人和真实。腔调是不像我们所说的话那样骗人的;也许就是这个原因,受过许多教育的人才那样害怕它。由于养成了不管说什么话都是那个腔调的习惯,所以也就会惯于嘲弄人而不使人觉得他在嘲弄。在谈话中既然是忌带腔调,跟着也就产生了可笑的、装模作样的、迎合时髦的谈话方式,例如我们在宫廷的少年当中所见到的就是这种谈话方式。正是谈话和举止方面的这种装模作样的样子,才每每使法国人在其他国家被别人看起来觉得是很讨厌和无聊的。他在谈话中不仅是没有腔调,反而装着一副样子。这不是讨人喜欢的办法。

人们是多么担心地害怕孩子们染上这些语言上的小毛病,其实这些毛病是一点关系也没有的,而且是轻而易举地就可以加以预防或纠正的;但是,由于你使得他们讲话哑声哑气、慌慌张张、羞羞答答,由于你不断地批评他们的声调,挑剔他们所用的字眼,因而染上的毛病,是绝对没有办法矫正的。只学会同娘儿们讲话的人,对一团士兵讲话就会讲得大家都听不懂,他的话就不能压制暴乱的人群。因此,首先要教孩子们对成年的男人讲话,将来,在需要的时候,他们是知道怎样对妇女们讲话的。

你的孩子在乡村生活的无拘无束的环境中长大起来,就会有一副更响亮的嗓子,就不会像城里的孩子们那样染上讲话结结巴巴的毛病,而且还不会学到乡下人讲的词汇和声调,即使已经学到的话,至少也是易于改正的,只要老师从他一生下来就同他一块儿生活,一天一天地逐渐不让外人同他在一起,就可以用自己正确的语言防止和消除乡下人的语言的影响。将来,爱弥儿所讲的法语,同我所讲的法语完全是同样的纯粹，但是，他讲起来比我讲得更清楚，发音也比我好得多。

正在学话的孩子，应该只听他能够懂得的话，应该只讲他能够咬清音节发音的词。他在这方面所做的种种努力，可以使他一再重复发出同一个音节，以便练习更清楚地把它发出来。当他们显得结结巴巴地讲不明白的时候，你用不着费多么大的劲去猜他们说的是什么。企图别人老是那样听他所讲的话，也是一种驾驭他人的表现，孩子们是不应该有这种在他人之上的想法的。你只需十分注意地满足他的需要就够了；应该由他来努力使你懂得你还没有听懂的话。我们不应该硬是要他讲这讲那的，随着他愈来愈感到说话的用处，他自己就会好好地学讲话的。

是的，有人说，开始讲话非常迟的人，是绝对不如其他的人讲得那么清楚的；但是，这并不是因为他们讲话讲得迟，他们的发音器官才受到障碍，恰恰相反，正是由于他们生来发音器官就有障碍，所以很迟才开始讲话，如果不是因为这个缘故的话，他们为什么讲话比别人迟呢？难道是他们讲话的机会少，我们鼓励他们讲话的时候少吗？恰恰相反，人们一发现他们很迟都还不能讲话，是深感不安的，因此就煞费苦心地教他们讲，结果，比教那些很早就能咬清音节发音的孩子，花费的气力还多；这种不适当的急躁的做法，将大大地使孩子讲话讲得很乱；只要我们不那么着急，他们是有时间练习讲得更完善的。

有些孩子，由于你硬要他们说这说那，结果，使他们既没有时间好好地学习发音，也没有时间把你教他们说的话好好地拿来想一想；如果不这样做，而是让他们自己去学习，他们首先就会练习最容易发的音;在逐渐加上用手势向你表达这些语音的意思的过程中,他们就会向你说他们的话,而不说你的话:这就可以使他们只有在把你教他们的话弄明白以后,才会学它们。由于他们不急急忙忙地就把你教给他们的话拿来使用,所以他们开头要细细体会一下你所说的话究竟是什么意思;只有当他们认为已经把其中的意思弄明白的时候,他们才会采用。

你们十分急躁地要孩子还没有到年龄就学会说话,其最大的坏处,不在于你们最初向他们所说的话和他们自己开头说的那些词儿对他们来说没有任何意思,而是他们所理解的意思跟我们的不同,而且,我们还觉察不到其中不同的地方;以致在表面上看来,他们好像是回答得非常正确,其实他们并没有懂得我们的意思,而我们也没有懂得他们的意思。我们有时候对孩子们所说的话觉得惊奇,通常就是由于这些模棱两可的话引起的,我们认为他们的话里有某种意思,其实他们所说的不是那个意思。我觉得,正是由于我们在这方面没有注意到我们所说的词句在孩子们听来究竟是什么意思,所以才造成了他们最初的错误;这些错误,即使在得到纠正以后,也将影响他们一生的性情。在下一章中,我还有一次机会举出例子来阐明这一点。

因此,要尽量限制孩子们的词汇。如果他们的词汇多于他们的概念,他们会讲的事情多于他们对这些事情的思想,那就是一个很大的弊病。为什么乡下人的思路一般都比城里人的思路更正确,我认为,其中的原因之一就是他们的词汇没有那样的广。他们的概念不多,然而他们能够把它们加以很好的比较。

一个孩子,在最初差不多是同时全面发展的。他差不多是在同一个时候学说话、学吃东西和学走路的。这正是他的生命的第一个时期。在此以前,他同他在母亲怀中的样子没有什么差别;他没有任何心情,没有任何思想,几乎连感觉也是没有的;他甚至觉察不到他本身的存在:

> 他活着,但意识不到他自己的生命。
>
> 奥维德:《哀歌》第1卷。

第二卷

我们在这里开始谈人生的第二个时期，幼儿期到这里就该结束了，因为“幼儿”和“儿童”不是同义语。前者包括在后者之中，意思是指“不会说话的人”，所以在瓦勒尔-马克西姆[1]的著作里我们看到有“幼稚的儿童”这种词汇。不过，我仍然是按照我们语言的习惯来使用这个词，一直用到可以用其他的名词表明其年龄为止。

当小孩子开始说话后，他们哭的时候就要少一些。这种进步是很自然的：一种语言代替了另外一种语言。一到他们能够用语言说出他们所受的痛苦，只要不是痛得不能用言语形容的时候，他们为什么要用哭来表示呢？所以，如果他们哭个不停的话，那就要怪他们周围的人。即使爱弥儿说：“我痛了”，那也要痛得非常厉害才能使他哭起来的。

如果孩子长得很聪慧，如果他天生就爱无缘无故地啼哭，我就让他白白地哭一阵，得不到一点效果，这样，就可以很快地使他擦干他的眼泪。只要他在哭，我就不到他那里去；他不哭了，我马上就跑到他的身边。不久以后，他呼唤我的时候就将采用

[1] 瓦勒尔-马克西姆，罗马第二任皇帝提比利乌斯时代的历史学家和修辞学家，著有《嘉言懿行录》九卷。

停止啼哭的办法,或者,要哭也至多只哭一声。因为,孩子们是根据信号的可以感觉的效果来判断其意义的;对他们来说,没有其他一成不变的意思,因此,不论一个孩子受了什么样的创痛,当他独自一个人的时候,除非他希望别人听见他在哭,他是很少哭的。

如果他摔倒了,如果他头上碰肿了,如果他鼻子出血了,如果他的手指戳伤了,我不但不惊惶地急忙走到他的身边,反而安详地站在那里,至少也要捱些时候才走过去。伤痛已经发生了,他就必须忍受;我急急忙忙的样子,反而使他更加害怕,更加觉得疼痛。其实,当我们受伤的时候,使我们感到痛苦的,并不是所受的伤,而是恐惧的心情。我这样做,至少给他排除了后面这一种痛苦,因为,他一定是看我怎样判断他所受的伤,就怎样判断他所受的伤的:如果他看见我慌慌张张地跑去安慰他,替他难过,他就以为他这一下可糟了;如果他看见我很镇静,他也马上会镇静起来,以为创痛已经好了,不再痛了。他正该在这样的年龄开始学习勇敢的精神,在毫不畏惧地忍受轻微痛苦的过程中,他就会渐渐学到如何忍受更大的痛苦了。

我非但不小心谨慎地预防爱弥儿受什么伤,而且,要是他一点伤都不受,不尝一尝痛苦就长大的话,我反而会感到非常苦恼的。忍受痛苦,是他应该学习的头一件事情,也是他最需要知道的事情。似乎,孩子们之所以如此弱小,正是因为要他们受到这些没有危险的重要的教训。即使孩子从上面跌下来,他也不会摔断他的腿;即使他自己用棍子打一下,他也不会打断他的胳臂;即使他抓着一把锋利的刀子,他也不会抓得太紧,弄出很深的伤口。除非人们漫不经心地把孩子放在高高的地方，或者让他独自一人坐在火炉旁边，或者把危险的器具放在他可以拿得到的地方，否则我也从来没有听说过一个自由自在的孩子会把自己弄死了，或者弄成残废了，或者受到很重的伤了。有些人用各式各样的东西把孩子围起来，预防他受到任何伤害，以致他在长大后一有痛苦便不能对付，既没有勇气，也没有经验，只要刺痛一下便以为就要死了，看见自己流一滴血便昏倒过去，弄成这样的结果，我们还能说这一大堆设备有什么用呢？

我们教训人和自炫博学已经成癖，以致往往把那些在孩子们自己本来可以学得更好的东西也拿去教他们，可是却忘记要他们学习只有我们才能教他们的事情。我们费了许多气力教孩子走路，好像因为看见过什么人由于保姆的疏忽，到长大的时候就不会走路似的，还有比这样去教孩子更愚蠢的事么？恰恰相反，我们发现有多少人正是因为我们教坏了走路的样子，一生走路都走不好啊！

爱弥儿将来是不使用学走车、小推车和引步带的，当他知道怎样把一只脚移到另一只脚的前边时，我们就只是在有石子的地方才扶他一下，而且也只是为了使他很快地走过去[①]。我不但不让他待在空气污浊的屋子里，反而每天都把他带到草地上去。在那里，让他跑，让他玩，让他每天跌一百次，这样反而好些：他可以更快地学会自己爬起来。从自由中得到的益处可以补偿许多的小伤。我

① 再没有比那些在小时候过多地使用引步带牵着学走的人走得更可笑和更不稳当的了；这是大家都见到的一个事实，不过，正因为它是真实的，在各方面都是真实的，所以反而被看作是很平凡了。

的学生也许身上常常都有点儿伤，然而他永远是快乐的；你的学生也许受的伤要少一点，但他们常常感到别扭，处处受到拘束，常常都那样忧愁不快的。我怀疑这对他们有什么好处。

另外一种进步使孩子们觉得哭泣是没有那么必要的，这种进步就是他们的体力的增长。由于他们能更多地依靠自己，所以就不用经常地求助于人。有了体力，他们运用体力的智慧也跟着发展起来。正是在这第二个阶段开始了他个人的生活；在这个时候，他也意识到了他自己。记忆力使自我的感觉延续到他一生的每一个时刻；他真正地成为一个人，成为他自己，因此，他已经有为福还是为祸的能力了。应该从这里开始把他看作一个有心思的人了。

虽然我们可以给人的生命定一个差不多是最长的期限，并且让人们在每个年龄上都有达到这个期限的可能性，但是，再没有什么东西像每一个特定的人的寿命那样没有把握的了，能够达到这个最长的期限的人是非常之少的。生命遭遇最大的危险的时候是在它的开始；对生活的体验愈少，则保持其生命的希望也愈小。在出生的孩子当中，至多有一半能够长成青年；也许，你的学生是不会达到成人的年龄的。

当我们看到野蛮的教育为了不可靠的将来而牺牲现在，使孩子受各种各样的束缚，它为了替他在遥远的地方准备我认为他永远也享受不到的所谓的幸福，就先把他弄得那么可怜时，我们心里是怎样想法的呢？即使说这种教育在它的目的方面是合理的，然而当我看见那些不幸的孩子被置于不可容忍的束缚之中，硬要他们像服苦役的囚徒似的继续不断地工作，我怎么不感到愤慨，怎能不断定这种做法对他们没有一点好处？欢乐的年岁是在哭泣、惩罚、恐吓和奴役中度过的。你们之所以折磨那可怜的孩子，是为了使他好；可是不知道你们却招来了死亡，在阴沉的环境中把他夺走了。谁知道有多少孩子由于父亲或教师过分地小心照料终于成牺牲品？能够逃脱这种残酷的行为，可以说是很幸运的，孩子们在遭受了种种灾难以后，所得到的唯一好处是，在死亡的时候不至于对这个受尽苦楚的生命抱有惋惜的心情，因为他们在这一生中遇到的尽是苦难。

人啊！为人要仁慈，这是你们的头一个天职：对任何身份、任何年龄的人，只要他不异于人类，你们对他都要仁慈。除了仁慈以外，你们还能找到什么美德呢？要爱护儿童，帮他们做游戏，使他们快乐，培养他们可爱的本能。你们当中，谁不时刻依恋那始终是喜笑颜开、心情恬静的童年？你们为什么不让天真烂漫的儿童享受那稍纵即逝的时光，为什么要剥夺他们绝不会糟蹋的极其珍贵的财富？他们一生的最初几年，也好像你们一生的最初几年一样，是一去不复返的，你们为什么要使那转眼即逝的岁月充满悲伤和痛苦呢？做父亲的，你们知不知道死神什么时候会夺去你们的孩子？你们绝不要剥夺大自然给予他们的短暂的时间，否则你们将后悔不及的；一到他们能感受生的快乐，就让他们去享受；不管上帝在什么时候召唤他们，你们都不要使他们没有尝到生命的乐趣就死了。

多少人将起来反对我呀！我老远就听见那虚假的聪明人发出的叫嚣；他们不断地使我们迷失本性，他们轻视现在，不停地追求那愈追愈是追不到的未来，他们硬要我们离开现在的境界，走向我们永远也达不到的地方。

你们回答我说，现在是改正人的不良倾向的时候，在童年时期，对痛苦的感觉最轻，正是在这个时候应当使他多受痛苦，以便他在达到懂事的年龄时少受痛苦。但是，谁告诉过你可以由你们随心所欲地这样安排，谁曾说过你们对一个孩子的稚弱的心灵进行这番美妙的教训，将来不至于对他害多益少？你怎么知道采取多多折磨孩子的办法就可以省去一些麻烦？既然是不能肯定目前的痛苦能够解除将来的痛苦，为什么又要使他遭受他现时承受不了的那么多灾难呢？你们怎样给我证明，你们企图医治他们的那些不良倾向，不是来自你们的错误做法而是来自自然？你们所抱的希望是好歹终有一天使他获得幸福，然而在目前却把他弄得怪可怜的，这样的远虑是多么糟糕！这些庸俗的理论家，竟把放纵同自由、快乐的儿童同娇养的儿童，全都混淆起来，我们必须使他们了解这中间是有区别的。

为了不追逐幻想，我们就不能忘记怎样才能使我们适合于自己的环境。在万物的秩序中，人类有它的地位；在人生的秩序中，童年有它的地位：应当把成人看作成人，把孩子看作孩子。分配每个人的地位，并且使他固定于那个地位，按照人的天性处理人的欲念，为了人的幸福，我们能做的事情就是这些。其余的事情就要以各种外因为转移，但是，外因却不是我们的能力可以决定的。

我们不可能知道绝对的幸福或绝对的痛苦是什么样子的，它在人生中全都混杂在一起了；我们在其中领略不到纯粹的感觉，不能在同一种情况下感受两种不同的时刻。正如我们的身体在变化一样，我们心灵的情感也在继续不断地变化。人人都有幸福和痛苦，只不过是程度不同而已。谁遭受的痛苦最少，谁就是最幸福的人;谁感受的快乐最少,谁就是最可怜的人。痛苦总是多于快乐,这是我们大家共有的差别。在这个世界上,对于人的幸福只能消极地看待,衡量的标准是:痛苦少的人就应当算是幸福的人了。

一切痛苦的感觉都是同摆脱痛苦的愿望分不开的,一切快乐的观念都是同享受快乐的愿望分不开的;因此,一切愿望都意味着缺乏快乐,而一感到缺乏快乐,就会感到痛苦,所以,我们的痛苦正是产生于我们的愿望和能力的不相称。一个有感觉的人在他的能力扩大了他的愿望的时候,就将成为一个绝对痛苦的人了。

那么,人的聪明智慧或真正的幸福道路在哪里呢?正确说来,它不在于减少我们的欲望,因为,如果我们的欲望少于我们的能力,则我们的能力就有一部分闲着不能运用,我们就不能完全享受我们的存在;它也不在于扩大我们的能力,因为,如果我们的欲望也同样按照更大的比例增加的话,那我们只会更加痛苦;因此,问题在于减少那些超过我们能力的欲望,在于使能力和意志两者之间得到充分的平衡。所以,只有在一切力量都得到运用的时候,心灵才能保持宁静,人的生活才能纳入条理。

大自然总是向最好的方面去做的,所以它首先才这样地安排人。最初,它只赋予他维持他生存所必需的欲望和满足这种欲望的足够的能力。它把其余的能力通通都储藏在人的心灵的深处,在需要的时候才加以发挥。只有在这种原始的状态中,能力和欲望才获得平衡,人才不感到痛苦。一旦潜在的能力开始起作用的时候,在一切能力中最为活跃的想象力就觉醒过来,领先发展。正是这种想象力给我们展现了可能达到的或好或坏的境界,使我们有满足欲望的希望,从而使我们的欲望更为滋长。不过,起初看来似乎是伸手可及的那个目标，却迅速地向前逃遁，使我们无法追赶；当我们以为追上的时候，它又变了一个样子，远远地出现在我们的前面。我们再也看不到我们已经走过的地方，我们也不再去想它了；尚待跋涉的原野又在不断地扩大。因此，我们弄得精疲力竭也达不到尽头；我们愈接近享受的时候，幸福愈远远地离开我们。

相反地，人愈是接近他的自然状态，他的能力和欲望的差别就愈小，因此，他达到幸福的路程就没有那样遥远。只有在他似乎是一无所有的时候，他的痛苦才最为轻微，因为，痛苦的成因不在于缺乏什么东西，而在于对那些东西感到需要。

真实的世界是有界限的，想象的世界则没有止境；我们既不能扩大一个世界，就必须限制另一个世界；因为，正是由于它们之间的唯一的差别，才产生了使我们感到极为烦恼的种种痛苦。除了体力、健康和良知以外，人生的幸福是随着各人的看法不同而不同的；除了身体的痛苦和良心的责备以外，我们的一切痛苦都是想象的。人们也许会说，这个原理是人所共知的；我同意这种说法；不过，这个原理的实际运用就不一样了，而这里所谈的，完全是运用问题。

我们说人是柔弱的，这是什么意思呢？“柔弱”这个词指的是一种关系，指我们用它来表达的生存的关系。凡是其体力超过需要的，即使是一只昆虫，也是很强的；凡是其需要超过体力的，即使是一只象、是一只狮子，或者是一个战胜者、是一个英雄、是一个神，也是很弱的。不了解自己的天性而任意蛮干的天使，比按照自己的天性和平安详地生活的快乐的凡人还弱。对自己现在的力量感到满足的人，就是强者；如果想超出人的力量行事，就会变得很柔弱。因此，不要以为扩大了你的官能，就可以增大你的体力；如果你的骄傲心大过了你的体力的话，你反而会使你的体力因而减少的。我们要量一量我们的活动范围，我们要像蜘蛛待在网子的中央似地待在那个范围的中央，这样，我们就始终能满足我们自己的需要，就不会抱怨我们的柔弱，因为我们根本没有柔弱的感觉。

一切动物都只有保存它自己所必需的能力，唯有人的能力才有多余的。可是，正因为他有多余的能力，才使他遭遇了种种不幸，这岂不是一件怪事？在各个地方，一个人的双手生产的物资都超过他自己的需要。如果他是相当的贤明，不计较是不是有多余，则他就会始终觉得他的需要是满足了的，因为他根本不想有太多的东西。法沃兰说："巨大的需要产生于巨大的财富，而且，一个人如果想获得他所缺少的东西，最好的办法还是把他已有的东西都加以舍弃。"[①]正是由于我们力图增加我们的幸福，才使我们的幸福变成了痛苦。一个人只要能够生活就感到满足的话，他就会生活得很愉快，从而也生活得很善良，因为，做坏事对他有什么好处呢？

如果我们永远不死，我们反而会成为十分不幸的人。当然，死是很痛苦的，但是，当我们想到我们不能永远活下去，想到还有一种更美好的生活将结束今生的痛苦，我们就会感到轻松的。如果有人允许我们在这个世界上长生不死，请问谁[②]愿意接受这不祥

① 《沉静的黑夜》，第 9 卷，第 8 章。

② 可以想象得到，我在这里说的是有思想的人，而不是所有一切的人。

的礼物?我们还有什么办法、什么希望和什么安慰可以用来对付那命运的严酷和人的不公不正的行为?愚人是没有远见的,他不知道生命的价值,所以也就不怕丢失他的生命;智者可以看到更贵重的财富,所以他宁愿要那种财富而不要生命。只有不求甚解和假聪明的人才使我们只看到死,而看不到死以后的情景,因而使我们把死看作是最大的痛苦。在明智的人看来,正是因为必然要死,所以才有理由忍受生活中的痛苦。如果我们不相信人生终究要一死的话,我们就要花太多的代价去保存它的。

我们精神上的痛苦,全都是由个人的偏见造成的,只有一个例外,那就是犯罪;而犯不犯罪全在于我们自己,我们身体上的痛苦如果不自行消灭,就会消灭我们。时间或死亡是医治我们痛苦的良药;我们愈不知道忍受,我们就愈感到痛苦;我们为了医治我们的疾病而遭到的折磨,远比我们在忍受疾病的过程中所遭受的折磨来得多。要按照自然而生活,要有耐心,要把医生都通通赶走,你是免不了要死的,但是你对死亡的感觉只不过一次而已,可是医生却使你在自己混乱不清的想象中每天都有死亡的感觉;他们骗人的医术不仅不延长你的生命,反而剥夺了你对生命的享受。我始终怀疑医术究竟给人类带来了什么真正的好处。诚然,有些要死的人被它治好了,但是,有成千上万可以保全生命的人却遭到了它的杀害。聪明的人啊,不要去碰这种彩券了,因为这样去碰,你十之八九是要输的。所以,不论患病也罢,死也罢,或是医治也罢,总之,特别要紧的是,你必须要生活到你最后的一点钟。

在人的习俗中,尽是些荒唐和矛盾的事情。我们的生命愈失去它的价值,我们对它愈觉忧虑。老年人比年轻人对它更感到依恋，他们舍不得抛弃他们为享受而做的种种准备；到了六十岁，还没有开始过快乐的生活就死了的话，那的确是很痛心的。人人都非常爱护自己的生命，这是事实；但是，大家不明白，像我们所意识的这种爱，大部分是人为的。从天性上说，人只是在有能力采取保存生命的办法的时候，他才对生命感到担忧；一旦没有这些办法，他也就心情宁静，也就不会在死的时候使自己有许多无谓的烦恼。生命的长短听天决定，这是第一个法则，这个法则是自然教给我们的。野蛮人和野兽对死亡都是不进行太多的挣扎的，而且是毫不抱怨地忍受的。这个法则一破坏，接着就从理性中产生了另外一个法则；不过很少有人能认识这个法则罢了，这个生命的长短由人决定的法则是不如第一个法则那样充实和完整的。

远虑！使我们不停地做我们力不能及的事情，使我们常常向往我们永远达不到的地方，这样的远虑正是我们种种痛苦的真正根源。像人这样短暂的一生，竟时刻向往如此渺茫的未来，而轻视可靠的现在，简直是发了疯！这种发疯的做法之所以更加有害，是因为它将随着人的年龄而日益增多，使老年人时刻都是那样的猜疑、焦愁和悭吝，宁愿今天节约一切而不愿百年之后缺少那些多余的东西。因此，我们现在要掌握一切，把一切都抓在手里；对我们每一个人来说，重要的是一切现有的和将有的时间、地方、人和东西；我们的个体只不过是我们自己的最小的部分。我们可以说，我们每一个人都扩展到了整个的世界，在整个的大地上都感觉到了自己。在别人可以伤害我们的地方，我们的痛苦就因而增加，这有什么奇怪呢？有多少君王由于失去了他们从未见过的土地而感到悲伤啊！有多少商人只因想插足印度而在巴黎叫喊啊！

是大自然使人自己这样迷失本性吗？是它要每一个人从别人的命运看自己的命运，而且往往要到最后才知道自己的命运，以便他不知道这样的死是愉快还是悲惨吗？我看见过这么一个人，他容光焕发、心情愉快、身体健康；不论他到哪里都使人感到高兴；他的眼睛流露出喜悦和生活富裕的光芒；根据他的面貌就可以看出他是很幸福的。从邮局送来了一封信；这个幸福的人把信一瞧，是寄给他的，于是就把信拆开来看了。顷刻之间他的神情大起变化；他脸色苍白，突然晕倒了。当他苏醒过来的时候，他哭泣，他激动，他战栗，他扯他的头发，他叫声震天，他好像感染了可怕的痉挛症似的。愚蠢的人啊！这一纸书信给你带来了什么灾难？它折断了你的手还是折断了你的脚？它使你犯了什么罪？最后，它使你的内心起了什么变化，以致你变得像我方才看见的那个样子？

要是那封信错投了地址，要是一个好心人把它扔到火里，这样一来，我觉得，这个又幸福又可怜的人的命运就会成为一个奇怪的问题了。你们说，他的痛苦是真实的。不错，不过他以前没有觉察出来。他的幸福是想象的，我同意这一点；健康、快乐、富裕和内心的满足都不过是幻象。我们已不再按我们的能力而生活，我们的生活已超过了我们能力许可的范围。只要我们还有生活的资源，我们何必那么怕死呢？

人啊！把你的生活限制于你的能力，你就不会再痛苦了。紧紧地占据着大自然在万物的秩序中给你安排的位置，没有任何力量能够使你脱离那个位置；不要反抗那严格的必然的法则，不要为了反抗这个法则而耗尽了你的体力，因为上天所赋予你的体力，不是用来扩充或延长你的存在，而只是用来按照它喜欢的样子和它所许可的范围而生活。你天生的体力有多大，你才能享受多大的自由和权力，不要超过这个限度；其他一切全都是奴役、幻想和虚名。当权力要依靠舆论的时候，其本身就带有奴隶性，因为你要以你用偏见来统治的那些人的偏见为转移。为了要按照你的心意去支配他们，你就必须按照他们的心意办事。他们只要改变一下想法，你就不能不改变你的做法。所有接近你的那些人，只要设法控制你所控制的人或控制你所宠爱的人的思想，只要设法控制你的家属甚至你自己的思想，即使你有泰米斯托克里①那样的才情，这些大臣、僧侣、军人、仆人、饶舌的人以及小孩子，也能在你的军队中把你像一个小孩似地加以指挥。你真是徒劳心力：你真正的权力绝不能超过你身体的能力。一旦要用他人的眼光去观察事物，你就要以他人的意志为自己的意志了。"人民是我的臣属"，你骄傲地这样说。诚然。可是你又是什么人呢？你是你的大臣的臣属。你的大臣又是怎样的人呢？是他们的属员和情人的臣属，他们的仆人的仆人。你把一切都攫为己有，然后又一大把一大把地抛撒金钱；你修筑炮台，竖立绞架，制造刑车；你发布种种法令；你增加几倍的密探、军队、刽子手、监狱和锁链。可怜的渺小的人啊！所有这一切对你有什么用处？你既不能从其中得到更大的利益，也不能因此就少受他人的抢劫、欺骗或得到更多的绝对权力。你

① 泰米斯托克里❶向他的朋友说："你在那里看见的那个小孩子，就是希腊的主宰；因为他统治他的母亲，他的母亲又统治我，我又统治雅典人，而雅典人又统治希腊人。"啊！如果我们从国王一步一步地追踪到幕后操纵一切的第一个人，我们往往发现，指挥庞大的帝国的人是多么渺小！

❶ 泰米斯托克里(公元前525—前460)，雅典的国务活动家、军事家。

经常说“我们想这样做”，实则你所做的往往是他人想做的事情。

只有自己实现自己意志的人，才不需要借用他人之手来实现自己的意志；由此可见，在所有一切的财富中最为可贵的不是权威而是自由。真正自由的人，只想他能够得到的东西，只做他喜欢做的事情。这就是我的第一个基本原理。只要把这个原理应用于儿童，就可源源得出各种教育的法则。

社会使人变得更柔弱了，其原因不仅是由于它剥夺了一个人运用自己力量的权利，而且还特别由于它使人的力量不够他自己的需要。人的欲望为什么随着他的柔弱而成倍地增加，小孩同成人相比为什么显得柔弱，其原因就在这里。成人之所以是一个很强的人，孩子之所以是一个很弱的人，不是由于前者比后者有更多的绝对的体力，而是就自然的状态来说成人能够自己满足自己的需要，而小孩则不能。因此，成人有更多的意志，小孩有更多的妄想；我所说的妄想，指的是一切既不属于真正的需要，而且只有借别人的帮助才能满足的欲望。

我已经阐述过造成这种柔弱状态的原因。大自然用父母的爱来补救这种缺陷，不过，父母的爱可能有过和不及甚至误用的时候。生活在文明社会中的父母，在他们的孩子还没有成年的时候就使他过这种社会的生活。他们给孩子的东西超过了他的需要，这样做，不仅没有减轻他的柔弱程度，反而使他更加柔弱了。而且，由于他们硬要孩子做那些连大自然也不要求他做的事情，由于他们要使孩子按照他们的心意使用自己需要的一点气力，由于孩子的柔弱和父母的钟爱使他们的互相依赖变成了一方对他方的奴役，所以就愈来愈使孩子变得柔弱了。

明智的人是知道怎样站稳他的地位的；可是孩子，他认识不到他的地位，所以也就不知道他应该安于他的地位。在我们当中有千百条脱离他的地位的道路，因此要完全依靠管教孩子的人把他保持在那里，这个任务是很不容易的。他既不是野兽，也不是成年人，而是一个孩子；他必须意识到他的柔弱，但是不能让他因为柔弱而受痛苦；他应当依赖成年人，但不能服从成年人的摆布；他可以提出要求，但不能发布命令。只有在他确有需要，或者因为别人比他更明白什么东西对他最有用处，什么东西有助于或有害于他的生存的时候，他才可以听命于别人。任何一个人，即使是他的父亲，也没有权利命令孩子去做对他一无用处的事情。

在偏见和人类的习俗没有改变人们的自然倾向以前，孩子和成年人之所以幸福，完全在于他们能够运用他们的自由，不过，在童年时候这种自由会受到体力柔弱的限制。一个人只要自己能够满足自己的需要，因而愿意做什么就做什么，这样的人才是快乐的人；生活在自然状态中的成年人就是这个样子。如果一个人的需要超过了他的力量，这个人即使爱怎样做就怎样做，他也是得不到快乐的；生活在自然状态中的孩子就是这个样子。即使在自然状态中，孩子们也只能享受部分的自由，正如成年人在文明状态中也只能享受部分的自由一样。我们每一个人都因为不能不依靠他人，所以从这一点上说我们是又柔弱又可怜的。我们本来是要做成年人的，而法律和社会又把我们变成了孩子。达官、富人和国王，全都是小孩子，他们看见别人殷勤地去减轻他们的痛苦，就产生了一种幼稚的自大心理，并且以得到别人的照料而感到骄傲，他们没有想到，如果他们是成人的话，别人是不会对他们如此殷勤的。

这些看法很重要，可以用来解决社会制度的一切矛盾。有两种隶属：物的隶属，这是属于自然的；人的隶属，这是属于社会的。物的隶属不含有善恶的因素，因此不损害自由，不产生罪恶；而人的隶属则非常紊乱[①]，因此罪恶丛生，正是由于这种隶属，才使主人和奴隶都互相败坏了。如果说有什么方法可以医治社会中的这个弊病的话，那就是要用法律来代替人，要用那高于任何个别意志行动的真正力量来武装公意。如果国家的法律也像自然的规律那样不稍变易，不为任何人的力量所左右，则人的隶属又可以变成物的隶属；我们在国家中就可以把所有自然状态和社会状态的好处统一起来，就可以把使人免于罪恶的自由和培养节操的道德互相结合。

你使孩子只依赖于物，就能按照自然的秩序对他进行教育。如果他有冒失的行为，你只需让他碰到一些有形的障碍或受到由他的行为本身产生的惩罚，就可以加以制止；这些惩罚，他是随时都记得的，所以，无须你禁止，也能预防他顽皮捣乱。经验和体力的柔弱，对他来说就是法规。绝不能因为他要什么就给什么，而要看他是不是确实有需要。当他在活动的时候，不要教他怎样怎样地服从人，同时，在你给他做事的时候，也不要告诉他怎样怎样地使役人。要让他在他的行动和你的行动中都同样感到有他的自

① 在我的《政治权利的原理》里❶已经指出，任何个别的意志都是不能规定到社会的制度中去的。

❶ 参看《社会契约论》第3卷第2章《论各种不同政府形式的建制原则》和第4卷第1章《论公意是不可摧毁的》。

由。当他的体力满足不了他的需要的时候，就要弥补他的体力之不足，但是只能够补充到恰好够使他自由活动，而不能让他随意地使唤人，因此，要使他在得到你的帮助的时候有一种羞愧的感觉，从而渴望自己能够及早地不要人家帮忙，及早地体体面面自己做自己的事情。

大自然是有增强孩子的身体和使之成长的办法的，我们绝不能违反它的办法。当一个孩子想走的时候，我们就不应该硬要他待着不动，但是，如果他想待在那里，我们就不应当逼着他去走。只要不用我们的错误去损害孩子的意志，他是绝不会做没有用处的事情的。只要他愿意，就让他跑跑跳跳、吵吵闹闹好了。他的一切运动，都是他日益增强的身体所必需的；不过，我们应当提防他去做他力所不能和必须别人代替他做的事情。因此，我们要仔细地分别哪些需要是他真正的需要、是自然的需要，哪些需要是由于他开始出现的幻想造成的，或者是由于我曾经谈到过的生活的过于优裕引起的。

当一个孩子哭着要这个那个的时候应该怎样办，这我已经说过了。我现在只补充一点：自从他能够用说话的方式索取他想得到的东西以后，如果他还要用哭的方式索取的话，就不论他是为了想更快地得到那个东西，还是为了使别人不敢不给，都应当干脆地加以拒绝。如果他确有需要，不能不讲出来，你就要弄清楚他需要的是什么，并且立刻照他的话去做；但是，如果你一看见他流眼泪就给他东西，那就等于是在鼓励他哭泣，是在教他怀疑你的好意，而且还以为对你硬讨比温和地索取更有效果。如果他不相信你是出于好心，他转瞬就会变坏；如果他认为你很软弱，他马上就会变得顽强；因此，重要的是，凡是你不打算拒绝给他的东西，则一看见他要，就应当马上给他。不要动不动就加以拒绝，但一表示拒绝之后，就不应当又回头表示答应。

你要特别注意，切勿教孩子学会一套虚假的客气话，因为这种话可以让他在需要的时候当作咒语，使他周围的一切都听从他的意志的指挥，使他可以立刻得到他想要的东西。有钱的人实行了过分讲究礼仪的教育，因此必然使孩子们变得怪文雅的，他们给孩子们规定了一套辞令，好让他们说得谁也不敢反对，因此，他们的孩子说起话来既没有求人的语气，也没有求人的态度；他们求人的时候也如同命令人一样地傲慢，甚至还要过分，好像非要别人服从不可似的。我们首先发现，"如果你愿意的话"这句话，从他们口中说出来，意思就是"我要这么做"；"我请求你"这句话，意思就是"我命令你"。多客气的话，对他们说来都改变了意思，而且还只能以命令的方式而不能以其他的方式来说！至于我，我不怕爱弥儿说话粗鲁，但是我怕他说话傲慢，我宁可让他在请求别人的时候说："你去做"，而不喜欢他在命令的时候说："我请求你。"我所重视的不是他使用的措辞，而是他给那些措辞的含义。

有些人是过分严格，有些人是过分放任，这两种情况都同样是要避免的。如果你放任孩子不管，就会使他们的健康和生命遭到危险，使他们在眼前受到许多苦楚；但是，如果你过分关心，一点苦都不让他们受，就会使他们在将来遭到更大的苦难，使他们长得十分娇嫩、多愁善感，从而使他们脱离成人的地位，但是，这种地位，不管你愿意不愿意，他们终有一天会达到的。你为了不让他们受到大自然给予他们的一些痛苦，结果反而给他们制造了许多它不让他们遭遇的灾难。你也许说我曾经责备过那些可恶的父亲为了永远达不到的未来而牺牲他们孩子的幸福，而现在我自己又成为这样的父亲了。

没有。因为，我让我的学生享受的自由大大地补偿了我让他遭到的一些轻微的痛苦。我看见雪地上有几个淘气的小鬼在那里玩，他们的皮肤都冻紫了，手指头也冻得不那么灵活了。只要他们愿意，就可以去暖和暖和，可是他们不去；如果你硬要他们去的话，也许他们觉得你这种强迫的做法比寒冷还难受一百倍。你有什么牢骚可发呢？难道说我让你的孩子受到一些他们情愿忍受的轻微的痛苦，就算是把他们弄惨了吗？我让他自由，就可以使他在目前过得挺高兴；我给他以锻炼，使他能抵抗他必然要遭受的灾难，从而就可以使他在将来过得愉快。如果要他选择做我的学生还是做你的学生的话，你想他会不会有片刻的犹豫呢？

你想，除了体格以外，谁还能找得到什么真正的幸福呢？如果要他免除人类的种种痛苦，这岂不是等于叫他舍弃他的身体？是的，我是这样看法的：为了要感到巨大的愉快，就需要他体会一些微小的痛苦；这是他的天性。身体太舒服了，精神就会败坏。没有体会过痛苦的人，就不能理解人类爱的厚道和同情的温暖；这样的人势必心如铁石，不同他人相往来，他将成为人类中的一个怪物。

你知不知道用什么方法准可以使你的孩子受到折磨？这个方法就是：一贯让他要什么东西就得到什么东西；因为有种种满足他的欲望的便利条件，所以他的欲望将无止境地增加，结果，使你迟早终有一天不能不因为力量不足而表示拒绝；但是，由于他平素没有受到过你的拒绝，突然碰了这个钉子，将比得不到他所希望的东西还感到痛苦。起初，他想得到你手中的手杖，转眼之间他又想要你的手表，接着，他又想要空中的飞鸟，想要天上闪烁的星星；他看见什么就要什么：除非你是上帝，否则你怎么能满足他的欲望呢？

把一切能够得到的东西都看作是自己的，这是人的一种天性。从这个意义上说，霍布斯的原理在一定程度上是正确的：要是满足欲望的方法能够随着我们欲望的增加而增加，每一个人就可以成为万物的主人了。因此，要是一个孩子想得到什么就可以得到什么的话，他就会自以为是天下的主人，把一切人都看作是他的奴隶，而在你最后不得不拒绝给他某种东西的时候，他就会把你的拒绝看作是一种反叛，因为他原以为他一声令下就可以要什么就得到什么的；由于他还没有达到明白事理的年龄，所以他将把你向他解释的种种理由看作是借口；他认为你处处都对他不怀好意，因此，他所认为的不公正将使他的性情更加乖戾，对一切人都怀恨在心，对他人的殷勤照顾不仅不感谢，而且稍不如意，就大发雷霆。

像这么一个怒火冲天，动不动就发脾气的孩子，我怎能设想他可以成为一个快乐的人呢？快乐，他！他是一个暴君；他既是奴隶当中最卑贱的奴隶，同时也是人类当中最可怜的人。我曾经看见过几个用这种方式培养起来的孩子，他们竟想叫人一下子把房子撞倒，竟要人把钟楼上的风标拿下来给他们，竟要人拦住正在行进中的军队，好让他们多听一会儿行军的鼓声；只要你不及时服从他们的指挥，他们就会震天价地啼哭，不听任何人的制止。大家白白地忙一阵，谁也没有办法使他们高兴；他们的欲望由于有获得一切东西的便利条件而愈益强烈，因此他们偏偏要那些不可能得到的东西，从而处处遇到抵触、障碍、困难和痛苦。成天啼哭，成天不服管教,成天发脾气,他们的日子就是在哭泣和牢骚中度过的;像这样的人是很幸福的吗?体力的软弱和使役人的心连在一起,是必然要产生妄念和痛苦的。在两个娇养坏了的孩子当中,如果一个要大发脾气,另一个要闹个翻江倒海,那就要打坏和打烂许多东西才能使他们感到痛快。

如果说这些专横暴戾的思想从他们的童年起就使他们过着不幸的生活,那么,到他们长大的时候,到他们和别人的关系开始扩大的时候,其情形又将怎样呢?平时看惯了任何人对他们都是那样的畏惧,可是一踏入社会,却觉得所有的人都在反抗他们,发现他们原来以为可以随意支配的世界竟重重地压在自己的身上,这时候,他们该是多么地吃惊呀!他们傲慢的态度和幼稚的虚荣心是必然要给他们招来许多屈辱、轻蔑和嘲笑的;他们受到侮辱的时候,只好像水一样地把它吞下去,残酷的事实不久就会使他们明白,他们没有认识到他们的地位和力量;当他们什么事情都不能办的时候,他们就认为自己是一点能力都没有了。有那么多素来没有遇到过的障碍在阻挡他们,有那么多轻蔑的眼光在藐视他们,于是,他们就变得十分的懦弱和畏缩,正如以前把自己看得是多么高贵一样,现在又把自己看得是多么卑贱。

我们回头来谈谈原始的法则。大自然之所以造儿童,是为了使他们受到爱护和帮助;难道它是因为要人们服从和惧怕儿童才造儿童吗?难道是它要他们长一副盛气凌人的面孔、凶狠的目光和粗暴的声音,好使别人害怕他们吗?我知道狮子的吼声使动物感到恐怖,它们看见它头上的鬃毛就战栗;但是,如果说人们曾经看见过一种又鄙俗讨厌又令人好笑的情景的话,那就是一大群官员身穿礼服，跟着他们的上司匍匐在一个襁褓中的婴儿的面前了，他们用庄严的言辞向他长篇大论地谈一阵，而他呢，只是哭叫几声，就算是把全部的话都说完了。

从孩子的本身来看孩子，就可以看出，世界上还有哪一种生物比他更柔弱、更可怜、更受他周围的一切的摆布，而且是如此的需要怜惜、关心和保护呢？他之所以具有那么一副可爱的面孔和动人的神情，岂不是为了使所有一切接近他的人都爱惜他柔弱的身体和积极地帮助他吗？所以说，还有什么事情比一个盛气凌人、桀骜不驯的孩子指挥他周围的一切人，而且还厚着脸皮以主人的口气向那些只要一不管他就可以置他于死地的人说话，更令人气愤和违反事理呢？

但从另外一方面来看，谁不知道童年时候的柔弱已经使孩子们受到种种的束缚，谁不知道他们的自由极其有限，不可能加以滥用，如果不让他们享受的话，对他们和我们都没有什么好处，然而我们毕竟把他们的自由剥夺了，从而使他们受到前面所说的那种束缚之外又受到我们乖张任性造成的束缚，难道说谁还不知道这是一种很野蛮的做法吗？如果说傲慢的儿童最令人好笑的话，则羞羞答答的儿童就最令人可怜。既然他们在达到有理智的年龄就要开始受社会的奴役，那么，为什么又先要使他们受家庭的奴役呢？我们要让生命有一个时候免受这种并非由大自然强加于我们的束缚，我们要让孩子们享受天赋的自由，这种自由至少可以使他们在一个时期中不会沾染我们在奴隶生活中沾染的恶习。叫那些粗暴的教师和使自己的孩子做奴隶的父亲把他们那些肤浅的反对的理由拿到这里来说一说，叫他们在吹嘘他们的方法之前，先学一学大自然的方法。

现在又回头来谈实践。我已经说过，不能够因为你的孩子要什么就给他什么，而要看他对那个东西是不是有所需要[①]，同时，他做任何事情，都不应该是为了服从你，而只能够是因为他确有必要，这样一来，“服从”和“命令”这两个词就将在他的词典中被取消，而“责任”和“义务”这两个词也不能够存在；但是，“力量”、“需要”、“能力不足”和“遏制”这几个词则将在他的词典中占很重要的地位。在达到懂事的年龄以前，他对精神的存在和社会的关系是没有任何概念的；因此，应当尽量避免使用表示这些东西的词，以免孩子给这些词加上一些谁也不懂或从此就不能改正的错误的意思。在他头脑中产生的第一个不正确的观念，将成为使他身上滋生错误和恶习的病源：我们应当注意的，正是这头一步路。要尽量用可以感觉得到的事物去影响他，则他所有一切的观念就会停留于感觉；使他从各方面都只看到他周围的物质世界；不这样做，他准是一句话都不听你的，或者对你所讲的精神世界就会产生一些荒谬的概念，使你一生也没有办法替他们消除。

用理性去教育孩子，是洛克的一个重要原理；这个原理在今天是最时髦不过了；然而在我看来，它虽然是那样时髦，但远远不能说明它是可靠的；就我来说，我发现，再没有谁比那些受过许多理

① 我们要知道，正如痛苦往往是一种需要一样，愉快有时候也是必需的。因此，在孩子们的欲望当中，只有一个是绝不应该加以满足的，这个欲望就是：要别人服从他们。由此可见，在他们提出一切要求的时候，应当特别对促使他们有那种要求的动机加以注意。凡是可以使他们真正愉快的事情，就尽可能照他们的心意去办；而他们一切胡闹的要求和显示权威的行为，就应当一概拒绝。

性教育的孩子更傻的了。在人的一切官能中,理智这个官能可以说是由其他各种官能综合而成的,因此它最难于发展,而且也发展得迟;但是有些人还偏偏要用它去发展其他的官能哩!一种良好教育的优异成绩就是造就一个有理性的人,正因为这个缘故,人们就企图用理性去教育孩子!这简直是本末倒置,把目的当作了手段。如果孩子们是懂得道理的话,他们就没有受教育的必要了;但是,由于你们从他们幼年时候起就对他们讲一种他们根本听不懂的语言,因而就使他们养成了种种习惯:爱玩弄字眼,爱打断别人的一切讲话,自己认为自己同老师一样的高明,凡事总爱争辩,总不服气;所有一切你想用合理的动机叫他们去做的事情,今后都只能够以贪婪、恐惧或虚荣的动机叫他们去做了。

向孩子们进行的或可能进行的种种道德教育,差不多都可以归纳成如下的一套对话。

老师:不应该做那件事情。

孩子:为什么不该做那件事情?

老师:因为那样做是很不好的。

孩子:不好!有什么不好!

老师:因为别人不许你那样做。

孩子:不许我做的事情我做了,有什么不好?

老师:你不听话,别人就要处罚你。

孩子:我会做得不让人家知道。

老师:别人要暗暗注意你的。

孩子:我藏起来做。

老师:别人要问你的。

孩子:我就撒谎。

老师:不应该撒谎。

孩子:为什么不应该撒谎?

老师:因为撒谎是很不好的,等等。

不可避免地要周而复始这样进行下去的。不要再进行了,孩子是再也不会听你这一套的。这种教法哪能有很大的用处?我非常好奇,很想知道别人能够用什么东西来代替这套对话?就连洛克本人也一定会弄得十分为难的。辨别善恶,明了一个人之所以有种种天职的道理,这不是一个孩子的事情。

大自然希望儿童在成人以前就要像儿童的样子。如果我们打乱了这个次序,我们就会造成一些早熟的果实,它们长得既不丰满也不甜美,而且很快就会腐烂:我们将造成一些年纪轻轻的博士和老态龙钟的儿童。儿童是有他特有的看法、想法和感情的;如果想用我们的看法、想法和感情去代替他们的看法、想法和感情,那简直是最愚蠢的事情;我宁愿让一个孩子到十岁的时候长得身高五尺而不愿他有什么判断的能力。事实上,在这种年龄,理性对他有什么用处?它阻碍着体力的发展,儿童是不需要这种阻碍的。

当你试图说服你的学生相信他们有服从的义务时,你在你所谓的说服当中就已经是掺杂了暴力和威胁的,或者更糟糕的是还掺杂了阿谀和许诺的。因此,他们或者是为利益所引诱,或者是为暴力所强迫,就装着是被道理说服的样子。他们同你一样,很快地看到服从对他们有利,反抗对他们是有害的。但是,由于你强迫他们做的尽是他们不喜欢做的事情,由于照别人的心意办事总是挺痛苦的,因此,他们就悄悄地照他们的心意去做,而且认为,只要你不发现他们是阳奉阴违，他们就可以大做特做，而一旦被发现，就准备认错，以免吃到更大的苦头。为什么要服从，在他们那个年龄是不能理解的，世界上还没有哪一个人能够使他们真正明白这个道理；不过，由于害怕受到你的惩罚和希望得到你的宽恕，由于你再三再四地强迫，硬要他们答应，所以弄得他们只好你怎样说就怎样承认；你以为是用道理把他们说服了，其实是因为他们被你说得挺厌烦和害怕了。

这样一来，将产生什么后果呢？第一，由于你把他们不能理解的义务强加在他们身上，将促使他们起来反抗你的专制，使他们不爱你，使他们为了得到奖励或逃避惩罚而采取奸诈、虚伪和撒谎的行为，最后，使他们惯于用表面的动机来掩盖秘密的动机，从而在你自己的手中学会不断地捉弄你的手段，使你无法了解他们真正的性格，而且一有机会就用空话来对你和别人进行搪塞。你也许会说，就法律而论，尽管良心上觉得应当服从，但它对成年人仍然要加以强制的。我同意你的说法。但是，要不是把孩子教育坏了的话，怎么会有这种人呢？正是在这方面我们应当预先防备。对孩子们讲体力，对成年人讲道理，这才是自然的次序：对明智的人是不需要讲法律的。

要按照你的学生的年龄去对待他。首先，要把他放在他应有的地位，而且要好好地把他保持在那个地位，使他不再有越出那个地位的企图。这样，就可以使他在不知道什么叫睿智的行为以前，就能实践其中最重要的教训了。千万不要对他采取命令的方式，不论什么事情，都绝对不能以命令从事。也不要使他想象你企图对他行使什么权威。只需使他知道他弱而你强，由于他的情况和你的情况不同，他必须听你的安排；要使他知道这一点，学到这一点，意识到这一点；要使他及早明白在他高傲的颈项上有一副大自然强加于人的坚硬的枷锁，在沉重的生活需要这个枷锁之下，任何人都要乖乖地受它的约束的；要使他从事物而不从人的任性[①]去认识这种需要；要使他了解，使他的行动受到拘束的，是他的体力而不是别人的权威。凡是他不应该做的事情，你也不要禁止他去做，只需加以提防就够了，而且在提防的时候也不用对他解释其中的道理；凡是你打算给他的东西，他一要就给，不要等到他向你乞求，更不要等到他提出什么条件的时候才给他。给的时候要高高兴兴的，而拒绝的时候就要表示不喜欢的样子；不过，你一经拒绝就不能加以改变，尽管他再三纠缠，你也不要动摇；一个“不”字说出去，就要像一堵铁打的墙，他碰五六次就会碰得精疲力竭，再也不想来碰了。

这样，即使在他得不到他所希望的东西时，你也可以使他心平气和，觉得没有关系，得不到也就算了，因为人在天性上可以安心地忍受物品的缺乏，但不能忍受别人的恶意。用“再也没有了”这句话来回答孩子，除非他认为你是撒谎，否则他是绝不会表示反抗的。何况这里没有什么折中的余地，要么对他是一点也不勉强，否则就首先要他完全服从。最坏的教法是，让他在他的意志同你的意志之间摇摆不定，让他同你无止无休地争论在你们两人当中究竟由谁做主；我觉得，事事由他做主，反而比你做主要好一百倍。

---

① 我可以肯定地说，在孩子们看来，凡是同他自己的意志相冲突和不能为他所理解的意志，都是任性的。所以，一个孩子是不可能明白他那些胡闹的想法处处碰壁的道理何在的。

说来也真是奇怪，自从人们承担了培养孩子的事情以来，除了拿竞争、嫉妒、猜疑、虚荣、贪婪和怯弱，拿各种各样在身体还没有长定以前就能把人的心灵完全败坏的最危险和最易于刺激的欲念去教育以外，就想不出其他的手段。你每向他们的头脑中过早地灌输一次教育，就在他们的心灵深处种下了一个罪恶的根；愚昧的教师在促使他们成为坏人的时候还以为是创造了教人为善的奇迹，并且还郑重其事地对我们说："这才是人哩。"不错，你造就的人正是这个样子。

种种手段你都试验过，而没有试验的手段，只有一个，可是能取得成效的，恰恰就是这个未曾试验的手段：有节制的自由。当你还不知道怎样用可能的和不可能的法则把一个孩子引导到你所希望的境地时，就不能担当教育那个孩子的事情。他对这两者的范围都完全不知道，所以可以随你的意思把这种范围在他四周加以扩大或缩小。你单单用事物的需要就可以使他毫无怨言地受你的束缚、推动或遏制；你单单用事物的强制就可以使他变得容易管教，同时使任何恶习都没有在他身上生长的机会；因为，人的欲念在不可能产生效果的时候，是绝不会冲动起来的。

不要对你的学生进行任何种类的口头教训，应该使他们从经验中去取得教训；也不要对他们施加任何种类的惩罚，因为他们还不知道他们的错究竟是错在什么地方；也不要叫他们请求你的宽恕，因为他们还不知道他们冒犯了你。由于他们的行为中没有任何善恶的观念，所以他们也就不可能做出从道德上看来是一件很坏的，而且是值得惩罚和斥责的事情。

我已经看出那个吃惊的读者要拿我们的孩子去评论这种学生

了，他错了。你想用数不清的桎梏去束缚你的学生，结果反而使他们更加活泼；他们在你面前愈受到拘束，他们在你看不到的时候就愈闹得凶，因为他们在可能的时候要捞回由于你管得太严而遭受的损失。两个城里的小学生在乡下所捣的乱，比整整一个村子的小孩所捣的乱还多。把一个城里的少爷和一个乡下孩子关在一间屋子里，也许在这位少爷把什么东西都搞得乱七八糟、打得稀烂的时候，那个乡下孩子还待在那里没有动哩。这是什么道理，这难道不是因为前者能放肆一时就放肆个痛快，而后者知道他常常都能自由，这一时的自由享不享受满不在乎？不过，乡下的孩子由于或者是常常受到人的夸奖，或者是常常受到人的拘束，所以还远远不能说他们就是处在我希望他们所处的境地。

我们把这一点作为不可争辩的原理，即：本性的最初的冲动始终是正确的，因为在人的心灵中根本没有什么生来就有的邪恶，任何邪恶我们都能说出它是怎样和从什么地方进入人心的。人类天生的独一无二的欲念是自爱，也就是从广义上说的自私。这种自私，对它本身或对我们都是很好和很有用处的；而且，由于它不一定关系到其他的人，所以它对任何人也自然是公允的，它的变好或变坏，完全看我们怎样运用和使它具有怎样的关系而定。自私是受理性的支配的，所以在理性产生以前，应当注意的事情是，不要让一个孩子因为别人在看他或听他就做这样或那样的事情，一句话，他做任何事情，都不能是因为他同别人的关系，而只能是因为自然对他的要求；这样一来，他所做的事情就全都是好事了。

我的意思并不是说他一点乱也不捣，一点伤也不受，即使拿到什么贵重的器皿也不会打坏。他也可能做出许多没有害处的坏事来的，因为坏行为是根据破坏的意图而产生的，而他是没有这样的意图的。只要他产生过一次这样的意图，则一切都完了，他也许就会顽皮得没有办法收拾了。

从理性的角度看来并不坏的事情，从贪欲的角度看来就是坏事了。在听任孩子们自由自在地胡闹时，就要把一切值钱的东西拿开，凡是易碎和珍贵的东西都不要放在他们够得着的地方。他们房间中的家具要又简单又结实；不要摆设什么镜子、陶器和贵重物品。至于爱弥儿，因为我是把他带到乡间去培养的，所以他的房间同一个乡下人的房间是没有什么区别的。既然他很少待在房间里，那么，费许多心思去装饰它又有什么用呢？我说错了，他自己会装饰它的，我们不久就会看到他用什么东西去装饰了。

不管你多么小心，如果一个小孩子还是搗了一些乱和打碎了一些有用的东西，就不要因为你的疏忽大意反而去打他或骂他；不要让他听到一句责备他的话，而且最好不要让他觉察到他使你感到痛心；你要做出好像那个家具是自行坏了的样子，最后，如果能做到一声不吭的话，我倒认为反而会收到很大的效果。

我在这里可不可以把最重要的和最有用的教育法则大胆地提出来呢？这个法则就是：不仅不应当争取时间，而且还必须把时间白白地放过去。读者诸君，请原谅我这个怪论，因为，当一个人反复思考的时候，就一定要做出这样的怪论的；不管你们怎么说，我也是宁可做一个持怪论的人而不愿意做一个抱偏见的人的。人生当中最危险的一段时间是从出生到十二岁。在这段时间中还不采取摧毁种种错误和恶习的手段的话，它们就会发芽滋长，及至以后采取手段去改的时候，它们已经是扎下了深根，以致永远也把它们拔不掉了。如果孩子们从奶娃娃一下子就能成长到有理智的年龄，你现在的这种教育方式也可能对他们是十分适宜的；但是，按照自然的进程来说，他们所需要的教育正好同你实行的教育恰恰相反。在他们的心灵还没有具备种种能力以前，不应当让他们运用他们的心灵，因为，当它还处在蒙昧的状态时，你给它一个火炬它也是看不见的，而且，在辽阔的思想的原野中，它也不可能找到理性所指引的道路，因为那条道路的痕迹是这样的模糊，就连最好的眼睛也难于辨认出来。

所以，最初几年的教育应当纯粹是消极的。它不在于教学生以道德和真理，而在于防止他的心沾染罪恶，防止他的思想产生谬见。如果你能够采取自己不教也不让别人教的方针，如果你能够把你的学生健壮地带到十二岁，这时候，即使他还分不清哪只是左手哪只是右手，但你一去教他，他的智慧的眼睛就会向着理性睁开的；由于他没有染上什么偏见或习惯，因此在他身上不会有什么东西能够抵消你的教育的效果。他在你的手中很快就会变成一个最聪明的人；你开头什么也不教，结果反而会创造一个教育的奇迹。

你采取一反常态的做法，就可以把你要做的事情差不多都做得很好。由于大家不愿意把孩子教育成孩子，而要把他教育成一个博士，所以做父亲和做教师的不论骂他、夸他、吓他、教他、改他的缺点、答应给他东西和对他讲道理，都操之过急，做得不是时候。你这样做才能够做得更好：凡事要做得恰如其分，而且，不要同你的学生争辩什么理由，特别是不要为了叫他赞成他不喜欢的事情而同他讲道理，因为常常在不愉快的事情中谈论道理，只会使他觉得道理是令人讨厌的东西，使他还不能明白道理的心灵从小就对道理表示怀疑。你必须锻炼他的身体、他的器官、他的感觉和他的体力，但是要尽可能让他的心闲着不用，能闲多久就闲多久。需要担心的，是他还没有判断感情的能力以前就产生种种的情感。不要让他获得一些奇怪的印象；为了防止邪恶的产生，是不能那样急于为善的，因为只有在他明白道理的时候，才能这样做。所有这些延缓的做法都是有利的，使他大大地接近了最终目的而又不受什么损失；最后，还有什么东西是必须教他的呢？如果延到明天教也没有什么大关系的话，就最好不要在今天教了。

另外，从孩子特有的天资看，也可以肯定这个方法是有用的，要知道哪一种培养道德的方法最适合于他，就必须对他特有的天资有充分的了解。每一个人的心灵有它自己的形式，必须按它的形式去指导他；必须通过它这种形式而不能通过其他的形式去教育，才能使你对他花费的苦心取得成效。谨慎的人啊，对大自然多多地探索一下吧，你必须好好地了解了你的学生之后，才能对他说第一句话，先让他的性格的种子自由自在地表现出来，不要对它有任何束缚，以便全面地详详细细地观察它。你认为这样让他自由是浪费了他的时间吗？恰恰相反，这段时间是用得非常恰当的，因为要这样才能知道怎样在最宝贵的时期中不致浪费片刻的光阴；可是，如果你在不知道应该如何着手以前就开始行动，那么你就必然会盲目从事，容易做错，不得不重新来做，所以，你急于达到目标，结果反而不如慎重前进的快。你不要学那些悭吝的人，他们一个铜子儿也舍不得花，结果是造成更大的损失。在童年时期牺牲一些时间，到长大的时候会加倍地收回来的。聪明的医生绝不是那么一瞧病人就糊里糊涂下药的，他首先要研究了病人的体质之后才开药方；他虽然是晚一些时候才开始治疗病人，但可以把病人治好；反之，操之过急的医生是会把病人医死的。

不过，为了把这个孩子当作一个没有感觉的人，当作一个机器人来培养，我们应该把他放在什么地方才好呢？把他放在月球上，或者放在一个荒岛上吗？使他同一切的人都隔离吗？在这个世界上岂不会继续不断地看到别人产生欲念的情景和事例吗？难道从此就不让他看到他那样年纪的孩子？不让他看到他的父母、邻居、乳母、保姆、仆人和教师（他总不能是一个天使）？

这种反对的意见提得很有理由。可是我哪里向你说过自然教育是一件很容易的事情？诸位！如果你们把一切好事都理解成很困难的事情，这能怪我吗？我也是感觉到有这些困难的，我也同意这些困难也许是无法克服的，可是我深深相信，只要尽力预防，我们是可以在一定程度上把它们加以避免的。我之所以提出我们必须抱定的目标，并不是说我们一定能够达到那个目标，而是说，谁愈是向着那个目标前进，谁就愈会成功*。

你要记住，在敢于担当培养一个人的任务以前，自己就必须要造就成一个人，自己就必须是一个值得推崇的模范。当孩子还处在无知无识的时候，你尽可从容地进行一切准备，以便让他最初看

* 费讷龙❶在他的《论女子的教育》这篇论文第13章中说："我之所以论述这种最好的教育事业，并不是为了提出一些不完备的规则。诚然，每一个人在实践中是不可能做到像我在纸上发挥的思想那样完善的；不过，即使最后是不可能做得那么十全十美，但能够了解到这种完美的境地，并尽力去达到这种境地，也不是没有用处的；这是走向完美境地的最好途径。"

❶ 费讷龙（1651—1715），法国大主教和著述家，曾担任过路易十四的孙子的教师。

到的都是适合他看的东西。你必须使自己受到人人的尊敬，你必须从使别人爱你着手做起，才能使每一个人处处都想满足你的心意。如果你不能控制孩子周围的人，你就不能做孩子的老师；这种权威，如果不以别人尊敬你的道德为基础，就永远不能充分地行使。这并不是说要把你自己荷包里的钱都掏出来慷慨地拿给别人，我从来没有见过金钱能买得人的欢心。但是，也不应当那么悭吝和冷酷无情，能解除别人的痛苦时，就替他解除痛苦，而不要光是在那里表示忧虑。如果你只打开你的钱柜而不同时打开你的心，也是枉然的，别人的心也始终是向你紧紧关闭的。你必须牺牲你的时间、你的心血、你的爱以致你自己，因为，不管你怎样做，别人都始终认为你的金钱并不就是你本人。对别人表示关心和善意，比任何礼物都能产生更多的效果，比任何礼物对别人都有更多的实际利益。有多少穷苦和患病的人需要我们的安慰而不需要我们的布施啊！有多少受压迫的人需要我们的保护而不需要我们的金钱啊！使争吵的人两相和好，劝别人不要去打官司，叫孩子们恪尽天职，使父亲们大度宽容，促成幸福的婚姻，预防别人陷入苦恼的境地，尽量利用你的学生的双亲的名望去扶持那些遭受委屈和被强者欺凌的弱者。你要大声宣称你是不幸的人的保护者。你为人要公正和善良。你不要光是布施，而必须同时以仁爱之心待人。慈善的行为比金钱更能解除别人的痛苦：你爱别人，别人就会爱你；你帮助别人，别人就会帮助你；你待他情同手足，他对你就会亲如父子。

这里还有一个我为什么要把爱弥儿带到乡间去培养的理由，那就是，我要使他远远地离开那一群乱哄哄的仆人，因为除了他们的主人之外，就要算这些人最卑鄙；我要使他远远地离开城市的不良风俗，因为它装饰着好看的外衣，更容易引诱和传染孩子；反之，农民虽有种种缺点，但由于他们既不掩饰，也显得那样粗鲁，所以，只要你不去存心模仿，则它们不仅不吸引你，而且还会使你发生反感。

在乡村里，一个教师更能很好地安排他拿给孩子的东西；他的名声、他的谈话和他的举止，将使他享有在城市中享不到的威信；对每一个人都有帮助，因而每一个人都感谢他，都想得到他的看重，都想在学生面前显示一下老师是怎样待他的；所以，即使他不改掉他的缺点，但至少会少做一些可羞的事情；这一点，正是我们要达到的目的。

不要把你自己的过失推诿给别人：孩子们固然要受到他们耳濡目染的坏事的败坏，但同他们受你的教育不善的败坏相比，在程度上还是要轻一些的。你为了向他们灌输你所谓的良好的观念，就成天讲道说教，卖弄学问，结果，在灌输你那个思想的同时，又把二十个一点儿价值也没有的观念灌输给他们了：你尽管有满脑子的想法，可是没有看到在他们脑子中将产生什么效果。在你滔滔不绝地向他们高谈阔论的时候，你以为他们一句话也不会听错吗？你以为他们不会按他们的方式去评论你啰啰嗦嗦杂乱无章地讲解的那些事情吗？你以为他们不会从其中找到一些材料来形成一套他们所理解的东西，以便有机会的时候就用来反对你吗？

你刚才对这个小孩进行了一番教训，现在就请你听一听他所讲的话；让他说，让他问，让他爱怎样谈就怎样谈，你马上就会惊奇地发现，你所讲的那番道理在他心中变了一个多么奇怪的样子：他简直说得乱七八糟、颠三倒四，使你生气，有时候还提出一些料想不到的反问使你感到痛心；不弄得你哑口无言，就弄得你只好叫他停止讲下去。这时候，要是他发现像你这样一个爱讲话的人突然沉默起来，他将作何感想呢？万一他占了上风，并且明白他胜过了你，今后就不要提什么教育了；从这个时候起，一切都完了，他不但不受你的教育，而且还要尽量找你的茬儿。

热情的老师，你要保持纯朴，谨言慎行。只有在防止别人对你的学生施加影响的时候，你才能采取行动，我以后还要不断地重复这一点；如果可能的话，就连有益的教育也加以抛弃，以免把有害的教育授予他们。大自然把这个世界造成了人类的第一天堂，你在这个世界上要当心，不要在教天真无邪的孩子分辨善恶的时候，自己就充当了引诱的魔鬼。你既然不能防止一个孩子在外面学别人的样子，所以就必须集中精力把那些样子按适合于孩子的形象印在他的心中。

冲动的情绪被孩子看到了，就会对他产生巨大的影响，因为这种情绪有十分明显的表现刺激他，使他非注意不可。尤其是愤怒到极点的时候，就会显得如此的狂暴，以致附近的人不能不觉察出来。在这种情况下，你不要问是不是正该老师好好地讲一番话的时候。唉！不要讲什么好听的话了，不要讲，一句话也不要讲。让孩子走过来，因为这种情景已经使他感到惊讶，不免要问一问你。回答要很简单，就直接根据那些触动他的感官的事物去回答他。他看见一个面红耳赤、眼冒火花、气势汹汹的人在那里叫喊，所有这些表现都说明那个人的身体已失去常态。所以，你既不要装模作样，也不要故弄玄虚，只是沉着冷静地告诉他说：“这个可怜的人生病了,他正在发烧。”你可以趁此机会用几句话使他对疾病及其影响获得一个观念,因为这也是属于自然的,是他必须遭受的必然的束缚之一。

这个观念本身是不会错的,他有了这个观念,是不是从小就会把情绪的过度放纵看作是疾病,从而产生一种厌恶的感觉呢?你是不是认为,即使在适当的时候使他获得这样一个观念,也不可能像你唠唠叨叨地说教那样产生良好的影响呢?可是,你要注意到这种观念将产生的效果。在迫不得已的时候,可以把一个桀骜不驯的孩子当作有病的孩子来处理;可以把他关在房间里,如果必要的话,还可以叫他成天躺在床上,规定他的饮食,用他自己一天天增多的缺点去吓他,使他觉得那些缺点是非常可厌和可怕的;这样做,就不至于使他把你为了纠正他的缺点而不得不采取的严厉手段看成是一种惩罚。如果你因为一时的激动,失去了你施教时应有的冷静和稳重,你就不要想方设法地掩饰你的错误;你可以坦率地用一种温和的责备口吻向他说:“我的朋友,你使我多么难过啊。”

此外,还需知道的是,一个小孩子所接受的这种简单的观念,是可能使他产生种种天真烂漫的想法的,所以,千万不要当着他的面谈论他的天真的言行,即使要谈,也不要让他发觉。轻率地笑一下,也许就会毁掉你六个月的工作,造成一次终生不能弥补的错误。我不能不反复地指出,为了做孩子的老师,你自己就要严格地管束你自己。我想,在两个邻家妇女争吵得最激烈的时候,我可爱的爱弥儿是一定会走到那个吵得最厉害的妇女面前,用同情的语气向她说:“我的好邻居,你生病了,我是替你十分难过的。”毫无疑问，这句俏皮话对旁观的人和两个争吵者是不能不产生影响的。这时候，我既不笑，也不责备他，也不夸奖他，趁他还没有看出这种影响，或者，至少在他还没有想到这种影响以前，就不论他愿不愿意，都把他带开，赶快用其他的事情分散他的心，使他不久就把这件事情忘记了。

我的计划并不是要把所有一切的详细情节都一一地谈到，而只是陈述一般的原则，只是在遇到困难的时候才阐述一些例子。要在社会当中把一个孩子一直带到十二岁都不使他对人与人的关系和人类行为中的是非有一点儿概念，我认为是不可能的。因此，只需尽可能晚一些时候才把这些必要的概念灌输给他，并且在不可避免地要让他获得这些概念的时候，只把当时需要的概念灌输给他，其目的只是为了使他认识到他不是任何人的主人，他不应当满不在乎地损害别人，或者损害了别人还不知道。有些孩子的性格是很温和的，我们可以从他们天真无邪的童年时期把他们带养到很大都不会出什么乱子；但是，也有一些孩子的性格很暴烈，他们那种凶猛的气质发展得早，因此，必须赶快把他们教养成人，以免迫不得已地要把他们束缚起来。

我们首先是要对自己尽我们的责任；我们原始的情感是以我们自身为中心的；我们所有一切本能的活动首先是为了保持我们的生存和我们的幸福。所以，第一个正义感不是产生于我们怎样对别人，而是产生于别人怎样对我们；一般的教育方法还有一个错误是，首先对孩子们只讲他们的责任，而从来不谈他们的权利，所以开头就颠倒了：他们应该知道的事情，一样也没有告诉他们，而他们不应该知道的和同他们毫不相干的事情，却全都对他们讲了。

如果说一定要我去教育一个我刚才描述的那种孩子，我心里会这样想：一个孩子虽不打人[①]，但要打东西；虽然他不久能从经验中学会尊重一切在年龄和体力上超过他的人，但他对东西就不一定爱护。因此，应当使他具备的头一个观念，不是自由的观念，而是财产的观念；为了使他获得这个观念，就必须让他有几样私有的东西。仅仅告诉他说他有哪些衣服、家具和玩具，那是没有什么意义的，因为，虽然他在用这些东西，但他不知道他为什么和怎样有这些东西的。即使再进一步告诉他，说他之所以有这些东西，是因为你给他的，也未必能说明问题，因为，要给人东西，就必须自己有东西，可见一样东西在归他所有以前是属于别人的；我们要向他讲解的，正是这种财产的原理；至于赠送礼物，那是一种社会习俗，就用不着向他讲了，因为孩子们在目前是根本不懂得什么叫社会习俗的[②]。诸位读者，请你们根据这个例子和成千成百个其他的例子仔细想一想，仅仅在孩子们的头脑中填塞一些他们无法理解的词儿，怎么就能说是把他们已经教育得非常好了呢？

因此，我们要追溯财产的起源，因为第一个观念就是从这里产生的。孩子在乡间生活，就可以获得一些田间劳动的概念；只要他

① 一个孩子把大人当作下人似地打骂，是绝不能容忍的，即使是当作跟他同等的人来打骂，也是不许可的。如果他真敢打什么人，纵然那个人是他的听差，或者是一个刽子手，也要叫那个人加倍地还手打他，使他不敢再有打人的念头。我曾经看见过一些愚蠢的保姆竟鼓励孩子们造反，引诱他们打人，甚至让孩子打她们自己，并且还笑他们打得不重；她们没有想到，这个狂暴的孩子正是怀有凶杀的意图才动手打人的；她们不知道，他小时候打人，到长大的时候就会杀人。

② 大多数孩子之所以要讨还他们已经拿给人家的东西，而且在要不回来的时候就哭，其原因就在这里。这种情形，在他们明白什么叫赠礼的时候，就不会再发生；他们只不过要多多考虑以后才给了。

有观察的能力和空闲的时间，就可以做到这一点；而这两种东西，他都是有的。不论什么年龄的人，特别是像他这样的孩子，是很想进行创造、模仿和制作，发挥自己的体力和活泼的精神的。所以，只要他看过一两次别人如何锄地、播种和种植蔬菜，他自己就想去种蔬菜的。

根据上述原理，我是绝不会反对他的意志的；相反，我还要十分的赞成，分享他的乐趣，同他一块儿劳动，其目的不是为了使他高兴，而是使我自己高兴；至少在他看来是这样的：我做他种菜的副手，我帮他锄地，一直帮到他自己有足够的臂力锄地为止；当他把一颗蚕豆种在地里的时候，他就占领这块土地了，这样的占领，当然比努涅斯·巴耳博亚[1]替西班牙国王把旗子在南海的海岸上一插就算是占领南美，更值得尊重和不可侵犯。

我们每天都给蚕豆浇水，我们看见它们长起来的时候，简直是高兴极了。我对他说："这是属于你的。"他一听这话，就更感到高兴；当我给他解释"属于"这个词的意思时，我使他意识到他在这里投入了他的时间、他的劳动、他的辛勤以及他的人格；使他意识到在这块土地上有他自己的东西，任何人来侵犯，他都有权制止，正如他自己的手，任何人来强拉，他都可以把它缩回来。

在一个晴朗的日子，他拿着浇水壶急急忙忙地走到那里。啊，多么糟糕！啊，多么痛心！所有的豆子都被人铲掉了，地也被人翻过了，甚至连种豆的地方也认不出来了。啊！我的劳动，我的成

[1] 努涅斯·巴耳博亚(1475—1517)，西班牙航海家和冒险家，在1513年发现太平洋，即宣布它为西班牙的领海。

绩，我所关心的甜美果实到哪里去了？是谁夺去了我的财产？是谁拿去了我的蚕豆？这个孩子的心中涌起了一片反抗的情绪；第一次遇到这种不平的事情使他充满了悲伤，眼泪像潮水似地流出来，这个伤心的孩子震天价地哭哭啼啼。我也为他感到痛苦，感到愤慨；我们四方寻找，见人就问，到处追查，最后才发现是园主干的；立刻，我们就派人去把他叫来。

可是，这件事情原来是我们做得大错而特错了。当园主弄明白我们为什么对他生气以后，便开始对我们生一阵更大的气。"怎么，两位先生，是你们糟蹋了我的东西！我在这里种了马耳他瓜，瓜种是别人当成宝贝似的送我的，我还希望等瓜成熟以后就拿来款待你们；可是你们瞧，为了种你们那些贱豆子，竟把我已经长起来的瓜都搞坏了，使我再也没有办法补种了。你们给我造成了一个无法弥补的损失，而你们自己也失去了吃甜瓜的口福。"

让·雅克：我的可怜的罗贝尔，请原谅我们。你在这里曾经辛勤劳动，流了许多的汗。我已经明白，我们不应该糟蹋你种的东西；不过，我们会给你找一些马耳他瓜的种子来的，而且，我们以后种地，一定要先弄清楚是不是已经有人在那里种了东西。

罗贝尔：唉！两位先生，算了，算了；空闲的土地已经没有啦。我，我种的是我的父亲所耕耘的土地；人人都是这样，你们看，所有的土地早都被人占完了。

爱弥儿：罗贝尔先生，你种瓜的种子是不是常常丢失？

罗贝尔：不，我的好孩子；因为像你这样淘气的小孩到我们这里来的还不多。我们谁也不去动一动邻家的园地，每个人都尊重别人的劳动，以便他自己的劳动得到保障。

爱弥儿:可是我,我没有园地呀。

罗贝尔:这同我有什么关系?如果你们要糟蹋我的菜园,我以后就不让你们到里面去了,因为,我不愿意白白地辛苦一阵,收不到东西。

让·雅克:我们可不可以同诚实的罗贝尔商量个办法?请他在这个菜园里划一小块地方给我们,让我的小朋友和我种东西,条件是,所得的收成我们分一半给他。

罗贝尔:我无条件地给你们一块土地。不过你们要记住,如果你们再来动我的瓜,我就要铲掉你们的蚕豆。

在试用这个方法把一些原始的观念教给孩子的过程中,我们就可以看出财产的观念是怎样自然而然地回溯到第一个以劳动占有那块土地的人的权利的。这一点是非常的简单和明了,能够为孩子充分地理解。从这里一直到产权和交换,就只有一步了,走过这一步,就应该马上停止。

我们还可以看到,我在这里用两页文字阐述的事情,也许实际做起来就要花一年的工夫;因为在培养道德观念的过程中,是不能怪我们走得太慢,不能怪我们每一步都走得太稳的。年轻的教师们,我请你们想一想这个例子,而且要记着,在任何事情上,你们的教育都应该是行动多于口训,因为孩子们是容易忘记他们自己说的和别人对他们说的话的,但是对他们所做的和别人替他们做的事情,就不容易忘记了。

正如我所说的,这样的教育或迟或早是要进行的,只不过是要看学生的性情是温和还是暴烈而提前或延迟进行的时间罢了;它们的效用是眼睛可以看得出来的;但是,为了不至于在这些困难的事情中把重要的东西忽略了，我们再举一个例子来谈谈。

你那个性情暴烈的孩子碰到什么就搞坏什么，你不要生气，把他能够搞坏的东西都放在他拿不着的地方。他打坏他所用的家具，你别忙着给他另外的家具，让他感觉到没有家具的不方便。他打破他房间的窗子，你就让他昼夜都受风吹，别怕他受风寒，因为，宁可让他着凉，不可让他发疯。绝不要埋怨他给你造成的种种麻烦，不过，你要让他头一个感觉到这些麻烦。最后，你才叫人来修理窗子，你自始至终什么话都不要说。他又打破了呢，那就换一个方法；你不要生气，只是直截了当地告诉他说："这些窗子是我的，是我费力气安在那里的，我不能让它们打破。"然后，你把他关在一间没有窗子的黑屋里。这样做的时候，如果他还要吵闹和发脾气，那就谁也不去理他。不一会儿他就会泄气和改变声调，在那里唉声叹气地诉他的苦的；一个仆人到那里去，这个造反的人就会请那个仆人把他放出来。叫那个仆人不要找什么借口说不能放他，只回答他说："我的窗子也是不愿意人家打破的。"说完就走开。让孩子在那里待几个小时，待到足以使他在里面感到心烦，而且能够把这件事情记在心里以后，才派个人去叫他同你订一个条约，根据这个条约，你还他的自由，而他今后也不再打破你的窗子。这样做，他觉得再好不过了。他叫人来请你去看他；你到他那里去，他向你提出他的条约，你马上就接受，同时对他说："这个想法很好，对我们两人都有好处；你为什么早不想到呢！"然后，既不问他还有没有什么异议，也不要他说他坚决遵守他的诺言，你只是欢欢喜喜地拥抱他，并且马上把他带到他的房间去，好似这个条约一发誓遵守，就是神圣不可破坏的。采取这种做法，你想他对这些约定的信念和它们的用途会抱怎样的看法呢？在这个世界上，只要还找得到一个孩子（当然是指尚未娇养坏的孩子）经过这样的教训之后还故意打破窗子的话，那就算我错了。按照这样的次序去做吧。当这个顽皮的孩子在地上挖一个窟窿种蚕豆的时候，他绝没有想到他是给自己挖牢房，让自己的知识迅速地把他关在里面①。

我们现在已进入道德的世界，这里向罪恶打开了大门。欺骗和撒谎的行为将随着社会习俗和义务而同时产生。一个人既能做他不应该做的事情，也就想掩饰他该做而未做的事情。一种利益既可使人许下诺言，则更大的利益就可使人违反诺言。问题不只是在于违反了诺言可以不受惩罚，而是因为有天然的手段；他可以隐瞒，可以撒谎。由于我们不能防罪恶于未然，到现在就只好对罪恶的行为加以惩罚。人生的种种不幸就是这样随着人的错误而同时开始的。

在这方面，我说的话已经是够多了，其目的是为了使大家明了我们不能为了惩罚孩子而惩罚孩子，应当使他们觉得这些惩罚正是他们不良行为的自然后果。所以你不要去斥责他们撒谎，绝不要仅仅因为他们撒谎而处罚他们，而要使他们明白，如果撒谎，则

---

① 此外，即使这种遵守诺言的责任感在孩子心中还没有通过它实际的效用而得到明确的认识，但他已开始萌芽的内心情感将把这种责任作为一种良心的法律，作为只等到有应用的知识才加以发挥的固有的原则，加到他的身上。这个最重要的特点，不是由人的手画在我们心中的，而是由一切正义的创造者刻在我们心中的。除去原始的契约和它加给人的义务，则人类社会的一切就都是虚幻的。只是在对自己有利的时候才遵守诺言的人，其守信的情形等于是一句诺言也没有应许，或者说，他到最后是终归要违反他的诺言的，正如玩杓球的人之所以迟迟不利用对方给他的那个分数，只不过是为了等到更有利的时候才利用罢了。这个原理极其重要，值得深入地研究，因为人正是从这里开始同自己相矛盾的。

谎言的种种不良后果都要落在他们的头上,例如,即使说的是真话,也没有人相信;即使没有做什么事情,也要被别人不由分辩地指责说干了坏事。不过,我们要向孩子们讲解清楚什么叫撒谎的行为。

谎言有两种:一种是就过去所做的事情撒谎,一种是就将来承担的义务撒谎。第一种撒谎的情况是:否认他所做过的事情,或者硬说他做过他没有做过的事情,总而言之,就是他明明知道事情的真相不是那样,却偏偏说成是那样。第二种撒谎的情况是:许出一些他并不打算加以遵守的诺言,总而言之,就是表示一种同他本来的意图相反的意图。有时候这两种谎是合在一起撒的[①];不过,我在这里只谈一谈它们不同的地方。

一个人如果意识到自己需要别人的帮助,同时又常常领受别人的恩惠,他就绝不会起骗人的念头;反之,他还一心要别人明了事情的真相,以免错误地损害了他。因此,可以很明显地看出,撒谎的事不是孩子的天性,而是服从的义务使他们不得不撒谎,因为服从别人是一件很痛苦的事情,所以他们就悄悄地尽可能设法不服从别人,同时,他们还觉得,与其暴露事情的真相要到将来才能得到利益,不如撒一个谎就能免掉一次处罚和责备,得到现时的利益。在自然的和自由的教育之下,你的孩子干吗要向你撒谎呢?他有什么要隐瞒你的呢?你不找他的岔子,你不惩罚他,你不强迫他。他为什么不像告诉他的小伙伴那样天真地把他所做的事情都

① 例如被人指控做了一件坏事的罪犯,替自己辩护的时候总说他是一个诚实的人。他这样说,在事实和义务两方面都是撒了谎的。

告诉你呢？他不可能认为向你承认就会比向他的伙伴承认会遭到更大的危险。

由于答应做什么或不做什么是双方协定的行为，既逾越了自然的状态，也有损于自由，所以，就义务而撒谎的行为是更不符合自然的。再者，孩子们所做的一切许诺，其本身就是无效的，因为他们的见解有限，只能看到眼前的情形，所以当他许下诺言的时候，他们是理解不到他们所许诺的事情的。他们一会儿撒谎，他们也就会做这样或那样的诺言，因为他们心里所想到的只是怎样摆脱现时的困难，所以凡是在眼前不会产生什么影响的手段都是可以采用的：他答应在将来做什么的时候，实际上是空话，他的想象力还处在懵懵懂懂的状态，还想象不到他这个人在两个不同的时候的情景。如果叫他答应他明天从窗口跳出去，就可以免掉他一顿鞭打或给他一包糖果，他也会立时答应的。这就是为什么法律不尊重小孩的约定的理由；如果严厉的父亲和老师强要孩子们做他们所许诺的事情的话，也只能是因为这些事情即使他们不许诺也是非做不可的。

小孩在答应做什么事情的时候，是并未撒谎的，因为在他做出诺言时，他对他所许诺的事情没有什么了解。但是，如果他不履行诺言，情况就不同了，就可以把他的诺言追溯为一种谎言，因为他很清楚地记得他做出过那个诺言；不过，他不知道遵守诺言的重要性罢了。由于他没有观察将来的能力，所以也就预见不到事情的后果；即使他破坏了他的诺言，他的行为也并不违背他那样年龄的理智。

由此可见，孩子的撒谎，完全是老师造成的，他们想教会孩子说实话，结果却教会孩子说谎话。他们巴不得能好好地管教孩子，使孩子循规蹈矩，但是又找不到相当的手段来达到目的。他们认为凭一些空洞的格言和不合理的清规就可以重新约束孩子的心灵，因此，他们宁可让孩子背诵功课和撒他们的谎，也不愿意让孩子保持天真和诚实。

至于我们，我们只主张我们的学生从实践中去学习，我们宁可让他们为人忠厚而不愿他们有一肚子的学问；我们并不勉强他们老老实实，以免他们弄虚作假；我们并不硬要他们做出这样或那样的诺言，以免他们不打算遵守他们的诺言。如果当我不在的时候，他做了什么坏事，而我又查不出是谁干的，我也不归罪于爱弥儿，我也不问他："是不是你？"[①]因为这样做，除了教他加以否认以外，又会得到什么效果呢？如果他的性情执拗，使我不得不同他订个条约，我的做法也要极其慎重，以便条约的内容全部由他提，而不由我提；当他订下条约的时候，我总要使他觉得履行条约就能获得很大的现实利益；万一他不履行诺言，我也要使他觉得，这样撒谎所招来的痛苦是由于事物发展的必然后果，而不是出自老师的报复。不过，我是根本不需要采取这种如此毒辣的手段的，因为，我几乎可以断定，爱弥儿要很久很久以后才知道撒谎是怎样一回事情的，而且，他在知道的时候，一定会大感奇怪，想象不出撒谎有什么好处。所以，事情很清楚，我愈是使他美好的生活不受他人的意

① 再没有比这样问法欠慎重的了，特别是当孩子做了错事的时候，这样问就更显得不慎重了：如果他以为你知道是他干的，他也许会以为是你对他设的圈套，他有了这种看法，就可能对你发生反感。如果他以为你不知道，他就会对自己说："我干吗要暴露我的错处呢？"可见，当初诱使他撒谎的，正是由于你这样冒冒失失地问他。

志和判断的影响，我就愈能使他明白撒谎对他没有好处。

如果我们不是那样急于想教好孩子，我们也就不会那样急于硬要他做这做那的，我们就可以从从容容地只是在适当的时候才提出我们对他的要求。这样，只要不采取溺爱的方式，是一定能教好孩子的。但是，一个愚昧的教师由于不知道如何对孩子进行教育，以致时时刻刻要孩子答应做这个做那个，既没有分别，也没有选择，而且数量也过于繁多，弄得孩子十分烦恼，承担了许许多多的诺言，结果使他把那些诺言看得满不在乎，置于脑后，认为不屑于遵守，甚至把它们看做一套空话，觉得做出了诺言又破坏诺言是一件好玩的事情。你希不希望他忠实地遵守他所说的话呢？如果希望的话，对孩子提出什么要求的时候，就一定要十分慎重。

我刚才所讲的关于撒谎的情形，在很多方面都可用来阐明强使孩子们承担种种其他的义务，因为把那些义务加在他们身上，不仅可恨，而且实际上是做不到的。看起来好像是在向他们宣讲道德，实则是使他们去爱种种的恶习：在禁止他们沾染恶习的过程中，反而使他们养成了那些恶习。你想使他们变得虔诚，结果，把他们带进教堂的时候反惹得他们满腹牢骚；你要他们叽叽咕咕不停地祈祷，但他们却认为从今不向上帝祷告才是福音。为了要他们心怀仁慈，你就叫他们向人布施，好像你自己不屑去布施才叫他去布施似的。啊！应当向人布施的，不是孩子，而是老师。不管一个老师多么地爱孩子，他都应该同他的学生争这个荣誉；他应该使孩子认识到，像他那样的年纪，还不配做布施他人。布施，是大人的事情，因为他了解他所布施的东西的价值，他了解别人需要他的布施。孩子是不懂得这些的，所以即使布施了，也不能算作功德，他的布施并不是出于慈悲和善意；而且，他根据他自己和你的例子来看，认为只有小孩子才向人布施，到长成大人的时候就不这样做了，所以，他在布施的时候还感到有些害羞哩。

应当注意的是，叫孩子去布施的，只能是他不知道有多大价值的物品或他衣袋里的金属东西，因为这些东西除了给别人以外，对他并没有什么用处。一个孩子是宁愿把一百个金币而不愿把一块点心给人的。现在，请你试一试，能不能叫这个豪爽的布施者把他心爱的东西、玩具、糖果和点心拿给别人，我们立刻就可看出你是不是使他变成了一个真正大方的人。

还可以找到一个达到这种目的的办法，那就是：隔一会儿就把他已经给人的东西还他，使他习惯于把他认为可以要回来的东西拿给别人。我在孩子们身上只发现这两种大方的情形：他拿给别人的东西，不是对他没有用处，就是别人准会还他的。洛克说："要使他们从经验中知道，最豪爽的人往往能占很大的便宜。"正是因为这样做，才使一个孩子在表面上显得大方，而在实际上则是非常的吝啬。他还说，这样就可以使孩子们养成慷慨的习惯。不错，高利贷式的慷慨，给人家一块奶油，为的是要他一头奶牛[1]。但是，当你要他真给的时候，这个习惯就没有了；你不还他，他就不给你。重要的是养成心灵的习惯而不是手上的习惯。你教育孩子们的一

[1] 这句译文的用词和原文略有不同。原文直译为："……给人家一个鸡蛋，为的是要他一头牛。"在法文中，"鸡蛋"（œuf）和"牛"（bœuf）是两个形似和音似的字，作者用这两个谐声字是很幽默的。为了保持原文的风趣，译文就改用"奶油"和"奶牛"这两个在字面和音韵上大体相近的词，把全句译为："……给人家一块奶油，为的是要他一头奶牛。"

切道德，都同这种手上的道德差不多，正是由于向他们宣讲这些美德，反而使他们的少年时期过得那么忧郁！难道说这是一种明智的教育吗？

诸位老师，你们别那么虚伪了，你们为人要公正和善良，要把你们的榜样刻画在你们的学生的记忆里，使它们深入到他们的心。一切慈善的事情，我不仅不强求我的学生去做，我反而喜欢当着他的面由我自己去做，不仅如此，我甚至还要使他没有模仿我的可能，使他觉得这不是他那样年龄的人可以享受的荣誉；因为，重要的是，不要使他习惯于把只应该是大人做的事情看作是小孩做的事情。如果他看见我帮助穷人的时候问我这些问题，而我又觉得已经到了该向他解答的时候[①]，我就向他这样说："我的朋友，穷人之所以希望遇到富人，是因为富人答应过要养活所有那些靠自己的财产或劳动都无法生活的人。""这样说来，你也答应过要养活他们了？"他又这样问我。"当然，正是因为在我手中经过的这些财物附有这个条件，所以我才这样地支配它们。"

听了这一段话（我已经讲过要怎样才能使一个孩子明白这一段话的意思）之后，另外一个孩子——不是爱弥儿——也许就会学我的样子，以富人的姿态行事了；在这种情况下，我至少要防止他做的时候带有夸耀的神气，我宁可让他夺去我的权利，背着我悄悄把东西拿给别人。这是他那样年龄的人可以做得出来的一种隐瞒的行为，也只有这一种隐瞒的行为才独一无二地能够取得我的

① 可以想象得到，我是不会在他高兴什么时候问就什么时候回答他的；要不然，我就会受他的意志的支配，使我自己处在一个教师可能从属于他的学生的危险境地。

原谅。

我认为，所有这些从别人那里模仿来的美德，都是像猴子那样学来的乖，而任何一种良好的行为之所以能够产生良好的道德效果，只是因为在你做的时候就认识到它本来是好的，而不是因为看见别人那样做，你才那样做。不过，像孩子那样的年龄，心灵还处在懵懵懂懂的状态，所以需要使他们模仿我们希望孩子们养成习惯的行为，以便他们最终能够凭他们自己的判断和对善的喜爱去实践这些行为。人是善于模仿的，动物也是一样；爱好模仿，是一种良好的天性，不过，这种爱好在社会中已经变成一种恶习了。猴子模仿它所畏惧的人而不模仿它所轻视的动物；它认为比它优越的人的举动一定是好的。而我们则恰恰相反，我们的各种丑角之所以模仿美好的行为，是为了贬低它们的价值，是为了把它们弄得可笑；由于他们感到自己卑贱，所以就力图使自己能够跟比他们高尚的人列于同等的地位；即使在他们竭力模仿他们所钦佩的行为时，我们也可以从他们所选择的对象中看出这些模仿者的旨趣是虚假的，因为他们的意图是想欺骗别人，是要别人赞赏他们的才能，而不是使自己变得更好或更聪明。我们之模仿别人，其根源就在于我们常常想使自己超越自己的地位。如果我的工作取得成功，爱弥儿就绝不会有这种想法。所以，我们必须消除这种想法可能产生的表面的好处。

把你的一切教育法则都彻底考察一下，你就会发现它们都是错误的，特别是有关道德和风俗的法则更是荒谬。在道德教育方面，只有一条既适合于孩子，而且对各种年龄的人来说都最为重要，那就是：绝不损害别人。甚至教人为善这一条，如果不从属于这个教训，也是虚伪的、矛盾的和有害的。谁不做点好事呢？大家都做一些好事，坏人和其他的人同样做一些好事；他做了一件好事，成百的人就要遭殃；我们的种种灾祸就是从这里产生的。最高尚的道德是消极的，同时也是最难于实践的，因为这种道德不是为了做给人家看的，而且，即使我们做得令人心满意足，也不能因此就在我们心中产生甜蜜的快乐。一个人如果从来没有损害过他的同胞，那他就是对他们做了极大的好事啦！他需要有多么坚贞不屈的心灵和多么坚强的性格才能做到这一点啊！要体会到把这一条做得成功是何等的伟大和艰难，那就不能光是谈它的理论，而必须付诸实践①。

这几个一般的观念，我希望人们教育孩子时要预先加以注意，不时刻这样去教育孩子，就必然会使他们或损害自己或损害别人，特别是会染上一些往后就很难纠正的恶习；不过，对受过良好教养的孩子来说，当然就不太需要这样做了，因为在他们的心中没有撒上不良行为的种子，他们是不会变得那么粗野、顽皮、撒谎和贪婪的。所以，我在这一点上阐述的这些看法，更适用于例外的情形而不适用于一般的情形；但是，由于孩子们脱离他们原来状态和沾染

① “绝不损害别人”这条训诫，和“尽可能不依附于人类社会”这条训诫是相抵触的，因为在社会条件下，一个人的幸福必然造成另一个人的痛苦。这个关系存在于事物的本质，是没有任何办法可以改变的。我们可以按这个原则来判断社会中的人和孤独隐居的人这两者哪一个好。有一个著名的作家说只有孤独的人才是坏人；而我则认为只有孤独的人才是好人。这个说法虽不很精辟，但是比前面那个说法更真实和更合情理。如果坏人是孤独的，他有什么坏事可干呢？只有在社会里他才能设下机关陷害别人。如果谁想把这个论据倒过来责难好人，我就用这个脚注所注释的这一段文字来回答他。

大人的坏习惯的机会愈来愈多，所以这种例外的情形就愈来愈常见了。在繁华地方抚养起来的孩子，比在穷乡僻壤抚养起来的孩子更需要提早受到这样的教育。因此，即使说这种单独的教育仅仅能够使孩子在童年时期就长得很成熟，也是宁可采取这种教育的。

另有一种例外的情形是全然不同的，那就是：有些孩子年龄小而天资特别高。正如有些人永远脱不掉孩子气一样，有些人也可以说是根本没有经历过童年，他们差不多一生下来就成了大人。不幸的是，这种例外的情形很稀有，也难于看出来，每一个做母亲的都以为一个孩子可以成为神童，因此也就相信她的孩子可以成为神童。不仅如此，她们甚至把说话俏皮、动作鲁莽和活泼天真这些司空见惯的现象也当作是特异的表征，然而这些现象正是他那样年纪的特点，最能说明孩子毕竟是孩子。你既然使一个孩子说了许多的话，允许他什么都说，一不讲礼节，二不讲规矩，那么，碰巧说几句中肯的话，又有什么奇怪呢？要是他一句中肯的话也不曾说，那才奇怪，甚至比星象家胡说一阵一句预言也没有说准还奇怪哩。昂利四世说："他们撒了那么多的谎，以致最后终于说出了实话。"谁要是想说几句漂亮话，只要多说傻话就行了。愿上帝保佑那些除了说几句漂亮话以外就没有其他长处值得赞扬的时髦人物吧！

正如孩子们的手上可能戴有最珍贵的钻石一样，他们的脑子里也可能有最美妙的思想，或者说得更确切一点，他们的口中也可能有最美好的语句，但不能因此就说这些思想和钻石是他们的；就他们那样的年龄来说，没有哪一种财产真正是属于他们的。一个孩子所说的事情，在他们理解起来和我们理解起来是不同的，其间没有相同的观念。这些观念——如果他有这些观念的话——在他的头脑中是不连贯的；在他的思想中没有任何固定的和明确的东西。就拿你所谓的天才来说吧，有时候你发现他的思想极其灵活，宛如一个喷泉，清澈得可以反照天上的云彩。然而更多的时候，这同一个人又是那样迟钝，好像陷入了浓厚的烟雾。有时候，他走在你的前面；有时候，他又待在那里不动。一会儿你说："他是一个天才。"过一会儿，你又说："他是一个傻瓜。"你这两种说法都说得不对。他是一个孩子，他是一只幼鹰，时而飞入云霄，过一会儿又要回到它的窠巢的。

因此，不管他的外表如何，都应该按他的年龄对待他。不要使他做过多的运动而耗尽了他的气力。如果他的头脑已经发热，如果你看见它已开始沸腾，就让它自由自在地思维，而不再刺激它，以免它全都消散了；当他初生的精华快要挥发掉的时候，就马上把余下的精华保留起来，以便随着年岁的增长而变成活命的热和真正的力量。不这样做，你就会白费你的时间和苦心，毁掉你自己的成绩；你用热腾腾的烟雾把自己糊里糊涂地陶醉一阵之后，将只剩下失去精华的渣滓。

有了愚笨的孩子就会有平庸的大人，我想，这条法则是最普遍和准确不过的了。最困难的是要在一个孩子的童年时期看出他是真正的笨还是表面上显得笨，这种表面上的笨实际上往往是坚强性格的表征。乍看起来是很奇怪的：这两种极端情形的征象是极其相似的，而且是应该相似的，因为当人们还处在没有真正的思想的年岁时，有天才的人和没有天才的人之间的区别在于，后者光接受虚假的观念,而前者能看出它们是假的,因此就一个也不接受;所以两者都如同傻子:一个是样样都不懂,而另一个是觉得样样都不称他自己的心。只是偶尔才能发现区别他们的唯一征兆,因为在这种时候,向有天资的儿童灌输某种观念他就能够了解,反之,没有天资的儿童却始终是那个样子。小卡托[1]在童年时候被他家里的人看成是一个蠢孩子。他沉默寡言,性情执拗:这就是人们对他的全部评价。有一次在苏拉[2]的客厅里,他的叔父才发现他是很聪明的。要是他不走进那间客厅的话,也许一直到他长到有理智的年龄他都会被别人看成是一个粗野的人。如果那时不出现恺撒[3]也许人们始终会把这个卡托当作一个幻想家,然而正是他看出了恺撒的阴险,老早预料到他的计谋。轻率地对孩子们下断语的人,是往往会判断错误的!这种人反而比孩子们还更加幼稚。我和一个人[4]的友谊使我感到很光荣,然而这个人到年岁已经相当大的时候还被他的亲友当作是一个头脑很简单的人;这个睿智的人不声不响地一天天成熟起来,突然,大家才看出他是一个哲学家;我深信,后世的人将在当代最出色的思想家和最渊博的形而上学家中给他留一个很光荣和崇高的位置。

要尊重儿童,不要急于对他作出或好或坏的评判。让特异的征象经过一再地显示和确实证明之后,才对它们采取特殊的方法。

---

[1] 小卡托(公元前95—前46),罗马政治家,站在元老院一边极力反对恺撒的独裁。

[2] 苏拉(公元前138—前78),罗马独裁者。

[3] 恺撒(公元前100—前44),罗马独裁者。

[4] 指法国哲学家孔狄亚克(1715—1780)。孔狄亚克是一个感觉论者,洛克的继承人,著有《论感觉》等书。

让大自然先教导很长的时期之后，你才去接替它的工作，以免在教法上同它相冲突。你说你了解时间的价值，所以不愿意有分秒的损失。可是你没有看到，由于错用时间而带来的损失，比在那段时间中一事不做的损失还大，一个受了不良教育的孩子，远远不如没有受过任何教育的孩子聪明。你看见他无所事事地过完了童年的岁月，就感到惊奇！唉！难道说让他成天高高兴兴的，成天跑呀、跳呀、玩呀，是一事不做、浪费时间吗？柏拉图的《理想国》一书，大家都认为是写得很严肃的，然而他在这本书中完全是通过节日、体操、唱歌和娱乐活动来教育孩子的；当他教他们玩耍的时候，他把其他的东西也一起教给他们了；塞涅卡谈到古罗马的青年时说："他们总是站着的，从来没有学过什么坐着干的活儿。"* 难道说他们长到年富力强的时候会因此就跌落了身价？所以，你对这种所谓的懒怠状态不要那样担心害怕了。要是一个人为了把一生的时间全都拿来利用，就不去睡觉，你对这个人怎样看法？你会说："这个人是疯子；他不但没有享受他的时间，反而损失了他的时间，因为抛弃睡眠的结果，是奔向死亡。"所以，你要了解到这里的情况恰好相同，要了解到儿童时期就是理性的睡眠。

教育孩子，在表面上看来好像很容易，而这种表面的容易，正是贻误孩子的原因。人们不知道，这样的容易其本身就是他们什么也没有学到的证明。他们的光滑的头脑可以像一面镜子似的把你给他们看的东西都反射出来，但并没有留下任何深刻的印象。孩子记住了你所说的话，但是把观念却反射掉了；听他说话的人都

* "他们不拿卑下的人要学的东西教他们的孩子。"见塞涅卡：《道德书简》，88。

能明白他那些话的意思，而不明白那些话的意思的，恰恰就只是他自己。

尽管记忆和理解是两种在本质上不同的本能，然而两者只有互相结合才能得到真正的发展。在达到有理智的年龄以前，孩子不能接受观念，而只能接受形象；但是，两者之间有这样的区别：形象只不过是可以感知的事物的绝对的图形，而观念是对事物的看法，是由一定的关系确定的。一个形象可以单独地存在于重现形象的心灵中，可是一个观念则要引起其他的观念。当你在心中想象的时候，你只不过是在看，而你思索的时候，你就要加以比较。我们的感觉纯粹是被动的；反之，我们所有的理解或观念都是产生于能进行判断的主动的本原。这一点，我在以后还要加以阐述。

所以我认为，孩子们因为没有判断的能力，因此也就没有真正的记忆。他们记得声音、形状和感觉，然而却很少记得观念，更不用说记得观念的联系了。反对我的人看见他们学会了一些初级几何，就以为可以拿这点来证明我的看法是错误的；恰恰相反，他们正好证明了我的论点，表明孩子不仅不能自己推理，甚至还记不住别人的论证；你们把这些小几何学家所用的方法拿来考察一下，马上就可以看出，他们所记得的，只不过是例题的精确图形和术语罢了。稍一反驳，他们就不懂了；把图形一颠倒过来，他们就会莫名其妙的。他们的全部知识都停留于感觉，没有哪一点是透彻地了解了的。他们小时候已经听人讲过的事情，到长大以后总得要重新学过，可见他们的记忆力是并不比他们的其他能力强的。

然而我并不认为孩子们是一点理解力都没有的[①]。恰恰相反,我认为他们对一切同他们眼前可以感觉得到的利益有关的事物却理解得非常好。不过,我们所不明白的是他们究竟知道些什么东西,因此,他们本来是不知道的,我们却以为他们知道,他们本来是不懂的,我们却要他们讲一讲其中的道理。我们还有一个错误是,要他们去注意那些同他们没有一点儿关系的问题,例如他们将来的利益啦,成年人是多么幸福啦,长大时别人将对他们多么尊敬啦;这些话对没有一点儿远虑的人来说,是绝对没有什么意义的。硬要可怜的孩子们去研究这些东西,往往会使他们把心思用到同他们毫不相干的事情上去。所以,要请你判断一下能不能叫他们去注意这些事情。

大事夸耀怎样怎样地教诲学生的冬烘先生,得了人家的束修,所以他们的说法就完全不同;其实,根据他们自己的行为就可以看出,他们的看法同我的看法完全是一样的。因为,他们教给学生的到底是些什么东西呢?词句,词句,还是词句。在他们所吹嘘的各

① 在一部长篇著作中,要使同样的字始终表达同样的意思,是不可能的,这一点,我在写作本书的时候曾经反复考虑过一百次。还没有哪一种语言竟丰富到我们想怎样修饰,它就能提供多少字眼和词句。给所有的词都下一个定义,并且经常用所下的定义去代替被下定义的词,这个办法当然很好,只是实际上行不通;因为,怎样才能避免循环呢?如果我们不用词句来下定义的话,定义也许是好的。但尽管这样,我认为,即使我们的语言很贫乏,我们也可以把意思表达得很清楚,其办法并不是使同样的词始终只表达同样的意思,而是不管每一个词用多少次,我们都要使它表达的意思能够充分地从上下文中看出来,从而使含有这个词的句子就可以反过来做它的定义。有时候我说孩子们不能够推理,有时候我又说他们理解得十分得好。我不认为这表明我在这个问题上的思想是自相矛盾的,但是,我不能否认我在我的表达方法上常常是有矛盾的。

种学科中，对学生真正有用的，他们反而不教，因为它们是事物的科学，他们就不会教好；他们所选教的是他们知道其中的一些术语、谱系、地理、年代和语言等等的科学，以此显示他们精通这些学科；然而所有这些学问，对成年人来说关系已经不大，对孩子来说关系就更小了，所以，只要他一生当中能把它们拿来用上一次，就算是一件了不起的事情了。

我把教授语言当作一种没有用处的教育，你也许对这一点会觉得奇怪；不过你要知道，我在这里说的只是童年时候的教育；所以不管你们怎样说，我不相信哪一个孩子(有天才的儿童除外)在十二岁或十五岁以前是真正学会了两种语言的。

如果说语言的学习只不过是学习一些词，也就是说学习表达这些词的符号或声音，那么，我也认为这种学习可能是适合于孩子的，不过，语言在改变符号的同时，也就把它们所表达的观念改变了。知识是由语言形成的，而思想则带有观念的色彩，只有理性是共同的，每一种语言的精神都有它独特的形式，这个差别可能是民族性格不同的一部分原因或结果；可以用来证明这种推断的是：世界上各个民族的语言都是随着它们的风俗而几经变化的，它们也像风俗那样，或者是保持下去，或者是有所改变。

孩子们在使用的过程中便可学会那些形式不同的语言中的一种语言，而这也就是他在达到有理智的年龄以前所能记得的唯一的语言。为了学会两种语言，就需要懂得比较它们的概念，然而现在他们连概念都不知道，怎么能进行比较呢？每一种东西在他们看来都有成千种不同的符号，然而每一个概念却只能有一种形式，因此他们只能学会一种语言。有人说他们的确学会了几种语言；

我认为这种说法是不对的。我曾经看见过几个据说是能讲五六种语言的神童。我听见他们讲了德语，接着又用拉丁语、法语和意大利语的词来讲；他们确实能用五六种词汇，但他们始终是讲的德语。总之，不管你愿意教孩子多少同义语，然而你变换的是词而不是语言，所以他们还是只能学会其中的一种语言。

正是为了掩盖他们在这方面的无能，所以你才偏偏教他们去学那些已经死了的语言，因为现在是再也找不到人来评判对这些语言的教法是不是合乎文规了。由于这些语言的通常用法早已失传，你就模仿书上所写的词句，而且还说这些就是口语哩。如果老师的希腊文和拉丁文就是这样的话，我们也就可以想见孩子们所学的希腊文和拉丁文了。他们才刚刚记得一点语法入门，还根本不懂得怎样用法的时候，你就要他们把一篇用法文写的文章译成拉丁文；当他们学得高深一点的时候，你就要他们把西塞罗的句子写成散文，把维吉尔[1]的一些诗篇写成韵文。这样一来，他们就以为是能够讲拉丁语了，谁又去说他们讲得不对呢？

在任何一门学科里，代表事物的各种符号如果不具有它们所代表的事物的观念，那就是毫无意义的。而你使孩子所学到的，也就是限于这种符号，而不能使他们明白它们所代表的东西。你以为你已经教他明白了地球是什么样子的，其实仅仅使他看到了一些地图：你教他的城名、国名和河名，而他则认为这些地方除了在图上指给他看一下以外，实际上是不存在的。我记得曾经在什么地方看见过一本地理书，它开头就这样说：“什么是世界？世界是

[1] 维吉尔（公元前71—前19），罗马诗人，其主要作品为长篇叙事诗《伊尼依特》。

一个用纸壳做的球。"孩子们所学的地理正是这个样子。我敢说，你拿地球仪和世界志教他们学了两年之后，还找不到一个十岁的孩子能够按照你所教的法子说出从巴黎到圣丹尼镇应该怎样走法。我敢说，没有任何一个孩子能按照他爸爸的园林示意图走过其中曲曲折折的道路而不迷失方向的。请看，知道地图上哪里是北京、伊斯帕亨、墨西哥和地球上所有一切国家的博士，就是如此。

我听见有些人说，最好是让孩子们去学那些只用眼睛学的东西；如果确实有什么东西只凭眼睛就能学会的话，那当然是可以的；不过，这样的东西我根本还没有见过。

更加可笑的是，你叫他们学习历史：你在想象中以为历史是可以被他们理解的，因为它搜集的全是事实。但是，"事实"这个词应当怎样理解呢？你认为决定历史事实的种种关系是那样容易理解，以致在孩子们的心中可以毫无困难地形成相应的观念吗？你认为对事件的真正了解可以同对事件的原因和结果的了解相分开；认为历史涉及道德的地方是非常少，以致不懂道德的人也可以学会历史吗？如果你在人的行为中只观察外部和纯肉体的活动，那么，学了一阵历史又能学到什么东西呢？那是绝对学不到什么东西的；学习历史既索然寡味，就不能使我们得到快乐，也不能使我们获得教益。如果你愿意拿那些行为的道德关系来衡量它们的话，就请你试一试，看你的学生能不能了解那些关系，然后你就明白像他们那样年龄的人适合不适合学历史了。

读者诸君，你们经常要记住，同你们讲话的人既不是学者，也不是哲学家；他是一个普通的人，是真理的朋友，既不抱什么成见，也不信什么主义；他是一个孤独的人，他很少同别人一块儿生活，因此沾染他们偏见的机会也就不多，也就有富裕的时间思考他同他们交往的时候使他有所感受的事物。我的论点，其根据与其说是原理，不如说是事实；我想，为了使你们能够评判我的论点，最好的办法莫过于常常向你们举几个使我产生这些论点的事例。

我曾经到一个乡下人家去住了几天，这家人的可敬的主妇对孩子们的生活和他们的教育是极为关心的。有一天早晨，大孩子上课的时候我也在场；他的老师曾经详细地教过他的古代史，这一次讲亚历山大❶的故事时，又谈到了医生菲力浦的著名的逸事；书上有这个故事的插图，的确，这个故事是值得讲一讲的*。这位老师是一个可敬的人，不过，他对亚历山大的勇敢行为发表的几个看法我是不赞成的，当时，我没有同他争论，为的是免得降低他在他学生的心目中的威信。在吃饭的时候，照法国人的习惯是免不了要叫那可爱的小孩瞎说一阵的。由于他那样年龄的活泼的天性和

❶ 亚历山大(公元前356—前323)，古代马其顿王，公元前336—前323年在位。

* 见昆图斯-库修斯❷，第3卷，第6章。蒙台涅❸也叙述过这个轶事。“亚历山大……接到了帕米尼俄❹的一封信，信上说，他最亲近的医生菲力浦已经被大流士❺用金钱买通，要用毒药害他；他把信拿给菲力浦看，而且同时就把菲力浦给他的药一口吞下去了。”第1卷，第23章。

❷ 昆图斯-库修斯，公元一世纪罗马历史学家，著有《亚历山大史传》。*号注所说的第3卷，第6章，疑指该书。

❸ 蒙台涅(1533—1592)，法国作家，著有《论文集》。*号注所引蒙台涅的叙述见《论文集》第1卷，第23章。

❹ 帕米尼俄，马其顿将军，公元前330年亚历山大怀疑他不忠诚，下令将他杀死。

❺ 大流士，波斯王，公元前336—前330年在位。公元前334年亚历山大率马其顿-希腊军东侵波斯，大败波斯军。次年再败之。公元前330年波斯帝国被亚历山大所灭，大流士为部下所杀。

准可受到一番称赞的信心，遂使他讲了无数的傻话；当然，在这些傻话中时而也碰巧有一两句是说得中肯的，因此也就使人把其余的傻话忘掉了。最后，他就谈到医生菲力浦的故事；他把这个故事叙述得很简要和优美。大家照例地称赞（做母亲的巴不得人家这样称赞，而孩子也是等着人家这样称赞）一番之后，就开始议论他所讲的这个故事了。大多数人都责备亚历山大太冒失，有几个人则跟着老师说他们佩服亚历山大的果断和勇气，所有这些，使我认为在场的人没有哪一个是看出了这个故事的美究竟是美在什么地方。"至于我，"我向他们说，"我觉得，如果说在亚历山大的这个做法中有点儿勇敢和果断的表现的话，那也不过是一种蛮头蛮脑的行为罢了。"于是大家都赞同我的看法，说那是一种蛮头蛮脑的行为。我跟着就想解释和热烈地论述一番，这时候，坐在我旁边的一个妇人（她到现在还没有开过口哩）侧过身来在我的耳朵边上轻轻地说："别说了，让·雅克，他们是听不懂你的意思的。"我望她一眼，我吃了一惊，我马上就闭嘴不讲了。

由于有几个现象使我怀疑我们这位小小的博士对他讲述得那么好的历史并没有真正了解，所以晚餐以后就拉着他的手，同他到花园中去散了一会儿步；我随便问了他几个问题之后，发现他比任何人都更钦佩被人们所吹嘘的亚历山大的勇敢；不过，你可知道他是从什么地方看出亚历山大的勇敢的呢？原来，独一无二地是因为亚历山大毫不犹豫，毫无难色地把那难吃的药一口就吞下去了。这个可怜的孩子，在不到十五天以前还吃了一次药，不知费了多大的劲才把药吃下去了，而至今口上还有药的余味咧。死亡和中毒，在他的心目中只不过是一些不愉快的感觉罢了，而他所能想到的毒药就是旃那[1]。然而,必须承认的是,亚历山大的果断对他幼稚的心灵确已产生了很大的影响,使他下定决心,以后吃药的时候一定要做一个亚历山大。我没有进行解释,因为这显然是他不能理解的,所以我只告诉他说这种想法很值得称赞。我回去的时候,暗中好笑有些做父亲的和做老师的也真是高明,竟想到了拿历史来教育孩子。

使他们在口头上学会国王、帝国、战争、征服、革命和法律这些词,是很容易的;但是,当问题是要赋予这些词以明确的观念时,也许就不可能像我们同园主罗贝尔谈话那样来解释了。

有些读者对"别说了,让·雅克"这句话是不很满意的,我早已料到,他们会问在亚历山大的行为中究竟哪一点在我看来是值得称赞的。可怜的人啊!如果要我告诉你们的话,你们怎么懂得呢?亚历山大的行为之所以值得称赞,是因为他相信德行;是因为他敢于拿他的头颅,拿他自己的生命来证实他的信念;是因为他的伟大的心灵配得上这个信念。啊,他所吞的那一剂药正是这种信念的真实表白!还没有哪一个人对自己的信念做过这样庄严的表白哩。如果谁是当今的亚历山大的话,那就请他照样把他的信念表白给我看一看[*]。

如果孩子们还不懂得你所讲的字眼,就不宜于拿你的功课去教他们。如果他们没有获得真正的观念,他们就不会有真正的记

[1] 旃那,一种豆科植物,能治腹泻。

[*] "这位国王的勇于冒险是盖世无双的:但是我不知道在他的一生中是否有过比他在这件事上所表现的更为坚决、更被传为美谈的事情了。"见蒙台涅:《论文集》,第1卷,第23章。

忆，因为我认为仅仅保留一些感觉是不能叫做记忆的。他们在脑子里记上一连串莫名其妙的符号，对他们有什么用处呢？在学习事物的过程中，他们岂不也就学会了那些符号吗？为什么要他们浪费气力学两次呢？而且，你要他们拿一些根本不懂得的话作为他们的学问，岂不会使他们产生极其危险的偏见！正是由于孩子所学的第一个词，由于他所学的第一件事物，全是照别人的话去了解，而自己根本就不明白它的用途，所以才丧失了他的判断的能力：他也许可以在傻子面前炫耀一个很长的时期，但是他不可能弥补他这样的一个损失①。

不，纵然说大自然使一个孩子的头脑具备了这种能够接受种种印象的可塑性，那也不是为了让你记住什么国王的名字、年代、谱系、地球仪和地方名称，或者记住那些对他这样年纪的人来说既毫无意义，而且对任何年纪的人来说也没有一点用处的词句；把这些东西压在他的身上，是必然会使他的童年过得十分忧郁和没有趣味的；所以，孩子的头脑之有可塑性，是为了让那些能够为他所理解和对他有用处的观念，这些观念关系到他的幸福和日后指导他履行其天职，早已以不可磨灭的印象记在他心中，使他一生当中

① 大多数学者也是像小孩这样夸耀于傻子的。他们的学识渊博，不在于他们记得许多的观念，而在于他们记得许多的形象。日期、专门名词、地点和种种孤立而没有思想内容的东西，只是作为符号保留在他们的记忆里的，如果不同时看一下他们所读过的篇页的正反两面，不看一下他们第一次见到那些东西的图形，他们就很难把那些东西回想得起来。在前几个世纪曾大出风头的学者差不多都是这样的。至于我们这个世纪的学者，就是另外一个样子了：他们既不研究，也不观察，而只是做梦；他们使我们狠狠地做了几个夜晚的噩梦之后，就说是教过我们哲学了。也许有人会说我也是在做梦；我同意这种说法；但是我梦见的是别人不愿意梦见的东西，我做的是梦就说是梦，让读者去寻找在这些梦中是不是有对头脑清醒的人大有用处的东西。

能按照适合于他的天性和才能的方式过他的生活。

即使是不读书本，一个孩子可能有的记忆力也不会因此而闲着没有用处；他所看见的和他所听见的一切，都会对他产生影响；他将把它们记下来，他将把大人的言语和行为都记在心里；他周围的事物就是一本书，使他在不知不觉中继续不断地丰富他的记忆，从而增进他的判断能力。为了培养他具备这种头等重要的能力，真正的好办法是：要对他周围的事物加以选择，要十分慎重地使他继续不断地接触他能够理解的东西，而把他不应该知道的事物都藏起来，我们要尽可能用这个办法使他获得各种各样有用于他青年时期的教育和他一生的行为的知识。是的，这个办法既不能培养出什么神童，也不能使他的保姆和教师得到人家的夸耀，但是，它能培养有见识、有性格、身体和头脑都健康的人，这样的人，小时候虽没有谁称赞，到长大后是一定会受到人人尊敬的。

爱弥儿是绝不背诵什么课文的，即使是寓言，即使是拉·封登[1]的寓言，不论它们是多么简单和动人，他都是不背诵的，因为寓言中的话并不就是寓言，就像历史中的文字并不就是历史一样。人们怎么会这样糊涂，竟把寓言也称为孩子们的修身学，毫不考虑寓言固然可以使他们高兴，但同时也会使他们产生谬误，毫不考虑他们受了杜撰的事情的迷惑，就必然会遗漏真理，毫不考虑这样教法虽然可以使他们觉得有趣，但也妨碍了他们从其中得到益处？寓言可以用来教育大人，但对孩子们就应该直截了当地讲真理；你用幕布把真理盖起来了，他就不愿意花力气去把它揭开。

---

[1] 拉·封登（1621—1695），法国寓言作家和诗人。

大家都要孩子们学拉·封登的寓言,但是没有哪一个孩子是真正学懂了的。要是他真正学懂了的话,那就更加糟糕了,因为其中的寓意对他那样年龄的人来说,是那样的拐弯抹角和不相适应,以致不仅不能使他学到良好的德行,反而使他学到了许多的坏毛病。你也许会说:"瞧,又在发怪论了。"不错。但是让我们看一看这番怪论说的是不是真理。

我认为,小孩子是学不懂你教他的那些寓言的,因为,不论你怎样努力地把那些寓言写得很简单,然而由于你想通过它去进行教育,所以就不能不在其中加上一些小孩子无法理解的思想,而且,那些寓言虽然是写成了诗体便于背诵,但诗韵本身反而使它们更难于理解;所以,寓言写是写得很有趣了,但因此也就牺牲了它的鲜明的寓意。有许多的寓言是孩子们根本无法读懂的,而且对他们也是一无用处的,然而由于在一本集子里这样的寓言是同其他的寓言混在一起的,所以你也没头没脑地叫他们把这些寓言拿来学习,现在,姑且把这样的寓言撇开不谈,我们在这里只谈那些似乎是作家专门为小孩子所写的寓言。

在拉·封登的寓言集中,我只知道有五六个寓言是洋溢着孩子的天真气的;我现在把这五六篇寓言中的第一篇寓言①做例子来谈一下,其原因是这一篇寓言既适合于各种年龄的人,而且也最能为孩子们所理解,学起来也最感兴趣,所以,作者才特地把它选出来放在他那本集子的前头。假使作者的目的是要这篇寓言能够为孩子们所理解,能够使他们读了以后感到很高兴和受到教益,那

① 据福尔梅先生说,这是第二篇而不是第一篇。

么，这篇寓言当然就是他的一个杰出之作了，因此，请允许我用几句话在这里把这篇寓言逐行逐行地分析一下。

乌鸦和狐狸

寓　言

"乌鸦先生在一棵树上歇息，"

"先生！"这个词本身是什么意思？把它放在一个专门名词之前[1]表示什么？用在这里又是什么意思？

什么叫"乌鸦"？

为什么说"在一棵树上歇息"？我们的说法不是"在一棵树上歇息"，而应当说"歇息在一棵树上"。因此，就必须讲一讲诗歌的倒置法；就必须说一说什么叫散文，什么叫诗。

"它嘴里含着一块奶酪。"

什么奶酪？是一块瑞士奶酪，还是布里奶酪或荷兰奶酪？如果孩子从来没有看见过乌鸦，你怎样才能给他讲清楚乌鸦的样子呢？如果他看见过乌鸦，他又怎能想象乌鸦把一块奶酪含在嘴里呢？所以应该按照自然的样子来描述。

"狐狸先生被美味所引诱，"

又来一个"先生！"对狐狸来说，这个头衔真是很合适！它可以说是玩弄花招的行家。应该讲一讲什么叫狐狸，把它们真正的性格和平时出现在寓言中的性格讲清楚。

---

[1] 乌鸦先生，法语为 Maître Corbeau，这里按照法语的次序，所以说"之前"。

“引诱”这个字眼平常是很少人用的。应该加以解释；应当说明只是在诗里才用这个字眼。要是小孩子问你为什么诗歌和散文的说法不一样呢？你怎样回答他？

“被奶酪的美味所引诱！”这块奶酪是含在歇息在一棵树上的乌鸦的嘴里，要有多大的气味才能使树丛或地洞中的狐狸闻得到！正确的判断在于有可靠的依据，在于能分辨别人所说的事情哪些是真哪些是假，所以，你能不能用这句话来训练你的学生掌握这个判断事物的精义呢？

“向乌鸦这样说：”

“这样说”！狐狸能说话吗？它能讲乌鸦讲的那种语言吗？聪明的老师，留心一点，要慎重地考虑考虑才回答；你回答的话，其关系之大是你想象不到的。

“喂！你好，乌鸦先生！”

“先生！”小孩子看见你把这个称呼当作笑话来用，以致不知道它是一种尊称。说“乌鸦先生”的人要费很大的工夫才能把加在“乌鸦”前面的冠词“德”(de)解释得清楚。

“你多美呀！我觉得你多好看啊！”

没有用处的重复话。小孩子看见你用另外的词来重复同样的事情，也就会学到讲无聊的话。如果你说这种多余的话是作家的一种艺术手法，以表达狐狸是有意用这些话来大大地夸乌鸦一番，这种解释可以对我说，然而对我的学生说，就是很不适宜的。

“不要撒谎，要是你的歌喉”

“不要撒谎！”这么说，你有时候是撒过谎了的吗？如果你告诉孩子说，只因狐狸撒了谎，所以它才叫乌鸦“不要撒谎，”孩子听了以后将作何感想呢?

"配得上你的羽毛,"

"配得上!"这是什么意思?叫孩子把声音和羽毛这两种性质完全不同的东西加以比较,你看他怎么能理解你的意思。

"就让你做这林中的百鸟的凤凰。"

"凤凰!"什么叫"凤凰?"我们在这里突如其来地又谈起虚妄的古物,差不多好像讲神话了。

"林中的百鸟!"多么形象的话啊!阿谀奉承的人用雅致的词把他的话说得很高尚,以便更易于诱惑别人。一个小孩子懂不懂这种妙处呢?他是不是知道,他能不能知道什么是高尚的说法,什么是鄙俗的说法呢?

"听到这些话,乌鸦乐得忘乎所以,"

必须要亲身经历过十分激动的情绪之后,才能体会这个成语表达的状况。

"于是,为了显示他美妙的歌声,"

不要忘记,为了要懂得这一行诗和整个的寓言,孩子就要听一听乌鸦的声音究竟是美在哪里。

"把嘴一张开,奶酪就掉到地上。"

这一行诗写得真好,单单从诗韵的和谐上就可以想象那种情景。我看见了一只怪嘴张得大大的,我听见了奶酪从树枝中掉到地上的声音;不过,这种优美的地方对孩子来说是莫名其妙的。

"狐狸抓着奶酪,说,我的好先生,"

瞧,好心竟变成愚蠢。当然,你马上会教育孩子的。

"你要知道,所有阿谀奉承的人"

笼笼统统的说法，我们是不懂的。

"都靠他所吹捧的人生活。"

一个十岁的孩子是根本不懂得这一行诗的。

"花一块奶酪学这个教训，真是值得。"

说得很清楚，意思也很好。然而也可能有少数的儿童要把一个教训和一块奶酪拿来比较，因而就宁可要奶酪而不要教训的。因此，应该使他们明白这样说法不过是一种笑话。孩子们哪里懂这种妙处！

"乌鸦又羞又气，"

又说重复话了；这一次就无法辩解了。

"发誓——可惜晚了——从今不再上这种当。"

"发誓！"哪里有那样傻的老师敢向孩子们讲发誓是怎么一回事情？

以上是讲得够详细了，但说到对这篇寓言的全部思想进行分析，并且把这些思想当中的每一个思想所依据的基本观念归纳出来，这还是不够的。不过，谁又觉得需要这样分析给年轻的人听呢？我们当中没有哪一个人讲哲学竟会讲到把自己当成了小孩子。所以，我们现在就接着谈它的寓意。

我要问一下，对六岁的孩子来说，是不是需要告诉他们有些人为了自己的利益就吹牛拍马或撒谎骗人？我们至多只能告诉他们说，拿小孩子逗着玩或暗中嘲笑他们傻里傻气的人，确实是有的；但是，一块奶酪就把整个事情弄糟了，因为你不是在教他们怎样把自己的奶酪紧紧地含在嘴里，而是教他们怎样想办法把别人嘴里的奶酪骗出来。这里，我又提出了我的第二个怪论；而且，这个怪论的重要性是不亚于前一个怪论的。

只要你长期同曾经学过寓言的孩子在一起，你就可以发现，当他们有机会把所学的寓言拿来应用时，他们的所作所为差不多同寓言作者的意图完全是相反的；对于你想纠正或防止的缺点，他们不仅满不在乎，而且还偏偏喜欢为非作恶，以便从别人的缺点中得到好处。在前面所讲的那个寓言中，他们一方面嘲笑乌鸦，而另一方面却非常地喜欢狐狸；在第二个寓言中，你以为他们会拿蝉来做学习的榜样；不，他们选择的榜样是蚂蚁。谁也不喜欢丧失自己的体面，他们想担任漂亮的角色；这是自爱的选择，这是很自然的选择。但对孩子们来说，就是多么可怕的教育啊！在一切怪物中，最可恶的怪物莫过于一个又悭吝又心狠的小孩子，他既能料到别人会问他要什么东西，而且也懂得什么东西应该拒绝拿给别人。蚂蚁更厉害，它甚至教他在拒绝的时候还要把人骂一顿。

在所有的寓言中，狮子通常是一个最显要的角色，孩子在学了这些寓言之后，就想做狮子；当他主持分什么东西的时候，他就会学狮子千方百计地把所有的东西都据为己有。但是，当他学到蚋把狮子搞垮的时候，他的想法就不同了，他就不愿意做狮子而愿意做蚋了。他将来要学它在不敢明目张胆地攻击别人时，就把他叮死。

学了《瘦狼和肥狗》这个寓言后，孩子们不仅不像你所想象那样把它作为一种谦逊的教训，反而认为这个寓言是在教人放肆。我永远不能忘记的是，我曾经看见过有人拿这个寓言来折磨一个小女孩，想用这个寓言教她乖乖地听大人的话，结果使那个女孩子很伤心地哭了一场。起初大家都不清楚她为什么会哭，到最后才明白了她哭的原因。原来，这个可怜的女孩子受人的束缚已经受够了，她觉得她脖子上的皮都被锁链磨破了，她哭她不是一只狼。

所以，第一个寓言的寓意在孩子们看来是教人卑鄙奉承，第二个寓言的寓意是教人残忍无情，第三个寓言的寓意是教人做事不公正，第四个寓言的寓意是教人嘲笑讽刺，第五个寓言的寓意是教人不服管束。最后这个寓言，对我的学生来说固然是用不着，但是更不宜于用来教你的学生。当你拿一些自相矛盾的寓意教他们的时候，你想你这番苦心将得到什么样的结果呢？不过，所有这些寓意在我看来固然是构成了反对寓言的理由，然而在你看来也可能恰恰是它们应该得到保存的原因。社会中需要有一种口头的教训，也需要有一种行动的教训，而这两种教训是截然不同的。前者见之于一问一答地教训一阵就算了事的问答教义；后者则见之于拉·封登给孩子们写的寓言和给母亲们写的故事。同一个作者把这两者都教训了。

拉·封登先生，让我们商量一个两全的办法。我，我本人答应选读你的书，而且很喜欢你，要从你的寓言中受到教益，因为我相信我不至于误解它们的目的；至于我的学生，请允许我一个寓言也不让他去学；如果你要我叫他去学，那你就首先要给我证明尽管那些寓言中的事物有四分之一是他不懂的，但他学了还是对他有好处；证明他学习他可能懂得的寓言时不会误解它们的意思，证明他学了以后不仅不会上人家的当，而且还不学歹人的样子。

我这样使孩子们摆脱了种种的功课，从而就替他们消除了使他们最感痛苦的原因：读书。读书是孩子们在儿童时期遇到的灾难，而你却单单要他们在读书中消磨他们的时间。爱弥儿长到十二岁还不大知道什么叫书。也许有人说："至少他应该识识字呀。"我同意这种说法；当读书对他有用处的时候，他是应当识字的；不过到现在为止，读书除了使他感到厌烦以外，是没有其他好处的。

如果你不勉强孩子们照你们的话去做，他们就不会去学那些在现时对他们既无趣味也无用处的东西；否则，有什么动机可以促使他们去学呢？对不在眼前的人讲话和听他们讲话，以及不经过中间的媒介而把我们的感情、意志和希望远远地传达给他们，是一种艺术，这种艺术的用处是各种年龄的人都可以感觉得到的。是什么奇怪的原因使这样一种如此有用和如此有趣的艺术变成了孩子的一项刑罚呢？那是因为你采取了强迫的方法叫他去学它，是因为你硬要他把它用之于他不了解的事物。一个孩子不论多么好奇也不可能好奇到自己去练习使用你拿来折磨他的这个工具；但是，只要你能够用这个工具去增进他的快乐，即使你不许可他用，他也是马上要去用它的。

人们在煞费苦心地寻找教读书识字的最好办法，有些人发明了单字拼读片和字卡，有些人把一个孩子的房间变成了印刷厂。洛克则主张用字骰教孩子们学习识字。这岂不是找到了一个最好的办法吗？真是可怜！其实有一个办法倒是比以上的办法都更为可靠的，但这个办法一直被人们所遗忘了：这个办法就是促使孩子们有学习的欲望。你使孩子们先有这个欲望，然后把你那些字卡和字骰都通通拿开，这时候，随你用什么方法去教都可以把他们教得很好的。

现实的利益才是最大的动力,才是使人走得又稳又远的唯一的动力。爱弥儿有时候接到他的父亲、母亲或亲戚朋友的请柬,请他去赴宴、游览、划船或看戏。这些请柬只有短短的几句话,意思写得很清楚,字也写得很好看。他需要找一个人来念给他听,可是这样的人不是到时候找不着,就是找着了也像孩子昨天对他那样慢吞吞地答应他。这样一来,事情过去了,时间也过去了。最后才把请柬念给他听,可是已经太迟了。唉!要是自己能识字就好啦!他又接到一些请柬,上面的话多么简单!谈的事情多么有趣!他很想明白那些话的意思;他有时候找得到人帮忙,有时候又碰钉子。他自己尽量地试一试,终于把请柬上的话明白了一半:请他明天去吃奶油……可是还弄不清楚在什么地方和哪些人一起吃……费了多大的劲才把剩余的几个字识出来啦!我不认为爱弥儿是需要用什么写字桌的。我现在给不给他讲怎样写字呢?不,我是不好意思在一部论述教育的著作中拿这些琐琐碎碎的小事情消遣的。

我只补充一句话,而这句话是可以作为一个重要的准则的,那就是:一般地说,你不急于达到什么目的,反而可以很有把握和十分迅速地达到那个目的。我几乎可以肯定地说,爱弥儿不到十岁就能完全学会读书和写字,其原因恰恰是由于我对他十五岁以前能不能读书识字一事是很不重视的;但是,我还是宁可让他一个字也不识,而不愿他为了学到这一些学问就把其他有用的东西都牺牲了,因为,当他根本不喜欢读书的时候,读书对他有什么用处!"应当特别注意的是,不可使还不喜欢读书学习的学生对读书发生厌恶的心情,不可使他尝到读书的苦味,以免他过了青年时期还觉得读书是一件可怕的事情。”①

我愈是坚持我这种听其自由不加管束的办法，我觉得人们将愈强烈地反对。如果你的学生从你那里学不到什么东西，他就会向别人去学习的。如果你不用真理去涤除谬误，他就会学到许多邪说。你担心他将产生的那些偏见，正是他周围的人灌输给他的；它们将通过他所有的感官进入他的心，败坏他尚未成熟的理性；他长期不用而陷入麻木状态的心灵也将沉溺于物质的享受。在儿童时期没有养成思想的习惯，将使他从此以后一生都没有思想的能力。

我觉得，要回答人们反对我的论点，是非常容易的，不过，为什么老是去回答反对我的人呢？如果我的方法能自行回答那些反对的意见，可见它就是一个好方法；如果它不能回答，可见它就没有一点价值。所以我还是接着谈下去。

如果你按照我所拟的计划，采取同成规老套截然相反的办法，如果你不使你的学生的心灵向往于遥远的未来，如果你不一再地使他迷惘于其他的地方、其他的风土、其他的世纪和天涯海角及天堂，而是专心致志地使他按他自己的能力生活，使他注意同他有直接关系的事物，那么，你就可以发现他是能够进行观察、记忆和推理的；这是自然的次序。有感觉的生物一活跃起来的时候，它就可以获得同它的体力相适应的辨别能力；只有在保持自身生存所需要的体力以外还有多余的体力时，才适于把这种可以做其他用途

① 昆体良❶，第1卷，第1章。

❶ 昆体良，公元一世纪罗马修辞家，著有《讲演艺术指导》一书。注①所云第1卷，第1章，疑指此书。

的体力用来发展它的思考能力。所以，如果你想培养你的学生的智慧，就应当先培养他的智慧所支配的体力。不断地锻炼他的身体，使他健壮起来，以便他长得既聪慧又有理性，能干活，能办事，能跑，能叫，能不停地活动，能凭他的精力做人，能凭他的理性做人。

如果老是由你去指点他，老是由你告诉他"来呀，去呀，休息呀，做这个，不做那个呀，"结果，你用这个方法的确是会使他变成一个傻子的。如果你的头脑常常去指挥他的手，那么，他自己的头脑就会变得没有用处。你必须记得我们的条约，如果你是一个迂腐的先生，就请你别看我这本书好了。

有些人以为身体的锻炼有害于思想的运用，好像这两个活动不应该同时进行，好像这个活动不能老是去指导那个活动，这种错误的看法真是叫人又好气又好笑！

有两种人的身体是在继续不断地锻炼着的，而这两种人，对心灵的培养当然都很少注意，这两种人就是农民和野蛮人。前者是很健壮、钝鲁和笨拙的，而后者的感觉敏锐和心思细致是人人都知道的；一般地说，农民是最迟钝不过的人，而野蛮人则是最狡黠不过的人。这种差别从何产生的呢？这是由于农民总是别人叫他怎么样做，他就怎么样做；或者他看见他父亲做什么，他就做什么；或者他自己小时候做哪些事，以后也就一直做那些事，每天都是那么一套，从无变化；他一生差不多都是像机械似的，做的总是那些事情，在他身上，习惯和服从代替了理性。

至于野蛮人，情况就不同了，他们不定居于一个地方，没有规定要办的事情，不服从任何一个人，除了自己的意志以外，就没有其他的法律；他对他生活中的每一个行动都不得不加以考虑，他不事先斟酌一下结果，他就一动也不动，一步也不走。这样，他的身体愈活动，他的心思也就愈灵敏；他的体力和智力同时成长，互相增益。

博学的老师，让我们看一下，在我们的两个学生当中哪一个像野蛮人，哪一个像农民。你的学生事事都听命于一个成天教训他的权威，所以，别人说什么他才做什么，他肚子饿了不敢吃东西，心里高兴不敢笑，心里悲伤不敢哭，伸了这只手就不敢换那只手，你说什么地方可以去，他的脚才敢到什么地方；不久以后，他连呼吸也要照你的规定呼吸了。当你事事都在替他着想的时候，他还动什么脑筋呢？既然可以依靠你的深谋远虑，他何必事先考虑呢？他看见你在照顾他的生命和幸福，他就觉得自己用不着操什么心；他的判断依赖于你的判断，凡是你未曾禁止过他做的事情，他就放心去做，因为他知道做了之后不会出乱子。他知道你会替他观看天色，他无需去猜是下雨还是不下雨。他既然放心你不会让他错过吃饭的时间，他又为什么要计划散多久的步？只要你不制止他吃，他就吃；只要你一制止，他就不吃；他不听他的胃的话，而听你的话。所以，你徒然使他的身体呆笨，而没有使他的心思灵活。而且，由于你叫他把仅有的一点理解力用之于对他没有用处的事物，结果反而损害了理智在他心目中的价值。由于他未发现过理智对他有什么好处，所以他终于认为它是一无用处的。更糟糕的是，他一弄错了，就要被你抓着把柄，而他被抓着的次数是如此之多，以致他心中满不在乎，不再惊讶了。

你认为你的学生也很机灵，也能用我在前面所讲的那种风度同妇女们聊天；但是，一遇到必须牺牲个人，必须在某种困难的情况下拿出主张的时候，你将发现，他比最笨拙的农民的儿子还愚蠢一百倍。

至于我的学生，或者说得更确切一点，自然的学生，他从小就锻炼自己尽可能地依靠自己，所以没有经常去求助他人的习惯，更不善于向他人炫耀自己的学问。不仅如此，他对所有一切同他有直接关系的事物都要进行判断，考虑其后果和分析它的道理。他不夸夸其谈，他要实际行动；他对世上的事情是一无所知，但是他非常懂得他应该做的是哪些事情。由于他经常不断地在活动，所以他不能不对事物进行仔细的观察，好好地考虑其影响；他从小就获得了许多的经验，他的经验是取之于自然而不是取之于人；正因他不知道教育的意图，他所受的教育愈能发挥良好的效果。这样，他的身体和头脑同时都得到了锻炼。他始终是按照他自己的思想而不是按照别人的思想进行活动的，所以他能不断地把身体和头脑的作用结合起来；他的身体愈健壮，他就变得愈加聪明和愈有见识。这个方法可以使他将来获得一般人认为不能同时具有的东西，获得大多数伟大的人物都具有的智力和体力，获得哲人的理解力和力士的精力。

年轻的老师，我劝你采取的方法，在你看来是难以实施的，那就是：不按照成规来管教你的学生，要放任无为才能一切有为。我承认，这个办法不适合于你的年龄，而且在开始的时候既不能显示你的才华，也不能提高你在他们父亲的心目中的身价，但这是唯一能够取得成功的方法。如果你不首先培养活泼的儿童，你就绝不能教出聪明的人来。这是斯巴达人的教育方法，他们在开头并不是教孩子们去啃书本，而是教他们去掠夺他们的食物。斯巴达人到长大的时候是不是因此就非常的愚鲁呢？谁不知道他们说话有力，巧于辩驳？他们战无不胜，在各种各样的战争中把敌人都打得落花流水；卖弄嘴舌的雅典人既害怕同他们说话，也害怕同他们打架。

采取规规矩矩的教育方法，老师发号施令，以为这样就管住了孩子；然而实际上是孩子在管老师。他利用你强迫他做的事情，反过来要你做他所喜欢的事情，他非常清楚，他勤勤恳恳地用一个小时的功，你就要顺他八天的心意。你每时每刻都要同他讲条件。这些条件，你是按照你的方式提出来的，而他却按照他的方式去实行，因此总是有利于他的荒唐的行为的，特别是当你笨头笨脑地把他无论是否履行诺言都准可达到的要求订在条约中的时候，更是便利于他去胡闹。一般地说，小孩子了解老师的心，比老师了解孩子的心还要透彻。这是不足为怪的，因为，一个自由自在的孩子既能用他的机智保卫他的生存，他当然要把他所有的机智用来摆脱暴君的锁链，夺回他天赋的自由；反之，老师是不会去窥探孩子的心的，因为他没有任何切身的利益促使他这样做，所以他有时候觉得让他偷懒或瞎闹一阵反而对自己有好处。

采取一个同上述办法完全相反的做法去教导你的学生，让他常常认为是他在做主，而实则始终是你在做主。在一切束缚人的办法当中，再没有比仅仅保护自由的外表这种办法更周密的了，这样做，甚至把他的意志也俘虏了。可怜的孩子，他什么都不知道，什么都不会，什么都不懂，岂不是可以由你任意摆布吗？由于你同他的关系，你不是可以随便调度他周围的一切吗？你这位做老师的人，岂不是要怎样影响他就可以怎样影响他吗？他的工作和游戏，他的快乐和痛苦岂不是在他不知不觉中全都掌握在你的手里吗？当然，他可以做他想做的事情，但实际上是你希望他那样做，他才那样做；他每行动一步，你都能早有预料，他一张口，你就知道他要说什么话了。

这样一来，他就可以专心去搞他那样年龄的人所需要的体格锻炼，同时还不至于使他的心思变得迟钝。这样一来，你将发现，他不仅不想方设法地逃避那使他烦恼不堪的管束，而且还尽量从最好的方面去利用他周围的一切取得他当前的幸福；这样一来，你将惊奇地看到，他为了把可以获得的东西占为己有，为了不要人家的指点而真正享用那些东西，他所想的办法是多么巧妙。

你这样让他自己支配他的意志，就绝不会养成他乖戾的性情。由于他做的都是适合于他做的事情，所以不久以后他就能做他应当做的事情；尽管他的身体在继续不断地运动，然而一旦涉及他现实的利益，你就会看到他将尽量地发挥他的理智，而且发挥的方式远远比单纯地凭空研究还好得多。

这样一来，由于他看见你并不存心为难他，由于他没有什么不相信你的，没有什么要隐瞒你的，所以他就绝不会欺骗你，绝不会向你撒谎；他将毫无畏惧地显示他本来的面目；你可以从容地观察他，利用他周围的事物对他进行培养，从而不至于使他不想接受你的教育。

他再也不会带着猜疑的目光窥探你的心情，看到你做错了事情也不会暗中笑你。这是很麻烦的事情，我们要加以预防。正如我曾经说过的，孩子们最留心的事情之一，就是要发现管束他们的人的弱点。这种倾向往往使他们做出一些顽皮的事情，然而这种倾向的产生，不是由于他们有顽皮的天性，而是由于他们需要逃避那压制他们的权威。他们受不了你强加在他们身上的束缚，所以要想方设法地摆脱它；老师的缺点一被发现以后，就提供了他们达到这个目的的最好手段。因此，他们将养成这样的习惯：留心别人的缺点，以发现别人的缺点为乐。显然，在爱弥儿的心中是堵塞了产生这种恶习的根源的；由于他根本没有挑我的错处的心，所以他既不找我的错，也不找别人的错。

这些方法之所以显得很困难，是由于你还不知道的缘故；其实，它们是一点也不难的。我理应假定你已经具备从事你所选择的职业的必要知识，我应当假定你了解人心的自然进程，你知道怎样研究人类和单独的人，能预料你把适合于你学生的年龄的有趣的事物展现在他的眼前时，他将偏爱什么东西。这样，有了工具，又懂得怎样使用工具，岂不就能精通业务吗？

你对孩子乖僻的性情表示反感，你搞错了。孩子们之所以乖张任性，不是自然造成的，而是由于教育的不良，也就是说，他们服从于别人或命令别人；而我曾经说过一百次，小孩子是不应当服从人也不应当命令人的。所以你的学生的乖僻性情全是你养成的；你吃你自己的错误做法的苦头，完全是应该的。“不过，怎样补救呢？”你也许会这样问我。补救的办法仍然是好好地教导他，对他要十分地耐心。

有一个孩子，我负责管教过他几个星期，这个孩子不仅已经养成想做什么就做什么的习惯，而且还惯于指挥别人照他的心意去做,因此,这个孩子是非常地胡闹的*。从头一天起,他为了试验我对他是不是依顺,半夜就起床了。当我睡得很熟的时候,他跳下床,穿上睡衣,就来叫我。我从床上起来,点燃蜡烛;他要我做的事情就是这么一点;过了一刻钟,他就瞌睡起来,同时觉得他的试验也很满意,就去睡了。过了两天,他又照样来一次,并且也同样地成功,而我丝毫没有不耐心的表示。他去睡觉的时候吻了我一下,我很安详地对他说:"小朋友,已经做得够好了,不要再来了。"这句话引起了他的好奇心,于是,第二天就想看一看我怎么敢于不听他的话,他到了那个时候又起来叫我。我问他什么事。他说他睡不着。我接着就说:"糟糕,"说完就一声不响了。他请我点燃蜡烛;我问他:"为什么?"说完又一声不响了。这种简明的回答方法开始使他迷惑起来。他一摸一摸地找着了打火器,装着要打火的样子;我听见他打痛了手指头就禁不住笑起来。最后,他觉得实在是打不着了,就带着打火器走到我的床边;我对他说我用不着,说完就翻过身去。于是,他就开始在房间里瞎跑,又叫又唱,弄得到处乱响,时而打桌子,时而打椅子,当然,他每次都是很小心地打,以免打痛了手叫喊起来,因为他的目的只是使我不得安宁。所有这一切都没有收到效果;我看出,他原来的打算是要我好好地劝他或者发一顿脾气,但是对我这种冷静的做法他却丝毫没有准备。

然而,他决心要顽强地征服我的耐心,他继续在那里闹闹嚷嚷,以致最后终于闹成功了,使我心中生气了;眼见在这不该发脾气的时候,一怒之下就会把一切都弄得很糟糕,我就采取了另外一

* 这个孩子是杜潘夫人的儿子。见《忏悔录》,第7卷。

个办法。我起来，一句话也没有说，我去找打火器没有找着；我问他要，他把打火器给我，他高兴极了，以为终于战胜了我。我打燃火石，把蜡烛点亮，我牵着这个孩子的手静静地把他引到附近的一间盥洗室去，盥洗室的窗子是关得好好的，里面也没有什么怕打坏的东西；我把他留在那里，也没有给他蜡烛；我跟着就把门锁上，一句话也没有向他说，我转身回去睡了。他开头是不是吵闹了，这是不问就知道的。我在那里等着，一动也不动。最后，吵闹的声音小下来了，我注意地听，我听见他已安静下来，于是我放心了。第二天，我天一亮就走进盥洗室去，发现那位小小的造反者睡在一张便床上，睡得挺熟的，他弄得精疲力竭之后，当然是需要好好地睡一觉的。

这件事情并没有到此就结束。他的妈妈知道了孩子一晚上有三分之二的时间没有睡觉。这一下可糟了，孩子就像死人一样了。他看见报复的机会来了，就假装生病，可是没有料到他是一点儿好处也得不到的。医生请来了。母亲可倒了霉，因为这位医生是一个爱开玩笑的人，他为了拿她的恐惧心逗着玩，就设法使她的恐惧心理更加恐惧。这时候，他在我耳边说："让我来办吧，我一会儿就可以替你把孩子的胡闹病治好的。"他对孩子的吃饭和睡觉都做了一定的规定，并且把他交给了药剂师。我很同情那位可怜的母亲，因为她周围的人除我以外都在愚弄她，而她却反而单单恨我一个人，其原因恰恰是由于我没有骗她。

她把我狠狠地责备一阵以后，对我说，她的儿子身体很娇嫩，是她家独一无二的继承人，不论花多少钱都要保全他的生命，又说，她不愿意有谁为难他。以上几点，我是完全同意她的说法的，不过，她所理解的“为难他”，意思就是说我没有样样都服从他的指挥。我看出，对这位母亲说话应该采取对孩子说话的语气。“夫人，”我相当冷静地对她说，“我不懂得应该怎样培养一个继承人，再说，我也不打算研究这方面的学问，你看该怎么办就怎么办吧。”他们还需要我教一些时候，他的父亲极力劝解，而母亲则写信去催原来的老师赶快回来；至于孩子，看见打扰我的睡眠和装病都一无所得，就打定主意去睡他的觉，病也好起来了。

这个小暴君如此任意地使役他可怜的老师的事例，真是不知道有多少；其所以有这种情形，是由于老师是在母亲的监视之下进行教育的，而她是不允许哪一个人不服从她的继承人的。他每一点钟都想跑出门去，所以必须常常带着他，或者说得更确切一点，去跟着他；而他又总是存心把出去的时刻选择在老师最忙的时候。他企图对我行使同样的权力，虽然他晚间不得不让我休息，但到了白天他就进行报复。对这一切我都表现得很愉快，我一开始就让他亲眼看到我使他感到高兴时，我心里也是挺喜欢的；此后，当问题是要纠正他胡闹的行为时，我就采取另外一种做法了。

应当首先使他明白他的错误，而要做到这一点，是并不难的。我们都知道，小孩子总是只想到眼前的，所以我就凭我有预见这一点占他的上风；我知道有些室内玩的东西极合他的胃口，因此就专拿这些东西给他玩；当我看见他玩得着迷的时候，我就向他提议去散步；他把我推开；我坚持要去，他不理我；我只好屈服于他，而他也十分注意地看出了这种屈服的现象。

第二天就轮到我来拒绝他了。我早就看出他这时候是玩够了，可是我，恰恰相反，这时候好像是忙得不可开交似的。他一见这种情形就打定主意干一下。他马上来要我放下工作，立刻带他出去散步。我表示拒绝，他坚持要去。“不，”我向他说，“你昨天想怎样办就怎样办，也教会了我今天想怎样办就怎样办，我不想出去。”“好吧！”他马上就接着说道，“我一个人去。”“随你的便。”我说完又照样做我的事情。

他穿上衣服，看见我不管他，随他做什么就做什么，就有些不安起来。他准备好要出门了，他向我行了一个礼，我向他答礼；他向我说他要到这个地方又要到那个地方，企图拿这一点来吓我：听他的口气，好像他这一去就要走到天边似的。我一点不动声色，只是祝他一路顺风。他愈加感到不安了。然而他仍然是神色自如地准备出去；他叫他的仆人跟他一块儿走。那个仆人，我是早就告诉过他的，所以就回答说他没有时间，说他要办我吩咐他办的事情，还说他应当服从的是我而不是他。这一下，可把这个孩子弄得没有办法了。他，自以为比谁都重要的人，以为天地万物都是关心他的生存的，怎么能设想一个人单独出门呢？于是，他开始感觉到他的柔弱，他明白他将孤孤单单地处在他不认识的人群当中，他预见到他将遇到的危险，现在仅仅是一点顽强的心情还在支持他罢了；他很勉强地慢慢走下楼梯，十分困窘，心里想，要是他遇到什么灾祸的话，别人会要我负责的；他有了这点安慰，最后就走上了大街。

我正是等他这样来一下，一切都是事先准备好了的；由于是出现在公共场合，所以我是先取得了他爸爸的同意的。他刚刚走了几步路，就听见左右两边都有人在谈论他。“大伯，你瞧那位漂亮的少爷！他这样单独一个人到哪里去呀？他会走错路的！我想请他到咱们家里来。”“大婶，你要当心啊。这个小浪子什么也不想干，所以才从他爸爸家里赶出来了，这你还不知道？”“不应当收留浪子，他愿意到哪里去，就让他到哪里去好了。”“好吧！愿上帝指引他！我不安的是，他也许会遇到什么灾难的。”他向前又走了几步，遇见几个同他年纪差不多的孩子，他们嘲笑他，逗着他玩。他愈向前走，就愈感到狼狈。他发现，他孤单单地没有人保护，竟成了众人捉弄的对象，他非常吃惊地看出，他华丽的装饰和锦绣的衣服并不能使他受到人家的尊敬。

在我的朋友当中，我委托了一个他从来没有见过面的人去盯着他，一步一步地跟着他走，而又不引起他的注意，并且，在适当的时候就向前同他搭话。这个角色，和《普索尼亚克》中的斯布里加尼[❶]担任的角色是很相像的，所以需要一个很机警和很有办法的人。他不要一下就把孩子吓得太厉害，以免他感到胆怯和害怕，他应当使孩子充分认识到这样随随便便地跑出来是十分冒失的，然后，过半个小时就把他乖乖地给我带回来，这时候，他已经是狼狈得连头也不敢抬了。

他这次远游之后，最倒霉的是，他刚刚一进屋，他的父亲就从楼上走下来，好像要出门的样子，并且在楼梯上碰见了他。他问孩子从哪里来，为什么我没有同他在一起[①]。那可怜的孩子真恨不得钻进一个地洞里去。他的父亲很生气地责备了他一阵，以我也没有料到的冷淡语气向他说：“你想单独出门，你就一个人走好了，不

❶ 斯布里加尼是莫里哀的喜剧《普索尼亚克》一剧中的主角之一，他计谋多端，能见机行事。

① 在这种情况下，你可以毫不困难地叫他把真实的情况告诉你；因为他知道要瞒是瞒不住的，而且，要是大胆撒谎的话，也会马上发现出来的。

过，我不愿意我家里有一个捣乱的人，所以，你再单独出去的话，就要当心回不来了。”

至于我，我见到他的时候既没有责备也没有嘲笑，只是稍微严肃一点，因为怕引起他怀疑所有这一切只不过是一场把戏，所以那天我就没有带他出去散步。第二天，我很高兴地发现，他同我遇到昨天见他孤单单的就拿他开玩笑的那些人，仍然是挺神气的。大家可以猜想出来，他以后就再没有吓唬过我，说他一个人出去，不需要我去带着他。

通过以上的办法和其他类似的办法，在我同他相处的短短的时期中，终于使他完全照我的话去做，而且无需我规定他做这个做那个，或者禁止他做这样或那样，或者唠唠叨叨地向他说一番教训和鼓励的话，或者拿无用的功课去麻烦他。并且，不管我怎样说，他都是挺喜欢的，而在我沉默不语的时候，他反而感到忧虑，因为他知道，其中准有些事情做得不对，而且，他总是要受到这些事情的本身的教训。不过，现在还是让我们言归正传，回头来谈我们的主题。

像这样在大自然的单独指导之下继续不断地锻炼，不仅增强了体格，也丝毫没有使思想因此而迟钝，反而在我们身上形成儿童时期易于形成的唯一的一种理解能力，而这种理解能力，对任何年龄的人来说都是必须具备的。从锻炼中，我们学会了怎样使用我们的体力，知道了我们的身体同周围的物体的关系，学会了怎样掌握那些适合于我们的器官使用的自然工具。一直由母亲放在房间中带养大的孩子，连什么叫重量和阻力都是不知道的，所以竟想去拔动大树和掀掉岩石，谁比得上他那份傻气呢？我头一次离开日内瓦时，想跟着一匹奔驰的马一起跑；我扔石头去打离我两里之远的萨勒夫山；村中的孩子们都拿我逗着玩，我在他们看来简直是一个愚人。十八岁的时候，我从物理学上才知道什么叫杠杆；可是十二岁的农家孩子用起杠杆来却个个比法兰西学院第一流的机械师还熟练。小学生在校园中互相学习的知识，比你在课堂上给他们讲的东西还有用一百倍。

我们来看一看一只猫第一次闯入一间屋子的时候是怎样做的：它东瞧西看，留心观察，用鼻子闻闻味道，一会儿也不停息，只有把各方面都探查清楚之后，才放心去活动。一个初学走路的孩子，第一次进入世界的时候也是这个样子。所不同的是，虽然孩子和猫都同样用视觉探查，但孩子除了用视觉之外还使用了大自然给他的手，而猫除了视觉之外，则用大自然赋予它的灵敏的嗅觉。这种禀赋的培养得好或坏，就能使孩子变得灵巧或笨拙，活泼或痴呆，鲁莽或谨慎。

由于人的最初的自然的运动是观测他周围的一切东西，是探查他所见到的每一样东西中有哪些可以感知的性质同他有关系，因此，他最初进行的研究，可以说是用来保持其生存的实验物理学，然而，他还没有把他在这个世界上的地位弄清楚，你就不要他研究这种物理学而去研究一些空论了。当他柔嫩而灵活的器官还能自行适应它们所接触的物体时，当他的感官尚未受到幻觉的影响而保持纯洁时，正好趁此机会锻炼它们承担它们固有的任务，正好趁此机会学习认识事物同我们之间可以感觉得到的种种关系。由于所有一切都是通过人的感官而进入人的头脑的，所以人的最初的理解是一种感性的理解，正是有了这种感性的理解做基础，理智的理解才得以形成，所以说，我们最初的哲学老师是我们的脚、我们的手和我们的眼睛。用书本来代替这些东西，那就不是在教我们自己推理，而是在教我们利用别人的推理，在教我们老是相信别人的话，而不是自己去学习。

要从事一门职业，首先就要有从事那门职业的工具；为了有效地使用这些工具，就必须把它们做得坚固耐用。为了要学会思想，就需要锻炼我们的四肢、我们的感觉和各种器官，因为它们就是我们的智慧的工具；为了尽量地利用这些工具，就必须使提供这些工具的身体十分强健。所以，人类真正的理解力不仅不是脱离身体而独立形成的，而是有了良好的体格才能使人的思想敏锐和正确。

为了说明在童年时期把那样长的一段时间闲着不用究竟有什么好处，我竟这样详细地阐述一番，这在有些人看来，似乎是十分可笑的。“好玩的功课，”也许有人会对我这样说，“把它们反过来拿给你自己去批评，就可以看出它们全都是谁也用不着学的东西！为什么把时间浪费在这些不教自会、不值得花气力和心思去学的课程上呢？有哪一个十二岁的孩子不知道你要你的学生学的那些事情呢？再说，他们当中哪一个又没有学会他的老师教他的东西呢？”

诸位先生，你们弄错了；我教给我的学生的，是一项需要在很长的时期中刻苦学习才能学会的艺术，而这种艺术，你们的学生准定是学不到的；这项艺术就是保持其无知的状态，因为任何一个人所有的真实学问归根到底只是那么一点点。你们教学生以种种的学问，好极了；可是我，我只是帮他准备能够用来获得学问的工具。据说，威尼斯人有一天向一位西班牙使臣大事夸耀圣马可教堂的珍宝，而这位使臣把桌子下面瞧了一瞧之后，只向他们说了这样一句恭维的话："下面没有根基。"我每次看见老师夸耀他的学生的学问时，都想拿同样的话来回答他。

所有那些研究过古人生活方式的人都认为，正因为他们有了体育锻炼，所以才有那样的体力和智力，使他们和现代的人有明显的区别。我们从蒙台涅阐述这种看法的语气就可以看出，他对古人的生活方式是有很深刻的了解的；他曾经再三再四地从各个方面反复谈到这一点。在论述一个孩子的教育时，他说："为了使他有坚强的心，就需要使他有结实的肌肉；使他养成劳动的习惯，才能使他养成忍受痛苦的习惯；为了使他将来受得住关节脱落、腹痛和疾病的折磨，就必须使他历尽体育锻炼的种种艰苦。"智者洛克、可敬的罗兰、渊博的弗勒里和迂腐的德·克鲁扎斯四人尽管在其他方面彼此的看法不同，然而在多多锻炼孩子的身体这一点上意见是完全一致的。在他们所教的训条当中，只有这一条最正确，然而在现在和将来最容易为人们忽视的，也就是这一条。我已经相当详细地阐述过它的重要性；由于我在这方面所说的理由和方法都不如洛克的书中所说的理由好，不如他所说的方法更切实际，所以我将在大胆地对他所说的理由和方法发表几点意见以后，再加以论述。

在发育中的身体各部分，所穿的衣服应当宽大；绝不能让衣服妨碍它们的活动和成长，衣服不能太小，不能穿得紧贴着身子或捆什么带子。法国式的衣服，成年人穿上已经是挺不舒服和不合卫生了，所以给孩子们穿就特别有害处。体液不流动，循环就受到阻碍，在停滞不动中它就会变得陈腐，同时，由于坐着不动的生活使休息的时间增多,因而使它更加易于败坏,产生坏血病,患这种病的人在我们当中一天天加多,但古代的人几乎还不知道这种病的病状是什么样子哩,因为他们穿衣和生活的方式保护了他们不受这种疾病的侵害。骑士服不仅没有减少反而增加了不舒服的感觉,因为这种服装虽少给孩子捆了几根带子,但要把他全身都扎得紧紧的。最好的办法是,让他们多穿袍子,能穿到几岁就穿到几岁,然后再给他们穿非常肥大的衣服,千万不要用衣服去显示他们的身材,因为这样做,反而会使他们变成畸形的人。他们身体和精神上的缺陷,差不多都是由同样的原因造成的,那就是你想提早使他们成为大人。

有些颜色很鲜艳,有些颜色很暗淡;前一种颜色最适合于孩子们的兴趣,也最适合于配在他们的身上,我不明白人们在这方面为什么没有想到这样自然的配法;从孩子们只因某种衣料很华丽就选用它的时候起,他们的心就已经是趋向奢侈,趋向荒谬的时尚了;这种爱好,可以肯定地说,不是由他们自己产生的。我不知道要怎样阐明衣服的选择和这种选择的动机对教育有多大的影响。不仅是一味溺爱的母亲答应给孩子们一些装饰,作为给他们的奖励,而且还有一些糊涂的老师竟威胁他们的学生说,要拿粗布做的简朴的衣服给他们穿,以此作为给他们的一种惩罚:“如果你不好好学习,如果你不好好保护你的衣服,我就要叫你穿得像一个农家的孩子似的。”这无异乎是告诉他们说:“你要知道,人是全靠衣服的,所以你的价值就在于你那身衣服。”对青年人进行这样的教育,致使他们只重装饰,只凭外表论人的长短,这又有什么奇怪呢?

如果我要使一个这样娇纵坏了的孩子有所醒悟的话,我就要使他觉得他最华贵的衣服是最不舒服的，穿在身上总不痛快，总是紧绷绷的，总受到种种的拘束；我将使他在漂亮的服装下面失去他的自由和快乐：如果他想同衣着简朴的孩子们一块儿玩，那些孩子就马上会停止玩耍，一哄而散的。最后，我将利用他的浮华使他感到这样烦恼，这样饱受其苦，这样被自己的华丽衣服所奴役，以致把那些衣服看成是他生活中的枷锁，使他在看到最黑暗的地牢时也不像在看到人们给他准备穿华丽的衣服时那样害怕。只要一个孩子还没有为我们的偏见所束缚，他的头一个愿望必然是想生活得愉快和自由；最简朴和宽敞的衣服，最使他不受拘束的衣服，在他看来才是最珍贵的。

有些人的身体习惯于动，有些人的身体习惯于静。习惯于静的人，其体液的流动很均匀，所以应当保护身体不受空气变化的影响；习惯于动的人，其身体是在继续不断地由动到静、受热受寒，所以应当使身体习惯于空气的变化。因此，居家不动的人应当随时都穿得暖暖的，以便使身体所受的温度始终一致，一年四季和一天二十四小时都差不多是一样的。反之，经常走来走去，时而遇风，时而遇雨，时而晒太阳，大部分的时间都在户外活动的人，应当常常穿得单薄些，以便习惯于空气和温度的种种变化，而不至于感到不舒服。我奉劝这两种人都不要按季节去变换衣服，我的爱弥儿将来也是要坚持这种做法的；我这样说，意思并不是叫他夏天也像不动的人那样穿冬天的衣服，而是说，他要像劳动的人那样在冬天穿夏天的衣服。牛顿爵士一生都保持了这种冬天穿夏天衣服的习惯，而他是活了八十岁的。

不论什么季节，孩子头上戴的东西要少，甚至不戴任何东西。

古代的埃及人，头上总是光光的；至于波斯人，从前头上是戴厚帽子，现在则缠厚头巾，据沙丹❶说，这是因为那个国家的气候使他们必须用这种东西。我在另外一个地方①也谈到希罗多德❷在一个战场上看出了波斯人的头和埃及人的头是大有差别的。由于我们必须使头骨长得很坚硬和紧密，而不是那样脆弱和稀松，才能更好地保护脑子，使它不仅能够抵抗外伤，而且还能抵抗寒热和空气的影响，所以要使你的孩子养成习惯，无论冬天或夏天，白天或黑夜，都光着他们的头。为了保持清洁和使头发不乱，你在夜间可以给他戴一种镂空的薄小帽，这种小帽很像巴斯克人用来笼头发的网子。我知道，大多数母亲都觉得沙丹所讲的话很对，而不以我讲的道理为然，因为她们以为到处的气候都同波斯的气候是一样的；可是我，我并没有打算把我的欧洲学生变成一个亚洲人。

一般地说，我们给小孩子穿的衣服都太多，尤其是在幼童时候穿的衣服更多。其实，我们应该使他们受得住冷而不是受得住热：如果使他们从小就习惯于寒冷，即使遇到大冷天他们也不会有什么不舒服的感觉；反之，他们皮肤的纤维这时候还太嫩弱，太易于发汗，所以热到极点时将不可避免地使他们耗尽精力的。还须提到的是，在8月间死的孩子比其他任何一个月死的孩子都多。此外，把北方的人和南方的人加以比较，就可看出，受得住酷冷的人比受得住酷热的人长得健壮，这种情形，似乎是很常见的。但是，

---

❶ 沙丹(1643—1713)，法国旅行家，曾几次游历印度和波斯，著有《波斯和东印度旅行记》。

① 《致达朗贝先生论戏剧书》。

❷ 希罗多德(公元前484—前420)，希腊历史学家。

当孩子越长越大,肌肉越长越结实的时候,就应当使他们慢慢地晒惯太阳:使他们所晒的阳光逐步逐步地强烈,就可使他们将来能够毫无危险地忍受热带的酷暑。

洛克正在给我们谈到许多勇敢而合理的办法时,我们怎么也料想不到,像他那样谨严的思想家忽而又说起矛盾的话来了。同样是这个人,一方面主张孩子们在夏天用冰冷的水洗澡,但另一方面却不赞同孩子们在发热时喝凉水或躺在潮湿的地方①。既然他希望孩子们的鞋子时常都是湿渍渍的,怎么在孩子们发热的时候反倒认为它们应该少沾水呢?他既然以手来推论脚,以脸来推论身子,我们就不能以脚来推论身子吗?我将告诉他说:"如果你希望一个人全身很像脸部那样健康,为什么要责备我希望他全身都像脚那样健康呢?"

为了不让孩子在发热的时候喝水,他说应该锻炼他们在喝水以前先吃一块面包。当孩子口渴的时候,却拿吃的东西给他,这种做法也真是奇怪;反过来,当他肚子饿了的时候,那就应该拿水给他喝了。我绝不相信我们起初的食欲是这样的错乱,以致我们不受点危险,就不能满足它们。如果真是这样的话,则人类在不知道怎样保护自己以前,老早就被毁灭过一百次了。

每当爱弥儿渴了的时候,我就叫人给他水喝;我希望给他喝的是清水,水里不加任何东西,甚至连热都不热一下,即使他汗流浃背,即使时值隆冬,都要这样。我唯一要提请注意的,是必须分别

① 农家的孩子虽然选择干燥的地方坐,选择干燥的地方睡,但我们还没有听说过潮湿的土地使他们当中哪一个人生过什么病!要是把医生对这个问题的说法信以为真,则野蛮人个个都要患关节炎而成为残废的。

水的性质。如果是河水,则从河里取来的时候马上就给他喝;如果是泉水,就必须在空气中放一会儿以后才给他喝。在夏天,河水是热的,而泉水则不同,它没有接触空气,所以要等到它达到空气的温度时才给他喝。反之,在冬天,泉水就温度来说不像河水那样寒冷。不过,在冬天出汗,特别是在户外出汗,那是不自然的,也是很少见的,因为冷空气不断地袭击皮肤,所以把汗水都堵在体内,使毛孔闭塞不让它自由地发散出来。我不赞成爱弥儿在冬天的时候靠近暖暖的火炉做运动,我要他到户外去,到田野去,到冰雪中去锻炼。只要他因为做雪球和扔雪球而感到口渴的时候,就给他水喝,让他喝完以后又继续去玩,我们用不着担心他出什么毛病。如果因为做其他运动而出汗和感到口渴的话,就给他喝凉水,即使在这样的冷天也喝凉水。我们只需把他缓步带到稍远的地方去取水就行了。我们使他这样受点冷,在他走到那里时,他身上已经是相当凉爽,所以喝了水也不会有危险。最要紧的是,我们采取这些小心预防的办法时,不要让他看出来了。我宁可让他有时候生点儿病,也不愿意他老是一心惦着他的健康。

孩子们睡眠的时间要长,因为他们运动的时候特别多。睡眠可以补偿运动造成的消耗,这两者同样是孩子们所需要的。夜里是休息的时间,这是大自然所规定的。亘古不移的是,当太阳西沉,我们在万籁俱静不再感到有阳光照热的空气时,睡得更香甜。所以,养成日出而起,日落而眠的习惯,是最有益于健康的。由此可见,在乡间,人和动物一般在冬天都比夏天需要睡更多的时间。可是,城市生活就没有那样单纯、那样自然,能免于事物的纷扰和动乱,使人习惯于这种始终不变的起居时间,以致使他觉得必须照这个习惯去做。毫无疑问，人是应当服从法则的，但最重要的法则是，能够在有所需要的时候可以毫无危险地打破法则。因此，切不可没头没脑地让你的学生那样安安静静不受一点儿打扰地一直睡下去，以致使他的体质变软弱了。开头不要去麻烦他，让他服从自然的法则；但是，不能忘记的是，处在我们的环境中，应当使他摆脱这个法则；使他能够睡得晚，起得早，突然醒来，站一个晚上也不至于感到不舒服。只要我们趁早就这样做，而且把做的时间一步一步地慢慢加多，就可以使他的体质能够适应这些情况，然而，同样是这些情况，等他已经长大以后才突然遇到的话，就必然会把他的身体弄垮的。

重要的是，开头就要习惯于在不好的地方也能睡觉，这是以后不怕遇到坏床的办法。一般地说，艰苦的生活一经变成了习惯，就会使愉快的感觉大为增加，而舒适的生活将来是会带来无限的烦恼的。太娇弱的人只有在软床上才睡得着，而在木板上睡惯了的人，是哪里都能入睡的：一躺下就入睡的人，是不怕硬床的。

一张软床，人睡在上面就淹没在鸭绒被或凫绒被里，因此可以说它把人的身子加以熔化和融解了。腰部盖得太热就发烧。因此常常患结石症或其他的毛病，而且必然使人的体质虚弱，百病丛生。

可以使人睡得很香的床，就是最好的床。你们看，爱弥儿和我预备在白天睡的床就是这个样子。我们不需要你叫波斯奴仆来给我们收拾床铺，我们在种地的时候就把被褥理好了。

我从经验中知道，当一个孩子身体健康的时候，我们差不多可以随心所欲地叫他睡和叫他醒。当孩子躺在床上叽里呱啦地说得保姆感到厌烦的时候，她就对他说："你睡吧"；这正如他在生病的时候对他说："你快好吧。"真正能够使孩子入睡的办法，是让他自己感到厌倦。你要多说话，说得他不得不闭着嘴巴，一会儿就睡了。唠唠叨叨的训教法有时候也有些用处，摇他的小床还不如向他说教有效，不过，你在夜间可以用这种麻醉剂，但在白天就千万不要用它。

我有时候叫醒爱弥儿，其目的不是怕他贪睡，而是使他对什么都能习惯，甚至对突然被人叫醒也能习惯。此外，如果我不能做到一言不发也能随心所欲地使他自己醒来和自己起床，那就说明我是不称职的。

如果他睡得不够，我就使他觉得这是为了等待那令人心烦的翌日的清晨，使他自己也把这可以用来睡眠的时间看作是加以利用了；如果他睡得太多，我在他醒来的时候就拿一件他喜欢的东西给他玩。如果我想要他在一定的时候醒来，我就向他说："明天六点钟的时候，我要去钓鱼，到某个地方去远足，你去不去？"他答应说要去，并且请求我叫醒他。我答应或不答应叫他，这要看我的需要而定；如果他醒得太晚，他就发现我已经走了。如果他不很快学会自己醒来的话，是一定要吃亏的。

此外，如果真有（其实很少有）哪一个懒孩子确实是懒得要命的话，就绝不能听任他这种倾向发展下去，否则他就会变得十分迟钝；我们应当给他一些鼓励，使他醒悟过来。我们应当了解，问题不在于怎样用强力迫使他进行活动，而是要使他产生某种欲望，从而促使他去进行活动；这种欲望，如果在自然的秩序中善加选择的话，就可使我们达到一举两得的目的。

我想,无论什么事情,只要我们用一点巧妙的办法,就既可以使孩子们对它发生兴趣,甚至对它发生热爱,又不至于使他们产生虚浮、竞争和妒忌的心理。他们的活泼的性情,他们的模仿心,就足以使他们做到这一点,特别是他们有快乐的天性,所以对做到这一点是很有把握的,然而迄今还没有一个教师曾经想到过利用这种工具咧。无论做任何游戏,只要我们能够使他们相信那不过是一场游戏,他们就会毫无怨言,甚至还会笑嘻嘻地忍受其中的痛苦的,然而,如果不这样做,他们也许就会痛得泪流满面的。挨饿、挨打、挨烫以及把身体弄得精疲力竭,这在野蛮人的孩子们看来都是很有乐趣的;这就证明了痛苦本身也是一种调料,能够消除其中的苦味;但是,这并不是说所有的教师都要能够配制这种调料,也不是说所有的学生在尝到这种滋味的时候都不要表示出一点愁眉苦脸的样子。你看,如果我一不小心的话,又会谈到例外的事情上去的。

人要是惧怕痛苦,惧怕种种疾病,惧怕不测的事件,惧怕生命的危险和死亡,他就会什么也不能忍受的;所以,我们愈是使人熟悉这些观念,就愈能医治他心中萦绕的不安的感觉,这种感觉,使他有痛苦而没有忍受痛苦的耐心;我们愈是使他受惯他时常都可能遭受的痛苦,则他就能像蒙台涅所说的,愈不觉得那些痛苦有什么奇怪,同时,他也愈能使他的心灵坚毅而不可征服;他的身体就是盔甲,能抵挡一切向他射来的弩箭。纵然死亡即将来临,那也不等于就是死了,因此,他将觉得死也不过是如此而已;可以说他是不死的;他要么就是活,要么就是死,绝不会是不死不活的样子。正是他,才是蒙台涅在谈到一个摩洛哥王子时所说的在死以前比谁都尽情地活过的人。所以，坚韧不拔也像其他的美德一样，是孩童时期应该学习的东西；但是，我们不应该仅仅教他们知道这种美德的名称，而应该使他们在不知不觉中体会到它们的美的时候去学习它们。

不过，既然是谈到死亡问题，我们应该怎样对待天花给我们的学生带来的危险呢？我们在幼儿时期给他种痘呢还是等他自然而然地得天花？第一个办法是比较符合我们的实践的，可以保证生命不在最珍贵的年岁遭到牺牲，而只是在生命不是那么珍贵的时候冒一下危险，如果我们所谓的危险就是指经过妥善处理的种痘的话。

第二个办法更符合我们总的原则，即：在任何事情上都让大自然按它最喜欢的办法去照顾孩子，因为人一旦去干预它的做法，它马上就会放手不管的。自然人是随时都可种痘的，我们应该让这位老师给他种，因为它选择的时机比我们选择的时机好。

不要因此就得出结论说我认为种痘不好，因为，我不要我的学生种痘，所根据的理由是不适用于你的学生的。你的教育方法将使他们在天花袭击他们的时候无法逃脱一场天花；如果你让天花猝然降临在他们身上的话，他们也许将因此而丧失生命的。我发现，有些地方的人愈是需要种痘，愈是拒绝种痘；其道理是很容易明白的。因此，我不打算论述爱弥儿的种痘问题。他种痘还是不种痘，这要看时间、地点和情况而定；种和不种，对他来说没有什么不同。如果要人为地使他得天花，我们就可以预先了解他的痛苦，这也有几分好处；如果让他自然而然地得天花，那我们就可以替他免掉医生的折磨，这好处就更大了。

名门巨户之家的教育，只是在于使接受这种教育的人与众不同，所以它总是选择最花钱的科目教，而不愿意教最普通的科目，即使最普通的科目最有用处也不教。因此，在百般照料之下成长起来的年轻人全部要学骑马，其原因是由于这是很花钱的；可是，他们当中几乎没有一个人学过游泳，因为学游泳一个钱也不用花，而且一个工匠也能游得比谁都不差。一个旅行家虽然没有研究过骑马的学问，也会骑马，也会骑着马任意驰骋；但在水里你不会游泳就要淹死，而你不去学游泳，你就一点也不会游。再说，在艰难的生活中，我们并不是非骑马不可的，相反地，谁也不敢肯定他能避免时时刻刻都可能遭遇的危险。将来，爱弥儿在水里也能像在陆地上一样的生活。要使他在一切环境中都能生活！如果一个人能够在空中学飞的话，我就要使他变成一只鹰；如果能够受得住火烧的话，我就要使他成为一条火蛇*。

有人担心孩子在学游泳的时候会淹死。不管他是在学游泳的时候淹死的，还是因为没有学过游泳而淹死的，都是你的错。只因一时的自负，我们做事才那样鲁莽；在没有人看着的时候，我们是不至于一味蛮干的。爱弥儿即使在全世界的人都看着他的时候，他也不会那样轻率地干什么事情的。由于练习不是去冒险，所以他将在他爸爸的庄园的小河中学习横渡赫勒斯滂海峡；不过，为了学会在遇到危险的时候不至于弄得手忙脚乱，所以也应当使他常常遇到一些危险；这是我刚才谈到的学习中的一个很重要的部分。

---

* 当然，卢梭是为了使他的总的思想更易于为人们所体会，才在这里采用了古代的民间传说，认为火蛇能够在火里生存。《百科全书》中关于“火蛇”那一条大体上说明了造成这样一种无稽之谈的原因。

此外，由于我随时都注意按照他的体力预先决定他遇到的危险程度，而且还经常亲自同他一块度过危险，所以，当我按照保护我自己的生存的办法，制定了保护他的生存的办法时，我就不怕他会冒冒失失地去干的。

一个小孩子没有大人那样高大，也没有大人那样的体力和智力；但是他不论看和听都完全同大人一样的清楚，或者是差不多的；他的味觉虽然不像大人那样灵敏，但也是很好的，也能分辨味道，虽然他不像大人那样贪图味道。在我们身上首先成熟的官能是感官，因此，应该首先锻炼的是感官；然而，唯独为人们所遗忘的，而且最易于为人们所忽略的，也是感官。

锻炼感官，并不仅仅是使用感官，而是要通过它们学习正确的判断，也就是说要学会怎样去感受；因为我们只有经过学习之后，才懂得应该怎样摸、怎样看和怎样听。

有一些运动纯粹是自然的和机械的，可以用来增强体质，但不能促使我们去进行判断，这些运动是：游泳、跑、跳、抽陀螺和扔石头；所有这些运动都是很有意义的，但是，我们是不是只有两只胳臂和两条腿呢？我们不是有眼睛和耳朵吗？难道说这些器官对手和脚的使用毫无帮助吗？所以，不只是要锻炼体力，而且要锻炼所有一切指挥体力的感官；要使每一种感官都各尽其用，要用这个感官获得的印象去核实另一个感官获得的印象。要学会测量、计算、称重和比较。只有在估计过阻力之后，才使用我们的力气；任何时候都要事先估计一下效果，然后才决定采用什么方法。要告诉孩子，在使用体力时，不要使用得不够，也不要使用得太多。如果你使他养成习惯，对自己的一切动作都预先想一想它的效果，并且按自己的经验纠正错误，那么，他活动的时间愈多，他就愈变得聪明，这一点难道还不明白吗？

就拿撬动一块庞大的物体来说，如果他用的棍子太长，他使出的气力就太多；如果他用的棍子太短，他使出的气力就不够；经验将教训他如何选择适合他的需要的棍子。这种聪明，像他那样年龄的孩子，并不是没有的。再拿搬运重物来说，如果他能搬多重就想搬多重，同时你又不叫他试一试是否搬得起来，在这种情况下，他岂不是只好用眼睛去估计重量了吗？要是他想知道怎样比较质量相同而大小不同的东西，怎样在大小相同而质量不同的东西之间进行选择，他就必须学会比较它们的比重。我曾经看见过一个受过很好教育的青年人，他说他必须做过实验之后，他才相信同一个提桶装满一桶橡树刨花的时候，不如装满一桶水的时候重。

我们并不是平均地使用我们的种种官能的。有一种官能，即触觉，在我们醒着的时候其作用就从没中断过，它遍布于我们身体的整个表面，好像一个从不休息的哨兵，一发现可能伤害我们身体的东西就告诉我们。正是有了这种官能，才使我们不论愿意或不愿意都要通过它的不断运用而尽早地获得经验，因此也才使我们无须对它进行特别的训练。我们都知道，盲人的触觉比我们敏锐和准确，因为他们不能凭借视觉，所以就不能不唯一地从触觉中去判断我们用视觉判断的事物。我们为什么不可以像他们那样练习在黑暗中行走，在黑暗中辨别我们可以拿得到的物件，判断我们周围的环境，一句话，我们为什么不能练习在黑夜中不要灯光也能做他们白天瞎着眼睛做的事情呢？当阳光照射的时候，我们强过于他们；然而在黑暗中就轮到他们做我们的向导了。我们一生当中有一半的时间是瞎的;其间的区别是,真正的瞎子随时都知道怎样引导自己,而我们在漆黑的夜晚连一步也不敢行走。"你可以点灯呀,"也许有人会向我这样说。怎么!随时都有灯笼供你使用!谁向你保证过它们在你需要的时候总是跟着你的?至于我,我宁可让爱弥儿的指头上长眼睛,也不愿意他到蜡烛铺去买一支蜡烛❶。

你在深夜的时候关在一间屋子里拍手,根据回声你就可以判断那间屋子是大还是小,判断你是站在屋子的当中还是站在一个角落里。离墙半步远,四周的空气虽不是那样均匀,但更易于反射,因此使你的脸上有另外一种感觉。你站在原地连续向四方转动,如果有一扇门是开着的,那么,一股微风就可以告诉你门在哪一方。你坐在船上,根据迎面吹来的风势,不仅可以知道船是向哪个方向走,而且还能判断船在水上走得快还是走得慢。这些经验,以及与此相似的许多经验,只有在夜间才可取得;而在白天,由于我们所见的情景一方面虽帮助了我们,但另一方面也分散了我们的心,因此,不管我们是多么留心,也将把这些经验遗漏掉的。我们在这里既不用手,也不用棍子。根据触觉,甚至在什么东西都不接触的情况下,我们也能获得许多由视觉得来的知识!

多在夜间做游戏。这个办法的重要性,远远不是从表面上看得出来的。黑夜自然是使人恐惧,有时候使动物也感到恐惧①。只有很少数的人由于他们的理智、判断、精神和勇气才摆脱了这种恐惧的感觉。我曾经看见过一些辩论家、哲学家和白天很勇敢的军

❶ 这里的意思是要把爱弥儿的指头训练得具有像盲人那样的触觉,在黑暗中不用借助蜡烛,也能行走。

① 这种恐惧的情形,在日全食的时候特别显著。

人，在夜里就像妇人一样，听见树上掉一片树叶也打哆嗦。有些人说这种恐惧感是由保姆所讲的故事造成的，这种说法是错误的；这种恐惧感的产生，是有一个自然的原因的。是什么原因呢？这个原因不是别的，就是那个使聋子猜疑，使人们迷信的原因：对周围的事物和周围的变化不了解①。由于平时已经习惯于离得远远地

① 其中还有另外一个原因，有一位哲学家（我常常引用他的著作，他的卓越的见解对我更是时常有所启发）把这个原因解释得很清楚。

“当我们由于特殊的情况，不能够正确地知道距离，而且只能够根据角度的大小，或者说得更确切一点，只能够根据物体在我们眼中形成的形象来判断它们的时候，我们是必然要弄错这些物体的大小的。大家都有这样的经验：在夜间旅行时，把近在身旁的矮树丛当作远处的大树，或者把远处的大树当作近旁的树丛。同样，如果你不能根据物体的样子认出它是什么东西，如果你不能根据这个方法判断它的距离，那你更是要弄错的。一个苍蝇在离我们的眼睛只有几个指头的地方很快地飞过去，在我们看来就好像是远处飞过的一只鸟；站在田间动也不动的一匹马，比方说，如果它采取山羊那样站立的姿态，只要我们原来不知道它是一匹马，那我们就会把它看作是一只肥大的山羊；但是，一旦我们把它认出来的时候，我们马上就觉得它真是有一匹马那样大，从而就立刻纠正了我们的第一个判断。

“每当我们夜间走到一些不熟悉的地方，由于天色黑暗，因而不能判断其距离，不能看清各种东西的样子时，我们对呈现在那里的东西马上就有错下判断的危险。黑夜之所以几乎使一切人都产生恐怖和内心的疑惧，其原因就在这里；许多人之所以说他们看见过鬼，看见过可怕的庞然大物，也就是这个原因。我们一般都对他们解释说，这些形象是在他们的想象中，尽管它们可能真正地出现在他们的眼里，而且很有可能他们确实看见了他们所说的曾经看见过的东西；因为，每当我们只能够根据一个物体在我们眼中形成的角度来判断的时候，我们愈是接近那个我们所不知道的物体，它就愈显得高大；如果它猝然出现在一个人的眼中，而这个人既不知道他看见的是什么东西，又弄不清楚是站在多远的地方看见的，那么，倘使它开头离那个人二三十步远的时候显得有几英尺高，而在它相距几英尺远的时候，就显得有几英寸高了；所以，那个人只有走过去摸一摸那个东西，或者把它看个明白，否则就一直会感到惊恐的；因为，就在他弄清楚它究竟是什么东西的一刹那间，那个庞然大物马上就会缩小，现出它真正的大小的；但是，如果那个人吓跑了，或者不敢走过去，那么，他所看到的只不过是那个

看东西,而且还要预先考虑它们的影响,所以当我看不见我周围有些什么东西的时候,怎么不以为有无数的人和无数的事物的变化可能要伤害我,而我又没有办法可以保护自己不受他们的伤害呢?即使我知道我所处的地方很安全,这也没有用处,因为,只有在我确实看清我所在的地方以后,我才知道它是安全的:我心中总觉得有什么东西使我害怕,而在白天,我是不会有这种感觉的。是的,我知道,一个外界的物体要对我的身体施加作用,就不能不发出一些声音。所以,我的耳朵总是始终保持警惕的!稍为听到一点声音,如果弄不清楚它的原因的话,我的自卫感就首先促使我留心那些最引起我注意的东西,因此,也正是这些东西最使我感到恐惧。

即使绝对没有听见什么声音,我也并不因此就感到放心,因为别人还可以一声不响的突然来袭击我。我必然要按照已往的事物的情景想象一些事物,必然要想象它们现在还是那个样子,必然要看到一些我根本没有看到的东西。这样一来,就使得我的想象好似演戏一样一幕一幕地过去,而不久以后,我就无法控制它们了,

---

东西在他眼中形成的形象,从大小和样子来看,当然是很庞大或吓人的。可见,人们之所以认为有鬼,是有其自然的原因的,而鬼怪的幻象,并不像哲学家所说的那样完全是出于想象。"(《博物学》,第6卷,12开本,第22页。)

我在正文中已尽量阐明它们只是部分地依赖于想象;从上面这一段解释的原因来看,我们就可以知道,在夜间走路走惯了,就可以学会怎样在黑暗中辨别各种东西由于形状的相似和距离的不同而显现的种种样子;因为,即使天空是相当的明亮,可以让我们瞧出各种东西的轮廓,但由于距离愈远,中间阻隔的空气就愈多,所以,当一件东西离我们愈远的时候,它的轮廓看起来总是愈不清楚的;凭着我们的习惯,就可以保证我们不至于发生毕丰先生在这里所解释的错觉。不管你采取哪一个解释,我的方法都是很有效的,而且经验已经证明它是完全正确的。

尽管我竭力想安定自己，但结果反而愈加感到惊慌。如果我听见一点声音，我就以为是贼；如果什么也没有听见，我就以为看见了幽灵。由于保护自己的生存而产生的警惕心，反而使我尽想到一些害怕的事情。这时候，要想镇定自己，就只有运用我的理智；然而比理智更强烈的本能却不由我这样做。既然是无法可施，又没有什么东西可怕，那我们又何苦去想它呢？

找到了疾病的原因，就可以找到医治疾病的药。在一切事情上，我们的习惯都能克制我们的想象，只有新的事物才能唤起我们的想象。对我们每天都见到的事物，起作用的不是想象而是记忆，而这也就是俗话所说"见惯不惊"的道理，因为，只有想象的火焰才能燃起心中的情绪。所以，当你想医治谁对黑暗的恐惧时，你无须对他讲这样那样的道理，而只是常常把他带到黑暗的地方去就行了；你要知道，所有一切哲学的论证都不如这个办法有效。盖屋顶的工人从来没有感到过头晕；常常到黑暗地方去的人，见到黑暗是不感到害怕的。

可见，夜间做游戏除了前面所说的那个好处以外，还有另外一个好处；不过，为了使游戏做得成功，就不能不着重说明做游戏时一定要快快乐乐的。再没有什么东西比黑暗更阴沉的了，切不可把你们的孩子关在地下室里。要使他笑嘻嘻地走进黑暗的地方，在走出黑暗以前又要使他重新笑起来；要使他在黑暗中做了一阵游戏以后，接着又想去做别的游戏，这样，就可防止他心中可能产生荒唐的想象了。

在生命中有这样一个时期，过了这个时期，人在前进的时候，同时也在倒退。我觉得我已经过了这个时期。我可以说是又重新开始另外一次经历。我感觉到我已达到了成熟的年岁,而成年时期的空虚使我回想到童年的甜蜜。在年龄日增的同时,我又变成了儿童,而在三十岁的时候,我反而愈是喜欢回忆我十岁时候的事情。读者诸君,请原谅我在这里引述我自己的几个例子,因为,要想把这本书写得好,就必须在写作的时候心里很愉快。

那时候,我在乡下寄住在一个名叫郎贝西埃的牧师的家里。我有一个伙伴,他是我的表兄,比我富裕,大家都把他看作是他家的继承人;至于我,远远地离开了我的父亲,只不过是一个穷苦的孤儿。我的大表兄贝尔纳特别胆小,尤其是在晚上更胆小。我老是拿他的胆怯开玩笑,以致弄得郎贝西埃先生听我吹牛都听厌了,要想试一试我的勇气。在一个秋天的夜里,天色是非常的幽暗,他把教堂的钥匙给我,叫我去拿他放在讲坛上的《圣经》。他为了激起我的荣誉感,还说了几句使我不敢稍露退缩之意的话。

我没有拿灯就走了,如果拿灯的话,还更糟糕了。必须经过墓地,我高高兴兴地大着胆子走过去了,因为,只要是在空旷的地方,我心里是没有一点恐怖的。

在开门的时候,我听见圆屋顶嘎啦嘎啦地响了几下,这声音好像是人声,于是我骑士般的勇毅心理就开始动摇起来了。门开了,我想进去;可是,刚走几步,就一下停住了。我见到这个广大的地方一片漆黑,立时就吓得毛骨悚然,我往后退,我跨出门,我战战兢兢地逃跑。我在院子里看见了小狗絮耳唐,它亲热的样子使我的心安定下来。我觉得这样逃跑委实可羞,于是就想带着絮耳唐和我一块儿折回去,可是它不愿意跟着我走。我猛地跨过大门,走进教堂。可是,我刚一进去,又吓住了,而且吓得晕头晕脑地不知所措了；尽管我明明知道讲坛就在右边，可是我没有看见，反倒转向左边去找了好半天，东也绊着凳子，西也绊着凳子，竟连我究竟是到了什么地方也不知道了；我这时候既找不到讲坛，又找不到大门，所以立时头昏目眩起来，我那狼狈的样子真是难以形容。最后，我瞧见了大门，终于走出了教堂，又像头一次那样战战兢兢地逃跑，下定决心，非在白天绝不单独一个人到教堂里去。

我一步不停地回到屋子。正准备进去，我猛然听见郎贝西埃先生哈哈大笑的声音。我早就知道他是在笑我，我觉得这样被人家看见真是很难为情，我迟疑地不敢去开大门。这时候，我听见郎贝西埃小姐说她对我很不放心，并且叫女仆给我拿灯来，而郎贝西埃先生则决定由我的勇敢的表兄陪着他一道来找我，跟着，他们就把这个光荣的使命交给我的表兄去完成。顷刻间，我恐怖的心情全都没有了，而且，深怕在我跑的时候被他们抓着。我向教堂飞也似地跑去，既未瞎撞，也未瞎摸，一下就走到了讲坛；我走上讲坛，拿着《圣经》，往下一跳，三脚两步就跳出了教堂，连门也忘记关了；我气喘吁吁地回到屋子，把《圣经》扔在桌上，我惊惶固然是惊惶，但心里还是高兴得直跳，因为我到底抢在他们派来帮助我的人的前头了。

也许有人会问，我是不是拿这个故事作为大家仿效的模范，是不是以它表明我所说的从这类锻炼中取得的快乐就是这个样子。不；但是我要拿它来证明，再没有什么办法比安静地听隔壁屋子中人的谈笑声更能使被黑夜的阴暗吓坏的人心神安定了。我希望大家在晚上不要单独地同一个学生闹着玩，而要把许多活泼的孩子都集合在一块儿；不要一开头就把他们一个个分别地派出去，而要把好几个孩子一起派出去；在事先没有弄清楚一个孩子是不是过分害怕的时候，就不要冒冒失失地一下就使他孤孤单单地到黑暗的地方去。

我想，再也没有什么办法能够像这种游戏只略施妙计就可不加强迫地做得这样有趣和这样有意义了。我在一个大厅中用桌子、椅子、凳子和屏风布置一个迷宫。我在这迷宫来回交错、弯弯曲曲的道路中放上八至十个空盒子，再在它们当中放上一个装有糖果的盒子，这个盒子的样子，同其他盒子的样子几乎是一样的；我用简单扼要的几句话说一下这个糖果盒子所在的地方；我提供的线索，足以使其中比较细致而不是那样粗心大意的孩子能够把那个盒子辨别出来①；然后，就叫孩子们抽签，抽完以后，我就派他们一个接着一个地去寻找，一直到把那个盒子找到为止；当他们一次比一次地巧于寻找的时候，我就使那个盒子一次比一次地难于寻找。

你设想一个小小的海格立斯❶，十分神气地从征途归来，手里拿着一个盒子。他把盒子放在桌上，慎重其事地把它打开。当他们发现不是他们所期待的糕点蜜饯，而是整整齐齐地在藓苔或棉花上放一个小甲虫、一个蜗牛、一块煤、几个橡子、一块芜菁或另外几件类似的东西时，我听到这一群欢乐的儿童一起都笑起来和叫起来了。另外一次，我在一间刚刚粉刷过的房间里，在靠近墙壁处挂几件玩具或小用具，叫他们去寻找，而在寻找的时候，不许碰着墙壁。谁只要拿到一件东西，马上就回来，再看他是不是做得符合

① 为了锻炼他们的注意力，就只能对他们讲一些在当时可以为他们所了解和引起他们很大兴趣的事情；特别要注意的是，说的话不要过长，一句多余的话也不能说。而且，在你的话中绝不能有什么含糊不明和语义双关的地方。

❶ 海格立斯，希腊神话中的英雄，以非凡的力气和勇武著称。

我们所订的规矩；他的帽顶要是弄白了，他的鞋边、衣边或袖子沾有白粉，就表明他笨头笨脑做得不合条件。为了使大家了解这种游戏的精神，我的话已经说得够多了，也许还说得太多了。如果要全都讲完的话，你就不要看我这本书了。

经过这样训练的人，在夜间岂不比其他的人占许多的便宜！他的脚已经习惯于在黑暗中踏踏实实地行走，他的手已经能轻易摸出他周围的东西，因此可以在伸手不见五指的黑暗中引导他的活动。他的想象中充满了幼年时期夜间游戏的情景，所以对吓人的东西，连头也懒得转过去看它一下。如果他听见了一阵阵的笑声，他把发笑的人看作是旧时的同伴而不是什么妖精；如果他看见了一群人，他就把他们看作是聚集在老师房间中的同学而不是什么半夜的魔鬼。黑夜除了勾起他快乐的回忆以外，没有什么可怕的；他不但不怕它，反而喜欢它。在行军的时候，无论是单独一人还是随着队伍，他都是时时刻刻整装以待的。他走进扫罗❶的军营，把整个的营盘都跑遍了也没有迷失路径，他一个人都没有惊动，就径直走到了国王的营帐，而且从那里回来时还没有被任何人发觉。如果要他去窃取雷苏士❷的战马，你尽可放心地叫他去窃取好了。然而在采用另外的方法培养起来的人当中，你要想找到一个尤利西斯❸，那是很困难的。

---

❶ 扫罗，《圣经》中的以色列人的第一个国王。

❷ 雷苏士，希腊神话中的特雷斯王，在特洛伊战争中站在特洛伊一方和希腊人作战的勇士。

❸ 尤利西斯，希腊神话中的伊撒克王，特洛伊战争中的主角之一，曾潜入特洛伊城盗取守护神雅典娜的神像。

我曾经看见过有些人想采取常常使孩子们吓一跳的办法去养成他们对黑夜无所恐惧的习惯。这个办法很不好;它所产生的效果同他们预期的效果恰恰相反,只能使孩子们更加胆怯。一个人在不知道摆在他眼前的危险究竟有多大的时候,无论运用理智或习惯都是不能使他的心放下来的,同样,对常常受到的惊吓,他的心也是不能保持镇定的。要怎样才能使你的学生在遇到这类意外的事情时不感到恐怖呢?要做到这一点,我觉得,最好是像我这样向他说出你的主意:“你在这种情况下,”我对我的爱弥儿说,“应当进行正当的防卫;因为来袭击你的人使你没有时间判断他是来害你还是来吓你,同时,由于他已经占据优势,所以你即使想跑也是跑不掉的。因此,不论是人还是野兽,只要夜里突然来攻击你,你就勇敢地把他抓住;尽全身之力紧紧地掐住他;如果他一动手,你就打他,拳脚交加,不停地打,而且,不管他怎样说,怎样做,你在没有弄清楚他究竟是谁以前,就绝不放手。把事情弄清楚以后,你也许觉得原来是没有什么可怕的,不过,对开玩笑的人采取这种方法,就可以自然而然地使他不敢再来第二次了。”

尽管在我们所有的感觉中,运用触觉的时间最多,然而正如我曾经说过的,由触觉得出的判断比由其他感觉得出的判断更粗糙和更不全面,因为我们总是把它同视觉一块儿运用的,而眼睛又比手先接触到物体,因而无须再用手摸,我们的心灵就做出了判断。但反过来说,触觉的判断是最可靠的,其原因恰恰是由于这种判断所包括的范围最窄,只要把我们的手伸到可以摸到的地方,就能纠正其他感觉的错误;因此,其他的感觉所能达到的范围虽远远超过了它们所感觉的事物,但不能像触觉那样,接触到什么物体就能觉察得十分清楚。此外，我们在需要的时候，还可把肌肉的力量和神经的活动联系起来，通过同时产生的感觉，把对温度、大小和样子的判断同对重量和硬度的判断结合在一起。所以，在一切感觉中，由于触觉使我们在外界物体接触我们的身体时能获得最正确的印象，因此它使用的时候最多，最能给我们以保存生命所需要的直接知识。

既然声音在发音体中能引起可以感觉出来的颤动，那么，经过训练的触觉为什么不能像它代替视觉那样在一定程度上代替听觉呢？当我们把一只手放在小提琴上时，我们就可以无须眼睛和耳朵的帮助，单凭音响的颤震就能分辨它发的是低音还是高音，是由高音弦发出的还是由基音弦发出的。只要能练习我们的感官分辨这些差异，我相信，练习的时间一久，我们就能达到仅仅凭指头就可听出整个曲子的程度。这个假定要是成立的话，那么，我们是能够很顺利地用音乐同聋子说话的，因为音调和节拍有规律的结合之能够为人所感受，并不次于清音和浊音，所以也同样可以作为语言的元素。

有一些练习能使触觉变得愈来愈迟钝，而另外一些练习则能使它愈来愈敏锐和细致。前一种练习，由于使用了许多的动作和力量去连续不断地感受坚硬的物体，所以使皮肤变得粗糙，起了厚茧，从而失去了它自然的感觉能力；第二种练习，由于频频地轻微接触物体，所以使自然的感觉能力接连地变化，从而使心灵在注意那些不断地反复出现的印象时，获得判断它们各种各样变化的能力。这种差别，在使用乐器的时候就可以感觉出来：准确而用力地抚弄小提琴、大提琴和低音提琴的弦，固然能使手指练习得很灵活，但指尖则变粗糙了。大键琴的柔和的指法，既能使手指非常灵活，而且还同时能使它们的感觉更加敏锐。因此，最好是选择大键琴来做这方面的练习。

重要的是，应当使皮肤受得住空气的影响，能抵抗它的种种变化，因为身体的其他各部分全靠皮肤来保护。除了这一点以外，我不希望老是死板地把手拿去做同样的工作，因而使它变得很僵硬；也不希望手上的皮肤变得干瘪瘪的，丧失了它敏锐的感觉，因为，正是有了这种感觉，我们才能够分辨我们用手接触到的究竟是什么东西，才能在黑暗中常常随接触的方法不同，而得到种种的感受。

为什么一定要我的学生在脚板下穿一块牛皮呢？如果他自己的皮肤在需要的时候能够当鞋底用，有什么不好呢？很显然，要是这一部分的皮肤太娇嫩，不但没有什么用处，反而有许多害处。日内瓦城的人，在隆冬时节半夜被敌人惊醒起来，首先想到的是找他们的长枪而不是找他们的鞋子。如果他们全都不会赤脚走路的话，谁保得住日内瓦不会被敌人攻占呢[1]？

要使人随时都武装起来抵抗一切意外的事件。但愿爱弥儿无论在什么季节，每天早晨都赤脚跑出房间，跑下楼梯，跑过花园；我不但不责备他，反而要学他的榜样；我唯一要注意的，是清除路上的玻璃。我不久就要谈到体力劳动了。但现在还是先叫他学会有益于身体成长的步伐，学会无论采取什么姿势都要站得很稳当；学会跳远、跳高、爬树、翻墙；学会在任何情况下都能保持平衡；要在

[1] 1602年，萨瓦大君曾偷袭日内瓦，结果失败，没有攻占该城。

不知道静力学的道理以前早就能按照平衡的法则调整他的一切动作和姿势。凭他的脚站在地上的姿势，凭他的身子和腿的姿势，他就可以觉察出来他站得稳不稳。不慌不忙的举止总是最优美的，而稳稳当当的姿势也是最漂亮的。如果我是舞蹈家的话，我就不会像马塞耳[①]那样猴子似地乱跳，因为这种跳法只是在表演的地方才用得着；所以我不仅不要我的学生那样扭来扭去地跳，我还要把他带到一个悬崖那里，教他在岩石上应当采取怎样的姿势，怎样才能站稳身子抬起头，怎样向前运动，怎样用脚和用手才能轻松地顺着那崎岖难行的羊肠小道前进，怎样在上坡下坎的时候一下就从这里跳到那里。我要他同山羊争胜负，而不要他同舞蹈家较长短。

触觉只能在一个人的周围发挥作用，而视觉则能把它的作用延伸到很远的地方；视觉每每发生错误的原因也就在这里：一个人一眼就能看到地平线上半个圆圈内的东西。既然在同一个时候有那样多的感觉和凭感觉而做的判断，怎么会一个错误也不产生呢？所以，在我们的感觉中，视觉的容易发生错误，也恰恰是由于它延伸的地方太远，同时，由于它总是比其他的感觉先接触物体，所以它的作用总是发挥得太快，涉及的范围总是太广，以致其他的感官无法对它加以矫正。再说，为了认识那广阔的空间，并把它的各部

① 巴黎著名的舞蹈家，他对他的观众很有了解，所以搞了许多荒唐的花招，使人觉得他的艺术很了不起，而大家看了虽觉得好笑，但心里仍然是深深尊敬的。还有一种舞蹈也同样是那样胡闹的，在这种舞蹈中，今天还可以看到一个喜剧演员装模作样地做一些疯狂的动作，而且还同样地取得相当的成功。用这个方法在法国表演是准能卖座的。真正的艺术是比较朴实而不虚浮，所以在法国找不到出路。朴实无华在这个国家里是傻子的美德。

分加以比较,这种配景的错觉其本身就是很需要的。如果没有假象,远处的东西就一点也看不出来,如果没有大小和光度的层次,我们就无法估计距离,或者说得更确切一点,在我们的观念中根本就无所谓距离。同样大的两棵树,如果其中离我们一百步的那一棵看起来同离我们十步的那一棵是一样的大和一样的清楚,我们就会以为它们是彼此挨着的。如果我们看到的各种东西,其大小全都同它们真正的尺寸一样,我们就无法理解什么叫空间,我们将觉得所有一切东西好像都是紧挨着我们的眼睛似的。

视觉在判断物体的大小和它们的距离时,只有一个标准,那就是物体在我们眼睛中形成的角度;由于这个角度是一个由综合的原因造成的简单结果,所以,我们凭视觉而做的判断,是不能在许多原因中把每一个特殊的原因都区别出来的,否则就必然要判断错误。因为视角是这样的,当我们从这个视角看见一个物体比另一个物体小的时候,由于这个物体本来就比较小些,或者由于它所在的地方比较远,那我们怎能一看就区别出来呢?

所以,在这里必须针对前面那个办法背道而行,不是简化感觉,而是经过双重的感觉,经常用这个感觉去验证另外一个感觉;使视觉器官从属于触觉器官,也就是说,用后面这种器官的稳重的行为去克制前一种器官的孟浪。我们如果缺少这种练习,我们的估计就会估得非常不准。我们目测高度、长度、深度和距离都不能测得很精确;工程师、测量师、建筑师、泥水匠和画家的眼力一般都比我们的眼力看得准,对幅度的估计都比较正确,就可以证明;如果有什么错误的话,则错误不在视觉本身,而在于对视觉的运用;这些人的职业使他们在这方面获得了我们没有获得过的经验,他们用同视角相伴随的幻象去矫正视觉的谬误，使他们的眼睛可以更准确地确定构成这个角度的两个原因之间的关系。

要孩子们去搞各种各样能够运动身体而不束缚身体的活动，总是很容易的。有千百个办法可以用来引起他们测量、观察和估计距离的兴趣。那里有一棵很高的樱桃树，我们怎样才能摘到它的樱桃呢？用仓房里的梯子行不行？那边有一条很宽的溪流，我们怎样才能走过去？把院子中的一块木板拿来搭在上面可以吗？我们要从窗子上去钓这个城壕里的鱼，需要几码钓鱼线？我要在这两棵树中间做一个秋千，用一根两英寸长的绳子够不够？有人对我说，在另外一幢房子中，我们的卧房有二十五平方英尺大，你看够不够我们用？它是不是比这间屋子大一些？我们十分饥饿的时候，发现那边有两个村庄，到哪个村庄去吃饭更近些？等等。

应该教一个懒惰的孩子练习跑步，因为这个孩子，虽然安排他将来要进入军界，但他自己却不愿意去做这种练习和其他的练习；我真不明白，他怎么会以为他那样身份的人可以一事不做，一事不学，他的高贵可以代替他的手和他的脚，可以代替各种各样的功绩。要把这样一位绅士训练成一个步履矫捷的阿基里斯，即使有希隆[1]的巧妙办法也是很难奏效的。由于我对他绝对不采取任何强迫的办法，所以困难就更大了：既然我不利用我的权利对他进行训诫，或者作什么诺言，或者采取威胁的手段，或者同他竞赛，或者显示一番自己的本领，那么，要怎样做才一句话不说也能使他去练习跑步呢？我自己先跑，这个办法也不太可靠，而且也不合适。此

[1] 希隆，阿基里斯的老师。

外，问题还在于要从这种练习中得出一些可以用来教育他的东西，以便使身体和心灵能够经常地配合一致。我，也就是借这个例子说话的人，是采取如下的做法的。

下午同他去散步的时候，我有时就在衣袋里放两块他挺喜欢的点心；在散步中[①]，我们一人吃一块，之后就高高兴兴地回去了。有一天，他瞧见我有三块点心；像这样的点心，他吃六块也不至于有什么不舒服，所以，他几口就把他那块点心吃完，为的是好问我要那第三块点心。“不，”我对他说，“我自己还想吃咧，要不然，我们就分着吃；不过，我倒是想叫那边的两个小孩子来赛一次跑，看谁跑得快就给谁吃。”我把那两个孩子叫来，把点心给他们看，把我的办法也说给他们听。他们觉得再好不过了。我把点心放在一个大石头上，而且就以这个石头作为目标；把路线画好以后，我们就坐下来看：信号一发，两个孩子就开始跑；胜利的孩子抓着点心，当着旁观的人和那个失败的孩子一点情面不留地就吃起来了。

这个游戏比点心有味得多，但在开头还不能产生什么效果。我一点也不灰心，一点也不着急，因为，要做好教育孩子的工作，就必须懂得：把时间白白地放过去，正是为了争取更多的时间。我们继续散我们的步；我常常带三块点心，有时候带四块，时常还有一块甚至两块是预备给赛跑的孩子的。如果奖品不大，则争夺的人

① 大家可以看得出，我们此刻是在乡间散步。在城中的热闹地方散步，对男孩子和女孩子都是顶有害处的。到那些地方去，将使他们开始产生虚荣心，企图把自己显示给人家看一看：正是因为常常到卢森堡，到提勒里，特别是到王宫，巴黎的美少年才学到了那种傲慢而做作的神气，使他们显得可笑，在欧洲到处都遭到别人的嘲弄和厌恶。

就没有劲头；要使得奖的人受到称赞和欢迎，一切都要做得很体面。为了鼓动他们多跑和增加他们的兴趣，我把路线划得长一点，让几个孩子都一齐参加。竞赛一开始，过路的人就停下来看；大家都叫喊、喝彩和拍手，以鼓励他们。我有时看见我的这个小家伙在一个孩子快要赶上或超过另一个孩子的时候，就紧张得心里扑扑地跳，站起来叫喊；这在他看来，真是一场奥林匹克运动会。

然而，这些赛跑者有时候要使用诡计，互相拉扯，或者彼此弄得摔了跤，或者在半路上你弄一块石头来挡我，我也弄一块石头来挡你。这就要由我来把他们分开，使他们从不同的地方起跑，当然，到终点的距离仍然是相等的。你马上就会明白为什么要这样安排的道理，因为，我要极其细致地论述这件重大的事情。

常常看到别人吃点心，使得这位小骑士真是馋坏了，所以终于想到善于跑步还是有点儿好处，同时，觉得他自己也有两条腿，所以就开始悄悄地去做试验。我装着没有看见他在试验，我知道我的计策已经成功。当他认为他够棒的时候（他还没有这种想法以前，我早就看出来了），他就假装问我要那块剩下来的点心。我不给他，他硬是问我要，最后以很不耐烦的口气对我说："好吧！把点心放在石头上，把路线画出来，咱们瞧谁能吃上。""好极了！"我笑着对他说，"一个骑士也会跑步吗？你愈跑愈饿，想吃的东西是得不着的。"我一取笑，他就生了气，就拼命地跑，同时，因为我把他的路线画得很短，而且没有让跑得最快的孩子参加，所以他就更容易得到奖品。大家可以想到，这第一步成功之后，要继续使他参加赛跑，是多么容易啊。不久以后，他对这种练习的兴趣是如此之大，以致无须我偏袒他，也不管路线有多么长，他差不多都有把握在赛跑中胜过其他的孩子。

这个好结果取得以后，又产生了另外一个我以前没有想到的结果。当他只是偶尔才得到一次奖品的时候，他也像其他的孩子一样，拿到点心总是独自一人吃；但是，随着胜利的次数愈来愈多，他就变得大方起来，往往把得到的点心同其他的孩子一块儿分着吃。这使我本人对道德也有了一层了解，通过这个事实明白了慷慨的真正原理。

我继续使他参加赛跑，而且在不同的地方画起跑点时，悄悄地不让他看见我把距离画得长短不一，以便使那个必须跑更多的路才能达到终点的人处于显然不利的地位；但是，尽管我让我这位学生去挑选，他也不愿意利用这点便宜。他对距离的远近满不在乎，而总是挑最平坦的路跑；由于我可以预先料到他挑选哪一条路线，所以可以随心所欲地使他得到或者得不到点心。我之采取这个计策，是为了要达到几个目的。由于我的意图是要他看出这种差别，所以我尽力地设法使他明白这一点；然而，尽管他在沉静的时候很懒惰，但一玩起来却变得这样活泼，这样相信我，以致我费了九牛二虎之力也不能使他明白我在欺骗他。不论他多么愚蠢，我还是终于使他明白了这一点，于是他责备我欺骗他。我对他说："你有什么可抱怨的呢？既然由我拿出奖品，难道不能由我规定条件？谁强迫你来跑呢？我向你说过要把路线画得一样吗？难道你不知道挑选？你挑最短的路跑，我也不禁止你呀。你怎么看不出我偏袒的是你呢？你嘀嘀咕咕地说距离长短不等，其实，如果你会利用的话，对你是大有好处的，这一点你怎么不懂呢？"话已经说得很清楚了，而他也明白了；为了要进行选择，就需要仔细地观察。起初，他想用脚步去量,但是,一个小孩子用脚步去量总是量得又慢又不准的,此外,我又决定在那一天举行几次赛跑,这样一来,这种游戏就变成了一件使人心急的事情了,觉得把赛跑的时间浪费去测量路线是很可惜的。孩子们的活泼性情,对这种慢吞吞的办法是不喜欢的,所以他们就要练习好好地看,好好地用眼力去测距离。因此,我没有费多大的气力就培养了这种兴趣。经过几个月的试验和纠正测量的错误以后,就使他的眼睛变成了一个目测仪,以致我随便把一块点心放在很远的地方,他一看就知道有多少距离,其准确的程度同测量师用测链测量是一样的。

在所有的感觉中,视觉是很难同心灵的判断分开的一种感觉,因此需要花很多的时间去学习观看,需要常常把视觉同触觉加以比较,才能使它熟练于观察形状和距离之间的正确关系;如果没有触觉,没有前进的运动,则世界上最锐利的眼睛也无法告诉我们这个空间是什么样子。整个宇宙,在一个蛤蜊看来不过是一个小点,即使有人去告诉这个蛤蜊,它还是觉得不过如此。只有通过行走、抚摩、计算和测量物体的尺寸,我们才能学会怎样估计物体;然而,如果老是采用测量的方法,则感官对仪器将形成依赖,不能获得正确的感觉能力。然而,孩子们不应当一下就抛弃测量的办法而进行估计;他们不能一次做通盘比较时,就先一部分一部分地比较,用估计的数字去代替准确的数字,但又不要老是用手去测量,而要习惯于单凭一双眼睛去测量。我想,我们对孩子最初做的几次目测可以实地检验一下,以便改正他的错误,如果在视觉中还存在有什么错误的印象,他就可以学会怎样进行更好的判断,去加以纠正。我们有一些几乎在任何地方都可应用的天然的尺度,那就是:

我们的脚步、两臂伸直的总长和我们的身躯。当一个孩子要估计一座房子的高度时，他的老师就可以做他的尺子；如果他要估计一个钟楼有多高，他就可以用房屋做衡量的标准；如果他要知道一条路有几里长，他就可以根据走了几个小时的路来计算；特别重要的是，所有这些，我们不要替他去做，而要让他自己去做。

我们要正确地判断物体的广狭和大小，就要认识它们的形状，甚至能把它们描绘出来；因为，归根到底，描绘物体是绝对要按配景的法则去画的，如果对这种法则一点也不懂得，就不能根据它们的样子估计远近。孩子们是善于模仿的，他们看见什么东西都想画，所以我要我的这位学生也学习这门艺术，其目的，不是为这门艺术而学这门艺术，而是在于使他的观察正确和手指灵巧；一般地说，他懂得不懂得怎样进行这样或那样的练习，关系是不大的，只要能够做到心灵眼快，并且获得我们要经过练习才能获得的良好的身体习惯就行了。如果一位教图画的老师只知道拿一些仿制品来教他描画，只知道教他照着图画来画，那么，我是不愿意请这位老师来教他的；我希望他的老师不是别人，而是大自然，他的模特儿不是别的，而是他所看到的东西。我希望摆在他眼前的是原件而不是画在纸上的图形；我希望他照着房子画房子，照着树木画树木，照着人画人，以便养成习惯，仔细地观察物体和它们的外形，而不至于老是拿那些死板板的临摹的绘画当作真实的东西来画。我甚至不愿意他在眼前没有那个东西的时候凭记忆来画，我要使他经过屡次的观察，把它们的正确的形象印在他的心中，以免拿一些稀奇古怪的样子去代替事物的真正形象，因而失去了比例的观念和鉴赏自然的美的能力。

我当然知道，他采用这个方法，也许在一个很长的时期中所画的东西都是乱七八糟什么都不像的，他画了很久以后还不能像画家那样画出清晰的轮廓和线条，也许根本就画不出什么逼真逼俏的效果和图画的风味；然而在另一方面，他通过这种练习，他的眼睛看东西可以看得更正确，他的手画东西可以画得更准，他就可以了解动物、植物和各种天然物体之间大小和样子的真正比例，他就可以在配景作画方面取得得心应手的经验。我想达到的目的就是这些，我的意图不是要他懂得如何描绘什么东西，而是要他懂得如何认识那些东西；即使他画大门柱上莨菪叶形的装饰画得不太好，但只要他能认出哪种植物是莨菪，我就挺喜欢了。

此外，在这个练习和其他练习中，我不使我的学生只觉得他一个人好玩。我希望我能继续不断地同他一块儿分享乐趣，使他觉得这种练习更有兴味。除我以外，我不希望再有别人同他竞争，但是我这个竞争者，对他是并无妨害的，因此可以使他练习的时候很有兴趣，而不至于在我们之间造成猜疑。我也照他那个样子拿着铅笔，起初也像他那样不会使用。我想做一个阿贝尔[1]，可是我发现我却画得很糟糕。我开始画一个人，同小孩子在墙上画的人是一样的；每个胳臂画一笔，每条腿也是画一笔，十根指头画得比胳臂还粗。过了很久以后，我们两人都看出了这种不相配称的情形；我们发现一条腿要粗一些，但是粗的程度并不是到处都是一律的；胳臂的长度应当同身体成比例，等等。在这样的进度中，我不是同他一块儿前进，便只是走得比他稍稍快一点点，以致使他容易追上

[1] 阿贝尔，公元前四世纪时希腊的画家，以画像著名。

我，而且往往还超过了我。我们有颜色和画笔；我们试着描画各种东西的色彩、面貌和状态。我们着色，我们绘图，我们随随便便地画，但在随随便便地画的时候，我们要不断地观察自然；除了大自然这位老师眼前的东西以外，其他的东西我们一概不画。

我们从前担心没有什么东西装饰我们的房间，而现在，你瞧，什么都有了。我们用框子把我们的图画装起来，并罩上很好的玻璃，以免谁再去动它；我们两个人看见这样放置图画，心里都想，不要忘了把自己的图画也这样放上去。我依次把它们挂在房间的四面墙上，每一幅画都要反复画二十到三十次，以便从每一张画中看出作者的进度：开头画的房子只不过是一个简单的四方形，而现在，它的正面、侧面、比例大小和影子，都画得非常逼真。这样逐步提高，使我们继续不断地获得了许多有趣的图画，这些图画，在旁人看来颇以为奇，而在我们，则可鼓励我们经常地互相竞赛。我给我们最初画的那几幅最简单的图画装上亮晃晃的金边框子，以便使它们看起来比较美观；但是，当我们照着实物画得越来越像，而且确实是画得很好的时候，我反而只给它装一个简单的黑色框子，因为它本身已经很美，不再需要别的装饰，而且，要是让框子分去了人们对图画应有的注意，那是一项损失。所以，我们每一个人都以得到简朴的框子为荣；当一个人看不起另一个人的图画时，就说应该给它装上金框子。也许，几天以后，这些金框子就在我们之间成了笑柄，而且，我们也希望许多人都采用这种按图画的好坏装配框子的办法去评判他们自己的装饰。

我已经说过，几何学是不能被孩子们所理解的；但推究其原因，只能怪我们做得不对。我们没有认识到他们的方法和我们的方法不同，没有认识到几何学对我们可培养推理的熟练，而对他们则只能培养观察的熟练。所以，我们不要拿我们的方法去教他们，而要拿他们自己的方法去教；这样做更好些，因为我们学习几何学的时候，是把它当作一件既是推理的也是想象的事情的。当一项定理提出以后，就要去想象怎样论证，也就是说，要找出这个定理是根据哪一个已知的定理得出来的，并且在那个定理得出来的种种结论中去确切地选择它所需要的结论。

这样做法，即使是最谨严的推理家，如果他没有创造的才能的话，也马上会束手无策的。其结果怎样呢？结果，论证的方法不是由我们自己去找，而是由他口头讲给我们听；老师不是在教我们推理，而是在替我们推理，只是把我们的记忆力练习一下罢了。

画一些很准确的图形，把它们拼起来，一个一个地重叠起来，研究一下它们的关系；这样，你无须讲什么定义、命题或任何论证的方法，只简简单单地把图重叠起来，反复观察，就可以学会全部初等几何学。至于我，我是不想教爱弥儿几何学的，相反地，要由他来教我；由我寻找那些关系，而他则发现那些关系，因为我在寻找那些关系时，采用了使他能够发现那些关系的方法。例如画圆周的时候，我不用圆规，而用一根线一端系一个笔尖，另一端系在一个轴上转一个圈。画好以后，我就把一个个的半径加以比较，这时候，爱弥儿就会笑我，就会告诉我说，如果把那根线老是拉得那么紧的话，是不至于画出不相等的半径的。

如果我要量一个六十度的角，我便以这个角的顶点为中心，画一个整个的圆形而不画一个弧形；因为，对孩子们是不能采取什么不言自明的含蓄做法的。我发现这个角的两条线间切取的那一部分圆是整个圆形的六分之一。画完以后,我又以这个角顶为中心画一个比较大的圆,我发现这第二个弧形仍然是它的圆形的六分之一。我又画第三个同心圆,我在这个圆上又做了同样的试验,终于使爱弥儿对我这种愚蠢的做法大吃一惊,于是就告诉我说,这个角所切取的每一个弧,不论大小,都是圆形的六分之一,等等。这样一来,我们马上就懂得半圆规的用法了。

为了证明三角形三角之和等于二直角,别人是画一个圆来证明;而我则相反,我先使爱弥儿在圆周内看出这一点,然后对他说:"如果把圆周去掉,留下这几条直线,这几个角的大小变没有变呢?"等等。

一般人对作图的准确性是不大注意的,认为可以假定它是准确的,因此,就把他们的注意力集中于怎样证题。我们的做法则相反,我们所关心的,不是怎样证法;我们认为最重要的是,画线要画得很直,很准确,很均匀;画方就方,画圆就圆。为了证明图是不是画得精确,我们就用所有一切可以觉察得到的特征去检验它;这样,就使我们每天都有发现一些新特征的机会。我们按一条直径把一个圆折成两个半圆;按对角线把一个正方形折成两半:我们把两个图形加以比较,检查哪一个图的边折得最准确,因而把那个图分得最好;我们要讨论一下在平行四边形和不等边四边形中是不是也能够分得这样平均,等等。我们有时候在没有做试验以前就要预言一下是否能做得成功,并且要尽量找出其中的道理,等等。

对我的学生来说,几何学只不过是一门怎样掌握使用尺子和圆规的艺术;千万不要把它跟图画混同起来,他在画图画的时候是不用这两种器具的。应当把尺子和圆规都锁起来,不要轻易给他使用，而且，即使使用，用的时间也要很短，以免他习惯于拿它们去乱画；我们可以在散步的时候把我们所画的图带在身上，好谈谈我们应该怎样画或者我们打算怎样画。

我永远也不会忘记这件事情：我在都灵看见过一个年轻人，他小时候，老师每天拿出许多各种各样几何形状的奶油薄饼，叫他把其中等周形的薄饼都挑选出来，想通过这个办法教他学会周长和面的关系。因此，这个小小的贪吃鬼就把阿基米德[1]的艺术做了一番透彻的研究，以便去寻找可以多吃几口的饼[*]。

小孩子玩羽毛球，可以锻炼他的眼睛看得准，手打得稳；他抽陀螺，可以增长他的气力，但是他不能从其中学到什么东西。我有时候问人家，为什么不给孩子们玩大人所玩的需要技巧的游艺，例如网球、槌球、台球、射箭和足球。他们回答我说，在这些游艺当中，有些是他们的体力玩不了的，而另外一些，由于他们的五官和四肢发育不够，所以还不能玩。我认为，这些理由是不对的，这无异是说，一个孩子没有大人那样的身材，就不能穿大人那样的衣服。我的意思并不是要他们拿我们玩的大棍子到一个三英尺高的台子上去打弹子，也不是要他们到我们的运动室去打台球，或者要他们的小手使用网球拍子；我的意思是要他们在一个大厅里玩，大厅的窗子可以用东西挡起来，叫他们在里面先只玩软球，按他们的进度开始用木拍子，然后用皮拍子，最后才用肠线绷的拍子。你认为他们最好是玩羽毛球，因为它不那么使人疲劳，而且也没有危

[1] 阿基米德（公元前287—前212），古希腊的数学家和物理学家。

[*] 所谓“等周形”，就是几个周边的长度是相等的图。在这种图形中，圆形包括的面最大。因此，那个孩子应该选择圆形的奶油薄饼。

险。你这两个理由都是错误的。羽毛球是妇女们玩的东西；没有哪一个妇女见到皮球滚来时不逃跑的。她们白嫩的皮肤经不住撞擦，她们的脸不能打伤。可是我们，生来就是要成为身强力壮的人的，难道说不吃一些苦就能成为这样的人吗？如果从来没有受过打击，又凭什么力量去抵抗打击呢？老是那样有气无力地玩，即使是笨一点的话，也不会出岔子；一个羽毛球掉下来是打不伤人的；然而正是因为要用手去保护头，所以才能把我们的手锻炼得异常灵活，正是因为要保护眼睛，所以才能锻炼我们的眼睛看得准，看得明。从大厅的这边跳到那边，判断那跳在空中的球将落到什么地方，又狠又准地用一只手把球打出去，这些游戏虽不适合于大人玩，但可以用它们来培养孩子们的本领。

人们说，孩子的筋骨太柔嫩！他们的筋骨气力虽差，但是却比较灵活；他们的胳臂虽然没有劲，但总是一条胳臂；应当比照其他的器官加以适当的锻炼。人们又说，孩子们的手中没有掌握什么技巧；正是因为这个缘故我才希望教他们学一些技巧。一个大人如果同他们一样地没有经过很多的锻炼，其动作也是不会比他们的动作灵巧的。我们只有在使用过我们的器官以后，才懂得怎样去运用它们。只有从长期的经验中我们才能学会充分发挥我们本身的能力，而我们要真正学习的，正是这种经验，所以，不能不趁早就开始学起。

凡是我们能做的，都可以教他们去做。谁都看到过身子灵巧的孩子，做起事来手脚的灵活和大人是一样的。我们差不多在所有的市集上都看到过他们表演金鸡独立、双手走路和花样跳绳。这些年来，有多少儿童剧团把观众吸引到意大利喜剧院去看他们的芭蕾舞啊！在意大利和德国，谁没有听说过著名的尼科利尼哑剧团？哪一个曾经讲过，同成年的舞蹈家相比，那些儿童的动作没有那样熟练，姿势没有那样优美，耳朵听音乐没有那样准确，舞蹈没有那样柔和？诚然，首先，他们的指头粗短而不灵巧，手也肥大，不太拿得稳东西，但是不是因此就使其中的几个孩子不会写字和画图呢？要是别人在他们那样的年纪，也许连笔也不知道怎样拿法咧。全巴黎的人现在都还记得，有一个英国女孩子年纪只有十岁，却能弹一手好钢琴①。在一个市长的家里，我曾经看见过，大家在餐后用茶点的时候，把他的一个漂亮的八岁男孩放在桌上演奏大提琴；他站在桌上，宛如站在高台中央的一个塑像，而大提琴的个儿也差不多同他的身子一样高，可是这孩子演奏的美妙，竟使提琴家也为之吃惊。

我觉得，以上这些例子和许多其他的例子都证明，大家认为孩子们笨而无力，不宜做我们所做的运动，只不过是想当然耳；如果说你们还没有看见过他们把这些运动做得成功的话，那全是因为你们从来没有要他们练习的缘故。

也许有人会说，我在这里谈到儿童的身体时，又犯了我在谈到儿童的心灵时所谴责的过早地培养的错误。这两者是大不相同的；因为，在这两种进步中，有一个只是表面的进步，而另一个则是真正的进步。我已经论证过，孩子们表面上看起来好像有心思，其实他们是没有心思的；反之，他们看来能做的事，他们是能够做到的。此外，我们始终要想到的是，所有这些只不过是或者只能是游

① 在此以后，又有一个七岁的男孩比她演奏得更好。

戏，才是大自然要求他们的使一切活动能舒展自如的办法，才是使他们的娱乐变得更有趣味的艺术，以便使他们不感到有丝毫的勉强，不至于把娱乐当成了苦役。因为，归根到底，如果我不能够使游戏在他们看来是一种教育人的办法，他们又从哪里觉得游戏是很有趣味的呢？即使我不能做到这一点，只要他们玩得高兴而不出什么毛病，同时又消磨了时间，则目前他们在各方面能否取得进步，是无关紧要的；反之，如果照你们所想的，非要他们学这个学那个不可，那么，就不能不最终使他们感到束缚、愤恨和烦恼。

我对我们经常不断地使用的最重要的两种感官所说的话，也可以用来说明我们应当怎样锻炼其他的感官。视觉和触觉对静止的和运动的物体都同样能起作用；但是，因为只有空气的振荡才能触动我们的听觉，只有运动的物体才能发出声音，所以，如果万物都静止不动的话，我们就永远也听不到什么声音了。在夜里，我们只有在高兴的时候才活动，所以我们对一切动的物体总是感到害怕的，因此我们的耳朵必须要灵，要能通过它听到的声音判断发出声音的物体的大小和远近，以及它的振动是很猛烈还是很轻微。动荡的空气是往往要受到反射的，一有反射就要产生回音，因而使我们听到的声音有所重复，觉得那发出声响的东西是在别的地方而不是在它本来的地方。在平原和山谷中，我们如果把耳朵贴着地面，就比我们站着能听到更远的脚步声和马蹄声。

由于我们已经把视觉同触觉做过一番比较，所以也须把它拿来同听觉比较一下，以便知道从同一个物体同时发出的两种印象，哪一个最先达到接受印象的器官。当我们看到大炮的火光时，我们还可以进行躲避，但一听到了爆炸声，那就来不及了，因为炮弹已经到了我们的跟前。我们可以根据闪光和雷声之间相隔的时间来判断那一声霹雳是从多远传来的。你们要使孩子们懂得这些经验,要使他们就他们的能力所及去取得这些经验,并且能举一反三,归纳出其他的经验;不过,我倒是一百个情愿他们对这些经验一个也不知道,而不愿意由你把这些经验告诉他们。

我们有一个同听觉器官相应的器官,那就是发声器官;但是我们没有同视觉器官相应的器官,我们不能使颜色像声音那样反复出现。我们对听觉器官也有一个培养的办法,那就是使主动器官和被动器官互相地进行锻炼。

人有三种声音:说话的声音或音节清晰的声音、唱歌的声音或有旋律的声音、感伤的声音或高昂的声音,感伤的声音是感情的语言,它使人的歌唱和说话富有蓬勃的生气。小孩同大人一样,也有这三种声音,然而也同样不知道把这三种声音加以结合。他也像我们一样,能笑、能哭、能感叹、能叫喊、能呻吟;但是他不知道把这些声音的音调变化同其他两种声音配合起来。完美的音乐是把这三种声音结合得非常之好的。孩子们是不会这种音乐的,他们唱的歌没有情感。同样,在说话的声音中,他们的话也没有声调;他们叫喊,但他们不能音节分明地叫喊;正如在讲话中没有抑扬一样,他们的叫声也不洪亮。我们的学生讲起话来声音还更单调,因为他的情感还没有焕发起来,所以还不能把感情的表达同他的语言结合在一起。不要教他去背诵悲剧或喜剧角色的台词,甚至像有些人所主张的教他朗读,我认为也是不必要的。他的脑子再好也不会好到能有声有色地说他们一点也不懂的事情,或者有表情地发抒他们从来没有体会过的情感。

教他说话的时候要声调匀称而清楚，要咬清音节，要吐字准确而不故意做作，要懂得和按照语法规定的重音和韵律发音，要有足够的音量，让人家听得清楚，但是绝不要把声音提高到超过需要的程度——在公立学校受过教育的学生一般都有这个毛病；在任何事情上都不要有过分的多余。

同样，在唱歌的时候，声音也要唱得准，唱得稳，唱得柔和而响亮；他的耳朵要听得出拍子和韵调；但是，做到这一点就够了，不要有过多的要求。拟声音乐和舞台音乐是不适宜于在他那样的年纪时唱的；我甚至不希望他唱歌词，如果他要唱的话，我就尽量拿适合于他年纪的有趣的歌词给他唱，而且歌词的意思也要像他的思想那样简单。

有人以为，既然我不急于教他识字，我也不急于教他认谱。我们要避免使他因过分用心而伤害脑筋，我们不要急于使他的心思专注于那些死板的符号。我承认，这看起来好像是很困难的；因为，正如不识字也能说话一样，在起初即使不识乐谱也是能唱歌的。但是，其间有这样的区别：说话是表达我们自己的思想，而唱歌则是表达别人的思想。为了能表达它，就必须认识它。

但是，第一，即使不认识乐谱，我们也可以听出来，而一支歌子我们用耳朵去学总是比用眼睛去学更学得准确的。此外，为了更好地理解音乐，仅仅会唱，是不够的，还必须能自己作曲；这两方面要同时学习，不这样，就永远不能精通音乐。起初，教你们的小音乐家练习写很通顺的、念起来很铿锵的句子，然后用很简单的调子把它们连起来，最后用正确的音符标出它们的不同的关系；只要好好地选择一下音韵和休止的时间，就可以做到这一点。最重要的是，绝不要做荒唐怪诞的歌，歌中绝不要有感伤的词句。一个优美的歌调总是朴实易唱的，总是以主弦的音起唱的，而且还那样清楚地表达了低音，所以容易听，也容易合着它唱；因此，为了训练嗓子和耳朵，最好是合着大键琴唱。

为了更好地发音，就要在发音的时候把音吐清楚，因此我们采用了以一些音节表示的字音唱歌法。为了区别音阶，就需要定出那些音阶和它们固定的间隔的名称；因此才产生了各种音程的名称，产生了标示琴键的字母和标示音阶的音符。C 和 A 表示两个固定不变的音，始终由一定的键发出来。ut 和 la 的情况则不同。ut 始终是大调的主音或小调的中音。La 始终是小调的主音或大调的第六音。所以，字母所表示的，是我们音乐总谱中各关系之间不变的间隔，而音节所表示的则是不同音调的相似关系的相似间隔。字母表示键盘上的键，音节表示调式的音阶。法国的音乐家把这些区别搞得一团混乱；他们把音节的意思和字母的意思混为一谈；他们在琴键上使用了双重的符号，这完全是多余的，而且，正是因为对琴键使用了双重的符号，所以才没有给表示音弦的符号留下余地；结果使 ut 和 C 在他们心目中始终认为是同一个东西；实则不是那样的，也不应该是那样的，因为，如果是同一个东西的话，C 有什么用处呢？同样，他们的字音唱歌法也是非常之难的，而且也没有什么用处，因为在采用他们这个方法的时候，既然像 ut 和 mi 这两个音节能同样表示大三度、小三度、增三度或减三度，所以也不能使我们的心灵获得一个清楚的概念。恰恰在这个产生了许多优秀的音乐著作的国家里，学起音乐来反而更困难，这到底是怎样一回怪事呢？

我们要采取最简单明了的办法来教我们的学生；我们只教他学两种调式，这两种调式的关系始终不变，而且始终是由同样的音节代表。不论他是唱歌还是弹奏乐器，都要教他把调子定在可以作为基音的十二个音的一个音上，同时，不论是转到D调、C调、G调或其他调子，都要按调式的不同把结尾落在ut或la上。这样做，他才能明白你的意思，才懂得为了要唱得准或弹奏得准，心中要常常想到调式的主要关系，才能演唱佳妙，进步迅速。法国人所谓的“自然唱谱法”，实在是荒谬极了；它模糊了事物的真实概念，而代之以令人迷惑的奇怪的概念。只有改变调式的“变调法”才是最自然的。以上就音乐问题所谈的话已经是够多了；只要你始终把它作为一项娱乐，你爱怎样教，就可以怎样教。

以上，我们已经清楚地了解到外界物体在它们的重量、形状、颜色、硬度、大小、距离、温度、静止和运动方面对我们的身体的关系。我们已经知道，我们对哪些物体可以接近，对哪些物体应该远离，以便采取必要的办法克服它们的阻碍，或者抵抗它们可能给我们造成的伤害；但这还是不够的，因为我们的体力在不断地消耗，所以需要继续地使它恢复元气。虽然我们有把其他物质变成我们本身的物质的能力，但对物质不能不有所选择，因为，并不是所有的食物都是适合于人吃的；由于一个人的体质和他居住的地区、他的特殊的性情以及由他的职业所决定的生活方式不同，所以，在人能吃的东西中，有些很适合于他，有些则不那样适合于他。

如果说为了选择适合于我们的食物，就必须等到取得了辨别和选择它们的经验之后，才去选择的话，那我们就可能会饿死或毒死的：最仁慈的上帝已经把可以感知的生的乐趣造成了保存生命的工具，使我们能够根据我们的口味知道哪些东西适合于我们的胃。在自然状态下，对人来说，最可靠的医生莫过于他的食欲；我毫不怀疑的是，只要他按照他原始的食欲觉得最可口的食物，就一定是最有益于健康的食物。

不仅如此。造物主不只是为他赋予我们的需要提供食物，而且还为我们自己产生的需要提供食物；正是为了经常使我们的欲望同需要相适应，所以他才使我们的口味随着我们的生活方式进行改变。我们愈脱离自然的状态，我们就愈丧失我们自然的口味，说得更确切一点，就是习惯将成为我们的第二天性，而且将那样彻底地取代第一天性，以致我们当中谁都不再保有第一天性了。

由此可见，愈是自然的口味，就愈为简单，因为这种口味是最容易改变的；但是，如果我们常常拿怪味的东西去刺激它的话，到它形成了一定类型的口味以后，就不再更改了。一个人如果尚未浸染一个地方的饮食习惯，则他对任何地方的习惯都可以毫不困难地适应的；但是，一旦他有了一个地方的饮食习惯之后，就再也不能适应另外一个地方的饮食习惯了。

这一点，我觉得，就所有的感觉来说都是对的，特别是就所谓的味觉来说，更是如此。我们的第一种食物是奶；我们只是逐渐逐渐地才习惯于强烈的味道的，而在起初，我们是挺不喜欢它们的。在原始人看来，水果、蔬菜、草以及烤熟的肉，虽没有放调味品和盐，但已经是盛馔了①。一个野蛮人第一次喝酒的时候，一定要现

① 参见鲍桑尼阿斯的《世外桃源》；并阅读后面（第196页）转录的普卢塔克的一段文章。

出皱着眉头的样子，把酒吐出来；即使在我们中间，一个人只要活到二十岁都还没有尝过发过酵的饮料的话，是再也不会养成喝这种酒的习惯的；所以，如果不是在童年时候别人拿酒给我们喝过，也许我们全都会成为滴酒不尝的人的。的确，愈是简单的口味，就愈是我们人人共有的口味；而大家所不喜欢的，正是那些五味俱全的菜肴。反之，谁曾经看见过哪一个人不喜欢水和面包呢？这是自然的意图，也是我们的规律。尽量让孩子保持他原始的口味，使他吃最普通和最简单的东西，使他的嘴经常接触的是一些清淡的味道，不要养成一种爱好过于厚重的味道的习惯。

我在这里并不是探讨这种生活方式是不是更有益于健康，我不是从这个角度来研究它的。我的目的，只是论证这种方式最合乎自然，最易于适应其他的方式，因而是最可采取的。有些人说，应该使孩子们习惯于他们长大以后所吃的食物；这在我看来，是没有道理的。当他们的生活方式是那样不同的时候，为什么吃的东西要相同呢？一个大人由于工作的劳累和心思的焦虑，所以需要味美汁多的食物，给他的头脑带来新的元气；可是，刚刚才跳跳闹闹地玩了一阵的小孩子，他的身体正在成长，所以需要很丰富的食物，以产生大量的乳糜。再说，一个成年人已经有固定的社会地位、职业和家庭；而小孩子，谁说得上他将来的命运是怎样的呢？因此，在任何事情上都不要使他形成一种刻板的方式，以免在必要的时候要花很大的力气才能更改。不要使他不到处带一个法国厨子跟着走，他就会饿死，不要使他将来对别人说只有法国人才做得出好吃的东西。顺便提一下，这样的矜夸，实在是可笑的！恰恰相反，在我看来，只有法国人才是唯一不懂得饮食之道的人，因为他们需要一种特殊的艺术才能把菜做得合乎他们的胃口。

在我们的各种感觉中，味觉对我们的影响往往是最大的。所以，我们在判断那些补益我们身体的东西时，比之判断形成我们周围环境的东西关切得多。有千百种东西，在我们摸到、听到或看到的时候，都觉得无所谓的；但是，几乎还没有哪一样东西在我们尝到的时候不引起我们的注意。此外，味觉的活动又全是肉体的和物质的，只有这种感觉才是不能凭想象解决问题的，至低限度可以说，就我们所有的感觉而论，味觉中所掺杂的想象，其程度是最轻微的；反之，模仿和想象往往使其他感觉获得的印象掺杂有精神的成分。一般地说，心地柔和而贪恋色情的人，性情急躁和真正敏感的人，虽易受其他感觉的影响，但对味觉是相当淡漠的。从这一点看，似乎味觉同其他感觉相比是次要的，而贪图口腹的倾向是可鄙的；但是，我从这一点得出的结论正好相反，我认为，抚养孩子最合适的办法，就是要通过他们的饮食对他们进行教育。贪食心比虚荣心好得多，因为前者是一个自然的欲望，是直接由感官决定的；而后者则是习俗的产物，每每为人的轻浮行为和各种恶习所左右。贪食是孩童时期的欲念，然而这个欲念是不能同其他欲念相匹敌的，一遇到其他的欲念，它就会消失。啊！请相信我说的话，不用太久，一个孩子就不会再对他吃的东西花许多心思的；当他心中装的事情太多的时候，他的嘴就不会再叫他用脑筋了。到他长大的时候，千百种强烈的感情将转移他贪吃的心，使他产生贪图虚荣的欲念，因为，唯独这种欲念能凭借别的欲念而滋生，而且最终将把所有一切其他的欲念全都吞没。我曾经多次观察过那些考究美食的人，他们一醒来就考虑当天要吃些什么东西，对他们所吃的一顿饭，其描述之详细，一如波利毕❶之描述一场战争。我发现，所有这些所谓的成年人，无非是一些四十岁的孩子而已，既没有气力，也长得不结实，真是“徒耗地力的人”†。贪食是意志不坚决的人的一种恶习。一个贪图口福的人的心思，完全贯注在他的一张嘴里，他一切都为了吃；他愚蠢无能，只有在饭桌上才有他的一席地位，他只懂得品评菜肴；我们就把这件事情毫不惋惜地交给他办好了，对他来说，这件事情也比其他事情更为适当，对我们和他都有好处。

担心贪食的恶习在一个有出息的孩子身上扎下了根，这是见识短浅的人的一种杞忧。在孩童时期，我们心中所想的只是吃；到了少年时期，我们就不想了，所有一切在我们看来都是好吃的，何况还有许多其他的事情要我们去做哩。然而，我并不希望大家把这样一个十分低级的动机加以不明智的利用，也不希望用美味的食物作为对良好行为的鼓励。我不明白的是，既然整个童年只能是或者说应当是玩耍和嬉闹游戏的时期，为什么不可让纯粹的身体锻炼得到适当的物质代价。当马召尔卡岛上的一个小孩看见树顶上挂着一只篮子，就用石弓把它弹下来，如果他因此而得到什么好处的话，难道说有什么不应该，难道说不能吃一顿美好的早餐去补偿他用来获得那只篮子所花费的气力①？一个年轻的斯巴达人

❶ 波利毕(公元前205—前125)，希腊历史学家。

† 贺拉斯❷，第1卷，书信第二封。

❷ 贺拉斯(公元前65—前8)，罗马诗人，著有《颂诗》《讽刺诗》《书信集》等。

① 好几个世纪以来马召尔卡岛上的人已经没有这个习惯了；这是他们石弓盛行时候的事情。

冒着挨一百皮鞭的危险，轻手轻脚地溜进厨房偷了一个活生生的小狐狸，当他把它藏在罩衫里带出厨房的时候，它用爪子抓他、咬他，使他的血都流出来了，然而这个年轻人因羞于被人家捉住，即使痛断肝肠也不变神色，甚至叫都不叫一声，像这样，最终由他享用他的掳获物，在被狐狸咬了一顿之后，由他来吃它，难道说不应该吗？绝不应当把一顿盛餐看作为一种报酬；但是，为什么有时候不能把它作为一个人为了获得这顿盛餐而花费的心力的结果呢？爱弥儿是绝不把我放在石头上的那块点心当做给跑得好的人的奖品的；他只知道，要获得那块点心，唯一的办法是比别人早先到达那块石头。

这同我刚才就菜肴要怎样简单所讲的原理并不矛盾，因为，为了使孩子们的胃口好，问题不在于怎样刺激他们的肉欲，而在于使它得到满足；只要我们没有使他们养成考究味道的习惯，那么，用世界上最普通的东西就可以满足它的。由于身体成长的需要而造成的胃口常开的现象，就是一种调味的佐料，有了这种佐料，就可以代替许多其他的佐料。只要有水果、乳制品、比普通面包稍微精致一点的糕点，尤其是有慎重调配这些食物的艺术，即使把一群群的孩子带到天涯海角去游历一趟之后，也不至于使他们变成嗜好厚味或味觉迟钝的人。

对肉类的嗜好，并不是人的天性，关于这一点，例证之一是，孩子们对肉制的菜都是很淡然的；他们全都喜欢选蔬食类的东西吃，例如乳制品和水果等等。因此，重要的是，不要去改变他们这种原始的口味，不要使他们成为嗜肉的人，这样做既无损于他们的健康，也有助于陶冶他们的性情，因为，不管你怎么样解释，都不能否认酷嗜肉类的人一般都比其他的人残酷和凶暴,这种情形,在任何地方和任何时候都是一样的。英国人的野蛮,是人人皆知的[①];而高卢人则相反,他们是人类当中最温和的人[②]。所有的野蛮人都是很残酷的,其所以如此,并不是由于他们的性情使然,而是由于他们的食物。他们去打仗,就像去打猎一样,他们把人也当做熊看待。在英国本土,屠夫是不能当证人的[③],外科大夫也不能当证人。大恶棍歹徒杀了人还喝人血,因此他们的心变得十分冷酷。荷马把食肉的独眼巨人描写得十分可怕,而把食忘忧树的果子的人则描写得那样可爱,只要同他们一度来往,就立刻会忘掉自己的家乡,愿意同他们生活在一起。

"你问我,"普卢塔克说道,"毕达哥拉斯❶为什么不吃兽类的肉;可是我,我倒要反过来问问你,第一个人要有多大的勇气才能把打死的兽类的肉拿到嘴边,才能用牙齿咬碎那垂死的动物的骨头,才能在面前摆着死了的动物,吃那些尸体,而且把片刻之前还在叫、在吼、在走、在看的动物的肢体吞到胃里去。他的手怎能把一块铁器插进一个有感觉的生物的心脏?他的眼睛怎能忍心去看那杀戮的情形?他怎能忍心看那可怜无助的动物流血、被剥下了

① 我知道,英国人对他们的仁慈和民族的良好天性是竭力吹嘘的,他们说他们是"脾气很好的人",但是,他们枉自拼命地叫喊一阵,谁也不附和他们这种说法的。

② 巴尼亚人戒食一切肉类,比高卢人还更严格,他们这两种人差不多都是同样温和的;不过,由于巴尼亚人的道德没有那样纯洁,他们所崇拜的东西没有那样合乎情理,所以,他们并不是那样诚实的人。

③ 本书的英译者之一,删去了我在这里所说的一番轻蔑的话,两位译者都把这一点加以修改了。屠夫和外科大夫可以当证人;不过,在审理刑事案件的时候,屠夫不能选为陪审,而外科大夫是可以的。

❶ 毕达哥拉斯(公元前580—前500),希腊哲学家和数学家。

皮和被肢解？他怎能忍心看那颤动的肉？它们的气味怎么会不使他感到恶心？当他去清除那伤口上的污物，洗涤那凝在伤口上的污血时，他怎么会不感到厌恶和害怕呢？

"剥下的皮在地上跳动，
火上烧烤的肉在哀鸣，
吃肉的人不能不战栗，
听见它们在腹中诉泣。

"当他第一次违反自然，做这样一顿可怕的膳食时，心中的感触和想象一定是这个样子，当他第一次看见一个活活的牲畜而感到饥饿的时候，当他想吃掉那还在吃草的动物的时候，当他叫别人把那只正在舐他的手的羊羔戮死和砍成碎块烹煮的时候，他心中是一定有这种感触的。使我们感到惊吓的，是那些最先享用这种残忍的盛餐的人，而不是那些抛弃这种盛餐的人；不过，起初享用这种盛餐的人虽然野蛮，但还有几分理由，而在我们，是没有那种理由的，因此说明我们比他们还野蛮一百倍。

"吃这种盛餐的原始人向我们说道：神所喜爱的人啊，把我们当时的情形同你们现在的情形比较一下，就可以看出你们是多么幸福，我们是多么可怜！新形成的土地和雾沉沉的空气还不听从季候的使唤；河水的流向无定，到处冲毁了它们的河堤；池沼、湖泊和深渊大泽中的水泛滥于地面上四分之三的土地，而另外的四分之一，则满是荒芜的树木和丛林。地上不出产好吃的果实；我们没有耕作的器具，我们不懂得种地的方法；不播种的人就没有收获。所以，我们无时不忍饥受饿。冬天，苔藓和树皮就是我们常吃的食品。小慈姑和石南树的绿根，在我们看来就等于珍馐；当我们找到榉子、胡桃和橡子的时候，大家就高兴得围着一株橡树或榉树跳舞，唱着调子简单的歌曲，称呼大地为养育我们的母亲；这就是我们唯一的节日，我们唯一的欢乐，除此以外，我们一生都过的是艰难和痛苦的日子。

“当荒芜不毛的土地不再供给我们任何东西的时候，我们为了保全生命就只好违背自然，吃掉我们可怜的同伴，以免跟他们同归于尽。可是你们这些残忍的人，谁在强迫你们去杀人害命呢？看一看你们周围的东西是多么丰富！大地给你们出产了多么多的果实！田野和葡萄园给你们带来了多少财富！有多么多的牛羊拿它们的奶来滋养你们，拿它们的毛给你们做衣服！你们还要什么呢？当你们财丰物阜有吃有穿的时候，怎么会狂暴到去杀了那么多的人呢？你们为什么要说我们的母亲——大地的谎话，责备她不供给你们吃的东西？你们为什么要侮辱那神圣的法则的发明者赛丽斯[1]，为什么要侮辱人类的安慰者、豪爽的巴考士[2]？难道说他们丰厚的礼物还不够用来保存人类！你们怎么忍心把他们甜美的果实和那些骨头一起放在你们的桌上，怎么忍心在喝奶的时候又喝给你们奶吃的牲畜的血？你们称之为猛兽的狮子和豹子，按照它们凭力量的本能去伤害其他的动物，以保持它们的生命。可是你们比它们还凶猛一百倍，你们的违反本能，不是出于什么需要，而是为了贪图那残酷的享受。你们所吃的那些动物，它们并不吃别的动物；至于食肉兽，你们不但不吃它们的肉，反而学它们的样：你

---

[1] 赛丽斯，即希腊神话中的德美特，掌管五谷的女神。

[2] 巴考士，即狄奥尼苏斯，希腊神话中的酒神。

们用来充饥的，是那些性情温和的无辜的牲畜，这些牲畜不但没有伤害过任何一个人，而且还依依不舍地陪伴在你们的身边，替你们做工，可是它们辛劳一阵的代价，就是被你们吞食。

“啊，违反自然的凶手！如果你硬说大自然之所以生你，就为的是叫你去吞食你的同类，去吞食像你一样活生生的有感觉的有骨有肉的生命，那就把大自然使你对这种可怕的食物感到的恐惧心情完全抛弃，亲自去杀那些动物，我的意思是说，不用刀斧而用你自己的手去杀那些动物，像狮子和熊一样，用你们的指甲把它们的皮撕下来，把一条牛咬成碎块；把你们的手指插进它们的皮；把一只羊羔活活地吃下去，趁它的肉还热气腾腾的时候就吞进肚里，把它的灵魂和它的血都吞下去。你战栗！你不敢用牙齿去咬那活鲜鲜的还在颤动的肉！可鄙的人呀！你先把那个动物杀死，然后才把它吃掉，这样做，好像是为了叫它死两次。这还不够，死肉还依然使你感到厌恶，你的肠胃接受不了，必须把它拿在火上做过，煮过，烤过，用药材调配味道和改变它的形象；你要屠夫、厨工和炙肉师替你消除屠杀的恐怖痕迹和烹调那死了的躯体，以便让味觉在烹调技术的欺瞒之下不至于对那些奇异的味道感到难吃，而且还津津有味地品尝那目不忍睹的尸体。”

尽管这段文章同我论述的问题没有关系，但我还是禁不住要把它抄录在这里，我相信，在读者当中是不会有人表示反对的。

不论你使孩子们采取哪种摄生法，只要你使他们养成了吃普通的和简单的菜肴的习惯后，你就让他们爱吃多少就吃多少，爱怎样跑和玩，就尽量去跑跑玩玩，你可以放心，他们绝不会吃得太多，也不会患消化不良症；但是，如果你使他们有一半的时间是在挨饿，同时他们又找得到逃避你的监督的办法，那么，他们就会尽力追补他们的损失，他们将一直吃到发吐，一直吃到撑破肚皮为止。我们的食欲之所以过度，只是因为我们没有使它遵循自然的法则；我们经常在规定或增减我们的膳食，但无论是增是减，都由我们的手做天平，而这个天平的衡量标准是我们的想象而不是我们的胃。我往往要举我看到的一些例子。在农民的家里，菜橱和果箱随时都是打开的，然而无论孩子或大人并不因此就患消化不良的病。

如果真的有一个孩子十分贪吃（我相信，采用我的办法以后，是不可能出现这种情形的），那么，只要拿一些他所喜欢的游戏就可以极其容易地分散他这种贪食的心思，而且到最后能在他不知不觉中消除他的营养不良的现象的。像这个又可靠又容易的办法，怎么会所有的教师都没有想到呢？希罗多德描写*吕底亚人在食物极端缺乏的情况下，曾经发明了一些游戏和其他的娱乐，来解除他们的饥饿，因而竟然整天把吃饭这件事情都忘记了①。你们这些学识渊博的教师也许把希罗多德的这段记载看过一百遍，然而没有想到可以把那些方法应用于孩子。在你们当中也许有人会向我说，一个孩子是不会自动离开餐桌去研究他的功课的。老师，你说得对；不过，我说的是他们的游戏而不是他们的功课。

嗅觉对于味觉，就像视觉对于触觉那样，它先于味觉，它告诉

* 第1卷，第94章❶。

❶ 指希罗多德所著《历史》，汉译本在1960年由商务印书馆出版。

① 古代的历史学家所描述的事实即使是错误的，然而他们有很多见解可以供我们采用。我们都不善于认真地利用历史；大家所注意的是那些引经据典的批评：好像要从一件事实中得出有益的教训，就一定要那件事情是真的。明理的人应当把历史看作为一系列的寓言，它的寓意是非常适合于人的心理的。

味觉这样或那样东西将对它发生影响，告诉它按照我们预先得到的印象去寻找或躲避那种东西。我听说，野蛮人的嗅觉的感受跟我们的嗅觉的感受完全不同，他们对好的气味和坏的气味的判断也跟我们完全两样。在我，我是很相信这种说法的。气味就其本身说来，给人的感觉很轻微；它所触动的，与其说是人的感官，不如说是人的想象力，它使人闻到的味道，不如它使人尝到的味道的影响大。这个假定如果成立的话，那么，某种人由于他们的生活方式而产生跟别人极不相同的味觉之后，必然对味道的判断也是截然相反的，从而，对显示味道的气味的判断也是截然相反的。一个鞑靼人闻到一匹死马的一块臭肉，其愉快的心情，也好像我们的猎人闻到一只半腐的松鸡。

稀微的一些感觉，宛似沾满花香的东西一样，对那些忙忙行走、无心漫步的人和工作虽然不多但无暇偷闲的人说来，是无所谓的。经常挨饿的人，对那些不预示有什么吃的东西的香味，是毫无兴趣的。

嗅觉是想象的感觉，由于它使神经受到了一种很强烈的感染，因此大大地激动着人的头脑；正是因为这个缘故，所以它才能一时使我们感到兴奋，往后又渐渐地使兴奋的心情完全消失。它在我们的爱好中起着显著的作用。化妆室的芬芳气味并不是如大家所想象的是一个没有多大用处的香饵；如果一个聪明而感觉迟钝的人闻到他情人胸前所戴的花的气味心里动都不动一下的话，我不知道我们是应该对他表示称赞还是表示惋惜。

所以，嗅觉在童年时期不应当过分活动，因为在这个时期，想象力还没有受到欲念的刺激，因而还不易于为情绪所感染，同时，在这个时期我们还没有足够的经验凭一种感官的印象预料另一种感官的印象。这个事实也是完全经过研究而证实的,可以肯定地说,大多数孩子的嗅觉都很迟钝,而且几乎等于是没有。其原因,不是由于孩子们的嗅觉不如大人的嗅觉灵敏,而是因为它们没有同其他的观念相联系,不像我们的嗅觉这样容易受到一种快乐的感觉或痛苦的感觉的影响,因而从其中感到愉快或痛苦。我相信,只需对我们自己的身体进行研究,用不着对两性的身体做比较的解剖,我们就能知道为什么妇女们对气味的感受一般都比男子灵敏。

有人说,加拿大的野蛮人从青年时候起就把他们的嗅觉锻炼得这样的敏锐,以致虽然他们都有猎狗,但在打猎的时候都不用它们,因为他们自己就可以当他们的狗用。因此,我想,如果我们培养孩子们像猎狗辨别猎物那样辨别他们的饮食的话,我们也可以使他们的嗅觉达到同样的灵敏程度;但是,如果这不是为了使他们明白嗅觉和味觉的关系,我的确认为,这样做是没有多大用处的。大自然已经注意到要使我们了解这些关系了。它使嗅觉器官和味觉器官紧邻在一起,因而使味觉器官的活动几乎同嗅觉器官的活动不能分离,它在口腔中布置好使它们直接相连的通道,所以我们尝到什么味道的时候,就不能不闻到什么气味。我只希望大家不要为了欺哄一个孩子就去改变这种自然的关系,例如用一块香甜的东西去掩盖药物的苦涩;因为这两种感觉很不协调,所以是瞒不住他的;比较强烈的感觉将消除另一个感觉的效果,因而他吃起药来还是感到一样难吃;这难吃的味道将同时传遍受影响的一切感官,稍稍有一些感觉,就会使他想到其他的感觉;非常适口的香味,在他看来也成了一种难吃的味道了；所以，正是因为我们采取了不周到的办法，才使我们愉快的感觉遭到牺牲，而不愉快的感觉有所增加。

我留在以后的篇幅中谈的，是第六个感觉的培养；我把这第六个感觉称为共通的感觉，其所以这样称法，并不是因为人人有这种感觉，而是因为它是由其他的感觉的很好的配合使用而产生的，是因为它能通过事物的种种外形的综合而使我们知道事物的性质。因此，这第六个感觉并没有一个单独的器官，它只是存在于人的头脑里；这种感觉完全是内在的，我们可以称它为“知觉”或“观念”。我们的知识的广度，就是以这种观念的多少来衡量的；人的思想是否正确，就是看这种观念是否清晰和精密；我们所谓的人的智力，就是把这种观念互相加以比较的艺术。所以，当我说感性的理解或孩子的理解时，就是说它把几种感觉组合成简单的观念；当我说理性的理解或成人的理解时，就是说它把几个简单的观念组合成复杂的观念。

现在假定我的方法就是自然的方法，而且在应用这个方法的过程中也没有发生什么错误，那么，我们带着我们的学生已经通过种种感觉的领域，走到了孩子的理解的境界；我们跨出这个境界的第一步，就是成人的步伐了。但是，在进入那个新的境地以前，让我们回顾一下我们刚刚走过的地方。每一个年龄，人生的每一个阶段，都有它适当的完善的程度，都有它特有的成熟时期。我们常常听说“成人”，但现在，且让我们来看一看一个“成熟的孩子”，也许这个人物对我们来说是比较新鲜的，还不至于令人感到有什么不高兴的地方。

有限的生命是这样的空虚和短促，以致当我们只看到它现在的情景时，我们是一点也不感动的。我们常常把幻想加在真实的事物上，如果我们的想象力不给那些触动我们感官的东西加上魅力，则我们从其中得到的乐趣便没有什么意义，只能算是感觉器官的享受，至于我们的心，则仍然是冷冰冰的。秋天，大地装饰着种种的珍宝，展现出一片富丽的景色，让我们的眼睛欣赏；但是，欣赏并不等于感动，因为它发端于人的感想而不是发端于人的感情。在春天，田野上几乎是一片荒凉，没有长一些东西，树林也没有阴影，草地不过是刚吐叶儿，然而我们的心却为这景色所感动。看见大自然重返大地，我们觉得自己的生命也为之复苏；我们周围都是一片愉快的情景；那欢乐的伴侣，同温柔的感情时时相随的甜蜜的眼泪，已经是涌到了我们的眼皮边上了；可是，收葡萄时候的情景却是那么的欢腾和热闹，我们尽管是看到了它，但始终没有流一滴眼泪。

为什么会产生这种不同的心情呢？这是因为看到春天的景色的时候，我们的想象力就联想到随这种景色而来的季节，当我们的眼睛看见那娇嫩的幼芽时，我们的想象力就会给它加上花、果实、叶荫，有时候还加上叶荫之下可能出现的神秘情景。它刹那间就把一个接一个的情景连在一起，它所看到的，不是事物的将来的样子，而是它所想望的样子，因为这一切都是可以由它选择的。在秋天则相反，我们只能看到现有的景致。如果想到春天，则冬天阻挡了我们的道路，我们不活跃的想象力就会消逝在一片霜天雪地之中。

童年的美之所以比成年的圆熟更能引起我们的沉思，就是因为它有这种迷人的魅力。我们在什么时候才是真正愉快地观察一个成年人呢？那就是在我们回忆他的行为，从而追溯到他的一生的时候，才真正是怀着愉快的心情看他的，因为这个时候，我们可以说是又把他少年时候的光景展现在我们的眼前了。如果我们要按照他现在的样子或老年的样子去看他的话，则晚年衰老的观念将使一切喜悦的心情为之消失的。看着一个人大踏步地向着坟墓走去，那是一点也不愉快的，死的形象使所有一切都变丑陋了。

但是，当我想到那么一个十至十二岁的孩子，长得又健又壮，以年龄而论是发育得非常之好的时候，我无论对他的现在或将来都是不会产生什么不愉快的感觉的。我看见他蹦蹦跳跳、活活泼泼的，没有什么劳心的焦虑，没有什么痛苦的远忧，实实在在地过着现实的生活，充分地享受着那似将溢出他身体的生命。当我预想他长到另外一个年岁，能够运用他的感觉。他的思想、他一天天发达起来每时每刻都在增加的体力的时候，如果我把他看作一个孩子，我心里感到喜悦；如果我把他想象为一个成人，我心里尤其喜悦；他沸腾的血温暖了我的血，我相信，我可以借助他的生命而生，他活泼泼的样子使我返回了青春。

钟声响了，发生了多大的变化啊！他失去了眼睛的光辉，他失去了脸上欢乐的容颜，再也不能游戏，再也不能蹦蹦跳跳地玩了。一个严峻而怒气冲冲的人抓着他的手，庄重地对他说："走吧，孩子"，接着就把他带走了。在他们进入的房间中，我隐隐看到了一些书。书！就他那样年龄的人来说，是多么累赘的东西啊！那可怜的孩子一任那个人把他拉着；他用依依不舍的目光把他周围的东西看了一下，就沉默地走了，他眼里充溢了眼泪不敢哭出来，他心里充满了怨气不敢发出来。

啊，你这无所恐惧的人，你这生命中没有一个时刻曾感到过烦恼的人，你这白天不忧晚上不愁、尽过着快乐的时光的人，来吧，我聪明可爱的学生，快离开那个忧郁的人到我们这里来安慰我们吧；你快来吧……他来了，在他走近我的时候，我感到了一阵愉快，我看见他也同样地感到一阵愉快。在这里等着他的，是他的朋友，是他的游玩的伙伴；他看到我的时候，深信快乐的时光不久就要到来：我们彼此并不是互相依赖，而是相处得非常和谐，我们跟任何人都不曾像我们两人在一起这样的友爱。

他的面貌、举止和表情，说明了他的自信和高兴；他容光焕发、身体健康；他稳健的步伐表明他很有精力；他的皮肤细嫩而光润，没有一点松软的样子，空气和太阳已经在它上面印上了男性的可敬的标记；他的肌肉丰满，显示了一种正在成长的生理的特征；他的眼睛虽没有燃起感情的火焰，但至少还流露着天真的[①]明静；即使是长期的忧郁，也丝毫不能使它们黯然无光，他的脸上从没有过无止无休的哭泣的泪痕。在他矫捷而稳重的动作中，你可以看出他那样年纪特有的活泼、独立自恃的信心和多种多样的锻炼经验。他的态度是多么的开朗和大方，没有一点傲慢或虚浮的样子；由于我们从来没有叫他把头埋下去啃过书本，因此他绝不会把他的头低垂到他的胸前：我们用不着对他说："抬起头来"；他没有什么可

① "天真的"(Natia)这个词，由于在法文中还找不到一个和它同义的词，所以我是按照意大利文的意思来用它的。如果用错了的话，也没有多大关系，只要大家能了解我的意思就行了。

羞可怕的事情使他低下头去。

现在，让我们把他放在大庭广众之中；各位先生，请你们来考一考他，毫不顾忌地问他，别担心他硬要你们做这个或做那个，不要担心他会胡言乱语或提出什么不适当的问题。不要害怕他纠缠着你们，不要害怕他企图叫你们都为他一个人而忙碌，因而使你们没有办法应付。

可是，你们也不要等着他说什么好听的言辞，或者告诉你们说我教了他些什么话；你们只能从他口中听到不加修饰、杜撰和浮夸的天真朴实的实话。正如他坦率地告诉你他做了些什么好事一样，他也将告诉你他曾经做了些什么坏事或想做什么坏事，并且还不因为他这些话对你产生的影响而感到不安：他的话是怎样想就怎样说的。

有些人欢喜预卜孩子的未来，然而往往听到孩子说一连串的蠢话，就把从一些愉快的相遇中同孩子们谈话所产生的希望完全推翻，结果是深为难过。虽说我的孩子很难满足人家的这种希望，但他绝不会使他们感到那样难过，因为他从来不说一句废话，绝不唠唠叨叨胡言乱语地讲他明知别人不听的话。他心中的观念为数不多，然而是很明确的；虽说他记忆的事情很少，但他从经验中学到了很多的东西；虽说他读书没有别的孩子读得好，但他对自然这本书的理解却比其他的孩子透彻；他的智慧不表现在他的舌头上，而是储藏在他的脑子里；他的记忆力不如他的判断力强；他只会说一种语言，但是他懂得他所说的语言；虽然他说话不像别人说得那么样好，但他做事却比他们做得高明。

他不懂得什么叫成规和习惯，他昨天做的事情，绝不影响他今天做的事情[1]：他绝不按老一套的公式办事，绝不怕什么权威或先例，他觉得怎样合适，就怎样做，怎样说。所以，你休想听到他说别人教他说的话，休想看到他从书上学来的举止，他的话句句都忠实于他的思想，他的行为完全是出自他自己的心意。

你发现他也有一些关系到他目前状况的道德概念，但关系到成人时候的道德概念，则一个也没有。既然一个小孩子还不是社会中的活动分子，那么，这些概念对他们有什么用处呢？向他讲自由、财产以及契约，他也懂得；他知道他的东西为什么是他的，不是他的东西为什么不是他的；超过这一点，他就不明白了。同他谈到义务和服从的时候，他听不懂你说的是什么意思；你命令他去做事情，他是不理睬你的；可是你对他说："如果你把这件事情做得令我满意的话，我有机会也要做得令你满意的，"他立刻就会想法子做得使你满意，因为，他觉得，能扩大他的活动范围，能从你那里取得不可破坏的权利，是再好不过的事了。也许，他也不会拒绝你让他占一个位置，充一个数，当作人物看待；但是，如果他有最后这个动机的话，可见他已经是脱离了自然，你没有堵好所有一切虚荣的关口。

从他自己来说，如果他需要帮助的话，他第一个碰到谁，他就不加分别地要求谁帮助，他请求一个国王帮助，同请他的仆人

① 习惯之所以能够迷惑人，是因为人天生是懒惰的，如果任性地懒惰的话，懒惰的程度就会增加：我们做我们曾经做过的事情，做起来就比较轻松；路已经被人踏平了，所以走起来也更容易。同样，我们可以说，习惯的势力对老年人和懒惰的人的影响特别大，而对青年和勤奋的人就特别小。按习惯做事，只有对心灵软弱的人才起作用，其结果是使他一天天地衰弱下去。对孩子们来说，唯一有用的习惯是服从理性。其他的一切习惯都是有害的。

帮助是一样的:在他看来,所有的人都是平等的。你从他请求的态度就可以看出,他并不认为你是应该帮助他的;他知道他请求的是你的好意。他也知道人情厚道是会使你给他带来好意的。他说的话很简单明了。他的声音、目光和态度表明,无论别人是满足他的要求或拒绝他的要求,他都是处之泰然的。这种表现,不能说是奴隶似的畏缩或顺从,也不能说是主人似的盛气凌人的样子;这是对同伴的衷心信赖,是一个自由、聪明而体力柔弱的人要求另外一个自由而亲切、强壮的人给他帮助的时候应有的高尚和蔼的态度。如果你答应他的要求,他也不谢你,不过他觉得他是负了一项债。如果你拒绝他,他既不埋怨,也不坚持,他知道这样做是没有用处的;因此,他绝不说:"人家拒绝我了。"他将说:"这是不可能的。"正如我所说的,只要他看出那是必然的事,他就不会逆着它去做的。

让他一个人自由自在,你一言不发地看他活动,观察他要做些什么和怎样做法。由于他无须表明他是自由的,所以他不会仅仅为了显示一下自己能凭自己的力量活动就鲁鲁莽莽地去干:难道他不知道他始终是自己的主人吗?他机警、灵敏、神采奕奕,他的活动充满了他那个年龄的活力,但是,你看到的那些活动没有一个是漫无目的的。尽管他想做什么就可以做什么,但他绝不做他力所不能及的事情,因为他对他的力量做过试验,所以是有很好的估计的;他的方法始终适合于他的意图,他没有成功的把握就绝不行动。他的眼睛仔细注意地看,因此,他不会看到什么就蠢头蠢脑地去问别人;他要亲自观察,要先弄清楚他想知道什么东西之后,他才发问。如果他遇到什么意外的困难,他烦恼的心情也不像别人那样严重；如果遇到危险，他也不感到害怕。由于他的想象力还处在停滞的状态，同时我们也没有使它活跃起来，所以他只能看到现实存在的情景，只能按危险的真实程度去估计危险，因此他的头脑能够始终保持冷静。自然的需要压在他的身上，他是无法违背的；他一生下来就受到了需要的束缚，现在，他对这种情况已经是习惯了；他在任何时候都是胸有成竹的。

要他工作或要他游戏，在他看来都是一样的；他的游戏就是他的工作，他觉得两者之间是没有差别的。他做一切事情都是兴趣盎然，令人欢笑，而且动作大方，令人一看就感到喜悦；从他所做的事情就可以同时看出他的心理的倾向和知识的范围。当你看着一个眼睛灵活、态度沉着、面貌开朗而带着笑容的漂亮的孩子高高兴兴地做最重要的事情或者专心专意地嬉乐游戏的时候，岂不感到高兴、心里乐洋洋的吗？

你现在要不要对他做一个比较的观察呢？叫他同别的孩子混在一起，他爱怎样做，就让他怎样做。你马上就可以看出哪一个孩子长得真正的好，哪一个孩子长得最接近他们那种年纪的完善境地。在城里的孩子中，没有哪一个孩子的动作比他更敏捷，而他则比他们当中哪一个孩子的身体都长得结实。在乡下的孩子中，他的气力和他们的气力是一样的，但手脚的灵巧则胜过他们。对孩子们所能理解的一切事情，他比他们都更善于判断、推理和预测。说到运动、跑、跳、摇晃东西、抬运重物、估计距离、发明游戏和争夺锦标，我们可以说，连大自然都在听他的命令，因为他知道怎样使一切事物都服从他的意志的指挥。他所受的教育就是为了去领导和管理他的同伴的：他的才能和他的经验，可以代替他的权利和权威。随你给他穿什么衣服和取什么名字都可以,没有什么关系;他到任何地方都可以超群出众,都可以成为他人的领袖:他们都觉得他比他们优秀,所以,他虽不发号施令,他实际上是众人的首领,而他们虽不认为是在服从他,但实际上是在服从他。

他长大为成熟的儿童,他过完了童年的生活,然而他不是牺牲了快乐的时光才达到他这种完满成熟的境地的,恰恰相反,它们是齐头并进的。在获得他那样年纪的理智的同时,也获得了他的体质许可他享有的快乐和自由。如果致命的错误来毁掉我们在他身上所种的希望的花朵,我们也不至于为他的生命和为他的死而哭泣,我们哀伤的心情也不至于因为想到我们曾经使他遭受过痛苦而更加悲切;我们可以对自己说:"至低限度,他是享受了他的童年的;我们没有使他丧失大自然赋予他的任何东西。"

这样的儿童教育,实行起来是要遇到许多麻烦的,因为只有眼光深远的人才懂得它的意义,而在一般庸俗的人看来,花这样多心血培养起来的孩子不过是顽皮的儿童。一个教师考虑他自己的利益的时候比考虑他学生的利益的时候多;他所注意的,是怎样证明他没有浪费时间,证明别人给他的薪水他是受之无愧的;他把一套易于表现的本领教给他的学生,随时都可以拿出来夸耀于人;他不管他教学生的东西是不是有用处,只要能显示于人就行了。他要他的学生毫无分别和选择地在脑子里乱七八糟地记住一大堆东西。在考试孩子的时候,老师就叫他把那些货色摆出来。炫耀一番,而大家也就感到满意,此后,他把他的东西收拾起来就走了。至于我的学生,可没有这样富裕;他没有什么可显示的东西,他除他自己以外,没有别的东西可以拿给人家看的。一个小孩或大人都不是一下子就可以看透的。哪里去找一眼就能看出他独特之点的观察家呢?这样的观察家有固然是有的,不过是很少的;在成千上万做父亲的人当中,也许连一个也找不到的。

问题问得太多了,谁都要感到厌烦的,尤其是小孩子是更要感到厌烦的。几分钟以后,他们的注意力就分散了,根本就不细心听你那些重三复四的问题,因此只是随随便便地回答罢了。这样的考试方法是迂腐无用的;有时候无意中说出的一句话,往往比长篇大论更能表示他们的心情和思想;不过要注意他那句话是不是别人教他的或偶然碰巧说的。你自己必须要有很深刻的判断能力,才能评价孩子的判断能力。

我曾经听到已故的海德爵士说,他的一个朋友在意大利待了三年之后回来,想考一考他那个年纪只有九到十岁的儿子的学业。有一天傍晚,他同老师和孩子一起到一个空旷的地方去散步,那里有一些小学生在放风筝。父亲边走边问他的儿子:"风筝的影子在这里,风筝在哪里?"那个孩子连头也不抬一下就立刻回答说:"在大路的上空。""不错,"海德爵士说,"大路是在太阳和我们的中间。"那位父亲听见这句话,就吻他的儿子,考完以后,也没有说什么话就走了。第二天,他送给老师一张钱票,在他的薪俸之外还给了他一笔年金。

这位父亲是多么贤明!他的儿子是多么有出息①!那个问题正适合于用来问他那样年纪的孩子:他的回答虽然简单,但是你可

① 伯利耳元帅的独生子吉索伯爵。

以从其中看出那个孩子的判断是多么准确！亚里士多德[1]的学生[2]也是这样驯服那匹任何骑师都无法驾驭的名驹的。

[1] 亚里士多德(公元前 384—前 322)，古希腊的哲学家。

[2] 指马其顿王亚历山大。

第　三　卷

虽然在成长为少年以前生命的全部过程都处在柔弱的时期，但在这幼年期间，也正是他处在体力的增长超过他的需要的时候，所以，这个成长中的人，从绝对的意义说来虽然是很柔弱，但从相对的意义说来，已经是变强了。他的需要还没有全部发展，他现时的体力除满足他所有的需要以外，还绰绰有余。作为成人，他还很柔弱，但作为孩子，他就是非常的强壮了。

人为什么会显得柔弱呢？那是由于他的体力和他的欲望不平衡。是我们的欲念使我们变得这样柔弱的，因为要满足我们的欲念，所花费的体力，比大自然赋予我们的体力还多得多。所以说，减少我们的欲念，就等于增加我们的体力：体力多于欲念的人，体力有剩余，因此他当然是长得很强健的。现在是到了童年的第三个阶段了，而我目前要阐述的，也就是这个阶段。由于没有适当的表达的词，所以我依然把它叫“童年”，到了这时候的年纪，就接近少年了，不过还没有到春情发动的时期。

在十二三岁的时候，孩子的体力的增长，比他的需要的增长快得多。他还没有感觉到有什么非常强烈和非常之大的需要；他的器官还处在不成熟的状态，好像是要等他的意志去加以强迫，它才脱离那个状态似的。他对空气和季候的伤害满不在乎，根本就不把它们看在眼里；他的体温就代替了他的衣服；他的食欲就是他调味的佐料，凡是能够营养人的东西，在他这个年纪的时候都是好吃的；如果他困倦了，他一躺在地上就睡了；他到处都发现有他需要的东西；他没有任何臆想的需要使他感到烦恼；别人说些什么，对他是不发生影响的；他的欲望不超出他的两手所能够达到的范围；他不仅自己能满足自己的欲望，而且他的体力除了满足欲望的需要以外还有剩余；在他的一生中，只有这个时期他才是处在这样的情况的。

我预料到有人要表示反对的。他们不说孩子们的需要比我所说的需要多，而是否认孩子们有我所说的那种体力；他们不考虑一下，我说的是我的学生，而不是在一个屋子里拿着厚纸做的玩具从这个房间游到另一个房间的活动玩偶。也许有人说，只有到了年富力强的时候才有雄健的精力；只有生命的元气在本体中炼成之后散布于全身，才能使肌肉长得又结实又有弹性，从而产生真正的力量。这是凭空想象的说法；至于我，我是要凭经验来看的。我在乡间看见一些长得高高的孩子，也和他们的父亲一样，能锄地耕田，能搬酒桶和赶大车，如果不从他们的声音听出他们是小孩子的话，你也许还把他们当作大人咧。就说城里吧，有一些年轻的工人、铁匠、刀匠和马掌匠，差不多同他们的师傅是一样的健壮，如果及时给他们以训练的话，其熟练的程度也不比他们的师傅差。如果说有差别的话（我也同意是有差别的），我再说一遍，这个差别，比一个大人的种种强烈的欲念和一个孩子的有限度的欲念之间的差别还是小得多的。何况这里的问题还不单单是指体力，而尤其是指弥补或运用体力的精神能力。

在这个阶段中，个人的体力超过了他的欲望的需要，所以，虽然说这个阶段不是他的绝对的体力达到最大的时期，但是正如我曾经说过的，是他的相对的体力达到最大的时期。这是生命中最珍贵的时期，一生中这样的时期只有一次；这个时期特别短促，尤其是想到怎样善于利用这段时间对他是极关重要的时候，就更觉得它是非常短促了。

那么，他将怎样利用他所有这些在目前看来是过多而将来成长到更大的年岁时就不会是过多的天资和体力呢？他将在必要的时候尽量把它们用到有益于他本身的事情上；他可以说是把他现在的生命的多余部分投放于将来：强壮的孩子为柔弱的成人准备食粮；不过，他是不会把他的东西放在可能被别人偷走的箱子里，或者放在不属于他自己的仓房里的；为了要真正占有他所取得的东西，就要把它们放在他的手里和头脑里，放在他自己的身体里。所以说现在是到了工作、教育和学习的时期了；请你们注意的是，这并不是我任意选择的，而是大自然指导他这样做的。

人的智慧是有限的；一个人不仅不能知道所有一切的事物，甚至连别人已知的那一点点事物他也不可能完全都知道。既然每一个错误的命题的反对面都是一个真理，所以真理的数目也同谬误的数目一样，是没有穷尽的。因此，我们对施教的内容和适当的学习时间不能不进行选择。在我们所能获得的知识中，有些是假的，有些是没有用的，有些则将助长具有知识的人的骄傲。真正有益于我们幸福的知识，为数是很少的，但是只有这样的知识才值得一个聪明的人去寻求，从而也才值得一个孩子去寻求，因为我们的目的就是要把他培养成那样的聪明的人。总之，问题不在于他学到的是什么样的知识，而在于他所学的知识要有用处。

在这为数很少的知识中，凡是那些必须要具有十分成熟的理解力才能懂得的，凡是那些牵涉到一个孩子不可能理解的人的关系的，以及那些尽管本身是真实的，但将促使一个没有经验的人对其他的问题产生错误想法的，都要通通抛开，不能拿来教育孩子。

这样一来，你就把你要教的东西限制在一个同现时的事物有关的很小的范围了；不过，这个范围，以孩子的思想衡量起来，仍然是一个很广阔的境界。人类的理性的深渊，哪一个胆大的人的手敢来揭开你的面纱？我看见我们那些华而不实的种种学科在这个不幸的孩子周围造成了许多的陷阱！啊，你在这危险的小径上带着他走的人，你这位为他揭开遮在他眼前的自然的神圣的帷幕的人，不要慌忙！你必须首先使他的头脑和你的头脑保持清醒，不让他或你，或者你们两人都感到昏眩。要当心谎言的奇异的魅力，要当心骄傲的迷人的烟雾。要记住，要时时记住，一个人的无知并没有什么坏处，而唯有谬误才是极其有害的；要记住，人之所以走入迷途，并不是由于他的无知，而是由于他自以为知。

他在几何学上的进步可以作为他的智力发展的证明或一定的测量尺度；但是，一到他能辨别哪些东西有用或没有用的时候，那就需要有很好的安排和方法，去引导他进行思考了。例如说，当你要他在两根线的中间找一个比例中项的时候，开头就要设法使他觉得需要找一个同一定的矩形相等的正方形；如果要他找两个比例中项，就首先给他讲一下有趣的立方体的二倍问题，等等。你看，我们就是这样逐步地取得分辨好坏的道德观念的。到现在为止，我们除需要的法则以外，对其他法则都是不知道的；现在我们要谈怎样致用，而且不久还要谈到怎样才用得合宜和用得正确。

同一种本能可以刺激人的不同的官能。当身体的活力极度发达的时候，精神的活力也跟着要受到教育。开始，孩子们只不过是好动，后来就变得好奇；这种好奇心只要有很好的引导，就能成为我们现在所讲的这个年龄的孩子寻求知识的动力。我们始终要区别，哪些倾向是产生于自然，哪些倾向是产生于偏见。有一种求知热的产生，完全是由于想使别人尊敬他为一个学者，而另外一种求知热的产生，则由于人对所有一切在目前或将来同他息息相关的事物有一种自然的好奇心。一方面他生来就有谋求幸福的欲望，而另一方面又不能充分满足这种欲望，因而他不得不继续不断地寻求满足他的欲望的新的方法。这就是好奇心的第一本原，这个本原是自然而然地在人的心中产生的，但它的发展是必然同我们的欲望和知识成比例的。假定有一个科学家带着他的仪器和图书隐居到一个荒凉的岛上，并且决心单独一个人在那里度过他的余年，那他是不会再自找麻烦地去研究什么天体说、引力法则和微积分的，也许他终其一生是一本书也不看的；然而在另一方面，不管那个荒岛是多么大，他都是禁不住自己的游览全岛的欲望，一直到最偏僻的角落也要去看一看的。所以，在儿童时期学习的东西中，还需要抛弃那些不适合于我们天然的兴趣的东西，而且要把学习的范围限制于我们的本能促使我们去寻求的知识。

就人类来说，这样的岛就是地球，而最引人注目的东西则是太阳。当我们一开始远望他处的时候，我们的目光首先看到的就是这个岛和那个太阳。差不多所有一切的野蛮人都思考过地球的想象的区域和太阳的神性。

人们也许会说:“变化得多快啊!”我们刚才还只是谈到直接接触和围绕在我们周围的东西,而现在又忽然要去周游地球,要跳到天边去了!这个变化是我们的体力和我们的思想发展的结果。当我们处在身体柔弱和体力不足的时候,我们的注意力都集中于怎样保存我们的生命,而在我们达到年富力强的时候,我们扩展我们生命的欲望不仅使我们超过了上面所说的范围,而且还使我们尽量地瞻望远远的地方;但是,由于我们还没有接触过知识的世界,所以我们的思想就不能超过我们眼睛所能看到的界限,我们的理解能力只能随它所涉猎的范围而发展。

我们要把我们的感觉变成观念,但是不要从感觉的对象一下就跳到思想的对象。我们必须通过前一种对象达到后一种对象。在最初的思想的活动中,完全是以感觉为指导的。以世界为唯一的书本,以事实为唯一的教训。孩子读书并不等于就是在运用思想,他只晓得读书;他不是在受教育,而是在学文句。

使你的学生去观察自然的种种现象,不久以后就可使他变得非常好奇;不过,为了培养他的好奇心,就不能那么急急忙忙地去满足他的好奇心。你提出一些他能理解的问题,让他自己去解答。要做到:他所知道的东西,不是由于你的告诉而是由于他自己的理解。不要教他这样那样的学问,而要由他自己去发现那些学问。你一旦在他心中用权威代替了理智,他就不再运用他的理智了,他将为别人的见解所左右。

你为了教这个孩子学地理,就给他弄来了许多地球仪、天象仪和地图。多么完备啊!为什么要用这些代表实物的东西呢?你开头应当使他先看原物，以便使他至低限度能够知道你给他讲的是些什么！

在一个美丽的黄昏，我们到一个幽静的地方去散步，在那里，开阔的地平线可以让我们看到日落的全景；我们注意地观察了日落之处的景物，以便记得那个地方。第二天，我们为了呼吸新鲜空气，就在日出以前又到那里去。太阳还没有出来，我们就远远地看到了它发出的火光。火光愈来愈大，整个的东方好像都烧起来了似的；火光迸发之后，我们等了很久还是没有看到太阳，每一个瞬间我们都以为它要出来了，到最后我们才终于看到了它。一个明亮的光点像闪电似的出现在眼前，而且立刻充满了整个空间；黑暗的帷幕落下去了。人们又看见了他们居住的地方，发现它们已经变得很美丽了。夜里，绿茵获得了新的活力，黎明照耀着它，初升的阳光给它镀上了金黄的颜色，盖上一个用露珠织成的亮晶晶的网罩，把它的光彩和颜色反映在人们的眼里。鸟儿在一起合唱着歌调，欢迎那一切生命的父亲；在这个时刻，没有哪一只鸟儿是不唱歌的，它们的鸣啭之声虽然微弱，但在一天之中只有这时候的歌声最柔和，流露出从睡梦中恬然醒来的倦意。所有这些情景的交相配合，给我们带来了一种沁透心灵的清新的感觉。在这半个小时当中，没有哪一个人不为之神往；面对着这么壮观和美妙的一种景色，谁也不能无动于衷。

老师的心中热情洋溢，他想把这种感受传达给孩子，他以为使孩子注意那些触动他本人的情感的地方，就可以使孩子受到同样的感动。这完全是愚蠢的想法！自然的景色的生命，是存在于人的心中的，要理解它，就需要对它有所感受。孩子看到了各种景物，但是他不能看出联系那些景物的关系，他不能理解它们优美的谐和。要能感受所有这些感觉综合起来的印象，就需要有一种他迄今还没有取得的经验，就需要有一些他迄今还没有感受过的情感。如果他从来没有在干燥的原野上跑过，如果他的脚没有被灼热的沙砾烫过，如果他从来没有受过太阳照射的岩石所反射的闷人的热气，他怎能领略那美丽的早晨的清新空气呢？花儿的香、叶儿的美、露珠的湿润，在草地上软绵绵地行走，所有这些，怎能使他的感官感到畅快呢？如果他还没有经历过美妙的爱情和享乐，鸟儿的歌唱又怎能使他感到陶醉呢？如果他的想象力还不能给他描绘那一天的欢乐，他又怎能带着欢乐的心情去观看那极其美丽的一天的诞生呢？最后，如果他不知道是谁的手给自然加上了这样的装饰，他又怎能欣赏自然的情景的美呢？

绝不能向一个孩子讲一番他听不懂的话。不要描绘形容，不要滔滔论辩，不要咬文嚼字，不要吟诵诗句。现在还谈不上感情和风趣。说话仍旧要那样的简单明了和十分冷静；要采用另外一种语言的话，的确是太早了。

如果按照我们的准则的精神去培养他，使他习惯于制作他所需要的一切工具，只有在确实知道自己力量不足时才去求助于别人，那么，他看见每一种新事物的时候，就会一声不响地仔细观察的。他是好思而不是好疑。因此，你可在适当的时候让他看到一些事物；此后，当你看见他的好奇心已充分动起来了，就向他提出几个简明的问题，引导他去解答他心中觉得稀奇的地方。

就拿上面所讲的事例来说吧，在你同他一块儿好好地观赏了太阳的升起之后，在你叫他注意地看了那个方向的山脉和附近的景物，并且让他随意地谈了一下日出的景致以后，你就沉默一下，好像是在深思似的，然后对他说："我记得昨天晚上太阳是落在那里的，可是今天早晨却从这里升起来。这是怎么一回事情呢？"不要多说下去了；如果他问你的问题，你也不回答，把话扯到别的事情上去。让他自己去解答，保证他要去思考的。

为了使一个孩子养成事事留心的习惯，为了使他把某一个明显的真理印记在心，就必须让他对那个真理花几天的心思，把它弄个明白。如果他按照这个方式还是不能把上面所讲的日出的事情想出一个所以然来，我们也有办法使这个真理更易于为他所了解，这个办法就是把问题颠倒过来问他。如果他不知道太阳是怎样从落下到升起的，他至少知道它是怎样从升起到落下的；这一点，他单单用眼睛就可以看出来。因此，你就可以用后面这个问题去阐明前面那个问题：除非你的学生是绝对的愚蠢，否则这个推论简直是明显得使他不能不得出一个答案的。这样就给他上了第一课宇宙学了。

由于我们总是慢慢地由一个可以感觉的观念到另一个可以感觉的观念，由于我们对同一个观念要熟习很久之后才转到另一个观念去，最后，由于我们绝不采取强迫学生用功的办法，所以，从这第一课起，还需要经过一段很长的时期之后才能讲到太阳的运行[1]和地球的形状；但是，由于天体所有的一切运动现象其原理都是相同的，由于第一次观察可以引导他进行其他的观察，所以，从

[1] 显然，卢梭在这里和下一段关于太阳和地球的说法是错误的。太阳是恒星，是地球绕着太阳转，而且它的轨道是椭圆形而不是正圆形。

地球的自转讲到日食和月食的计算，同好好地讲清白天和黑夜的道理相比，所花费的时间虽然是较多，但所花费的气力就比较少了。

既然太阳是绕着地球转的，它走的路线就是一个圆圈，而一个完整的圆圈就应当有一个中心，这一点，我们是已经知道的。这个中心是看不到的，因为它在地心里；但是，我们可以在地面上画两个同它相应的对立点，画一个连接三点，并且把两端延长的叉形，就可以找到地球和太阳每天运行的轴心。一个圆陀螺在它的陀螺尖上旋转，就好比天在轴上旋转一样，陀螺的两端就等于两级：这样一来，孩子就会感到高兴，因为他可以找到其中的一个极；我在小熊星的尾巴那里把那个极指给他看了。在晚间这样观察天象是很好玩的；我们逐渐地就熟习了那些星星，从而也就开始产生了认识各个行星和观察星座的浓厚兴趣。

我们在仲夏的时候看过日出，我们在圣诞节或一个冬天的晴朗的日子里还要去看日出，正如大家所知道的，我们不是懒人，我们把冒寒受冷看成一种乐趣。我特地选在我们第一次观察天象的地方进行第二次观察，只要把观察的准备工作做得很巧妙，他或我不免要惊诧地叫道："啊，啊！这才有趣咧！太阳不是从原来那个地方升起来的！我们原来的记号在这里，可是它现在却从那里升起来"，等等。"可见有一个是夏天的东方，有一个是冬天的东方……"年轻的老师，你现在是找到了教导的路径了。这些例子足以说明，你采取用地球讲地球、用太阳讲太阳的办法，是可以把天体讲解得非常清楚的。

在一般的情况下，只有在你不可能把一个东西拿给他看的时候，你才能用符号去代替那个东西，因为符号将吸引孩子的注意力，使他忘记那个被代表的东西。

我觉得，浑天仪这个仪器的构造很不好，各部分的大小很不调和。它那些乱七八糟的圆圈和画在上面的图形，使它看起来好像是一本巫师的魔书，因此将使孩子们感到害怕。地球太小，圆圈太大、太多；有些圆圈，例如分至圈，是一点用处也没有的；每一个圆圈都比地球大；由于纸板太厚，所以显得很硬，使人觉得它们是真有其物的一些圆东西；当你告诉孩子说这些圆圈是想象的，他就不知道他所看到的究竟是什么东西，不明白它们到底有什么用处。

我们从来没有设身处地地揣摩过孩子的心理，我们不了解他们的思想，我们拿我们的思想当作他们的思想；而且，由于我们始终是按照自己的理解去教育他们，所以，当我们把一系列的真理告诉他们的时候，也跟着在他们的头脑中灌入了许多荒唐和谬误的东西。

对研究学问究竟是选用分析的方法还是选用综合的方法，人们是有争论的。并不是只能在这两者当中选择其一的。有时候，我们在同样的研究课题中可以进行分析，也可以进行综合，在孩子认为应当采取分析的方法的时候，你就用综合的方法去指导他。这两个方法同时采用，可以起互相验证的作用。从两个对立的地点同时出发，经过不同的路线而相会在一起的时候，必然会使他感到十分惊奇，这样的惊奇之感是非常地令人愉快的。举例来说，我教地理就要从两极教起，讲过了地球的旋转之后，就进而从我们居住的地方开始测量地球的各个部分。当孩子研究天体，把自己的心神荡漾在天空的时候，你就把他带回来研究地球的划分，而且首先把他自己居住的地方讲给他听。

他的地理课上所讲的头两个地点，是他居住的城市和他爸爸的乡间别墅，然后是这两个地点之间的村镇和附近的河流，最后才讲太阳的样子和定方位的方法。这里就是会合点了。叫他自己把所有这些都画成一个地图，非常简单的地图，起先只画两个地方，然后在他知道或估计出其他地方的距离或位置的时候，才渐渐把那些地方加在图上。你现在可以看出，我们教他采取以自己的眼睛作罗盘的方法，就先给他提供了一个多么大的利器。

尽管这样，你当然还是要给他一些指导的，不过是很少的一点指导，要少到使他看不出来。如果他搞错了，就让他搞错，用不着去改正；你静静地等着他自己去发现和更改好了，或者，至多也只能在适当的时候画几下，引导他自己觉察出他的错误来。如果他一直没有出过错的话，他就不会学得那么好了。此外，问题还不在于要他精确地画出那个地方的地形，而在于使他学会画地形的方法；他头脑中是不是记得一些地图，其关系是不大的，只要他能够了解到它们代表什么，而且对画图的艺术有一个明确的观念就行了。在这里已经看得出你的学生的学识和我的学生的无知之间的差别了！你的学生能看地图，而他则能画地图。能画地图，他的房间又将有新的装饰了。

你要始终记住，我所施行的教育，其精神不是要教孩子以很多的东西，而是要让他头脑中获得完全正确的和清楚的观念。即使他一无所知，那也没有关系，只要他未受欺骗就行了；我之所以向他的头脑中灌输真理，只是为了保证他不在心中装填谬误。理智和判断力的发展是很慢的，然而偏见却大量地产生，需要预为防备的正是种种的偏见。但是,如果你从学问的本身来看学问,则你将掉进一个充满暗礁和无边无际深不可测的海洋,而且永远也不能从海中游出来的。当我看见一个热爱知识的人,沉湎于知识的美,学了一门知识又赶快去学另外一门知识,而没有一刻停息,我就认为,我所看到的这个人就好比在海滩上拾贝壳的孩子,起初拾了一些贝壳,可是看到其他的贝壳时,他又想去拾,结果扔掉一些又拾到一些,及至拾了一大堆贝壳不知道选哪一个好的时候,只好通通扔掉,空着手回去。

在幼年时期,时间是很长的,所以我们要尽可能地放弃一些时间,以免把它们用错了。而现在的情况则相反,我们的时间用来做有益的事情还不够哩。你要知道的是,欲望已经快要到来了,当它敲门的时候,你的学生的心就不再注意别的而只是注意于它了。智慧的平静的年岁是那样的短促,它过得那样迅速,它还有许多其他的必要的用途,所以,企图在这段时间把一个孩子培养成一个很有学问的人,实在是一种妄想。因此,问题不在于教他各种学问,而在于培养他有爱好学问的兴趣,而且在这种兴趣充分增长起来的时候,教他以研究学问的方法。毫无疑问,这是所有一切良好的教育的一个基本原则。

在这段时间,也正好使他慢慢养成持久地注意同一个事物的习惯;不过,这种注意力的产生,不是由于我们的勉强,而是由于他有那种兴趣或欲望;应当特别注意的是,不要因此就加重了他的负担,以致使他感到厌倦。所以要时时注意,不管怎样,在他快要困倦的时候,什么事情都要停下来;因为重要的不是要他学多少东西,而是不要使他做任何违反他的意志的事情。

倘使他自行向你提出一些问题，你就看怎样能引起他的好奇心就怎样回答，而不要去考虑如何满足他的好奇心；特别是当你发现他不是为求知而发问，而是胡说八道地问你一大堆没头没脑的问题时，你就应该马上停止回答，因为这时他在心中所想的不是你们所讨论的事情，而只是怎样用许多的问题来找你的麻烦。需要注意的，不是他所说的话，而是促使他说话的动机。我这句忠言，在此以前并不是一定要你们非采纳不可的，但是，一到孩子能开始运用理智的时候，就看出了它有头等重要的意义，不能不提请你们接受了。

在普遍的真理中有一条锁链，通过这条锁链，所有一切的学科都跟共同的原理联系起来，一个接着一个地发展；这条锁链就是哲学家的方法。不过，我们在这里用的不是这种方法。还有另外一种完全不同的方法，通过这个方法，每一个特殊的事物将联系到另外一个特殊的事物，而且指出跟在它后面的事物是什么样子。这个次序可以不断地刺激人的好奇心，使人对每一个事物都加以注意，所以，不仅大多数成人要按这个次序观察事物，小孩子则尤其要按这个次序观察事物了。当我们定好方向画地图的时候，就需要画出子午线。在早晨和晚上的两个相等的投影之间有两个交叉点，可以作为一个十三岁的天文学家的一条很好的子午线。但是，这种子午线是要消失的，需要花一些时间才能把它们画出来，而且还非在同一个地方画它们不可；像这样花心思和挺麻烦的工作终归要使他感到厌倦的。这一点，我们早已料到，有了准备。

现在，我又要在这里详细地谈一件事情了。读者诸君，我已经听见你们在嘟嘟哝哝地发牢骚，我是不怕听你们这些牢骚话的，我绝不能因为你们不耐烦，就把本书中最有用的部分略而不讲。听不听我详细长谈，请随你们的便；至于我，我是决心不顾你们的牢骚要继续讲下去的。

很久以来，我的学生和我都发现琥珀、玻璃和蜡这些物体经过摩擦之后，就能把干草吸起来，而其他的物体则不能。有一次，我们偶尔发现有一种物体的性质比它们还稀奇：它不经过摩擦也能把隔得相当远的铁屑和铁片吸起来。我们花了许多时间来观赏这种物体的性质，但是看不出一个所以然来！最后，我们发现这种性质竟传到了铁的本身，使铁在一定的方向中磁化了。有一天，我们到市集上去①，看见一个玩戏法的人用一块面包去逗引一个在一盆水上游动的蜡制的鸭子。我们大为惊异，可是并没有把我们惊异的心情说出来，我们并没有说那个人是一个巫师，因为我们还不知道什么叫巫师。我们虽然是继续不断地看到这些我们不知其原因的现象而感到惊异，但我们并不急于想研究它们究竟是怎样一回事情；我们安然处在我们的无知的状态，要等到有机会的时候才把它们弄个一清二楚。

回到家里的时候，由于谈起市集上的那只鸭子，我们就想照着它做一个。我们拿一根完全磁化了的针，外面包以白蜡，尽量做成一个鸭子的样子，再使针穿过鸭身，针尖做鸭子的嘴。我们把鸭子

① 当我看见福尔梅先生对这段小故事提出的尖刻的评论时，我禁不住笑了起来。"这个玩戏法的，"福尔梅先生说道，"竟以同一个孩子竞争为荣，而且还板着面孔教训他的老师，这样的人，正是爱弥儿这样的孩子的世界中的一个人物。"这位精明的福尔梅先生不可能想到这一幕小小的戏是事先安排的，那个玩戏法的人是我们叫他担任这个角色的；这一点我是不能讲出来的。但是，我曾经再三地说过，我这本书不是为那些事事都要我加以说明的人而写的。

放在水上，我们用一个钥匙环去接近它的嘴，这时候，你们可以想象得到我们是多么快乐。我们发现我们的鸭子跟着钥匙游动，完全同市集上看到的跟着面包游动的鸭子是一样的。我们还注意到，我们让鸭子在水上静止不动的时候是朝着哪个方向的，以便下次再那样做。现在，我们把心全都放在这件事情上，再也不想做其他的事情了。

当天傍晚，我们又到市集上去，并且在衣袋里放了一个特制的面包；那个演戏法的人演过之后，我的这位小博士简直沉不住气了，他对那个演戏法的人说，这个戏法并不难，说他自己也会演。他说了就做：他立刻从衣袋里拿出那个藏有铁块的面包，他向着桌子走过去的时候，他心里扑扑地直跳，他的手一边颤抖，一边把面包拿过去，鸭子游过来，跟着他所带的路线游来游去；这时候，孩子高兴得大跳大叫起来。一听到观众的鼓掌喝彩，他简直乐得晕头转向，忘乎其形了。那个玩戏法的人虽然感到很窘，但仍然走过去拥抱他，祝贺他，并且请他第二天也光临表演，还说他将招来更多的观众给他表演的技巧捧场。我们这位骄傲的小科学家正想说话的时候，我马上封住他的嘴，带着他满载荣誉而归。

这个孩子带着一种可笑的焦急心情在那里一分钟一分钟地一直计算到第二天。他把他遇见的人都邀请去了，他希望整个的人类都来做他的光荣的见证；他不愿意等到规定的钟点才表演，他要把时间提前，因为人们像潮水似地赶来，大厅里已经是坐满了人。在走进大厅的时候，他幼稚的心乐得几乎跳出来了。有一些魔术是排在前面演的，那个演戏法的人拿出他平时没有显过的本领，表演了一些惊人的节目。这个孩子对那些节目瞧也不瞧；他着急，他冒汗，他呼吸也感到急促；他把手放在衣袋里弄他那块面包，一只手急得发抖。他表演的时刻终于到来了，那个魔术师很隆重地向观众报告了他的节目。他羞答答地走过去，他把面包拿出来……。人间的事情真是多变啊！那个鸭子昨天还是很听话的，而今天却变得如此不驯了；它不但不把嘴伸过来，反而掉转尾巴就逃跑了；它昨天是怎样唯恐不及地跟着面包游动，今天也怎样唯恐不及地躲避面包和把面包拿到它嘴前的手。无数次的试验都宣告失败，观众嘘叫不已；这时候，孩子抱怨说大家在骗他，说原来那只鸭子已经被人调换了，最后还挑那个玩戏法的人也拿现在这只鸭子照样地表演。

那个玩戏法的人一句话也没有回答，拿着一块面包就向鸭子送去；那只鸭子立刻过来，游到那只拿面包的手的跟前。孩子又把他那块面包拿去逗鸭子，但是，不仅没有比先前做得成功，他看见鸭子反而同他开起玩笑来了，它绕着盆子直打转，弄得他只好狼狈不堪地走开，不敢再听观众的嘘叫了。

这时候，那个玩戏法的人把我们这个孩子带来的面包拿在手中，而且同用他自己的面包一样地表演得非常成功；他当众把面包里的磁铁取出来，又引起大家对我们一阵嘲笑；他用这块空心面包也照样能带领鸭子游水。他还把另外一个面包当众交给一个第三者掰开以后，用来表演这个戏法；他用他的手套表演，用他的手指头表演，都同样地成功；最后，他走到大厅的中央，用他们那个行业的人惯有的声调向观众大声宣布说，他的鸭子不仅听他的手势的指挥，而且还能听他的声音的指挥；他向它说话，它马上就服从；他叫它向右，它就向右；他叫它回来，它就回来；他叫它转弯，它就转弯;总之,命令一下,它立刻就照命令行动。观众一再鼓掌欢呼的声音,对我们来说就是一再地羞辱。我们悄悄地溜走了,我们关在屋子里,没有照我们原来的计划到处去讲述我们的成功。

第二天,听见有人在敲我们的门;我把门打开一看,原来是那个玩戏法的。他用谦和的语气诉说他对我们的行为的不满。他对我们做了些什么事情,竟使我们去拆穿他的戏法和剥夺他谋生的手段呢?在玩鸭子游水这个戏法上,干吗要为了争一点荣誉就牺牲一个诚实的人的衣食呢?"老实说,先生们,要是我有其他的谋生的本领,我也不会以我有这点本事为荣的。你们要知道,玩这种小戏法玩了一生的人,对这个戏法当然是比你们只花了一会儿研究工夫的人知道得更清楚的。我之所以在起初没有表演我的拿手好戏,是因为一个人不应该那样傻头傻脑地把他所知道的全部东西一下都亮出来。我要把我的看家本领留下来应付急需,除了这个戏法以外,我还有其他的戏法可以用来防止那些幼稚的鲁莽的人来拆我的台。先生们,我现在是好心好意来把这个曾经使你们如此狼狈的戏法的秘密教给你们,但请你们不要随便乱玩这个戏法,以免对我有所损害,并且请你们在以后的场合做事务必要谨慎一点。"

说完以后,他就把他演戏法的用具拿出来,我们一看就惊奇得不得了:原来是一个上好的磁石做的,另外在桌子下面藏着一个小孩,由他拿着磁石活动,所以观众看不出来。

那个人把他的用具收拾起来,我们对他表示了我们的感谢和歉意之后,想送他一件礼物,他拒绝了。"不,先生们,我不能让自己因为收了你们的礼物就要感谢你们;我要让你们来感谢我,尽管你们是不愿意的；这是我唯一的报复。要知道，各种行业的人都有他慷慨豪爽的地方；我以表演戏法挣钱，而不是以教授戏法挣钱。”

在出门的时候，他径直叫着我的名字高声责备我，他说：“我可以原谅这个孩子，他的过失是出于无知。可是你，先生，你明知他做得不对，为什么还让他去做呢？既然你们是在一块儿生活，作为一个年长的人应当关心他和教导他；你的经验就是你的威信，可以用来指导他。当他长成大人，回想到年轻时候的错误而感到悔恨时，他无疑是要把他犯错误的原因归诸你没有事先告诉他的。”①

他走了，留下我们两个人都狼狈不堪。我责备我管得太松了，我答应孩子下次为了他的利益绝不再那样松懈，并且要在他未犯错误以前就告诉他哪些是不应该做的；因为，我们的关系即将改变的时刻就要到来，那时候，就要用老师的严格来代替同伴的殷勤了；这种改变应当是逐步逐步地进行的，事先要有充分的准备，老早就要做充分的准备。

第二天，我们又到集市上去看我们已经知道其秘密的戏法。我们带着深深的敬意走近我们那位苏格拉底❶式的魔术家，我们几乎不敢抬起眼睛来望他；他对我们非常客气，并且把我们安坐在一个很显著的地方，然而这个位置反使我们更加感到羞怯。他照平常那样演他的戏法，但在表演鸭子游水这个戏法的时候，他却演

---

① 我要不要提出某个读者竟愚蠢到觉察不出这一番责备的话是老师逐句口授给那个人转说出来的呢？是不是有人认为我自己也是够愚蠢的，所以很自然地把这一番话叫一个玩戏法的人来说呢？我认为，能够叫一些人按照他们那种职业的神情说话，也可以证明我至少是有中等才能的。请参见下一段的结尾。除了福尔梅先生以外，在其他的人看来，岂不是把什么话都说明了吗？

❶ 苏格拉底（公元前470—前399），古希腊哲学家。

得特别起劲,时间也演得特别长,而且还屡屡带着骄傲的神气看我们。我们一切都明白,可是我们没有吭声。如果我的学生竟敢开口的话,那他真是蠢得要命了。

这个例子所有的一切细节,都有你们想象不到的重要意义。仅仅在一个例子中就包括有这样多的教训!虚荣心的第一次冲动就招来了这样多的严重后果!年轻的老师,你要十分细心地窥察这第一次的冲动。如果你能利用它去遭到一些羞辱和不幸[①],我敢说,在一个很长的时期中将不会再遭到这种丧失体面的事情的。“真是小题大做!”你也许会这样说。你说得不错,但在我们看来,这个例子的一切经过就可以作为代替子午线使用的指南针。

在知道磁石可以透过其他物体发生作用以后,我们就急忙一模一样地做一个我们所看到的那种道具:一张空心桌子,上面安装一个很平坦的盆子,盆里盛一些水,此外,再细心地制作一只鸭子,等等。我们经常在盆子周围留心观察,我们最后发现鸭子在静止的时候差不多都是朝着同一个方向的。我们根据这个经验去研究那个方向,我们发现它是由南而北的。有了这个发现就够了,我们找到了我们的指南针,或者说我们找到了同指南针相等的东西了,现在我们要开始研究物理了。

地球上有好几种地带,各个地带的温度都是不相同的。我们愈接近极地,就愈觉得季候的变化非常显著;所有的物体都是冷则

① 可见这次遭到的羞辱是我而不是那个玩戏法的人设法造成的。既然福尔梅先生想在我活着的时候占有我的著作,而且在发表的时候竟干脆去掉我的名字而印上他的名字,那么,他至低限度应该花一番心思——我的意思不是说叫他花心思写这本书,而是说他应该花心思看一看这本书。

收缩、热则膨胀，这个效果在液体中是比较大的，而在酒精中就更加明显了，根据这一点就制出了温度计。风吹拂我们的脸，因此风也是一种物体，一种流体；我们可以感觉它，虽然我们没有任何办法看见它。把一只玻璃杯倒立地插入水中，除非你给其中的空气放条出路，否则水是进不去的，可见空气是有阻力的。再把杯子往水里多按下去一些，水就可以进入空气的空间，但是它不能完全填满那个空间，可见空气是可以压缩到一定的程度的。一个皮球装着压缩空气时，比装着其他任何物质都跳得高，可见空气是一种有弹性的物体。当你洗澡的时候躺着身子，把胳臂平直地伸出水中，你就会觉得胳臂上承受了很大的重量；可见空气是有重量的物体。当你使空气同其他的流体处于平衡的时候，你就可以计算它的重量。根据这些现象，就可以制出气压表、虹吸管、气枪和唧筒。所有一切静力学法则和流体静力学法则都是根据一些粗浅的经验而发现的。不过，我们并不是为了制作以上那些仪器而走进物理实验室的，所有那些仪表和设备都引不起我的兴趣。科学的气氛将摧毁科学。因为，不是孩子对那些仪器感到畏惧，就是那些仪器将分散他对它们的效果的注意力。

我希望，由我们自己来制造我们所需要的一切仪器，然而我并不打算在没有经验以前就开始制作我们需要的仪器；我只是在偶尔有了一个经验以后，才慢慢地发明一个仪器去加以证明。我宁可让我们的仪器并不是做得那样的完善和那样的准确，但是我希望我们对它们大概的样子和它们的用法获得十分明确的观念。我的第一课静力学并不是借助于天平来讲解的，而是把一根棍子和椅子的靠背交叉地放着，在放平稳以后就量一量两端的长度，并且在这一端和另一端都加上一些重量，有时相等，有时则不相等，因此就需要斟酌情况把棍子往后面拉一点或往前面推一点，最后，我发现，要取得平衡，就需要使重量同杠杆的长度成反比。这样一来，我的这位小物理学家在没有见过天平以前就懂得怎样校正天平了。

毫无疑问，一个人亲自这样取得的对事物的观念，当然是比从他人学来的观念清楚得多的；而且，除了不使他自己的理智养成迷信权威的习惯之外，还能够使自己更善于发现事物的关系，融会自己的思想和创制仪器，不至于别人说什么就相信什么，因而在不动心思的状态中使自己的智力变得十分低弱。自己不用心思，好似一个人天天有仆役替他穿衣穿鞋，出门就骑马，最终是要使他的四肢丧失它们的力量和用途的。布瓦洛[1]夸他曾经教拉辛[2]作诗的时候如何下苦功。而我们在许多加速科学研究的好方法中，最迫切需要的方法正是：在科学研究中怎样才能多下苦功。

像这样缓慢而费力气的研究，其最显著的益处是，在运用心思研究的同时，他使身体继续活动，四肢柔和，使两手不断劳动，到长大的时候可以运用自如。由于发明了那样多的仪器帮助我们进行试验，补助我们的感官达到更精确的程度，因此就使我们不再重视感官的锻炼了。有了经纬仪，就用不着我们去估计角度的大小了；我们的眼睛本来是可以很精确地测量距离的，然而现在却用测链去代替它测量了；有了提秤，我们就无须像从前那

[1] 布瓦洛(1636—1711)，法国诗人和文学评论家。

[2] 拉辛(1639—1699)，法国诗人和剧作家。

样用手去估计重量了。我们的仪器愈精巧，我们的感官就变得愈粗笨：由于我们周围有一大堆机器，我们就不再拿我们自己当机器使用了。

我们原来是以技巧代替机器的，而现在却用技巧来制造机器了；我们原来是不凭借机器而凭借我们眼明手快的才能的，而现在也使用这种才能来制造机器了；当我们这样做的时候，我们是有所得而无所失的，我们使自然又多了一门艺术，使我们变得更加灵巧，但是我们也并不因此而操作不熟练。如果不叫孩子去啃书本，而是叫他在工场干活，则他的手就会帮助他的心灵得到发展：他将变成一个哲学家，虽然他认为他只是一个工人。此外，这种锻炼还有我在后面将要谈到的其他好处，你们可以看到怎样利用哲学的游戏去培养真正的成人的机能。

我曾经说过，纯理论的知识是不大适合于孩子的，即使孩子在接近于长成少年的时候，对他也是不大适合的：不必叫他去深入钻研理论物理学，而要使他们用某种演绎的方法把他们的经验一个一个地联系起来，以便凭这个锁链把它们井然有序地记在心里，可以在必要的时候回忆得起来；因为，当我们没有回忆的线索的时候，是很难把孤立的事实和论据长久地记在心里的。

在探索自然的法则的时候，始终要从最普遍和最显著的现象开始探起，要常常教导你的学生不要把那些现象当作原因，而要当作事实。我拿起一块石头，假装要把它放在空中，可是我一松手，石头就掉下去了。我看见爱弥儿很注意我的动作，于是我问他："这块石头为什么掉下去了呢？"

有没有哪一个孩子会瞠目结舌地答不出来呢？没有，就说爱弥儿吧，除非我想方设法地使他不知道怎样回答，他也不会说他答不出来。大家都会说，石头之所以往下掉，是因为它很重。重是怎么一回事呢？它要往下掉。这么说，石头之所以往下掉，是因为它要往下掉了？问到这里，我的这位小物理学家就被难住了。这样就给他上了第一课理论物理了，不管这一课对他有没有益处，它总是一个应当知道的常识。

随着孩子的智力愈来愈发展，有一些重要的问题使我们不能不对他所学的东西进行更多的选择。一到他能自行考虑怎样才能获得他自己的幸福的时候，一到他能理解一些重大的关系，从而能判断哪些东西对他是适合或不适合的时候，他就有区分工作和游戏的能力了，他就会把后者看作是前者的消遣了。这时候，就可以拿一些真正有用的东西给他去研究，就应当要求他不仅要像做简单的游戏那样用心，而且还要持之以恒。需要的法则总是反复出现的，它很早就教导人做他不喜欢的事，以防止他可能遇到对他十分不利的恶事。这就是远见的用处；这种远见运用得好，就能使人变得非常明智，如果运用得不好，就能使人受到种种苦难。

所有的人都希望得到幸福，但为了要取得幸福，就必须首先知道什么是幸福。自然人的幸福是同他的生活一样简单的；幸福就是免于痛苦，也就是说，它是由健康、自由和生活的必需条件组成的。道德人的幸福则是另外一回事情；不过，我们在这里要阐述的不是道德人的幸福。我再三再四地说过，只有有形的物质的东西才能引起孩子们的兴趣，尤其是对那些尚未沾染过我们的虚荣，尚未受过我们的偏见的毒害的孩子来说，更是如此。

虽然他们还没有觉察到但已经预料到他们有什么需要的时候，他们的智慧就已经是大有进步了，他们已开始知道时间的价值了。因此，重要的是，要使他们惯于把时间花在有用的事物上，不过是按他们那样的年龄看来和以他们的智慧理解起来是有用的事物。所有一切有关道德秩序和社会习惯的东西，都不应该告诉他们，因为他们还没有理解这些东西的能力。愚蠢的是，我们硬要他们把注意力用在人们泛泛地告诉他们说是有益于他们的幸福的事物上，然而那种幸福是什么样子，他们是不知道的；人们还告诉他们说，他们长大的时候可以从那些事物中得到益处，然而目前他们对这种所谓的益处是毫无兴趣的，因为他们对它根本就不理解。

不能让孩子照别人的话做，除了他自己觉得对他是有益处的事物以外，其他的一切事物对他都是没有益处的。当你经常要他去做非他的智力所能理解的事情时，你认为是在未雨绸缪，其实你是没有懂得未雨绸缪的意义的。你为了拿一些他也许永远也用不着的徒有外表的工具去装备他，你就不让他使用人类的万能工具——常识；你使他习惯于听从人家的指挥，成为人家手中的工具。你希望他小时候是非常的柔顺，这就等于要他在长大的时候成为易受欺骗的老憨。你不断地对他说："我要你做的所有一切事情，都是对你有利的，可是你不明白这一点。我的话，你照不照着做，同我有什么关系呢？你所做的这些事情，也只是对你一个人有好处。"你认为向他说这一番好听的话，就可以使他变得很聪明，其实你是在替空谈家，在替骗子、恶棍和各种各样的狂人打开大门，好让他们有一天也用这种好听的话引他上他们的圈套或者跟着他们胡作非为。

重要的是，一个大人对孩子不知其用途的种种事物应当有深深的了解，但是，所有一切大人应当了解的事物，一个小孩子是不是也需要了解和能够了解呢？如果你尽量教孩子学习在他那个年龄看来是有用的事物，你就发现，他的时间是充分利用了的。你为什么硬要他牺牲适合于他今天学习的东西，而去学习他未必能够长成到那样大的年龄的人才适合于学习的东西呢？你也许会说："等到他需用的时候，哪里还来得及学呢？"来不来得及学，我是不知道的，不过，就我所知，要提早学习是不可能的，因为，我们真正的老师是经验和感觉，一个人只有根据他所处的关系才能清楚地觉察哪些东西是适合于他的。一个小孩子是知道他要变为成人的；他对成人的状况可能具有的种种观念，对他来说，就是教育的理由；但是，他对这种状况不能理解的地方，就绝不应该让他知道。我这本书全是继续不断地在证明这个教育原理。

当我们一有机会使我们的学生知道"有用的"这个词的意思以后，我们就多了一个管理他的诀窍；因为，只要他觉得这个词对他那样年龄的人来说有它的意义，只要他能清楚地看到它对他当前的利益的关系，他对这个词就会获得深刻的印象。你的学生对这个词是不可能有什么印象的，因为你没有设法按他们的理解使他们对它有一个观念，因为其他的人常常在供给他们有用的东西，所以他们就无须自己去考虑，他们就不懂得什么叫效用了。

"这有什么用处？"这句话从此以后就有了它的神圣的意思，它将确定他和我之间的我们生活中的一切行动：当他问我一些问题的时候，我就准定要用这个问题来问他；如果他不是为了求知而是为了对他周围的人行使某种权威，因而没头没脑地不断拿一些问题来纠缠他们的话，就可以把这个问题作为一个缰绳勒住他的嘴，使他不再问那些莫名其妙的问题。一个孩子，如果我们特别着重地教育过他，除了有用的东西以外，其他一切都不学习，那么，他问起问题来就会像苏格拉底似的；他自己没有找到一个理由，他是不会问你的，因为他知道，你在解答他的问题以前，一定要他说一说他问那个问题的道理。

你看，我已经把多么有力的一个工具交给你去控制你的学生了。由于他找不到什么理由，所以你高兴在什么时候就可以在什么时候把他制服得不敢吭声，而你则恰恰相反，你可以大大地利用你的知识和经验，向他指出所有你告诉他的事物的用处！因为，你要知道，你向他提出这个问题，也就是在教他反过来向你提出这个问题；你应当估计到，在你以后要他做什么事情的时候，他一定要照你的样子问："那有什么用处呢？"

这也许是一个老师很难应付的难题。就孩子所问的问题来说，如果你只想摆脱自己的困难，那你只需给他讲一个他不能理解的理由就够了；当他看见你是按照你的观念而不是按照他的观念解释的时候，他就会认为你向他说的话，适用于你那样年龄的人而不适用于他那样年龄的人；他以后就再也不相信你的话了，这样一来，一切都完了。哪一个老师愿意马上把话停下来对他的学生承认他的错处呢？所有的老师对自己的错误都是一概不承认的；而我则要订下这样一条规则，即：当我不能够使他明白我讲的理由时，即使我没有什么错误，我也要说我错了：由于我的行为在他看来始终是很坦率的，所以不至于使他对我产生任何怀疑；我承认错误，远比那些掩盖错误的人更能保持我的威信。

首先，你要记住的是，不能由你告诉他应当学习什么东西，要由他自己希望学什么东西和研究什么东西；而你呢，则设法使他了解那些东西，巧妙地使他产生学习的愿望，向他提供满足他的愿望的办法。由此可见，你问他的问题不应当太多，而应当经过慎重的选择；由于他向你提出的问题比你向他提出的问题多得多，所以你被他问着的时候总是比较少的，而更多的时候是你问他："你问这个有什么用呢？"

此外，只要他能善于理解和善于利用他所学的东西，则他究竟是学这还是学那，都是没有什么关系的，如果你不能对他提出的问题给他一个良好的解释，你就一句话也不回答他。你干脆地对他说："我还不能很好地回答你，是我搞错了，那就算了吧。"如果你教他的东西实在是不适当的，你把它完全抛弃，也没有什么坏处；如果是适当的，那你就稍稍留一点心，赶快找一个机会使它对他产生显著的用处。

我是一点也不喜欢长篇大论地口头解释的，年轻的人是根本不用心听这种解释的，而且也是记不住的。用实际的事物！用实际的事物！我要不厌其烦地再三指出，我们过多地把力量用在说话上了，我们这种唠唠叨叨、废话连篇的教育，必然会培养出一些唠唠叨叨、废话连篇的人。

现在假定，当我和我的学生正在研究太阳的运行和定方位的方法时，他突然打断我的话问我研究这些有什么用处。我可以向他发表一篇多么好听的讲话啊！我可以趁此机会在回答问题的时候给他讲多么多的东西，尤其是有人在场听我们讲话的时候，我更应该怎样向他大讲而特讲啊[①]！我将给他谈到旅行的好处、商业的利益、各地的特产、不同的民族的风俗、历法的用途、农业的季节的推算、航行的艺术以及在海上自己不知道究竟在什么地方的时候，怎样寻找方向和准确地按照自己的路线前进。我还要讲到政治学、博物学、天文学，还要讲到人的道德和权利，以便使我的学生对所有这些学问有一个大体的概念和学习的巨大愿望。当我把话都讲完了的时候，我固然是像一个道地的冬烘先生那样显示了我的学问，然而他，也许是连一个概念也没有听懂。他可能会像以往一样巴不得问一问我定方位有什么用处，可是他不敢，因为他怕我发脾气。他觉得最好还是假装听懂了我强给他讲的东西。华而不实的教育就是这样做法的。

但是我们的爱弥儿是用比较质朴的方式培养起来的，我们已经费了很多力气使他养成了一种扎实的构思方法了，所以他是不听我这一套的。只要头一句话他听不懂，他就溜了，他在房间里东玩西玩，让我一个人在那里滔滔不绝地讲我的。我们要找一个更简单的答案来回答他；我这套高深的学问对他是不适用的。

我们在观察蒙莫朗锡镇北的森林的位置时，他突然问我："这有什么用处？""你问得对，"我对他说道，"有工夫的时候再想一想，如果发现这件事情没有用处的话，我们就不继续搞下去了，因为我

① 我常常注意到，当老师旁征博引地给孩子上课的时候，他的目的并不是讲给孩子们听，而是讲给在场的大人听的。我是有很大的把握才说这番话的，因为我发现我自己就是这样做的。

们并不是没有其他好玩的事可干的。”于是我们就开始做别的事情，这一天，我们就不再讲地理了。

第二天早晨，我约他在午饭以前去散一会儿步，他高兴极了；一说起出去跑一跑，孩子们总是挺喜欢的，何况这个孩子的腿又很有劲咧。我们进入森林，跑遍了林间的各个地方，我们迷失了方向，我们也不知道走到什么地方了；等到要回去的时候，我们找不到路了。时间过去了，天气热起来了，我们的肚子也饿了；我们赶快走，从这边瞎跑到那边，我们到处见到的都是树林、丛林和旷野，哪里都找不到认路的标志。我们简直热极了，累极了，饿极了，我们愈跑愈迷失路径。最后，我们只好坐下来歇一会儿，以便好好地研究一下。现在假定，爱弥儿所受的教育和其他孩子一样，所以他不会研究，他开始哭起来了；他不知道我们已经走到蒙莫朗锡镇的镇口，只不过有一个小小的树丛把它挡着，我们看不见就是了；可是，这个树丛对他来说就是森林，像他那样身材的人，即使是一片矮矮的丛林，也会把他埋起来的。

沉默了一会儿以后，我带着不安的神气对他说：“亲爱的爱弥儿，我们从这里怎样才走得出去呢？”

爱弥儿（满身大汗，哭得热腾腾的眼泪直流）：我不知道。我累极了；我肚子饿了，口也渴了；我再也跑不动了。

让·雅克：你以为我比你好一点吗？你想一想，如果我能够拿眼泪当面包吃，我还有不哭的？现在不是哭的时候，现在要赶快找出一条路径。看一看你的表，几点钟了？

爱弥儿：十二点，我还没有吃过东西哩。

让·雅克：不错，已经十二点了，我还没有吃过东西哩。

爱弥儿：啊！你一定很饿啦！

让·雅克：糟糕的是，没有人把午餐给我们送到这里来。现在是十二点；这正好是我们昨天从蒙莫朗锡镇观察这个森林的位置的时候。我们是不是也可以从这个森林找一下蒙莫朗锡镇的位置呢？……

爱弥儿：可以；不过，我们昨天是看得见森林的，而现在从这里是看不见蒙莫朗锡镇的。

让·雅克：糟就糟在这里……如果我们看不见它也能找到它的位置就好了！……

爱弥儿：啊，我的朋友！

让·雅克：我们不是说过森林是……

爱弥儿：在蒙莫朗锡镇的北边。

让·雅克：可见蒙莫朗锡镇应该在……

爱弥儿：森林的南边。

让·雅克：我们有一个在中午找到北方的办法。

爱弥儿：不错，看阴影的方向。

让·雅克：可是南方呢？

爱弥儿：怎么办？

让·雅克：南方和北方是相反的。

爱弥儿：是了，只要找到阴影的反对方向就行了。啊！这边是南！这边是南！蒙莫朗锡镇准是在这边，我们朝这个方向去找。

让·雅克：你也许说得对，现在就从这条小路穿过树丛去吧。

爱弥儿（拍手，高兴得叫起来）：啊！我看见蒙莫朗锡了！就在我们的前面，看得清清楚楚的，回家吃午饭，回家吃午饭，快跑，天文学有时候也真有点用处呀。

你要知道，即使他没有说最后这句话，他也会在心中想这句话的；没有关系，只要我不说这句话就行了。你要相信，他是一辈子也不会忘记今天这个教训的；相反地，如果我只是在房间里给他讲这些东西，他第二天就会把我的话忘得干干净净的。能够做多少，才说多少，不能做的事，就不要说。

读者不要以为我是那样的看不起他，所以每教一门功课都要给他做一个示范；但是，无论教什么东西，我都不能不特别强调老师必须按照学生的能力举他的例子，因为，我再说一次，糟糕的不是他不懂，而是他以为他已经懂了。

我记得，由于我想使一个孩子对化学发生兴趣，把几种金属的沉淀给他看了以后，我就向他讲解墨水是怎样做的。我告诉他说，墨水的黑色，完全是由矾类中分离出来的很细的铁粉经过碱性的溶液沉淀之后产生的。正当我做这种高深的解释的时候，这个小家伙突然拿我教他的那个问题来问我，于是当场把我弄得十分难堪。

稍微思索了一下之后，我想出了一个办法；我派人到主人的地窖中去取了一点酒，另外又到一家酒铺去买了八分钱的酒。我在一个小长颈瓶里装了一点不挥发的碱溶液，然后，把两个装着两种不同的酒的玻璃杯放在我的面前[①]，我对他这样说：

有人用掺假的办法使一些食品显得比它们原来的样子更加好

① 在每一次向孩子讲解的时候，先拿出一个小小的仪器，可以使他更加用心地听。

看。这种掺假的办法虽可以使你的眼睛和舌头发觉不出来，然而是有害的；况且这种掺假的东西，样子虽然好看，但实际上比它们以前的质量还差。

特别是饮料容易掺假，尤其是酒，更是容易掺假，因为在这些东西中掺假最难于辨认，而且也最有利可图。

绿色的酒，即酸酒，是用氧化铅掺假的，而氧化铅是用铅做的。铅和酸一化合就成了一种很甜的盐，改变了酒的酸味，但是也毒害了饮酒的人。因此，在饮用可疑的酒以前，应当弄清楚它是不是掺有氧化铅。现在请听我讲发现掺假的方法。

正如你从酒精做的白干酒中看见过的，酒里不仅含有易燃的酒精，而且还含有酸类，这一点，你从酒制的醋和酒石酸中就可以看出来。

酸类对金属有一种亲和力，它通过溶解可以和金属化合成盐，例如铁锈，就是铁被空气或水中所含的酸所溶解而成的；又如铜绿，就是铜被醋酸溶解而成的。

但是，酸类对碱性物质的亲和力比对金属的亲和力大，所以，把碱性的东西放在我刚才所讲的合成盐中，酸就不能不把它所化合的金属游离出来，以便自己同碱性的东西相结合。

金属脱离了溶化它的酸类以后，就沉淀下去，从而使酒失去了光泽。

所以，在这两种酒中，如果向一种酒里掺入氧化铅，则酒中的酸将把氧化铅溶解在酒里。只要我倒下一点碱性溶液，则它将强迫酒中的酸放出氧化铅，以便同它相化合；铅一脱离了酸的溶解，就显现出来，把酒弄得很混浊，最后便沉淀在杯底上。

如果酒里没有铅[①]，也没有任何其他的金属，则碱性的物质就缓缓地[②]同酸相化合，溶在酒里，不会产生任何的沉淀。

接着，我便把碱性溶液倒入两个杯子里：自己家中的酒依然是那样的清澈和透明；而买来的酒则混浊了一会儿，过一小时以后，我们便能清楚地看出杯子底上沉淀有铅。

“那一杯酒，”我说道，“是可以饮用的纯正的酒，而这一杯酒则是掺了假的，有毒的。我在前面给你讲做墨水的知识时，你问我有什么用处；现在，就可以用这种知识来发现哪一杯酒是纯正的，哪一杯酒是有毒的；会做墨水的人，就知道怎样分辨酒是不是掺有假的。”

我觉得我这个例子举得很好，然而我发现那个孩子却一点也不感兴趣。我花了些时间来考虑，方知我简直是做了一件傻事；因为，且不说一个十二岁的孩子不可能懂得我的解释，而且这种试验的用处，他也不会把它记在心中的：他把两种酒尝了一下，觉得两种酒都好，所以他根本就不可能明白“掺假”这个词的意思，虽然我觉得我已经向他解释得很清楚。另外，像“不卫生的”、“有毒的”这些词，在他看来也没有什么意思；他当时的情形，和那个学习菲力普斯医生的故事的孩子是一样的，任何一个孩子都是这样的。

凡是我们不知道其中的联系的因果关系，以及我们对之没有

① 巴黎酒商零售的酒，虽然不是全都掺有氧化铅的，但也难免不含有铅，因为酒商的柜台是包有这种金属的，而盛在量器中的酒在铅上经过，而且还要停一会儿，所以总要把它溶解一部分。奇怪的是，像这样明显和危险的弊端，警察也不干涉。不过，事实上，富裕的人是很少喝这种酒的，所以也不会中它的毒。

② 植物酸的作用是很柔和的。如果这是一种矿物酸，如果它不是那样的稀薄，则化合的时候，是不能不起气泡的。

一点概念的善恶和我们从来没有感觉过的需要，对我们来说，都是不存在的；它们是引不起我们研究它们的兴趣的。我们在十五岁的时候对贤明的人的幸福的看法，和三十岁的时候对天国的光荣的看法是一样的。如果一个人想象不出这两种东西是什么样子，他就不会尽力去争取；再说，即使是能够想象，但如果他没有得到它们的愿望，如果他不觉得它们是适合于他的，则他是更加不愿意去争取的。硬要一个小孩子相信你教他的东西都是有用的，这做起来当然很容易；但是，如果你不能使他从心眼里相信，则强要他相信是办不到的。平平淡淡地讲一番道理，即使能使我们对一件事情表示赞同或非难，那也没有用处，只有欲念才能使我们有所行动：我们对不感兴趣的东西，怎么会产生欲念呢？

一个小孩子不能理解的事物，就绝不能告诉他。当他对人情几乎还一无所知的时候，由于我们不能把他当作成人来培养，所以，为了教育他，就必须要成人的一举一动都宛如孩子。当你考虑到什么东西在他长大以后也许对他有用处的时候，你也只能对他讲他目前就知道其用处的东西。此外，一到他开始懂得道理的时候，就绝不能使他把自己同其他的孩子相比较，即使在赛跑的时候，也不能使他有敌手或竞争者：我宁肯让他一点东西都不学，也不愿意他只因出于妒忌或虚荣而学到很多的东西。我只是把他每一年的进步都记下来，以便同他下一年取得的进步相比较；我将这样对他说："现在你长高了好些，看一看你去年跳过的沟和你搬过的重物；再看看这边，你去年把一块石头扔了那样的距离，你一口气就跑了那样长的路，等等；现在，再瞧一瞧你目前有多大的本领。"我这样鼓励他，所以不至于使他对任何人产生妒忌的心。他想超过他去年的成绩，这一点，他是可以做到的；我看不出他一心要赛过他自己有什么害处。

我对书是很憎恨的，因为它只能教我们谈论我们实际上是不知道的东西。有人说，赫米斯[1]把科学的原理刻在石柱上，以便使他的发现不致被洪水冲掉。如果他把它们深深地印在人的头脑里，它们就可以一代一代地保存下来。经过训练的大脑，是最安全的铭刻人类知识的石碑。

难道就没有什么办法可以把分散在那样多书籍中的许多知识联系起来，就没有什么办法可以把它们综合起来达到一个共同的目的，即：使人容易学习，有兴趣去学习，而且，即使像孩子那样年龄的人，也能鼓励他去学习？如果我们能够创造一种环境，以便在其中可以把人的一切自然需要都明显地显示给孩子，同时把满足这种需要的办法也巧妙地展现出来，那么，我们就可以利用这种环境的生动而天然的情景去初步训练他的想象力。

热心的哲学家，我已经看见你的想象力开动起来了。可是，请你不要再花什么气力，因为这种环境已经找到了，已经有人把它向我们描述过了，而且，不瞒你说，比你所描述的还好得多，至少比你所描述的要逼真得多和朴实得多。既然是我们非读书不可，那么，有一本书在我看来对自然教育是论述得很精彩的。我的爱弥儿最早读的就是这本书；在很长的一个时期里，他的图书馆里就只有这样一本书，而且它在其中始终占据一个突出的地位。它就是我们学习的课本，我们关于自然科学的一切谈话，都不过是对它的一个

[1] 赫米斯，希腊神话中的掌管学艺、贸易和发明的神。

注释罢了。它可以用来测验我们的判断力是不是有了进步；只要我们的趣味没有遭到败坏，则我们始终是喜欢读它的。这本好书是什么呢？是亚里士多德的名著？还是普林尼的？还是毕丰的？不，是《鲁滨逊漂流记》。

鲁滨逊在岛上，孤孤单单的，没有同伴的帮助，没有任何一样干活的工具，然而却能获得他所吃的食物，却能保持他的生命，甚至还能过得相当的舒服。这对各种年龄的人来说，都是一个很有意义的问题，我们可以用各种各样的办法使孩子们对这个问题感兴趣。我原先用来作为比喻的荒岛，就要这样地变成现实。我同意这种说法，即：这种环境，不是社会的人的环境，也的确不同于爱弥儿的环境；但是，我们应当根据这种环境来探讨所有其他的环境。要排除偏见，要按照事物的真正关系作出自己的判断，最可靠的办法就是使自己处在一个与世隔离的人的地位，并且完全像那个人一样，由自己按照事物本来的用途对它们进行判断。

这本小说，除去它杂七杂八的叙述以外，从鲁滨逊在一个荒岛附近遭遇船难开始讲起，结尾是来了一只船把他载离那个荒岛，所以，在我们现在所谈的这个时期中，它可以同时作为爱弥儿消遣和教育的读物。我希望他忙得不可开交，希望他兢兢业业地管理他的楼阁、他的羊群和种植的作物，希望他不是从书本上而是从具体的事物上仔仔细细地研究在同样的情况下应当怎样办，希望他认为他就是鲁滨逊，穿一身兽皮，戴一顶大帽子，佩一把大刀，奇奇怪怪的东西样样都带在身上，就连他用不着的那把阳伞也随身带着。我希望他在缺少这样或那样的时候，很着急地在那里想解决的办法；希望他研究一下小说中的主人公是怎样做的，看一看那位主人公有没有什么疏忽的地方，有哪些事情可以做得更好；希望他留心他的错误，以免在同样的情况下他自己也犯那样的错误，因为，你必须要知道的是，他正在计划怎样修造一个相似的房屋，这是他那样快乐的年龄的人的真正的空中楼阁，他这时候所理解的幸福就是有必需的物品和自由。

一个心有妙计的人如果为了利用这种狂想而能设法使孩子产生这种狂想的话，他就可以增添多么多的办法去教育孩子啊！孩子巴不得找一个能放各种物品的地方作为他的荒岛，因此，他想学习的心，比老师想教他的心还切。他希望知道所有一切有用的东西，而且也只希望知道这些东西：你用不着去指导他，你只是不要让他乱作就行了。此外，当他觉得他在那个岛上已经是够舒服的时候，就需要赶快使他定居在那里；因为这样的日子不久就要到来，那时候，如果他还想在岛上住下去的话，他就不愿意再是那样孤单地一个人住在那里了；而且，那时候，即使是现在还不曾过问过他的事情的“星期五”[1]去同他住在一块，也是满足不了他的需要的。

自然的技术，是单独一个人就可以操作的，但是，自然的技术的实践将导致工业的技术，而工业的技术，操作起来就需要许多人合作了。前一种技术，孤独的人和野蛮人都可以练习运用，而后一种技术，则只能在社会中产生，而且，也正是因为要运用这种技术，所以才使社会成为非有不可的东西。当人们只知道身体的需要

[1] “星期五”是鲁滨逊所搭救的、后来成为他的仆人的一个土著居民的名字。因为搭救的事情发生在星期五，所以鲁滨逊用“星期五”做这个仆人的名字。

时，每一个人都可以自己满足自己的要求；而一有了多余的产物，就不可避免地要进行产物的分配和劳动的分工；因为，尽管一个人单独干活只能够获得一个人所需要的东西，但一百个人合起来干，就可以获得足够两百个人生活的东西。所以，当一部分人闲着而不劳动，就需要其他劳动的人协力合作才能弥补那些人懒惰坐吃的消耗。

你要极其小心的是，不能使你的学生接触到社会关系的一切概念，因为这不是他的智力所能理解的；但是，当知识的锁链使你不能不向他讲到人类的互相依赖时，你就不要从道德方面向他讲解，而必须首先使他的注意力放在使人和人都互相有用的工业和机械技术上。当你带着他从这个工场走到那个工场的时候，就不能让他看见什么工作都袖手旁观，不能让他走出工场以后对里面的情形一点也不明白，你至少要使他对他所看到的东西有一个了解。为此，你就要亲自动手去工作，处处给他做一个模范：为了使他成为师傅，你就要到处都做徒弟；你要知道，他从一小时工作中学到的东西，比听你讲一整天学到的东西还多。

一般人对各种技术的评价，是同它们的真正用途成反比的。甚至，有些技术正是因为没有用处，人们对它们的价值才估计得那样高，这种情形是不足为奇的。最有用的技术，也就是报酬最少的技术，因为，工人的数目同公众的需要是成比例的，而人人都需要的工艺品，不能不按照穷人能付的价格来定它们的价值。反之，那些自尊自大的人（大家不称他们为工匠，而称他们为艺术家），因为完全是给懒汉和富翁制造东西，所以可以任意定他们那些美观而无实用的骗钱货的价格；由于这些没有实际用途的工艺品的价值只不过是臆想的，因而它们的价格的本身也就构成了价值的一部分，从而，它们的价钱愈昂贵，人们就愈说它们有价值。有钱的人之所以要这样来评价这些东西，并不是由于它们的用处，而是由于穷人买不起它们。“我所有的财物，将使世人艳羡不已。”①

如果你让你的学生也产生这种愚蠢的偏见，如果你自己也抱有这种偏见，如果他们看见你走进一家珠宝商人的店铺比走进一个锁匠的店铺更显得有礼貌，他们将变成怎么样的人呢？如果他们到处都发现任意抬高的价格和按实际用途而定的价格是很不调和，如果他们发现愈是值钱的东西愈没有价值，他们对技术的真正价值和东西的真实价格将抱怎样的看法呢？你一旦让这些观念进入了他们的头脑，对他们以后的教育就用不着再进行下去了，因为，不管你怎样努力，他们都将变得同一般人一个样子；你十四年的辛劳完全都付诸流水。

爱弥儿一心想在他的岛上有几件家具使用，所以他有他自己的看法。鲁滨逊过去重视刀工作坊远远超过萨伊德对制造种种小玩具的重视。在他看来，刀匠是一个很可尊敬的人，而萨伊德不过是一个小小的江湖骗子。

“我的儿子生来是要在世界上生活的，他不同智者而是要同愚人生活在一起的；既然愚人要按照他们的愚昧行事，所以他必须懂得他们的愚昧。对事物进行认真的研究，也许是有用的，但是，对人类及其判断能力进行研究，那就更有用处了；因为在人

① 皮特罗尼乌斯❶（《诗集》，第100章，布尔曼编校本）。

❶ 皮特罗尼乌斯，公元一世纪时罗马诗人。

类社会中，人所使用的最大的工具就是人；最聪明的人，也就是最善于利用这个工具的人。拿一种想象的事物的秩序去教育孩子，而这种秩序他们将来又会发现同他们必须遵循的既定的秩序是完全相反的，这又有什么用处呢？你首先要教他们怎样做聪明的人，然后再教他们判断其他的人究竟愚蠢在什么地方。”

请看这一番表面上似有道理而实际上是没有道理的说法，做父亲的人由于智虑不周，竟按照这种说法去做，他们用偏见培养他们的孩子，结果使孩子们变成了偏见的奴隶，他们想教导孩子把愚人当作达到欲念的工具，结果反而使孩子们变成了愚人的玩物。为了要认识人，他必须先要对许多事物有所了解！明智的人是最后才去研究人的，而你却叫孩子把人作为头一个研究的课题！在用我们的看法去教育孩子之前，首先就要使他对我们的看法有一个认识。难道说，懂得人们的愚昧，就要把人们的愚昧当作自己的理智吗？要成为一个明智的人，就需要辨别哪些人是不明智的。如果你的孩子既不能判断人们的看法，又不能看出他们的谬误，他怎能去认识他们呢？更糟糕的是，当他还没有弄清别人所说的事物是真是假，他就去学它们。因此，首先要告诉他事物的真相，然后才告诉他那些事物在我们的眼中看来是什么样子；这样，他才懂得如何把人们的看法和实际的真相加以比较，才能超凡脱俗，因为，当你听信偏见的时候，你是看不出它是偏见的，如果你同大众是一个样子，你就不能对大众进行指导。但是，如果你还没有教会他怎样判断人们的看法，你就拿人们的看法去教育他的话，我敢说，不管你怎样努力，他最终是要把别人的看法当作自己的看法的，而且你以后就没有什么办法把它改掉了。所以，我认为，为了使一个青年能够成为明智的人，就必须培养他有他自己的看法，而不能硬是要他采取我们的看法。

你可以看到，一直到现在我还没有向我的学生谈到人，要是他能够懂得我在这方面所讲的东西，那他就太聪明了；他还不能那样明显地感觉到他同他周围的人的关系，所以还不能凭他自己的能力去判断别人。他唯一能理解的人，就是他自己，甚至对他自己的理解也不是十分完全的；但是，尽管他对自己的认识不够，他的认识至少是正确的。他不知道别人所处的地位，但他知道他自己所处的地位，并且牢牢地站在他所处的地位上。我们用来束缚他的，不是他不能理解的社会的法律，而是需要。现在，他仍然是一个自然人，我们要继续这样看待他。

在评价所有一切自然的物体和人制造的东西时，他所根据的是它们对他的用处以及他的安全、生存和舒适的显而易见的关系。因此，铁在他的眼中看来，应当比黄金值钱，玻璃应当比钻石值钱；同样，他对鞋匠和泥水匠，比对郎佩勒尔、勒布郎和所有欧洲的珠宝匠都更为尊敬；特别是做面包的师傅，在他的心目中更是一个十分重要的人物，他宁可拿整个法兰西学院去调换一个龙巴德大街的最小的糕点师。他认为，金匠、银匠、雕刻匠和花边匠都不过是一些懒汉，他们所搞的东西都是没有一点用处的玩意儿；甚至对制造钟表的人，他也是不十分看重的。快乐的儿童享受了时间而不做时间的奴隶，他利用了时光而不知道时间的价值。他的欲念是很平静的，使他每天都是那样恬静地生活，因而在他需要的时候可以作为计算时间的工具[①]。如果他说他需要用一个时表，又如果我们能够想法子使他哭泣一场，那么，我所培养的爱弥儿也不过是一个平庸的爱弥儿，对我固然有用处，可以使别人了解我，然而真实的爱弥儿却是一个与众不同的孩子，任何人想学他的榜样也是学不会的。

我们有一个既不背离自然而且还更加公平的次序，根据这个次序，我们将按照各种技术之间必然的联系去看待它们，把最能独立操作的技术列在前面，而那些需要许多其他行业的帮助才能操作的技术，则列在后面。这个次序，虽然使人们在总的社会次序方面联想到几个重要的问题，但同前面那个评价的次序一样，在世人的心目中恰恰颠倒了，以致生产原料的技术差不多都是被人看不起的，都是挣钱不多的，而原料愈是加工，则愈是最后加工制造成品的人，就愈是挣钱和受到人们的尊重。我不打算研究精巧的技术是不是因为把原料最后制成了成品，所以就应该比提供原料的技术更重要和得到更多的报酬，但是我要指出，在每一种东西中，用途最广和必不可少的技术毫无疑问是最值得尊重的；而一种技术，如果它最不需要其他技术的帮助，则我们对它的评价当然比那些依赖性最大的技术高得多，因为它是最自由的，而且是最接近于独立操作的。这才是对技术和劳力的真正的评价尺度，而一切其他的尺度都是任意的，都是以人的偏见为转移的。

在所有一切技术中，第一个最值得尊敬的是农业；我把炼铁放

① 如果我们的欲念要任意支配时间的进程，则时间对我们来说就失去了计算的意义。智者的时表就是他的兴致的平衡和心灵的宁静；他始终是恰合其时的，他始终能掌握他的时间。

在第二位，木工放在第三位，以下类推。一个孩子如果没有受过庸俗的偏见的毒害，也一定是这样评定这些技术的次序的。我们的爱弥儿难道说不会从鲁滨逊身上想到许多重要的问题！当他发现，有些技术只有进行细致的分工，只有无限地增添这种或那种工具，才能臻于完善，他将产生怎样的想法呢？他心里将这样想："那些人虽然是很灵巧，但灵巧之中也带有几分愚蠢：他们害怕他们的胳臂和手指干不了什么事情，所以才发明工具来代替它们。单单为了操作一门技术，他们就要受千百种其他技术的支配，每一个工人都要依赖整个的城市。至于我的同伴和我，我们就要把我们的天才用来增进我们的技巧，我们只制造可以随身携带的工具。那些人尽管在巴黎夸他们的本事，可是到了我们的岛上也许就什么也不行了，就得给我们做徒弟。"

读者诸君，不要只是待在这里看我们的学生练他的身体和练他的手艺，也请你们考虑一下我们把他幼稚的好奇心是引向哪个方向发展的，考虑一下他所获得的常识，他所培养的发明精神和深远的眼光，考虑一下我们将训练他具备什么样的头脑。他无论看见什么或做什么，他都要把它彻底地弄个明白，懂得其中的道理；他要从一种工具到另一种工具，追溯到当初使用的第一个工具；他绝不凭想象行事；他对一样东西如果事先没有一点知识，他就不去学它：如果他看见人家做弹簧，他就想知道钢铁是怎样从矿石中炼出来的；如果他看见别人把木板钉成箱子，他就想知道树木是怎样砍伐的；当他自己工作的时候，他拿到他所用的每一样工具时他都要这样说："如果我没有这样的工具，我怎样才能做一个同它相似的东西来用，或者怎样想办法不用这种工具？"

不过，当老师喜欢做什么事情的时候，难免不错误地认为孩子也同样喜欢做那种事情，所以，在你津津有味地工作时，必须注意看孩子是不是感到厌烦而不敢向你表示出来。孩子应该把全神贯注在他所做的事情上，而你则应该把全神贯注在他的身上，不断地留心观察他，但又不要让他发现你在暗中注意他；你要预先料到他心中的感想；要防止他产生不正确的看法；要使他专心到这样的程度，以致他不仅觉得他能够做那件事情，而且，由于他非常明白他所做的事情有什么用处，所以做起来心里也感到喜欢。

技术的结合在于工艺的交换，商业的结合在于物品的交换，银行的结合在于票据和银钱的交换：所有这些观念都是互相关联的，基本的概念已经有了，我们借园主罗贝尔的帮助，在幼小时候就使他获得了这些观念的基础。我们现在要做的事情，只是把以上这些观念综合起来，并且把它们用来说明更多的例子，以便使他懂得通商贸易是怎样一回事情，同时向他详细讲解有关各地特产的博物学，详细讲解航海方面的技术和科学，最后详细讲解按地方的远近，按陆地、海洋和江河等的位置而产生的或大或小的交通上的困难，以便使他对商业有一个深刻的了解。

没有交换，任何社会都不能存在；没有共同的尺度，任何交换都不能进行；没有平等，就不能使用共同的尺度。所以，整个社会的第一个法则就是：在人和人或物和物之间要有某种协定的平等。

人和人之间的协定的平等，跟自然的平等迥然不同，为了要实现这种平等，就需要有成文法，也就是说需要有政府和法律。一个孩子对政治的知识应当简单而明了；由于他对产权已经有了一些观念，所以，他只应该在牵涉到产权的时候才泛泛地知道有政府。

物和物之间的协定的平等，导致了货币的发明，因为，货币只不过是用来比较各种各样物品的价值的一个数额；在这个意义上，货币是社会的真正的纽带；但是，任何东西都可以作为货币。从前，牲畜做过货币，有几个民族现在还用贝壳做货币，斯巴达人用铁做货币，在瑞典曾经用皮革做货币，而我们则用金银做货币。

金属因为易于携带的缘故，所以一般都把它们作为各种交换的中介；为了避免在每次交换的时候都要衡量一下金属的重量，所以就把它们铸造成钱，因为钱币上的标记表明了打有那种标记的一块钱含有那样重的金属；只有国王才有铸造货币的权力，因为只有他一个人才有权利要别人承认他在全体人民当中的权威。

像这样来解释这个发明的用处，就连最愚蠢的人也能懂得的。要直接把性质不同的物品拿来比较，是很困难的，例如说布匹和麦子就很难比较；但是，当我们找到了像货币这样的共同尺度，织布的人和种麦子的人就容易按这个共同的尺度说出他们希望交换的物品的价值了。如果一定数量的布值一定数量的钱，而一定数量的麦子也值同样多的钱，那么，拿布来交换麦子的人就做了一项公平的交易。因此，通过货币，各种各样的东西才能用同一个单位的尺度来衡量，才能互相比较。

讲到这里就不要再多讲了，绝不要去解释这个制度对人们的道德的影响。无论你讲解什么东西，重要的是要好好地先揭示它的用途，然后才指出它的弊端。如果你要向孩子们解释符号是怎样使人们忘记了符号所表示的东西的，解释金钱是怎样产生了世人的种种妄念的，解释盛产白银的国家是怎样变成最穷的国家的，那你不仅把孩子们看成了哲学家，而且简直把他们看成了圣人，要他们了解连哲学家也没有了解透彻的东西。

有多么多有趣的东西可以供我们用来引导一个学生的好奇心，而且，在这样做的时候，既不离开他所能理解的实际的物质关系，也不使他在心中产生任何一个他弄不清楚的观念！教师的艺术是：绝不要让学生把注意力放在那些无关紧要的琐碎的事情上，而要不断地使他接触他将来必须知道的重大关系，以便使他能够正确地判断人类社会中的善恶。同学生交谈的时候，必须善于启发你在他心灵中所培养的思想。这样的问题，也许在别的孩子是一点也不注意的，可是它将使爱弥儿苦苦思索半年之久。

我们到一个富翁家里去吃饭，我们去时发现一个盛大的宴会已经准备得十分整齐，有很多客人，有很多仆人，有很多的菜，有一套精致漂亮的餐具。这一套又好看又很有气派的东西，如果没有见惯的话，会感到有些迷人的。我先就想到所有这一切对我的这个学生的影响。当宴会正在进行的时候，当菜一道接一道地端上来的时候，当满桌的人都在那里呱啦呱啦地谈个不休的时候，我俯身到他的耳朵边对他说："你估计一下，你在桌上所看到的这些东西在端上来以前经过了多少人的手？"这短短的一句话在他的头脑中引起了多少想法啊！心旷神怡的闲情马上就为之烟消云散。他沉思，他默想，他计算，他感到不安。当那些哲学家被美酒或身旁的女人弄得迷迷糊糊，像小娃子似的在那里大说其昏话的时候，这个孩子却一个人在那里用哲学的态度细心思考。他问我，我拒绝回答，我告诉他改天再说；他着急，他忘记了吃也忘记了喝；他巴不得离开桌子向我问个痛快。他的好奇心多么想知道这回事情啊！这一席话用来教育他是多么好听啊！像他这样一个具有任何力量都无法败坏的合乎理性判断力的人，当他发现为了他在中午漂亮地穿一阵而晚上又放进衣橱里的这身衣服，世界上的每一个角落都得分担费用，也许还有两千万人为此而长年累月地劳动，成千成百的人为此而牺牲了生命，那他对奢侈将抱怎样的看法呢？

你要仔细观察他考虑了所有这些问题以后在自己心中悄悄得出的结论。如果你不像我所讲的那样加以防备，他也许会抱另外的想法的，也许在看见那样多的人为了准备他的午餐而劳碌奔走的时候，他会把自己看作是世界上的一个要人。如果你事先预料到他要作这样的理解的话，你在他还没有这种思想以前，就可以很容易地防止他产生这种想法，或者，至少可以立刻消除他获得的印象。由于他现在还只是因为想得到物质的享受才去占有东西，所以他只能根据可以感知的关系去判断它们对他是适合还是不适合。在做了一阵运动以后肚子就饿了，这时候自由自在、快快乐乐地吃一顿简单的乡村风味的饭，实在是满有味的，把这一顿饭同那样盛大那样令人拘束的宴会一比，就足以使他感觉到宴席上的那一套东西并没有使他得到什么真正的益处；他在离开农家的桌子时，也同离开金融家的桌子一样，肚子也是装得满满的，在这两处都没有什么可以真正地说得上是他自己的东西。

我们想象一下，在这样的情况下一个老师可以对他说些什么话。“把这两顿饭都好好回想一下，看你最喜欢哪一顿饭，哪一顿饭吃得最舒服？哪一顿饭吃得最痛快，笑得最欢畅？哪一顿饭吃的时间最久而又不觉得厌烦，又不需要另换餐具？不过，你要看一看其间的差别：你觉得那样好吃的黑面包，是那个农民收获的麦子做的；他那浑黑色的酒是用他园中的葡萄酿造的，既能解渴又有益于健康；他用的餐布，是他的妻子、女儿和女仆在冬天用他种的大麻织的；桌上的菜全是他自己家里的人做的；附近的磨坊和市集，对他来说就是宇宙间最远的地方。可是在另一张桌子上，虽然有远地的物产，又经过那样多的人的手调制，但你真正享受的究竟是什么呢？如果所有那些东西并没有使你吃一顿好好的饭，东西虽多又有什么用处呢？桌上的东西哪一样是为你而做的呢？"老师还可以向他说："如果你是这一家的主人，你就会更加觉得所有这一切真是奇怪，因为你想在他人面前显示一下你的享受是多么豪华，结果却使你一点也享受不成：劳心费力的是你，而高兴快乐的是他们。"

这一番话也许很好听，但对爱弥儿来说就没有什么意义了，因为他不懂这些，他不能拿别人的看法做自己的看法。因此，要对他讲得简单一些。经过这两次吃饭的事情以后，我在有一天早晨对他说："我们今天到哪一家去吃午饭？到这一家去，将看到桌子上四分之三的地方都摆着一大堆银器，在餐后用点心的时候，将看到镜子似的盘子上放满了纸花，将看到那些大模大样的女人把你当成好玩的小娃娃，给你讲一些你莫名其妙的话；或者到离这里两英里路远的乡村，到那些欢欢喜喜地拿上好的奶酪来款待我们的人家去？"爱弥儿无疑是选择后一家的，因为他既不爱说废话也不爱讲排场，他受不了那些拘束，所有那些珍馐美味他都不喜欢；但是，一说到乡间去，他总是马上就去的，他非常喜欢好水果、好蔬菜、好奶酪和好人家[①]。在路上走着的时候，他自然而然地就读起他的看法来了。他说："我认为，所有那些花许多心思去搞盛大宴会的人，不是想浪费他们的精力，就是不懂得我们这种乐趣。"

我举的这些例子，对一个学生来说也许是好的，但对千百个其他的学生来说也许就不好了。如果你领会了其中的精神，则你可以按照你的需要把它们加以改变：例子的选择，有赖于对每一个人特有的天资的研究，而这种研究，又有赖于你使他们有表露其天资的机会。不要以为在我们所讲的这三四年的时间中，我们能够使一个天资优秀的孩子对所有自然的技术和科学都获得一个概念，使他将来有一天可以独立去学习；但是，像我们这样使他一件件地经历他必须有所认识的事物时，我们就使他进入了发展其爱好和才能的境地，使他向他的天资导引的目标迈出了第一步，而且还给我们指出应该向着什么方向辅助其天性的发展。

这一系列为数虽然有限然而是很正确的知识，还可以给我们带来另外一个好处，那就是：我们可以通过它们之间的联系和关系去教他，我们可以使它们在他的心目中占有它们应有的地位，可以

① 我之所以知道我的学生对乡村有一种喜爱，是由于他所受的教育要自然而然地产生这样的结果。此外，由于他没有那种衣服丽都的纨绔子弟的样子讨妇女们的欢心，所以，一方面他固然不像其他的孩子那样受她们的欢迎，但另一方面他也因此不太喜欢她们，不愿意同她们厮混在一起，而且，即使和她们在一起，他也是不会欣赏她们的风韵的。我甚至不愿意教他吻她们的手，不愿意教他向她们说几句干巴巴的奉承话，不愿意教他对她们要比对男人显得更尊敬，虽然对她们应当是更尊敬；我定了这样一条不能破坏的规则，即：绝不强迫他做非他的智力所能理解的事情，何况我们还找不到充分的理由叫孩子对性别不同的人采取不同的态度。

防止我们像大多数人那样偏重于培养某些才能，而忽视对他的其余的才能进行培养。对整体有很好的了解的人，就能了解每一个部分应有的位置，对一个部分有彻底的研究的人，就能够成为一个有学问的人；至于要成为一个有卓见的人，那就需要对整体有彻底的了解了；需要记着的是，我们想取得的不是知识，而是判断的能力。

不管怎样，我的方法是不拘泥于我所举的这些例子的，它是根据一个人在不同的年龄时的能力，根据我们按他的能力所选择的学习内容而进行的。我相信，你也许能顺利地找到另外一个方法，做起来似乎更好一点；但是，如果它对他的个性、年龄和性别是不太适合的话，我很怀疑你的方法能取得同样的成功。

在开始第二个时期的时候，我们已经利用我们过剩的精力把我们带到远离我们的地方；我们上了天，我们量了地，我们探寻了自然的法则；一句话，我们跑遍了整个的岛屿；现在我们又回到我们这个世界上来了，我们不知不觉就走到了我们所住的地方。要是在我们走回去的时候，发现我们的住所还没有被那些想霸占它的敌人所占据的话，我们就太高兴了！

把我们周围的情景看过以后，我们该怎样办呢？我们要把我们能够拿到的一切东西都加以使用，要利用我们的好奇心来增进我们的幸福。到现在为止，我们已经制造了一大堆各种各样的工具，但是还不知道我们用得着哪一种工具。也许，我们的工具对我们自己没有用处而对别人有用处，也许反过来，我们又需用他们的工具。这样一来，我们就发现把它们交换一下对我们是有利的，但是，为了要进行交换，就必须了解彼此的需要，每一个人都必须知道别人所使用的工具和可以拿出来交换的工具。现在假定有十个人，而每一个人有十种需要。每一个人为了满足他的需要都要做十种不同的工作；但是，由于天资和能力的差别，这个人做起这些工作来其成绩就不如那一个人好，而那一个人又不如另一个人好。所有的人虽各有所长，但现在都做同样的事情，所以效果是很不妙的。把这十个人组成一个团体，让每一个人为他自己也为其他九个人做他最适合的工作，这样，每一个人都能从其他九个人的才能中得到益处，宛如他单独一个人就具有这几种才能似的。每一个人由于继续不断地做一样工作，所以愈做愈是熟练，结果，所有这十个人的需要都全部得到满足了，而且还可能有剩余的东西供给其他的人。这就是我们所有一切的制度的显明的原理。我在这里不打算研究这个原理的结果，我在另外一本著作[①]中已经阐述过了。

按照这个原理，一个人如果想与世隔离，不依赖任何人，完全由自己满足自己的需要，其结果只能是很糟糕的。他甚至不能生存下去，因为，当他发现整个土地都由你和我所占有，而他只有孑然一身的时候，他从哪里得到他所需要的东西呢？我们在脱离自然的状态时，也强使别人脱离了这个状态；没有一个人能够不管其他的人怎样做他都要停留在这种状态；当不可能在这种状态中生活的时候，如果还想待在这种状态中的话，那才是真正地脱离了这种状态哩，因为自然的第一个法则是保卫自己的生存。

我们这样做，就可以使一个孩子在没有真正地成为社会的一

① 《论人类不平等的起源和基础》。

个活动的成员以前，在他的心中逐渐地形成社会关系的概念。爱弥儿发现，他自己要使用工具，别人也要使用工具，因此他可以用他的工具去交换他所需要而别人又能提供的工具。我很容易地使他感觉到了进行这些交换的必要，使他能够利用它们来满足他的需要。

“大人，我要生活呀，”一个穷困的讽刺文作家在一位大臣骂他所搞的这门职业是很不体面的时候说了这样一句话。“我看不出这有什么必要，”那位显要的人冷冷地回答道。这样回答，从一位大臣说来，是讲得很漂亮的，但如果出自他人之口，就显得很粗鲁和虚伪。所有的人都要生活。这个论点，每一个人将随他懂得的人情世故的多少而产生或多或少的同感，但在我看来，从讲这句话的人来说，是无可辩驳的。既然在大自然赋予我们的一切厌恶感中，最强烈的是对死亡的厌恶，那么由此可见，无论哪一个人在没有任何其他办法生活的时候，由于厌恶死的心理的驱使，是可以采取一切手段生活下去的。讲节操的人在轻视其生命和殉其职责的时候，所根据的原则跟这个简单的原理是绝不相同的。在有些民族当中，一个人用不着努力修养也能成为善良的人，而且，在没有道德的轨范可资遵循的时候也能做事公正，这样的民族才是幸福的民族！如果说在这个世界上确实有一种恶劣的境地，使处在这种境地的人不为非作恶就不能生活，使处在这种境地的人民由于生活的需要而不能不做骗子，那么，该绞死的不是这个干坏事的人，而是那些促使他去干坏事的人。

一到爱弥儿知道什么是生命的时候，我首先关心的是教他怎样保持生命。一直到现在为止，我还没有讲过职业、等级和财产的区别，我在以后也不去讲这些东西的区别，因为各种身份的人都是一样的，富人的胃也并不比穷人的胃更大和更能消化食物，主人的胳臂也不见得比仆人的胳臂更长和更有劲，一个伟大的人也不一定比一个普通的人更高，自然的需要人人都是一样的，满足需要的方法人人都是相同的。应该使一个人的教育适应他这个人，而不要去适应他本身以外的东西。由于你培养他唯一无二地只能适应于一种社会地位，所以就使得他对其余的一切地位无法适应了，如果命运同你开玩笑，则你除了使他变成一个很可怜的人以外，是得不到其他结果的，这一点，你难道还不明白？一个大贵族已经变成了叫花子，而在穷愁潦倒之中还在夸他的出身，这岂不是可笑之至？一个破了产的富翁，一想到人们对穷人的轻视，就觉得自己变成了人类当中最卑贱的人，这岂不是糟糕透了？前一种人只好去做流氓骗子，后一种人只好去做哈躬弯腰的奴才，见人就说这句好听的话："我要生活呀。"

你想依赖现时的社会秩序，而不知道这个秩序是不可避免地要遭到革命的，而且，你也没有什么办法可以预料或防止那将要影响你的孩子的革命。大人物要变成小人物，富人要变成穷人，贵族要变成平民；你以为你能避免命运的打击吗？危机和革命的时代已经来临[①]。谁说得上你将来会变成什么样的人呢？凡是人所制造的东西，人就能够把它毁掉；只有大自然刻画的特征才是不可磨灭的，然而大自然是从来不制造什么国王、富翁和贵族的。这位大

① 我认为，欧洲的几个大君主国家是不可能再长久延持下去的：它们都曾经兴盛过一个时期，盛极以后就要开始衰败的。除了这个法则以外，我还可举出一些更特殊的理由，不过不打算在这里谈就是了，因为每一个人对这一点都是很清楚的。

官,你当初只教育他追逐富贵,将来落到卑贱的地位时怎么办呢?这个只知道靠黄金生活的税吏,将来穷困的时候怎么办呢?这个虚有其表的蠢人,无一技之长而全靠他人之力生活,到了一无所有的时候又怎么办呢?一个人要能够在自己的地位发生变化的时候毅然抛弃那种地位,不顾命运的摆布而立身做人,才说得上是幸福的!企图在衰败的王权下疯狂挣扎的这个破落的国王,你们爱怎样称颂他就怎样称颂他,可是我是看不起他的;我认为,他只不过是靠他的王冠生活,如果他不是国王,他便一文不值;但是,如果他失去王位而能够不靠王冠生活的话,那么他的品位倒是远远在国王之上了。他已经从国王的地位(懦夫、流氓或疯子都可以取得这个地位)升到了只有极少数的人才能取得的人的地位。这时候,他战胜了命运,敢于把命运不看在眼里,他一切都依靠他自己;当他除了自身之外便别无他物可以炫耀于人的时候,他才能够说他不是废物,他才能够说他有几分用处。是的,我宁可要一百个在科林斯学校中教书的锡拉丘兹王,宁可要一百个在罗马做录事的马其顿王,而不要一个可恶的塔昆尼乌斯❶,因为他只知道做国王,只想成为三个王国的继承人*,任何人都拿他作嘲笑的对象,鄙视他那种潦倒的样子;他从这个宫廷奔走到那个宫廷,到处求别人的帮助,到处受别人的侮辱;他一无所长,没有从事一门职业的能力。

一个人和一个公民,不论他是做什么的,除了他自身以外,便没有另外的东西可以拿来投入社会;当一个人富起来的时候,或许

---

❶ 塔昆尼乌斯,据传说是古罗马一个暴君的名字。

* 这里指1688年被废位的英王詹姆斯二世的孙子,即世称"觊觎王位者"查理-爱德华亲王。

他不去享受他的财富，或许由公众享受他的财富。在前一种情况下，那是因为他从别人那里窃取了他本来没有的东西；在第二种情况下，不能因此就说他对公众做了贡献。要是他只拿出他的财富的话，他对社会的债务还是一点也没有偿付。“我的父亲在挣得他的财产的时候，对社会就有了贡献……”诚然，他付了他的债，但他没有付你的债。既然你一生下来就过着优厚的生活，所以你欠他人的债，比你在没有财产的情况下出生，还欠的多。把一个人对社会的贡献用来解除另一个人对社会的债务，那是一点也不公正的；因为每一个人的债都是他自己欠的，所以只能由他自己还，任何一个父亲都不能使他的儿子有权成为一个对同胞一无用处的人；你也许会说，他把他的财产传给儿子的目的就在于此，而他的财产就是他的劳动的证明和代价。一个人在那里坐吃不是他本人挣来的东西，就等于是在盗窃；在我看来，一个人如果一事不做而靠政府的年金生活的话，就同抢劫行人的强盗没有分别。处在社会之外与世隔离的人，对任何人都没有负债务，所以他爱怎样生活就可以怎样生活；但在社会之中，他必然要借他人之力而生活，他应该用劳动来向他们偿付他生活的费用；这是任何人都不能例外的。所以，劳动是社会的人不可逃避的责任。任何一个公民，无论他是贫或是富，是强或是弱，只要他不干活，就是一个流氓。

在人类所有一切可以谋生的职业中，最能使人接近自然状态的职业是手工劳动；在所有一切有身份的人当中，最不受命运和他人的影响的，是手工业者。手工业者所依靠的是他的手艺；他是自由的，他所享受的自由恰好同农民遭受的奴役形成对照，因为后者束缚于他的土地，而土地的产物完全凭他人的支配。敌人、贵族、有势力的邻居或一场官司,都可以夺去他的土地;人们可以用各种各样的方法利用他的土地去折磨他;然而,不论在什么地方,谁要是想折磨手工业者的话,他马上就捆起行李走掉了。可是农业是人类所从事的历史最悠久的职业,它是最诚实,最有益于人,因而也就是人类所能从事的最高尚的职业。我没有向爱弥儿说:"你去学一学农活吧!"因为他懂得农活。所有的庄稼活儿他都是很熟习的,他起初就是从庄稼活儿学起,而且还不断地干这种活儿。因此,我要对他说:"你现在耕种你祖上留下来的土地。但如果你失去了继承权,或者根本就没有继承权的时候,又怎样办呢?所以,你还得学一门手艺。"

"你要我的儿子去学一门手艺,要我的儿子做手工匠人,老师,你是这样想的吗?""夫人,我在这方面比你想得更周到,你只知道使他成为王公贵族一类的人物,然而说不定他将来会成为一无所能的人咧;至于我,我要给他一个他怎样也不会失掉的地位,在任何时候都可以使他引以为荣的地位,我要把他教养成人;不管你怎样说,他得到这种地位的机会将会比你能给予他一切地位的机会少得多。"

这些话,从字面上看好像是很恼人的,但它的精神是令人奋发的。问题不在于为了懂得一种手艺而学一种手艺,问题在于要克服对那种手艺所抱的偏见。你也许永远也不会有不劳动就不能生活的日子。唉!真糟糕,这对你是很不利的!不过,也没有什么关系;即使不是为了生活的需要而劳动,也可以为了获得荣誉而劳动。为了要高出于你原来的身份,就必须要不耻于做一个手工匠人。为了要使命运和事物都听你的支配,你开头就要从不依赖它们做起。如果想利用舆论去进行统治，你首先就要统治舆论。

你要记着的是，我要求你的不是才能，而是一种手艺，一种真正的手艺，纯粹的机械的技术，做的时候是动手而不是动脑，这种手艺虽不能使你发财致富，但有了它，你就可以不需要财富。在一些根本就没有挨饿之虞的人家里，我曾经看见过几个做父亲的竟深谋远虑到除用心教育他们的孩子以外，还费一番苦心教给他们一些遇到意外的事件时用来谋生的知识。这些有远见的父亲，自以为做了很多的事情，实际上是一点事情也没有做，因为他们替他们的孩子所想的办法，还是要依靠他们的命运，尽管他们想使他们的孩子不依靠命运。所以，即使有好本领，但如果有本领的人没有遇到发挥他那些本领的环境，他也会像没有本领的人一样穷困而死的。

至于说到手腕和权谋，如果在你极端穷困的时候用它们去恢复你原来的地位，还不如用它们使你过优裕的生活。如果你去学那些必须要取得艺术家的名声才能取得成就的技艺，如果你使自己只能充任那些需要人家的恩宠才能获得的职位，那么，当你出诸正义而厌恶世俗，看不起你赖以成功的那些手段时，所有这一切对你还有什么用处呢？你研究过政治和王公贵族们的爱好，这很好；但是，如果你没有办法去接近大臣、宫廷贵妇和长官，如果你没有讨取他们欢心的秘诀，如果他们都觉得你还不适于做他们所需要的走卒，那么，你所研究的那些东西又有什么用呢？你是一个建筑家或画家，是的；但是，必须要人家了解你的才能，你才可以施展你的本领。你以为可以把一个作品直接拿到沙龙里去陈列吗？啊，那是办不到的！必须要你在法兰西学院挂一个名才行，甚至想在墙角边上找一个阴暗的地方陈列，也要托人家的庇护。所以，把尺子和画笔扔掉，坐一辆马车，挨家挨户地去走访，这样才能传出你的名声哩。你应当知道，所有那些显赫的人家都是有看门的门丁和仆役的，他们靠打手势来理解事情，他们的耳朵是长在他们的手上的。如果你想教授你所学的东西，想做地理教员或数学教员、语文教员、音乐教员、图画教员，你要想找到一些学生跟你学，也必须先找到一批替你吹嘘的人。你应当知道，重要的是要善于吹牛而不是本领熟练，如果你只懂得你那门技艺的话，你在别人眼中将永远是一个无知的人。

所以你看，这些谋生的妙法都是不大可靠的，为了要用它们，你还需要知道多么多的其他的办法啊。而且，在这卑贱的境地中你将变成什么样的人呢？逆境既不能使你有所长进，反而使你的遭遇更加恶劣，一旦变成了公众的笑柄，你怎能战胜偏见——你的命运的主宰呢？你怎能轻视你赖以谋生的那些卑鄙下作的行径呢？你以往只知道依靠你的财富，而现今还要去依靠富人；你愈来愈堕落成奴隶，在奴隶的生活中遇到重重的痛苦。到了这种地步，你既贫穷又没有自由，真是堕落到了最坏的境地了。

那些奥妙的学问是用来培养心灵而不是用来培养身体的，所以，如果你不把你的依靠寄托于它们，而是在必要的时候寄托于你的手和你用手做成的东西，则一切的困难都不存在，所有的权谋都没有用处，在你需要的时候总可以找到谋生的办法的，正直和荣誉对你的生活并无妨碍；遇到大人物，你用不着那样畏缩不前地说一遍谎话；遇到恶人，你也用不着那样服服帖帖地听他们的摆布；你用不着那样卑鄙地去奉迎什么人了（当你身无分文的时候，你去向人家借钱或做强盗，差不多都是一样的），这样一来，别人的议论对你没有丝毫的影响，你无须去拍谁的马，你无须去讨哪一个傻瓜的好，无须低声下气地去巴结门丁，无须去买通或奉承什么人的宠妇。尽管有许多的恶棍在执掌大事，也同你没有什么关系：这不能妨碍你在默默无闻的生活中做一个诚实的人和挣你的面包。你走进你第一次学手艺的那个工场，说："师傅，我要找活儿干。""伙计，你就在这里干吧。"还不到吃午饭的时间，你已经就挣得了你的午饭。如果你勤勤恳恳踏踏实实地干，则一个星期还没有过完，你就挣得了下个星期的生活费用：你过着自由、健康、诚实、勤劳和正直的生活。这样去谋求生活，并没有白白地浪费你的时间。

我是绝对地主张爱弥儿学一门职业的。你说："要学就必须学一门诚实的职业。""诚实的"这个词是什么意思呢？凡是有用于大众的职业不都是诚实的吗？我绝不愿意他去做绣花匠或金匠或漆匠，不愿意他做洛克所说的那种文文雅雅的人，我也不愿意他去当音乐家或喜剧演员或著作家[①]。除了这几种职业以及同它们相似的其他职业以外，他爱学什么职业就可以学什么职业，我是丝毫不想干涉的。我倒是喜欢他做鞋匠而不做诗人，我愿意他去修马路而不愿意他在瓷器上绘花卉。"可是，"你也许会说，"警卫、暗探和刽子手也都是有用的呀。"要不是因为有政府，这些人是一点用处也没有的。且慢，我说错了。所选的职业仅仅有用还是不够的，还

① 也许有人向我说："你，你就是著作家呀。"我承认，我是由于我的不幸而成为著作家的；我的过错，我想，我已经是尽量地改正了，所以别人不能拿它们来说明想成为我这样的著作家的理由。我之所以著书，其目的并不是要替我的错误辩解，而是防止我的读者学我的榜样。

必须要这种职业不能使从事于它的人养成一种丑恶的乖戾人情的心灵。言归正传，还是本段开头的第一句话，我们要从事一门诚实的职业，不过，我们要始终记住的是，没有实际的用处，也就没有诚实可言。

本世纪有一个出名的著述家①，其著作虽然包括了庞大的计划，然而观点是非常狭隘的；他也像他那个教会中的其他教士一样，发誓不娶妻子；但是，由于发现别人觉得他私通苟合的嫌疑比任何人都重，据说，他就决定雇一些漂亮的女仆，以便尽量用她们来弥补他由于这一顾前不顾后的誓言而对人类造成的损害。他认为，给祖国生育子女是公民的一个义务，因而，这样来为国家做贡献，增加了手工匠人这个阶级的人数。一到这些孩子长大成人，他就叫他们学一门他们所喜欢的职业，但不准他们学那些虚浮而无实用的或者容易受风气影响的职业，例如做假发这门职业，就是完全不需要的，只要大自然让我们长头发，这种职业就会一天比一天地变得没有什么用处。

我们应该本着以上的精神来选择爱弥儿的职业，或者说得更确切一点，不是由我们而是由他自己本着以上的精神选择他的职业，因为他所遵循的准则会使他自然而然地对没有用处的东西产生一种轻视的心的，他绝不愿意把他的时间花费在没有价值的工作上，他要凭事物的真正用途去了解它们的价值；他所学的手艺，必须是鲁滨逊在荒岛上也是使用得着的。

当我们把自然的产品和艺术的作品一件件地拿给一个孩子观

① 圣皮埃尔神父。

看的时候，当我们引起了他的好奇心，而且注意到他的好奇心向着什么方向发展的时候，我们就可以很顺利地对他的爱好、倾向和性癖进行研究，可以很顺利地发现他的天才的第一道火花，如果他真有什么显著的天才的话。但是，你必须防止一般人所犯的一个共同的错误，那就是：把机会的影响说成是才情的奋发，并且把人和猿猴都同样具有的模仿心当成是这样或那样的艺术倾向，因为在实际上，这种模仿心是无意识地使人和猿猴做他们看到的别人所做的动作，而对那种动作的用处是一点也不明白的。世界上有许多的手工匠人，特别是有许多的艺术家，是根本没有他们所搞的那种艺术的天才的；他们之从事一种艺术，是幼年时候或因其他习俗的影响，或因一时的热情的冲动，然而这种一时的热情是同样可以使他们去从事其他的艺术的，要是他们当时看到有人在搞另外一种艺术的话。所以，要是他们当初听见了鼓声，他们就会想当将军；看见别人修房子，就会想当建筑家。每一个人看见别人从事一门职业，如果他认为那种职业是受人尊敬的话，他就要受它的引诱的。

我认识一个仆人，他看见他的主人作画，就有意要成为一个画家。自从他打定这个主意的时候起，就拿起铅笔来画，而且除了使用画笔的时候，他手中的铅笔就一直没有放下过，也许他这一辈子也永远不会放下他手中的铅笔了。他既没有学过画法，也不懂绘画的法则，只是看见什么就画什么。他这样乱七八糟地整整画了三年，除了替主人办事以外，其他任何事情都不能使他停止他的绘画，而且从来没有因为他的天资平庸、进步很慢而灰过心。在一个酷热的夏天的六个月当中，我常常看见他在一个向南的小套房里，虽然我们从那里过一下路也闷得透不过气，但他坐在，或者说得更确切一点，整天钉在一张椅子上，对着一个地球仪描画着；他极其顽强地画了又画，不断地重画，一直到把球体画得相当的好，自己也感到满意为止。最后，在他主人的帮助和一个艺术家的指导之下，他终于辞去了他的差事，用他的画笔谋生。以坚韧不拔的毅力去弥补他才能的不足，只能弥补到一定的限度，他已经达到了这个限度，而以后就再也不能超过这个限度了。这个诚实的仆人的恒心和进取心是值得称赞的。他将永远以他的刻苦和有始有终的精神及耐心受到人们的尊重，但是他永远也只能画一些很蹩脚的画。谁没有受过他自己的热情的蒙蔽，把它当作一种真正的才华呢？一个人喜欢一项工作和适合于做那项工作之间，是大有区别的。由于一个孩子所表现的是他的愿望而不是他的禀赋，所以，为了弄清他真正的才情和真正的爱好，就需要进行一些意想不到的细致的观察，以免我们没有好好地研究一下他的禀赋就单凭他的愿望进行判断。我希望一个智虑明达的人写一篇论文给我们详细阐述观察孩子的方法。这个方法是不能不知道的，然而现今做父亲和做老师的连这个方法的基本的要点还不知道哩。

我们在这里也许太强调选择一门职业的重要性了。既然问题只是在于一门手艺，则这种选择对爱弥儿来说就是毫不费事的；通过我们迄今给他的种种锻炼，他学徒的期限已经是过了一半多了。你要他干哪种活儿呢？他什么都会：他已经会使铲子和铁锹，会使车床、锤子、刨子和锉刀，各种手艺的工具他都是很熟习的。问题只是在于怎样把这些工具当中的某一种工具用得更熟练，以便努一把力赶上善于使用那种工具的工人；在这一点上，他有一个比谁都优越的条件，那就是他的身子灵便、手脚灵活，能毫无困难地做各种各样的姿势，即使长久地做什么动作，他也不觉得费劲的。此外，他的一切器官都是很健全的，而且还受过良好的锻炼；他已经懂得各种技术的机械原理。为了要成为一个干活的能手，他所欠缺的只是经验，而经验是只要有时间就能获得的。让我们来选择：在各项职业当中，他应该在哪一项职业上花足够的时间去孜孜不倦地干呢？现在的问题，就是这么一点。

让每一个人有一项适合于他的性别的职业，让年轻人有一项适合于他的年龄的职业；凡是待在房间里坐着做的职业，都是败坏身体的，所以这样的职业，他既不喜欢也不适合于他做。从来没有一个年轻小伙子是自己愿意去做裁缝师的，需要用一些巧妙的办法才能使男性去干这种女人的职业，因为他是生来就不适合做那种工作的[①]。会使针的手就不会使剑，会使剑的手就不会使针。如果我是国王的话，我就只允许妇女和瘸腿的男子去干针线活，要让瘸腿的男子和妇女一样地从事缝纫。我觉得东方人简直是发了疯，竟特地使一些人成为宦官，认为这种人也是非有不可的。他们为什么不拿那些失去了天性，丧失了良心的人去充当宦官呢？这种人是多得要不完的。凡是娇弱胆怯的男子，大自然就要叫他过那种静止不动的生活，他适合于同妇女们一块儿生活，适合于按她们那种方式而生活，叫他趁早去从事一门适合于他的职业；如果说绝对需要有真正的宦官的话，那么，就叫那些因为选择了不适合于他们的职业而丧失了男性的体面的人去充当好了。他们选择那种

① 在古代人当中是没有裁缝师的，男子的衣服都是妇女们在自己家里做的。

职业,就表明大自然的安排出了错误;你纠正这一类的错误,是只有好处而无坏处的。

我不允许我的学生选择不卫生的职业,但是我不禁止他去从事艰苦的职业,甚至去从事危险的职业,我也是不加禁止的。这些职业能同时锻炼身体和勇气,它们只适合于男子去做;妇女们是绝不会去从事这种职业的;所以,如果男人去夺取她们的职业的话,怎能不害羞呢?

> 女人是很少去打仗的,女人是不吃
> 力士那份口粮的。可是你,你却去
> 织绒线……①。

在意大利,我们在商店里从来没有看见过妇女;对见惯了法国和英国的街道的人来说,再也想不出什么东西比这个国家的街景更凄凉的了。看见那些卖杂货的男人向妇女们兜售花边、丝球、发网和绒线,我觉得,他们那一双原本是生来打造铁器的粗大的手拿着那些纤细的装饰品,实在是可笑之至。我心里想,在这个国家里,妇女们应该开设一些刀剑和枪炮店,来报复男人。啊!但愿每一个人都制造和售卖他或她那个性别的人使用的武器。为了要懂得它们,就必须使用它们。

年轻人,在你的工作上要印上男人的手的痕迹。你要学会用强有力的胳臂使用斧子和锯子,学会做大梁,学会爬上房顶去安放横梁,学会用支柱和系梁把它安得牢牢实实的;然后正如你的姐姐

---

① 尤维纳❶:《讽刺诗》,第2卷,第五篇,第33首。

❶ 尤维纳(60—140),罗马讽刺诗人。

叫你去帮她结花边一样，也叫她来帮你干你的活儿。

在这个问题上，我对我可敬的同业说的话已经是太多了，这一点我自己是感觉到了的；不过，有时候我是身不由己地不能不论述一下这些后果的影响。不管哪一个人，如果他不好意思当众手拿斧头、身围皮裙干活的话，我就认为，他这个人简直是舆论的奴隶，一听见别人嘲笑诚实的人，竟对自己所做的好事也害起羞来。只要无害于儿童，我们就可以向做父亲的人的偏见让步。为了尊重所有一切有用于人的职业，也不需要全都学会它们，只要我们不抱着不屑为之的态度就行了。当我们可以进行选择，而且又没有什么东西强制我们的时候，我们为什么不想一想在同一类职业当中，我们的爱好和倾向是适合于做哪一种职业呢？打造金属器具的工作是有用的，而且是最有用的，但是，除非我有一个特殊的理由，我是绝不叫你的孩子去做马掌匠、锁匠或铁匠的；我不喜欢看见他在炼铁炉旁边做出一副独眼魔鬼的样子。同样，我也不叫他去做泥水匠，更不叫他去做鞋匠。各行各业都要有人去做。但是，能够进行选择的人就应该考虑到那个职业的工作是不是很清洁，这一点，不是什么偏见，而是由于我们的感觉是决定我们这样考虑的。最后，我之所以不喜欢那些没有趣味的职业，是因为其中的工人没有兢兢业业的上进心，而且差不多都是像机器似的人，一双手只会干他们那种活儿；织布的、织袜子的、磨石头的，叫一个聪慧的人去从事这些职业，有什么好处呢？从事这种职业的人，等于是使用另外一架机器的机器。

经过很好的考虑之后，我认为我最喜欢而且也最适合我的学生的兴趣的职业是做木工。这种工作很干净，也很有用，而且可以在室内做；它使身体有足够的活动量，它要求工人既要具有技术，又要勤勤恳恳地干；在以实用为主的产品的样式中，也不排除典雅和美观。

要是你的学生的天才确实是倾向于科学的研究，我也不会怪你给他选择一门适合于他的爱好的职业，例如说叫他去制作数学用具、眼镜和望远镜这一类的东西。

当爱弥儿去学他的职业的时候，我也希望同他一块儿去学，因为我深深相信，只有我们一起去学他才能学得很好。我们两个人都去当学徒，我们不希望别人把我们看作绅士，而要看作真正的学徒，我们之所以去当学徒，并不是为了好玩，我们为什么不能老老实实地做学徒呢？沙皇彼得在工场里做过木匠，在他自己的军队中当过鼓手；你难道认为从出身或功绩来看，这位皇帝还赶不上你吗？你要知道，我这一番话不是向爱弥儿而是向你说的，不论你是谁，我都是要向你阐述这一点的。

可惜的是，我们不能够把我们的时间全都用在工场里。我们不仅仅要学习做工人，我们还要学习做人；后者的学徒生活比前者苦得多和长得多。我们怎样办呢？我们像你跟舞蹈老师学习那样每天跟刨木板的师傅学习一个小时吗？不；我们不是学徒，而是弟子；我们所抱的志愿不在于学木匠的手艺，而在于把我们提拔到木匠的身份。因此，我主张每个星期至少到师傅家里去学一个或两个整天，在他起床的时候我们也起床，我们要在他的眼前工作，要在他的家里吃饭，要照他的吩咐去做；在荣幸地同他一家人吃过晚饭之后，如果我们愿意的话，就回到自己家里的硬床上去睡觉。我们要一下就学会几种职业，而且要在学做手工活的同时又不忽略其他的学习，就必须采取这样的办法。

在做正当的事情时，我们应该是纯朴的，不要因为同虚荣搏斗，而自己又重新产生了虚荣。由于战胜了偏见而骄傲，就等于是向偏见投降。有人说，按照奥托曼人的古老的习惯，苏丹是一定要亲手劳动的；每一个人都知道，一个国王的手所做的东西，是必须当作杰出的作品看待的。因此，他也就堂而皇之地把他的杰出作品分派给他朝中的大官；这些东西的价钱，是按照制造东西的人的身份来定的。在这件事情上，我认为，不好的并不是大家所说的这种劣政，因为相反地它倒是一件好事。由于强迫大官们把他们抢劫人民的东西拿来同他分享，苏丹就不能不相应地少去掠夺人民。这是专制制度必要的一个缓和，没有这种缓和，这个可怕的政府就无法存在。

这种习惯的真正坏处是，它使人认为那个可怜的人有那样大的价值。正如米达斯王[1]一样，他只看见他摸过的东西都变成了黄金，但是他不明了这会带来怎样的结局。为了使我们的爱弥儿不遭到同样的结局，就不要使他的手具有这样一种发财的本领；他所做的东西，不能按制造东西的人，而必须按那个东西的好坏决定它的价值。在人们评判他所做的东西时，我们只允许他们把它拿来同手艺高明的师傅所做的东西相比较。他的作品之能得到大家的尊重，是由于作品的本身而不是因为它是他做的。当你看见一件做得很好的东西时，你会说这件东西做得真好；但你不会问是谁

[1] 米达斯王，希腊神话中菲里吉亚的国王。狄奥尼苏斯应他的请求，使他所接触的任何东西都变成黄金，连他的食物拿在手中也变成了金子，使他几乎饿死。于是狄奥尼苏斯又应他的请求，解除了他的点金的魔力。

做的？如果他自己带着骄傲和自满的神气说是我做的，你就冷淡地回答他说，是你或是另外一个人做的，这没有什么关系，反正是一件做得很好的东西。

贤良的母亲，你要特别小心别人向你说一番骗人的话。即使你的儿子知道的东西很多，你也不要相信他所知道的那些东西。如果他不幸是在巴黎长大的，而且又不幸是一个有钱的人，那他就没有前途可言了。有熟练的艺术家在身边的时候，他也许可以学到他们的本领，但一旦离开了艺术家，那他就什么本领也学不到了。在巴黎，有钱的人什么都知道，而愚昧无知的只是穷人。在这个首都里，充塞着爱好艺术的男人，而爱好艺术的女人，则尤其众多，他们做起作品来，和吉约姆先生调配颜色一样地容易。在男人中，我知道有三个人是例外，是值得尊敬的，也许还有更多的值得尊敬的人；但在女人中，值得尊敬的人我还一个也没有听说过，我怀疑她们当中是不是有这样的人。一般地说，在艺术界成名，和在法学界成名是一样的；正如成了法学博士就可以做官，一个人成了艺术家就可以做艺术批评家。

所以，一旦认识到懂得一门职业是一件好事，那你的孩子们即使是没有学过它也是会懂得的，因为他们像苏黎世市的议员一样会成为师傅。不要对爱弥儿说那种恭维话，不要他在表面上，而要他在实际上真正有那种资格。我们不要说他已经懂得了，而要让他不声不响地去学习。让他去做他最拿手的东西，但绝不称赞他是做那种东西的大师；不要让他在名义上，而必须要他在作品上表现他是一个工人。

如果到现在为止，我已经使人们懂得了我的意思，那大家就可以想象得出我是怎样在使我的学生养成锻炼身体和手工劳动的习惯的同时，在不知不觉中还培养了他爱反复思考的性情，从而能够消除他由于漠视别人所说的话和因自己的情绪的宁静而产生的无所用心的样子。他必须像农民那样劳动，像哲学家那样思想，才不至于像蒙昧人那样无所事事地过日子。教育的最大的秘诀是：使身体锻炼和思想锻炼互相调剂。

但是，我们要防止提早拿那些需要有更成熟的心灵才能理解的东西去教育学生。爱弥儿做了工人之后，不久就会体验到他起初还只是约略见到的社会上的不平等。我教他的那些准则，他是能够理解的，所以他以后是要按照那些准则来检验我的。由于他完全是由我一个人单独教育的，由于他是那样清楚地看到过穷人的境遇，所以他想知道为什么我是那么样不像穷人。也许他会突如其来地问我一些尖锐的问题："你是一个有钱的人，这一点，你告诉过我，而我也是看出来了的。既然有钱的人也是人，那就应该为社会工作。你说说，你为社会做了什么工作？"一个好教师应该怎样回答这个问题，这我不知道。也许他会愚蠢地向孩子叙述他给予他的教育。至于我，我就要利用我们的工场来帮我解答这个难题。"亲爱的爱弥儿，你问得很好；如果你能够自己找到一个你感到满意的答案，我也答应为我自己解答这个问题。我可以尽量把我多余的力量贡献于你和穷人，我每一个星期做一张桌子或凳子，以免成为一个对谁都没有用处的人。"

这样一来，我们又谈到我们自己了。这样一来，我们的孩子在意识到他自己以后，就快要脱离孩子的状态了。这时候，他比以往更加感觉到对各种事物都有依赖的必要了。我们在开头锻炼了他的身体和感官之后，又锻炼了他的思想和判断的能力。这样，我们就能使他把四肢的运用和智力的运用结合起来；我们训练了一个既能行动又能思想的人，为了造就这个人，我们还需要做的事情只是把他教育成和蔼与通情达理的人，也就是说，用情感来使他的理性臻于完善。不过，在进入这个新的事物的阶段以前，我们回顾一下我们刚刚过完的阶段，并且尽可能准确地看一看我们已经达到了什么境地。

我们的学生起初是只有感觉，而现在则有了观念了；起初是只用感官去感触，而现在能进行判断了。因为，从连续发生的或同时发生的几种感觉的比较中，以及对这些感觉所做的判断中，可以产生一种混合的或复合的感觉，我把这种感觉称为观念。

人的心灵之所以有其特点，正是由于这种观念形成的方式。能够按真正的关系形成观念的心灵，便是健全的心灵；满足于表面关系的心灵，则是浅薄的心灵；能看出关系的真相的人，其心灵便是有条理的；不能正确地判断关系的人，其心灵便是错乱的；虚构出一些无论在实际上或表面上都不存在的关系的人，就是疯子；对各种关系不进行比较的人，就是愚人。在比较观念和发现关系方面的能力是大或是小，就决定了人们的智力是高还是低，等等。

简单的观念只是由感觉的互相比较而产生的。在简单的感觉以及在复合的感觉（我称它为简单的观念）中，是包含着判断的。从感觉中产生的判断完全是被动的，它只能断定我们所感触的东西给予我们的感觉。从知觉或观念中产生的判断是主动的，它要进行综合和比较，它要断定感官所不能断定的关系。全部的差别就在这里，但是这个差别是很大的。大自然从来没有欺骗过我们；

欺骗我们的，始终是我们自己*。

我有一次在吃饭的时候看见一个人把一块冰过的奶酪拿给一个八岁的男孩子，他不知道那是什么东西，他把勺子拿到嘴里，他突然地冷了一下，就叫喊起来："啊！真烫人！"他经历了一下很猛烈的感觉，而就他所知，最猛烈的东西无过于火，因此他就以为他被火烧烫了。可是这一次他搞错了，突然地冷一下固然使他难受，但是不会烫伤他的。这两种感觉是不相同的，曾经经验过这两种感觉的人是不至于把它们搞混的。因此，使他发生错误的不是感觉，而是他对感觉所做的判断。

同样，第一次看见镜子或光学仪器的人，或者在隆冬或盛夏走进深深的地窖中的人，或者把一只很热或很冷的手放进温水中的人，或者用两只指头交叉地转动一个小圆球的人，也会产生这种错误的。如果他只是就他瞧见或感觉到一种情况而做判断的话，他所做的判断便纯粹是被动的，是不至于判断错误的；但是，如果他根据事物的外表判断的话，他就居于主动，他就要进行比较，从推理中得出他没有看到的关系；这样一来，他就会或者可能会弄出错

* "……始终是我们自己。"在其他版本作：

"我认为我们的感官是不可能欺骗我们的，因为我们感触的东西所给予我们的感觉始终是真实的；伊壁鸠鲁学派的人在这一点上是说得很有道理的。我们的感觉，只有在我们对它们产生的原因，对它们之间的关系或者对它们使我们所理解的事物的性质，随心所欲地做出我们的判断的时候，才会使我们陷入错误。伊壁鸠鲁学派的看法，不对的地方就在这一点，因为他们认为我们对感觉的判断是绝不会错的。我们有所感觉，可是我们不能感觉出我们的判断，我们必须自己去做判断。"

这一段话第一次出现在迪多于 1801 年印行的版本里；实际上在手稿里是附加在正文中的；但必须指出的是，在 1801 年的版本中，"人的心灵之所以有其特点……"和"简单的观念是由……"这两段话是没有的。

误的。为了纠正或防止错误,他就需要有经验。

夜里,叫你的学生观看那些在月亮和他之间飘过的云,他便会以为云是静止的,以为月亮是在向相反的方向移动。他之所以得出这种看法,是由于一种仓促的推论,因为他平常见到的是小物体比大物体动的时候多,同时,由于他不知道月亮离得远,所以在他看来就觉得云比月亮大。当他坐在一只正在航行的船中远看岸边时,他所得出的错误则恰恰相反,他觉得陆地在奔跑,因为他自己一点也没有动,所以他就把船、海或河以及所有地平线上的东西都看作一个不动的整体,而把他认为是在奔跑的海岸或河岸看作一个部分。

孩子在第一次看见有一半截淹在水中的棍子时,他以为他看见的是一根折断了的棍子,他的感觉是真实的;甚至我们大人,要是不知道这种现象的道理的话,也会有这种感觉的。所以,如果你问他看见了什么的时候,他就会回答说:“一根折断了的棍子。”他说得对,因为他的的确确觉得他看到的是一根断了的棍子。但是,如果在他判断错误,说他看见的是一根断了的棍子之后,再经过进一步的观察,还说他看见的确实是一根断棍子的话,那他就说错了。为什么这样讲呢?因为这时候他已经变成了主动,他的判断不再是根据他的观察而是根据他的推理做出来的,他所断言的不是他的感觉,也就是说,他由一种感官得到的判断已经过另一种感官检验过了。

既然我们的一切错误都是由我们的判断产生的,则由此可见,如果我们不需要对事物进行判断,则我们就根本不需要进行学习,我们就永远也不会自己骗自己,我们在无知无识中反倒比我们有了各种学识还更为快乐。谁否认过在学者们的学识中有千百种真实的事物是蒙昧无知的人永远也不知道的呢？然而，有学问的人是不是因此就更接近真理呢？完全相反，他们愈是前进，便愈是远离真理，因为在判断上的自负自大比知识的增长快得多；他们每学到一个真理，同时也就会产生一百个错误的判断。的确，欧洲的种种学术团体都无非是一些谈论虚妄之事的公开的场所；我们可以万无一失地说，在法兰西学院中发生的错误，比在整个休伦族人中发生的错误还多。

既然人们知道的东西愈多，则愈是容易弄出错误，所以唯一可以避免错误的办法就是什么都不知道。不下任何判断，就不会犯什么错误。这是自然和真理给我们的教训。除了事物和我们之间为数很少的非常明显的直接关系之外，我们对所有其他的一切当然都是不很注意的。一个野蛮人是不愿意走去看那些精致的机器的运转和电流的奇景的。"这对我有什么关系？"这是无知的人最常说的一句话，而对智者来说，也是最宜采纳的一句话。

可惜，这句话对我们来说就不适宜了。由于我们对一切都要依赖，所以一切都同我们有关系；而我们的好奇心也必然要随着我们的需要同时发展的。这就是我为什么说哲学家很好奇而野蛮人一点也不好奇的原因。后者对什么人都不需要，而前者则需要所有一切的人，特别是需要恭维他的人。

你也许会说我超出了自然的范围了，我可不这样认为。大自然不是按照人的偏见而是按照人的需要选择其工具和尺度的。但需要则是随人的环境而变化的。生活在自然环境中的自然人和生活在社会环境中的自然人是大有区别的。爱弥儿并不是一个奔逐荒野的野蛮人，他是一个要在城市中居住的野蛮人。他必须懂得怎样在城市中满足他的需要，怎样利用它的居民，怎样才能同他们一起生活，虽然他不像他们那样生活。

既然是不管他愿不愿意都要依据那样多新的关系去进行判断，那么，我们就教他正确地去判断好了。

学习正确地判断的最好方法是这样的：它要尽量使我们的感觉过程趋于简单，而且能够使我们不经过感觉也不至于判断错误。由此可见，虽然我们老早都能以这种感官的印象和另一种感官的印象互相验证，但还须学会使每一种感官不需要另一种感官的帮助而自行验证它所获得的印象，这样，每一种感觉对我们来说就能变成一个观念，而这个观念和实际的情况往往是符合的。在这人生的第三个阶段中，我想得到的收获就是如此。

这样的方法，要求我们必须耐心和谨慎，这一点是很多教师办不到的，然而要是学生不具备这两种态度的话，便永远也学不会怎样正确地进行判断了。例如，当他错误地根据表面现象把棍子看成是断了的时候，如果你为了指出他的错误就急忙把棍子从水里拿出来，这样也许是能纠正他那不正确的看法，但你教他学到了什么东西呢？一点也没有，因为这是他自己也能够弄明白的。啊！我们应该采取的做法才不是这样咧！问题不在于告诉他一个真理，而在于教他怎样去发现真理。为了更好地教育他，就不能那样匆匆忙忙地赶紧纠正他的错误。现在，拿爱弥儿和我做个样子说明如下：

首先，从我们所说的耐心和谨慎这两点当中的第二点来看，所有那些按照一般的方法教育的孩子就一定会十分肯定地回答说：

“当然,是一根断了的棍子。”我不相信爱弥儿会这样回答我。由于他看不出做一个有学问的人或假装是一个有学问的人有什么好处,所以他绝不会忙于下什么判断,只有在有了证明的时候他才下他的判断,然而在这件事情上要找到证明,是很不容易的。他这个人是知道我们按表面现象而作出的判断,是多么容易受错觉的影响,所以他一定要谨慎行事。

此外,他从经验中知道,我问他的每一个最细小的问题也是有他起先还看不出来的一定的目的的,因此他不可能那样糊里糊涂地回答我;相反,他在回答以前要怀疑,要注意地看,要仔仔细细地研究,他绝不会给我一个连他自己也不满意的答案;然而要使他感到满意的话,那是不容易的。总之,无论是他或我,我们都不以我们知道事情的真相而感到骄傲,我们引为骄傲的是不出错误。当我们所说的道理并不十分正确的时候,反而比我们一点道理都不知道还感到狼狈。“我不知道”这句话对我们两个人来说是很适用的,我们经常再三再四地说这句话,而说了以后,对他和对我都没有什么不好的地方。不过,不论他是不是傻里傻气冲口而出地回答我,还是用“我不知道”这句最方便的话来逃避回答,我都要紧跟着说:“让我们仔仔细细地观察一下吧。”

这一根有半截是插在水中的棍子,其位置是固定地垂直放着的。由于它看起来好像是折断了,所以为了弄清楚它究竟是不是断了的,我们要经过许多的步骤之后,才把它从水中拿出来看或者把我们的手放进水里去摸!

(1) 我们首先绕着棍子转,我们发现那折断的一段棍子也是同我们一样地在移动,可见是我们的眼睛觉得它在动;视觉是不能移动物体的。

(2) 我们从露在水外的那段棍子的末端笔直地往下看,棍子就不再是弯的,靠近我们眼睛的那一端恰恰遮挡着另外一端[①]。难道是我们的眼睛又把棍子变直了吗?

(3) 我们搅动水面,我们看见棍子折成了几段,成"之"字形摇动着,而且是跟着水的波纹一起动的。难道说我们把水一搅动就可以把这根棍子折断、弄软和融化掉吗?

(4) 我们把水放走,这时候我们看见棍子随着水位的降落又慢慢地直起来了。这样一来,岂不把这件事情和光线折射的道理解释得很清楚了吗?既然我们单单用视觉就能校正我们认为是视觉造成的错误,那么,我们说视觉欺骗我们就说得不对了。

假使孩子竟愚蠢到看不懂这些实验的结果,那就需要用触觉去帮视觉的忙了。其做法不是把棍子从水中拿出来,而是让它放在原来的位置,叫孩子用手从这端摸到另一端,这样,他感觉不到弯曲的地方,就可明白棍子不是断了的。

你也许会说,在这件事情上不只是判断的问题,而且还牵涉到形式推理的问题。你说得很对;不过,你难道不知道思想形成了观念,每一个判断就是一个推理吗?意识到一种感觉,就是一个命题,一个判断。所以,只要我们把一种感觉和另一种感觉加以比较,我们就是在进行推理了。判断的艺术和推理的艺术完全是一回事情。

① 后来我经过更精确的实验而得到的结果恰好相反。屈折的地方好像打圈子似地在转动,在水中的那一部分棍子看起来比水外的那一部分大;不过这一点并不影响我的论断,不能因此就说所得到的结果是不正确的。

爱弥儿将永远不知道屈光学这门学问，要是他没有绕着这根棍子学一学它的话。他也许不会解剖昆虫或计算太阳上的黑斑，他也许不晓得什么叫显微镜和望远镜。你那些饱有学问的学生也许会嘲笑他的无知，他们笑得不错；因为，我要他在使用这些仪器以前，自己去发明这些仪器，而你们不相信这一点是不久就可以做到的。

我在这个阶段所实行的整个方法的精神就在这里。如果孩子在用两根指头交叉地转动一个小圆球的时候，觉得是两个圆球的话，我就要在他没有确实弄清楚只有一个圆球以前，不让他用眼睛看它。

我想，这些解释足以清楚地说明我的学生的心灵到现在已经发展到什么程度，说明他达到这种程度所经历的道路。也许你对我使他注意到的事物的数量感到吃惊，因而害怕我教他这样多的知识会伤害他的脑筋。事情恰恰相反，我的目的正是要他对事物保持无知，而不是拿各种各样的事物去教他。我向他指出通向科学的道路，按照这条道路前进就能够获得真理，不过走起来是很漫长和迟缓罢了。我已经叫他开始走了几步，以便使他知道入门的途径，但是我没有允许他深入进去。

由于他不得不自己学习，因而他所使用的是他的理智而不是别人的理智；因为，为了不听信别人的偏见，就要不屈服于权威；我们所有的谬见，大部分都不是出于我们，而是从别人那里学来的。正如工作和劳累能使身体产生一种活力一样，这样继续不断地练习，也可以使他的精神产生一种活力。另外一个好处是，他的心灵的发育同他的体力的发育是成比例的。心灵和肉体一样，有多大的力量才能做多大的事。在他把各种事物储存在记忆里以前，他要使它们经过他的理解，此后，他从记忆中取出来的东西才是属于他的；不然的话，要是懵懵懂懂地在头脑中记一大堆没有经过自己思考的东西，结果，所记的东西没有一样是自己的。

爱弥儿的知识不多，但他所有的知识都真正是属于他自己的，而且其中没有一样是一知半解的。在他经过透彻了解的少量的事物中，最重要的一项是：他知道，有许多的事物是他目前不了解而将来能够了解的；有更多的事物是别人了解而他是永远也不能了解的；还有无数的事物是任何人都不能了解的。他有一个能包罗万象的心胸，其所以这样，不是由于他有知识，而是由于他有获得知识的能力；他心思开朗，头脑聪敏，能够临机应变；现在，正如蒙台涅所说的，他虽然不是一个学识渊博的人，但至少是一个善于学习的人。只要他能够明白他所做的一切有什么用处，能够明白他为什么相信他所知道的种种事物，我就感到满意了。因为，再说一次，我的目的不是教给他各种各样的知识，而是教他怎样在需要的时候取得知识，是教他准确地估计知识的价值，是教他爱真理胜于一切[†]。采用这个办法，我们的进步很慢，但绝不会走一步冤枉的路，绝不会在前进不了的时候又不能不倒退回来重新学起。

爱弥儿只具有自然的知识，而且纯粹是物理的知识。对于历史，他连这个名词都不晓得，他也不知道什么叫形而上学和道德。他知道人和事物之间的主要关系，但他一点也不知道人和人之间

† 在其他版本作：因为，再说一次，我的目的不是教给他各种各样的知识，而是使他知道有各种各样的知识，是教他怎样在需要的时候取得知识，以便使他能够准确地估计知识的价值，使他爱真理胜于爱一切的东西。

的道德关系。他不大会概括观念，也不怎么懂得作抽象的思考。他能看出一些物体所共有的性质，但他不推究那些性质的本身。他借助于几何图形而认识抽象的空间，借助于代数符号而认识抽象的数量。这些图形和符号是抽象思考的支柱，所以他的感官要依靠这种支柱。他对事物的认识，其根据不是事物的性质，而是事物对他的影响。对于外界的物体，他只按它和他的关系去进行估计，但是这种估计是准确可靠的，其间一点也没有掺杂什么妄念和成见。他最重视对他最有用处的东西。由于他永远不违背这个认识事物的方法，因而就不会被别人的偏见所左右。

爱弥儿喜爱劳动，性情温和；他为人又耐心又顽强，而且还充满了勇气。他的想象力现在还没有活跃起来，因而不会使他在心目中把他遇到的危险想象得那样大；他对疾病满不在乎，他能够坚忍不拔地忍受一切痛苦，因为他还不知道怎样同命运进行斗争。至于说到死，他简直还不知道它是怎样一回事情哩；然而，由于他已经习惯于不加抵抗地完全服从需要的法则，因而在非死不可的时候，他将毫不呻吟，毫不挣扎地死去的。在这人人都憎恶的时刻，大自然是只允许我们这样做的。自由自在地生活和对人间的事物毫无挂虑，这就是懂得怎样死亡的最好方法。

总之，在个人道德中，爱弥儿已经懂得所有那些关系到他自己的道德了。为了具备社会道德，他只需进一步认识到是哪些关系在要求人们遵循这种道德就行了，他在这方面所欠缺的知识，不久就可获得的。

他只考虑他自己而不管别人，他认为别人也最好是不要为他动什么脑筋。他对谁都没有什么要求，也不认为他对哪一个人有什么应尽的义务。他在人类社会中是独自生活的，他所依靠的只是他自己。他比任何人都更应该依靠他自身，因为他完全达到了他那样年龄的人所能达到的圆满境地。他没有犯过什么过失，或者说，他所犯的过失都是我们无法避免的；他没有染上什么恶习，或者说，他所有的恶习都是任何人不能保证自己没有的。他的身体强壮，四肢灵活，思想健全而无偏见，心地自由而无欲念。自私，这在一切欲念中名列第一而且也是最自然的欲念，在他的心中还没有显露端倪。他不扰乱别人的安宁，因而可以按大自然所能允许的范围生活得尽量的满意、快乐和自由。你认为一个孩子这样地长到十五岁，他的光阴是白白地浪费了吗？

第　四　卷

我们在世上的时间过得多么快啊！生命的第一个四分之一，在我们还不懂得怎样用它以前，它就过去了；而最后的四分之一，又是在我们已经不能享受生命的时候才到来的。起初，我们是不知道怎样生活，而不久以后我们又失去了享受生活的能力；在这虚度过去的两端之间，我们剩下来的时间又有四分之三是由于睡眠、工作、悲伤、抑郁和各种各样的痛苦而消耗了的。人生是很短促的，我们之所以这样说，不是由于它经历的时间少，而是由于在这很少的时间当中，我们几乎没有工夫去领略它。死亡的时刻固然同出生的时刻相距得很远，如果当中的时间不是很好地度过的话，也可以说人生是极其短促的。

我们可以说是诞生过两次：一次是为了存在，另一次是为了生活；一次是为了做人，另一次是为了做一个男子。有些人把女人看做是一个不完全的男子，这种看法当然是错误的；但是他们就外表而作的推论，是说得很对的。在达到弱冠和及笄之年以前，男孩子和女孩子在外表上是没有什么明显的区别的，甚至连面孔、肤色和声音都完全是相同的：女孩是孩子，男孩也是孩子；同一个名词可以用来称呼这两种如此相像的人。男子们的男性的外部发育如果受到阻碍，则他们终生将保持这种样子，他们始终是大孩子；而妇女们由于没有失去这种样子，所以在许多方面都好像是从来没有起过变化似的。

一般地说，男子是不会始终停留在儿童状态的，他到了大自然所规定的时候就要脱离这种状态；这个极关紧要的时刻虽然是相当的短，但它的影响却很深远。

正如暴风雨的前奏是一阵海啸一样，这狂风暴雨似的巨变也用了一阵日益增长的欲念的低鸣宣告它的来临，一种暗暗无声的骚动预告危险即将到来了。性情的变化，愤怒的次数的频繁，心灵的不断的激动，使他几乎成了一个不守规矩的孩子了。他对我向他说的话以前是乖乖地服从的，而现在则充耳不闻了；他成了一头发狂的狮子，他不相信他的向导，他再也不愿意受人的管束了。

除了性情变化的精神征兆以外，在面孔上也有显著的变化。他的相貌长得轮廓分明，显得有一副性格的样子；他两个下腮上的稀疏柔软的绒毛也变得很浓密了。他的声音粗浊，或者说得更确切一点，他失去了他的声音：他既不是小孩也不是大人，这两种人的声音他都不能发了。他的眼睛，心灵的器官，在此以前是一无表情的，而现在也能表达他的语言和感情了，愈来愈烈的情火使它们显出活泼的样子；灵活的目光虽尚保存着圣洁的天真，然而已不再有最初那种茫然无知的神情，他已经觉得它们什么都能够表达了，他已经开始知道用它们传出忧郁和盛怒的心情了；还没有感触到什么东西，他已经就有所感觉了；他急躁不安，但又不知道急躁不安的原因。所有这一切都可能是慢慢来的，还给你留有观察的时间；但是，如果活泼的性情变得过于急躁，如果他的热情变成了疯狂，如果他时常激动和忧伤，如果他无缘无故地流眼泪，如果他一挨近他觉得是有危险的东西,他的脉搏就怦怦跳动,他的眼睛就发红,如果一个女人把她的手放在他的手上就使他战栗,如果他一靠近她就感到惶恐或羞怯,尤利西斯,啊,聪明的尤利西斯,你自己要当心啊!你那样仔细地系得牢牢实实的皮囊现在又打开了,狂风又怒吼起来了,别再放松你的舵柄了,否则一切都完了。

这就是我所说的第二次诞生,到了这个时候人才真正地开始生活,人间的事物才没有一样在他看来是稀奇的。在此以前,我们所关心的完全是孩子的游戏,只有在现在我们对他的关心照料才具有真正的重要意义。一般人所施行的教育,到了这个时期就结束了;而我们所施行的教育,到这个时期才开始哩;不过,为了把这个新的计划阐述清楚起见,让我们再回头谈一下我们在前面讲到的事情。

我们的欲念是我们保持生存的主要工具,因此,要想消灭它们的话,实在是一件既徒劳又可笑的行为,这等于是要控制自然,要更改上帝的作品。如果上帝要人们从根铲除他赋予人的欲念,则他是既希望人生存,同时又不希望人生存了;他这样做,就要自相矛盾了。他从来没有发布过这种糊涂的命令,在人类的心灵中还没有记载过这样的事情;当上帝希望人做什么事情的时候,他是不会吩咐另一个人去告诉那个人的,他要自己去告诉那个人,他要把他所希望的事情记在那个人的心里。

所以,我发现,所有那些想阻止欲念的发生的人,和企图从根铲除欲念的人差不多是一样的愚蠢;要是有人认为我在这个时期以前所采用的办法就是要达到这样的目的,那简直是大大地误解了我的意思。

不过，如果我们根据人之有欲念是由于人的天性这个事实进行推断，我们是不是因此就可以得出结论说，我们在我们自己身上所感觉到的和看见别人所表现的一切欲念都是自然的呢？是的，它们的来源都是自然的；但是，千百条外来的小溪使这个源头变得很庞大了，它已经是一条不断扩大的大江，我们在其中很难找到几滴原来的水了。我们的自然的欲念是很有限的，它们是我们达到自由的工具，它们使我们能够达到保持生存的目的。所有那些奴役我们和毁灭我们的欲念，都是从别处得来的；大自然并没有赋予我们这样的欲念，我们擅自把它们作为我们的欲念，是违反它的本意的。

我们的种种欲念的发源，所有一切欲念的本源，唯一同人一起产生而且终生不离的根本欲念，是自爱。它是原始的、内在的、先于其他一切欲念的欲念，而且，从一种意义上说，一切其他的欲念只不过是它的演变。从这个意义上说，要是你愿意的话，就可以说，所有的欲念都是自然的。但是，大部分的演变都是有外因的，没有外因，这些演变就绝不会发生；这些演变不仅对我们没有好处，而且还有害处；它们改变了最初的目的，违反了它们的原理。人就是这样脱离自然，同自己相矛盾的。

自爱始终是很好的，始终是符合自然的秩序的。由于每一个人对保存自己负有特殊的责任，因此，我们第一个最重要的责任就是而且应当是不断地关心我们的生命。如果他对生命没有最大的兴趣，他怎么去关心它呢？

因此，为了保持我们的生存，我们必须要爱自己，我们爱自己要胜过爱其他一切的东西；从这种情感中将直接产生这样一个结果：我们也同时爱保持我们生存的人。所有的儿童都爱他们的乳母；罗谬拉斯[1]也一定是爱那只曾经用乳汁哺育过他的狼的。起初，这种爱纯粹是无意识的。谁有助于我们的幸福，我们就喜欢他；谁给我们带来损害，我们就憎恨他，在这里完全是盲目的本能在起作用。使这种本能变为情感，使依依不舍之情变为爱，使厌恶变为憎恨的，是对方所表示的有害于或有益于我们生存的意图。感觉迟钝的人，只有在我们刺激他们的时候，他们才跟着动一动，所以我们对他们是没有爱憎之感的；可是有些人，由于内心的癖性，由于他们的意志，因而对我们可能带来益处或害处，所以，当我们看见他们在倾其全力帮助或损害我们的时候，我们也会对他们表示他们向我们所表示的那种情感的。谁在帮助我们，我们就要去寻找他；谁喜欢帮助我们，我们就爱他；谁在损害我们，我们就逃避他；谁企图损害我们，我们就恨他。

小孩子的第一个情感是爱他自己，而从这第一个情感产生出来的第二个情感，就是爱那些同他亲近的人，因为，在他目前所处的幼弱状态中，他对人的认识完全是根据那个人给予他的帮助和关心。起初，他对他的乳母和保姆所表示的那种依依之情，只不过是习惯。他寻找她们，因为他需要她们，找到她们就可以得到益处。这是常识而不是亲热的情意。需要经过很多的时间之后，他才知道她们不仅对他有用处，而且还很喜欢帮助他；只有到这个时候，他才开始爱她们。

[1] 罗谬拉斯是传说中的罗马的创建者，据说，是一只母狼在一条破船中找到的被人遗弃的婴儿，衔回狼窝去以狼乳养大的。

所以，一个小孩子是自然而然地对人亲热的，因为他觉得所有接近他的人都是来帮助他的，而且由这种认识中还养成了爱他的同类的习惯；但是，随着他的利害、他的需要、他主动或被动依赖别人的时候愈来愈多，他就开始意识到他同别人的关系，并且还进而意识到他的天职和他的好恶。这时候，孩子就变得性情傲慢、妒忌，喜欢骗人和报复人了。当我们硬要他照我们的话去做的时候，由于他看不出我们叫他做的事情的用处，他因而就会认为我们是在任性了，是有意折磨他，所以他就要起来反抗。如果我们一向是迁就他的，那么，只要在什么事情上违反了他的心意，他就要认为我们是在反叛他，是存心抗拒他；他就要因为我们不服从他而拍桌子打板凳地大发脾气。自爱心所涉及的只是我们自己，所以当我们真正的需要得到满足的时候，我们就会感到满意的；然而自私心则促使我们同他人进行比较，所以从来没有而且永远也不会有满意的时候，因为当它使我们顾自己而不顾别人的时候，还硬要别人先关心我们然后才关心他们自身，这是办不到的。可见，敦厚温和的性情是产生于自爱，而偏执妒忌的性情是产生于自私。因此，要使一个人在本质上很善良，就必须使他的需要少，而且不事事同别人进行比较；如果一个人的需要多，而且又听信偏见，则他在本质上必然要成为一个坏人。按照这个原则，就很容易看出我们怎样就能把孩子和大人的欲念导向善或恶了。是的，由于他们不能始终是那样地单独生活，所以他们要始终保持那样的善良是很困难的。这种困难还必然随他们的利害关系的增加而增加，何况还有社会的毒害，所以我们在这方面不能不采取必要的手段和办法防止人心由于有了新的需要而日趋堕落。

人所应该研究的，是他同他周围的关系。在他只能凭他的肉体的存在而认识自己的时候，他应当根据他同事物的关系来研究他自己，他应当利用他的童年来做这种研究；而当他开始感觉到他的精神的存在的时候，他就应当根据他同人的关系来研究自己，他就应当利用他整个的一生来做这样的研究，现在我们已经达到开始做这种研究的时候了。

一到人觉得他需要一个伴侣的时候，他就不再是一个孤独的人，他的心就不再是一个孤独的心了。他同别人的种种关系，他心中的一切爱，都将随着他同这个伴侣的关系同时发生。他这第一个欲念很快就会使其他的欲念骚动起来。

这个本能的发展倾向是难以确定的。这种性别的人为另一种性别的人所吸引，这是天性的冲动。选择、偏好和个人的爱，完全是由人的知识、偏见和习惯产生的；要使我们懂得爱，那是需要经过很多时间和具备很多知识的。只有在经过判断之后，我们才有所爱；只有在经过比较之后，我们才有所选择。这些判断的形成虽然是无意识的，但不能因此就说它们是不真实的。真正的爱，不管你怎样说，都始终是受到人的尊重的，因为尽管爱的魅力能使我们陷入歧途，尽管它不把那些丑恶的性质从感受到爱的心中完全排除，而且，甚至还会产生一些丑恶的性质，但它始终是受到尊重的，没有这种尊重，我们就不能达到感受爱的境地。我们认为是违反理性的选择，正是来源于理性的。我们之所以说爱是盲目的，那是因为它的眼睛比我们的眼睛好，能看到我们看不到的关系。在没有任何道德观和审美观的男人看来，所有的妇女都同样是很好的，他所遇到的头一个女人在他看来总是最可爱的。爱不仅不是由自然产生的，而且它还限制着自然的欲念的发展；正是由于它，除了被爱的对象以外，这种性别的人对另一种性别的人才满不在乎。

我们喜欢什么，我们就想得到什么，而爱则应当是相互的。为了要受到人家的爱，就必须使自己成为可爱的人；为了要得到人家的偏爱，就必须使自己比别人更为可爱，至少在他所爱的对象的眼中看来比任何人都更为可爱。因此，他首先要注视同他相似的人，他要同他们比较，他要同他们竞赛，同他们竞争，他要妒忌他们。他那洋溢着感情的心，是喜欢向人倾诉情怀的；他需要一个情人，不久又感到需要一个朋友。当一个人觉得为人所爱是多么甜蜜的时候，他就希望所有的人都爱他；要不是因为有许多地方不满意，大家都是不愿意有所偏爱的。随着爱情和友谊的产生，也产生了纠纷、敌意和仇恨。在许多各种各样的欲念中，我看见涌现了偏见，它宛如一个不可动摇的宝座，愚蠢的人们在它的驾驭之下，竟完全按别人的见解去安排他们的生活。

把这些观念加以扩充，你就可以发现我们以为我们的自尊心在形式上好像是天生的想法是从那里来的，你就可以发现自爱之心为什么不能成为一种绝对的情感，而要在伟人的心中变为骄傲，在小人的心中变为虚荣，使所有一切的人都不断地想损人利己。在孩子们的心中是没有骄傲和欲念的根源的，所以不可能在其中自发地产生，纯粹是我们把这些欲念带到他们心中的，而且，要不是由于我们的过错的话，这些欲念也不可能在他们的心中扎下根的；但是，就青年人来说，情况就不是这样了，不管我们怎样努力，这些欲念都会在他们心中生长起来。因此，现在是到了改变方法的时候了。

让我们首先就这里所阐述的紧要阶段谈几个重要问题。从童年到青春期，这段时间并不是像大自然那样安排度过的，它对每个人要随人的气质而变化，它对民族要随风土而变化。每一个人都知道，在这一点上炎热的地区和寒冷的地区的差别是很显著的，性情急躁的人要比别人成熟得早一些；但是，人们可能会搞错这当中的原因，可能把精神的原因往往说成是物质的原因，这是当代的哲学家们常犯的错误之一。自然的教育进行得晚，进行得慢，而人的教育则进行得过早。前一种教育，是让感官去唤起想象；后一种教育，则是用想象去唤起感官；它使感官还没有成熟就开始活动，这种活动起先将损伤个人的元气，使他的身体衰弱，往后甚至还会削弱种族的。有一种看法认为这是由于风土的影响，而另外一种更普遍和更肯定的看法则认为受过教养的文明人的发情期和性能力，总是比粗野无知的人的发情期和性能力成熟得早些①。孩子们有一种特异的聪敏，可以透过端庄的外表发现其中掩盖的一切不良风俗。人们教他们所说的那种一本正经的话，向他们灌输的

① “在城市里，”毕丰说，“富裕人家的孩子常吃丰富和营养的食品，因而达到这个阶段的时间更早一些；在乡间，穷苦人家的孩子则比较晚一些，因为他们吃得不好又吃得太少；他们要多用两三年的时间才能达到这个阶段。”(《博物学》第4卷，12开本，第238页。)我承认他所说的事实，但我不赞同他所说的原因；在乡村中，农民们吃得很好又吃得很多，像在瓦累，甚至像在意大利的某些山区(如弗里乌尔)，男孩和女孩的发情期都同样比城市的孩子们来得晚；在城市中，人们为了满足虚荣的心理，往往是极其节食的，而且城市中的人大多数都是像俗话所说的：“穿得阔绰，吃得蹩脚。”令人奇怪的是，在这些山区中，我们看见一些个子高力气大犹如成人的男孩子，说话还是那样尖声尖气的，而且下巴上也没有长胡须，而亭亭玉立的大姑娘好像还一点不知道女性的月经。在我看来，其所以有这种差别，唯一的原因是由于他们在那种朴朴素素的风俗中，他们的想象力保持平静的时间较长，所以才使他们的血液沸腾得晚，使他们的气质不是那样的早熟。

为人要老实的教训，以及用来蒙蔽他们眼睛的种种神秘的面纱，反而成了刺激他们好奇心的因素。显然，按照你们所采取的方法，你们装模作样地不让他们知道某种事情，反而教他们知道那种事情；在你们给他们的各种教育中，只有这种教育他们才最能融会贯通。

你从经验中就可以知道，这种愚蠢的方法在多大的程度上加速了自然的作用和毁坏了人的气质。这一点，是城市人口衰退的主要原因之一。年轻人很早就耗尽了他们的精力，因而成长得很矮小、柔弱，发育不健全；他们不是在成长而是在衰老，正如你们使葡萄在春天结实，使它在秋前就枯萎而死是一样的。

必须在粗豪质朴的人们当中生活过，才能知道快乐无知地生活可以使孩子们一直到多大的年龄都还是那样的天真。看见男孩子和女孩子是那样心地坦然地在年轻貌美的时候做那些天真的儿童游戏，看见他们在亲热中流露出纯洁的愉快的心情，真是令人又高兴又好笑。最后，当这些可爱的年轻人结了婚，两夫妇互相把他们个人的精华给予对方的时候，他们双方将因此更加亲爱了；长得结结实实的一群孩子，就是任何力量都不能加以破坏的这种结合的保证，就是他们青年时期美好德行的成果。

既然人获得性知识的年龄，是随人所受的教育以及随自然的作用而有所不同，则由此可见，我们是能够以我们培养孩子的方法去加速或延迟这个年龄的到来的；既然身体长得结实或不结实，是随我们的延迟或加速这个发展的进度而定，则由此可见，我们愈延缓这个进度，则一个年轻人就愈能获得更多的精力。我现在所谈的还纯粹是对体格的影响，你们不久就可看到，这些影响的后果还不只是限于身体哩。

人们时常争论这个问题：是趁早给孩子们讲明他们感到稀奇的事情呢，还是另外拿一些小小的事情把他们敷衍过去？现在，我从上述的论点中找到了解决这个问题的办法了。我认为，人们所说的两个办法都不能用。首先，我们不给他们以机会，他们就不会产生好奇心。因此，要尽可能使他们不产生好奇心。其次，当你遇到一些并不是非解答不可的问题时，你不可随便欺骗提问题的人，你宁可不许他问，而不可向他说一番谎话。你按照这个法则做，他是不会感到奇怪的，如果你已经在一些不重要的事情上使他服从了这个法则的话。最后，如果你决定回答他的问题，那就不管他问什么问题，你都要尽量地答得简单，话中不可带有不可思议和模糊的意味，而且不可发笑。满足孩子的好奇心，比引起他的好奇心所造成的危害要少得多。

你所作的回答一定要很慎重、简短和肯定，不能有丝毫犹豫不决的口气。同时，你所回答的话，一定要很真实，这一点，我是用不着说的了。成年人如果意识不到对孩子撒谎的危害，就不能教育孩子知道对大人撒谎的危害。做老师的只要有一次向学生撒谎撒漏了底，就可能使他的全部教育成果从此为之毁灭。

某些事情绝对不让孩子们知道，对他们来说也许是最好不过的；但不可能永远隐瞒他们的事情，就应当趁早地告诉他们。要么就不让他们产生一点好奇心，否则就必须满足他们的好奇心，以免他们达到一定的年龄后，受到自己的好奇心的危害。在这一点上，你在很大的程度上要看你的学生的特殊情况以及他周围的人和你预计到他将要遇到的环境等等而决定你对他的方法。重要的是，这时候在任何事情上都不能凭偶然的情形办事；如果你没有把握使他在十六岁以前不知道两性的区别，那就干脆让他在十岁以前知道这种区别好了。

我不喜欢人们装模作样地对孩子们说一套一本正经的话，也不喜欢大家为了不说出真情实况就转弯抹角地讲，因为这样反而会使他们发现你是在那里兜着圈子说瞎话。在这些问题上，态度总要十分朴实；不过，他那沾染了恶习的想象力，使耳朵也尖起来了，硬是要那样不断地推敲你所说的话的词句。所以，话说得粗一点，没有什么关系；而应该避免的，是色情的观念。

尽管行为端正是人类的天性，但孩子们自然是不知道这一点的，只有在知道有罪恶的时候才知道要行为端正；所以，当孩子们还没有而且也不应当有关于罪恶的知识的时候，他们怎样会有从这种知识中产生的认识，想到要行为端正呢？如果教训他说要行为端正和诚实，这无异是在告诉他们说有些事情是可羞的和不诚实的，无异是在暗中驱使他们想知道这些事情。他们迟早是会知道这些事情的，只要有一个小小的火花把他们的想象力点燃以后，就一定会加速使他们的感官火热地动起来的。凡是脸儿会发红的人，就有犯罪的能力了；真正天真的人对任何事情都是不害羞的。

孩子们还没有具备成年人所有的那些欲望，但同成年人一样，他们也是容易沾染那些伤害感官的猥亵行为的，因此他们也可以接受针对这种行为所施行的良好教育。我们要遵照自然的精神，它把秘密的快乐的器官和令人厌恶的排泄的器官放在同样的地方，从而有时以这种观念，有时又以另一种观念教导我们在任何年龄都同样要那样的谨慎；它教成年人要节制，它教小孩子要爱干净。

我认为，要使孩子们保持他们的天真，只有一个良好的办法，那就是：所有他周围的人都要尊重和爱护他们的天真。不这样做，则我们对他们所采取的一切控制办法迟早是要同我们预期的目的产生相反的效果的；微微地笑一下，或者眨一下眼睛或不经意地做一下手势，都会使他们明白我们在竭力隐瞒他们什么事情；他们只要看见我们向他们掩饰那件事情，他们就想知道那件事情。文雅的人同孩子们谈起话来咬文嚼字，反而使孩子们以为其中有些事情是不应该让他们知道的，因此对孩子们讲话绝不要那样的修饰辞藻；但是，当我们真正尊重他们的天真的时候，我们同他们谈话就容易找到一些适合于他们的语句了。有一些直率的话是适合于向天真的孩子们说的，而且在他们听起来也是感到很喜欢的：正是这种真实的语言可以用来转移一个孩子的危险的好奇心。同他说话的时候诚恳坦率，就不会使他疑心还有一些事情没有告诉他。把粗话同它们所表达的令人厌恶的观念联系起来，就可以窒息想象力的第一个火花。我们不要去禁止他说那些话和获得那些观念，但是我们要使他在不知不觉中一想起那些话和那些观念就感到厌恶。如果人们从心眼里始终只说他们应当说的话，而且他们怎样想就怎样说，则这种天真烂漫的说话方式将给他们省去多少麻烦啊！

“小孩子是怎样来的？”孩子们是自然而然地会提出这个令人为难的问题的；对这个问题回答得慎重或不慎重，往往可以决定他们一生的品行和健康。做母亲的如果想摆脱这个难答的问题，同时又不向他的儿子说假话，最直截了当的办法是不准他问这个问题。如果我们老早就使他在一些无关紧要的问题上听惯了我们这样的回答，如果他不疑心这种新的说话语气含有什么神秘的东西，那么，这个方法也许是可以收效的。但是，做母亲的是很少采用这样的回答方式的。“这是结了婚的人的秘密，”她也许会这样告诉他，“小孩子不应该这样好奇。”这样一来，倒是容易使母亲摆脱这个难题，但她要知道，她的孩子在她那种嘲弄的样子的刺激之下，反而会一刻也不停地想知道结了婚的人的秘密，而且，他用不着多久的时候就可以知道这个秘密是怎样一回事情。

让我告诉你们，对这个问题，我曾经听到过一个迥然不同的回答，这个回答之所以特别使我的印象深刻，是因为它出自一个在言语和行为上都是十分谨慎的妇女之口，不过，这个妇女知道在必要的时候，为了孩子的利益和品行，应当毅然决然地不怕别人的责难，不说那些引人好笑的废话。不久以前，她的小男孩从小便里撒出一个小小的硬东西，把他的尿道也弄破了，这件过去的事情早就搞忘了。“妈妈，”这个小傻瓜问道，“小孩子是怎样来的？”“我的儿子，”他妈妈毫不犹豫地回答道，“是女人从肚子里把他屙出来的，屙的时候肚子痛得几乎把命都丢掉了。”让疯子们去嘲笑吧！让傻子们去害羞吧！但是也让聪明的人去想一想他们是否可以找得到另外一个更合情理和更能达到目的的回答。

首先，这个孩子对一种自然的需要所具有的观念，将使他想不到另外一种神秘的作用。痛苦和死亡这两个连带的观念用一层暗淡的面纱把他对神秘的作用的观念掩盖起来，从而便窒息了他的想象力，克制了他的好奇。这样一来，使孩子在心中想到的是生孩子的结果而不是生孩子的原因。这位母亲回答的话如果令人想到了可厌恶的事情，使孩子再问下去的话，就必然会引申到去解释人类天性的缺陷、令人作呕的事物和痛苦的样子。在这样的谈话中，哪里会使他急于想知道生孩子的原因呢？所以你看，这样做，既没有歪曲真实的事实，也用不着去责备孩子，相反地，倒是给了他一番教育。

你的孩子要读书，他们在读书中可以取得他们如果不读书就不可能取得的知识。如果他去钻研的话，他们的想象力便将在寂静的书斋中燃烧起来，而且愈燃愈猛烈。当他们到社会中去生活的时候，他们就会听到一些鄙俗的话，就会看到一些使他们印象深刻的行为；你再三告诉他们说他们已长成为大人了，因而在他们看着大人所做的事情中，他们不免要追问这些事情怎样才可以由他们去做。既然别人所说的话，一定要他们听，则别人所做的行为，他们就可以照着去做了。家中的仆役是隶属于他们的，因此为了取悦他们，就不惜糟蹋善良的道德去迎合他们的心；有一些爱嘻哈打笑的保姆，在孩子还只有四岁的时候就向他们说一些连最无耻的女人在他们十五岁的时候都不敢向他们说的话。她们不久就把她们所说的话忘记了，然而他们是不会忘记他们所听到的事情的。轻佻的言语为放荡的行为埋下了伏机，下流的仆役使孩子也成了放荡的孩子，这个人的秘密，正好供另一个人用来保守他自己的秘密。

按年龄进行培养的孩子是孤独的。他一切都照他的习惯去做，他爱他的姐妹就好像爱他的时表一样，他爱他的朋友就好像爱他的狗一样。他自己不知道他是哪一个性别的人，也不知道他是哪一个种族的人，男人和妇女在他看来都同样是很奇怪的；他一点不知道他们所做的事情和所说的话同他有什么关系，他不看他们所做的事，也不听他们所说的话，或者说，他压根儿都没有去注意过他们，他们所说的话也像他们所做的事一样，引不起他的兴趣：所有这些都是同他不相干的。这并不是由于我们采用了这个方法因而使他有这样一个人为的过错，这是自然的无知。现在，大自然对他的学生进行启蒙的时刻已经到来了，只有在这个时候它才使它的学生可以毫无危险地从它给他的教育中受到益处。这是一个原则，至于详细的规则，是不在我论述的范围的；我针对其他事情提出的那些方法，也可以应用于这件事情。

如果你想使日益增长的欲念有一个次序和规律，那就要延长它们在发展过程中所经历的时间，以便使它们在增长的时候可以从从容容地安排得很有条理。能使它们安排得井然有序的，不是人而是自然，所以你就让它去进行安排好了。如果你的学生只是单独一人，那你就没有什么事情可做了，不过，他周围的一切是要使他的想象力燃烧起来的。偏见的激流将把他冲走，要想拉住他，就必须使他向相反的方向前进，必须用情感去约束想象力，用理智去战胜人的偏见。一切欲念都渊源于人的感性，而想象力则决定它们发展的倾向。凡是能感知其关系的人，当那些关系发生变化，以及当他想象或者认为其他关系更适合于他的天性的时候，他就会心有所动的。使所有一切狭隘的人的欲念变成种种邪恶的，是他们的想象的错误，甚至天使的欲念也会变成邪恶，如果他们也想象错了的话*。因

* 在其他版本作："……如果有天使的话。"在手稿中实际上是这样写的。我们可以说，在最初的版本中，作者是迫不得已才用"如果他们也想象错了的话"来代替"如果有天使的话"这个说法；但是，既然在日内瓦版中最后这句话是这样说的，所以，似乎确实是他自己认为在正文中最好还是用前面那个说法代替后面这个说法。

为，要想知道什么关系最适合于他们的天性，他们就必须对所有一切人的天性有所认识。

现在，把我们明智地运用我们欲念的要点归纳如下：(一)既要从人类也要从个体去认识人的真正关系；(二)要按照这些关系去节制心灵的一切感情。

但是，人是不是可以自主地按照这样或那样的关系去节制他的感情呢？如果他能够自主地把他的想象力贯注于这个或那个目标，或者能够自主地使他养成这样或那样的习惯，他当然是可以的。此外，现在的问题不在于一个人能够怎样教育他自己，而在于我们通过给我们的学生所选择的环境如何去教育他。阐明了我们采用什么方法就能使他遵守自然的秩序，就可以清楚地说明他怎样就能脱离那个秩序。

只要他的感觉力对他个人还受到限制的话，他的行为就没有什么道德的意义；只有在他的感觉力开始超出他个人的时候，他才首先有情感，而后有善恶的观念，从而使他真正成为一个大人，成为一个构成人类的必要的部分。因此，我们必须首先阐述这一点。

在进行阐述的时候，困难在于一方面必须摒弃我们眼前的事例，另一方面又必须寻找那些顺着自然的秩序连续发展的例子。

受过一定方式和文化熏陶的孩子，只要有了能力就要把他所受的过早的教育付诸实践的；这种孩子是非常清楚他什么时候就具有这种能力的，他不仅不等待，反而要加速这种时候的到来；他使他的血液还未成熟就开始沸腾，甚至，在他还未体验到他有哪些欲望以前，他早就知道他的欲望所要达到的目的了。这不是大自然在刺激他，而是他在强迫自然，因为它从来没有教过他采取这种方式去做成年人,他在实际上还没有成为一个大人,他在思想上就早已成为一个大人了。

自然的真正进程是比较缓慢地逐渐前进的,血液一点一点地开始沸腾,心思一点一点地趋于细致,性情一点一点地慢慢形成。管理工厂的聪明的工人,在用工具去制造东西以前,是十分注意地要使他所有的工具都做得非常精良。在产生最初的欲望之前,有一个漫长的焦虑不安的时期,长期的无知状态蒙蔽了他的欲望的心;他有所欲望,然而又不知道他要得到的是什么东西。血液激烈地沸腾起来,过剩的生命力要向外奔放。眼睛灼灼有光,频频地观看别人,他开始对我们周围的人发生兴趣,他开始觉得他生来不是要单独一个人生活的,这时候,他的心对人类的爱打开了大门,懂得什么叫爱了。

经过细心培养的青年人易于感受的第一个情感,不是爱情而是友谊。他日益成长的想象力首先使他想到他有一些同类,人类对他的影响早于性对他的影响。所以,把蒙昧无知的时期加以延长,还可以获得另外一个好处,那就是:利用日益成长的感性给这个青年人的心中投下博爱的种子。正是由于在他一生中,只有这个时候对他的关心教养才能取得真正的成效,所以这个好处的意义更为重大。

我往往发现,很早就开始堕落、沉湎酒色的青年是很残酷不仁的:性情的暴烈使他们变得很急躁、爱报复和容易发脾气的人;他们不顾一切,只图达到他们想象的目的;他们不懂得慈悲和怜悯;他们为了片刻的快乐就可牺牲他们的父亲、母亲和整个的世界。反之,一个在天真质朴的生活中成长起来的青年,由于自然的作用是必然会养成敦厚和重感情的性情的：他热诚的心一见到人的痛苦就深为感动；他见到伙伴的时候就高兴得发抖，他的两臂能温柔地拥抱别人，他的眼睛能流出同情的眼泪；当他发现他使别人不愉快了，他就觉得羞愧；当他发现他冒犯别人了，他就觉得歉然。如果火热的血使他急躁不安和发起怒来，隔一会儿以后，你就可以从他那深深惭愧的表情中看出他的天性的善良；他见到自己伤害了别人就哭泣和战栗，他愿意用自己的血去赔偿他使别人所流的血；当他觉察到他犯了过失，他所有的怒气就会消失，他所有的骄傲就会变为谦卑。如果别人冒犯了他，在他盛怒的时候，只要向他道一个歉，只要向他说一句话，就可以消除他的怒气；他既能真心实意地弥补他自己的过失，也能真心实意地原谅他人的过失。青春时期，不是对人怀抱仇恨而是对人十分仁慈和慷慨的时期。是的，我是这样说的，我不怕把我的话付诸经验的考验，一个在二十岁以前一直保持着天真的善良人家的孩子，在青春时期的确是人类当中最慷慨和最善良的人，他既最爱别人，也最值得别人的爱。我深深相信，还从来没有人向你说过这样的话；你们那些在学院的腐败的环境中教育出来的哲学家，是不愿意知道这一点的。

人之所以合群，是由于他的身体柔弱；我们之所以心爱人类，是由于我们有共同的苦难；如果我们不是人，我们对人类就没有任何责任了。对人的依赖，就是力量不足的表征：如果每一个人都不需要别人的帮助，我们就根本不想同别人联合了*。所以，从我们的弱点的本身中反而产生了微小的幸福。一个孤独的人才是真正

* “一切亲善和爱恋，都出于低能。”见西塞罗：《论神性》，Ⅰ，44。

幸福的人；唯有上帝才享受了绝对的幸福；不过，我们当中谁知道这种幸福是什么样的呢？一个力量不足的人即使自己能够满足自己的需要，照我们想来，有什么乐趣可说呢？也许他将成为一个孤孤单单、忧忧郁郁的人。我认为，没有任何需要的人是不可能对什么东西表示喜爱的：我想象不出对什么都不喜爱的人怎么能过幸福愉快的生活。

由此可见，我们之所以爱我们的同类，与其说是由于我们感到了他们的快乐，不如说是由于我们感到了他们的痛苦；因为在痛苦中，我们才能更好地看出我们天性的一致，看出他们对我们的爱的保证。如果我们的共同的需要能通过利益把我们联系在一起，则我们的共同的苦难可通过感情把我们联系在一起。一个幸福的人的面孔，将引起别人对他的妒忌，而不会引起别人对他的爱慕。我们将诉说他之所以过得格外舒服，是因为他窃取了他不应当享受的权利；同时，就我们的自私心来说，是更加感到痛苦的，因为它使我们觉得这个人已不再需要我们了。但是，有哪一个人看见别人遭受苦难而不同情的呢？如果从心愿上说，谁不想把他从苦难中解救出来呢？我们的心将使我们设身处地地想象自己就是那个受苦的人，而不会把自己想象为那个幸福的人。我们觉得，在这两种人的境遇中，前一种人的境遇比后一种人的境遇更能打动我们的心。怜悯心是甜蜜的，因为当我们设身处地为那个受苦的人着想的时候，我们将以我们没有遭到他那样的苦难而感到庆幸。妒忌心是痛苦的，因为那个幸福的人的面孔不仅不能使羡慕的人达到那样幸福的境地，反而使他觉得自己不能成为那样幸福的人而感到伤心。我觉得，前者可使我们免受那个人所受的痛苦，后者将从我们身上剥夺另一个人所享受的那种幸福。

因此,如果你要在一个青年人的心中培养他那开始冲动的日益成长的感情,如果你要使他的性格趋向善良,那就绝不能用虚假的人们的幸福面貌在他身上播下骄傲、虚荣和妒忌的种子,绝不能先让他看到宫廷的浮华和富丽的排场,绝不能带他到交际场所和衣饰华丽的人群中去;只有在你已经使他能够就上流社会的本身去了解上流社会的时候,你才能够让他看见上流社会的外表。在他对人们还没有获得认识以前,就让他出入社交场合的话,那就不是在培养他,而是在败坏他;不是在教育他,而是在欺骗他。

人并非生来就一定能做帝王、贵族、显宦或富翁的,所有的人生来都是赤条条地一无所有的,任何人都要遭遇人生的苦难、忧虑、疾病、匮乏以及各种各样的痛苦,最后,任何人都是注定要死亡的。做人的真正意义正是在这里,没有哪一个人能够免掉这些遭遇。因此,我们开始的时候,就要从同人的天性不可分离的东西,真正构成人性的东西,着手进行我们的研究。

长大到十六岁的少年能够懂得什么叫痛苦了,因为他自己就曾经受过痛苦;但是他还不大清楚别人也同样地遭受痛苦:看见别人的痛苦而自己没有那种痛苦的感觉,是不明白别人的痛苦是怎样一回事情的,而且,正如我已经说过一百次的,当孩子还不能想象别人的感觉时,他只能知道他自己的痛苦;但是,当感官一发育,燃起了他的想象的火焰的时候,他就会设身处地为他的同类想一想了,他就会为他们的烦恼感到不安,为他们的痛苦感到忧伤。正是在这个时候,那苦难的人类的凄惨情景将使他的心中开始产生他从来没有体验过的同情。

如果你在你的孩子的身上不容易看出这个时刻的到来，那又怪得着谁呢？你很早就教会他们玩弄情感，教会他们说带情感的语言，以致他们谈起话来总是那种腔调，拿你教他们的东西来对付你自己，使你没有办法可以看出他们什么时候才说的不是假话，而是他们真正的感觉。可是，你们看一看我的爱弥儿，我已经带他长大到这样的年龄了，但他从来没有动过什么感情，也没有说过任何假话。在他还不懂得什么叫爱以前，他从来没有向任何人说过："我很爱你"；我从来没有给他讲过他在他爸爸、妈妈或生病的老师的房间里应该表现什么样子，我从来没有告诉过他怎样在他心中根本没有忧愁的时候装出一副忧愁的样子。见到人死的时候，他是不会假哭一场的，因为他不知道死是怎样一回事情。他在心中没有某种感觉，他在态度上就没有某种表情。除他自己以外，他对什么人都是一概不注意的；他跟其他的孩子一样，对任何人都不表示关心，所不同的是，他不假装一副关心人的样子，他不像他们那样虚伪。

爱弥儿很少在心中思考过有感觉的生物究竟有哪些感觉，所以要很晚以后他才知道痛苦和死亡是怎样一回事情。现在，呻吟和哭泣已开始打动他的肝肠，流血的样子已使他不能不张开他的眼睛；在他不知道一个奄奄一息的动物为什么会全身痉挛以前，我不知道他看到那种肌肉颤动的情形会感到多么的痛苦。如果他仍然是那样的粗野和懵懵懂懂的话，他就不会有这些感觉；如果他受了更多的教育，他就可以明白这些感觉是从什么地方来的：他已经把他的观念做过很多的比较，所以不能说一点没有感觉，但要说到能想象出他所感觉的情景,那还是不够的。

怜悯,这个按照自然秩序第一个触动人心的相对的情感,就是这样产生的。为了使孩子变成一个有感情和有恻隐之心的人,就必须使他知道,有一些跟他相同的人也遭受到他曾经遭受过的痛苦,也感受到他曾经感受过的悲哀,而且,还须使他知道其他的人还有另外的痛苦和悲哀,因为现在他也能够感觉到这些痛苦和悲哀了。如果我们不能忘掉自己的形骸,把自己同那个受痛苦的动物看作一体,替它设身处地地想一想,我们怎么能动怜悯之心呢?我们只有在判明它确实在受痛苦的时候,我们才会感到痛苦;我们所痛苦的不是我们自己而是那个动物。因此,任何人都只有在他的想象力已开始活跃,能使他忘掉自己,他才能成为一个有感情的人。

为了激发和培养这种日益增长的感情,为了按它的自然的发展倾向去引导它和认识它,如果我们不使一个青年人把他心中愈来愈扩充的力量用之于那些能扩大他的胸襟,能使他关心别人,能使他处处忘掉他自己的事物;如果我们不十分小心地消除那些使他心胸狭隘,使他以自己为中心而时时都想到他个人的事物,换句话说,如果我们不促使他的心中产生善良、博爱、怜悯、仁慈以及所有一切自然而然使人感到喜悦的温柔动人的情感,并防止他产生妒忌、贪婪、仇恨以及所有一切有毒害的欲念——不仅使人的情感化为乌有,而且还使它发生相反的作用和折磨他自己的欲念,我们又怎样做呢?

我想,我可以把我在以上阐述的种种看法归纳成两三个明确易懂的原理。

原　理　一

> 人在心中设身处地地想到的,不是那些比我们更幸福的人,而只是那些比我们更可同情的人。

如果发现有些人是例外,跟这个原理所说的情况不同,那也只是在表面上而不是在实际上不同。任何人都不会为他所喜欢的富人或显贵将心比心地设想的,即使是在真心喜欢的时候,那也只是在于想得到他的一部分好处。有时候,当他们倒了霉,反而会得到人的同情;但是,在他们发财或青云直上的时候,除了那些不为飞黄腾达的外表所迷惑、仍然对他们采取同情而不采取妒忌的态度的人以外,他们就没有一个真正的朋友。

有些人的幸福生活,例如农民的田园生活,使我们的心为之感动。看见那些忠厚的幸福的人,我们的心都着迷了,在我们的这种感觉中是一点妒忌的恶意都没有的,我们真真实实地喜欢他们。为什么会这样呢?因为我们觉得我们能够降低我们的地位,去过这种安宁纯朴的生活,去享受他们那种幸福。只要愿望能见诸实行的话,这倒不失为一个使人心思愉快的可行的办法。当我们的眼睛看见自己的富源,当我们的心想到自己的财产的时候,即使我们不去享受,我们的心里也总是很高兴的。

由此可见,为了使一个青年人心存博爱,就绝不能使他去羡慕别人红得发紫的命运,应该向他指出这种命运有它阴暗的地方,使他感到害怕。这样一来,显然他就不会按照别人走过的足迹而要另外开辟一条通往幸福的道路了。

原　理　二

在他人的痛苦中，我们所同情的只是

我们认为我们也难免要遭遇的那些痛苦。

“因为我经历过苦难的生活，所以

我要来援助不幸的人。”

《伊尼依特》第 1 卷，第 634 节

我还没有听见过哪一个人说的话有这一行诗这样优美、这样深刻、这样动人和这样真切。

为什么帝王对他们的臣民一点也不怜惜呢？那是因为他们算定自己永远也不会成为一个普通人。为什么富人对穷人那样的心狠呢？那是因为他们没有陷入穷困的忧虑。为什么贵族们对老百姓那样看不起呢？那是因为一个贵族永远不会成为一个平民。为什么土耳其人一般都比我们仁慈和厚道呢？那是由于他们的政府是十分的专制，个人的荣华富贵始终是那样浮沉不定和靠不住的，他们根本不认为他们永远不会降落到卑贱和穷困的境地[①]，每一个人也许明天就会变得同他今天所帮助的人一个样子。这种想法不断地出现在东方人的小说中，它对读者的感染力，比我们这种干巴巴的伦理不知道要强多少倍。

不要让你的学生常常因他的荣华而藐视不幸的人的痛苦和可怜的人的劳碌，如果他认为这些人同他不相干的话，你就别想把他教育得对他们表示同情了。要使他十分懂得，那些可怜的人的命

① 这种情况现在好像是变了一点：人的身份地位似乎是比较稳定了，而人也同时变得比较狠了。

运也可能就是他的命运，他们的种种痛苦说不定他马上就会遭遇，随时都有许多预料不到的和不可避免的事情可以使他陷入他们那种境地。要教育他不要以为他有了出身、健康和财产就算是有了保证，要给他指出命运的浮沉，要给他找出一些数见不鲜的例子，说明有些地位比他高的人在堕落以后其地位还不如那些可怜的人呢；至于这些人的堕落是不是由于他们的过失，那不是现在要讲的问题，因为他现在哪里懂得什么叫过失呢？你不要超出他的知识的范围，而要用他能够了解的道理去启发他，这样他不需要具备多大的学问就可以知道，一个人尽管事事谨慎，也很难断言他一个小时以后是活着还是死亡，也很难断言天黑以前肾脏炎是否会痛得他咬紧牙关，一个月以后他是穷还是富，一年以后他是不是会被送到阿尔及尔在别人的鞭打之下做划船的苦役。尤其重要的是，在向他讲解这些事情的时候，切不可死板地采取问答教授的方式，必须要让他看见，让他感觉到所有这些人类的灾难；要用一个人时时刻刻都可能遭遇到的危险去使他的想象力受到震惊，要使他知道他周围都是深渊，要使他听你描述这些深渊的时候，紧紧地偎在你的身边，生怕掉进那些深渊里去。你也许认为，我们这样做，会使他成为一个胆怯的人。是否会使他成为一个胆怯的人，我们以后就可以明白；至于目前，我们首先要从使他成为一个心地仁慈的人着手做起；我们的当务之急，就是这一点。

原　理　三

我们对他人痛苦的同情程度，不决定于痛苦的数量，而决定于我们为那个遭受痛苦的人所设想的感觉。

我们认为一个不幸的人有多么可怜，我们才对他表示多大的同情。我们在肉体上对我们的痛苦的感觉，比我们想象的要小一些；由于记忆力使我们觉得我们的痛苦在继续，由于想象力可以把它们延及到将来，因此，才使我们真正有所同情。虽然共同的感觉应当使我们对动物一视同仁，然而我们为什么对它们的痛苦就不如对人的痛苦那样关心，我想，其原因之一就在于此。一个人是不可怜他所养的拉车的马的，因为他不去揣测它在吃草的时候是不是会想到它所挨的鞭子和未来的疲劳。我们虽然知道那只在牧场上吃草的羊不久就要被人们吃掉，我们也不可怜它，因为我们知道它是不会料想它的命运的。推而广之，我们对人的命运也是这样心狠的；有钱的人使穷人遭受了种种痛苦，然而由于他们以为穷人竟愚蠢到不知道痛苦的来由，所以也就以这一点来安慰自己的良心。一般地说，我在评价每一个人对他的同伴的福利所做的种种事情时，要以他用怎样的眼光去看待他们为标准。一个人当然是不会把他所轻视的人的幸福放在眼里的。所以，当你看到政治家谈到人民就表现得那样轻蔑，当你看到大多数哲学家硬要把人类说得那样坏的时候，你用不着那么吃惊。

是人民构成人类，不属于人民的人就没有什么价值，所以用不着把他算在数内。各种等级的人都是一样的，如果承认这一点的话，则人数最多的等级就最值得我们尊敬。在有思想的人的面前，所有一切社会地位的差别都不存在：他认为小人物和大人物的欲念和感觉都是一样的，所不同的只是他们的语言，只是他们或多或少做作出来的外表；如果在他们之间果真有什么重大的差别的话，这种差别就在于装模作样的人特别虚伪。人民是表里一致的，所以不为人所喜欢；上流社会的人物必须要戴一副假面具，否则，如果他们是怎样的人就表现怎样的面目的话，那会使人十分害怕的。

我们那些有学问的人还说，各种等级的人的幸福和痛苦其分量都是一样的。这个说法既有害又站不住脚，因为，如果大家都是同等幸福的话，我为什么要为人家而自找麻烦呢？那就让每一个人永远保持他现在这个样子好了：奴隶受虐待，就让他受虐待；体弱多病的人受痛苦，就让他受痛苦；贫穷的人要死，就让他死。因为改变他们的地位对他们并无好处。学者们一桩桩地数了一下有钱人的苦楚，指出他外表上的快乐都是空的，这简直是诡辩！有钱人的痛苦，不是来之于他的社会地位，而是来之于他的本身，是由于他滥用了他的社会地位。即使他比穷人还痛苦的话，那也没有什么可怜的，因为他的痛苦都是他自己造成的，能不能幸福愉快地生活，完全取决于他自己。然而穷人的痛苦则是来之于环境，来之于压在他身上的严酷的命运。没有任何习惯的办法可以使他的肉体不感觉疲劳、穷困和饥饿；他的聪明智慧也不能使他免受他那个地位的痛苦。埃皮克提特斯[1]早就预料到他的主人要打断他的腿，然而预料到这一点又有什么用处呢？他的主人是不是因此就不打断他的腿呢？他有了先见之明反而使他痛上加痛。即使人民不是我们想象的那样愚蠢而是那样聪明，他们除了依然过那样的生活以外，还能过其他的生活吗？他们除了依然做他们那些事情以外，还能做其他的事情吗？对这个等级的人进行研究，你就可以

[1] 埃皮克提特斯，公元一世纪罗马哲学家。

看出，他们说话的方式虽然不同，但同你却是一样的聪明，而且，常识的丰富还远远胜过于你。因此，你要尊敬你周围的人，要想到他们大多数都是人民；如果把所有的国王和哲学家都除掉的话，在人民中间也不会觉得少了什么人，而且种种事物也不会因此就变得不如从前的好。一句话，要教育你的学生爱一切的人，甚至爱那些轻视人民的人，要使得他不置身于任何一个阶级，而必须同全体人民在一起。在他面前谈到人类的时候，必须带着亲切甚至带着同情的口吻，切不可说什么看不起人类的话。人，是绝不能说人类的坏话的。

正是应该通过这些同别人走过的道路截然相反的途径去深入青年人的心，以便激发他最初的自然的情感，使他的心胸开阔，及于他的同类；我还要指出，重要的是，在他的自然的情感中，尽量不要掺杂个人的利益，尤其是不要掺杂虚荣、竞争、荣耀以及那些使我们不能不同别人进行比较的情感；因为这样比较的时候，就必然会对那些同我们争先的人怀抱仇恨，就必然会自己估计自己是应该占先，所以，这样一来，我们不盲目行动就必然会心怀愤怒，不成为坏人就会成为愚人。我们要尽量避免这种二者必居其一的情况。你也许会说："不管我们愿不愿意，这些如此有害的欲念是迟早会产生的。"这我不否认，每一种事物到了合适的时候和合适的地方就要发生，我只是说我们不应该帮助它们发生。

我们应当采取的方法的精神就是这样。不过，这里所举的例子和描述的细节是没有什么用处的，因为从这个时候开始在性格上就出现了无数的区分，而我所举的每一个例子也许在千万个人当中还没有一个人是适合的。也就是在这个年龄，一个能干的老师正好开始发挥学者和哲学家的真正作用，用巧妙的办法探测他的学生的心，从而去进行培养。当青年人还不知道怎样掩饰他的心情，还压根儿没有学过这一套做法的时候，我们每拿一件东西给他，就可以从他的态度、目光和姿势上看出他对那一样东西的印象，在他的面孔上可以看出他的心灵的活动，能看出这种活动，就可以进一步预测这种活动，而最后就可以指导这种活动。

一般地说，流血、创伤、啼哭、呻吟、痛苦的手术操作和一切使感官感到痛苦的东西，是马上可以使所有的人的心都通通紧张起来的。见到毁灭的情景时，反而比较镇定，没有那样紧张；死的形象要很晚以后才微微地使人有所感动，因为谁都不曾有过死的经验，必须要看见过一些死尸之后，才知道临死时候的痛苦是什么味道。但是，这种形象一旦在我们心中牢牢地形成以后，则我们心目中就会觉得再也没有什么东西比死亡更可害怕的了，因为这个时候，我们或者是由于这种形象通过感官使我们产生了彻底毁灭的观念，或者是由于我们知道任何人都不可避免地要遇到这样的时刻，因而对那无法逃脱的情景更感到惊恐。

这种种印象，随每一个人特有的性格和原先的习惯而有所变化和程度上的差异，但它们是人人都有的，任何人都是不可避免地要产生的。有一些印象的获得是比较缓慢，而且除了敏感的人以外也不是谁都能够获得的，因为这些印象来之于精神的痛苦、内心的忧伤、情绪的苦闷、烦恼和悲哀。有些人是只有号哭的声音才能打动他们的心的，他们见到一颗万分悲伤的心在那里暗暗哽咽，甚至叹都不叹息一声；他们见到一张颓丧、苍白的面容和没精打采地再也哭不出眼泪的眼睛，也不流一滴眼泪。在他们看来，心灵的痛苦是无所谓的，他们把它们拿在心上一衡量，没有什么感觉，他们对人只知道严酷、狠毒和残忍。他们可以成为诚实和正直的人，但绝不能成为仁慈、宽厚和有恻隐之心的人。我说他们可以成为正直的人，如果一个心地不仁的人也有成为正直的人的可能的话。

不过，你不要忙着拿这个标准去判断年轻的人，尤其是不要忙着拿去判断那些受过良好的教育、从来没有谁使他们遭受过精神痛苦的年轻人，因为，我再说一遍，他们所能同情的，只是他们能体会的痛苦；其所以有这种外表上看起来好像是冷淡无情的样子，是因为他们还处在蒙昧无知的阶段，然而，当他们开始意识到人的生活中还有千百种痛苦是他们不知道的时候，这种冷淡无情的样子马上就会变成同情心的。至于我的爱弥儿，如果他在童年时期确实是那样的单纯和善良的话，我深信，他到了青年时期必然是心地仁慈和十分厚道的，因为情感的真实在很大的程度上是依靠观念的正确的。

为什么又在这里提到他呢？毫无疑问，不止一个读者会责备我忘记了我当初的意图，忘记了我答应过我的学生享受永恒的幸福。“老是谈那些穷苦的人和将死的人，谈那些痛苦和悲惨的情景！哪能使一个走向生活的青年人的心懂得幸福和快乐！他那位可怜的教师原来说要对他进行优良的教育，可是从现在的做法看，只不过是叫他去受苦罢了。”有些人也许会这样说的；这同我有什么关系？我说过要使他过得幸福，但是我没有说过要使他在表面上看起来幸福。如果你硬要迷惑于外表，把表面现象当做真实，能怪我错了吗？

现在假定有两个受过初步教育的青年人从截然相反的门进入

社会。其中之一马上就登上了奥林匹斯山[1]，活跃于最体面的上流社会；人们带他出入宫廷，出入大官、富人和名媛之家。我假定他到处都受到欢迎，但我看不出这种欢迎对他的理智有什么好处；我假定他的理智将拒绝这种欢迎，快乐的事情纷至沓来，每天都有新的事物使他感到喜欢，他对所有一切都是那样的有兴趣，从而也引起了你的兴趣。你看他是那样的专心、入迷和好奇；他所赞美的第一个事物将给你留下深刻的印象；你以为他是感到满意了；可是再看一看他的精神状态，你以为他在享乐；可是我，我却认为他在受罪。

当他一睁开眼睛的时候，他首先看见的是什么呢？各种各样他以前没有见过的所谓的财产，然而其中大部分的东西他只能一时接触一下，因此在他看来，便觉得它们之出现在他的眼前，只是为了使他难过，难过他没有那些东西。当他在宫廷漫步的时候，你从他那又忧愁又好奇的样子就可以看出他暗中在想他父母的家为什么不是这样。他的每一个问题都在告诉你，他在不断地把他自己同那间房屋的主人加以比较，一加比较，他就感到羞耻，产生反感，从而助长了他的虚荣。如果他碰到一个青年人比他穿得好，我就发现他嘴里在嘟囔，抱怨他自己的父母太悭吝。即使他比别人穿得好，他也痛苦，因为他觉得同那个人比起来，自己在出身或智慧上是相形见绌的，所以反而使他那一身锦绣在一件朴朴素素的布衣服面前显得丑陋。假使在一群人中间只有他一个人显得最漂亮，假使他因此就伸长脖子让人家看他，这时候，谁不想打掉一个

[1] 奥林匹斯山，希腊神话中诸神所聚居的山。

花花公子的浮华虚骄的神气呢？大家都一齐动起来：严肃的人用不安的眼光看他，爱讽刺的人用冷嘲热讽的话说他，即使当时看不起他的人只有一个，但一个人的轻蔑态度也马上会使别人的喝彩带上恶意的成分。

他要什么我们就给他什么，让他尽情地高兴，对他百般地夸奖，使他穿得漂亮，精神饱满，讨人喜欢，也许有些妇女会来找他；但是，如果不是他爱她们，而是她们来追求他的话，其结果就会使他成为一个疯人而不会成为一个情人：他也许可以碰上好运气，但他不能一往情深地领略其中的乐趣。他的欲望既然很快就得到了满足，所以反而使他觉得郁郁不乐；本来是为了使他获得幸福生活的女性，竟在他还不懂得是怎样一回事情以前，就已经使他感到厌烦，觉得没有什么意义；即使他还继续去追求的话，那也只是出于无聊；及至他了解其真意而有所钟情的时候，他也许就不再是一个唯一可爱的美少年了，他在他的情人当中也许始终就找不到忠贞的佳人了。

我还没有谈到同这种生活分不开的纠纷、变节、黑暗和痛心的事情哩。我们处世的经验将使我们对世事感到厌恶，这一点大家都是知道的，所以我在这里只是谈一下随第一个妄念带来的烦恼。

他，在亲友的怀抱中一直生活到今天，深深知道自己是他们独一无二的爱护的对象，可是现在一下就进入了另外一个环境，使他在其中竟成了无足轻重的人；他，长久以来都是他那个世界的中心，而现在竟发现自己好像是掉进了一个陌生的世界；这一切，在他看来，同他以前的生活形成了多么鲜明的对照啊！他在自己的亲友中养成了妄自尊大的观念，而在陌生人中，如果不丢掉这种观念的话，岂不要遭到许多的侮弄和羞辱！当他是小孩子的时候，大家都让他，大家都殷勤地照顾他；而一成了青年，就必须要他让大家了，否则，哪怕他只保留一点点旧样子，他就要受到多么严酷的教训！他一向是要什么就可以得到什么，因此养成了这种习惯，使他想得到更多的东西，使他不断地觉得他缺少这样或那样，一切讨他喜欢的东西都在引诱他，别人有什么他就想要什么。他垂涎一切，他妒忌每一个人，他到处想高居人上；虚荣在腐蚀他，不可克制的欲望的火焰焚烧着他年轻的心；有了欲望，同时也就产生了猜忌和仇恨。所有一切腐化人的欲念都同时在他的心中爆发出来，在喧嚣的世界中，他被这些欲念弄得激动不安，他每天晚上都带着不安的心情回家，对自己不满意，也对别人不满意；他睡觉中也在翻来覆去地凭空打算，被千百种奇奇怪怪的想法弄得心绪不宁，他傲慢的心在梦中给他描绘出他一生如饥如渴地想望而不可能得到的虚幻的财富。以上所谈的，就是你的学生。现在，让我们来看一看我的学生。

如果第一个使他印象深刻的情景是很凄凉的，则他一回想他自身就会获得一种快乐的感觉。当他看见他免掉了那么多的灾难，他就会以他没有想成为那样的人而感到高兴。他分担他的同伴的痛苦，而这种分担完全是自觉自愿出自一片好心的。他同情他们的痛苦，同时又以自己没有遭到他们那种痛苦而感到庆幸。在这种情况下，他觉得他有一股能使我们超越自我的力量，使我们除了为我们自己的幸福以外，还能把多余的精力用之于别人。要同情别人的痛苦，当然要知道别人的痛苦是怎样一回事情，但不一定要自己去感受那种痛苦。当一个人受过痛苦，或者害怕受痛苦的时候，他就会同情那些正在受痛苦的人的；但是，当他自己受痛苦的时候，他就只同情他自己了。所以，如果说所有的人都因为有遭遇人生的苦难的可能，所以要把他目前不用之于自身的情感给予别人，则由此可见，在同情别人的时候，自己的心中也得到了很大的快乐，因为这表明我们有丰富的情感，反之，一个硬心肠的人总是很痛苦的，因为他的心不让他有多余的情感去同情别人。

我们太从表面现象去判断幸福了，所以，我们认为幸福的地方，恰恰是最不幸福的地方；我们到不可能有幸福的地方去寻求幸福，因为快乐往往只是幸福的可疑的征兆。一个快乐的人往往是一个不幸的人，他在拼命地欺骗别人和愚弄自己。在交际场所是那样喜笑颜开的人，回到自己家里差不多都是忧忧郁郁满腹牢骚的，他们的仆人要代他们受他们取悦朋友时候所受的那一番苦。真正的心满意足是不会那样嬉嬉闹闹的。由于我们百般地爱护这样甜蜜的一种感情，所以我们在享受的时候就会想到它，领略其中的滋味，生怕它化为乌有了。一个真正快乐的人是很少把他的快乐形之于言笑的，可以说他是把他的喜悦储藏在他的心里的。闹闹嚷嚷地穷欢作乐是失望和烦恼的烟幕。忧郁和淫乐是相陪伴的，同情和眼泪是随甜蜜的快乐而来的，极端的快乐将使人哭而不会使人笑。

乍看起来，好像玩乐的次数和花样一多就可以增加人的幸福，而平淡单调的生活将使人感到厌倦；但仔细一想，事情恰好相反，我们发现心灵的甜蜜在于享乐适度，使欲望和烦恼无由产生。欲望一动，就必然使我们好奇和浮躁，无聊的狂欢则将给我们带来烦恼。当一个人不知道还有其他更美好的环境时，他不会觉得他现在的环境是可厌的。在世界上所有的人类当中,野蛮人是最没有好奇之心的,同时也是最难得遇到什么烦恼的事情的;所有一切在他们看来都无所谓,他们所乐的不是各种各样的东西而是他们的自身,他们一生无所事事,因之也就从来不感到烦恼。

通世故的人总是戴着假面具的,他们几乎没有以他们本来的面目出现过,甚至弄得自己也不认识自己,当他们不得不露出真面目的时候,他们就会感到万分的局促。在他们看来,要紧的不是他们实际上是什么样的人,而是要在外表上看起来好像是什么样的人。

一看到我在前面讲到的那个青年人的面貌,我不禁想到他是多么的倨傲、油滑和做作,使世人厌恶他和责难他;而一看到我的学生的面貌,我就不禁想到一副朴实可爱的神情,它流露出他内心的喜悦和宁静,赢得了人们的尊重和信任,好像你到他的身边,他就要向你倾诉他的友情。有人认为,人的相貌只不过是大自然所描绘的特征的简单的发展而已。而在我看来,我认为,除了这种发展以外,一个人的面部的特征是通过心灵的某些感情的惯常的影响而不知不觉地形成的。在面貌上流露的这些情感是最真确不过的,它们流露惯了,就会在脸上留下持久的痕迹。因此,我才说相貌可以显示一个人的性格,我们用不着去听人家拿我们不懂得的学问做一番神秘的解释,也往往能互相看出彼此的性情。

小孩子只有两种很显明的感情:高兴和痛苦。高兴就笑,痛苦就哭;他没有介于这两者之间的情感,他不断地时而哭时而又笑。像这样时哭时笑,既不会在他的脸儿上留下永恒的痕迹,也不会使他形成一定的面貌;但是,当他长到一定的年龄,变得比从前更富于感觉的时候，情感的影响就更加强烈和持久，从而便留下难以消失的深深的印痕；从心灵的习惯状态中产生的特征，随着时间的推移就变得永不磨灭了。然而，我们也看到不少的人的面貌是随年龄的不同而有所变化的，我就看见过几个人是这样的；我往往发现，我所见到的这些人也改变了他们惯常的脾气。这种情形，要是能充分地加以研究，在我看来将产生重大的意义，不能不在一篇以阐述根据外部征象去判断内心活动为重点的教育论文中占一个位置。

我不知道我所教导的这个青年是不是会由于他不懂得模仿习俗的做法和假装他实际上没有的情感，就没有那样的可爱，我不打算在这里论述这一点，我只知道他将来比别人更有感情；我很难相信，一个只爱他自己的人，为了使别人喜欢，竟能假装得同有些人一样，以爱别人而使自己得到一种新的快乐的感觉。至于说到这种感觉的本身，我认为我在这方面所做的阐述已足以使一个有头脑的读者明了这个问题，同时表明我前后的话并不矛盾。

现在，回过头来谈我所采用的方法。我认为，当年轻人快要达到懂事的年龄时，我们就只能够让他们看到一些可以克制而不刺激其欲念的情景，就应当拿一些不仅不刺激他们的感官，而且还能遏制他们想象力的活动的事物给他们看，以便把他们日益成长的想象力从那些刺激欲念的事情上加以转移。必须使他们远离大城市，因为在大城市里，妇女们的穿扮和不正经的行为将加速和提早使他们受到自然的教育；同时，在大城市里，所有一切在他们看来都是享乐，然而那样的享乐是只有在他们有选择的能力的时候才应该知道的。把他们又带回到他们最初住的地方，在那里，乡村的朴素生活将使他们那个年龄的欲念不至于那样迅速地发展；如果他们爱好艺术，因而使他们不能不留在城市，我们就必须预先防止他们由于这种爱好而产生一种严重的懒惰的习性。要仔细替他们挑选交往的人，挑选日常的活动和爱好。拿给他们看的图画必须是动人而雅淡的，以便感动他们的心而不诱惑他们的欲念，培养他们的情感而不刺激他们的感官。还须注意的是，到处都有一些放荡的行为需要我们加以提防，欲念不加节制就一定会造成我们无法避免的损害。问题并不在于硬要你的学生去做看护或做慈善会的会员，不在于硬要他去受那些使人无限悲伤的事情的折磨，不在于硬要他探望了这个病人又去探望那个病人，走了这家医院又走那家医院，看了刑场又看监狱；问题是，我们之所以使他看到人间的悲伤景象，是使他感动，而不是使他的心肠变为铁石。同样的景象看得多了，对它们就觉得无所谓了，对一切事物都是见惯不惊的；我们老是看到某一样东西，我们的心里就不会去想象那一样东西，然而使我们能够感觉到别人的痛苦的，恰恰就是我们的想象。所以，正是由于看惯了死人和病人，教士和医生的心才一个个都变得那样的硬。因此，要使你的学生能看到人的命运和他周围的人的痛苦，但是不可使他看到的次数太多。只要好好地选择一件事情，在适当的时候告诉他去看，就足以使他在一个月里心怀恻隐，常常思考那件事情。他之所以能够对他看见的事情做出判断，不是由于他看见的时候多，而是由于他对他所看到的情景有所思索；他之所以对一件事情有持久不灭的印象，不是由于那件事情的本身，而是由于我们使他按一定的观点去考虑那件事情。因此，如果使他知道的事例、教训和形象太多的话，日久就会使他的感官变得很迟钝，而且，在他本来是按照自然所指的方向前进的时候，我们反而使他脱离了正确的道路。

随着他的知识愈来愈多，你就应当有选择地使他对那些知识具有一定的观念；随着他的欲念愈来愈强烈，你就应当有选择地使他看到一些能够克制欲念的情景。有一个智勇双全的老军人告诉我说，在他年轻的时候，他的父亲（一个重感情而又十分虔诚的人）看见他一天比一天地追逐酒色，便想尽一切办法管束他；可是他的父亲最后发现尽管想了很多的办法，但他总有计策逃避他的管束，因此，就决定把他带去看一家花柳病医院；这件事情事先没有告诉他，一到了医院就叫他走进一间有一群花柳病人的房间，那些人因为做了伤风败俗的事，所以不得不到这里来动可怕的手术。一见到那些使人作呕的丑恶景象，这个青年人就感到难过。"去看一看吧，"他的父亲声色俱厉地说道，"你这好色之徒要是再去走那邪恶的堕落的道路，不久就会到这间屋子里来丢你的脸，受你的苦的，在这里，你丧身于不名誉的疾病，反而使我做父亲的人感谢上帝叫你死去。"

这短短的几句话，再加上那使人大吃一惊的情景，就给这位青年留下了一个永不磨灭的印象。由于职业的关系，他在军营中度过了他的青年时期，然而在军营中，他宁可受伙伴们的取笑也不去学他们那些放荡的行为。"我已经长大成人了，"他对我说，"我有过一些短处；但是，一直活到我这个年龄，我见到妓女的时候，仍然是感到害怕的。"各位老师，你们一定要少说多做，要善于选择地点、时间和人物，以实例教育你的学生，就一定能够收到实际的成效。

儿童时期是怎样消磨的,这个问题并不重要,其间乘隙而生的恶习并不是不可纠正的,而在这个时期养成的美德也许要晚一些时候才能发生效益。但是,就一个人真正开始生活的第一个年头来说,其情况就不是这样了,这段时间并不很长,不够用来做我们应该做的事情,因此,这段时间很重要,要求我们时刻加以珍惜;我为什么要坚持想方设法延长这段时间,其原因就在这里。庄稼要长得好,最好的办法之一就是要尽可能延缓作物的生长,使其发育虽缓而可靠。要防止一个少年在没有余力做成人的时候变为成人。当身体成长的时候,精神也日益充实,使血液有精华,使肌肉有力量。如果这时候,让他的精神转向其他的地方,把应该是用来使一个人发育健全的东西用去培养另一个人,结果两个人都是那样的孱弱,使大自然的工作也不克完成。精神的力量也要受到这种变化的影响,心灵和身体既然是同样的虚弱,所以也只能起到微弱的作用。四肢虽粗壮有力,并不因此就使一个人有勇气和天才。我认为,当沟通心灵和肉体的器官失调的时候,心灵的力量是不能随身体的力量而产生的。即使心灵和肉体的发育很匀称,但如果作为它们的动力的血液很干枯,缺少那种使整个机器的弹簧都富有弹力的物质,则它们也只能在那里有气无力地运动的。一般地说,凡是在年轻时候善于保养,因而没有未老先衰的人,其精神的活力总是比那些一有精力就开始放荡的人多的;为什么有品德的人通常都是比没有品德的人善良和勇敢,其原因之一显然就在这里。没有品德的人之所以能显得英俊,独一无二的是依靠他们有一些刁滑的小才能,这些才能,我不知道应该怎样叫法,虽然他们把它们叫作机智、伶俐和精明;只有在有品德的人的身上,我们才能看到睿智和理性发挥着伟大和高尚的作用，使他以他的良好行为，以他的美德和确实有意义的事业而超凡出众，受到他人的尊敬。

做老师的人抱怨青年人在这个年龄有一股火气，使他们变得不服管教，我看也的确是这样的；不过，这难道不是老师们自己造成的过错吗？当他们让青年人的感官把这一股火燃起来的时候，他们岂不知道再也不能够叫它不燃吗？一位学究先生啰啰嗦嗦冷冰冰地说一阵教，就能够抹掉他的学生的心中所想象的那些快乐情景吗？就能够从他心中消除那些折磨他的欲望吗？就能够使他把他已经知道其用途的热力冷下去吗？在通往他所理解的唯一的幸福道路上遇到这些障碍，岂不使他感到愤慨吗？如果在你还没有使他懂得什么清规戒律的意义之前，就硬要他服从，他不把这种做法看成是一个存心折磨他的人对他任意胡为和心怀仇恨，又作怎样的看法呢？他回过头来反抗和仇恨那个人，这又有什么奇怪呢？

我确实认为，一个人使自己平易近人的时候，就更能够得到别人的爱戴和保持表面的威信。不过，我还不太明白，你对你的学生保持这种威信有什么用处，因为保持这种威信的结果将促使他产生种种恶习，而这些恶习，正是应该利用老师的威信去克服的；你这种做法，正如一个骑马的人为了制服一匹烈马，就使它去跳万丈悬崖。

青年时期的这一股火，不仅不是进行教育的障碍，反而正是靠了这一股火，才能使他所受的教育紧张地进行和圆满地完成；正是这一股火，使你在一个青年长得同你一般强壮的时候，仍然能够控制他的心。他最初的情感宛似缰绳，你可以利用它们去指导他所有一切的活动；他原来是自由的，而现在我却看见他被缰绳束缚着了。只要他无所爱，他就只从属于他自己和他自然的需要；一旦他有所爱了,他就要从属于他所爱的人。这样就形成了使他同人类开始结合的联系。当你把他日益增长的情感导向人类的时候,不要以为“人类”这个词指的是所有一切的人,不要以为他懂得这个词的意思。不,这种情感起先只及于同他相似的人;而在他看来,同他相似的人并不是他不认识的人,而是那些同他有关系的人,是他一贯亲爱和不能不需要的人,是他清清楚楚地看出跟他有共同的想法和情感的人,是跟他同甘共苦的人,一句话,是那些在天性上同他显然一致因而使他倾心同他们相亲相爱的人。只有在用各种各样的方法对他的天性进行了培养之后,只有在他对他自己的情感和他所见到的别人的情感经过反复的研究之后,他才能把他个人的观念归纳为人类这个抽象的观念,他才能在个人的爱之外再产生使他和整个人类视同一体的爱。

当他能够爱人的时候,他也同时能够感觉到别人的爱了[①],从而也就能够时时留意别人的这种爱的迹象了。你是否看出你对他又有了新的驾驭手段?他还没有发现以前,你就在他的心上系上了多么多的锁链啊!当他睁开眼睛看看自己,发现你对他已经采取了种种措施;当他把他自己同他那样年纪的青年加以比较之后,把你同其他的老师加以比较之后,他岂不会有所感觉!我说的是他发现这种情形,所以不能由你去告诉他,如果你告诉他的话,他就再也发现不出来了。如果你认为你照顾了他,就硬要他服从你

① 爱,不一定是要人家报答的,而友谊则不然。友谊是一种交换,是一种契约,同其他的交换或契约是一样的;不过,它比其他一切的交换或契约都更为神圣。“朋友”这个词除它自己以外,是没有其他的相关语的。凡是不以友好之心对待其朋友的人,准是一个歹徒;因为,一个人要获得别人的友谊,就必须拿出或假装拿出他自己的友谊。

的话，他就会认为你是采取了先下手为强的做法；他就会在心里想：你表面上是无偿地帮助他，实则是企图使他对你欠一笔债，企图用一个他根本不同意的契约去束缚他。你尽管说你要他做这做那完全为的是他自己，那也无济于事，因为，不管你怎样说，你总而言之是在强迫他，而且，是根据你未经他的同意而做的那些事情去强迫他。当一个穷苦的人接受了别人假装给他的金钱之后，发现不管他愿不愿意，他自己的名字就因此登上了新兵的花名册，这时候，你会替那个穷人鸣不平；然而现在，你也要你的学生对他根本不接受的关心照料付出代价，这岂不是更不公平吗？

如果大家都少做施小恩而望厚报的事，则忘恩负义的人也就会少一些的。我们爱那些对我们做了好事的人，这是一个极其自然的情感！忘恩负义的行为不符合于人的良心，不过，有趣的是：忘恩负义的人没有施恩望报的人多*。如果你把你的东西卖给我，我就要同你讲价钱；但是，如果你先假装把东西送给我，然后才照你开的价钱卖给我的话，你就是存心欺诈了：无偿的东西变成了无价的东西。一个人的心是只服从他自己的；你想束缚它，结果却释放了它；如果让它自由自在的话，你反而把它束缚得紧紧的了。

当钓鱼的人把香饵放进水中的时候，鱼就游来了，并且放心大胆地停留在他的周围；但是，一到它上了隐藏在香饵下面的钓钩，它就发现有人在拉鱼线，它就想逃跑。能不能说渔翁是施恩的人呢？能不能说鱼儿是忘恩负义的呢？施恩的人虽然忘记了受恩的

* “我们遇见过许多忘恩负义者，但是其中有一些人也被我们折服了，因为我们对他们进行了谴责和严格的强制……这样，我们不仅在完成善行以后，而且在完成的过程中就错过一切施恩的机会。”见塞涅卡：《论善行》，第 1 卷，第 1 章。

人，但哪一个受恩的人把施恩的人忘记过呢？恰恰相反，他往往喜欢谈到他的恩人，他无时不亲切地想念他。当他一有机会对他的恩人效劳，用以表示他记得他的帮助的时候，他内心是多么地高兴他现在能报答他的恩！而在他的恩人对他表示感谢的时候，他内心又是多么欢喜！他怀着多么兴奋的心情对他说："现在，该我来为你尽我的力量了！"这是出自天性的声音；真正的恩惠是绝不会被人遗忘的。

所以，如果说感人之恩是一种自然的情感，如果你不因你的错误而毁灭了这种情感的影响，那么，当你的学生一看出你对他的爱护照料的价值的时候，只要你自己不说有多大的价值，他是会感觉到它有多大的价值的，从而使你在他的心中享有任何力量都无法摧毁的威信。但是，在你还没有牢牢地取得这种威信以前，万万不要向他自我吹嘘，因为这样做的话，反而使你得不到这种威信。夸你做了这样那样的事，等于是叫他不能容忍你所做的那些事；你不谈它们，反而使他能够记得它们。一直到能够把他作为成人看待以前，根本不能把问题说成是他依靠你，而应当说成是他依靠他自己。要使他乖乖地听你的话，你就要让他完全享受他的自由；你悄悄地躲开，使得他来寻找你；你采取始终只谈他的利益的办法，就可以在他的心灵中培养一种高贵的感人之恩的情操。在他还不能够理解以前，我不希望你告诉他说你所做的一切都是为他好；如果你这样告诉他的话，他只能够理解为是你依附于他，只能够把你当作他的仆人。现在，他已经开始懂得什么叫爱了，也懂得亲密的关系可以使一个人同他所爱的人结合在一起了；因此，他将把你毫无间断地为他工作的那种热诚不再理解为奴隶的依附，而要理解为朋友的爱护了。再没有什么东西比经过深刻认识的友谊的声音对人的良心更有重大的影响了，因为这种声音所表达的没有一样不是我们的利益。我们有时候也许认为某一个朋友的做法错了，然而我们不会认为他存心欺骗我们。我们有时候也许不采纳他的忠言，但是我们绝不会轻视他的忠言。

我们终于进入了道德的境界：我们刚刚以成人的步伐走了第二步路。如果现在的时机恰当的话，我就试想指出从心灵的最初的活动中是怎样产生良心的真正呼声的，从爱和恨的感情中是怎样产生善和恶的观念的。我将阐明“正义”和“仁慈”不仅不是两个抽象的词，不仅不是由智力所想象出来的纯粹道德的概念，而且是经过理智的启发的真正的心灵的爱，是我们的原始的情感的循序发展；我将阐明，如果单单通过理智而不诉诸良心的话，我们是不能遵从任何自然的法则的；如果自然的权利不以人心自然产生的需要为基础的话，则它不过是一种梦呓[①]。但是，我认为，我在这里没有必要做什么形而上学和伦理学的论述，也没有必要在这里做

① “你希望别人怎样对你，你就应当怎样对别人”这句格言本身就是以感情和良心为基础的；不然的话，还有什么恰当的理由说明：我既然是我，为什么在做事的时候要把自己看作另一个人，尤其是在我的确肯定不会遭遇同样的情况时，为什么还要把自己看作另外一个人呢？当我忠实地按照这句格言行事的时候，谁能够向我担保别人也同样按照这句格言对我呢？正因好人很诚实，坏人不正直，所以坏人才能占便宜，他才盼望除他以外，大家都是好人。这一条，不管怎样说，对好人都是不大有利的。但是，当豁达的心怀使我把自己看成跟我相似的人是形同一体的时候，当我可以说是把自己看作为他的时候，我希望他不受痛苦，也正是为了使我自己不受痛苦；我爱他，也正是为了爱我，所以这句格言的理由存在于天性的本身，因为它使我不论在什么地方都怀有过幸福生活的愿望。因此，我认为，说自然的法则完全是以理智为根据，是不对的；它们有一个更坚实稳固的基础。由自爱而产生的对他人的爱，是人类的正义的本原。《福音书》中所包括的全部道德，归纳起来就是这一条法则。

任何形式的探讨，我只需就我们的天性指出我们的感情和知识的形成的次序和进程就够了。我在这里只是把问题提出来，让其他的人去进行阐述。

到现在为止，我的爱弥儿是只管他自己的，因此，他向那些同他相似的人投下的第一道目光，将使他把他自己同他们加以比较；这样一比，首先就会刺激他产生一种处处要占第一的心。由自爱变成自私的关键就在这里，因自私而产生的种种感情也就是在这里开始出现的。但是，要判明在他性格中占据上风的这些情感，是博爱敦厚还是残忍阴险，是宽和仁慈还是妒忌贪婪，就必须了解他自己认为他在人类当中占据什么地位，就必须了解他认为要达到他所希望的地位，需要克服哪些障碍。

为了在这方面对他进行指导，就应当在通过人类共有的一些遭遇向他表述人是什么样的之后，再在这个时候通过人和人之间的不同向他讲一讲人的情形。所以，我们现在要衡量自然的和社会的不平等了，要描绘一幅整个社会秩序的图画了。

必须通过人去研究社会，通过社会去研究人；企图把政治和道德分开来研究的人，结果是这两种东西一样也弄不明白的。我们首先着重研究原始的关系，我们就可以发现人是怎样受这些关系的影响的，就可以发现哪些欲念是从这些关系中产生的；我们发现，正是由于欲念的发展，才反过来使这些关系愈来愈复杂，愈来愈紧密。人之所以能够独立自由，不是由于他的臂力而是由于他的心灵的节制。不论什么人，只要他的欲望少，他就可以少去依赖别人，有些人常常把我们的妄念和我们身体的需要混为一谈，把我们的身体的需要看为人类社会的基础，因此，因果倒置，把他们的全部理论愈讲愈糊涂。

在自然的状态下，是存在着一种不可毁灭的真实的平等的，因为，单单是人和人的差别便不可能大到使一个人去依靠另一个人的程度。在人类社会中存在的权利平等是虚假的，因为用来保持这种平等的手段，其本身就是在摧毁这种平等，同时，公众的势力也有助于强者压迫弱者，从而打破了大自然在他们之间建立的平衡[①]。从这头一个矛盾中，也就源源产生了我们在社会等级中所见到的那种表面和实际之间的矛盾。多数人总是为少数人做牺牲，公众的利益总是为个人的利益做牺牲；正义和从属关系这些好听的字眼，往往成了实施暴力的工具和从事不法行为的武器。由此可见，口口声声说是服务他人的上层阶级，实际上是在损他人而利自己；因此，我们要按正义和公理来判断我们对他们的尊重是否适宜。为了要知道我们每一个人对他自己的命运抱着怎样的看法，就需要了解他们所得到的地位是不是最有利于占据这种地位的人的幸福。这就是我们现在要研究的问题，不过，为了把这个问题研究得很好，就必须从了解人心着手。

如果说问题只是在于按人的假面具向青年人讲述人的话，那我们就用不着向他们讲述了，因为他们经常都是看到这种假面具的；但是，既然假面具不是人，不能让它表面的光泽去引诱青年，那么，我们在向他们描绘人的时候，就要向他们如实地描绘人的本来面目，其所以要这样做，并不是使青年人去恨他们，而是使青年人

① 所有一切国家的法律的普遍精神，都是袒护强者欺凌弱者，袒护富人欺凌穷人。这个缺点是不可避免的，而且是没有例外的。

觉得那些人很可怜,从而不愿意学他们的样子。在我看来,这样做是合乎一个人对人类所抱有的最真挚的情感的。

根据这个看法,我们这时候教育年轻人,所采取的方法就要同我们从前所采取的方法完全相反,就要多用别人的经验而少用他自己的经验。如果人们欺骗他,他就要恨他们;如果他们尊重他,他看见他们互相欺骗的时候,就会同情他们。"世界上的情景,"毕达哥拉斯说,"宛如奥林匹克竞赛会的情景一样:有一些人在那里开店铺,为的是牟利赚钱;另一些人在那里拼性命,为的是追求荣誉;而其他的人则只是为了去看竞技的,但是,去看竞技的人并不是坏人。"

我希望人们这样替一个青年选择社交界,希望他认为同他一块儿生活的人都是好人,希望人们教他仔仔细细地认识世界,把世界上的事都看做是坏事,希望他知道人天生都是很好的,希望他意识到这一点,希望他自己去判断他的邻人,然而也希望他了解社会是怎样使人堕落和败坏的,希望他能发现人们的偏见就是他们种种恶习的根源,希望他衷心地尊重个人而蔑视大众,希望他知道所有的人差不多都戴着同样的假面具,但是也希望他知道有一些面孔比脸上所戴的面具还漂亮得多。

应当承认,这个方法有它的缺点,而且实行起来也不容易;因为,如果他过早地变成一个善于观察的人,如果你使他过于细致地去窥察别人的行动,那么,就可能使他养成欢喜说长道短、挖苦讽刺和动不动就武断地评判别人的习惯:欢喜幸灾乐祸地把一切事情都看得很糟糕,甚至连好事情他也认为不好。正如你见到穷人并不感到他们可怜一样,他见到邪恶的事情也视为常事,见到坏人也不害怕。不久以后,人类的种种恶行就不仅不能成为对他的教训，反而成为他的借口；他心里会这样想：既然人人都是这样的，我也不应该另外来一个样子。

如果你想用一番大道理去教育他，企图在他了解人心的天性的同时，再了解那些把我们的倾向变成恶习的外部原因的作用，如果你一下就使他从用感官感觉的事物转移到用脑筋思维的事物，你就要采用一种他根本无法懂得的形而上学的方法，你就要重新遇到你一直是十分小心地避免的麻烦，就要给他讲一些劝世文似的教条，就要在他的思想中用老师的经验和威信去代替他自己的经验和理智的发展。

为了同时拔掉这两个障碍，为了使他既能够了解别人的心而又不败坏自己的心，我打算就把离开我们很远的人指给他看，让他看其他时间或其他地点的人，以便使他虽能看到那种场合，但绝不能到那种场合中去进行活动。所以，现在是到了讲历史的时候了，通过历史，他用不着学什么哲学也能深入地了解人心；通过历史，他就能作为一个普通的观众，不带任何偏见和情绪，以裁判人而不以同谋或控诉人的身份对他们进行判断。

为了认识人，就必须从他们的行为中去认识他们。在社会上，我们听见的是他们的话，他们口头上讲一套，然而却把他们的行为隐藏起来；而在历史上，他们的行为就要被揭露，我们就要按照他们所做的事情去评判他们。他们所说的话，反而可以帮助我们对他们进行评价，因为把他们的言行加以比较，我们就可以同时看出他们实际上是什么样的人，而在表面上又装成什么样的人。他们愈是伪装，我们愈是能够了解他们。

可惜的是，这种方法有它的危险，有好几种缺点。要从一种观点去公正不偏地判断别人，那是很困难的。历史的最大弊病之一是，它从人类坏的方面描写人的时候多，从好的方面描写人的时候少；由于它感兴趣的只是革命和巨大的动乱，所以，只要人民在太平政治之下安定地过着昌盛繁荣的生活，它就毫无记载，只有在一个国家的人民由于自己不能满足自己的要求，因而就插手邻国的人民的事情，或者让邻国的人民来插手他们的事情的时候，它才开始记述他们的活动，它在他们已经处在衰亡的时候才对他们进行描写。我们的一切历史都是从它们应该宣告结束的时候才开始写的。我们对那些灭亡的民族的历史，已经是掌握得够多的了；我们所缺少的是人口兴旺的民族的历史，它们是那样的幸福和善良，以致使历史对它们无话可说。实际上，甚至在今天，我们还发现把国家管理得很好的政府，反而不为人们所谈论。我们所知道的尽是坏事，好事几乎是没有人提过。只有坏人才能出名，好人不是被大家遗忘就是被大家当作笑柄。由此可见，历史像哲学一样，在不断地诋毁人类*。

此外，在历史中所记述的那些事情，并不是怎样经过就怎样准确地描写的，它们在历史学家的头脑中变了样子，它们按照他们的兴趣塑成了一定的形式，它们染上了他们的偏见的色彩。哪一个历史学家能准确地使读者置身于事件经过的地方，让他看见那件

* 在其他版本作："……被大家遗忘。培根说：'时间就如同一条大江，它给我们带来的，尽是最轻的和最不牢固的东西，凡是沉重的东西都沉落到水深的地方，永远埋没在浩大的江底了。由此可以看出……'"。作者删去了他引用的培根的这一段话，而代之以"……就是被大家当作笑柄"；实则这句话在手稿中是没有的。他觉得，把时间比作大江，其形象用在这里就很牵强，因此，他才用一种既简单又轻松的方法表达他的思想。

事情的真实经过？无知和偏袒把整个事情化了一次装。即使不歪曲历史事实，但如果把跟那个事实有关的环境加以夸大或缩小，结果就会使它的面貌多么不同啊！把同一个东西放在不同的观点看，就不大像原来的样子，其实除了观看者的眼睛以外，什么都是没有改变的。你告诉我的即使是一件真实的事实，但你没有使我照它原来的样子去看它，这能说是尊重事实吗？有多少次是由于多了一株树或少了一株树，是由于左边有一块岩石或右边有一块岩石，是由于一阵大风刮起的一股尘沙，而决定了战役的胜负，但是还没有哪一个人看出过这种原因哩！是不是这样就使得历史学家不能像目睹者那样确切地向你讲述胜负的原因呢？再说，当我不知道其中的道理的时候，那些事实对我有什么意义呢？一件事情，我既然不知道它真正的原因，哪里能从其中得到什么教训？历史学家可以告诉我一个原因，但那是他杜撰出来的；至于说到评论，尽管是讲得天花乱坠，但其本身也不过是一种猜度的方法，只能够在几种谎言当中选一个同真实的事实最相像的谎言。

你看过描写克利奥帕特拉❶或珈桑德拉❷或任何一个这类人物的书吗？著书的人挑选一个大家都知道的事情，按照他自己的观点加以改编，并虚构一些情节以及根本不存在的人物和臆想的形象加以渲染，讲了一个故事又一个故事，使他的东西在读者看起来确实是津津有味的。在我看来，这样的传奇故事同你所读的历史没有多大的区别，如果说有区别的话，只是小说家一味描写他自

❶ 克利奥帕特拉（公元前69—前30），古代埃及的一个绝色女王。

❷ 珈桑德拉，希腊神话中特洛伊王的美貌女儿、女预言家。

己的想象，而历史学家则是盲从别人的想象；此外，如果你愿意听的话，我还要补充一点，那就是：小说家或好或歹总还抱有一个道德的目的，而历史学家才不管这一套咧。

人们也许会说，历史的忠实记载是不如真实的风俗和人物那样有趣的，只要把人的心描写得很好，则历史事件是不是叙述得忠实，是没有多大关系的；因为，归根到底，两千年前发生的事情对我们有什么用处呢？如果那些形象是照自然的样子描写的，则这些人的说法就是对的；但如果其中大多数都是按历史学家的想象的样子描写的，则你岂不又碰到了你想避免的麻烦，岂不把你从老师身上剥夺下来的威信又奉送给历史学家了吗？如果说可以让我的学生看一些虚构的图形，那么，我宁愿由我自己而不由别人来画这种图形，因为这样，至少可以使它们能够更好地为他所了解。

对一个青年来说，那些一边叙事一边又加上自己的评语的历史学家，是最坏不过的了。事实！事实！让青年人自己去判断好了；要这样，他才可以学会了解人类。如果老是拿作者的判断去指导他，则他只能通过别人的眼睛去看问题，一旦没有这些眼睛，他就什么也看不见了。

我不主张学现代史，其原因不仅是由于它没有什么特色，不仅是由于我们这些人都是差不多的，而且是由于我们的历史学家没有一个不想出风头，都想描绘一些有浓厚色彩的形象，而结果，那些形象是描绘得什么也不像的[①]。一般来说，古代的历史学家刻

① 请看达维拉、吉西阿丹、斯特腊达、索利斯和马基雅弗利诸人的著作，有时候再看德图本人的书。韦尔托特差不多是唯一懂得描述史事而不塑造人物的历史学家。

画人物的时候是比较少的，在他们对历史事实所作的评断中也是灵感少而常识多的；但尽管这样，在他们当中还是要进行很大的选择，在开始的时候，不应该选最有才气的历史学家的著作，而应该选最朴实的历史学家的著作。我不喜欢拿波利毕乌斯或萨路斯特❶的著作给一个青年人看，塔西佗❷的书是适宜于老年人看的，青年人是看不懂的。在深入人的内心深处去探查以前，要先从人的行为中去观察人心的最初的特色；在研究原理之前，必须先弄清事实。教条式的哲学只适合于有经验的人。青年人不要普遍地去研究一般的东西，他所研究的应该是个别的特殊事例。

在我看来，修昔底德❸是历史学家当中的一个真正的模范。他叙述史事而不加他的评语，然而他也没有漏掉任何一个有助于我们自己去评判历史的情景。他把他所讲的事实都展示在读者的眼前，他自己不仅不插身在事实和读者之间，而且还远远地躲开；这样一来，我们一点也不觉得是在读史书，而好像是亲眼看到了那些事情。可惜的是，他自始至终只讲战争，我们在他的书中所看到的差不多都是世界上最没有教育意义的事情——打仗。《万人撤退记》和《恺撒评传》这两部著作的优点和缺点都是差不多的。忠实的希罗多德不刻画人物，不讲教条，但其文笔很流畅和天真，书中充满了趣味盎然、使人喜欢阅读的情节，要不是那些情节往往变得像小孩子讲故事那样简单，因而是易于败坏而不是培养青年人

❶ 萨路斯特(公元前86—前34)，罗马历史学家。

❷ 塔西佗(55—120)，罗马历史学家。

❸ 修昔底德(公元前460—前395)，古希腊杰出的史学家，《伯罗奔尼撒战争史》的作者。

的兴趣的话,他也许就要算是最好的历史学家了。读他的书,必须要具有鉴赏的能力。我还没有谈到李维[1],不过,以后就会轮到谈他的时候的;这个人是政治家,也是修辞学家,所以不适宜于向这样年龄的青年讲他的著作。

一般地说,历史是有它的缺点的,其原因是它只能记载可以确定其人物、地点和时间的著名的重大事件,然而造成那些事件的日积月累的原因,是不能用同样的方法加以记述的,所以总付阙如。人们常常在一场胜仗或败仗中去寻找一次革命的原因,其实,在这场战争之前,那次革命已经是不可避免地要发生的了。战争只不过使那些由精神的原因所造成的事情突出地表现出来罢了,而精神的原因,则是历史学家很少看得出来的。

哲学的精神已经把本世纪的几位史学家的思想向这方面扭过来了,但是我很怀疑,真理是不是能通过他们的著作而得到阐发。他们各持一说,不仅不努力按事情本来面貌去描述,反而要事情去符合他们各自的一套看法。

除了以上几点外,我还要补充的是:历史所描述的是动作而不是人,因为它只能够在几个选定的时刻,在他们衣冠楚楚的时候,抓着他们的样子来描写;它所展示的,只是经过事先的安排而出现在公众面前的人,它不能跟着他到他的家中、到他的私室中、到他的亲友中去看一看,它只是在他扮演什么角色的时候描绘他,因此,它所描绘的是他的衣服而不是他那个人。

为了着手研究一个人的心,我倒要看一看他的个人生活,因

---

[1] 李维(公元前59—17),罗马历史学家。

为这样一来，那个人要逃也逃不掉了；历史学家到处都跟踪着他，不让他有一会儿喘息的机会，不让他躲在任何角落里逃避观众的锐利的眼睛；正是当他自以为躲得很好的时候，历史学家反而把他看得清清楚楚。蒙台涅说："传记家只要把他们的兴趣更多地放在思想上而不放在偶然的事情上，更多地放在出自内心的东西上而不放在形之于外的东西上，那么他们做的传记我就喜欢阅读，这就是我为什么选来选去还是选读普卢塔克的著作的原因。"*

是的，集合成群的人的倾向，或者说民族的倾向，跟个别的人的性格是大不相同的，如果不在人群中去研究人的话，我们对人心的认识也是很不全面的；但是，我的看法也不见得有什么不对，我认为，为了要认识人类，就必须从研究个人着手，谁能全面地了解每一个人的倾向，就能够预见它们在一个民族中的综合的影响。

在这里我们还必须借鉴于古人，其原因一则是由于我在前面所讲过的理由，再则是由于在现代流行的文体中都略而不谈所有一切虽然很平凡然而是很真实和典型的情节，以致使各个人物无论在他们的个人生活和社会舞台中出现的时候都经过了一番打扮。种种清规，要求史学家做书也像做事那样必须一本正经，有些事情虽然可公开地做，但不许历史学家公开地说；同时，由于他们始终只能把人物作为角色来描写，因此，那些人物只有在舞台上我们才认得，而一到了书中，我们就再也认不出来了。历史学家枉自为国王一次又一次地写百十回传，我们再也找不到苏埃东尼那样

* 蒙台涅：《论文集》，第2卷，第10章。

的历史学家了[①]。

普卢塔克的过人之处，正是在于他敢描写我们不敢描写的细微情节。他以一种无法模仿的优美笔调在细小的事情上描述伟大的人物，他是那样善于选择他的事例，所以往往用一句话或一个笑容或一个手势，就足以表达其主人公的特殊性格。汉尼拔说一句笑话就重振了他那溃败的军队的士气，使他们欢欢喜喜地奔向他征服意大利的战场；阿杰锡拉跨在一根棍子上，反而使我喜欢他这位战胜大王的人；恺撒在经过一个偏僻的村庄，同他的朋友谈话的时候，无意中竟暴露他这个曾经说只想同庞培地位平等的人原来是心怀叵测的奸雄；亚历山大一句话不说，就把药吞下去了，这一刹那间竟成了他一生当中最美妙的时刻；亚里斯泰提[❶]把自己的名字写在一个贝壳上，从而表明他理应得到他那个别名；菲洛皮门到了别人家里，就取下披风，到厨房去替房主拾弄木柴。这才是真正的描写的手法，不是以粗大的笔画去描写人物的面貌，不是以豪迈的行为去描写人物的性格，而是以细小的事情去揭示他们天生的性情。公开的事情不是太平淡无奇就是太做作，然而现今一本正经的作风差不多仅仅允许我们的著述家独一无二地只能够写这些东西。

德·图伦无可争辩地是上一个世纪的伟大人物之一。有人就

---

① 在我们的历史学家中，模仿塔西佗以粗大的笔画描写史事的，只有一个人[*]，这个人敢于模仿苏埃东尼，有时候在细小的情节上甚至敢抄录科敏斯的写法；这种做法，虽增加了他的著作的价值，但引起了我们的批评。

* 杜克洛，《路易十一传》的作者。

❶ 亚里斯泰提(公元前 540—前 468)，古希腊政治活动家和战略家，掌管希腊财政极为廉洁，史称公正的亚里斯泰提。

曾经用他的为人所知和为人所爱的琐碎事情把他的传记写得很有趣味，然而为他做传的人还是迫不得已地要从中删掉一些可以使他更加为人所知为人所爱的情节！现在我只举出其中的一件事情，这件事情，我相信是真的，而且，要是遇到普鲁塔克的话，是绝不会略而不提的；反之，要是遇到了腊姆塞，即使他知道，他也是不敢写的。

在夏季的一天，气候很热，图伦伯爵身穿白小裤，头戴小便帽，站在客厅的窗子跟前；后来有一个仆人走进客厅，看见那一身衣服便把图伦误认为是他所熟识的厨师的助手。他轻轻地从后面走过去，使劲地在伯爵的屁股上打一巴掌。挨打的人马上转过身来。仆人一看是自己的主人，就全身打哆嗦。他晕头转向地跪下去，说："大人，我以为是若尔日……""即使是若尔日，"图伦揉着臀部叫道，"也不应该打得这样重呀。"可怜的人们，像这样的话，你们就不敢讲！让你们永远做不要天性、不要心肝的人，让你们那些丑恶的一本正经的言辞把你的铁石心肠越炼越硬，让你们那副庄重样子使你们受到人们的轻蔑。可是你，可爱的青年，当你读到这段轶事，亲切地感到那在猛烈的冲动之下显示出来的温厚心肠时，也要看一看这位伟大的人物在牵涉到他的门第和声名的时候，是显得多么渺小。你要知道，同是这位图伦，曾处处故意让他的侄子占先，以便让大家知道那个孩子是一座王家府第的主人。把这些情形加以对照，你就会爱天性而轻成见，能够彻底地认识这个人了。

在这样的指导之下读书，对一个青年人白璧无瑕的心灵将产生怎样的影响，是很少有人能够估计出来的。我们从童年时候起就埋头书本，已经养成了学而不思的习惯，我们对所读的东西印象极不深刻，在历史和人的生活中到处充斥的欲念和偏见，在我们身上也已经产生了，从而使他们所做的一切事情在我们看来都是很自然的，因为我们已经脱离了自然，以自己的面貌去判断别人了。但是，请你想象一下按照我的主张培养起来的青年，想象一下我十八年来辛辛苦苦地使之保持了完备的判断力和健康的心灵的爱弥儿，想象他在幕布拉开的时候，头一次看到这个世界的舞台的情景，或者更确切一点，想象他站在舞台后面看演员们化妆，在舞台后面数有多少绳子和滑车在用假情假景蒙蔽观众的眼睛，他将有怎样的感觉。他起初是大吃一惊，但接着就对他们表示一阵羞辱和轻蔑：看到整个的人类这样自己欺骗自己，自甘堕落地去做那些幼稚的事情，他感到非常的气愤；看到他的弟兄为了一场空梦就互相厮打，看到他们不愿意做人，而一定要把自己变成猛兽，他就感到非常痛心。

毫无疑问，只要学生有了自然的禀赋，即使老师没有那么慎重地选择他所读的书籍，即使老师没有使他在读书之后对书中的东西进行一番思考，他这样学来的东西也可以变成一种实用的哲学，它同你们用来把学校中的青年的头脑弄得一团混乱的种种空泛的理论相比，还是踏实得多和有用得多的。西内阿斯[1]在听完了皮鲁士[2]的想入非非的计划以后，就问他，既然从今以后一定要受许多的折磨和痛苦才能征服世界，那么，征服了世界又能获得什么真正的好处。在我们看来，西内阿斯的问法只不过是随随便便的一

[1] 西内阿斯是埃皮鲁斯国王皮鲁士的谋士。

[2] 皮鲁士(公元前 318—前 272)，埃皮鲁斯国王。

句俏皮话，但爱弥儿却从中发现了一个很明智的见解，这个见解，他最初就曾经是有过的，今后也永远不会从他的思想中消灭掉，因为在他的思想中没有任何一个同它相矛盾的偏见妨碍他把它印在自己的心里，以后，在他阅读皮鲁士的传记的时候，他就会发现，这个疯子的一切伟大的计划都无非是想使自己丧身在一个妇人的手里；因此，除了不佩服这种所谓的英雄行为以外，他不把这样伟大的一个统帅之所以建立奇功，不把这样伟大的一位政治家之所以施展权谋，看做是为了去寻找那不祥的砖瓦，以可耻的下场结束他的一生和计划，又将看做是什么呢[1]？

并不是所有的征服者都是被杀死的，并不是所有的篡位者都是在他们的冒险事业中遭到失败的；在充满了俗见的头脑看来，其中有几个人好像是很幸运的；但是，谁要是不只看表面的现象，而完全按他们的心境去判断他们究竟是不是幸运的话，他就可以发现，那些人即使成功，也是很惨然的；他将发现，他们的欲望和伤心的事情随着他们的幸运而愈来愈繁多；他将发现，他们虽然是上气不接下气地拼命前进，但始终达不到他们的尽头；他将发现，他们像没有经验的旅行家头一次爬越阿尔卑斯山似的，在每爬一个山冈的时候，就以为过了这个山冈便翻过了整个的山脉，及至爬到冈顶一看，才沮丧地发现更高的山峰还在前面咧。

---

[1] 皮鲁士于公元前280年不听西内阿斯的劝告，远征罗马，仗固然是打胜了，但牺牲特别惨重，以致他手下的将军们都说，要是再打一次这样的胜仗，我们全都完了。后来，皮鲁士又率军转战于希腊境内，于公元前272年攻克阿尔果城的时候，被一个年老的妇人从屋顶上扔下的瓦片击中头部而死。

奥古斯都[1]在平服了他的臣民和打败了他的对手以后，统治那空前的大帝国达四十年之久，但是巨大的权力是否能使他在要瓦鲁士重振他那溃败的军队的时候，不急得用头去碰墙壁，不急得叫喊连天，使那巨大的宫廷处处都听到他的闹声？只要在他的周围有各种各样的伤心事在继续不断地产生，只要他最亲密的朋友在图谋他的性命，只要他眼见自己的亲族遭遇羞辱和死亡的时候，只能哭泣而不能有所作为，即使他战胜了他所有的敌人，那空幻的功业对他又有什么用处呢？这个可怜的人想统治整个的世界，然而却不知道要管好他的家！疏于治家的结果怎样呢？他看见他的侄子、他的义子、他的女婿都在年富力强的时候死掉了；他的孙子最后弄得只好吃自己床上的垫絮，以便使他可怜的生命多活几个小时；他的女儿和孙女做了许多寡廉鲜耻的事情，使他蒙受羞辱，而且，后来一个是饿死在荒岛，另一个是在监狱中被一个弓手所杀死。至于他自己，则成了他的可怜的家庭剩下的最后一个人，被自己的妻子逼得只好让一个怪物做他的继承人。这个主宰世界的人，尽管曾经是多么的荣耀和富贵，结果他的命运却落得如此。在羡慕荣耀和富贵的人当中，难道说还有哪一个人愿意用同样的代价去换取这种东西吗？

我在前面是拿人的野心做例子，然而所有一切人类欲念的冲动，对那些想从历史的研究中，借死者的命运而认识自己和使自己

[1] 奥古斯都(公元前63—14)，即罗马皇帝屋大维，原为三执政之一，公元前31年击败安东尼以后，遂集政教大权于一身，改称奥古斯都。公元前9年，他手下的将军瓦鲁士所率三个军团被日耳曼人包围，以致全军覆没；当奥古斯都得到消息的时候，急得在皇宫中连声叫喊："瓦鲁士，瓦鲁士，还我的三个军团！"

变得聪明的人来说,都可以提供同样的教训。就教育年轻人来说,在最近的将来,是适宜于读安东尼❶的传记而不适宜于读奥古斯都的传记。爱弥儿近来在他所读的书籍中见到了许多奇怪的事物,弄得他摸不着头脑,但是他知道在欲念未产生以前,就必须先摆脱欲念的幻象;同时,由于他知道人无论在任何时候有了欲念就会使自己变得昏庸,因此,他事先就不会采取那种可以让欲念(万一他果真产生了欲念的话)迷惑他的生活方式①。我知道,这些教训对他来说是很不适宜的,而在需要的时候,也许又会觉得它们既不及时也不够用;不过,你要知道,我想从阅读历史中得出来的并不是这样一些教训。在开始读历史的时候,我就抱有另外一个目的,如果这个目的没有完全达到的话,那无疑是老师的错误。

必须知道的是,只要自私心一有了发展,则相对的"我"就会不断地进行活动,而青年人一看到别人的时候,便没有一次不联想到他自己,并且把自己同他们加以比较。因此,在看过别人之后,他就想知道他在他们当中将处在怎样的地位。从你向青年人讲授历史的方法看来,我认为,你可以说是在使他们想变成他们在书中看到的那些人,是在使他们时而想做西塞罗,时而想做图拉真❷,时而又想做亚历山大;是在使他们头脑一清醒时就感到沮丧,是在使每一个人悔恨他自己不过是这样一个人。我不否认这种方法也有

❶ 安东尼(公元前83—前30),恺撒的朋友和副手。恺撒死后,同屋大维和雷必达组成罗马史上的第二个三人执政。

① 始终是偏见在我们的心中使欲念旺盛如火。一个人如果只注意于现有的东西,只看重他确实了解的东西,他的欲念是不会冲动起来的。有了错误的看法,就会产生强烈的欲望。

❷ 图拉真(52—117),罗马皇帝。

一定的优点；但就爱弥儿来说，万一他也这样把自己同别人加以比较，喜欢做那样一个人而不愿意做他自己这样的人的话，即使说他想做一个苏格拉底，想做一个卡托，我认为我对他的教育也是全盘失败的。一个人只要开始把自己想象为另外一个人，不久以后就会完全忘掉他自己的。

对人类了解得最深刻的并不是哲学家，因为他们完全是通过哲学上的先入之见去观察人的，我还没有见过什么人是像哲学家那样有许多成见的。一个野蛮人对我们的判断，比哲学家对我们的判断中肯得多。哲学家一方面知道他自己的毛病，另一方面又鄙视我们的毛病，所以他自己说："我们大家都是坏人"；而野蛮人看我们的时候，是不动什么情感的，所以他说："你们真是疯子。"他说得很有道理，因为没有哪一个人是为了做坏事而做坏事的。我的学生就是这样一个野蛮人，所不同的是：爱弥儿爱思考，爱把各种观念拿来比较，爱仔仔细细地观察我们的过失，以防他自己也犯这种过失，而且，他对什么东西有确实的了解，他才对它作出判断。

因为我们自己有欲念，所以我们才愤恨别人有欲念；我们之所以恨坏人，是因为我们要保持我们的利益；如果他们对我们一点儿损害都没有，我们也许反而同情他们而不恨他们了。坏人给我们造成的痛苦，使我们忘记了他们对他们自己造成的痛苦。如果我们能够知道他们的心将怎样惩罚他们所犯的罪恶，我们也许是更容易原谅他们的罪恶的。我们感觉到他们对我们的侵害，我们看不见他们使自己受到的惩罚；他们所得到的好处是表面的，而他们所受到的痛苦则是内心的。一个人在享受以罪恶的行为取得的果实时，他所受的痛苦，是不亚于他作恶未成的时候的痛苦的；目标是改变了，而心中的不安是一样的。他们徒然夸他们的运气和隐藏他们的心，不论他们怎样隐藏，他们的行为都会把它暴露出来的；不过，为了看出他们的心，并不一定要我们也具备同样的一颗心。

我们彼此共有的欲念使我们走入了迷路，同我们的兴趣相冲突的欲念使我们发生反感；由于这些欲念在我们身上产生了矛盾，因此我们就责备别人做了某种事情，其实这种事情我们也是想照样去做的。当我们不得不容忍别人犯了我们处在他的地位也可能犯的罪恶时，我们不可避免地是一方面发生反感，另一方面又会产生妄念。

那么，要怎样才能正确地研究人呢？在研究他们的时候要具有巨大的兴趣，在判断他们的时候要十分的公正，在设想人类的种种欲念时要具有一颗相当敏感的心，而且这颗心还要相当冷静，不受那些欲念的刺激。如果说在一生当中有一个适合于做这种研究的时期的话，那就是我替爱弥儿所选择的这个时期：过早了，他对世人是非常的陌生；再晚一些，他也许又同他们是一个样子。他已经看出了人的偏见的势力，然而他还没有受过这种势力的支配；他已经觉察到了欲念的影响，然而欲念还没有扰乱他的心。他是一个人，他要关心他的弟兄；他为人公正，他要评判他的同辈。如果他对他们的判断很正确，他也不想做他们当中的任何一个人；因为他们之所以有种种痛苦，完全是为了达到他们根据他们的偏见而设想的目的，而他是没有他们那些偏见的，因此，在他看来那样的目的是渺茫的。至于他，他所想望的东西都是用他的能力可以取得到的。他既然能够自己满足自己的需要，同时又不为别人的偏见所左右，他为什么要依赖别人呢？他有两只胳臂，身体又健康[①]，又有节制，需要既不多，而且又有满足他的需要的手段。他是在绝对的自由的环境中养育起来的，因此他认为最大的罪恶是奴役。他同情那些可怜的国王，把他们看作为所有一切服从他们的人的奴隶；他同情那些为虚名所束缚的假聪明人，他同情那些愚蠢的有钱人，把他们看作他们浮华生活的牺牲；他同情那些表面上得意扬扬的酒色之徒，他们为了使别人看起来他们是很快活，就那么昏昏沉沉地度过了他们整个的一生。他甚至会同情对他做坏事的敌人，因为他在他们的坏行为中看出了他们的痛苦。他会对自己说："这个人要损害我，可见他是把他的命运依附于我的命运的。"

再前进一步，我们就达到我们的目的了。自私心是一个有用的工具，然而是一个危险的工具，它常常会弄伤使用它的手，而且很少有起好的作用而不起坏作用的时候。爱弥儿考虑到他在人群中的地位，发现他所处的地位是那样幸运的时候，禁不住要把你的智慧的成就看作是他自己的智慧的成就，要把他幸福的境地所造成的效果说成是他自己的功劳。他将对自己说："我很聪明，其他的人都是傻瓜。"在同情别人的时候，他也许就会对他们表示轻蔑；在庆幸自己的时候，他也许就会把自己看得很了不起；在他意识到他比他们幸福的时候，他也许就会以为他比他们更配享受这样的幸福。这是最可怕的错误，因为它是最难于根除的。如果他永久

① 我认为，可以大胆地把健康和体态匀称列为他所受的教育给他带来的好处，或者说得更确切一点，列为他所受的教育替他保存下来的大自然赐予他的礼物。

持着这种想法的话，他就不可能从我们的种种关心照料中得到很大的好处；如果叫我选择的话，我不知道我是不是会宁受偏见的迷惑而不受骄傲的迷惑。

伟大的人是绝不会滥用他们的优点的，他们看出他们超过别人的地方，并且意识到这一点，然而绝不会因此就不谦虚。他们的过人之处愈多，他们愈认识到他们的不足。他们对他们超过我们的地方所感到的自负，还不如他们对他们的弱点所感到的羞愧之心大；在享受他们所独有的长处时，他们是绝不会愚蠢到夸耀自己不拥有的天赋。善良的人可以凭他的美德而感到骄傲，因为他的美德是属于他的；但是，有才情的人有什么可骄傲的呢？拉辛在自己觉得不如普腊东[1]的时候，是抱怎样的态度的？布瓦洛在自己觉得不如科坦[2]的时候，是抱怎样的态度的？

我们的情况完全不同，我们始终是按一般的水平做的。我假设我的学生既不天才过人，也不头脑迟钝。我是在普通的人当中选择他的，以便证明教育能够对人起多大的作用。至于罕见的情形，那就不按常规来办了。因此，要是爱弥儿由于我的培养而选择他目前的这种生活方式、看法和理解法，而不选择别人的生活方式、看法和理解法，那他就做对了；但是，如果他因此就认为他比别人的禀赋优异，比别人生得高尚，那他就错了，那他就是在自己欺骗自己了；必须使他觉醒过来，或者说必须预防他产生这样的谬误，以免太晚以后就改不掉了。

---

[1] 普腊东（1632—1698），法国诗人。

[2] 科坦（1604—1682），法国神父。

一个人只要不是疯子，则除了他的虚荣心以外，他的一切其他妄念没有一个是不能医治的；就虚荣心来说，如果说终究有什么东西可以医治它的话，那就是经验了；我们至少可以在他产生的时候防止它继续发展。所以，为了向青年人阐明他们也如同别人一样地是人，也如同别人一样地有那些弱点，是用不着向他们讲什么好听的道理的。你使他自己觉察到这一点，或者，就索性不让他知道。这就我自己的教法来说，也要作为一种例外的情况来办；遇到这种情况的时候，我宁愿让我的学生去经历一些意外的事情，以便向他证明他并不比我们更为聪明。像前面所讲的遇到魔术师那件事情，就可以用各种各样的方式反复进行，我将让拍马屁的人占他的便宜；如果哪一个胡闹的人拉他去大胆妄为的话，我将让他去遭他的殃；如果骗子们叫他去赌博的话，我将让他去上他们的当[①]，我将让他们去奉承他，骗他，抢劫他；而且，当他们把他荷包里的钱骗个精光，拿他开心的时候，我甚至还要当着他的面感谢他们好好地教训了他一下。唯有淫荡的妇女设下的陷阱我是要十分仔细地防止他掉进去的。我所采用的唯一办法是：同他一块儿去冒我让

---

① 好在我的学生是不会去上这种当的，因为他身边有许多好玩的事情，他不可能觉得他的生活无聊，同时他现在还不大知道金钱的用处。你用来教导孩子的两个动力是利益和虚荣，而这两个动力，以后也会被淫荡的妇女和流氓用来引诱他上他们的圈套的。当你看见孩子一见到奖品和赏金就动了贪心，当你看见他十岁的时候在学校里因为做了一件有利于公众的事就得到人们的鼓掌和称赞，你就等于看见他将来在二十岁的时候怎样在赌场上被别人骗去了他的钱包，怎样在烟花场中搞垮了身体。我们可以十拿九稳地说，他班上的机灵的孩子将来准会成为最大的赌鬼和色鬼的。在童年时候没有用过的手段，就不会在青年时候产生同样的弊病。不过，我们应当记住，我始终一贯的原则是，要处处考虑到最坏的情形。我首先是尽力防止恶习；然后，我假定它们已经产生，以便对它们进行纠正。

他遭遇的危险，同他一块儿忍受我让他遭到的耻辱。我将不声不响地忍受这一切，不出怨言，不发牢骚，对他绝口不提这些事情；我深信，只要我一直是这样谨慎地做，则他看见我为他遭受的种种痛苦，在他心上产生的印象，比他自己遭受的痛苦在他心上产生的印象还深。

我在这里禁不住要把做老师的人的虚伪神气加以揭穿，他们傻头傻脑地要显示聪明，因而就遏制他们的学生，假装他们是把学生始终当作孩子来看待的，而且，在他们叫学生做什么事情的时候，他们总装得好像要是他们去做便一定比学生做得高明。不仅不能这样地损伤青年人的勇气，反而应该不惜一切力量提高他们的信心，要使他们同你并驾齐驱，以便使他们能够变成同你相匹敌的人；如果他们现在还达不到你这种水平，你自己就应当毫不犹豫、毫不怕羞地下降到他们那样的水平。你要知道，你的体面不在你自己身上，而在你的学生的身上；要纠正他们的过失，就必须分担他们的过失；要洗雪他们的耻辱，就必须承受他们的耻辱。要仿效那勇敢的罗马人，他看见他的军队溃逃，无法收拾的时候，就跑在士兵的前头，带着他们逃跑，并且叫喊道："他们不是在逃跑，而是在跟随他们的统帅。"他是不是因此就不光彩呢？一点也不；他以牺牲荣誉的办法取得了更大的荣誉。天职的力量和道德的美，打破了我们愚蠢的偏见，使我们不能不对他赞扬。如果我在为爱弥儿尽我的职责的时候挨了一下耳光，我不但不报复，反而要到处宣扬这件事情，我不相信世界上真有哪一个人[①]竟坏到因此就不

① 我说错了，我发现有这样一个人，那就是福尔梅先生。

十分地尊重我。

做学生的人不应当认为老师的知识也像他的知识那样是很有限的，不应当认为老师也同样是容易上人家的圈套的。如果一个孩子由于不会观察和比较，而把所有的人都看作是同他一个水平，并且只相信那些使自己跟他处于同一个水平的人的话，这种想法还是很好的。可是像爱弥儿那样年纪、那样聪明的青年人，是不至于愚蠢到有这种错误的想法的，如果他真是有这种想法的话，他就不是一个好青年了。他对老师的信任是另外一种信任，那就是信任理智的判断，信任知识的渊博，信任他能理解而且觉得对他有益的长处。他从长期的经验中深深相信这个教导他的人是很爱他的，是一个聪明有识的人，并且是知道怎样为他谋求幸福的。他应当知道，为了他自己的利益，最好还是倾听这个人的意见。然而，要是老师也像学生那样一再上人家的当，他就没有权利硬要学生尊敬他，他就没有权利教导学生了。做学生的不应该认为老师是故意让他掉进人家的圈套，并且见他头脑单纯就给他布置许多的陷阱。要同时避免这两种不好的想法，应该怎样做呢？最好的做法，而且又是最自然的做法是：同他一样的天真和朴实，把他即将遇到的危险告诉他，清清楚楚地向他指出那些危险，然而绝不可夸张，绝不可急躁，绝不可装腔作势地故弄玄虚，尤其是不可把你的意见当作命令，使得他只好服从，而且，说话的时候也绝不可带有武断的语气。这样做了之后，假使他还是像往常那样执拗，硬要去干，又怎么办呢？那就不要说什么了，就随他爱怎样做就怎样做好了，你跟着照他的样子做，而且要高高兴兴、坦坦率率地做；如果可能的话，也要跟他一样尽情地快乐。如果后果确实太严重的话，你始终在场，可以制止；这样一来，这个年轻人就看出了你的先见之明和一番好意，他怎能不既佩服你的眼光又感激你的好心！他的种种过失，正好变成了你手中的缰绳，在必要的时候可以用来约束他。这里，做老师的应当掌握的一门最大的艺术就是：针对情况进行劝勉，能预知这个年轻人在什么情况下可能听他的话，在什么情况下可能还是那样地执拗，以便处处让经验去教训他，同时又不使他遭遇太大的危险。

在他未犯错误以前，就应当向他指出他的错处；而在他既犯以后，就绝不要去责备他，因为这样做只有使他生气，使他出于自尊而反抗你的。在教训他的时候，如果引起了他的反感，那是没有什么好处的。我想，最不恰当的，是向他说："我早就告诉过你了。"要想使他回忆起你告诉过他的话，最好的办法是：在表面上好像是把你说过的话忘记了似的，相反，当你看见他因为没有听你的话而感到羞愧的时候，你要和和气气地用好言好语把他的羞愧遮盖过去。当他看见你为了他而忘记了自己，不仅不使他难堪，反而安慰他的时候，他一定会感激你的。如果在他伤心的时候，你再去责备他，他就会恨你，而且会发誓不再听你的话，以此表明他并不是像你那样重视你的意见的。

你对他的安慰，其本身就是对他的一种教训，如果他对你的安慰不起任何疑心，则这种教育便愈是能够收到效果。我想，当你告诉他说许多的人也犯过同样的错误的时候，他是料想不到你会对他说这样的话的，因此，你采取在表面上同情他的办法就把他的错误纠正过来了；因为，对一个自认为比别人高尚的人来说，借口别人也有这样的例子来安慰自己，那是很可羞的，他将明白，他今后顶多只能说别人并不比他强了。

犯错误的时候，正是可以用来讲寓言的时候。我们借寓言这种奇异的形式去谴责犯罪的人，就既能教育他而又不冒犯他；他把寓言所讲的真理用来看自己，于是才明白它所讲的话果然不虚。从来没有上过别人的吹捧的当的孩子，是不可能懂得我在前面所解说的寓言的；可是，刚刚上过拍马屁的人的当的蠢孩子，就可以清楚地看出乌鸦的确是一个傻瓜。这样，经一事他就长一智，对一件事情的经验，他很可能不久就会遗忘，然而通过寓言，就可以刻画在他的心里。一切寓言中的教训，都是可以从别人的经验或他自己的经验中取得的。凡是要经过一番危险才能取得的经验，就叫他从历史中去寻找，而不要他自己去尝试。如果在尝试的过程中不会发生什么严重的后果，那就让年轻人去冒一下危险好了，我们还可以用寓言的形式把他目前还不知道的特殊的事例编成格言。

不过，我的意思并不是说你应该阐发一下这些格言的意思，更不是说你应该把它们写成一定的格式。大多数寓言在结尾时候提示的寓意是最空洞不过的，也是最为人们所误解的，似乎是因为这种寓意不能够或者不应该说清楚，所以才采取这种办法让读者明白似的！为什么要在结尾的地方加上这种寓意，以致剥夺了读者自己动脑筋去体会的乐趣呢？教育的艺术是使学生喜欢你所教的东西。为了使他对你所教的东西发生兴趣，那就不应该使他的脑筋对你所说的话是那样的默认，就不应该使他除了听你说话以外，便无事可做。做老师的固然应当自尊，但也要让学生的自尊心有发挥的机会，要让他能够说："我想一想，我懂了，我看出它的意思了，我学会了。”意大利喜剧中的那个丑角是很讨厌的，其原因之一就是他硬要煞费苦心地向观众讲解大家已经听懂了的那一套台词。我不喜欢一个老师也去做这样的丑角，更不喜欢他去做寓言作家。重要的是，要使你的学生听懂你所讲的东西，可是不应该把什么话都讲完，把什么话都讲完的人，反而讲不好什么东西，因为到了末尾别人就不听他的了。拉·封登在有关鼓气的青蛙的寓言中添加的那四行诗有什么意思呢？他怕别人读不懂这个寓言吗？这个伟大的画家，难道说还需要在他所画的东西下面写下它们的名称吗？这样一来，他不仅不能使他的寓言广泛地适用于一般的情形，反而使它只能适用于特殊的情形，把它局限在他所举的那个例子，而不能让大家把它应用于其他的例子。我希望大家把这个无与伦比的作家所做的寓言拿给一个青年人去阅读之前，把其中的结语都删掉，因为他费了那样多气力在结语中阐述的东西，他已经是讲得既清楚又很有趣了。如果说不借助于这种解释，你的学生就不懂那个寓言的话，我敢断定，即使这样地解释一番，他也是不会懂得的。

还须注意的是，阅读这些寓言的次序，应该充分地符合教学法的原理，充分地符合青年人的智慧和感情的发展进度。请你想一想，如果不顾及需要和当时的情况，而是死板板地按书中的次序去读，岂不是很不合理吗？开头讲蝉，然后讲乌鸦，然后再讲青蛙，然后再讲两匹骡子，等等。我很不喜欢那篇讲两匹骡子的寓言，因为我记得曾经看见过一个学习理财的孩子，被人们拿他将来要担当的工作弄得糊里糊涂的；这个孩子学习了这篇寓言，念了一遍又一遍，念了千百遍也没有从中看出一点点反对他去从事那种职业的道理。我不仅从来没有看见过孩子们切切实实地应用过他们所学的寓言，而且也没有看见过哪一个人花心思教他们去应用寓言。人们在口头上说寓言是一种道德教育，其实，母亲和孩子的真正目的只是在于能邀请一批人来听他背诵寓言，所以，当他们长大成人需要应用而不是背诵的时候，就完全忘记了。再说一次，应该从寓言中吸取教训的是成年人；现在，爱弥儿已经到了可以开始学习寓言的时候了。

因为我不愿意把什么话都讲完，所以我从远处指出采取哪些路径就会脱离光明大道，以便使他加以避免。我相信，只要顺着我所指的大道前进，你的学生就能以最低廉的代价取得对人类和对他自己的知识；你就可以使他以正确的观点去默察命运的幻化而不妒忌命运的宠儿是那样的侥幸，你就可以使他一方面对自己感到满足，另一方面又不认为自己比别人更聪慧。你在使他成为观众的时候，也开始使他成为演员了。这个工作必须完成，因为从包厢中看到的都是事物的表面的样子，而在戏台上看到的才是它们的真相。必须坐在适当的座位，才能把全景一览无余；必须走拢去看，才能仔仔细细瞧个分明。不过，一个年轻人应该以什么名义去参与世事呢？他有什么权利去过问那些黑暗的神秘的事情呢？他在这个年龄的时候，只知道玩耍，他还只能安排他自己的生活，这就是说，他还不能够处理任何事情。人是商品当中最贱的商品，在我们所有的重大的财产权当中，人身的权利是最微小不过的。

当我看到青年人在最活泼的年岁只学习纯理论的东西，而在他们还没有一点实际的经验的时候一下就投入社会和担当事情，我认为，这种做法的违反理性，一如它的违反自然。所以，如果说只有极少数的人才懂得为人处事的话，我是一点也不觉得有什么奇怪的。既然会不会做事是无关紧要的，那么，为什么又乱出主意要我们去学那么多没有用处的事物呢？口头上是为了社会而培养我们，其实，就教育我们的方法来看，好像我们每一个人一辈子都只能够在书斋中孤孤单单地思考，或者一辈子都只能够同不相干的人谈论空想的问题。你以为教你的孩子做一些柔软操和说一些毫无意义的老套话，就算是教会他怎样生活了。至于我，我也在教育我的爱弥儿怎样生活，我教育他靠他自己的力量生活，此外，还教他怎样挣得他的面包。这还不够。为了要在世界上生活，还要知道怎样对人，还要会使用支配人的工具；要会估计文明社会中个人利益的作用和反作用，而且还要这样正确地预料重大的事情，使自己在事业中不受欺骗，或者至少使自己能够选用达到成功的良好手段。法律不许可青年人自己处理自己的事情和财产，但是，如果他们在达到法定年龄的时候还一点经验都没有，这种保护青年人的措施又有什么用呢？要他们等到那个年龄才自己做主，是一点好处都没有的，而且将使他们长到二十五岁的时候还依然同十五岁的时候一样，实际的事情一点也不懂。毫无疑问，我们要防止一个青年人由于无知或欲念的蒙蔽而自己害自己，但是，无论他在什么年龄都应该教育他对人和蔼，无论在什么年龄都应该在一个有见识的人的指导之下保护那些需要我们援助的穷人。

乳母和母亲费了一番苦心抚育孩子，因此对孩子是十分的疼爱；社会道德的实践给人们的心中带来了人类的爱。正是因为做了好事，人才变成了好人，我认为这一点是最确实无疑的。你要使你的学生做他所能理解的一切良好行为，要使他把穷人的利益看作他自己的利益；要他不仅用金钱帮助他们，而且要对他们表示关心；要他为他们服务，要他保护他们，为他们牺牲他个人的利益和他的时间；要他把自己看作他们的办事人：他应当终生都要担负这个这样高尚的职务。有多少受压迫的人无处申诉他们的冤屈，而现在有他为他们主持正义，因为，他从道德的实践中养成了勇敢坚毅的品行，所以能够那样不屈不挠地为他们鸣不平，能够为他们闯入大官豪富的门庭，而且，如果必要的话，就径直走入王宫，为那些既穷得无依无靠，又因害怕恶人的报复而不敢诉苦的可怜人向国王吐露他们的声音。

不过，我们是不是要把爱弥儿培养成一个游侠，培养成一个打抱不平的义士呢？他要不要去干涉公众的事情，要不要以智者和法律的保护人的姿态奔走于王公贵族的府第和衙门，要不要为别人向法官求情，为别人做律师而出现于法庭呢？所有这些我都不知道。滑稽可笑的名称丝毫也不改变事物的性质。他将做一切他认为是有用的和良好的事情。他不做任何多余的事，他知道凡是不适合于他那样年龄的人去做的事，对他来说就没有一样是有用处的，就没有一样是有好处的。他知道他首先要对他自己尽他的责任，他知道青年人不应该过分地相信自己，他们的行为应当慎重，对年长的人应当尊敬，应当谨慎地少说废话，应当有节制地少做无聊的事情，然而要敢于做有意义的事情，要敢于说出真理。那些留名青史的罗马人就是这样，他们在担当重任以前的青年时期全都致力于惩罚罪恶和保卫无辜，其目的就是要在伸张公理和保护善良风俗的行为中教育自己。

爱弥儿既不喜欢闹嚷，也不喜欢吵架，不仅不喜欢人和人吵架[①]，甚至动物和动物打架他也是不喜欢的。他从来没有把两条狗挑得互相争斗，从来没有叫过一条狗去追逐一只猫。这种和平的精神是他所受的教育的结果之一，因为这种教育丝毫没有使他养成自私和自高自大的心理，所以是不会使他以驾驭别人和使别人受痛苦而取得乐趣的。他看见别人痛苦，他自己也感到痛苦，这是一种自然的情感。一个青年人之所以忍心甚至乐于看到一个有感觉的生物遭受痛苦，是因为他自以为可以凭他的聪明和优越的

① 如果有人偏要找他吵架，他怎样办呢？我的回答是：他绝不会遇到吵架的事情，他绝不使自己竟然同人家吵起来。“不过，”有人也许会说，“谁能担保自己不被一个粗人、一个酒鬼或一个大胆的流氓打一下耳光或说一句坏话呢，因为他们存心要毁坏一个人，总是先使那个人丧失名誉的。”这是另外一回事情；公民的名誉或生命是绝不能让一个粗人、一个酒鬼或大胆的流氓去摆布的，而且，一个人也不能担保他不遇到房上掉下来的瓦正掉在自己头上这类意外的事情。被打一下耳光或说一句坏话，当然会产生某些社会影响，但这是任何聪明的人都无法预防的，这种侮辱人的行为，也是任何法庭都无法惩治的。法律的缺陷使他在这种问题上必须独立自主，依靠自己；因此，他必须在侮辱他的人和他自己之间做唯一的法官，唯一的裁判人；他必须做自然法的唯一的解释者和执行者，他必须替自己主持公正，而且，也只有他才能作出公平的处理，在世界上绝不会有哪一个政府竟糊涂到因为他在这种情况下采取这种做法而惩罚他的。我的意思并不是叫他去同人家打起来，打架是一种很狂暴的行为；我的意思是说，他必须替自己主持正义，做正义的唯一的使者。如果我是国王的话，我用不着颁布许多徒具形式的禁止斗殴的法令，就可保证在我的国家不会出现存心打人和骂人的事情，我采用的办法非常简单，而且还用不着交给法庭去办理。不管怎样，爱弥儿在这种情况下是知道怎样为自己主持正义，知道用什么方法去保护正派的人的安全的。他不依靠有势力的人保护他不受侮辱，他依靠他自己去防止别人一再吹嘘说敢于对他施加侮辱*。

* 这个脚注是很有名的，怀有恶意和居心不良的人曾抓着这段脚注的话，当作材料，进行过批评。其次，卢梭在这里只约略提到而未明确阐述的思想，后来在 1770 年 3 月 14 日致某某神父的信中又加以详细的论述，而且还做了一番发挥。他在信中还讲了一个使他心中产生这种思想的很有意义的故事。

地位而免遭那种痛苦。谁能保证不受这种想法的浸染,谁就不会掉进由这种想法而产生的灾祸。所以爱弥儿是很爱和平的。他看到快乐的面孔就感到喜悦,当他能设法使别人露出笑容的时候,他自己也因此而感到欢喜。我认为,他在看到可怜的人的时候,是不至于仅仅对他们无动于衷地说一些同情他们的空话的,是不至于对他可以用他的怜悯心去医治的痛苦仅仅表示一阵叹息就算完事的。他积极的慈善行为不久就可使他获得他如果怀着铁石心肠就不能获得或者要很晚才能获得的许多知识。如果他看见同伴之间闹不和气,他就要竭力去排解;如果他看见人们闷闷不乐,他就要去打听他们苦恼的事情;如果他看见两个人彼此仇恨,他就要问一问他们心怀敌意的原因;如果他看见一个穷苦的人在豪强和富翁的压迫之下呻吟,他就要想方设法替他解除折磨;他关心一切不幸的人,因而也不能不关心一切可以消除他们的痛苦的手段。我们应该怎样做,才能以适合于他那样年龄的方法使这些倾向产生良好的效果呢?我们应该指导他的思想和学习,利用他的热情去提高他的思想和学习的能力。

我要不厌其烦地一再说明这一点:要以行动而不以言辞去教育青年,他们在书本中是学不到他们从经验中学到的那些东西的。当他们无话可说的时候,硬要叫他们练习口才,当他们没有什么事情要说服别人的时候,硬要他们坐在教室的板凳上感受豪迈的语句的力量和巧言服人的妙处,这是多么荒唐啊!所有一切的修辞法,在一个不懂得辞令的用处的人看来,纯粹是咬文嚼字的伎俩。一个小学生知不知道汉尼拔为了坚定部下越过阿尔卑斯山的决心是怎样修饰其词句的,这有什么关系呢?反之,你不给他讲那些美妙的辞令,而是教他要怎样一个说法才能说得校长放他一天假,我担保他倒是很专心听你讲措辞的方法的。

如果要我去教一个已经有了种种欲念的青年学修辞的话,我将继续不断地告诉他一些可以助长他的欲念的东西,然后再同他一起研究应该采取什么样的说法才能说动别人去满足他的欲望。可是我的爱弥儿所处的环境,使他即使有辩才也不见得有多大的用处;因为他所有的需要差不多都是限于身体方面的,所以他仰赖别人的地方还不如别人仰赖他的地方多,同时,因为他对他们无所要求,所以他即使有什么事情想说服他们的话,他心里也是不至于着急得过分冲动的。由此可见,他所说的话一般都应该是朴实无华的。他说话要平平常常恰如其分,而唯一的要求只是要人家听得懂。他很少说十分精辟的话,因为他还没有学过怎样概括他的思想;由于他很难得冲动情感,所以他话中很少用比喻的词儿。

然而这并不因为他是十分呆板的缘故。无论他的年龄、他的脾气或兴趣都是不允许他变成这种样子的。他又活跃又稳重的精神浸沉在青春的热情里,被他的血液所洗炼,因而给他天真的心里带来了一股热力,不仅使他的眼睛闪烁着这股热力的光芒,而且使我们在他的言语中也感到、在他的行为中也看到了这股热力。他说话时已经有抑扬的音调,而且有时候还说得很激烈。高贵的情操激动着他的灵感,使他力量充沛,心地高尚。他心里充满了对人类的爱,所以在语言中也透露了他这种心灵的活动。他那坦率的话比别人的花言巧语还有魅力,或者说得更确切一点,他才是真正的能言会说的人,因为他只需把他心中的感触如实地说出来就可以使听话的人体会他的感情。

我愈想就愈认为，只要把仁爱之心这样地付诸行动，只要从我们做得好或做得不好的地方去找出它的原因，就没有哪一样有用的知识是不能够灌输给一个青年人的心的；而且，除了在学校中获得的种种真正的知识以外，这样做，还可以使他获得一门更重要的学问，那就是把他所获得的知识应用于他的生活。他对他的同伴是那样地关心，因此，他不可能不很快地就学会怎样衡量和辨别他们的行为、他们的爱好和兴趣，不能不比那些对谁都不关心，因而对别人一点事情都不做的人更能正确地评价哪些事情是有益或有害于人的幸福的。只知道为自己的事情打算的人，是太容易动感情的，所以不能理智地判断事物。这种人事事都只知道为他们自己，完全按他们对善和恶的观念来决定他们的行动，因此，他们的心目中是充满了许多可笑的偏见的，只要稍稍碰到他们的一点儿利益，他们马上就觉得天都塌下来了。

只要把自爱之心扩大到爱别人，我们就可以把自爱变为美德，这种美德，在任何一个人的心中都是可以找得到它的根柢的。我们所关心的对象同我们愈是没有直接的关系，则我们愈不害怕受个人利益的迷惑；我们愈是使这种利益普及于别人，它就愈是公正；所以，爱人类，在我们看来就是爱正义。因此，如果要使爱弥儿爱真理，要使他能认识真理，我们就必须事事使他远远地离开他自己的利益去考虑问题。他愈是关心别人的幸福，他的心就愈是开朗和聪明，而他也就愈少搞错什么是善和什么是恶；不过，我们不可让他仅凭个人的见解或不正确的成见而产生盲目的偏爱。他为什么要为了服务一个人而伤害另一个人呢？只要他增进了所有一切人的最大幸福，则谁都得到了其中的好处，对他来说有什么要紧呢？贤明的人首先关心的是大家的利益，然后才是个人的利益；因为每一种利益都属于整个的人类，而不属于其中的某一个人。

为了防止同情心蜕化成懦弱，就必须要普遍地同情整个的人类。这样，我们才能在有所同情的时候，就首先是同情正义，因为在一切美德中，正义是最有助于人类的共同福利的。理智和自爱使我们同情我们的人类更甚于同情我们的邻居；而同情坏人，就是对其他的人极其残忍。

此外，还须记住的是，我们之所以能够采用这些方法，使我的学生这样忘掉他自己，正是由于它们同他有直接的关系，因为这不仅给他带来一种内心的享受，而且我在使他施惠别人的时候，也教育了他自己。

我已经先把这些方法提出来了，而现在才谈一谈它们的效果。我看见在他的头脑中慢慢地展现了多么宏伟的景象！多么高贵的情操堵塞了渺小的欲念的萌芽在他的心中生长！由于他的倾向很高尚，由于他的经验告诉他怎样把一个伟大的灵魂的欲望集中在一个严格的可能的范围内，怎样使一个优于别人的人在不能把他们提高到自己的水平时就降低到他们的水平，因而使他养成了多么清晰的判断能力和多么正确的理性！真正的正义的原则，真正的美的典型，人和人的一切道德关系，秩序的全部观念，所有这些，都深深地印在他的脑海里了；他知道每一种事物的应有的地位和使它脱离那个地位的原因；他知道什么东西对人有用，什么东西对人没有用。他虽然没有经验过人间的烦恼，但他已经看出它们的幻象和它们的作用。

不管读者怎样判断，我都要顺着事物的力量引着我走的道路前进。很久以来他们都认为我是游荡在梦幻之乡，而我则认为他们始终是停留在偏见的国度。在这样坚决地抛弃一般人的庸俗之见的时候，我仍然是不断地在我的心中想到它们：我分析它们，深深地思考它们，其目的并不是为了接受它们或逃避它们，而是要把它们放在理智的天平上加以衡量。每当我不能不同一般人的庸俗之见分道扬镳的时候，经验就会告诉我说读者们是不会学我的样子的。我知道，由于他们硬是要亲眼看见才认为我说的话可以成为事实，所以就把我所描述的这个青年看作是一个异想天开地虚构出来的人物，因为他们把他拿来跟其他的青年一比，就觉得他跟那些青年是大不相同的；他们没有想到，他跟他们大不相同，那是当然的，因为，他跟他们所受的培养迥然两样，他跟他们熏染的感情也完全相反，他跟他们所受的教育也完全不同，所以，要是他长得像我想象的那个样子，那是没有什么奇怪的；反之，要是他长得同他们一样了，那才奇怪咧。他不是人培养出来的人，他是大自然培养出来的人。所以，他在他们看来当然是很稀奇的。

在开始写这本书的时候，我就决定我要论述的事情没有一样是除我以外其他的人不能论述的，因为我着手论述的起点，即人的诞生，是我们大家都同样可以从这一点开始论起的；但是，我们愈是论述下去，我们之间就愈来愈分歧，因为我主张培养天性，而你则要败坏天性。我的学生在六岁的时候，同你的学生没有什么分别，因为在那段期间你还来不及损坏他们本来的面目；可是现在，他们之间已经没有什么相似的地方了；他即将达到成人的年龄，到了这个年龄，如果我没有枉自辛苦一阵的话，他就要长得同你的学生绝对两样。他们所学到的知识，拿数量来说也许彼此是相等的，但就内容来说，就一点也不同了。你发现他具有高尚的情操，而你的学生连这种情操的苗头都没有，就感到惊异；可是，你曾否想到，当你的学生已经成为哲学家和神学家的时候，爱弥儿还不晓得什么叫哲学，还没有听人讲过上帝哩。

如果有人来向我说："你所说的那种人是不存在的，青年人绝不是那个样子，他们有这样或那样的欲望，他们要做这样或那样的事情。"这种说法，就正如有些人因为见到花园中的梨树都很矮小，便否认梨树可以长成大树。

我请求那些这样欢喜责难他人的批评家要想到，他们所说的这种情况，我也同他们一样地知道得很清楚，也许我对这种情况考虑的时间比他们还多，同时，由于我并不是非要他们接受我的看法不可，因此我有权利要求他们至少要想过一番之后才来挑我的错处。希望他们好好地研究一下人的身体，希望他们详细的观察一下人的心在这样或那样的环境中的最初的发展，以便了解一个人在他所受的教育的影响下，可以同另外一个人有多么大的区别；然后，把我施行的教育和在他身上产生的效果加以比较，才说出我的理论在哪些地方是错了。要是这样来批评的话，也许就可以把我批评得无话可说了。

我之所以说得这样肯定，而且我认为可以原谅我说得这样肯定的理由是：我不仅不刻板地抱着一套方式，而且还尽可能地不按理论而按我实际观察的情况去做。我所根据的，不是我的想象而是我所看到的事实。的确，我并没有局限于只从某一个城市的市区或某一种等级的人的生活中去取得我的经验；当我尽量把我在过去的生活中所见到的各种社会地位的人加以比较之后，就决定：

凡是那些只是这个民族有而另一个民族没有，只是这种职业的人有而另一种职业的人没有的东西，都是人为的，应该加以抛弃；而需要研究的，只是那些对所有一切的人，对各种年龄的人，对任何社会地位和任何民族的人来说，都是无可争辩地人人共有的东西。

如果你从一个青年的童年时候起，就按照这个方法去教育他，而且在教育的过程中，如果他不受任何褊狭之见的影响，尽可能不为他人的权威和看法所左右，请你想一想，结果他是像我的学生呢还是像你的学生？为了弄清楚我是不是错了，我觉得，首先要回答我这个问题。

一个人并不是那样轻而易举地就开始动脑筋思想的，但他一经开始，他就再也不会停止动他的脑筋了。无论什么人，只要曾经运用过他的思想，他就会经常地有所思虑。人的智力只要用来考虑过一件事情，它从此就再也静止不下来了。有些人也许认为我在这方面做的工作太多或者太少，认为人的心窍生来不是那样轻易就能打开的，认为我使他获得了他未曾有过的便利条件之后，又使他过久地待在他早就应该超越过去的思想范围内。

不过，你首先要想到的是，虽然是我想把他培养成一个自然的人，但不能因此就一定要使他成为一个野蛮人，一定要把他赶到森林中去。我的目的是：只要他处在社会生活的漩流中，不至于被种种欲念或人的偏见拖进旋涡里去就行了；只要他能够用他自己的眼睛去看，用他自己的心去想，而且，除了他自己的理智以外，不为任何其他的权威所控制就行了。在这种情况下，显然有许多使他动心的事物，有频频使他有所感受的情感，有种种满足其真正需要的手段，因而一定会使他获得他在其他的情况下不能获得或要很晚才能获得的观念。心灵的自然的发展是加速而不是延缓了。同一个人，在森林里也许是那样的愚昧无知，然而在城市里，只要作为一个普普通通的观众，他就会变得很有理智和十分的聪明。看见狂妄的事情而不参与，是使人头脑保持清醒的最好的良方；不过，一个人即使参与狂妄的事情，只要不受它的蒙骗，只要不犯那些行为乖谬的人所犯的过失，他也是可以从中受到教育的。

还要想到的是，由于我们的官能只能感受可以感知的事物，因此，我们是很难领会哲学的抽象概念和纯粹的精神的观念的。为了要领会这些东西，我们要么就摆脱我们所紧紧依附的身体，要么就一个事物又一个事物慢慢地循序渐进，要么赶快走，干脆就一个大步跳过去，然而要越过这样的距离，孩子们是办不到的，甚至对成年人来说，也需要为他们做一些特殊的阶梯才能跨越过去的。第一个抽象的观念就是其中的第一个阶梯；不过，我现在还不大明白你打算怎样去建造这种阶梯。

那拥抱万物、推动大地、创造一切生物的不可思议的上帝，是我们的眼睛看不见、我们的手摸不到的；他逃避我们的感官：创造的东西呈现在我们的眼前，而创造东西的人却隐藏起来。要能够认识到他的存在，是一件很不容易的事情；当我们终于认识到他的时候，当我们在心中自问："他是谁？他在什么地方？"的时候，我们的心灵感到惊惶，感到迷茫，不知道怎样想法才好了。

洛克要我们从研究精神开始，然后再进而研究身体。这是迷信的方法，偏见的方法，错误的方法；这不是理智的方法，甚至不是井然有序的自然的方法；这无异乎是蒙着眼睛去学看东西。必须对身体经过长期的研究之后，才能对精神有一个真正的概念，才能推测它的存在。把次序倒过来,就只好承认唯物主义的说法了。

既然我们的感官是我们取得知识的第一个工具,则我们可以直接理解的东西就只能是有形的和可以感觉的物体了。“精神”这个词,对任何一个没有受过哲学训练的人来说,是一点意义都没有的。在一般老百姓和孩子们看来,精神也就是一种物体。他们岂不是在说精神是会叫喊、会讲话、会打打闹闹的吗?所以你得承认精神有胳臂和舌头,同身体是很相像的。全世界的人,包括犹太人在内,都要制造有身躯的神,其原因就在这里。就连我们自己,也有“圣灵”、“三位一体”和“上帝的三位”这些词汇,可见我们大多数人也是真正的神人同形同性论者。我承认,有人告诉过我们说上帝是无所不在的;可是,我们也相信空气是无所不在的,至少在大气层中是无所不在的;“精神”这个词就词源来说,不过是“气”和“风”的意思。只要你一经使人养成说话时常常说莫名其妙的词的习惯,此后,你要他们说什么,就可以很容易地使他们说什么了。

当我们对其他的物体有所行为的时候,首先就会感觉到,如果那些物体也对我们有所行为的话,其影响也同我们给予它们的影响是一样的。所以,人类一开始就认为所有一切影响他的东西都是有生命的。由于他自己觉得不如那些物体强,由于他不知道它们的力量有多大,因此就以为它们的力量是大得没有限制的,并且,当他把它们想象为有躯体的东西时,就把它们看作是神了。在太古的时候,人对万物都是害怕的,并且认为自然界的东西没有一样是死的。物质的观念其本身也是抽象的,因此在他们心中形成的速度之慢,也不亚于精神的观念。他们认为宇宙中是充满了可以感知的神的。星、风、山脉、河流、树木、城镇甚至房屋,全都是有灵魂、有神、有生命的。拉班的家神、印第安人的“曼尼佗”、黑种人的物神以及所有一切自然和人创造的东西都曾经做过人类最初的神；他们最早的宗教是多神论的，偶像就是他们最初的崇拜对象。只是在他们逐渐地把他们的观念加以概括，因而能够追溯到一个造物主，能够把包罗万象统一为一个单独的观念，并且懂得“实体”这个抽象之中最抽象的词的时候，他们才能理解独一无二地只有一个神。所以，凡是信上帝的儿童，必然是崇拜偶像的，或者，至少也是神人同形同性论者；只要有那么一次他在想象中以为是看见了上帝，他此后就不大用脑筋去思考他究竟是什么样子了。洛克先研究精神后研究身体的次序，其错误就在这里。

对实体一旦有了(我不知道怎样有的)抽象的观念，就会认为，要接受一个独一无二的实体，就必须假定它具有一些彼此排斥、互不相容的性质，例如思想和外延，其中有一个就是在本质上是可以分割的，而另一个则是一点也不能分割的。此外，还要认为思想，或者换一个词来说，即感觉，是一种原始的性质，是同它所属的实体不可分离的；外延和实体的关系也是这样。由此可见，有生命的东西如果失去了这些性质之一，也就会失去它所属的实体，因此，死亡只不过是实体的一种分离罢了，而生命就是这两种性质相结合的时候，是由这两种性质所属的实体构成的。

现在来看一看两种实体的概念和神性的概念之间，看一看我们的灵魂对我们身体的作用的不可思议的观念和上帝对所有一切生物的作用的观念之间，还存在着多大的距离。创造、毁灭、无所不在、永生、无所不能和神性，这种种观念，既然是只有很少数的人看起来才既混乱又模糊，而一般人因为一点也不明白，所以也就不觉得有什么不清楚的地方，但为什么只有初步的感官活动，而且要接触什么才思想什么的青年人看起来又是那样费劲，也就是说看起来怎么会一点也不明白呢？在我们周围开凿许多无限的深渊也是徒然的，小孩子对它们是一点也不害怕的，他们小小的眼睛是看不出它们的深度的。在小孩子看来一切都是无限的，他们不知道哪一样东西是有限度的，其原因并不是由于他们的尺度特别长，而是由于他们的智力短。我甚至注意到，他们竟认为无限大是小于而不是大于他们所知道的空间的大小的。他们用脚而不用眼睛去估计一个广阔的空间；在他们看来，这个空间虽大，但并不是大于他们所能看到的范围，而只是大于他们所能走到的范围，如果你给他们讲上帝的力量怎么样大，他们也许以为充其量也不过是同他们爸爸的力量差不多。在任何事情上他们都是以他们的知识来衡量一切可能的大小的，因此他们认为你告诉他们的东西总是比他们所知道的东西小。无知的人和智力薄弱的人所有的自然的判断力就是这样的。哀杰克斯[1]之所以不敢和阿基里斯较量，而敢于向丘比特挑战，是因为他认识阿基里斯而不认识丘比特。一个自以为是人间最富有的瑞士农民，如果你告诉他国王是怎样一个人的话，他就会神气十足地问你国王在山上牧放的牛有没有一百条。

我早就料到，有许多读者会觉得奇怪，因为他们看见我从我的学生的童年时候起就一直跟随着他，但一点没有向他讲过宗教。在十五岁的时候，他还不知道他有一个灵魂，也许到了十八岁的时

[1] 哀杰克斯，希腊神话中洛克里斯王欧伊勒斯的儿子，特洛伊战争中的希腊勇士之一。

候，我认为还是不应该把这件事情告诉他，因为，如果他还没有到需要知道的时候就提早知道的话，也许他就永远不会真正地懂得了。

如果要我描写一件令人生气的蠢事的话，我就想描写一个冬烘先生用问答法给孩子们讲教条时候的情形；如果我想把一个孩子气得发疯的话，我就叫他给我讲解一下他所说的那些教条是什么意思。你也许会反对我说，基督教的教条大都是玄妙的，如果要等一个人的思想能够理解它们的时候才教他，那不仅是要等孩子长成大人，而且要等到那个人不在人世的时候才能教了。关于这一点，我首先要回答的是，有一些玄义不仅是人不能理解的，而且是不能相信的；如果不是教孩子们从小就学着撒谎的话，我看，用教条去教他们就没有什么好处。再说，要承认玄义，就至少要知道它们是不可思议的，而孩子们连这个概念也是不可能懂得的。当一个人还处在事事都觉得是很玄妙的年龄时，就无所谓玄妙了。

“要信上帝才能得救。”这个被误解了的教条导致人们以毒辣的手段消灭异己，而且使人养成爱说空话的习惯，因而学到一些虚无缥缈的东西，严重地摧残了人的理智。毫无疑问，要永远得救，就不能浪费一点点光阴；不过，如果翻来覆去地老是念几句话就可以永远得救的话，我就不明白我们为什么不可以让喜鹊和鹦鹉也像孩子们那样升入天堂了。

信仰的义务是含有履行这种义务的可能性的。没有信仰的哲学是错误的，因为它误用了它所培养的理智，而且把它能够理解的真理也抛弃了。但是，一个自称为信仰基督教的孩子，他有什么可信的呢？他只能相信他懂了的东西；他对你教他讲的那些话，是理解得这样的少，以致你拿相反的道理去教他，他也是马上会接受的。小孩子和许多成年人的信仰是一个地理问题。他们是不是生在罗马就比生在麦加的禀赋好呢？你告诉这个人说穆罕默德是代替神说话的人，他于是就跟着说穆罕默德是代替神说话的人；你告诉那个人说穆罕默德是一个恶棍，那个人也就跟着说穆罕默德是一个恶棍。如果把两个人的位置换一下，这个人就会相信另一个人所相信的说法。我们能不能因此就把两个禀赋如此相像的人，一个送进天堂，一个投入地狱呢？† 当一个孩子说他信上帝的时候，他所信的并不是上帝，而是张三李四，因为是他们告诉他有一个世人都称之为上帝的东西；所以说他对上帝的信仰就如同幼里皮底斯所说的：

啊，丘比特！对于你，我只听说过

你的名，而未见过你这个神①。

我们认为，还没有成长到懂事的年龄就死去的孩子，是不会失去永恒的幸福的，因为天主教的教徒也认为，受过洗礼的孩子，即使没有听说过上帝，也是不会失去永恒的幸福的。因此，在有些情况下不信上帝也是可以得救的；这种情况发生在儿童时期或疯癫时期，因为这时候人的精神不能进行为了认识上帝而必须进行的

† 在其他版本作："你告诉这个人说应该尊敬穆罕默德，他就说他尊敬穆罕默德；你告诉另一个人说应该尊敬圣母，他就说他尊敬圣母。如果他们把位置交换一下的话，这个人就会尊敬另一个人所尊敬的人。我们能不能因此就把这两个情感这样相像的人……"

① 普卢塔克：《论爱情》，见达姆约的译本。梅纳利珀的悲剧本来是这样开头的，但是，由于雅典人的议论纷纷，遂使幼里皮底斯❶不得不改动了这个开场白。

❶ 幼里皮底斯（公元前480—前406），古希腊三大悲剧诗人之一。

活动。这里,我认为你和我之间的分歧在于:你认为孩子们在七岁的时候就能认识上帝,而我则认为他们即使到了十五岁也是不行的。我的看法是对还是不对,不能拿一个信条来判断,而必须简单地看一看自然的历史。

由上述原理也可以看出,这样的人即使到老年都没有信过上帝,只要他自己不是故意不信,就不能因为他没有信过上帝而剥夺他来生去见上帝的权利;我认为,他当然不是自己愿意成为这种故意不信上帝的人的。就疯人来说,你也承认疾病虽然是夺去了他们的精神能力,但没有剥夺他们做人的资格,因此也就不能剥夺他们享受上帝的恩惠的权利。既然如此,为什么那些从童年时候起即与世隔离而过着极端野蛮的生活的人,仅仅由于未获得只有与人交往才能获得的知识,你们就不同意他们也享受上帝的恩惠呢[①]?你们也许会说:“那是因为要这样一个野蛮人把他的思想提高到能够认识真正的上帝,显然是不可能的。”理智告诉我们说,只有在一个人有意犯下错误之后,我们才应该给他以惩罚,我们绝不能把一个人的无可改进的愚昧无知看作是他的罪恶。由此可见,在永恒的正义面前,所有一切愿信上帝的人,如果他具备了一些必要的智慧的话,就算是信上帝了,而且,除了那些存心不接受真理的人以外,即使一个人不信上帝,也不应该因此就惩罚他。

我们不要向那些没有能力理解真理的人宣讲真理,因为那样做,等于是散布谬误。他宁可对上帝一点观念都没有,而不可对上

① 关于人类精神的自然状态和它的发展的迟缓,请参见《论人类不平等的起源和基础》的第一部分。

帝产生鄙俗的、荒诞的、侮辱的和不尊敬的观念:不知道上帝的存在,总不如亵渎上帝的害处大。忠厚的普卢塔克说:“我宁愿人家认为世界上根本就没有普鲁塔克这样一个人,而不愿人家说:‘普卢塔克为人既不公正又很妒忌,而且还是那样的专横,硬要人家去做那些做不到的事情。’”*

在孩子们的心中把上帝描画成奇形怪状的样子,其最大的坏处就是这些样子将终生留在他们的心中,甚至在他们长成大人的时候也认为上帝无非就是他们在儿童时期听到别人所讲的那个样子。我在瑞士曾经看见过一家人是这样地相信这个原理,以致那和蔼虔诚的母亲在他的儿子幼小的时候不向他讲宗教,怕的是他满足于这一点点粗浅的知识,到了懂事的年龄时就连更好的知识也不要了。这个孩子听人家讲到上帝的时候总是肃然起敬的,而一当他自己要讲上帝的时候,人家就制止他,好像这个事情太深奥,不是他那样的人可以讲的。这样的忌讳引起了他的好奇心,同时,出于自尊心,他便如饥似渴地想望赶快有一个时候把大家硬不要他知道的神秘事情弄个明白。大家愈不向他讲上帝,愈不许他自己讲上帝,他反而愈是想知道上帝。这个孩子觉得到处都看到上帝。我担心的是:像这样故作神秘的样子,将过分地刺激一个青年人的想象力,把他的头脑弄得迷迷糊糊的,以致最后不是使他成为上帝的信徒,而是成为上帝的盲信者。

我们毫不担心爱弥儿会变成这个样子,因为他对所有一切超过他理解力的东西都一概不去过问,听到人家讲他不懂得的事物,

---

* 普卢塔克:《论迷信》,第 27 节。

他总是心不在焉。有好些事情他都认为与他不相干，即使再多一件事情也不至于使他感到为难；他之所以开始想知道这些重大的问题，不是因为他听见人家提出这些问题，而是因为他的智慧的自然发展促使他去进行这方面的研究。

我们已经观察过受过文化熏陶的人的心灵是通过什么道路走向这些神秘的境界的；我愿意承认，即使处在社会当中，也要到年岁稍长的时候才能自然而然地达到那个境界。但是，由于社会中有许多不可避免的原因加速了人的欲念的发展，所以，如果不同时使调节欲念的智慧也迅速发展的话，我们就真会脱离自然的秩序，从而也将破坏其平衡。当我们无法控制一种东西过快的发展的时候，就必须让跟它有关的种种东西也以同样的速度发展，才能使秩序不至于混乱，才能使应当同时前进的东西不至于脱节，才能使人在一生当中时时刻刻都是那样的完善，不至于有时因为这种能力的过快发展使他成为这个样子，有时因为那种能力的过快发展使他成为那个样子。

我发现在这里遇到多么大的一个困难啊！而且，由于这个困难的发生不是因为事物的本身，而是因为那些面对这个困难的人懦弱无能，不敢解决，所以这个困难就愈来愈大了。我们至少要敢于把这个困难提出来，我们要从这一点着手做起。一个孩子要受他父亲所信的宗教的教养，人们经常给他论证这种宗教不管怎样都是独一无二的真正的宗教，而其他的宗教则都是荒唐无稽的。在这个问题上，这种说法有没有说服力，纯粹看它是哪一个国家的人说的。一个土耳其人如果在君士坦丁堡说基督教是十分可笑的话，那就让他到巴黎来打听一下我们对回教的看法！特别是在宗教问题上,人的偏见是压倒一切的。可是我们,既然不让他受任何事情的束缚,既然不屈服于权威,既然不拿爱弥儿在其他地方他自己不能学懂的东西去教他,那么,我们要培养他信什么宗教呢?我们使这个自然的人加入哪一个教派呢?我觉得,对这个问题的回答是很简单的:我们既不叫他加入这一派,也不叫他加入那一派,而是让他自己正确地运用他的理智去选择。

在余烬掩盖的
火上,我向前迈进。

不要紧!我一直到现在都保持着我的热诚和信心,这就可以弥补我的考虑不周。我希望在必要的时候,它们能保证我不犯过失。读者诸君,你们别担心我会采取一个爱真理的人不屑于采取的小心翼翼的样子,我绝不会忘记我的方针,但是我每每要怀疑我的判断是否正确。我在下面告诉你们的,不是我心里的想法,而是另外一个身份比我更高的人的想法。我担保其中的事实都是真的,它们都是我所抄录的这段文章的作者的真实经验,是不是能够从这段文章中对我们所谈的问题得出一些有用的看法,那要由你决定。我建议你不要拿另一个人或我的感觉作为评判的尺度,我只是把它抄在这里供你研究。

"三十年前,在意大利的一个城市里,有一个离乡背井的年轻人穷困到了极点。他本来是一个加尔文派的教徒,但后来由于一时的糊涂,觉得自己流落异乡,谋生无术,为了糊口就改宗他教。在那个城市里有一所专为改宗的人设立的寓所,人家把他收容在那里。人们把宗教上争论的问题告诉了他,因而使他产生了他未曾有过的怀疑;人们使他知道了他本来不知道的罪恶,他听到了一些新奇的教理，看到了一些更新奇的风俗；他经历了所有这一切，险些成了它们的牺牲品。他企图逃跑，人们把他关起来；他口出怨言，人们就惩罚他。在暴虐的人们的摆布之下，他发现自己因为不愿意犯罪反而被当作罪人来处理。一个没有经验的青年人第一次遇到强暴和不公正的事情时心中是多么愤怒，亲身经历过的人是体会得到的。他眼里流出愤怒的眼泪，心里憋着怨气。他向上天和世人诉说委屈，他向每一个人吐露真情，但没有一个人听他所说的话。他所遇到的都是那些专干他羞于见闻的恶事的歹徒或帮凶，他们嘲笑他不跟他们同流合污，他们鼓励他学他们的样子。要不是一位诚实的基督教牧师因事到那个寓所去，想到一个办法秘密地给他出主意的话，他也许就完全葬送在那里了。那个牧师很穷，需要大家的帮助，而被压迫的人则更需要他的帮助；他毫不迟疑地冒着为自己招来凶恶敌人的危险，帮助他设法逃跑。

“逃脱了灾难又陷入了贫穷，这个年轻人白白地同命运挣扎一阵。有一个时期他认为他是战胜了它，刚刚遇到一点点好运的时候，他就忘记了他的痛苦和他的恩人。他这种忘恩负义的行为不久就受到了惩罚，他所有一切希望都完全幻灭，他空度着青春的年华，他浪漫的思想败坏了他的一切。一方面他既没有足够的才能和办法去创造一条顺利的道路，既不知道克制自己又做不来坏人，但另一方面又想得到许多无法得到的东西。他又重新陷入了穷困的境地，没有面包吃，没有地方住，快要饿死的时候，他才想起了他的恩人。

“他又回到他的恩人那里去，他找到了他，而且受到了很好的接待。那位牧师一看见他就回想起他做过的一件好事，这种回忆始终是使人的心灵感到快慰的。这个牧师天生就是很仁慈和富于同情心的，他以自己的痛苦去体会别人的痛苦，优裕的生活并未使他的心肠变为铁石，知识的熏陶和豁达的德行使他的天性更加善良。他对那个年轻人表示欢迎，替他找到了一个住处，把他介绍到那里去住，而且还把自己的生活必需品分给他，勉勉强强地维持着两个人的生活。不仅这样，那个牧师还教育他，安慰他，教他怎样苦苦撑持，耐心地度过逆境。你们这些有偏见的人啊，可曾想到这样的事情会出现在一个牧师的身上，会出现在意大利啊？

“这个诚实的基督徒是萨瓦地方的一个贫穷的牧师；由于青年时期的一次冒失的事情，同他的主教发生了龃龉，他越过阿尔卑斯山去寻找他在他的故乡找不到的谋生的道路。他并不是一个没有智慧和文化的人，同时，因为他长得俊秀，所以得到了许多人的照顾，并且被安置在一个官员的家里，教育他的儿子。他宁愿贫穷也不愿意寄人篱下，他不善于应付阔气的人物。他在那位官员家里待的时间并不长久，然而在离开那里的时候，他并未失去人家对他的尊敬；由于他的生活高尚，为人们所爱戴，他一心想体面地回到主教那里去，请主教派他在山区做一个小小的牧师，以便在那里度过他的一生，他最终的志愿不过如此。

“他对这位流落异乡的年轻人自然而然地感到关心，并且仔细地对他进行了一番研究。他发现，不幸的命运已经使这个青年心灰意冷，耻辱和轻蔑使他完全丧失了勇气，他的骄傲已变成对世人的憎恨，认为人们不仁不义的行为全是由于他们天性的邪恶和道德的虚伪。他认为宗教是自私的面具，而神圣的崇拜变成了虚伪的盾牌。他认为，在空洞无聊的争论中，天堂和地狱成了玩弄口舌和文字的对象，对上帝的庄严朴素的观念已经被人们胡乱的想象歪曲得不成样子；而且，当他认为要信仰上帝就必须抛弃上帝所赋予的理性的时候，他就对我们可笑的冥想和我们之所以冥想的目的同样地加以轻蔑。由于他对事物的真相缺乏认识，不了解它们发生的原因，因此陷入了愚昧无知的境地，深深地看不起那些自以为比他知识丰富的人。

“把宗教忘记得一干二净，结果将导致忘记做人的义务。这个浪子的心在这个过程上已经走了一半了。尽管他不是一个天生的坏孩子，但是由于怀疑和穷困逐渐地泯灭了他的天性，因此很快地把他拖上了毁灭的道路，使他习染了坏人的行径和无神论的道德观点。

“这样一种几乎是不可避免的邪恶，还没有达到不可收拾的地步。这个青年人也有一些知识，而且并不是完全没有受过教育的。他正处在年富力强的时候，沸腾的血液已开始使他的心灵趋于活跃，不为狂烈的感官所奴役。他的心依然像一张白纸。天生的廉耻心和怕羞的性情长期地束缚着他的心灵，其情形也像你这样百般地束缚你的学生。他所见到的那些彻底堕落和不体面的恶行，不仅没有刺激反而遏制了他的想象力。在很长的时期中，他之所以能够保持天真完全是由于他对事物的憎恶而不是由于他自己的德行；天真的心是只有在令人迷醉的引诱之下才会受到败坏的。

“牧师看出了这种危险，也想到了解脱的办法。困难没有使他退缩。他以他能够做这件工作而感到愉快，他决心要把它完成，决心要使他从罪恶中拯救出来的这个人恢复美德。他采取欲擒先纵的办法实行他的计划。崇高的动机鼓起了他的勇气，使他想出了同他的热心相配合的方法。不论结果怎样，他相信他的时间都不会白白地浪费。当一个人一心一意做好事情的时候，他最终是必然成功的。

“他首先从取得这个新皈依的人的信任开始做起，他不吹嘘他对他的恩惠，他不硬要他做这样或那样的事情，他不向他唠唠叨叨地说教，他始终使自己能够为他所了解，而且降低自己，同他处在平等的地位。当我们看见一个严肃的人自己愿意去做顽皮的人的同伴，当我们看见有道德的人为了彻底战胜放纵的人，就顺着放纵的人的步调去做，我觉得，我们是必然为这种情景所感动的。当那个年轻人糊里糊涂地来向他说一些乱七八糟的心事的时候，他用心地听着，让他谈个畅快；除了不赞同坏事以外，他对他所说的一切都深感兴趣；他从来不冒冒失失地责备他，以免打断了他的话头，使他感到难过；当那个年轻人高兴地发现牧师在倾听他的时候，他便乐意地把他心中想说的话都说出来了。这样一来，他把他所做的事情从头到尾地都讲清楚了，而他还以为一点也没有说咧。

“把这个年轻人的情感和性格仔细地研究一番之后，牧师认为，虽然从年龄上看不能说他是一个无知的人，但是他已经完全忘记他应当知道的一切事情，由于命运乖戾而蒙受的羞辱，扼杀了他心中真实的善恶观。一个阶段的堕落就能夺去灵魂的生命，当一个人成天为衣食而挖空心思的时候，是听不到内心的声音的。为了挽救这个濒于道德死亡的年轻人，牧师就首先从唤起他的自爱心和自尊心着手做起：他给他指出只要善于利用他的才能就可以获得美好的前程，他用别人的良好行为去激发他心中敦厚的热情；由于他使那个年轻人对行为良好的人产生了敬佩心，因而也就使他产生了学习那些良好行为的愿望。为了使他在不知不觉中摆脱那种疏懒浪荡的生活，牧师就选了一些书籍中的要点叫他抄写，假称他自己需要阅读这些摘录的语句，从而在他的心中培养了高尚的知恩的情感。牧师间接地利用那些书籍去教育他，使他自己充分地看重自己，而不自暴自弃地认为自己是一个一无用处的人。

"从一件小事情上就可以看出这个仁慈的人尽管在表面上没有进行教育，然而他是多么巧妙地使他的学生在不知不觉中摆脱了堕落的境地。这位牧师一向是人人公认为十分廉洁和十分谨慎的人，所以有些人宁可把他们乐捐的东西交给他而不交给城里富裕的牧师。一天，有人拿一些钱给他去分给贫民，而那个年轻人也厚着脸皮说自己是穷人，请他分一点钱给他。'不，'那个牧师说，'我们已经成了弟兄，你就是我家里的人，我不应该拿这笔钱供自己使用。'然后，他按照那个年轻人所要的钱数，把自己口袋里的钱掏出来给他。这样的教训，是不能不使那些尚未彻底败坏的青年铭记在心的。

"我用第三人称来讲，已经讲得不耐烦了，这样小心的做法完全是多余的；因为，亲爱的朋友，你们已经觉察到这个不幸的逃亡异乡的人就是我自己。我现在认为，我不会再像青年时期那样地胡闹，所以我敢于承认我以前所做的胡闹行为；而那个把我从堕落的境地中挽救出来的人，是值得我在这里再受一点羞辱以赞扬他的恩情的。

"在这位可敬的老师的个人生活中，我印象最深的是：他德行高洁而不虚伪，他心地仁慈而不优柔，他说话坦率，言行始终一致。我从来没有看见过他追问他所帮助的那些人是不是做晚祷，是不是常常忏悔，是不是在指定的日子里守大斋，是不是守小斋；他也不强要他们答应他类似这样的条件，然而，要是不履行这些条件的话，他纵然饿死，也休想其他的信徒来帮助他的。

“看到他这些行为，我深受鼓舞，因此，我不仅不在他面前表现一个刚刚皈依的人的那种装出来的热心，反而不向他隐瞒我的种种想法，而且，从来没有因此就受到过他的责难。我有时候对自己说：‘他之所以不过问我为什么这样不关心我所改宗的教派，是因为他发现我对我小时候所信奉的宗教也同样是毫不关心的，所以他认为我这种轻蔑的态度不是一个教派问题。’但是，当我偶尔听见他赞同同天主教教义相反的教理，当我看见他好像藐视它的一切形式的时候，我心里又是怎样想的呢？要是我曾经有那样一次看见过他对他表面上似乎是不大重视的仪式随随便便应付了事的话，我也许就认为他是一个虚伪的基督徒了；但是，由于我深深知道他即使无人在场的时候，他也像在公开场合那样恪尽牧师的职责，所以我就不知道应该怎样判断这些矛盾的现象了。除有一个过失曾使他有失体面，而后来又不能彻底弥补以外，他的生活是可以作为我们的模范的，他的行为是无可指摘的，他的话是很诚恳和合乎情理的。由于我同他十分地亲密相处，因此我对他一天比一天地更加尊敬；他对人处处关怀的行为，赢得了我的心，从而使我急于要找一个机会知道他是根据什么原则才始终如一地过着这样奇异的一生的。

“这个机会等了很久才到来。在吐露心怀以前，他先致力于使他在他的弟子的心灵中撒播的理智和善意的种子生发幼苗。在我身上最难克服的是一种愤世嫉俗的骄傲心理，是对世界上的富人和幸运的人的一种痛恨，好像他们都是牺牲了我才发财走运的，好像他们的所谓幸福都是从我这里夺过去的。青年时期的狂妄的虚荣心碰到羞辱的钉子，因而使我更易于爆发愤怒的脾气；我的老师殚思竭虑地使我恢复了我的自尊心，然而这种自尊的心理反而使我骄傲起来，觉得世人比以前是更加邪恶，我不仅看不起他们，而且还恨他们。

"他不直接打击我这种骄傲的心理，而只是防止它使我的心肠变成铁石；他不阻止我自己尊重自己，而只是使我不要因为自尊就看不起邻人。由于他常常揭开虚假的表面，给我指出在表面掩盖之下的真正的痛苦，因此使我对我的同伴的过失深为惋惜，使我对他们的苦楚表示怜悯，使我同情他们而不妒忌他们。由于他对他自己的弱点深有体会，因此对别人的弱点极为同情，认为世人都是他们自己的罪恶和别人的罪恶的牺牲者；他发现穷人在富人的桎梏之下呻吟，而富人又在偏见的桎梏之下呻吟。'相信我，'他说道，'我们的幻象不仅不能掩盖反而增加了我们的痛苦，因为它们使本来没有什么价值的东西变成了珍品，使我觉得缺少这样又缺少那样，但实际上，要是没有那些幻象，我们就不会觉得缺少什么东西了。心灵的宁静，在于把所有一切扰乱这种宁静的东西都不放在眼里。事事把生活放在第一位的人，是最不会享受生活的；而一个人如果汲汲于谋求幸福，他往往会落得极其不幸的。'

"'啊！'我沉痛地叫道，'你把事情描写得多么黯淡呀！如果要摒弃一切的话，我们为什么要生到世界上来呢？如果把美好的生活也要看作粪土的话，谁能认为是过得幸福的呢？''我，'有一天，牧师以使我惊异的声调回答道。'你也是幸福的！运气这样不好，又这样的贫穷，流落异乡，遭受迫害，你是多么幸福呀！你做了些什么事情才得到这种幸福的呢？我的孩子，'他接着又说道，'我愿意告诉你。'

"我于是明白，他听了我的表白之后，也想向我表白他的内心。'我要披肝沥胆、坦坦白白地对你述说真情，'他拥抱我，告诉我说，'你将要看到的，即使不是真实的我，至少也是我自己心目中的我。当你听完我整个的信仰自白的时候，当你详细了解我的心灵境界的时候，你就可以知道我为什么认为我自己是很幸福的，如果你也像我一样想法的话，你就会明白应当怎样做才能获得幸福。不过，这些话不是一时说得完的，要向你陈述我对人的命运和生命的真正价值是怎样看法的，需要一些时间，让我们找一个合适的时间和地方安安静静地谈一谈。'

"我流露出急于要他告诉我的心情。于是，便约定我们至迟也不能迟过明天的早晨。那时候正当夏天，我们天亮就起身。他把我带到城外的一个小山上，山脚下波河的水蜿蜿蜒蜒地冲洗着肥沃的河岸，阿尔卑斯山的巨大的山脉远远地俯瞰着田园，旭日照耀着原野，在地上投下树木、丘陵和房屋的长长的阴影，用千万道光辉装点着这幅我们人类的眼睛所能看到的最美丽的画图。我们可以说，大自然之所以这样把它整个的灿烂景象展现在我们眼前，就为的是要我们以它作为我们的话题。我们在这里默默地观赏一会儿景色之后，这位心地平和的人就开始向我这样讲了。"